Geldpolitik und Beschäftigung

Hohenheimer
Volkswirtschaftliche Schriften

Herausgegeben von
Prof. Dr. Michael Ahlheim, Prof. Dr. Ansgar Belke,
Prof. Dr. Rolf Caesar, Prof. Dr. Harald Hagemann, Prof. Dr. Klaus Herdzina,
Prof. Dr. Walter Piesch, Prof. Dr. Ingo Schmidt, Prof. Dr. Ulrich Schwalbe,
Prof. Dr. Peter Spahn, Prof. Dr. Gerhard Wagenhals,

Band 52

PETER LANG
Frankfurt am Main · Berlin · Bern · Bruxelles · New York · Oxford · Wien

Daniel Hartmann

Geldpolitik und Beschäftigung

Die geldpolitische Strategie der Federal Reserve: Vorbild oder Auslaufmodell?

PETER LANG

Frankfurt am Main · Berlin · Bern · Bruxelles · New York · Oxford · Wien

Bibliografische Information Der Deutschen Bibliothek
Die Deutsche Bibliothek verzeichnet diese Publikation in der
Deutschen Nationalbibliografie; detaillierte bibliografische
Daten sind im Internet über <http://dnb.ddb.de> abrufbar.

Zugl.: Hohenheim, Univ., Diss., 2004

Gedruckt mit Unterstützung der
Stiftung
Landesbank Baden-Württemberg

LB≡BW

Gedruckt auf alterungsbeständigem,
säurefreiem Papier.

D 100
ISSN 0721-3085
ISBN 3-631-53847-2

© Peter Lang GmbH
Europäischer Verlag der Wissenschaften
Frankfurt am Main 2005
Alle Rechte vorbehalten.

Printed in Germany 1 2   4 5 6 7

www.peterlang.de

Für meine Eltern, Helmut und Ursula

Vorwort

Vor dem Hintergrund der anhaltenden Wirtschaftskrise in Deutschland schweift der Blick hierzulande nicht selten mit viel Bewunderung und Neid über den Atlantik. In den USA läuft der Wirtschaftsmotor – von zwei Ausnahmen abgesehen – seit über 20 Jahren auf Hochtoren. Die Vereinigten Staaten werden dementsprechend auf vielen wirtschaftspolitischen Feldern als Vorbild gesehen – etwa im Bereich der liberalen Arbeitsmärkte, der Bildungsstätten („Eliteuniversitäten") oder der Forschungslandschaft („Silicon Valley"). Von der US-amerikanischen Geldpolitik ist hingegen meist kaum die Rede, obwohl auch sie Anknüpfungspunkte für ein Umdenken in Deutschland und Europa liefern würde. Die vorliegende Dissertation versucht einen Beitrag zur Schließung dieser „Betrachtungslücke" zu liefern.

Meine Doktorarbeit entstand im Rahmen des Graduiertenkollegs „Globalisierung und Beschäftigung". Sie verdankt ihre Realisierung daher vor allem zwei Institutionen: Der Universität Hohenheim, welche den Promotionsschwerpunkt eingerichtet hat und dem Evangelischen Studienwerk Villigst, das die finanzielle Förderung übernahm.

Innerhalb dieser Institutionen haben mich zahlreiche Personen bei der Erstellung der Doktorarbeit unterstützt. In erster Linie danken möchte ich dabei meinem Doktorvater, Herrn Prof. Dr. Heinz-Peter Spahn. Er stand mir während des gesamten Promotionsprojekts beratend zur Seite und hat die unheimliche Themenfülle in geordnete Bahnen gelenkt. Insbesondere war er jederzeit bereit, das universitäre Tagesgeschäft zurückzustellen, wenn es um eine inhaltliche Auseinandersetzung über einzelne Aspekte meiner Arbeit ging. Seinem stets innovativen und offenen Denken verdankt die Dissertation zahlreiche Impulse. Meinem Zweitgutachter, Herrn Prof. Dr. Harald Hagemann, danke ich in besonderem Maße für seine Beratung und wohlwollende Förderung während der gesamten Studien- und Promotionszeit in vielen – nicht nur universitären – Angelegenheiten. Insbesondere konnte ich auf seinen Vorschlag hin auf dem Treffen der Nobelpreisträger in Lindau im September 2004 teilnehmen. Ähnliches gilt für Herrn Prof. Dr. Rolf Caesar, der nicht nur bei der Abnahme meiner Doktorprüfung mitgewirkt hat, sondern mich bereits während meiner Studienzeit unterstützte. Ferner danke ich Herrn Prof. Dr. Hans-Michael Trautwein für seine wertvolle Hilfestellung zu Beginn meines Promotionsverfahrens.

Vermutlich hätte ich aber das Dissertationsprojekt erst gar nicht in Angriff genommen, wenn das Evangelische Studienwerk mir kein Stipendium gewährt hätte. Daher danke ich den „Villigstern" – besonders Herrn Dr. Eberhard Müller – herzlich für das in mich gesetzte Vertrauen. Erwähnen möchte ich dabei die einmalige Gelegenheit des Austausches mit zahlreichen anderen deutschen und ausländischen Doktoranden auf den Promovierendentreffen, bei denen ich gleichzeitig die entspannte Atmosphäre in Villigst kennen lernen durfte.

Weiterer Dank gebührt denjenigen, die mir bei der Erstellung des Manuskripts geholfen haben und all meinen Kollegen am Institut für Volkswirtschaftslehre, die mir im Rahmen des Doktorandenseminars oder auf anderem Wege wichtige inhaltliche Hinweise zukommen ließen. Darunter zu nennen sind: Udo Vullhorst, Peter Kühnl,

Marc Radke, Dirk Holzhey, Stefan Seiter, Günther Schmid, Gerald Seidel, Markus Schreyer, Matthias Rösch, Karin Knottenbauer, Michael Knittel und Sybille Sobczak. Nicht zuletzt danke ich ganz besonders meinen Eltern – unter anderem bekam mein Vater als „Bettlektüre" mehrere Tage lang unverständliches Wirtschaftsdeutsch geliefert und meine Mutter musste die „psychologische" Betreuung des Doktoranden in der Endphase des Dissertationsprojekts übernehmen.

Ein abschließendes Dankeschön geht schließlich an die Stiftung Landesbank Baden-Württemberg, die mit einem großzügigen Druckkostenzuschuss die Veröffentlichung dieser Arbeit gefördert hat.

Korntal, im Juni 2005   Daniel Hartmann

Inhaltsverzeichnis

Abbildungsverzeichnis XIII

Tabellenverzeichnis und Verzeichnis der Kästen XVII

Symbolverzeichnis XIX

Abkürzungsverzeichnis XXI

1 EINFÜHRUNG 1

2 INHALT UND BEDEUTUNG GELDPOLITISCHER STRATEGIEN 3

    2.1 ZUM BEGRIFF DER „GELDPOLITISCHEN STRATEGIE" 3

    2.2 WARUM WERDEN TRANSPARENTE STRATEGIEN GEFORDERT? 9

        2.2.1 Berechenbarkeit 9

           2.2.1.1 Berechenbarkeit als Mittel zur Steigerung geldpolitischer Effizienz 9

           2.2.1.2 Strategien als „Sprache" und die Gefahren einer „gläsernen" Notenbank 16

        2.2.2 Glaubwürdigkeit 20

           2.2.2.1 Gibt es überhaupt ein Glaubwürdigkeitsproblem? 20

           2.2.2.2 „Inflation bias" aufgrund einer asymmetrischen Verlustfunktion 23

           2.2.2.3 Glaubwürdigkeit als Mittel zur Stabilisierung von Inflationserwartungen .. 26

           2.2.2.4 Glaubwürdigkeit im Rahmen der „Neu-Keynesianischen" Phillips-Kurve . 29

           2.2.2.5 Sollten Notenbanken ihr Beschäftigungsziel offen legen? 32

    2.3 INFLATION TARGETING UND TAYLOR-REGEL ALS STRATEGIE-BEISPIELE 33

        2.3.1 Inflation Targeting 33

           2.3.1.1 Entstehung, Merkmale und Ziele 33

           2.3.1.2 Theoretische Fundierung 34

           2.3.1.3 Die Inflationsprognose als Zwischenziel von Inflation Targeting 36

           2.3.1.4 Drei kritische Fragen an Inflation Targeting 39

        2.3.2 Taylor-Regel 43

           2.3.2.1 Komponenten und Eigenschaften 43

           2.3.2.2 Theoretische Fundierung I: Zinssteuerung und Gleichgewichtszins 45

           2.3.2.3 Theoretische Fundierung II: Inflations- und Outputvariabilität 47

           2.3.2.4 Die Taylor-Regel in der geldpolitischen Praxis 49

           2.3.2.5 Das Problem der Unsicherheit über die Outputlücke 53

        2.3.3 Vergleich Taylor-Regel und Inflation Targeting 54

    2.4 RESÜMEE ZUR HEUTIGEN BEDEUTUNG GELDPOLITISCHER STRATEGIEN 58

3 BESCHÄFTIGUNGSZIELE IN DER GELDPOLITIK 61

    3.1 PREISNIVEAUSTABILISIERUNG – EIN „FREE-LUNCH" DER GELDPOLITIK? 61

        3.1.1 Die heutige Dominanz des Preisstabilitätsziels in der Geldpolitik 61

        3.1.2 Lehren der 70er Jahre aus einer „beschäftigungsfreundlichen" Politik 63

           3.1.2.1 Die Kosten der Inflation 63

           3.1.2.2 Inflation als ein monetäres Phänomen 66

        3.1.3 Ansatzpunkte einer auf Vollbeschäftigung ausgerichteten Geldpolitik 69

           3.1.3.1 Eine beschäftigungsorientierte Zielfunktion 69

           3.1.3.2 Einfache Fallbeispiele einer beschäftigungsorientierten Geldpolitik 72

3.1.4 Warum nur Preisstabilität? 76
    3.1.4.1 Geldpolitik erzeugt keine realen Effekte 76
    3.1.4.2 Schwierigkeiten bei der Steuerung realwirtschaftlicher Prozesse 78
    3.1.4.3 Die Haltung der Inflation Targeter 82
    3.1.4.4 Die „inflation bias"-Problematik 84
3.2 REALE EFFEKTE DER GELDPOLITIK: WO STEHEN WIR HEUTE? 88
    3.2.1 Die Vorstellungen der Zentralbanken über den Transmissionsprozess 88
    3.2.2 Historische und einfache formale empirische Verfahren 91
    3.2.3 VAR-Analysen 95
    3.2.4 Strukturelle makroökonometrische Modelle 98
3.3 VON DER PHILLIPS-KURVE ZUR TRADE-OFF-KURVE VON JOHN TAYLOR 101
    3.3.1 Der Trade-off zwischen Inflations- und Outputvariabilität 101
    3.3.2 Der Trade-off im "π-y-Diagramm" 106
    3.3.3 Die Relevanz von Nachfrageschocks für die Taylor-Kurve 109
    3.3.4 Eigenschaften der Trade-off-Kurve 112
    3.3.5 Kritik an der Taylor-Kurve 115
3.4 SPIELRÄUME DER GELDPOLITIK INFOLGE EINER INSTABILEN NAIRU 117
    3.4.1 Die NAIRU als Orientierungsgröße der Geldpolitik 117
    3.4.2 Sollte die Geldpolitik der NAIRU „den Laufpass geben"? 121
    3.4.3 Geldpolitische Experimente bei sinkender NAIRU 124
    3.4.4 Der Vorschlag einer nicht-linearen Regel bei NAIRU-Unsicherheit 129
3.5 HYSTERESIS UND DIE RÜCKKEHR EINER STABILEN PHILLIPS-KURVE 133
    3.5.1 Der rätselhafte Anstieg der europäischen Arbeitslosigkeit 133
    3.5.2 Hysteresis-Effekte auf dem Arbeitsmarkt 137
    3.5.3 Hysteresis-Kanäle und die Wiederkehr der stabilen Phillips-Kurve 139
    3.5.4 Bekämpfung struktureller Arbeitslosigkeit mittels Nachfragepolitik? 144
    3.5.5 Kritik und geldpolitische Schlussfolgerungen aus der Ball'schen Analyse . 150
    3.5.6 Folgerungen für die Geldpolitik 155
3.6 EIN ERSTES RESÜMEE ZU GELDPOLITISCHEN BESCHÄFTIGUNGSZIELEN 157

4 WIRTSCHAFTLICHE ENTWICKLUNG UND US-AMERIKANISCHE GELDPOLITIK ZWISCHEN
   1987 UND 2004 161
4.1 GELDPOLITISCHE BESCHLÜSSE IM FOMC 161
4.2 1987-1990: BÖRSEN-CRASH, AUFSCHWUNG UND GOLFKRISE: GELDPOLITIK
     ZWISCHEN INFLATIONS- UND REZESSIONSGEFAHR 164
    4.2.1 Wirtschaftliche Entwicklung und Geldpolitik 1987-1990 164
    4.2.2 Bewertung der Geldpolitik 1987-1990 172
       4.2.2.1 Die Zieldebatte 172
       4.2.2.2 Geldmenge, Wechselkurs, Zinsen und andere Finanzindikatoren 175
       4.2.2.3 Die Politik der „Feinsteuerung" durch Greenspan 179
       4.2.2.4 Wie restriktiv war die Fed in den Jahren 1987-1990 wirklich? 183
       4.2.2.5 Resümee der Fed-Politik 1987-1990 188
4.3 1991-1993: REZESSION, KREDITKLEMME UND NIEDRIGZINSPOLITIK 189
    4.3.1 Wirtschaftliche Entwicklung und Geldpolitik 1991-1993 189
    4.3.2 Bewertung der Geldpolitik 1991-1993 196

4.3.2.1 Die Zieldebatte 196
4.3.2.2 Das Ende der Geldmengensteuerung 198
4.3.2.3 Reagierte die Fed adäquat auf die Rezession 1990/1991? 200
4.3.2.4 Reagierte die Fed zu stark auf einzelne Konjunkturindikatoren? 204
4.3.2.5 Wie exapansiv war die Fed-Politik wirklich 1991-1993? 207
4.3.2.6 Resümee der Fed-Politik 1991-1993 209

4.4 1994/1995: „PREEMPTIVE STRIKE" UND „WEICHE LANDUNG" 210

4.4.1 Wirtschaftliche Entwicklung und Geldpolitik 1994/1995 210
4.4.2 Bewertung der Geldpolitik 1994/1995 215
4.4.2.1 Geldpolitische Ziele in der Hochkonjunktur 215
4.4.2.2 Die Politik des „preemptive strike" 216
4.4.2.3 Die Konzeption des „neutralen" oder „gleichgewichtigen" Realzinses.... 220
4.4.2.4 Die Fed und die Finanzmärkte 221
4.4.2.5 Wie restriktiv war die Fed in den Jahren 1994/1995 wirklich? 225
4.4.2.6 Resümee der Fed-Politik 1994/1995 227

4.5 1996-1998: SINKENDE NAIRU UND „WATCHFUL WAITING" 227

4.5.1 Wirtschaftliche Entwicklung und Geldpolitik 1996-1998 227
4.5.2 Bewertung der Geldpolitik 1996-1998 233
4.5.2.1 Warum plädierte Greenspan für eine Politik des „watchful waiting"? 233
4.5.2.2 Der Meinungsstreit zwischen den „Tauben" und „Falken" im FOMC 241
4.5.2.3 Resümee der Fed-Politik 1996-1998 245

4.6 1999/2000: FED VERLIERT GEDULD UND PLATZENDE BÖRSENBLASE 246

4.6.1 Wirtschaftliche Entwicklung und Geldpolitik 1999/2000 246
4.6.2 Bewertung der Geldpolitik 1999/2000 250
4.6.2.1 Warum gab die Fed ihre Politik des „watchful waiting" 1999 auf? 250
4.6.2.2 Die Fed und der Aktienboom zwischen 1995 und März 2000 256
4.6.2.3 Resümee der Fed-Politik 1999/2000 261

4.7 2001-2004: SCHARFE ZINSSENKUNG ALS REPLIK AUF DIE REZESSION 263

4.7.1 Wirtschaftliche Entwicklung und Geldpolitik 2001- (Mitte) 2004 263
4.7.2 Bewertung der Geldpolitik zwischen 2001- (Mitte) 2004 269
4.7.2.1 Geldpolitische Konjunkturstabilisierung 269
4.7.2.2 Die Deflationsdebatte 272
4.7.2.3 Befindet sich die Fed 2004 in einer „Zinsfalle" 278
4.7.2.4 Resümee der Fed-Politik 2001- (Mitte) 2004 281

4.8 EIN ERSTES FAZIT ZUR GELDPOLITIK DER GREENSPAN-ÄRA 282

5 DIE FED-STRATEGIE DER GREENSPAN-ÄRA 285

5.1 DIE ZIELE DER FEDERAL RESERVE 285

5.1.1 Das „duale" Mandat der Federal Reserve 285
5.1.2 Die Zielgewichtung des Offenmarktausschusses 290

5.2 DAS DURCHFÜHRUNGSVERFAHREN DER FED 296

5.2.1 Von der Geldmengensteuerung zur Steuerung des realen Wachstums .. 296
5.2.1.1 Das Ende der Geldmengensteuerung 296
5.2.1.2 Outputlücke, Beschäftigungslücke und Potentialtrend 297

5.2.1.3 Die Zinslücke als neuer Wirkungsindikator der Geldpolitik 305
5.2.2   Von der Geldmengensteuerung zu einem Multi-Indikatorenansatz 307
5.2.3   Die Fed – ein Inflation Targeter?.............................. 316
5.2.4   Regelbindung gemäß Taylor-Prinzip?......................... 321

5.3 GLAUBWÜRDIGKEIT UND TRANSPARENZ DER FED AUS SICHT DER AKADEMIKER
    UND MÄRKTE 328
    5.3.1   Die Kritikpunkte an der Strategie der Federal Reserve 328
    5.3.2   Wie glaubwürdig ist die Greenspan-Fed in den Augen der Märkte?........ 333
            5.3.2.1 Die Entwicklung der Inflationserwartungen 333
            5.3.2.2 Die Marktreaktionen auf die Zinssenkungspolitik im Jahr 2001............. 335
    5.3.3   Wie transparent ist die Fed für die Märkte?.............................. 338
            5.3.3.1 Die Vorhersehbarkeit der Zinsentscheidungen der Federal Reserve..... 338
            5.3.3.2 Erklärungsgründe für die guten Zinsprognosen der Märkte.................. 342

5.4 SOLLTE DIE FEDERAL RESERVE ZU INFLATION TARGETING WECHSELN? 349
    5.4.1   Inflation Targeting als eine zukünftige Option der Fed-Politik 349
    5.4.2   Das Für und Wider eines quantitativen Inflationsziels für die Fed........... 350
            5.4.2.1 Die Argumente der Befürworter eines quantitativen Inflationsziels 350
            5.4.2.2 Beschränkt ein quantitatives Inflationsziel die Flexibilität der Fed? 355
    5.4.3   „Inflation-and-Output-Gap Targeting" für die Federal Reserve?.............. 360

5.5 EIN VORLÄUFIGES RESÜMEE ZUR STRATEGIE DER GREENSPAN-ÄRA 365

6 DIE FED-STRATEGIE ALS VORBILD FÜR DIE EZB? 367

6.1 DIE EZB-STRATEGIE: INHALT, KRITIK UND VERGLEICH MIT FED-STRATEGIE..... 367
    6.1.1   Die EZB und die Fed als Notenbanken großer Währungsräume 367
    6.1.2   Das gesetzliche Mandat der EZB 367
    6.1.3   Die Zielfunktion der EZB 370
    6.1.4   Die Zielfunktionen von EZB und Fed im Vergleich...................... 373
    6.1.5   Unterschätzt die EZB die Wachstumsrate des Produktionspotentials?.... 375
    6.1.6   Die Zwei-Säulen-Strategie 379
            6.1.6.1 Die „wirtschaftliche Analyse"....................................... 379
            6.1.6.2 Die „monetäre Analyse".................................. 381

6.2 EZB VERSUS FED AM ENDE DES „NEW ECONOMY"-BOOMS 386

6.3 WARUM HAT DIE FED AUF DEN GLOBALEN ABSCHWUNG IM JAHR 2001
    AGGRESSIVER REAGIERT ALS DIE EZB? 388
    6.3.1   Die Zinsreaktionen im Vergleich............................... 388
    6.3.2   Unterschiede in der Konjunkturdynamik?........................... 389
    6.3.3   Unterschiedliche Rollenvereilung zwischen Geld- und Fiskalpolitik?....... 392
    6.3.4   Überschreitungen des Inflationsziels im Euroraum 393
    6.3.5   Unterschiede im geldpolitischen Transmissionsprozess?.................. 400
    6.3.6   Ist die Fed-Politik zu aktivistisch?.................................. 407
    6.3.7   Anderes Mandat und geldpolitische Philosophie der Fed? 412
    6.3.8   Die empirische Analyse: Wie restriktiv war die EZB tatsächlich?........... 415

6.4 EIN VORLÄUFIGES RESÜMEE: WAR DIE EZB 2001-03 ZU RESTRIKTIV? 420

7 SCHLUSSBETRACHTUNG... 422

Abbildungsverzeichnis

Kapitel 2:
Abb. 2.1:   Der Geldpolitische Entscheidungsprozess 5
Abb. 2.2:   Geldpolitik und langfristige Vermögenspreise 12
Abb. 2.3:   Kapitalmarktzins und Fed-Politik 1996-1999 13
Abb. 2.4:   Geldpolitische Steuerung bei stabilen Marktreaktionen 15
Abb. 2.5:   „Hund-jagt-seinen-Schwanz-Phänomen" 18
Abb. 2.6:   „Inflation bias" im Cukierman-Modell 24
Abb. 2.7:   Preisschock bei glaubwürdiger Notenbank 28
Abb. 2.8:   Preisschock bei unglaubwürdiger Notenbank (+ Restriktionspolitik).... 28
Abb. 2.9:   Preisschock bei unglaubwürdiger Notenbank (+ neutraler Politik) 28
Abb. 2.10: IT: Symmetrischer Fan-Chart 37
Abb. 2.11: IT: Modus > Ziel + „upside risks" 37
Abb. 2.12: IT: Modus = Ziel aber „upside risks" 38
Abb. 2.13: Taylor-Zinspolitik im Überblick 44
Abb. 2.14: Gleichgewichtiger Realzins 46
Abb. 2.15: Notenbank senkt r < r* 46

Kapitel 3:
Abb. 3.1:   Negativer Nachfrageschock 72
Abb. 3.2:   Negativer Angebotsschock 74
Abb. 3.3:   Positiver Nachfrageschock 74
Abb. 3.4:   Positiver Angebotsschock 75
Abb. 3.5:   Ineffektivität der Geldpolitik 76
Abb. 3.6:   Zinspolitik und BIP-Wachstum in den USA 1965-2004 92
Abb. 3.7:   Zinspolitik und BIP-Wachstum in Deutschland 1971-2004 92
Abb. 3.8:   Reaktion auf eine Leitzinserhöhung im Euroraum um 100 Bp 98
Abb. 3.9:   Aggregierte Nachfragekurve 106
Abb. 3.10: Trade-off-Kurve 108
Abb. 3.11: Trade-off: Fall: „Neutrale Notenbank" 108
Abb. 3.12: Trade-off: Fall: „Restriktive Notenbank" 108
Abb.3.13:   Inflations- und Outputentwicklung nach einem positiven
            Nachfrageschock bei unterschiedlichen geldpolitischen Präferenzen 112
Abb. 3.14: Trade-off-Kurve in den USA 70er-90er Jahre 113
Abb. 3.15: Knickstelle und Taylor-Kurve 114
Abb. 3.16: Geldpolitik bei konvexer Phillips-Kurve 126
Abb. 3.17: Geldpolitik bei linearer Phillips-Kurve 126
Abb. 3.18: Nicht-lineare Regel bei Unsicherheit 132
Abb. 3.19: Phillips-Kurve bei Hysteresis 142
Abb. 3.20: Realzins/Outputlücke: Deutschland, Irland und Spanien 1999-2004 . 154

Kapitel 4:
Abb. 4.1:   Wachstum von M2 1987-1990 176
Abb. 4.2:   Dollarkurs und Zinspolitik 1987-1990 178
Abb. 4.3:   Fed-Plan Ende 1988 181
Abb. 4.4:   Wachstumsszenario 1988-1995 181
Abb. 4.5:   FFR und Diskont 1987-1990 187

Abb. 4.6:   Reale Fed Funds Rate 1987-1990 187
Abb. 4.7:   Zinsdifferenz USA 1987-90 187
Abb. 4.8:   US-Taylor-Zins 1987-1990 187
Abb. 4.9:   M2- und BIP-Wachstum 1990-93 198
Abb. 4.10:   Bankkredite und Verschuldung 1982-1995 201
Abb. 4.11:   Entwicklung langfristiger Zinsen USA 1991-1993 203
Abb. 4.12:   FFR und Diskont 1991-1993 208
Abb. 4.13:   Reale FFR 1991-1993 208
Abb. 4.14:   Zinsdifferenz USA 1991-1993 208
Abb. 4.15:   Taylor-Zins und Fed Funds Rate 1991-1993 208
Abb. 4.16:   Lohninflation USA 1990-Anfang1994 216
Abb. 4.17:   Inflation (CPI) USA 1990-Anfang 1994 216
Abb. 4.18:   Inflation (CPI) 1990-93 und Staff-Prognose 1994 217
Abb. 4.19:   Strategie „preemptive strike" 217
Abb. 4.20:   Wachstumsszenario 1994-1996 218
Abb. 4.21:   Reale Fed Funds Rate 1994/1995 225
Abb. 4.22:   Taylor-Zins und Fed Funds Rate 1994/1995 225
Abb. 4.23:   Zinsdifferenz USA 1994/1995 226
Abb. 4.24:   Reales BIP USA 1995-1999 234
Abb. 4.25:   US-Arbeitslosenrate 1992-1999 234
Abb. 4.26:   US-Inflation 1990-1999 234
Abb. 4.27:   Inflation und Staff-Prognose 1995-1998 234
Abb. 4.28:   Lohninflation USA 1990-2000 235
Abb. 4.29:   Wechselkurs US-$ 1993-1999 235
Abb. 4.30:   US-Arbeitsproduktivität und Datenproblematik 1993-1999 238
Abb. 4.31:   US-Arbeitsproduktivität und Staff-Prognose 1993-1999 238
Abb. 4.32:   Unternehmensgewinne 1991-1999 Gesamtindustrie USA 239
Abb. 4.33:   US-Arbeitsproduktivität 1993-1999
             Nonfarm Business vs Manufacturing 239
Abb. 4.34:   Kapazitätsauslastungsgrad Gesamtindustrie USA 1992-1999 241
Abb. 4.35:   Reale Fed Funds Rate 1996-1998 244
Abb. 4.36:   Taylor-Zins und Fed Funds Rate 1996-1998 244
Abb. 4.37:   FOMC und Beschäftigungslücke 1999/2000 252
Abb. 4.38:   Angebots- und Nachfrageeffekt des „New Economy"-Booms 253
Abb. 4.39:   Produktivitätseffekte, Aktien-Bubble und Realzins 255
Abb. 4.40:   Aktienkursentwicklung USA 1994-2000 256
Abb. 4.41:   Aktienkurse als Informations- und Zielvariable 258
Abb. 4.42:   Reale Fed Funds Rate 1999/2000 262
Abb. 4.43:   Taylor-Zins und Fed Funds Rate 1999/2000 262
Abb. 4.44:   Marktreaktion auf Zinswende 2004 278
Abb. 4.45:   Marktreaktion auf Zinswende 1994 278
Abb. 4.46:   Vergleich Zinsstruktur 1994 versus 2004 278
Abb. 4.47:   Verschuldung der Privathaushalte in den USA 1984-2004 279
Abb. 4.48:   Nettovermögen der Privathaushalte in den USA 1984-2004 279
Abb. 4.49:   Reale Fed Funds Rate 2001-Juni 2004 281
Abb. 4.50:   Taylor-Zins und Fed Funds Rate 2000-2004 281

Kapitel 5:
Abb. 5.1:   Taylor-Kurve und Hierarchisches Mandat 292
Abb. 5.2:   Fed-Politik und Inflation 1987-2003 293
Abb. 5.3:   Fed-Politik und Arbeitslosenrate 1987-2003 293
Abb. 5.4:   Opportunistische Inflation in den USA 1987-2003 294
Abb. 5.5:   Fed-Politik und Outputlücke 1986-2003 298
Abb. 5.6:   Outputlücke und Änderung der Inflation in den USA 1960-2003 299
Abb. 5.7:   Fed-Politik und Beschäftigungslücke 1987-2003 300
Abb. 5.8:   BIP-Wachstum und Fed-Politik 1987-2003 302
Abb. 5.9:   Reale Zinslücke USA 1987-2004 305
Abb. 5.10:   Stilisierte Inflationsprognose der Fed Juli 2001 319
Abb. 5.11:   Stilisierte Wachstumsprognose der Fed Juli 01 319
Abb. 5.12:   Stilisierte Prognose der Arbeitslosenrate der Fed Juli 01 320
Abb. 5.13:   Fed Funds Rate und originäre Taylor-Regel 1987-2003 321
Abb. 5.14:   Geschätzter US-Taylor-Zins mit Beschäftigungslücke 1988-2003 323
Abb. 5.15:   Geschätzter US-Taylor-Zins mit Zinslag 1988-2003 324
Abb. 5.16:   Entwicklung der langfristigen Inflationserwartungen in den USA
              1987-2004 333
Abb. 5.17:   Break-Even-Inflationsrate USA seit 1997 334
Abb. 5.18:   Die Zinssenkungspolitik der Fed 2001 337
Abb. 5.19:   Fed Funds Future und Zielrate der Fed Funds Rate April/Mai 2000 .. 339
Abb. 5.20:   Vorhersehbare und überraschende Fed-Entscheidungen 2000-2004 340
Abb. 5.21:   Kennen die Märkte das implizite Modell der Fed? 345
Abb. 5.22:   Fed Funds Future: Zinserwartungen im Januar 2002 347
Abb. 5.23:   Quantitatives Inflationsziel und Taylor-Kurve 351
Abb. 5.24:   Taylor-Kurve und Inflation Targeting I (Kohn) 355
Abb. 5.25:   FOMC-Inflationsprognosen der Kongressberichte 357
Abb. 5.26:   Taylor-Kurve und Inflation Targeting II (Goodfriend) 359
Abb. 5.27:   Inflation-and-Output-Gap-Forecast Targeting 361
Abb. 5.28:   Wachstumsprognose der Fed (Juli 2003) 362
Abb. 5.29:   Inflationsprognose der Fed (Juli 2003) 362
Abb. 5.30:   Prognose der Beschäftigungslücke (Juli 2003) 363

Kapitel 6:
Abb. 6.1:   Wachstum realer Bruttoanlageinvestitionen 1993-2000
              USA/Euroraum 376
Abb. 6.2:   M3-Wachstum und Referenzwert 1999-2004 383
Abb. 6.3:   Nominale Geldlücke und realer Leitzins 1999-2004 383
Abb. 6.4:   M3-Wachstum ./. Referenzwert und Realzins 1999-2004 384
Abb. 6.5:   Leitzinsentwicklung USA Euroraum 1999/2000 386
Abb. 6.6:   Reale Tagesgeldsätze USA Euroraum 1999/2000 386
Abb. 6.7:   Leitzinsentwicklung USA und Euroraum 2000-2004 388
Abb. 6.8:   Reale Tagesgeldsätze USA und Euroraum 2000-2004 388
Abb. 6.9:   Reales BIP Euroraum/USA 2000-2004 389
Abb. 6.10:   OECD-BIP-Prognose USA/Euroraum (erstellt Ende 2001) 390
Abb. 6.11:   IWF-BIP-Pognosen USA/Euroraum für das Jahr 2002 391
Abb. 6.12:   Outputlücken USA/Euroraum 2000-2005 391

Abb. 6.13:   Aggregierte öffentliche Defizitquote Euroraum 2000-04 392

Abb. 6.14:   Gesamtstaatliche Defizitquote USA 2000-2004 392

Abb. 6.15:   Makro-Politik Euroraum 2000-04 393

Abb. 6.16:   Makro-Politik USA 2000-2004 393

Abb. 6.17:   Verbraucherpreisinflation USA und Euroraum 2000-2004 394

Abb. 6.18:   Kerninflation USA und Euroraum 2000-2004 394

Abb. 6.19:   Lohninflation USA/Euroraum 2000-2003 396

Abb. 6.20:   Arbeitsproduktivität USA/Euroraum 2000-2003 397

Abb. 6.21:   Lohnstückkosten USA/Euroraum 2000-03 397

Abb. 6.22a: Horizontale Phillps-Kurve und negative Nachfrageschocks 398

Abb. 6.22b: Horizontale Phillps-Kurve und expansive Geldpolitik 398

Abb. 6.23:   Imaginäre Inflationsprognose (HVPI) der EZB (Ende 2001) 399

Abb. 6.24:   Wachstum von Bankkrediten an deutsche Unternehmen 405

Abb. 6.25:   Die Fed als Zyklusverstärker 1998-2004 407

Abb. 6.26:   Geldmengenwachstum und Fed-Politik 410

Abb. 6.27:   Taylor-Kurve und EZB-Politik 414

Abb. 6.28:   Taylor-Zins versus Tagesgeldsatz im Euroraum 415

Abb. 6.29:   Taylor-Zins versus Tagesgeldsatz in den USA 416

Abb. 6.30:   (Expansiver) US-Taylor-Zins 417

Abb. 6.31:   (Expansiver) Euro-Taylor-Zins 417

Abb. 6.32:   Euro-Taylor-Zins bereinigt um Wechselkuseffekte 418

Tabellenverzeichnis

Tabelle 2.1:   Übersicht Inflation Targeting versus Taylor-Regel

Tabelle 3.1:   Inflations- und Arbeitslosenraten in der EU 1970er-1990er Jahre
Tabelle 3.2:   Reales Wachstum USA/Deutschland 1980er und 1990er Jahre
Tabelle 3.3:   Output-/Preiseffekte nach Zinsschocks im Euroraum und den USA
Tabelle 3.4:   Auswirkungen eines Zinsschocks (50 Bp) auf Preise und reales BIP
                in den USA und dem Euroraum

Tabelle 4.1:   Zinspolitik „wichtiger" Notenbanken von Januar bis August 2001

Tabelle 5.1:   „Duales" versus „Hierarchisches Mandat"
Tabelle 5.2:   Fed-Indikatoren der US-Konsumnachfrage
Tabelle 5.3:   Fed-Indikatoren der Angebotsseite
Tabelle 5.4:   Juni 1999 bis Mai 2000: Zinserhöhung 4,75 → 6,5 %
Tabelle 5.5:   Juni 2000 bis November 2000: Konstante Fed Funds Rate von 6,5 %
Tabelle 5.6:   Januar bis Mai 2001: Zinssenkung 6,5 → 4 %
Tabelle 5.7:   Juni – August 2001: Verlangsamte Zinssenkung 4 → 3,5 %
Tabelle 5.8:   Die Geldpolitische Lage im Juli 2001
Tabelle 5.9:   Standardabweichungen langfristiger Inflationserwartungen in den
                USA und den IT-Ländern Großbritannien, Kanada
Tabelle 5.10: Geschätzte Reaktion der Inflationserwartungen auf Änderungen der
                tatsächlichen Inflation

Verzeichnis der Kästen

Kasten 3.1:   Inflations- und Outputvariabilität bei Nachfrageschocks
Kasten 3.2:   Nicht-lineare Regel bei Unsicherheit
Kasten 3.3:   Geldpolitik und Hysteresis in Europa und Nordamerika nach der Re-
               zession 1981/1982

Kasten 5.1:   Ein Beispiel für die Fed-Staff-Analyse der Angebotssituation und zu-
               künftigen Preisentwicklung vom Februar 1997
Kasten 5.2:   Die Transparenzoffensive der Federal Reserve
Kasten 5.3:   Erwartete und tatsächliche Fed Funds Rate

Symbolverzeichnis

Allgemeine Zeichen:

Erwartungsgrößen:	Hochgestelltes e
Wachstumsraten:	Gekennzeichnet durch ^
Zeitindex:	Tiefgestelltes t oder τ
Ziel- oder Gleichgewichtsgrößen:	Hochgestelltes *

Symbol   **Erläuterung**

Kleinbuchstaben

a	Arbeitsproduktivität
â	Wachstumsrate der Arbeitsproduktivität
b	Reaktionskoeffizient der Outputlücke (Reaktionsfunktion Taylor-Kurve)
c	Sensitivität der Outputlücke auf die Inflationsrate (Taylor-Kurve)
g	Index der Glaubwürdigkeit *und* Gewinnaufschlag bzw. Mark-up
ĝ	Wachstumsrate des Gewinnaufschlags
h	Hysteresis-Parameter
i	kurzfristiger Nominalzins, Tagesgeldsatz, Leitzins der Zentralbank
i^A	kurzfristiger Nominalzinssatz des Auslands
i_l	langfristiger Nominalzins
k	Parameter der Allokationseffizienz am Arbeitsmarkt
n	Laufzeit eines Wertpapiers
p	Reaktionskoeffizient der Inflationsrate (Reaktionsfunktion Taylor-Kurve)
q	1) Ausmaß, mit dem ein Schock auf die Beschäftigung wirkt (Cukierman)
	2) Rückkopplungsparameter der erwarteten Inflation auf die erwartete Outputlücke (Taylor-Kurve)
r	(kurzfristiger) Realzinssatz
r*	(kurzfristiger) realer Gleichgewichtzins
s	Parameter, der regelt, wie rasch sich die 2-Jahres-Inflationsprognose an das Inflationsziel anpassen soll (InflationTargeting)
u	Arbeitslosenrate
u*	natürliche Arbeitslosenrate, (kontemporäre) NAIRU
ū	steady-state NAIRU
w	Wechselkurs (logarithmiert) *und* Lohnsatz
ŵ	Wachstumsrate des Lohnsatzes
y	Outputlücke
ỹ	Schätzer der Outputlücke

Großbuchstaben

A	Arbeitskräftepotential, Arbeitsangebot
Â	Wachstumsrate des Arbeitsangebots
D	Dividende
E	Erwartungswertoperator
E (R)	erwartete Stärke der Rezession
$E_t\pi_{t+1}$	in Periode t gebildete Erwartung über die Inflation in Periode t+1

$E_t\pi_{t+2}$	Prognose über die einjährige Inflation in zwei Jahren (Inflation Targeting)
K	Aktienkurs
L	Verlustfunktion
N	Beschäftigungsniveau
N*	natürliches Beschäftigungsniveau
P (R)	Wahrscheinlichkeit einer Rezession
W	Wechselkurs
Y	Outputniveau
Y*	natürliches Outputniveau
$\hat{Y}$	Wachstumsrate des Outputs
$\hat{Y}$*	Wachstumsrate des Produktionspotentials

Griechische Buchstaben

α	1) Output- bzw. Beschäftigungssensitivität der Inflation (Phillips-Kurve)
	2) Reaktionskoeffizient der Inflationslücke (Taylor-Regel)
β	Reaktionskoeffizient der Outputlücke (Taylor-Regel)
γ	Sensitivität der Inflation auf die erwartete zukünftige Inflation
δ	Sensitivität der Outputlücke auf die vergangene Outputlücke
ε	Angebotsschock, „cost push"-Schock
η	Nachfrageschock
θ	Wahrscheinlichkeit für die Preisanpassung einer Firma
κ	Outputsensitivität der Inflation („Neu-Keynesianische" Phillips-Kurve)
λ	Beschäftigungspräferenz
ν	Zinsschock
ξ	Faktor zur Abdiskontierung zukünftiger Verluste
o	Okun-Koeffizient
π	Inflationsrate
π*	Inflationsziel
ρ	Rückkopplungsparameter des Zinses der Vorperiode auf den aktuellen Zins, „smoothing"-Parameter
σ	Varianz Angebotsschock
σ_π	Varianz Inflationsrate, Inflationsvariabilität
σ_y	Varianz Outputlücke, Outputvariabilität
φ	Zinselastizität der Nachfrage
ω	Rückkopplungsparameter der Outputlücke auf einen „cost push"-Schock

Abkürzungsverzeichnis

Abkürzung	Erläuterung
AD	Aggegierte Nachfrage („demand")
Abb.	Abbildung
AR	Annual Report (des BoG)
AR(1)	Autoregressiver Prozess erster Ordnung
AS	Aggregiertes Angebot („supply")
Aufl.	Auflage
BIP	Bruttoinlandsprodukt
BIS	Bank for International Settlements
BIZ	Bank für Internationalen Zahlungsausgleich
BEA	Bureau of Economic Analysis
BLS	Bureau of Labor Statistics
BoE	Bank of England
BoG	Board of Governors
BoJ	Bank of Japan
Bp	Basispunkte
BSP	Bruttosozialprodukt
ca.	circa
CBO	Congressional Budget Office
CEA	Council of Economic Advisers
c.p.	ceteris paribus
CPI	Consumer Price Index
DIW	Deutsches Institut für Wirtschaftsforschung
ECB	European Central Bank
ECI	Employment Cost Index
EG	Europäische Gemeinschaft
Eink.	Einkommen
EO	Economic Outlook (OECD)
EONIA	Euro Overnight Interest Average
ES	Economic Survey (OECD)
Eurostat	Statistisches Amt der Europäischen Gemeinschaft
EU	Europäische Union
EWM	ECB area-wide model (euroraumweites Modell der EZB)
EWU	Europäische Währungsunion
EZB	Europäische Zentralbank
Fed	Federal Reserve
FFR	Federal Funds Rate
FRB	Federal Reserve Board
FRB/US	Modell der Federal Reserve für die US-amerikanische Wirtschaft
FoF	Flows of Funds
FOMC	Federal Open Market Committee
GB	Geschäftsbericht (der EZB)
geg.	gegenüber
ggf.	gegebenenfalls
gr.	griechisch
Hj.	Halbjahr
HVPI	Harmonisierter Verbraucherpreisindex

i.d.R.	in der Regel
IKT	Informations- und Kommunikationstechnologien
IMF	International Monetary Fund
inkl.	inklusive
IR	Inflation Report
IT	Inflation Targeting
IWF	Internationaler Währungsfonds
Jg.	Jahrgang
Jh.	Jahrhundert
Kap.	Kapitel
KfW	Kreditanstalt für Wiederaufbau
KPBG	Kydland/Prescott und Barro/Gordon
M1/M2/M3	Geldmengenaggregate im Sinne der Abgrenzung M1, M2, M3
MB	Monatsbericht (EZB)
MPRC	Monetary Policy Report to the Congress
Mrd.	Milliarden
NAIRU	Nonaccelerating inflation rate of unemployment
NBER	National Bureau of Economic Research
NZB	individuelle Ländermodelle der nationalen Zentralbanken
OECD	Organization for Economic Co-Operation and Development
o.V.	ohne Verfasser
PA	Kurve der Preisanpassung
p.a.	per annum
PC	Press Conference
PCE	Personal Consumption Expenditures
PK	Pressekonferenz
PS	Press Statement
Q bzw. q	Quartal
RBNZ	Reserve Bank of New Zealand
SNB	Schweizerische Nationalbank
SPF	Survey of Professional Forecasters
SVR	Sachverständigenrat
TIPS	Treasury Inflation-Protected Securities
TS	Transcript (Protokoll)
UK	United Kingdom
u.U.	unter Umständen
v.a.	vor allem
VAR	Vektor Autoregressiv
Veränd.	Veränderung
versch.	verschiedene
vgl.	vergleiche
Vol.	Volume
vs	versus
WA	Wirtschaftsausblick (OECD)
WB	Wochenbericht (DIW)
WEO	World Economic Outlook (IMF)
Ziff.	Ziffer
z.T.	zum Teil

1   Einführung

Die US-amerikanische Zentralbank Federal Reserve (kurz: Fed) weicht vor allem in zwei Punkten vom derzeit gängigen Notenbankverhalten ab: Zum einen richtet sie ihre Geldpolitik nicht ausschließlich an Geldwertstabilität aus, sondern behandelt ihre beiden Ziele „Preisstabilität" und „Vollbeschäftigung" gleichrangig. Zum anderen verfügt sie über kein schriftlich fixiertes „Programm" der Zielerreichung. Sie agiert stattdessen häufig in ad hoc-Manier. In der Wissenschaft ist umstritten, ob das etwas antiquiert und „hemdsärmlig" wirkende Verfahren der US-Notenbank ein Auslauf- oder gar Erfolgsmodell darstellt. Eine Reihe von Ökonomen [vgl. z.b. Svensson (2004), McCallum (2000), Cecchetti (1999)] steht dem Verhalten der Federal Reserve sehr skeptisch gegenüber. Sie bemängeln, dass sich die Fed in jüngster Zeit zu stark auf den „Magier" Greenspan verlassen habe und es im Unterschied zu anderen Notenbanken bisher versäumt wurde, der Öffentlichkeit eine klare und verständliche Strategie zu präsentieren. Auch in dem Beschäftigungsziel der Fed sehen einige Ökonomen eher ein Relikt der Vergangenheit, das die Fed zu einer überambitionierten Geldpolitik verleiten würde.

Ein anderes Urteil erfährt die „Greenspan-Ära", wenn man als Bewertungsmaßstab die überwiegend positive wirtschaftliche Performance in den USA in den letzten 15-20 Jahren heranzieht. Speziell das Ende der 1990er Jahre trug – mit realen Wachstumsraten von 4 % und Inflationsraten von ca. 2 % – dazu bei, die 1990er Jahre in den USA mit dem Titel „fabelhafte Dekade" [vgl. Blinder/Yellen (2001)] zu versehen. Ein maßgeblicher Anteil an dieser Entwicklung wird nicht zuletzt der klugen und flexiblen Geldpolitik unter Führung von Alan Greenspan zugesprochen [vgl. z.B. Mankiw (2002)]. Im Vergleich dazu fällt die wirtschaftliche Performance in einigen europäischen Ländern bescheiden aus. Es liegt daher nahe zu fragen, ob dafür nicht auch die einseitig auf Preisstabilität fixierte europäische Geldpolitik oder das enge Korsett einer starren geldpolitischen Strategie verantwortlich waren.

Ziel dieser Arbeit ist es, die Fed-Politik in den Jahren 1987-2004 („Greenspan-Ära") umfassend zu analysieren, zu bewerten und einzuordnen. Einen Schwerpunkt bildet dabei die Frage, welche Rolle Beschäftigungsziele in der Geldpolitik spielen sollten, da diese ein markantes Merkmal der Fed-Strategie darstellen. Es soll außerdem geprüft werden, welches Entwicklungspotential die Fed-Strategie besitzt und ob sie in einigen Bereichen als Vorbild für die Europäische Zentralbank (EZB) fungieren kann. Im Einzelnen wird wie folgt vorgegangen:

Kapitel 2 stellt zunächst die Frage, warum von Notenbanken heutzutage erwartet wird, dass sie der Öffentlichkeit eine transparente Strategie präsentieren. Die Stichworte zur Begründung – Glaubwürdigkeit und Transparenz – sind rasch gefunden. Es stellt sich jedoch die Frage, wie weit die Zentralbanken ihren Umschwung von der früheren Geheimniskrämerei zu vollkommener Offenheit vollziehen sollen. Am Ende werden mit „Inflation Targeting" und der „Taylor-Regel" zwei mögliche geldpolitische Strategien gegenübergestellt.

Kapitel 3 beschäftigt sich mit den Endzielen der Geldpolitik. Dabei wird der herrschende Konsens einer primär auf Preisstabilität ausgerichteten Geldpolitik näher beleuchtet und in Frage gestellt. Zunächst werden die gängigen Argumente für die ablehnende Haltung gegenüber Beschäftigungszielen referiert und sodann die empirischen Gegenargumente dargelegt, die eine recht rasche und nachhaltige geldpolitische Beeinflussung der Outputentwicklung vermuten lassen. Danach werden verschiedene Konzeptionen aufgeführt, die Ansatzpunkte für eine „moderne" beschäftigungsorientierte Geldpolitik liefern könnten. Dabei handelt es sich um das *Taylor'sche* Konzept der Trade-off-Kurve zwischen Inflations- und Outputvariabilität, die *Solow'sche* Idee eines passiven Verhaltens bei rückläufiger Arbeitslosigkeit und den *Ball'schen* Gedanken eines endogenen Arbeitsmarktgleichgewichts.

Kapitel 4 widmet sich ausführlich der Geldpolitik der Greenspan-Ära. Die gesamte Zeitspanne wird in sechs Phasen unterteilt, wobei jeweils der Logik der geldpolitischen Entscheidungen nachgespürt wird, was Aufschluss über Ziele und Strategie der Fed liefern soll. Anhand verschiedener Indikatoren wird untersucht, wie restriktiv oder expansiv die Fed vorgegangen ist und welche Kritik das Verhalten der Fed auf sich zog. Als Analysequellen dienen insbesondere die geldpolitischen Protokolle des Offenmarktausschusses, die Kongressberichte der Fed, die Redebeiträge der Offenmarktmitglieder sowie Stellungnahmen internationaler Organisationen und das allgemeine Presseecho auf geldpolitische Maßnahmen.

Aufbauend auf Kapitel 4 erfolgt in Kapitel 5 eine genaue Einordnung der Fed-Strategie. Es wird versucht, die Zielfunktion und das Durchführungsverfahren der Fed möglichst exakt zu beschreiben und dabei über den Begriff des Multiindikatorenansatzes hinauszugehen. Kann man bei der Fed von einer Steuerung der Beschäftigungslücke sprechen? Wie präzise lässt sich ihr Verhalten durch die Taylor-Regel beschreiben? Einer kurzen Zusammenfassung der akademischen Kritikpunkte an der Fed-Strategie wird anschließend die eher positive Bewertung der Finanzmärkte gegenübergestellt. Abschließend wird die Frage aufgeworfen, ob die Fed nach dem Abgang von Greenspan zu Inflation Targeting wechseln sollte.

In Kapitel 6 erfolgt ein Vergleich zwischen Fed- und EZB-Strategie. Der markanteste Unterschied besteht dabei in den übergeordneten Zielfunktionen beider Notenbanken, da die EZB ihr Beschäftigungsziel weniger stark gewichtet bzw. gänzlich verschleiern möchte. Die unterschiedliche Reaktion beider Notenbanken auf den globalen Wachstumsabschwung in den Jahren 2001-2003 dient dabei als Plattform für eine vergleichende Analyse. Zum Abschluss werden die wichtigsten Ergebnisse in Kapitel 7 zusammengefasst und bewertet.

2 Inhalt und Bedeutung geldpolitischer Strategien

2.1 Zum Begriff der „geldpolitischen Strategie"

Vor einer Auseinandersetzung mit der Fed-Strategie soll zunächst der Strategiebegriff näher beleuchtet werden. Letzterer entstammt dem Militärwesen [Stratege (gr.) = Heerführer], findet heute jedoch breite Anwendung und zwar meist im Sinne einer „langfristigen Grundsatzplanung".[1] In der Geldpolitik werden Strategien entsprechend als „konzeptionelle Vorgehensweisen", „längerfristig gültige Verfahren" oder „Programme" beschrieben.[2] Als Merkmale von Strategien im Allgemeinen und geldpolitischen Strategien im Besonderen gelten:

- Strategien sind auf die Realisierung bestimmter Zielen ausgerichtet. Strittig ist, ob die Zielbildung selbst Teil der Strategieformulierung ist. In der Geldpolitik werden die Ziele meist in grober Form in der Notenbankverfassung festgelegt. Den Zentralbanken obliegt dann die Umsetzung der Vorgaben mittels einer Strategie.[3]
- Strategien sollen für eine gewisse Kontinuität sorgen und daher längerfristig gültig sein.[4]
- Strategien werden vor ihrer Umsetzung bewusst geplant. Die EZB-Strategie wurde z.B. vor dem Beginn ihrer Tätigkeit (1998) entwickelt. Dies schließt nicht aus, dass sich einzelne Strategieelemente erst im Laufe der Zeit herausbilden.[5]
- Eine Strategie ist dann erforderlich, wenn die festgelegten Ziele nicht auf direktem Wege erreichbar sind. Dies gilt auch für die Geldpolitik. Wenn eine Notenbank ihre Endzielvariablen (Inflations- und ggf. Arbeitslosenrate) direkt steuern könnte, müsste sie keine umfangreiche Strategie ausarbeiten. In diesem Fall würde es ausreichen, wenn sie die Zielhöhe bestimmen und die Gewichtung zwischen den Zielen vornehmen würde. In der Realität kann die Notenbank ihre Endziele jedoch nur indirekt unter Verwendung einer Instrumentenvariablen steuern.[6] Dabei handelt es sich in der heutigen Praxis um einen Geldmarktzinssatz, für den die Notenbank regelmäßig einen Leitzins festlegt.[7]

---

[1] Erste strategische Denker finden sich in Griechenland (Aeneas) und China (Sun Tzu) [vgl. Stahel (1996), S. 4ff.]. Clausewitz [(1994), S. 178] liefert im 19. Jh. die klassische Definition der Strategie als Lehre vom „Gebrauch des Gefechts zum Zweck des Krieges", d.h. alle Gefechte werden geplant und aufeinander abgestimmt und dienen als Mittel zur Erreichung des Kriegsziels.

[2] „Eine geldpolitische Strategie beschreibt die konzeptionelle Vorgehensweise einer Zentralbank bei Verfolgung ihres wirtschaftspolitischen Endziels." Jarchow (2003), S. 336. „Unter einer geldpolitischen Strategie versteht man das längerfristige Verfahren, nach dem über den Instrumenteneinsatz zur Verfolgung der Ziele entschieden wird." Issing (1996), S. 254. „Das geldpolitische Konzept ist nichts anderes als ein Plan oder ein Programm, um die Ziele der Geldpolitik zu erreichen." Roth (2002), S. 9.

[3] Teilweise legt auch die Regierung die Ziele in regelmäßigen Abständen fest (Bank of England). Daneben obliegt die genaue Bestimmung der Zielhöhe oftmals der Notenbank (z.B. EZB) selbst.

[4] Die Geldmengenstrategie der Bundesbank hatte z.B. fast 25 Jahre bestand (1974-97).

[5] Einige Komponenten der heutigen EZB-Strategie wurden erst nachträglich eingeführt (z.B. Veröffentlichung einer Inflationsprognose). Im militärischen Bereich werden Planung und Umsetzung der Strategie als Einheit angesehen [vgl. Stahel (1996), S. 6]. Im Bereich der Unternehmensstrategie wird teilweise bestritten, dass Strategien immer im Voraus geplant und bewusst entwickelt werden können, vgl. Mintzberg/McHugh (1985), S. 160ff.

[6] Da Notenbanken die Geldmarktsätze meist nur indirekt über Offenmarktoperationen steuern und es dabei zu kleineren Abweichungen von der Zielmarke kommen kann, wäre es noch präziser von „operating target" zu sprechen, vgl. McCallum (1999), S. 1492, und Bofinger et al. (1996), S. 393ff.

[7] Bei der Fed ist dieser Leitzins die Zielrate für den Tagesgeldzins (Fed Funds Rate Target), bei der EZB der Hauptrefinanzierungssatz.

- Strategien betreffen stets das „Ganze". Im Militärwesen bedeutet dies, dass sich die Strategie nicht nur auf eine einzelne Schlacht, sondern auf die gesamte Heerführung bezieht. In der Betriebswirtschaftslehre beinhalten Strategien ebenfalls nicht nur Einzelmaßnahmen, sondern ein ganzes „Maßnahmenbündel" [Macharzina (1999), S. 220], d.h. eine Vielzahl von Einzelentscheidungen, die in einem stimmigen Verhältnis zueinander stehen müssen. In der Geldpolitik geht es weniger darum, eine Fülle paralleler Entscheidungen zu koordinieren, sondern es muss vielmehr die zeitliche Abfolge der Leitzinsentscheidungen in ein adäquates Verhältnis gebracht werden.
- Eine Strategie berücksichtigt die Handlungen anderer relevanter Akteure [vgl. z.B. Staehle (1999), S. 602f.]. Dies ist ein Aspekt, der von der Spieltheorie betont wird und für die Geldpolitik eine große Rolle spielt, da das Ergebnis einer geldpolitischen Maßnahme nicht zuletzt von den Reaktionen der privaten Akteure abhängig ist.
- Strategien treten in Verbindung mit schlecht strukturierten und komplexen Entscheidungsproblemen auf, was in besonderem Maße auf den geldpolitischen Entscheidungsprozess zutrifft. Dies soll anhand von Abb. 2.1 noch etwas genauer erläutert werden.

Jede Notenbank verfügt über ein oberstes Entscheidungsgremium (einen Zentralbankrat), das in regelmäßigen Abständen zusammentritt, wobei die wichtigste Entscheidung dabei die Festlegung des Leitzinses ist. Das Entscheidungsgremium wird hierzu versuchen, möglichst alle Informationen, die im Hinblick auf die Zielvariablen relevant sind, auszuwerten. Dies hat zur Folge, dass die Entscheidungsträger auf jeder Sitzung mit einer Fülle neuer makroökonomischer Daten konfrontiert werden (siehe Abb. 2.1 ①: Industrieproduktion, Kapazitätsauslastung, Auftragseingänge, Vertrauensindikatoren, Wechselkurse, Geldmenge, Zinssätze etc.). Diese Daten werden von einem Mitarbeiterstab ausgewertet und dem Gremium in übersichtlicher Form präsentiert. Damit aus der Datenanalyse ein effizienter Beschluss resultiert, muss vor allem über zwei Sachverhalte Klarheit bestehen:

- Die Struktur und Funktionsweise der Volkswirtschaft: Der Zentralbankrat sollte eine Vorstellung darüber besitzen, wie sich Datenänderungen der verschiedenen Makro-Variablen (Zinsen, Wechselkurse, Budgetdefizit etc.) auf die Endzielgrößen auswirken. Er sollte also z.B. einschätzen können, welche Auswirkungen eine 10-prozentige Aufwertung der eigenen Währung auf das Preis- und Outputniveau besitzt.
- Den monetären Transmissionsprozess: Um auf mögliche Zielabweichungen (z.B. eine Überschreitung des Inflationsziels) angemessen reagieren zu können, sollte eine Notenbank ungefähr ermessen können, wie schnell und in welchem Ausmaß sich geldpolitische Impulse auf die Endzielvariablen übertragen.

Der Entscheidungsprozess würde recht einfach ablaufen, wenn eine Notenbank über ein makroökonomisches Modell verfügen würde, das sämtliche Beziehungen der verschiedenen ökonomischen Variablen sowie den geldpolitischen Transmissionsprozess realitätsnah abbildet. Dieses Modell müsste vor jeder Sitzung lediglich mit den neusten Daten gefüttert werden und würde dann nach einem kurzen Rechenvorgang die möglichen Zielverfehlungen und die zu ihrer Beseitigung notwendigen Leitzinsanpassungen ausweisen. Ein solches allgemein akzeptiertes Modell, das die

Realität zu 100 % abbildet, gibt es jedoch nicht.[8] In der geldpolitischen Praxis wird stattdessen eine Vielzahl von Modellen herangezogen, aus denen nur ungefähre Vorstellungen über die weitere Entwicklung der Zielvariablen gewonnen werden können. In die endgültige Festlegung des Leitzinses fließt daher eine gehörige Portion an subjektivem Ermessen ein (siehe Abb. 2.1 ②).[9]

Abb. 2.1: Der geldpolitische Entscheidungsprozess

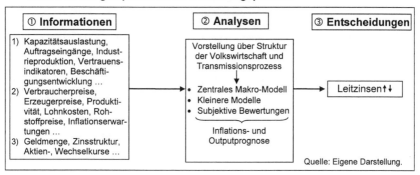

① Informationen	② Analysen	③ Entscheidungen
1) Kapazitätsauslastung, Auftragseingänge, Industrieproduktion, Vertrauensindikatoren, Beschäftigungsentwicklung … 2) Verbraucherpreise, Erzeugerpreise, Produktivität, Lohnkosten, Rohstoffpreise, Inflationserwartungen … 3) Geldmenge, Zinsstruktur, Aktien-, Wechselkurse …	Vorstellung über Struktur der Volkswirtschaft und Transmissionsprozess ↓ • Zentrales Makro-Modell • Kleinere Modelle • Subjektive Bewertungen ‾‾‾‾‾‾‾‾‾‾‾‾‾ Inflations- und Outputprognose	Leitzinsen↑↓

Quelle: Eigene Darstellung.

Angesichts der Unübersichtlichkeit und Subjektivität des Entscheidungsprozesses fällt geldpolitischen Strategien primär die Aufgabe zu, diesen Komplexitätsgrad zu reduzieren. Die Strategie soll den Prozess der Informationsverarbeitung und Entscheidungsfindung strukturieren, um dadurch den Entscheidungsträgern die Informationsverarbeitung zu erleichtern und Hilfestellungen bei ihren Entscheidungen zu liefern.[10] Die größere Systematik soll der Geldpolitik zugleich einen gewissen Regelcharakter verleihen.[11] Wie weit diese Regelorientierung jedoch gehen soll, ist umstritten. In jüngster Zeit haben sich hierbei zwei Sichtweisen herausgebildet:

1) Nach Bofinger [(2001), S. 240ff.] beinhalten geldpolitische Strategien in ihrem Kern nichts anderes als „einfache Regeln".[12] Mit Hilfe dieser Daumenregeln soll die

---

[8]   Dies liegt zum einen daran, dass das Wirtschaftsgeschehen so komplex ist, dass Modelle zwangsläufig nur eine vereinfachte und unvollständige Beschreibung der Realität liefern können. Zum anderen besteht aber auch unter den Ökonomen kein Konsens über die prinzipielle Funktionsweise einer modernen Marktwirtschaft. " … [there is no] consensus within economic profession about the correct model of the economy." Cukierman (2002), S. 18. Trotz all dieser Unzulänglichkeiten verfügen die meisten Zentralbanken dennoch über ein zentrales makroökonomisches Modell: "Admittedly, many of the major CBs [Central Banks] have at least one big econometric model of the economy in store." Cukierman (2002), S. 18.

[9]   Gemäß Vickers [(1998), S. 371, (1999), S. 14f.] bestimmen vor allem drei Elemente den geldpolitischen Entscheidungsprozess der Bank of England: Die Ergebnisse des makroökonomischen Kernmodells, Informationen aus anderen Modellen und das subjektive Urteil der Notenbanker.

[10] Vgl. Görgens et al. (2001), S. 90. Gemäß Bofinger et al. [(1996), S. 242] sollen sich aus Strategien „praktische Handlungsanweisungen für die Geldpolitik ableiten lassen."

[11] Vgl. Issing et al. (2001), S. 38.

[12] Von „einfachen Regeln" spricht man dann, wenn die Regel leicht fassbar ist und – als Formel dargestellt – wenige Komponenten enthält. Im Gegensatz hierzu stehen „optimale" oder „komplexe" Regeln. Sie ergeben sich aus einer Zielfunktion, die unter Nebenbedingungen (einem makroökonomischen Modell) maximiert wird. Bei umfangreichen Modellen können sie sehr komplexe Formen annehmen [vgl. z.B. Jarchow (2003), S. 345f., oder EZB (2001c), S. 45ff.]. Svensson [(1999a), S. 614] sieht offenbar keinen großen Unterschied zwischen einer Regel und einer Strategie, denn seine Regeldefinition als „a prescribed guide for monetary policy conduct", könnte man ebenso gut

Plausibilität der Ergebnisse, die aus den komplizierten ökonometrischen Modellen gewonnen werden, überprüft werden.[13] Einfache Regeln können zum einen Formeln sein, welche die Instrumentenvariable in Abhängigkeit einiger Makrovariablen darstellen.[14] Anhand solcher „Instrumentenregeln" kann die Höhe des Leitzinses zu jedem Zeitpunkt sofort errechnet werden. Zum anderen lassen sich simple Regeln aber auch aus so genannten Zwischenzielen ableiten.[15] Die Strategie der Geldmengensteuerung enthält z.b. als zentrales Element die Geldmengenregel, die besagt, dass eine Notenbank dann die Zinsen erhöhen (senken) sollte, wenn das Geldmengenwachstum das Geldmengenziel überschreitet (unterschreitet). Da die meisten einfachen Regeln auf einem bestimmten theoretischen Hintergrund basieren, ist mit der Festlegung auf eine Strategie bzw. Regel zugleich die wesentliche Vorstellung einer Notenbank über den geldpolitischen Transmissionsprozess determiniert. Eine Notenbank, die sich z.b. für die Geldmengensteuerung entscheidet, weist offensichtlich dem quantitätstheoretischen Transmissionsprozess die größte Bedeutung zu.[16]

2) Die EZB (2001c), Issing et al. (2001) und Winkler (2000) wählen hingegen einen breiteren Strategiebegriff und definieren geldpolitische Strategien eher vage als:[17]

> „... einen systematischen Rahmen zur Organisation und Strukturierung von Informationen und Analysen ...." Winkler (2000), S. 15; Übersetzung: D.H.

> „... eine Verfahrenspalette zur Strukturierung der Informationsanalyse und des Entscheidungsprozesses durch die Zentralbank." EZB (2001c), S. 56.

Gemäß diesen Definitionen sollen Strategien also einen Rahmen („framework") liefern, innerhalb dessen die Informationen analysiert, interpretiert und erläutert werden. Ein solcher Analyserahmen basiert aber nicht primär auf einer einfachen Daumenregel, sondern zieht eine Vielzahl von Modellen und Indikatoren heran. Die Strategie schreibt dabei lediglich im Vorhinein fest, welche Informationsvariablen geprüft,

---

auf geldpolitische Strategien anwenden. Auch nach Ansicht von Jarchow [(2003), S. 336] spielen bei geldpolitischen Strategien Regeln und Zwischenziele eine herausgehobene Rolle. Mishkin [(1999), S. 580] sieht das zentrale gemeinsame Kennzeichen von geldpolitischen „Regimen" darin, dass sie über einen „nominalen Anker" (Wechselkurs, Geldmenge, Inflationsziel) verfügen, der den diskretionären Handlungsspielraum einschränkt und eine gewisse Regelbindung sorgt.

[13] "... a central bank needs some relatively simple rules of thumb that enable it to check the plausibility of the results that have been produced by a large econometric model." Bofinger (2001), S. 242.

[14] "An explicit instrument rule expresses the monetary policy instrument as an explicit function of available information." Rudebusch/Svensson (1999), S. 204.

[15] Ein Zwischenziel ist eine Größe, die unmittelbar durch die Notenbank kontrolliert werden kann und in einem engen Zusammenhang zum Endziel steht. Prominente Beispiele sind die Geldmenge und der Wechselkurs. Die Verwendung eines Zwischenziels soll eine indirekte Steuerung des Endziels ermöglichen, da eine direkte Endzielsteuerung nicht durchführbar ist (Lag-Problematik). Indem die Notenbank den Wert des Zwischenziels in einer engen Bandbreite hält, sorgt sie gleichsam dafür, dass sich das Endziel in einem gewünschten Zielband bewegt. Ein Zwischenziel soll als „Leitlinie" oder „Kompass" der laufenden Geldpolitik fungieren. Vgl. z.B. Issing (1996), S. 179, Jarchow (2003), S. 336, oder Bofinger et al. (1996), S. 246ff.

[16] Die Wechselkurssteuerung basiert vor allem auf der Kaufkraftparitäten- bzw. ungedeckten Zinsparitätentheorie. Bei Inflation Targeting – verstanden als Inflation „Forecast" Targeting – setzt man wiederum sehr stark auf die Wirkung des Zinskanals der aggregierten Nachfrage, vgl. Bofinger (2001), S. 242.

[17] "The monetary policy strategy specifies how information is organised and filtered in order to provide the foundation for monetary policy actions aimed at maintaining price stability." Issing et al. (2001), S. 103.

welche Analysemethoden angewandt und wie die Ergebnisse der Öffentlichkeit präsentiert werden. In Abgrenzung zu einfachen „Handlungsregeln" spricht die EZB
[(2001c), S. 56f.] daher bei Strategien eher von „Analyse- oder Verfahrensregeln".
Diese seien besser dazu geeignet, die unterschiedlichen Auffassungen über die
Wirtschaftsstruktur und den monetären Transmissionsprozess zu integrieren als einfache „Instrumenten- oder Handlungsregeln", die nur auf einem theoretischen Konzept basierten. Die Zwei-Säulen-Strategie der EZB stellt in diesem Sinne den Versuch dar, unterschiedliche theoretische Konzepte zu integrieren und die Strategie
nicht ausschließlich auf eine einfache Regelbindung zu reduzieren.

Im Weiteren wird die Meinung vertreten, dass die beiden unterschiedlichen Interpretationen des geldpolitischen Strategiebegriffs durchaus miteinander kompatibel sind.
So beinhalten viele Strategien sowohl einfache Handlungsregeln als auch breitere
Verfahrensregeln. Zum Beispiel wird sich später noch zeigen, dass Inflation Targeting im Kern eine einfache Regel aufweist („Inflationsziel = Inflationsprognose");
gleichzeitig ist mit dem Prozess der Erstellung der Inflationsprognose aber auch ein
bestimmtes Verfahren bei der Informationsverarbeitung festgelegt. Unabhängig davon ob Strategien primär Handlungs- oder Verfahrensregeln zur Verfügung stellen,
tragen sie zur Systematisierung des Entscheidungsprozesses bei und erfüllen damit
vor allem zwei Funktionen:[18]

1. Im Innenverhältnis soll eine geldpolitische Strategie eine effiziente Informations-
    verarbeitung sicherstellen und damit die Grundlage für adäquate Entscheidungen
    schaffen. Durch die Einigung auf bestimmte Verfahrens- und Handlungsregeln
    soll außerdem der Entscheidungsprozess in einem mehrköpfigen Gremium auf
    eine gemeinsam akzeptierte Basis gestellt werden. So soll z.B. nicht auf jeder
    Sitzung eine Grundsatzdiskussion über die Art des Vorgehens und die Bedeu-
    tung einzelner Indikatoren geführt werden.

2. Im Außenverhältnis übernimmt die geldpolitische Strategie die Rolle eines Kom-
    munikationsmediums, das zu möglichst transparenten geldpolitischen Entschei-
    dungen in der Öffentlichkeit beitragen soll.[19] Indem die Zentralbank ihre Aktionen
    verständlicher macht, werden Außenstehende in die Lage versetzt, Notenbank-
    entscheidungen besser zu antizipieren und die Entscheidungsträger zu überwa-
    chen, also z.B. zu überprüfen, ob sie ihren gesetzlichen Pflichten (Preisstabilität
    und ggf. Beschäftigung zu fördern) nachkommen. Beides soll der Tatsache
    Rechnung tragen, dass die Ergebnisse der Geldpolitik nicht zuletzt von den Re-
    aktionen der privaten Akteure abhängig sind. Strategien sollen daher das gegen-
    seitige Verständnis zwischen Notenbank und Öffentlichkeit erhöhen.

---

[18] Vgl. z.B. Bofinger et al. (1996), S. 243, EZB (1999a), S. 47f., und Winkler (2000), S. 15ff.
[19] Gemäß Winkler [(2000), S. 15] übernimmt eine Strategie auch intern die Funktion eines Kommuni-
      kationsmediums, da sie z.B. innerhalb des Entscheidungskomitees für eine einheitliche Sprach-
      ebene sorgt. Winkler [(2000), S. 18ff.] weist auch auf den Konflikt zwischen der internen Erforder-
      nis nach möglichst effizienter Informationsverarbeitung und der externen Anforderung nach einer
      möglichst klaren und übersichtlichen Präsentation hin. Wird versucht, möglichst alle Informationen,
      die bei der internen Entscheidungsfindung verwendet werden, zu präsentieren, könnte dies die öf-
      fentliche Transparenz mindern statt fördern.

In den folgenden Kapiteln steht die externe Funktion geldpolitischer Strategien im Zentrum, denn es besteht kaum ein Zweifel daran, dass die großen Notenbanken eine effiziente Informationsverarbeitung durchführen. Alle Notenbanken verfügen über einen großen Mitarbeiterstab, betrachten eine Fülle an Informationsvariablen, ziehen zur Analyse komplexe Modelle heran und erstellen ausgeklügelte Inflations- und Wachstumsprognosen. Wenn also über Unterschiede zwischen Notenbankstrategien gesprochen wird, dann bezieht sich dies weniger auf den Prozess der internen Entscheidungsfindung, sondern vielmehr auf Differenzen in der Kommunikation mit der Öffentlichkeit.[20] So kann man davon ausgehen, dass alle Notenbanken eine interne Inflationsprognose erstellen, aber vor allem Zentralbanken, welche Inflation Targeting praktizieren, werden großen Wert auf deren Veröffentlichung legen.[21] Jede Notenbank wird auch die Geldmengenentwicklung analysieren, aber nur Zentralbanken, die eine Strategie der Geldmengensteuerung verfolgen, fühlen sich berufen in der externen Begründung regelmäßig auf das Geldmengenwachstum einzugehen. Auch die Kritik an Notenbankstrategien – etwa die EZB- oder die Fed-Strategie – konzentriert sich auf Ungereimtheiten in der externen Präsentation und weniger auf Mängel in der Informationsverarbeitung.[22]

Zusammenfassend kann man festhalten, dass es sich bei einer geldpolitischen Strategie um ein Gesamtkonzept, ein Verfahren oder ein Programm der Notenbank zur Erreichung ihrer Endziele handelt. Die Strategie soll vor allem Hilfestellung bei der Entscheidung über die Höhe der Instrumentenvariable leisten. Dieser Entscheidungsprozess ist aufgrund der Informationsfülle, der komplexen Wirtschaftsstruktur und des vielschichtigen monetären Transmissionsprozesses äußerst unübersichtlich. Strategien sollen daher zu einer Systematisierung und klaren Strukturierung des Entscheidungsprozesses beitragen. Dies geschieht teilweise durch grobe Daumenregeln, die erste Anhaltspunkte über die Höhe des Leitzinses liefern sollen, als auch durch Verfahrensregeln, die unter anderem festlegen, welche Analysemethoden angewandt werden. Dies soll im Inneren der Notenbank zu einer effizienten Informationsverarbeitung und in der Öffentlichkeit zu größerer geldpolitischer Transparenz führen. Wenn von Unterschieden zwischen Notenbankstrategien die Rede ist, bezieht sich dies vorwiegend auf Differenzen in der externen Darstellung und weniger auf den Prozess der internen Informationsverarbeitung.

---

[20] „Die internen Verfahren von Zentralbanken ... dürften sich also ... nicht grundlegend unterscheiden. Doch gibt es Unterschiede zwischen den Zentralbankstrategien in Bezug auf die öffentliche Präsentation, der den geldpolitischen Entscheidungen zugrunde liegenden Analyse." EZB (2000c), S. 51.

[21] "Even in regimes with less tightly defined objectives, the central bank's forecast, while not dispositive, is certain to play a key role in the deliberations." Blinder et al. (2001), S. 32.

[22] Kißmer/Wagner [(2002), S. 22] weisen z.B. darauf hin, dass sich die Kritik an der EZB-Strategie schwerpunktmäßig auf Mängel in der Kommunikationspolitik konzentriert.

2.2 Warum werden transparente Strategien gefordert?

2.2.1 Berechenbarkeit

2.2.1.1 Berechenbarkeit als Mittel zur Steigerung geldpolitischer Effizienz

In den vergangenen Jahren hat die Rolle der geldpolitischen Strategie als externes Kommunikationsmittel an Bedeutung gewonnen. Viele Notenbanken sind mit zunehmendem Eifer darum bemüht, die Grundpfeiler ihrer Konzeption im Bewusstsein der Öffentlichkeit zu verankern. Fast hat man den Eindruck, dass die Allgemeinheit mit einer Art Marketingstrategie von den Vorzügen des eigenen „Produkts" überzeugt werden soll. Vorreiter sind dabei Notenbanken, die einen Systemwechsel zu „Inflation Targeting" (Bank of England) vollzogen haben oder ganz neu entstanden sind (EZB). Zur Begründung dieser Transparenzoffensive wird vor allem auf zwei Argumente verwiesen: Die *Berechenbarkeit* und *Glaubwürdigkeit* der eigenen Geldpolitik sollen durch eine klare und verständliche Strategie gestärkt werden.[23]

Zunächst zur Frage, warum Notenbanken zunehmend einen Vorteil darin sehen, berechenbar zu sein. Berechenbarkeit liegt dann vor, wenn die Notenbank nachvollziehbar agiert und ihre Maßnahmen für die Finanzmärkte leicht antizipierbar sind. Das wichtigste Mittel zur Erlangung von Berechenbarkeit stellt eine transparente Geldpolitik dar. Darunter versteht man heutzutage, dass die Notenbank die Öffentlichkeit umfassend über ihre Ziele, ihre Entscheidungen (inkl. Begründungen), ihre Strategie, ihre aktuelle wirtschaftliche Lageeinschätzung und ihre Sichtweise des Transmissionsprozesses informiert.[24] Vor allem die Bekanntgabe der geldpolitischen Strategie soll den Märkten helfen, *„dass systematische Reaktionsmuster der Geldpolitik auf wirtschaftliche Entwicklungen und Schocks zu verstehen und damit die allgemeine Richtung der Geldpolitik ... vorauszuahnen."* EZB [(2002b), S. 65f.].

In der Transparenzdebatte der vergangenen Jahre offenbart sich ein beachtlicher Bewusstseinswandel, denn lange Zeit galten Notenbanken eher als Hort der Geheimniskrämerei und Verschwiegenheit denn als Ausbund an Offenheit.[25] Dies traf besonders auf die Fed zu, die sich noch bis 1993 weigerte, ihre geldpolitischen Beschlüsse – also insbesondere die Zinsentscheidungen sowie die Festlegung der

---

[23] Als drittes Argument zugunsten einer transparenten Geldpolitik wird häufig angeführt, dass unabhängige Notenbanken in einem demokratischen Staat gegenüber der Öffentlichkeit Rechenschaft ablegen sollten. Transparenz über die geldpolitische Strategie wird dabei als wesentlicher Bestandteil dieser Rechenschaftspflicht gesehen, vgl. z.B. Remsperger/Worms (1999), S. 2, und Blinder et al. (2001), S. 22ff.

[24] Geraats [(2002), F540] unterscheidet folgende Formen der Transparenz: „Political" (Ziele), „economic" (Daten, Modelle, Prognosen), „procedural" (Strategie, Protokolle), „policy" (Entscheidungen) und „operational" (Auskunft über Schocks). Die Ansichten darüber, ob Transparenz die Veröffentlichung von Sitzungsprotokollen und Prognosen umfasst, gehen dabei auseinander [vgl. z.B. den Meinungsstreit zwischen Issing (1999) und Buiter (1999)]. Transparenz soll dazu führen, dass die Öffentlichkeit zu einem *„echten Verständnis des gesamten geldpolitischen Entscheidungsprozesses gelangt."* [EZB (2002b), S 63]. Als Grundlage für die Forderung nach Transparenz gilt das Vorhandensein von Informationsasymmetrien zwischen Notenbank und Öffentlichkeit. Diese Asymmetrie ergibt sich daraus, dass Notenbanken über ihre eigenen Absichten und Vorgehensweisen besser Bescheid wissen als die private Öffentlichkeit [vgl. z.B. Blinder et al. (2001), S. 13]. Bofinger [(2001), S. 223ff.] bezweifelt jedoch die Existenz bedeutender Informationsasymmetrien.

[25] "Central Banking [has been] traditionally surrounded by a peculiar and protective political mystique." Karl Brunner, zitiert nach Goodfriend (1986), S. 64.

Zinsneigung (symmetrische bzw. asymmetrische Direktive) –, sofort der Öffentlichkeit preiszugeben. Sie lehnte dies mit dem Argument ab, dass zu große Offenheit über die aktuelle und (mögliche) zukünftige Zinspolitik ungewünschte sowie übertriebene Marktreaktionen hervorrufen würde. Außerdem wäre sie dadurch in ihrer geldpolitischen Flexibilität eingeschränkt.[26] Die US-Notenbank vertrat damit letztendlich die Ansicht, dass zu viel Transparenz einer effektiven Geldpolitik schaden würde. Änderungen der Zielrate des Tagesgeldzinses (Fed Funds Rate Target) wurden daher lange Zeit eher diskret durchgeführt. Sie sollten möglichst unbemerkt in die Märkte einsickern, ohne größere Signalwirkungen zu entfalten.[27]

Inzwischen hat sich diese Sichtweise merklich gewandelt. Finanzmärkte und deren Reaktionen werden in immer größerem Maße als Verbündete und weniger als Gegner der Notenbankpolitik angesehen. Zumindest in bestimmten Phasen begrüßen es Notenbanker, wenn ihre Maßnahmen von den Märkten antizipiert werden. Dabei setzt sich zunehmend die Erkenntnis durch, dass eine transparente und berechenbare Geldpolitik die Wirksamkeit der Geldpolitik verbessern kann, statt ihr zu schaden.[28] Ausgangspunkt dieser Überlegung ist, dass die Notenbank mit dem Tagesgeldzins nur eine wenig bedeutsame ökonomische Größe direkt steuern kann.[29] Auf die für die wirtschaftliche Entwicklung wichtigeren langfristigen Vermögenspreise – Kapitalmarktzinsen, Wechsel- und Aktienkurse – hat sie hingegen nur einen indirekten Einfluss. Diese Größen werden weniger von der gegenwärtigen, sondern vielmehr von der zukünftig erwarteten Zinspolitik der Notenbank bestimmt. Dies ergibt sich aus der Erwartungstheorie der Zinsstruktur, der Zinsparitätentheorie des Wechselkurses und der Theorien zur Vermögenspreisbildung.

1. Gemäß der Erwartungstheorie der Zinsstruktur, die auf Irving Fischer (1930) zurückgeht, ergibt sich der langfristige Zinssatz als geometrischer Durchschnitt aus dem heutigen kurzfristigen und den zukünftig erwarteten kurzfristigen Zinsen. Im Hintergrund dieser Theorie stehen Arbitrageüberlegungen. Man geht davon aus, dass z.B. die Rendite aus der Anlage in ein 10-jähriges Wertpapier mit der Alternative einer zehnmalig wiederholten Investition in ein einjähriges Wertpapier übereinstimmt. Dies lässt sich formal in allgemeiner Weise wie folgt veranschaulichen:[30]

---

[26] Teile des Kongresses forderten die Fed mehrfach vor 1994 dazu auf, ihre geldpolitischen Beschlüsse (insbesondere die Direktiven an die New York Fed) sofort zu veröffentlichen. Greenspan [(1993c), S. 21] wies dies 1993 zurück: "... the release of those directives [to the Open Market Desk] during the period they are in force would only add to fluctuations in financial markets, moving rates when no immediate change was involved."

[27] "... there is a distinction between a discount rate and a federal funds rate action in the sense that we don't want an announcement effect ordinarily on the funds rate." Greenspan, in: FOMC (TS Feb 1994), S. 29.

[28] "... monetary policy works best when Fed policy actions are completely anticipated by the time they occur." Poole (2001). Vgl. z.B. für die Schweizerische Notenbank: Roth (2002), S. 2ff. Auch Greenspan [(2002a)] gesteht inzwischen ein, dass einige seiner früheren Bedenken gegenüber mehr Transparenz übertrieben waren und dass die größere Offenheit der Fed in den vergangen Jahren die Effizienz der Geldpolitik gefördert hat.

[29] Vgl. hierzu insbesondere Blinder (1998), S. 70ff., Blinder et. al (2001), S. 11ff., und Woodford (2003), S. 15ff. Bereits Goodfriend (1991) wies darauf hin, dass Änderungen der Fed Funds Rate auf die Beeinflussung längerfristiger Zinsen ausgerichtet sind.

[30] Zur Ableitung des Arbitragegleichgewichts wird von vereinfachenden Annahmen ausgegangen: Die Anleger bilden gleiche sowie sichere Erwartungen bezüglich der zukünftigen kurzfristigen Zinssät-

$$(2.1) \quad i_l = \sqrt[n]{(1+i_1)\cdot(1+i_2^e)\cdot \ldots \cdot(1+i_n^e)} - 1,$$

2. wobei i_l = langfristiger Zins p.a., i_1 = kurzfristiger Zins in Periode 1, i_t^e = kurzfristiger erwarteter Zins in Periode t, n = Laufzeit des langfristigen Wertpapiers. Geht man davon aus, dass der kurzfristige Zins i_t einigermaßen durch die Notenbank kontrollierbar ist, dann spiegelt i_t^e die Erwartungen über die zukünftige Notenbankpolitik wieder. Diese Komponente gewinnt mit zunehmendem Anlagehorizont an Gewicht, weshalb vor allem die langfristigen Kapitalmarktzinsen – gemäß der Erwartungstheorie – maßgeblich von den vorherrschenden Erwartungen über die zukünftige Geldpolitik bestimmen werden. Will die Notenbank die langfristigen Zinsen beeinflussen, ist es folglich notwendig, dass sie diese Erwartungen in die von ihr gewünschte Richtung steuern kann.

3. Ebenfalls auf Arbitrageüberlegung und der Annahme effizienter internationaler Kapitalmärkte beruht die Theorie der Zinsparität, aus der eine Gleichgewichtsbedingung für den Wechselkurs abgeleitet werden kann:

$$(2.2) \quad W_t = \frac{1+i_t^A}{1+i_t} W_{t+1}^e,$$

mit $W_t \equiv$ Wechselkurs in Periode t, W_{t+1}^e = erwarteter Wechselkurs für die Periode t+1 und i_t bzw. i_t^A = inländischer bzw. ausländischer einperiodiger Zinssatz in Periode t. Logarithmiert man beide Seiten von (2.2) und berücksichtigt, dass $\ln(1+i_t) \approx i_t$, ergibt sich:

$$(2.3) \quad w_t = w_{t+1}^e + i_t^A - i_t,$$

wobei $w_t = \ln(W_t)$.[31] Durch Vorwärtsiteration dieser Gleichung erhält man folgende Form der Zinsparitätenbedingung:

$$(2.4) \quad w_t = E\sum_{j=0}^{\infty} \left(i_{t+j}^A - i_{t+j} \right),$$

wobei E = Erwartungswertoperator. Der heutige Wechselkurs ist gemäß (2.4) abhängig von der Erwartung über die künftige Zinsentwicklung im In- und Ausland. Wenn also eine Notenbank mit Hilfe einer Währungsabwertung die Exportnachfrage ankurbeln will, reicht es nicht aus, nur den kurzfristigen Zinssatz zu senken, sondern sie muss vor allem die Erwartung einer langfristigen Niedrigzinspolitik erzeugen.

4. Bei der Ableitung von Aktienpreisen kann man von folgenden beiden Annahmen ausgehen: 1) Die Gesamtrendite einer Aktie setzt sich aus der erwarteten Dividendenrendite und den erwarteten Kurssteigerungen zusammen. 2) Es findet eine Arbitrage zwischen Bond- und Aktienrenditen statt, wobei hier vereinfachend

---

ze und es bestehen keine Liquiditätspräferenzen. Kurzfristige und langfristige Anlagen bilden daher perfekte Substitute. Logarithmiert man (2.1) und unterstellt $\ln(1 + i) \approx i$, dann ergibt sich ein vereinfachtes Arbitragegleichgewicht:

$$i_l = \frac{i_1 + i_2^e + i_3^e + \ldots + i_n^e}{n}.$$

[31] Die Logik der Gleichung würde sich nicht wesentlich ändern, wenn man zur Ableitung der Zinsparität statt eines kurzfristigen einen (n-periodigen) langfristigen Zins i_l heranzieht. Nach Logarithmieren und linearer Approximation ergäbe sich dann: $w_t = w_{t+n}^e + n i_{lt}^A - n i_{lt}$.

eine einperiodige (= einjährige) Anlagedauer unterstellt wird.[32] Daraus lässt sich folgende Bestimmungsgleichung für Aktienkurse ableiten:

$$(2.5) \quad K_t = \frac{D^e_{t+1}}{1+i_t} + \frac{K^e_{t+1}}{1+i_t},$$

wobei K^e_{t+1} (bzw. K^e_{t+1}) = (erwarteter) Aktienkurs in Periode t (+1), D^e_{t+1} = erwartete Dividende für die Periode t+1 und i_t = Vergleichsrendite des Bonds mit einjähriger Laufzeit in Periode t. Durch Vorwärtsiteration von Gleichung (2.5) ergibt sich:

$$(2.6) \quad K_t = \frac{D^e_{t+1}}{1+i_t} + \frac{D^e_{t+2}}{(1+i_t)(1+i^e_{t+1})} + \frac{D^e_{t+3}}{(1+i_t)(1+i^e_{t+1})(1+i^e_{t+2})} + \dots$$

Der gegenwärtige Aktienkurs entspricht also der Summe der zukünftig erwarteten Dividendenerträgen, die mit der Sequenz an heutigen und zukünftig erwarten einjährigen Zinssätzen abdiskontiert werden. Rechnen die Aktienanleger mit zukünftig steigenden Zinssätzen, dann nimmt auch der Diskontierungsfaktor zu und die Aktienkurse sinken. Ist also die Notenbank z.B. an einer Dämpfung der Aktienkursentwicklung interessiert, weil sie die gesamtwirtschaftliche Nachfrage drosseln will, würde es ihr entgegenkommen, wenn die Aktienmärkte eine Straffung der Notenbankpolitik erwarten.

Abb. 2.2: Geldpolitik und langfristige Vermögenspreise

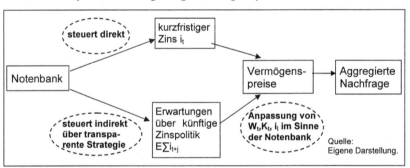

Quelle:
Eigene Darstellung.

Da die wichtigen langfristigen Vermögenspreise maßgeblich von den Erwartungen über den zukünftigen Zinspfad der Geldpolitik ($E\sum i_{t+j}$) bestimmt werden, hängt die Wirksamkeit der Geldpolitik entscheidend davon ab, inwieweit es der Notenbank gelingt, die Markterwartungen bezüglich der zukünftigen Zinspolitik in die von ihr gewünschte Richtung zu lenken.[33] Als Mittel für dieses „Management der Erwartungen"

---

[32] Außerdem wird unterstellt, dass die Aktie unmittelbar nach der letzten Dividendenzahlung erworben wurde.

[33] Diese Aussage erhält zusätzliches Gewicht, wenn man berücksichtigt, dass nicht nur Finanzmarktgrößen, sondern auch andere makroökonomische Variablen (Inflationsrate, Outputlücke) von Zukunftserwartungen abhängig sind. Moderne Formulierungen einer IS-Kurve [vgl. z.B. Clarida et al. (1999), S. 1665f.] gehen z.B. davon aus, dass die heutige Outputlücke y_t nicht nur vom gegenwärtigen Realzins r_t, sondern auch von der zukünftig erwarteten Outputlücke $E_t y_{t+1}$ abhängig ist (z.B. weil die Aussicht auf höheren zukünftigen Konsum die heutige Konsumnachfrage erhöht). Es gilt dann [ohne Schocks, φ = (Semi-)Zinselastizität der Nachfrage]: $y_t = -\varphi \, r_t + E_t y_{t+1}$. Durch Vorwärtsiteration wandelt sich diese IS-Gleichung in: $y_t = E_t \sum -\varphi \, r_{t+i}$. In diesem Fall hängt die heutige Outputlücke also vom erwarten Zukunftspfad des Realzinses ab, wobei noch nicht berücksichtigt ist,

[Woodford (2003), S. 16] dient eine transparente Geldpolitik, die es den Marktakteuren erlaubt, die zukünftigen Zinsschritte der Notenbank im Vorhinein abzuschätzen. Werden die geldpolitischen Aktionen korrekt vorausgeahnt, kommt es noch vor der eigentlichen Notenbankhandlung zu den gewünschten Vermögenspreisanpassungen, was die Wirkung der Geldpolitik verstärkt. Abb. 2.2 veranschaulicht nochmals die Bedeutung dieser indirekten Steuerung der Vermögenspreise.

Unterstellt man z.B. eine ökonomische Situation, bei der sich Inflationsgefahren abzeichnen (Sach- und Arbeitsressourcen ausgeschöpft, zunehmende Lieferengpässe, Preissteigerungen bei Vorprodukten etc.), dann wird die Notenbank hierauf zunächst mit einer vorsichtigen Zinsanhebung reagieren. Ist den Finanzmärkten aufgrund vergangener Erfahrung und einer transparenten geldpolitischen Strategie bekannt, dass die Geldpolitik so lange restriktiv agieren wird, bis die Inflationsgefahren vollständig gebannt sind, dann werden die Marktakteure mit einer Serie weitere Zinsschritte rechnen. Die Folge hiervon wären steigende Kapitalmarktzinsen, eine Aufwertung der eigenen Währung und fallende Aktienkurse. Diese Vermögenspreisanpassungen dämpfen die Investitions-, Konsum- und Exportnachfrage und tragen zur ökonomischen Stabilisierung bei. Die Geldpolitik selbst muss weniger aktiv eingreifen, da die meiste Arbeit von den Finanzmärkten erledigt wird.

Abb. 2.3: Kapitalmarktzins und Fed-Politik 1996-1999

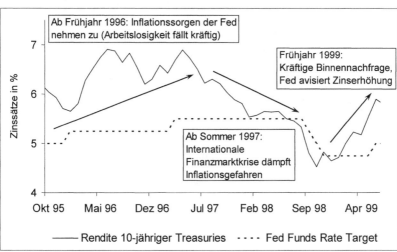

Quelle: Eigene Darstellung.

Als ein Beispiel für eine solche fruchtbare Symbiose zwischen Notenbank und Finanzmärkten wird der Zeitraum zwischen Februar 1996 und Juni 1999 in den USA angesehen [vgl. Blinder et al. (2001), S. 9], die in Abb. 2.3 beschrieben wird. In dieser Phase agierte die Fed auf Sparflamme – nur im März 1997 und Herbst 1998

---

dass der langfristige Realzins seinerseits wiederum vom zukünftig erwarteten kurzfristigen Realzinspfad bestimmt wird.

wurde die Zielrate der Fed Funds Rate geändert –, die Kapitalmarktrenditen (durchgezogene Linie in Abb. 2.3) schwankten hingegen deutlich hin und her und erledigten dabei einen Großteil der Arbeit der US-Notenbank. Als sich die Fed z.b. im Frühjahr 1996 wachsende Sorgen über zunehmenden Preisdruck machte, begannen die Kapitalmarktrenditen anzuziehen, was die weitere ökonomische Entwicklung dämpfte. Die Fed selbst begnügte sich mit dem Hinweis darauf, dass sie zu einer Zinserhöhung neige, sah aber letztendlich von tatsächlichen Zinsmaßnahmen ab.[34] Als eine Voraussetzung dafür, dass die Bondmärkte sozusagen als makroökonomischer Stabilisator wirkten, wurde das im Vergleich zu früheren Jahren transparentere Verhalten der Fed angesehen. Diese ermöglicht es den Märkten, die Intentionen der Fed besser abzuschätzen, woraus sich Vermögenspreisanpassungen ganz im Sinne der Notenbank ergaben.

Abstrakter formuliert könnte man sagen, dass die Finanzmärkte ihre Stabilisierungsfunktion erfüllen, wenn sich ihre Erwartungen über den zukünftigen Zinspfad der Geldpolitik beim Auftreten eines ökonomischen Schocks in geeigneter Weise anpassen, d.h. bei einem plötzlichen Inflationsdruck sollte sie von einer Serie von Zinserhöhungen, bei Rezessionsgefahr von einer Serie von Zinssenkungen der Notenbank ausgehen, die so lange aufrecht erhalten werden, bis das Problem beseitigt ist. Gemäß Woodford [(1999), S. 9f. und (2003), S. 17f.] kann die Notenbank solche zukünftige Zinspfade glaubwürdig vermitteln, wenn sie sich im Vorhinein zu einer systematischen und regelgebundenen Geldpolitik verpflichtet. Eine solche „Regelbindung" kann unter anderem durch die Bekanntgabe einer geldpolitischen Strategie erfolgen.[35] Der Fed ist es offenbar in der zweiten Hälfte der 1990er Jahre gelungen, Zinserwartungen zu erzeugen, die ihre eigene Geldpolitik unterstützen.[36] Es reichten jedenfalls bereits kleinere Änderungen der Fed Funds Rate in die eine oder andere Richtung aus, um kräftige Anpassungen der Kapitalmarktzinsen auszulösen, d.h. der „Hebeleffekt", den die Fed mit dem Tagesgeldzins auf die Kapitalmarktzinsen ausübt, ist größer geworden.[37]

Neben Marktreaktionen, welche die gewünschte Notenbankpolitik unterstützen, besteht ein zweiter Vorteil einer berechenbaren Politik in der Erzeugung *stabiler* Marktreaktionen.[38] Abb. 2.4 stellt dies systematisch dar. Vor einer Zinsentscheidung wird

---

[34] Der Anstieg der Kapitalmarktzinsen wurde dabei mehrfach als Argument angeführt, warum eine weitere Restriktion der Geldpolitik nicht erforderlich sei [vgl. z.B. BoG (Minute May, Jul), S. 136f., 139, 145, und 149]. Entgegen den Plänen der Fed verhielten sich hingegen die Aktienkurse, die 1996 deutlich anzogen und damit die Stabilisierungspolitik der Fed gefährdeten (siehe genauer weiter unten und Kapitel 4.6).

[35] Woodford [(2003), S. 17f.] erwähnt zwar nicht explizit den Begriff Strategie, weist aber [ähnlich wie Taylor (1993)] darauf hin, dass er unter Regelbindung keine Bindung an eine starre, konstante Formel versteht, sondern lediglich die Verpflichtung zu einer systematischen Geldpolitik, bei der eine Instrumentenregel z.B. die Basis für eine umfangreichere Diskussion liefern könnte.

[36] Als weniger erfolgreich gilt hingegen der Versuch der Fed im Jahr 2003, der Öffentlichkeit einen zukünftigen Niedrigzinspfad zur Abwehr von Deflationsgefahren zu vermitteln. Dies gelang nicht vollkommen glaubwürdig, denn zwischenzeitlich stiegen die Kapitalmarktrenditen kräftig an, vgl. Kapitel 4.7.2.2.

[37] Watson (1999) hat in einer empirischen Untersuchung ermittelt, dass die Variabilität der langfristigen Zinsen in den USA seit Mitte der 80er Jahre gegenüber der Vorperiode (1965-1978) zugenommen hat, während gleichzeitig die Volatilität kurzfristiger Zinsen abnahm. Erklärbar ist diese divergierende Entwicklung laut Watson mit der höheren „Persistenz" kurzfristiger Zinsbewegungen.

[38] Vgl. Blinder (1998), S. 71f.

eine Notenbank verschiedene mögliche Zinspfade gegeneinander abwägen und deren makroökonomische Wirkung unter Berücksichtigung der Marktreaktionen simulieren (①+②). Sie wird sich dann für den „passenden" Zinspfad entscheiden. Der daraus resultierende Zinsbeschluss wird bei hoher Transparenz über Ziele und Strategie der Notenbank (③) für die Öffentlichkeit leicht nachvollziehbar sein (④). Der Zinsschritt der Notenbank wird also an den Finanzmärkten keine anormale oder gar panische Reaktion auslösen (⑤). Neben den geringeren Marktvolatilitäten zieht die Zentralbank hieraus den Vorteil, dass sie Marktreaktionen besser im Voraus abschätzen kann als im Falle einer Verschleierungstaktik (⑥). Indem die Notenbank also ihre eigene Politik transparenter macht, werden gleichzeitig die Marktreaktionen für sie selbst berechenbarer. Im Ergebnis kann sie die Wirkungen der eigenen geldpolitischen Maßnahmen vorab besser abschätzen und damit zielgenauer einsetzen.

Abb. 2.4: Geldpolitischen Steuerung bei stabilen Marktreaktionen

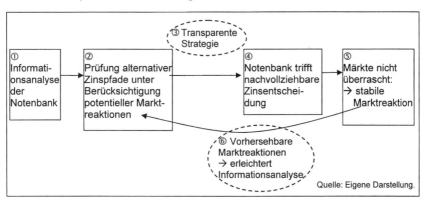

Quelle: Eigene Darstellung.

Zusammenfassend kann man festhalten, dass eine Notenbank geldpolitische Wirkung vor allem über ihren Einfluss auf die langfristigen Vermögenspreise erzielt. Kapitalmarktzinsen, Aktien- und Wechselkurse werden dabei vornehmlich von den Erwartungen der Finanzmärkte über die zukünftige Zinspolitik der Notenbank determiniert. Wenn die Notenbank diese Größen steuern will, muss sie ein entsprechendes Erwartungsmanagement praktizieren. Als Instrument dient hierzu die Bekanntgabe einer geldpolitischen Strategie, mit der die Notenbank ihr systematisches Reaktionsmuster auf die wirtschaftliche Entwicklung in groben Zügen verdeutlicht. Mit dieser Art von „Regelbindung" versucht die Notenbank beim Auftreten von Schocks solche Erwartungen über den zukünftigen geldpolitischen Zinspfad zu erzeugen, die geeignet sind, die ökonomische Situation zu stabilisieren. Die Bondmärkte erledigen auf diese Weise einen Großteil der Arbeit der Notenbank, während letztere nur sparsame Zinsveränderungen durchführt. Berechenbarkeit wirkt jedoch nicht nur effizienzsteigernd, sondern sorgt in zweiter Linie auch für eine Vereinfachung der geldpolitischen Steuerung, weil die Marktreaktionen besser für die Notenbank prognostizierbar werden.

2.2.1.2 Strategie als „Sprache" und Gefahren einer „gläsernen" Notenbank

Zur Herstellung von Berechenbarkeit ist eine transparente Geldpolitik erforderlich. Die Forderung nach „vollständiger" Transparenz in dem Sinne, dass keinerlei Informationsasymmetrien mehr zwischen Notenbank und Öffentlichkeit bestehen, ist jedoch nicht erfüllbar. Zum einen ist es schlicht unmöglich, den komplexen geldpolitischen Entscheidungsprozess in allen Details publik zu machen.[39] Zum anderen ist zu berücksichtigen, dass die Öffentlichkeit nur ein beschränktes Informationspensum verarbeiten kann. Ab einem bestimmten Punkt sind daher zusätzliche Informationen für das Verständnis der Geldpolitik eher schädlich als förderlich.

Neben zu vielen Informationen stellen auch Übertragungsfehler vom Sender (der Notenbank) zum Empfänger (der Öffentlichkeit) der Informationen ein Problem dar. Die Signale der Notenbank werden unter Umständen missverstanden oder von den einzelnen Marktteilnehmern unterschiedlich interpretiert. Sendet die Notenbank viele Signale aus, um möglichst transparent zu sein und werden die meisten davon fehlinterpretiert, dann besteht gerade bei großer Offenheit die Gefahr erhöhter Finanzmarktvolatilität.[40] Heute ist man sich darin einig, dass Transparenz neben Offenheit auch Klarheit bedeutet, d.h. eine transparente Geldpolitik sollte nicht nur eine breite Informationsversorgung, sondern auch eine Strukturierung, Selektion und Vereinfachung von Informationen beinhalten.[41]

Gerade letzteres ist Aufgabe geldpolitischer Strategien. Indem sie den komplexen Entscheidungsprozess strukturieren und systematisieren, leisten Strategien eine Art Dolmetscherfunktion, d.h. sie übersetzen den Prozess der Entscheidungsfindung in eine möglichst einfache und für die Öffentlichkeit verständliche Sprache. Winkler [(2000), S. 8, und 23ff.] spricht davon, dass Strategien ein „gemeinsames Verständnis" bzw. eine „gemeinsame Sprachebene" zwischen Sender und Empfänger geldpolitischer Informationen herstellen sollen. Einfache Daumenregeln als Kern geldpolitischer Strategien spielen dabei eine wichtige Rolle. Mit ihrer Hilfe kann die Notenbank zunächst ein Grundverständnis für ihr Vorgehen schaffen. Die öffentliche Erläuterung einer Entscheidung könnte eine Zentralbank z.B. mit dem Vergleich von Inflationsprognose und Inflationsziel oder der Gegenüberstellung von aktuellem Geldmengenwachstum und -ziel einleiten. Dies bedeutet nicht, dass sie ihre Entscheidung allein daran ausrichten müsste. Eine solche Daumenregel kann aber als Ausgangspunkt und Koordinierungsinstrument der geldpolitischen Debatte fungieren und dadurch die Kommunikation mit den Marktteilnehmern erleichtern. Die Bundesbank hat mit ihrer Geldmengenstrategie ansatzweise eine solche gemeinsame Sprachebene

---

[39] „... there is surely information relevant for policy-making that is simply incapable of being put in the public domain. In that case, and with the best will in the world, optimal monetary policy cannot be absolutely transparent, nor totally boring." Vickers (1998), S. 370.

[40] Amato et al. (2002) weisen außerdem auf Gefahren hin, die entstehen können, wenn Äußerungen bzw. Handlungen einer Notenbank an den Finanzmärkten – z.B. aufgrund ihrer hohen Reputation – stark meinungsbildend wirken. Wenn die Notenbank nämlich die aktuellen Daten fehlerhaft interpretiert, kann dies zu einer falschen Koordination der Erwartungen führen, welche die wirtschaftliche Lage destabilisiert.

[41] "What matters for transparency is therefore clarity as well as openness." Issing (1999), S. 508. "Information has to be processed, structured condensed, simplified and put into context in order to become comprehensible." Winkler (2000), S. 8. "Also it is doubtful whether maximum information really creates maximum transparency." Remsperger/Worms (1999), S. 10.

mit den Marktakteuren gefunden. Der Öffentlichkeit wurde über Jahre „eingehämmert", dass eine Wachstumsrate der Geldmenge, die oberhalb der Wachstumsrate des Produktionspotentials liegt, über kurz oder lang zu Inflation führt und dass diese Beziehung zwischen Geldmengenwachstum und Inflation in Deutschland stabil sei. Der quantitätstheoretische Transmissionsprozess fand daher in der deutschen Öffentlichkeit eine weite Verbreitung, und neue Zahlen zum Geldmengenwachstum wurden rege aufgenommen.[42]

Im Idealfall könnte man sich vorstellen, dass die Präsentation einer klaren Strategie zur Vereinheitlichung des ökonomischen Weltbildes von Notenbank und Finanzmärkten führt. Beide Akteure würden in diesem Fall sozusagen vom gleichen Makro-Modell ausgehen und aus neuen Informationen die gleichen Schlussfolgerungen ziehen.[43] Würde z.B. der Vorstellungswelt über den Inflationsprozess sowohl der Notenbank als auch der Öffentlichkeit eine einfache Phillips-Kurve zu Grunde liegen, dann würde die Bekanntgabe einer Arbeitslosenrate, die oberhalb der geschätzten inflationsstabilen Rate liegt, gleichermaßen bei Notenbank und Öffentlichkeit steigende Inflationserwartungen auslösen. Die darauf hin von der Notenbank vollzogene Zinserhöhung würde von der Öffentlichkeit perfekt antizipiert. Geldpolitik würde eine zunehmend „langweilige" Angelegenheit, weil die Zinspolitik der Notenbank keinerlei Überraschungen mehr für die Marktakteure beinhalten würde.[44]

Allerdings wirft eine hohe Übereinstimmung zwischen Geldpolitik und Finanzmärkten auch Probleme auf. Die Gefahr einer vollkommen gläsernen geldpolitischen Konzeption bei der jeder Zinsschritt von den Märkten antizipiert wird, besteht darin, dass die Notenbank „eine Geisel der Märkte wird" [Remsberger/Worms (1999), S. 2] und keine autonome Entscheidung mehr treffen kann. Dabei kann es zu einem „Hund-jagt-seinen-Schwanz-Phänomen" [Blinder (1997), S. 15, Übersetzung: D.H.] kommen. Zur Veranschaulichung dieses Phänomens kann man sich eine Situation vorstellen, bei der die privaten Akteure steigende Inflationsgefahren wahrnehmen und daher von der Notenbank Zinserhöhungen erwarten (siehe Abb. 2.5.①). Dies wird sich in entsprechenden Marktreaktionen – z.B. steigenden Kapitalmarktzinsen – äußern (②). Die Notenbank, welche diese Marktreaktionen auswertet und als Orientierungsgröße ihrer Politik nutzt, wird dann aus der Analyse der Zinsstruktur steigende Inflationsgefahren ablesen (③). Als Folge davon wird sie genau die geldpolitische Maßnahme ergreifen, welche die Märkte zuvor erwartet haben (④). Jedoch sollte man sich vergegenwärtigen, dass die Märkte oftmals sehr heftig oder sogar panisch auf neue ökonomische Entwicklungen reagieren und dementsprechend übertriebene Erwar-

---

[42] Dass die Bundesbank häufig gegen die Ratio der Geldmengenregel entschieden hat, minderte dabei kaum die Tauglichkeit ihrer Strategie als Kommunikationsmittel. Mit der Zeit fanden sich auch bei der Begründung notwendiger Regelabweihungen „Codeworte" – meist wurden bestimmte Sondereinflüsse angeführt –, die von der Öffentlichkeit verstanden und akzeptiert wurden. Bei der Beurteilung und Bewertung einer Strategie als Kommunikationsinstrument kommt es weniger darauf an, ob sie bei strikter Befolgung stets effiziente Ergebnisse liefert, sondern es ist vielmehr entscheidend, ob sie in der Bevölkerung auf Rückhalt, Verständnis und Akzeptanz stößt, vgl. Winkler (2000), S. 23f., und Spahn (2001b), S. 363f.

[43] So stellt sich Poole (2001) eine optimale Geldpolitik vor: "With complete synchronization, the markets and the Fed have a common understanding of the objectives of monetary policy and a common interpretation of the significance of incoming information."

[44] „... transparency should lead to a policy being predictable. It is all part of the view that a successful central bank should be boring ..." King (1997b), S. 440.

tungen an die Notenbank richten.[45] Eine zu starke Orientierung an den Märkten ist daher für eine Notenbank, die eher vorsichtig und mit langfristigem Zeithorizont agieren sollte, nicht empfehlenswert.

Abb. 2.5: „Hund-jagt-seinen-Schwanz-Phänomen"

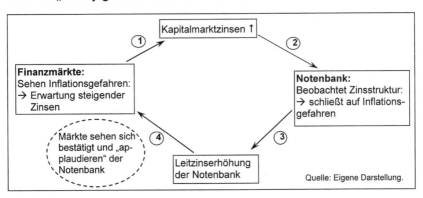

Quelle: Eigene Darstellung.

Aus diesem Grund plädieren selbst Befürworter eines hohen Gleichlaufs von Markterwartungen und geldpolitischen Maßnahmen dafür, dass eine Notenbank immer wieder ihre Zinsführerschaft herausstreichen und zeitweilig die Markterwartungen enttäuschen sollte. Solche Situationen liegen automatisch dann vor, wenn außergewöhnliche Schocks (Asienkrise, 11. September) auftreten, bei denen selbst klar formulierte Strategien keine eindeutigen Hinweise auf die künftige Zinspolitik liefern. Andere Beispiele sind Situationen, bei denen die Notenbank eine unerwartete Zinswende vollzieht, z.B. weil sie vorausschauender als die Märkte agiert. Betrachtet man z.B. die USA, dann waren die Märkte sowohl von der Zinswende im Februar 1994 als auch vom Ausmaß der Zinswende im Januar 2001 überrascht. Aber auch während anhaltender Zinsbewegungen in eine Richtung wollte die Fed immer wieder deutlich machen, dass sie nicht allein von den Märkten getrieben wird.[46] Notenbanken müssen also die Balance wahren zwischen einer möglicht hohen Berechenbarkeit und ausreichender Autonomie bei der Festlegung ihrer Zinsschritte. Der Idealfall ist erreicht, wenn Märkte und Notenbank zwar im „Normalfall" zum gleichen geldpolitischen Ergebnis kommen, aber in außergewöhnlichen Phasen und bei übertriebenen Markterwartungen die Zinsführerschaft von der Notenbank ausgeht.[47]

[45] Blinder [(1997), S. 15, (1998), S. 60f.] nennt einige Gründe, weshalb eine zu starke Ausrichtung an den Märkten, wenig ratsam ist: Die Finanzmärkte reagieren häufig zu heftig auf neue Informationen, entfernen sich zeitweise von den Fundamentaldaten (spekulative Blasen) und agieren mit kurzfristigem Zeithorizont.

[46] Während des Zinssenkungsprozesses im Jahr 2001 erwarteten die Märkte sowohl im März als auch Juni kräftigere Zinsschritte als sie die Notenbank dann tatsächlich vollzog (siehe Kapitel 5).

[47] "At times, a central bank may want to act in a non-standard way to send a clear message to the markets. The clearest way to send such a message is by implementing policy actions that are out of the ordinary. And that requires that most policy actions be 'ordinary'." Poole (2000).

Es ist außerdem darauf hinzuweisen, dass nicht alle Finanzmarktpreise durch eine berechenbare Politik gleichermaßen gut gesteuert werden können. Während es der Fed z.B. Ende der 1990er Jahre recht gut gelang, die Bondpreise in die gewünschte Richtung zu lenken, kann dies von den Aktienkursen nicht behauptet werden, deren kräftige Aufwärtsbewegung den Intentionen der Fed widersprach (vgl. Kapitel 4.6). Eine Möglichkeit zur Dämpfung der Aktienkursentwicklung sah die Fed darin, eine gewisse Unsicherheit über die weitere Zinspolitik zu erzeugen, was dem Ideal einer berechenbaren Politik gerade zuwiderlief:[48]

"We need to continue to create an element of uncertainty about what we are going to do in order to damp what undoubtedly are some elements of speculation ..." Greenspan, in: FOMC (TS May 1997), S. 61.

Dies zeigt, dass Berechenbarkeit nicht in allen Phasen und im Hinblick auf alle Vermögenspreise als adäquates Instrument der Geldpolitik betrachtet werden muss.

Trotz der zuletzt genannten Einschränkung kann man zusammenfassend festhalten, dass Notenbanken mehr als früher daran interessiert sind, berechenbar zu sein. Hierdurch will man vor allem die ökonomisch bedeutsamen langfristigen Zinsen beeinflussen, die primär von den Erwartungen über die zukünftige Notenbankpolitik determiniert werden. Gelingt es der Notenbank, diese Markterwartungen über die eigene Politik zu steuern, dann werden sich Kapitalmarktzinsen wunschgemäß anpassen und dadurch die Wirkung der Geldpolitik verstärken. Im Idealfall übernehmen die Vermögenspreisanpassungen weitgehend die Stabilisierungsfunktion, während sich die Notenbank passiv verhalten kann. Im Streben nach Berechenbarkeit nimmt die Publikation einer verständlichen Strategie eine Schlüsselfunktion ein. Da sie das systematische Reaktionsmuster der Notenbank veranschaulicht, erleichtert sie die Antizipation geldpolitischer Entscheidungen. Die Strategie soll vor allem für ein gemeinsames Verständnis der Geldpolitik und eine Vereinheitlichung des ökonomischen Weltbildes aller Akteure sorgen. Im theoretischen Extremfall ziehen Notenbank und Märkte aus neuen Informationen die gleichen Schlussfolgerungen, so dass die Zinserwartungen und Zinsbeschlüsse stets zusammenfallen. Allerdings sind von Zeit zu Zeit überraschende Aktionen und enttäuschte Erwartungen der Märkte unvermeidlich und notwendig, da Notenbanken z.B. einen längerfristigeren Zeithorizont besitzen und sich in keine vollkommene Abhängigkeit der Markterwartungen begeben sollten. Hinzu kommt, dass der Geldpolitik vor allem im Hinblick auf die Aktienmärkte Grenzen bei der Beeinflussung der Assetpreise gesetzt sind.

---

[48] Die Möglichkeit einer Zinserhöhung sollte wie ein „Damoklesschwert" über den Märkten hängen und dadurch für eine gewisse Unsicherheit sorgen, vgl. FOMC (TS May 1997), S. 60ff.

2.2.2 Glaubwürdigkeit

2.2.2.1 Gibt es überhaupt ein Glaubwürdigkeitsproblem?

Neben Berechenbarkeit soll die Formulierung und Bekanntgabe einer geldpolitischen Strategie auch die Glaubwürdigkeit der Notenbankpolitik stärken:

"Consciousness of the benefits of credibility is the driving force behind the trend currently observed amongst central banks to select a strategy." Issing et al. (2001), S. 38.

Unter Glaubwürdigkeit versteht man ganz allgemein, dass die privaten Wirtschaftssubjekte den Ankündigungen der Geldpolitik vertrauen.[49] Eine glaubwürdige Notenbank kann z.B. nach der Bekanntgabe eines Inflationsziels von 2 % davon ausgehen, dass sich die privaten Inflationserwartungen tatsächlich in der Nähe dieses Niveaus einpendeln.

Kydland/Prescott (1977) und Barro/Gordon (1983) (im Folgenden als KPBG bezeichnet) haben in ihren viel beachteten Arbeiten darauf hingewiesen, dass diskretionär handelnde Notenbanken, die neben Preisstabilität auch ein besonders ehrgeiziges Beschäftigungsziel anstreben, nicht mit dem Vertrauen der Öffentlichkeit rechnen können, d.h. ihrer Ankündigung eine Politik der strikten Preisstabilität zu verfolgen, wird kein Glauben geschenkt. Die Wurzel dieses Misstrauens liegt darin begründet, dass die Notenbanker (unter den KPBG-Annahmen) einen ständigen Anreiz besitzen, über eine Überraschungsinflation die Arbeitslosenrate unter die „inflationsstabile" Rate zu drücken. Diese Tendenz zu einer inflationären Geldpolitik („inflation bias") erkennen jedoch die rational handelnden Wirtschaftssubjekte und unterstellen von Vornherein höhere Inflationserwartungen. Als Ergebnis der diskretionären Geldpolitik stellt sich keine Mehrbeschäftigung, dafür aber exzessive Inflation ein.

Zur Beseitigung des „inflation bias" empfehlen KPBG, Zentralbanken einer strengen Regelbindung zu unterwerfen, die sie ausschließlich auf Preisstabilität verpflichtet.[50] Da strikte Bindungen an mechanische Regeln in der Praxis nicht umsetzbar sind, werden geldpolitische Strategien als alternative Formen der Regelbindung ins Spiel gebracht.[51] Mit der Bekanntgabe einer Strategie beschreibt die Notenbank zwar nicht mit der Präzision einer Formel aber doch zumindest in groben Zügen, wie sie in Zukunft auf unterschiedliche ökonomische Schocks reagieren will. Abweichungen von diesem systematischen Reaktionsmuster muss die Notenbank später begründen. Schon allein die Tatsache, dass die Notenbank ihr Handlungsmuster offen legt, kann

---

[49] "A central bank is credible if people believe it will do what it says." Blinder (1999), S. 4.

[50] Andere Vorschläge zur Lösung der „inflation bias"-Problematik sind unter anderem: 1) Die Berufung eines konservativen Notenbankers [vgl. Rogoff (1985)], der über eine größere Inflationsaversion verfügt als die Gesellschaft. 2) Die Vereinbarung eines Kontrakts [vgl. Walsh (1995)] zwischen Regierung und Notenbank, welcher der Notenbank eine Strafe bei Verfehlungen des Inflationsziels auferlegt. 3) Die Vorgabe eines Inflationsziels [vgl. Svensson (1997a)], das unterhalb des gesellschaftlich optimalen Ziels liegt.

[51] "The public announcement of the monetary policy strategy can be seen as a complementary means to achieve credibility. The announcement represents exactly an effort to convey the systematic character of the ... policy ... (...) ... the announcement represents a form of commitment." Issing et al. (2001), S. 45.

von der Öffentlichkeit als Indiz gewertet werden, dass die Geldpolitik nicht an einer Überraschungsinflation interessiert ist.[52]

Die Diskussion über eine Regelbindung zur Förderung von Glaubwürdigkeit ergibt aber nur dann Sinn, wenn tatsächlich ein „inflation bias" besteht. Seit Mitte der 1990er Jahre wurde jedoch speziell von Notenbankpraktikern Zweifel am Realitätsgehalt der KPBG-Analyse genährt, die sich vor allem an der unterstellten Ziel- bzw. Verlustfunktion entzünden:[53]

$$(2.7) \qquad L_t \ = \ \lambda \, (u_t - k \, u_t^*)^2 + \pi_t^2, \qquad \lambda > 0, \, 0 \le k \le 1$$

wobei u = Arbeitslosenrate, u* = „natürliche" Arbeitslosenrate[54], π = Inflationsrate und λ = Präferenzparameter für Beschäftigung, k = Parameter, der das Ausmaß allokativer Verzerrungen am Arbeitsmarkt beschreibt. Kosten entstehen der Notenbank sowohl für den Fall, dass die Arbeitslosenquote von der Zielrate k u_t^* abweicht als auch bei einer Inflationsrate ungleich null. KPBG gehen davon aus, dass der Parameter k kleiner als eins ist, d.h. der Zielwert der Arbeitslosenrate unterhalb der natürlichen Rate liegt, was zugleich die zentrale Ursache für den „inflation bias" darstellt.[55] Der ehemalige Vizepräsident des Board of Governors der Federal Reserve Alan Blinder als auch der frühere Chefökonom der Bank of England John Vickers weisen jedoch dezidiert darauf hin, dass in den geldpolitischen Entscheidungsgremien ihrer Länder keine Tendenz dazu bestehe, die Arbeitslosenrate gezielt unter die natürliche Rate zu drücken.[56] Die Notenbanker seien sich bewusst, dass sie durch ein solches Verhalten mittelfristig keine Beschäftigungseffekte, sondern nur höhere Inflationsraten hervorrufen würden. Aus Furcht vor Inflationsgefahren sei man sogar eher bestrebt, ein Absinken der Arbeitslosenrate unter ihren natürlichen Wert zu verhindern. In der

---

[52] Vgl. Briault et al. (1996), S. 67.

[53] Vgl. zur Verlustfunktion Barro/Gordon (1983), S. 593. Das Besondere daran ist, dass ein „inflation bias" entsteht, obwohl die Zielfunktion der Notenbank und der Gesellschaft [vgl. Barro/Gordon (1983), S. 591] übereinstimmen und somit die Notenbank nicht gegen die Interessen der Öffentlichkeit handelt.

[54] Der Begriff „natürliche" Arbeitslosenrate wird in Kapitel 3 eingehend erläutert. Es handelt sich um ein realwirtschaftlich determiniertes Arbeitsmarktgleichgewicht, dessen Unterschreiten steigende Inflation verursacht.

[55] Als Ursache für ein k < 1 führen Barro/Gordon [(1983), S. 593] externe Effekte auf dem Arbeitsmarkt an, die angesichts von Steuererhebung und Arbeitslosenunterstützung entstehen und die Erwerbstätigen dazu veranlassen, individuell weniger Arbeit anzubieten als gesellschaftlich optimal wäre (z.B. weil sie bei zusätzlichem Arbeitsangebot nur den Nettolohn empfangen, das zusätzliche Angebot an öffentlichen Gütern, das mit Hilfe der Steuerzahlung finanziert wird, aber unberücksichtigt lassen). Andere Autoren verweisen auf zu hohe Löhne [vgl. Cukierman (1992)] als Ursache für ein überhöhtes u* oder sehen aufgrund von „Hysteresis-Effekten" und Regierungsdruck Anreize für ehrgeizige Beschäftigungsziele [vgl. Spahn (1999a), S. 296f.].

[56] "There is a large literature on inflation bias, but it is simply not applicable to the MPC [Monetary Policy Committee]. We have no desire to spring inflation surprises to try to bump output above its natural rate (wherever that may be)." Vickers (1998), S. 369. "And my [Blinder] attitude [to aim for u* rather than ku*; D.H.] was hardly unique on the FOMC, where members were always concerned about the potential inflationary consequences of pushing unemployment below the natural rate." Blinder (1998), S. 43. Bereits McCallum [(1995), S. 208f.] wies darauf hin, dass Notenbanker eigentlich recht schnell begreifen müssten, dass es auf Dauer zwecklos ist, über eine Überraschungsinflation Beschäftigungseffekte zu erzielen.

geldpolitischen Praxis scheinen daher die Zielfunktionen von Notenbanken automatisch k = 1 und damit keinen Anreiz für eine Überraschungsinflation zu beinhalten.[57]

Auch die makroökonomische Entwicklung der 90er Jahre widerspricht in vielen Ländern der KPBG-Hypothese, denn auch ohne Regelbindung ließen sich viele Notenbanken nicht davon abhalten, durch eine harte Stabilisierungspolitik Preisstabilität sicherzustellen, wobei sie zum Teil steigende Arbeitslosenraten in Kauf nahmen.[58] Statt von einem „inflation bias" hätte man in dieser Zeit eher von einem „unemployment bias" sprechen können. Offenbar kann die KPBG-Analyse bestenfalls als eine positive Beschreibung der wirtschaftlichen Verhältnisse in den 70er Jahre dienen.[59] Damals agierten die Notenbanken jedoch unter anderen Rahmenbedingungen als in den 90er Jahren. Zum einen ging man zum Teil noch von einem dauerhaft ausbeutbaren Phillips-Kurven Trade-off aus und zum anderen stand die Geldpolitik noch unter stärkerem Einfluss der nationalen Regierungen, denen in der Regel ein großes Interesse an kurzfristigen Beschäftigungserfolgen zugesprochen wurde. Der zunehmende wissenschaftliche Konsens hinsichtlich der wirtschaftspolitischen Fehler der 70er Jahre veranlasste viele Regierungen, ihre Notenbanken in die Unabhängigkeit zu entlassen und eindeutig auf Preisstabilität einzuschwören.[60] Mit diesen institutionellen Vorkehrungen und der Erkenntnis, dass Inflationserwartungen instabil sind, scheint der „inflation bias" verschwunden und zusätzliche Regelbindungen (einschließlich der Bekanntgabe einer geldpolitischen Strategie) überflüssig zu sein.

Liegt also gar kein Glaubwürdigkeitsproblem vor, weil Zentralbanken heutzutage kein Hang zu inflationärer Politik mehr unterstellt werden kann? Ist die ganze Glaubwürdigkeitsdebatte hinfällig geworden? Eine Umfrage unter Notenbankern [vgl. Blinder (1999)] ergab, dass dem Thema Glaubwürdigkeit nach wie vor eine hohe Bedeutung beigemessen wird und dass Transparenz als eine adäquate Möglichkeit zur Erlangung von Glaubwürdigkeit angesehen wird. In der theoretischen Literatur gibt es eine Reihe von Ansätzen, die abseits des KPBG-Ansatzes zeigen wollen, dass eine glaubwürdige Geldpolitik effizientere ökonomische Ergebnisse liefert als eine unglaubwürdige und dass zur Erlangung von Glaubwürdigkeit ein regelorientiertes Vorgehen und eine niedrige Beschäftigungspräferenz erforderlich sind. Diese Ansätze sollen im Folgenden vorgestellt werden.

---

[57] Der Rogoff-Vorschlag [vgl. Rogoff (1985)] die „inflation bias"-Problematik über die Berufung eines konservativen Notenbankers zu beseitigen, ist daher offenbar in der Praxis gegeben.
[58] Vgl. Blinder (1998), S. 40f., und Spahn (1999b), S. 391.
[59] Für Spahn [(1999b), S. 387ff.] und Blinder [(1998), S. 40f.] stellen auch die 1970er und der Beginn der 1980er Jahre keine völlig überzeugende Beispiele für die KPBG-Hypothese dar. Zwar verhielten sich viele Notenbanken in dieser Zeit in der Tat sehr expansiv, dies war aber dieser Auffassung nach weniger auf eine explizite Intention der Notenbank, sondern vielmehr auf die Unterschätzung der natürlichen Arbeitslosenrate zurückzuführen (siehe auch Kapitel 3.1.2).
[60] Vgl. z.B. De Long (1997), S. 251.

2.2.2.2 „Inflation bias" aufgrund einer „asymmetrischen" Verlustfunktion

Cukierman [(2000), und (2002), S. 23ff.] bleibt zwar noch der neoklassischen Modellwelt (vollkommene Preisflexibilität, keine geldpolitischen Lags) der KPBG-Analyse verhaftet, verwendet aber eine realitätsnähere Verlustfunktion, um einen „inflation bias" zu begründen. Seine zweigeteilte Verlustfunktion (L) für die Periode t lautet dabei:[61]

$$(2.8) \quad L_t = \begin{cases} \frac{1}{2}\lambda\,(u_t - u_t^*)^2 + \frac{1}{2}\pi_t^2 & , \text{wenn } u_t - u_t^* > 0 \\[2ex] \frac{1}{2}\pi_t^2 & , \text{wenn } u_t - u_t^* < 0. \end{cases}$$

Die zwei wesentlichen Merkmale dieser Verlustfunktion sind:

- Die Notenbank hat im Gegensatz zum KPBG-Ansatz keinen Anreiz, die Arbeitslosenrate unter die natürliche Rate zu drücken (k = 1!). Im Prinzip strebt die Notenbank danach, die Arbeitslosenrate in Höhe der natürlichen Rate zu stabilisieren.

- Im Hinblick auf das Beschäftigungsziel besteht jedoch eine Asymmetrie: Der Notenbank entstehen nur bei einer negativen, nicht jedoch bei einer positiven Beschäftigungslücke Kosten. Dahinter steht die Überlegung, dass Währungshüter in der Praxis lediglich öffentliche Unterstützung bei der Bekämpfung „zu hoher" Arbeitslosigkeit erfahren. Sie werden hingegen kein Beifall erhalten, wenn sie (bei gegebener Inflation) „zu niedrige" Arbeitslosigkeit beseitigen wollen. Auch Zentralbanken, die formal unabhängig sind, werden sich nicht gänzlich diesem öffentlichen Druck entziehen können.[62] Als historisches Beispiel könnte man hierfür die Phase zwischen 1996-1999 in den USA ansehen. In dieser Zeit sank die US-Arbeitslosenrate kontinuierlich in Richtung 4 % und nach Meinung vieler Wissenschaftler lag schon 1996 eine positive Beschäftigungslücke vor. Nicht zuletzt aufgrund der niedrigen und stabilen Inflation unternahm die Federal Reserve jedoch nichts, um die niedrige Arbeitslosenrate zu erhöhen und damit die vermeintliche positive Beschäftigungslücke zu beseitigen. Offensichtlich war für sie in dieser Periode nur der untere Zweig der obigen Verlustfunktion relevant.

Die zweite wesentliche Annahme des Cukierman-Modells ist, dass sowohl auf Seiten der Notenbank als auch der Bevölkerung Unsicherheit über die weitere wirtschaftliche Entwicklung besteht. Dies geschieht modelltheoretisch durch die Einführung einer Schockkomponente, die als Zufallsvariable modelliert ist.[63] Mit gleicher Wahrscheinlichkeit kann ein negativer oder positiver Schock auftreten, was jeweils mit einer Rezession bzw. Boomphase verbunden ist. Die Sequenz der Ereignisse läuft

---

[61] Cukiermans [(2000), (2002)] Verlustfunktion beinhaltet statt einer Beschäftigungslücke (u-u*) eine Outputlücke (Y-Y*). Er weist aber darauf hin [vgl. Cukierman (2000), S. 5], dass die Analyse ohne weiteres auf Beschäftigungsgrößen übertragbar ist, was hier aus Gründen der Vergleichbarkeit mit KPBG getan wird.

[62] Vgl. Cukierman (2000), S. 6. Darauf deutet auch eine Bemerkung von Blinder [(1998), S. 19f.] hin: "In most situations the Central Bank will take far more political heat when it tightens preemptively to avoid higher inflation than when it eases preemptively to avoid higher unemployment."

[63] Cukierman [(2002), S. 24] geht in seinem Modell von Angebotsschocks aus, merkt aber an, dass sich an den qualitativen Ergebnissen nichts ändern würde, wenn man Nachfrageschocks unterstellt.

dann bei Cukierman wie folgt ab: Zunächst legen die privaten Akteure ihre Inflationserwartungen fest, dann bestimmt die Notenbank ihre Geldpolitik und anschließend entscheidet sich, welche Art von Schock eintritt.

Die Kombination aus der asymmetrischen Verlustfunktion und der Unsicherheit über die zukünftige wirtschaftliche Entwicklung fördert die Durchführung einer expansiven Geldpolitik (siehe Abb. 2.6). Ursache hierfür ist, dass eine versehentlich zu expansive Geldpolitik geringere Kosten verursacht als eine irrtümlich zu restriktive Geldpolitik. Tritt ein unerwarteter Boom infolge eines positiven Schocks ein (①), den die Notenbank nicht mehr abwenden kann, wird nur das Inflationsziel verletzt. Im Fall einer unerwarteten Rezession werden hingegen das Inflations- und Beschäftigungsziel verfehlt (②). Die Strategie, vorsorglich die Geldpolitik zu lockern, um einen möglichen negativen Schock abzuwehren, scheint für die Notenbank auf der Hand zu liegen. Tritt der negative Schock nämlich entgegen den Erwartungen nicht ein, verursacht die Notenbank durch ihr Verhalten lediglich eine positive Outputlücke, was laut Verlustfunktion unschädlich ist. Kommt es jedoch, wie vermutet, tatsächlich zu dem Schock, kann eine unwillkommene Rezession vermieden werden.

Abb. 2.6: „Inflation bias" im Cukierman-Modell

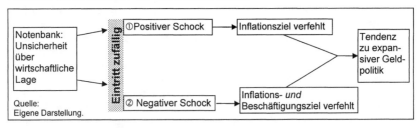

Wenn der Öffentlichkeit die asymmetrische Verlustfunktion und das Entscheidungskalkül der Notenbank bekannt ist, wird sie von einer im Durchschnitt eher expansiven Politik ausgehen und ihre Inflationserwartungen entsprechend anpassen. Damit werden jegliche reale Effekte der Geldpolitik unterbunden. Insgesamt entsteht wie bei KPBG ein „inflation bias", jedoch ohne dass man von einem geldpolitisch sehr ehrgeizigen Beschäftigungsziel ausgeht.

Die Höhe der Inflationserwartungen (und damit die Stärke des „inflation bias") hängt in der Modellierung von Cukierman [(2000), S. 9, (2002), S. 25] von folgenden Faktoren ab:[64]

$$(2.9) \quad \pi^e = -\lambda\, P(R)\, E(R),$$

π^e = private Inflationserwartungen, λ = Beschäftigungspräferenz der Notenbank, $P(R)$ = Wahrscheinlichkeit einer Rezession, $E(R)$ = erwartete Stärke der Rezession. Das

---

[64] Zwei Parameter des Cukierman-Modells, die hier von geringerer Relevanz sind, wurden in (2.9) außer Acht gelassen, dabei handelt es sich um: α = Ausmaß des Beschäftigungseffekts, der von einer überraschenden Inflation ausgeht (= Stärke des Phillips-Kurven Trade-offs), q = Ausmaß, mit der ein ökonomischer Schock auf die Beschäftigung wirkt, so dass (2.9') = $\pi^e = -\alpha\,\lambda\, q\, P(R)\, E(R)$.

Ausmaß des „inflation bias" nimmt also außer bei steigender Beschäftigungspräferenz der Notenbank auch bei steigender Wahrscheinlichkeit und erwarteter Stärke einer Rezession zu. In Phasen geringer zyklischer Schwankungen wäre der „inflation bias" daher rückläufig, was gemäß Cukierman [(2002), S. 26] in den 1990er Jahren der Fall war.[65]

Neben den z.T. realitätsfernen neoklassischen Modellannahmen lässt sich zum Cukierman-Modell kritisch anmerken, dass positive Outputlücken in der Praxis von Notenbanken sehr wohl zum Anlass für eine restriktive Politik genommen werden. Dies geschieht allerdings nicht deshalb, weil in der Beseitigung positiver Outputlücken ein Endziel der Geldpolitik gesehen wird, sondern weil positive Outputlücken ein wichtiges Warnsignal für zukünftige Inflationsgefahren darstellen. Die US-Notenbank hat z.B. 1988/1989, 1994 und 1999/2000 Zinserhöhungen mit dem Vorliegen positiver Outputlücken gerechtfertigt (siehe Kapitel 4), aus denen Inflationsdruck resultieren könnte. Der Verzicht der Federal Reserve 1996-1999 eine restriktive Geldpolitik unterlassen hat, lag gerade daran, dass die US-Notenbank das Vorliegen von Überbeschäftigung anzweifelte, da man einen Rückgang der natürlichen Arbeitslosenrate für möglich hielt. Des Weiteren könnte man anführen, dass die Asymmetrie hinsichtlich des Beschäftigungsziels unter Umständen durch eine entgegengesetzte Asymmetrie beim Inflationsziel ausgeglichen wird. Außer bei sehr niedrigen Inflationszielen, deren Unterschreitung rasch Deflationsgefahren heraufbeschwören kann, nehmen Notenbanken nämlich häufig Zielunterschreitungen beim Inflationsziel weniger ernst als Zielüberschreitungen. Dies gilt vor allem für Notenbanken, die sich erst am Beginn eines Reputationsaufbaus sehen und langfristig an einer weiteren Absenkung ihres Inflationsziels interessiert sind.[66]

Zusammenfassend kann man festhalten, dass Cukierman einen „inflation bias" ableitet, ohne davon ausgehen zu müssen, dass Notenbanken ständig versuchen, die Arbeitslosenrate unter die natürliche Rate zu drücken. Für ihn sind stattdessen zwei Gründe für den Hang zu einer inflationären Geldpolitik verantwortlich: Erstens die Unsicherheit der Notenbank bezüglich der weiteren wirtschaftlichen Entwicklung und zweitens die größere Aversion der Notenbank gegenüber negativen Outputlücken im Vergleich zu positiven Outputlücken. Daraus resultiert die Bereitschaft, eine etwas höhere Inflation zu tolerieren, um das Risiko einer tiefen Rezession zu verringern. Die Tendenz zu einer expansiven Geldpolitik ist dabei umso ausgeprägter, je größer die Wahrscheinlichkeit sowie Stärke einer möglichen Rezession eingeschätzt wird und je größer die Beschäftigungspräferenz der Notenbank ist.

---

[65] Cukierman/Gerlach (2003) versuchten diese These zu stützen, in dem sie empirisch den Zusammenhang zwischen der Varianz von Angebotschocks (als Indikator für die Wahrscheinlichkeit und Stärke einer Rezession) und der Inflationshöhe in verschiedenen Ländern untersuchten.

[66] Als die Notenbanken in Kanada und Neuseeland dazu übergingen, Inflationsziele anzukündigen, wurden diese anfangs häufig unterschritten. Hieraus schloss Fischer, A. [(1995), S. 79]: "There is a tendency for central banks to err on the downside." Ein Ergebnis, das gerade im Widerspruch zum Cukierman-Modell steht.

2.2.2.3 Glaubwürdigkeit als Mittel zur Stabilisierung von Inflationserwartungen

Außer über ein ehrgeiziges Beschäftigungsziel oder eine asymmetrische Verlustfunktion gibt es noch einen anderen – vielleicht überzeugenderen – Weg, um die Bedeutung von Glaubwürdigkeit in der Geldpolitik herauszustreichen. Im Vordergrund steht dabei weniger eine spezielle Eigenschaft der Verlustfunktion, sondern vielmehr die zentrale Rolle der Erwartungen im Inflationsprozess. In den herkömmlichen Preisgleichungen (Phillips-Kurven) wird die Inflation im Wesentlichen durch die Kosten (in Form einer Output- oder Beschäftigungslücke) und die Inflationserwartungen determiniert. Ein Beispiel hierfür ist folgende Preisgleichung, bei der zusätzlich noch eine Schockkomponente berücksichtigt ist:[67]

$$(2.10) \quad \pi_{t+1} = E_t\pi_{t+1} + \alpha y_t + \varepsilon_{t+1},$$

wobei $E_t\pi_{t+1}$ = in Periode t für die Inflation in Periode t+1 gebildete Erwartungen, y = Outputlücke, ε = exogener Kostenschock. Im Unterschied zu einer neoklassischen Preisgleichung, wie sie in der KPBG-Analyse üblich ist, sind in (2.10) Lag-Effekte eingebaut, d.h. die Outputlücke wirkt zeitverzögert auf die Inflation. Aus der Preisgleichung ist bereits intuitiv ersichtlich, dass stabile und niedrige Inflationserwartungen die Volatilität der Inflationsentwicklung dämpfen. Dementsprechend vereinfacht sich die geldpolitische Steuerung, wenn es der Notenbank durch eine glaubwürdige Geldpolitik gelingt, die privaten Inflationserwartungen auf einem Niveau zu stabilisieren, dass sich vornehmlich an ihrem Stabilitätsziel (z.B. einer Inflationsrate von 1,0-2,0 %) und weniger an den aktuellen Schwankungen der Inflation orientiert. Bei dauerhaft gemäßigten Inflationserwartungen verursachen Preisschocks geringere Inflationswellen und die Notenbank ist seltener dazu gezwungen, Preisausschläge mittels Nachfragemanipulation zu korrigieren.[68]

Die Vorteile stabiler Inflationserwartungen sollen an einem Beispiel unter Verwendung der obigen Phillips-Kurve erläutert werden. Dazu werden zwei von der KPBG-Anlayse abweichende Annahmen unterstellt, mit denen eine Annäherung an die Realität vollzogen wird:
*   Nicht die Inflationsrate – wie beim KPBG-Ansatz –, sondern die Outputlücke stellt die Steuerungsvariable der Notenbank dar.[69]
*   Die Bildung der Erwartungen erfolgt gemäß folgendem Term:

$$(2.11) \quad E_t\pi_{t+1} = g\,\pi^* + (1\text{-}g)\,\pi_t, \quad\quad 0 \le g \le 1,$$

wobei π^* = Inflationsziel der Notenbank, g = Index der Glaubwürdigkeit. Es wird angenommen, dass die Inflationserwartungen von der Glaubwürdigkeit der Notenbank abhängen. Bei einer sehr glaubwürdigen Notenbank nimmt der Index der Glaubwürdigkeit (g) den Wert eins an und die Erwartungen orientieren sich ausschließlich am Inflationsziel der Notenbank. Je unglaubwürdiger eine Noten-

---

[67] Gemäß Svensson [(1999b), S. 221] handelt es ich dabei um eine „empirische" Preisgleichung.
[68] Stabile Inflationserwartungen verringern auch die Zinsvolatilität. Geht man davon aus, dass die Geldpolitik vor allem über den Realzins wirkt, dann kann die Geldpolitik bei stabilen Inflationserwartungen mit kleineren Zinsschritten und wesentlich direkter die reale Aktivität beeinflussen als dies bei instabiler Erwartungsbildung der Fall wäre, vgl. Svensson (1999b), S. 219f.
[69] Da monetäre Impulse (primär) über die Outputlücke auf die Inflation wirken, kommt man damit der Realität näher. Noch präziser wäre es natürlich, auch einen Lag-Effekt zwischen Zins und Outputlücke einzubauen.

bank ist, desto niedriger ist g. Bei einer völlig unglaubwürdigen Notenbank orientieren sich die Inflationserwartungen ausschließlich an der aktuellen Inflationsrate (adaptive Inflationserwartungen). Die Bildung der Inflationserwartungen erfolgt also nicht rational, wie beim KPBG-Ansatz, sondern ist abhängig von der Glaubwürdigkeit der Notenbank und enthält adaptive Elemente.

Im Folgenden werden zwei Fälle unterschieden:
* Im ersten Fall wird von einer glaubwürdigen Notenbank ausgegangen (g = 1). Die privaten Inflationserwartungen sind daher stabil und stimmen mit dem Inflationsziel ($E_t\pi_{t+1} = \pi^*$) überein, dass in dem gewählten Beispiel bei 2 % liegen soll.
* Im zweiten Fall ist eine unglaubwürdige Notenbank gegeben (g = 0). Die Inflationserwartungen entsprechen daher stets der aktuellen Inflationsrate ($E_t\pi_{t+1} = \pi_t$).

Ausgangspunkt ist ein Gleichgewicht bei Preisstabilität (hier: π = 2 %) und Vollbeschäftigung (hier: Outputlücke = 0). Der Parameter α der Phillips-Kurve liegt bei eins.

Ausgangsperiode t = 0		
Inflationsrate π_0	Inflationserwartungen $E_0\pi_1$	Outputlücke y_0
2 %	2 %	0

In Periode t = 1 wird ein Ölpreisschock, der einen Preisniveauschub von 4 Prozentpunkten erzeugt (ε_1 = 4 %), simuliert. Dieser Schock schlägt unmittelbar auf die aktuelle Inflationsrate durch, so dass sich in Periode 1 eine Inflationsrate von 6 % ergibt:

Periode t = 1, Preisschock ε_1 = 4%			
Inflationsrate π_1	Inflationserwartungen $E_1\pi_2$		Outputlücke y_1
6 % = 2 % ($E_0\pi_1$) + 4 % (ε_1)	Glaubwürdige NB:	2 %	0 %
	Unglaubwürdige NB:	6%	0 oder -4 %

Zur weiteren Analyse der Entwicklung wird nach den zwei Fällen differenziert:
1. Glaubwürdige Notenbank: Im ersten Fall (siehe Abb. 2.7) lässt sich die Öffentlichkeit nicht durch den Preisschock beirren und vertraut auf das Stabilitätsziel der Notenbank. Die Inflationserwartungen verharren daher in Periode 1 bei 2 %, obwohl die aktuelle Inflationsrate von 2 auf 6 % steigt. Unter diesen Bedingungen ist bereits in Periode 2 wieder Preisstabilität erreichbar und zwar auch dann, wenn die Notenbank den Angebotsschock in t = 1 alimentiert und damit Vollbeschäftigung aufrechterhalten hat (y_1 = 0).
2. Unglaubwürdige Notenbank: Im zweiten Fall (siehe Abb. 2. und Abb. 2.) misstraut die Öffentlichkeit der Notenbank und orientiert sich daher an der aktuellen Inflationsrate. Tatsächliche und erwartete Inflationsrate steigen folglich in Periode 1 auf 6 %. Preisstabilität kann die Notenbank in Periode 2 nur zurückgewinnen, wenn sie dem Preisschock mit einem scharfen Restriktionskurs begegnet und damit in Periode 1 eine negative Outputlücke von 4 % hervorruft.[70] Alimentiert sie

---

[70] Es wird dabei unterstellt, dass die Notenbank unmittelbar die Outputlücke beeinflussen kann.

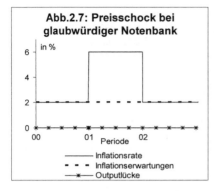

Abb.2.7: Preisschock bei glaubwürdiger Notenbank

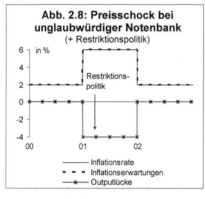

Abb. 2.8: Preisschock bei unglaubwürdiger Notenbank
(+ Restriktionspolitik)

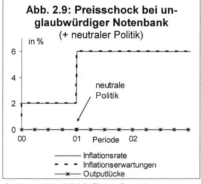

Abb. 2.9: Preisschock bei unglaubwürdiger Notenbank
(+ neutraler Politik)

Quelle der Abb. 2.7-2.9: Eigene Darstellung.

den Preisschock in der ersten Periode ($y_1 = 0$) bleibt die Inflationsrate auch in der zweiten Periode bei 6 % und verharrt auf diesem Niveau in den folgenden Perioden, so lange wie die Notenbank nicht eingreift.

Bei instabilen Inflationserwartungen kann die Notenbank also im Vergleich zum ersten Fall zwischen zwei Übeln wählen: Entweder höheren Outputverluste ($y_1 = -4$ %) oder länger anhaltender Inflation (π_1, $\pi_2 = 6$ %). Anders ausgedrückt, profitiert eine Notenbank von niedrigen – nah am Inflationsziel liegenden – Inflationserwartungen in Form einer durchschnittlich geringeren Inflations- und Outputvariabilität.[71]

Insgesamt kann man somit sagen, dass Glaubwürdigkeit zur Stabilisierung der Inflationserwartungen in der Nähe des Inflationsziels beiträgt. Damit wird es für die Notenbank einfacher, ihr Inflationsziel einzuhalten. Gleichzeitig muss sie geldpolitisch weniger aktiv agieren. In einem Modellrahmen, der Preisrigiditäten berücksichtigt, werden Zweifel am Stabilitätsziel nicht allein durch ein ehrgeiziges Beschäftigungsziel ausgelöst. Stattdessen kann auch ein kräftiger Kostenschub, der die Inflation nach oben treibt, eine Vertrauenskrise provozieren. Die Währungshüter sehen sich dann vor die Frage gestellt, ob sie die Verfehlung des Inflationsziels hinnehmen oder mittels einer negativen Outputlücke möglichst rasch beseitigen möchten. Eine Notenbank, die das Vertrauen der Öffentlichkeit besitzt, fällt es dabei leichter, rasch wieder zu Preisstabilität zurückzukehren.

---

[71] Vgl. Svensson (1999b), S. 220. In Kapitel 3.3 wird gezeigt, dass generell ein Trade-off zwischen Inflations- und Outputvariabilität vorliegt, der offensichtlich durch stabile Inflationserwartungen verbessert wird. Auch Clarida et al. [(1999), S. 1678ff.] sprechen von einer Verbesserung des Trade-offs zwischen Inflation und Output durch höhere Glaubwürdigkeit, allerdings unter Verwendung vorausschauender Inflationserwartungen.

2.2.2.4 Glaubwürdigkeit im Rahmen der „Neu-Keynesianischen" Phillips-Kurve

Noch deutlicher werden die Vorteile stabiler und langfristig niedriger Inflationserwartungen, wenn man von einer so genannten „Neu-Keynesianischen" Phillips-Kurve ausgeht, die das vorausschauende Verhalten von Wirtschaftssubjekten hervorhebt:

$$(2.12) \quad \pi_t = \gamma\, E_t \pi_{t+1} + \kappa\, y_t + \varepsilon_t,$$

wobei $E_t \pi_{t+1}$ = in Periode t für die Periode t+1 erwartete Inflationsrate, y = Outputlücke (Differenz aus tatsächlichem und natürlichem logarithmiertem Output), ε = Kostenschock, γ und κ = positive Parameter. Der Unterschied zu einer gewöhnlichen Phillips-Kurven liegt darin, dass Erwartungen über die zukünftige Inflation unmittelbar auf die heutige Inflationsentwicklung ausstrahlen.[72] Im Hintergrund dieser Phillips-Kurve stehen dynamische Modelle der verzögerten Preisanpassung, die zu berücksichtigen versuchen, dass Preise nicht kontinuierlich und von allen Unternehmen gleichzeitig angepasst werden. Zur Vereinfachung der Modellanalyse unterstellte Calvo (1983), dass in jeder Periode per Zufallsgenerator eine Teilfraktion aller Unternehmen ausgewählt wird, die jeweils die Möglichkeit zur Preisanpassung erhält. Sobald eine Firma „an der Reihe ist", ihre Preise zu verändern, wird sie gleich für mehrere Perioden in die Zukunft planen, da sie in der Folgezeit damit rechnen muss, von der freien Preisgestaltung ausgeschlossen zu sein.[73] Die heutige Preissetzung wird dabei maßgeblich von der Einschätzung der weiteren Grenzkostenentwicklung beeinflusst. Erwartet die Firma eine anziehende Nachfrage und Kapazitätsauslastung, wird sie mit steigenden Grenzkosten rechnen und ihre Preise anheben. Dieses Kalkül der Unternehmen wird besonders deutlich, wenn man eine Vorwärtsiteration von Gleichung (2.12) durchführt (γ = 1):

$$(2.13) \quad \pi_t = E_t \sum_{i=0}^{\infty} (\kappa y_{t+i} + \varepsilon_{t+1}).$$

Die Inflation hängt also direkt von der zukünftig erwarteten Entwicklung der Outputlücke und der Kostenschocks ab. Beide Komponenten können als eine Approximation für die zukünftige Grenzkostenentwicklung angesehen werden, wobei die Outputlücke den Effekt von Nachfrageschwankungen und der Preisschock ε andere Kosteneffekte beinhaltet.[74]

Geht man davon aus, dass die Outputlücke y die eigentliche Steuerungsvariable der Notenbank ist, dann schlagen sich die Erwartungen über die zukünftige Notenbankpolitik ($E\sum y_{t+i}$) unmittelbar in der aktuellen Inflationsentwicklung nieder. Die Vorteile

---

[72] Im Gegensatz zu (2.12) sieht eine um Erwartungen erweiterte Philipps-Kurve gewöhnlich wie folgt aus: $\pi_t = E_{t-1}\pi_1 + \alpha y_t + \varepsilon_t$, wobei $E_{t-1}\pi_1$ die Inflationserwartungen für Periode t auf der Grundlage der Informationen in t-1 beinhaltet. Ein weiterer Unterschied besteht zwischen α und κ. Im Gegensatz zu α beinhaltet κ nicht nur „reale" Rigiditäten – den Einfluss von Über- oder Unterbeschäftigung auf die Inflation – sondern auch „nominale" Rigiditäten – die Häufigkeit der Preisanpassungen. Je häufiger die Unternehmen die Preise anpassen, desto geringer ist κ [vgl. z.B. Mankiw (2001), C52]. Des Weiteren taucht γ nicht in gewöhnlichen Phillips-Kurven-Gleichungen auf. Es handelt sich dabei um einen Faktor, mit dem die zukünftigen Profite abdiskontiert werden.

[73] Es wird von identischen Firmen, die in einem Umfeld der monopolistischen Konkurrenz arbeiten, ausgegangen. Sie setzen jeweils ihren gewinnmaximalen Preis, wobei sie dabei die zukünftige Nachfrageentwicklung und die Preissetzung der anderen Firmen berücksichtigen. In jeder Periode darf eine Firma mit der Wahrscheinlichkeit θ die Preise ändern, wobei θ unabhängig vom letzten Zeitpunkt der Preisanpassung ist, vgl. Calvo (1983), S. 385ff.

[74] Vgl. Clarida et al. (1999), S. 1667.

einer glaubwürdigen Geldpolitik werden in diesem Modellrahmen daher besonders deutlich. Kann die Notenbank der Öffentlichkeit überzeugend vermitteln, dass sie zur Wahrung von Preisstabilität notfalls auf einen Kostenschock mit einer harten Restriktionspolitik reagiert, dann werden die Unternehmen für die Zukunft kaum steigenden Kostendruck erwarten und dementsprechend ihre Preise nur geringfügig anheben. Die Glaubwürdigkeit einer solchen Geldpolitik könnte z.b. durch eine Regelbindung der folgenden Art unterstützt werden:

$$(2.14) \quad y_t = -\omega\varepsilon_t,$$

d.h. jeden Kostenschock von z.B. 4 % würde die Notenbank mit der Erzeugung einer negativen Outputlücke von ω x 4 % beantworten, wobei die Notenbank ω in Abhängigkeit ihrer Zielfunktion (und den übrigen Modellparameter) wählt.[75] Eine solche Regelbindung würde nicht nur Auswirkungen auf die heutige, sondern auch auf die zukünftig erwartete Outputlücke haben. Wählt die Notenbank ein hohes ω, dann können die Firmen davon ausgehen, dass jeder Kostenschub früher oder später durch eine negative Outputlücke kompensiert wird. In einem solchen Umfeld werden sich prinzipiell niedrige Inflationserwartungen einstellen, was sich gemäß (2.12) unmittelbar dämpfend auf die Inflationsentwicklung auswirkt. Tritt dann tatsächlich ein Kostenschock ein, besitzt eine vertrauenswürdige Notenbank den Vorteil, dass sie kaum restriktive Maßnahmen ergreifen muss, um die Preisentwicklung unter Kontrolle zu halten, weil Kostenschocks nur in geringem Umfang auf die Inflationserwartungen durchschlagen. Es ergibt sich also das Paradox, dass eine glaubwürdige Notenbank zwar stets eine scharfe Nachfragekontraktion androht, von dieser Drohung jedoch nie wirklich Gebrauch machen muss, wenn tatsächlich ein Kostenschock auftritt, sondern sich mit einem milden Restriktionskurs begnügen kann.[76]

Die geldpolitische Steuerung wird somit erleichtert, wenn es der Notenbank gelingt, bei den privaten Akteuren bestimmte Erwartungen über die künftige Geldpolitik zu erzeugen. Im Unterschied zur Transparenzdebatte sollen aber weniger die Finanzmarktakteure von einem bestimmten Verhalten überzeugt werden, sondern vielmehr die eher langfristig orientierten Lohn- und Preissetzer. Wie die obige Regel zeigt, können Regelbindungen oder geldpolitische Strategien wiederum als Instrument angesehen werden, um die Erwartungen der Lohn- und Preissetzer über die künftige Notenbankpolitik in eine bestimmte Richtung zu lenken.

Insgesamt kann man also mit Hilfe der „Neu-Keynesianischen" Phillips-Kurve die hohe Bedeutung einer glaubwürdigen Geldpolitik elegant begründen. An der „modernen" Preisgleichung wird jedoch kritisiert, dass sie sich nur schwer mit den empirischen Fakten in Einklang bringen lässt.[77] Diese Problematik ist besonders augenfällig bei einem kontraktiven Nachfrageschocks, der z.B. von der Geldpolitik ausgelöst wird. Erkennen die privaten Akteure einen solchen Schock, müsste sich dies gemäß (2.12) unmittelbar in einer sinkenden Inflationsrate bemerkbar machen, denn diejeni-

---

[75] Es wird hier davon ausgegangen, dass Nachfrageschocks sofort von der Notenbank unterdrückt werden können, so dass die Regel auf Kostenschocks begrenzt bleibt. Clarida et al. [(1999), S. 1679] zeigen wie ein optimalen Wert für ω abgeleitet werden kann.

[76] Formal bedeutet dies, dass eine glaubwürdige Notenbank bereits mit einer recht kleinen negativen Outputlücke deutliche Disinflationseffekte auslösen kann, vgl. Clarida et al. (1999), S. 1679f.

[77] Vgl. zu dieser Kritik z.B. Fuhrer (1997), und Mankiw (2001), C53ff.

gen Firmen, die gerade eine Preisanpassung vornehmen, werden infolge des Nachfrageschocks von zukünftiger Disinflation ausgehen und daher ihre Preise senken. Dies steht aber im Widerspruch zu den empirischen Fakten, wonach die Anpassungsreaktion der Inflation auf einen kontraktiven Schock nur stark zeitverzögert und graduell erfolgt (siehe Kapitel 3). Eine verzögerte Preisanpassung der Firmen wäre aber auf der Grundlage der „Neu-Keynesianischen" Phillips-Kurve nur erklärbar, wenn die Unternehmen als Folge des kontraktiven Nachfrageschocks von einem Anstieg der Produktion und Outputlücke (als Gegengewicht zu ihren Disinflationserwartungen) ausgehen würden, was aber einer realitätsnahen Vorstellung zuwider läuft.[78]

Zusammenfassend kann man festhalten, dass ein Glaubwürdigkeitsproblem, so wie es ursprünglich von KPBG propagiert wurde, nie relevant war oder zumindest heute nicht mehr existiert. Zum einen wissen Notenbanker, dass es keinen dauerhaft ausbeutbaren Phillips-Kurven Trade-off gibt, weshalb sie erst gar keine Überraschungsinflation anstreben. Zum anderen hat eine auf Preisstabilität ausgerichtete Geldpolitik die notwendige institutionelle Absicherung (Unabhängigkeit der Notenbanken) erfahren. Für Cukierman ist dennoch die Gefahr eines „inflation bias" latent, was sich seiner Ansicht nach aus dem Zusammenspiel von unsicherer Lageeinschätzung und der Neigung ergibt, lieber einen Boom als eine Rezession zu riskieren. Dieser „inflation bias" wurde allerdings in den letzten Jahren aufgrund der geringen Zyklusschwankungen (und damit der geringen Rezessionswahrscheinlichkeit) abgemildert. Lässt man die Annahme vollkommen flexibler Preise fallen, erlangt Glaubwürdigkeit noch in anderem Zusammenhang Bedeutung. Im Falle von Kostenschocks können Notenbanken nur bei stabilen Inflationserwartungen mit einer raschen Rückkehr zu Preisstabilität rechnen. Letzteres wird nur dann der Fall sein, wenn man der Zentralbank zutraut, notfalls auch Beschäftigungsverluste hinzunehmen, um Preisstabilität wiederzuerlangen. Die Verwendung einer „Neu-Keynesianischen" Phillips-Kurve verstärkt dieses Argument noch, da hier davon ausgegangen wird, dass Erwartungen über die zukünftige Notenbankpolitik unmittelbare Auswirkungen auf das heutige Preissetzungsverhalten von Unternehmen besitzen. Mangelnde Glaubwürdigkeit in die zukünftige Sicherung von Preisstabilität würde sich daher unmittelbar in steigenden Preisen niederschlagen.

Als sicherster Weg zur Erlangung von Glaubwürdigkeit gilt der Aufbau von Reputation in der Stabilisierungspolitik. Sobald eine Notenbank auf langjährige Erfolge bei der Inflationsbekämpfung verweisen kann, gewinnt sie automatisch das Vertrauen der Öffentlichkeit. Zur Unterstützung und Beschleunigung dieses Prozesses dient die Ankündigung einer transparenten geldpolitischen Strategie.[79] Da eine Strategie eine Art Regelbindung beinhaltet, kann die Öffentlichkeit rasch überprüfen, ob die angekündigten Worte der Notenbank mit ihren Taten übereinstimmen. Eine klare Konzeption kann außerdem dazu beitragen, dass die Glaubwürdigkeit einer Notenbank nicht

---

[78] Es sei noch mal daran erinnert, dass die Firmen ihre Preise in Abhängigkeit des erwarteten Preisniveaus und der erwarteten Nachfrage (Outputlücke) setzen, vgl. Mankiw (2001), C51, und C57.

[79] Vor allem für Notenbanken, die im Ausgangspunkt noch auf keine erfolgreiche vergangene Stabilisierungspolitik verweisen können, stellt Transparenz eine Alternative zur Erlangung von Glaubwürdigkeit dar: "These low-credibility countries with new monetary frameworks cannot rely immediately on reputation ('actions') (...). So instead they rely on 'words' to boost their credibility." Briault et al. (1996), S. 67.

so sehr an das Charisma einer bestimmten Person (z.B. dem Notenbankchef), sondern an die gesamte Institution gebunden ist.[80]

2.2.2.5 Sollten Notenbanken ihr Beschäftigungsziel offen legen?

Abschließend soll zum Thema „Berechenbarkeit und Glaubwürdigkeit" auf einen potentiellen Trade-off zwischen beiden Größen hingewiesen werden. Folgt man der Argumentation in Kapitel 2.2.1, wonach Notenbanken zur Förderung ihrer Berechenbarkeit möglichst alle wichtigen Informationen bekannt geben sollten, dann würde darunter auch das Beschäftigungsziel fallen. Vor dem Hintergrund der Glaubwürdigkeitsdebatte könnte man jedoch argumentieren, dass eine zu starke Betonung das Beschäftigungsziel ein Klima hoher Inflationserwartungen erzeugt und damit einer effizienten Geldpolitik schadet. Da auf das Thema „Glaubwürdigkeit und Beschäftigungsziel" ausführlich in Kapitel 3.2 eingegangen wird, soll hier nur darauf hingewiesen werden, dass für eine effiziente Geldpolitik offenbar unterschiedliche Formen der Transparenz erforderlich sind. Mit Blick auf die Gruppe der Lohn- und Preissetzer spricht einiges dafür, das Beschäftigungsziel möglichst zu verschleiern und öffentlich zu suggerieren, dass man ausschließlich an Preisstabilität interessiert ist. Die Notenbank würde durch diese „Transparenzpolitik" die langfristigen Inflationserwartungen gezielt manipulieren, um sie auf niedrigem Niveau zu verankern. Anders sieht es im Bereich der Börsenmärkte aus, deren Akteure primär an der Zinspolitik der kommenden Monate interessiert sind. Hier gilt, dass möglichst hohe Transparenz (auch über das Beschäftigungsziel) zu einer Effizienzverbesserung beiträgt. Je besser die Finanzmarktteilnehmer die Zinsschritte der Notenbank vorausahnen können, desto schneller übertragen sich die geldpolitischen Impulse auf die langfristigen Vermögenspreise. Im Ergebnis kommt es also darauf an, die Kommunikationspolitik auf die unterschiedlichen Gruppen der privaten Marktakteure abzustimmen. Eine Notenbank könnte z.B. für die lange Frist ihr Inflationsziel hervorheben, für die kurze Frist aber durchaus einräumen, dass sie auch Beschäftigungsziele verfolgt.

---

[80] Vgl. Issing et al. (2001), S. 38f.

2.3   Inflation Targeting und Taylor-Regel als Strategie-Beispiele

2.3.1   Inflation Targeting

2.3.1.1   Entstehung, Merkmale und Ziele

Dem Vorbild der Reserve Bank of New Zealand folgend ging zu Beginn der 1990er Jahre eine Reihe von Notenbanken (u.a. in Kanada, Großbritannien, Schweden und Australien) dazu über, die Inflation „direkt" zu steuern.[81] Die bald als „Inflation Targeting" bezeichnete geldpolitische Strategie schien zunächst „aus der Not geboren" [Deutsche Bundesbank (1995), S. 70]. Viele Länder sahen darin die letzte Möglichkeit, der Geldpolitik eine „nominale Verankerung" zu geben, nachdem zuvor alternative Lösungswege (über Wechselkurs- oder Geldmengenziele) gescheitert waren.[82] Im Laufe der Zeit entwickelte sich Inflation Targeting zu einer eigenständigen Strategie mit breiter theoretischer Basis und folgenden Merkmalen:[83]

1. Das augenfälligste Merkmal ist ein explizites und *quantitativ* ausformuliertes *Inflationsziel*, das von der Notenbank bzw. Regierung festgelegt und danach öffentlich verkündet wird.[84] Zur Unterstreichung des Inflationsziels wird meist der *Vorrang der Preisstabilität* vor allen übrigen Zielen der Geldpolitik in der Notenbankverfassung verankert.

2. Inflation Targeting ist daneben durch ein außergewöhnliches Maß an *Rechenschaftspflicht und Transparenz* gekennzeichnet, d.h. man legt viel Wert auf eine intensive öffentliche Kommunikation über die Ziele, Pläne und Entscheidungen der Geldpolitik, was sich unter anderem in detaillierten Inflationsberichten manifestiert. Außerdem sieht sich die Notenbank regelmäßig verpflichtet, Zielverstöße *zu rechtfertigen.* [85]

3. Bei der Durchführung der Geldpolitik stützt man sich *nicht* auf *traditionelle Zwischenzielgrößen* wie Geldmenge oder Wechselkurs, sondern versucht *sämtliche Informationsvariablen* über die zukünftige Preisentwicklung im Entscheidungsprozess zu beachten. Dabei hat es sich als sinnvoll herausgestellt, alle Informationen in einer einzigen *Inflationsprognose* zu bündeln, die als *Zwischenziel* bei Inflation Targeting fungiert. Aus dem Vergleich von Inflationsprognose und -ziel ergibt sich dann eine simple Regel: Lege das Zinsinstrument stets so fest, dass Prognose und Ziel im Einklang stehen.

Vor allem aufgrund der Merkmale 1) und 2) wird Inflation Targeting von vielen Zentralbanken als ein Instrument zur Gewinnung von Glaubwürdigkeit angesehen und ist

---

[81]   In jüngster Zeit wechselten auch einige Schwellenländer (Brasilien, Chile, Thailand) und osteuropäischen Transformationsländer (Tschechien, Polen, Ungarn) zu Inflation Targeting.

[82]   "The new framework [in United Kingdom] follows a period during which both monetary and exchange rate targets had been tried, but had been seen to have failed." Cobham (1997), S. 1128.

[83]   Vgl. z.B. Bernanke et al. (1999), S. 4ff., Mishkin (1999), S. 591ff., und Svensson (1999a), S. 624.

[84]   Im Vereinigten Königreich legt z.B. die Regierung, in Schweden jedoch die Zentralbank das quantitative Zielniveau fest. In der Praxis wird das Inflationsziel mit Hilfe einer Inflationsrate formuliert, wobei sowohl Punkziele als auch Zielbänder in Gebrauch sind. Gemessen wird die Inflation anhand eines Konsumentenpreisindexes, der zum Teil um sehr volatile Komponenten (Energie-, Nahrungsmittelpreise) bereinigt wird. Die Inflationsziele schwanken in den entwickelten Industrieländern zwischen ein und drei Prozent: Vereinigtes Königreich 2 %, Kanada 2 % (+/-1 %), Australien 2-3 %, Schweden 2 % (+/- 1 %), Neuseeland 1-3 % und Norwegen 2,5 %.

[85]   Mit Ausnahme von Neuseeland wird aber auf explizite Sanktionsmechanismen (etwa Gehaltskürzungen, Entlassungen von Notenbankern) im Falle von Zielverfehlungen bisher verzichtet.

daher bei Ländern beliebt, die in der Vergangenheit recht hohe Inflationsraten aufwiesen.[86] Alternative stabilitätsorientierte Strategien besitzen im Vergleich zu Inflation Targeting den Nachteil, dass sie entweder stark auf außenwirtschaftliche Belange fokussiert sind (Wechselkursbindung) oder eine stabile Relation zwischen Geldmenge und Volkseinkommen voraussetzen (Geldmengensteuerung), die in vielen Länder nicht (mehr) gegeben ist.

In jüngster Zeit verwischen die Unterschiede zwischen Inflation Targeting und anderen Strategien allerdings. Inflation Targeting hat zwar die Transparenzdebatte angeschoben, offenes und klares Notenbankverhalten ist aber inzwischen weniger ein spezifisches Merkmal von Inflation Targeting, sondern gilt – wie oben gesehen – als Grundprinzip einer effizienten Geldpolitik. Des Weiteren sind einige Notenbanken dazu übergangen, quantitative Inflationsziele zu veröffentlichen, ohne sich deshalb als Inflation Targeter zu bezeichnen.[87] Als essentielles Unterscheidungsmerkmal von Inflation Targeting gegenüber anderen Strategien fungiert daher zusehends die quantitative Inflationsprognose, die zum zentralen Angelpunkt des Kommunikations- und Entscheidungsprozesses eines Inflation Targeters avanciert.[88]

2.3.1.2 Theoretische Fundierung

Wenn eine Notenbank versucht, ein Inflationsziel anzusteuern, wird sie sich bei ihren laufenden geldpolitischen Entscheidungen aufgrund der Lag-Problematik nicht an der aktuellen, sondern vielmehr an der zukünftig erwarteten Inflationsrate orientieren. Es kam darum sehr bald die Idee auf, die Inflationsprognose der Notenbank als explizites Zwischenziel von Inflation Targeting anzusehen.[89] Svensson (1997b) lieferte hierfür die theoretische Fundierung. Als Ausgangspunkt seiner Analyse wählte er ein Modell, das die Struktur einer geschlossenen Volkswirtschaft mit zwei simplen Gleichungen darstellt:

$$(2.16) \quad \pi_{t+1} = \pi_t + \alpha\, y_t + \varepsilon_{t+1}$$

$$(2.17) \quad y_{t+1} = \delta\, y_t - \varphi\, (i_t - \pi_t) + \eta_{t+1},$$

wobei π die Inflationsrate, y die Abweichung des logarithmierten Outputs von einem auf null normierten natürlichen Outputniveau, i das Zinsinstrument der Zentralbank, ε und η seriell unkorrelierte Schocks mit Mittel null sowie α, δ und φ positive Konstanten darstellen. Vereinfachend kann unterstellt werden, dass i ein Geldmarktsatz ist und eine Periode ein Jahr umfasst. Das Modell beinhaltet einen doppelten Lag: Es dauert ein Jahr, bis sich Änderungen des „realen" (ex-post) Geldmarktsatzes bei der Outputlücke bemerkbar machen und ein weiteres Jahr bis sich der geldpolitische Im-

---

[86] Dies macht Inflation Targeting auch für Schwellen- und Transformationsländer attraktiv. Die Umsetzung wird in diesen Ländern jedoch u.a. durch hohe Inflationsvolatilität (= häufige Zielverfehlungen) und Krisenanfälligkeit bei Wechselkursschwankungen erschwert, vgl. z.B. Mishkin (2000) und Jonas/Mishkin (2003).

[87] Dies gilt z.B. für die EZB und die SNB [vgl. Issing (2003), S. 9f., und Baltensperger et al. (2001)]. Meyer (2001) plädiert in den USA für die Einführung eines Inflationsziels aber gegen Inflation Targeting.

[88] Bernanke et al. (1999) und Mishkin (1999) sahen Ende der 1990er Jahre in der Veröffentlichung einer Inflationsprognose noch kein zentrales Element von Inflation Targeting. Sie betonten stärker, dass Inflation Targeting neben dem Inflationsziel keinen alternativen „nominalen Anker" besitzt.

[89] King [(1994), S. 118] deutete diese Möglichkeit als erster an.

puls auf die Inflationsrate überträgt. Die Notenbank kann aus heutiger Sicht also frühestens die Inflation in zwei Jahren beeinflussen, deren Höhe sich aus den aktuellen Werten für π, y und i sowie den künftigen Schocks ergibt:

$$(2.18) \quad \pi_{t+2} = \pi_t + \alpha \, (1 + \delta) \, y_t - \alpha \, \phi \, (i_t - \pi_t) + \alpha \, \eta_{t+1} + \epsilon_{t+1} + \epsilon_{t+2}.$$

Die hier betrachtete Notenbank praktiziert Inflation Targeting und hat dementsprechend ein Inflationsziel (π^*) verkündet. Sie wird daher versuchen, die zukünftigen Abweichungen der Inflationsrate vom Inflationsziel so gering wie möglich zu halten. Ihre Verlustfunktion (L) für eine beliebige Periode t lautet:

$$(2.19) \quad L_t = \tfrac{1}{2} \, (\pi_t - \pi^*)^2.$$

Da die Notenbank erst die Inflation in zwei Jahren steuern kann, besteht für sie die zentrale Frage darin, wie hoch sie den Geldmarktzins (i) heute wählen sollte, um die erwarten Verluste in zwei Jahren zu minimieren:

$$(2.20) \quad \underset{i}{\text{Min}} \,! \, E_t \, \tfrac{1}{2} \, (\pi_{t+2} - \pi^*)^2,$$

wobei E = Erwartungswert. Die hieraus ableitbare Optimierungsbedingung ist:[90]

$$(2.21) \quad E_t \pi_{t+2} = \pi^*.$$

$E_t \pi_{t+2}$ stellt dabei die Prognose hinsichtlich der (einjährigen) Inflationsrate in zwei Jahren dar, die im Folgenden als Zwei-Jahres-Inflationsprognose bezeichnet wird. Zur Minimierung der Verlustfunktion sollte der heutige Geldmarktzins also so gewählt werden, dass diese Prognose mit dem Inflationsziel übereinstimmt. Da der Erwartungswert der zukünftigen Schocks null beträgt, lässt sich die Zwei-Jahres-Inflationsprognose aus (2.18) einfach ableiten:

$$(2.22) \quad E_t \pi_{t+2} = \pi_t + \alpha \, (1 + \delta) \, y_t - \alpha \, \phi \, (i_t - \pi_t).$$

Setzt man (2.22) mit dem Inflationsziel gleich, kann auch der optimale Geldmarktsatz für die gegenwärtige Periode t ermittelt werden:

$$(2.23) \quad i_t = \pi_t + a_1 \, (\pi_t - \pi^*) + a_2 \, y_t,$$

wobei $a_1 = 1/(\alpha\phi)$ und $a_2 = (1+\delta)/\phi$. Gleichung (2.23) stellt eine Reaktionsfunktion dar, die, wie noch später deutlicher wird, große Ähnlichkeiten mit der Taylor-Regel aufweist. Es handelt sich jedoch um keine starre Regel, sondern um eine flexible Reaktionsfunktion, die bei strukturellen Veränderungen angepasst werden kann.

Die Bedingung (2.21) empfiehlt der Notenbank, die Zwei-Jahres-Inflationsprognose als explizites Zwischenziel der Geldpolitik zu verwenden. Die Notenbank sollte ihr Zinsinstrument also stets so anpassen, dass Inflationsprognose und Inflationsziel miteinander übereinstimmen. Die daraus ableitbare, einfache Handlungsanweisungen an die Geldpolitik lautet: Erhöhe (senke) den Geldmarktzins, sobald die Inflationsprognose oberhalb (unterhalb) des Inflationsziels liegt. Die Reaktionsfunktion (2.23) gibt an, wie stark die Zinserhöhung oder -senkung konkret ausfallen sollte. Die

---

[90] $E_t L_{t+2}$ wird hierzu nach i abgeleitet und mit null gleichgesetzt. Daraus ergibt sich: $-\alpha\phi(E_t\pi_{t+2} - \pi^*) = 0$. Die Lösung ($E_t\pi_{t+2} = \pi^*$) für das einperiodige Optimierungsproblem stellt gleichzeitig die Optimierungsbedingung für eine intertemporale Verlustfunktion mit unendlicher Länge dar, vgl. Svensson (1997b), S. 1139f.

Notenbank steuert damit eigentlich die Inflationsprognose und nicht die Inflationsrate, weshalb es gemäß Svensson (1997b) und Haldane [(1998), S. 5] besser wäre, von Inflation *Forecast* Targeting statt Inflation Targeting zu sprechen.[91]

2.3.1.3 Die Inflationsprognose als Zwischenziel von Inflation Targeting

Damit die Inflationsprognose die Rolle eines Zwischenziels erfüllen kann, müssen mehrere Bedingungen erfüllt sein: *Erstens* sollte der Prognosezeitraum mit dem Kontroll-Lag der Geldpolitik übereinstimmen.[92] *Zweitens* sollte die Vorhersage die Sicht der verantwortlichen Entscheidungsträger und nicht diejenige des Analysestabes widerspiegeln, denn nur so kann man sicher sein, dass die Prognose zur Grundlage der geldpolitischen Entscheidungen wird.[93] *Drittens* sollte es sich bei der Inflationsprognose um eine eigene Projektion der Notenbank handeln, da eine zu starke Anlehnung an die privaten Inflationserwartungen gemäß Bernanke/Woodford (1997) die Gefahr multipler Gleichgewichte heraufbeschwören würde.[94]

Svensson [(1997b), S. 1226] sieht in der Inflationsprognose der Notenbank ein „ideales" Zwischenziel der Geldpolitik. Seiner Ansicht nach weist die Inflationsprognose von allen möglichen Zwischenzielvariablen die höchste Korrelation zum Endziel auf, da in die Prognose alle Informationen über die zukünftige Preisentwicklung einfließen.[95] Auf ihrer Grundlage würden daher effizientere geldpolitische Entscheidungen getroffen als etwa auf Basis der Geldmengenentwicklung, die nur einen Teil der relevanten Informationen abdeckt.[96] Die Veröffentlichung der Inflationsprognose ermöglicht der Öffentlichkeit darüber hinaus, die Qualität und Glaubwürdigkeit der Geldpolitik anhand eines einfachen Kriteriums – nämlich dem Vergleich von Inflationsprognose und Ziel – zu überprüfen.

---

[91] Selbst wenn die Notenbank Prognose und Ziel stets im Einklang hält, wird die ex-post Inflation immer wieder aufgrund von Schocks vom Inflationsziel abweichen. Bei hoher Prognosekompetenz wird der durchschnittliche Prognosefehler der Notenbank aber bei null liegen, vgl. Svensson (1997b), S. 1120.

[92] In der Praxis werden 1½ (Bank of Canada) bis 3-jährige (Neuseeland) Prognosen erstellt.

[93] Bean [(2003), S. 14] betont z.B. ausdrücklich, dass die publizierten Prognosen der Bank of England die Sichtweise des geldpolitischen Ausschusses und nicht des Mitarbeiterstabs widerspiegeln.

[94] Offensichtlich unberührt hiervon schlägt Bofinger [(2001), S. 265ff.] vor, statt einer eigenen Inflationsprognose, die sich nur auf kompliziertem Wege erstellen lässt, die privaten Inflationserwartungen als Zwischenziel der Geldpolitik zu verwenden, die recht einfach aus Umfragen oder Finanzmarktdaten zu ermitteln seien. Umstritten ist, ob die Inflationsprognosen auf der Grundlage konstanter Notenbankzinsen oder auf Basis eines möglichst realistischen zukünftigen Zinspfades abgeleitet werden sollten. Die meisten Notenbanken (mit Ausnahme der RBNZ) entscheiden sich gegen letzteres, weil man keine voreiligen Signale über die zukünftige Zinspolitik aussenden möchte. Dies beinhaltet allerdings den Nachteil, dass die Notenbankprognosen kein ganz realistisches Bild liefern und schwerer mit kommerziellen Inflationsprognosen, die nicht auf der Annahme konstanter Zinsen beruhen, vergleichbar sind, vgl. zu dieser Diskussion z.B. Blinder et al. (2001), S. 33f.

[95] Svensson [(1997b), S. 1126] weist außerdem darauf hin, dass die Inflationsprognose einfacher kontrollierbar ist als die laufende Inflationsrate, was aus dem Vergleich von Gleichung (2.22) mit (2.18) ersichtlich wird. $E_t\pi_{t+2}$ ist direkt beeinflussbar und wird nicht durch Schocks beeinträchtigt.

[96] Nach Meinung von Svensson [z.B. (1999a), S. 636ff., und (1999b), S. 212ff.] weist die Geldmenge innerhalb des geldpolitisch relevanten Zeitraums wenig bis gar keinen Informationsgehalt hinsichtlich der weiteren Preisentwicklung auf. Die Stabilisierung der Geldmenge in Höhe eines Geldmengenziels ist daher in seinen Augen kein sehr effizientes Verfahren, um die Inflation auf niedrigem Niveau zu stabilisieren. Angesichts der geringen Korrelation zwischen Geldmenge und Inflation ist im Prinzip auch das Argument einer besseren Kontrollierbarkeit der Geldmenge in seinen Augen nicht wirklich stichhaltig.

Die Umsetzung der Idee, die Inflationsprognose als Zwischenziel der Geldpolitik zu verwenden, ist in der Praxis allerdings nicht so einfach. Der Prozess zur Erstellung einer Inflationsvorhersage ist äußerst komplex und für Außenstehende schwer nachvollziehbar. Außerdem weisen vor allem längerfristige Prognosen eine erhebliche Irrtumswahrscheinlichkeit auf.[97] Zur Minderung dieser Probleme ist die BoE dazu übergegangen, ihre Inflationsvorhersage nicht als Punktprognose, sondern als „Fächerchart" zu gestalten, welcher die Wahrscheinlichkeitsverteilung der möglichen zukünftigen Inflationsergebnisse zum Ausdruck bringen soll.[98] Um die Darstellung übersichtlich zu halten, wird der zukünftige Inflationspfad, den die Notenbank am wahrscheinlichsten hält (=„zentrale Projektion" bzw. Modus der Wahrscheinlichkeitsverteilung), farblich hervorgehoben. Bei der Ableitung ihrer geldpolitischen Entscheidungen betrachtet die Bank of England sowohl die zentrale Projektion als auch die Risikobalance bzw. Schiefe der Wahrscheinlichkeitsverteilung und zwar vor allem am Ende des Prognosezeitraums (Kontroll-Lags).[99]

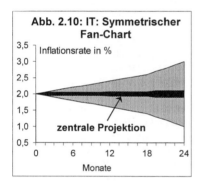

Abb. 2.10: IT: Symmetrischer Fan-Chart

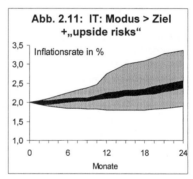

Abb. 2.11: IT: Modus > Ziel +„upside risks"

In den Abb. 2.10-2.12 wird dieser Entscheidungsprozess veranschaulicht, wobei das Inflationsziel der Zentralbank 2 % und der Kontroll-Lag zwei Jahre betrage. In der ersten Situation entspricht die zentrale Projektion am Ende des Prognosezeitraums in etwa dem Ziel, und die weniger wahrscheinlichen Alternativszenarien verteilen sich

---

[97] Cecchetti (1995b) überprüfte z.B. die Qualität kommerzieller amerikanischer Inflationsprognosen zwischen 1970-1994 und stellte dabei diesen Vorhersagen ein sehr schlechtes Zeugnis aus.

[98] Der Fächerchart der Bank of England ist in 9 Zonen (Bänder) eingeteilt, wobei eine Zone jeweils 10 % der Wahrscheinlichkeitsverteilung des möglichen Inflationsergebnisses der kommenden zwei Jahre abbildet [vgl. z.B. Britton et al. (1998)]. Sveriges Riksbank und Norges Bank gehen ähnlich vor, unterteilen aber den Chart nur in drei bzw. vier Zonen. Die Notenbanken von Kanada, Australien und Neuseeland publizieren ausschließlich Punktprognosen und beschreiben die Risikoverteilung um diese zentrale Projektion verbal.

[99] Wenn die Wahrscheinlichkeitsverteilung asymmetrisch ist, weichen Modus und arithmetisches Mittel der Verteilung voneinander ab. Die Bank of England betrachtet beide Werte bei ihren geldpolitischen Entscheidungen. Unter der simplifizierten Annahmen einer quadratischen Verlustfunktion, linearer Beziehungen der Variablen und additiver Unsicherheit, wäre es im Prinzip optimal, das arithmetische Mittel (= Sicherheitsäquivalent) als Entscheidungsgrundlage zu verwenden, vgl. hierzu z.B. Vickers (1998), S. 371f. Wird die Inflationsprognose nicht nur als Punktprognose, sondern als Wahrscheinlichkeitsverteilung erstellt, kann man von „Distribution Forecast Targeting" [Svensson (1999b), S. 211] sprechen, was Haldane [(1998), S. 10] wie folgt zum Ausdruck bringt: "The intermediate variable of monetary policy can be thought of as the whole probability distribution of future inflation outcomes, not just the modal expected inflation outcome."

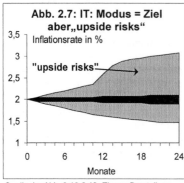

Abb. 2.7: IT: Modus = Ziel aber „upside risks"
Inflationsrate in %

Quelle der Abb. 2.10-2.12: Eigene Darstellung.

symmetrisch um das Inflationsziel, so dass sich kein Handlungsbedarf ergibt. Im zweiten Fall legt sowohl die zentrale Projektion als auch die Risikoverteilung eine Zielüberschreitung und damit eine Zinserhöhung nahe. Im dritten Fall entspricht zwar die zentrale Projektion dem Ziel, es besteht jedoch ein erhebliches Risiko, dass die Preise stärker anziehen, als dies in der zentralen Projektion zum Ausdruck kommt. Hinter dieser Asymmetrie in der Wahrscheinlichkeitsverteilung könnte sich die virulente Gefahr eines steigenden Ölpreises oder eines zusätzlichen Wachstumsimpuls verbergen. Eine vorsichtige Notenbank könnte sich unter diesen Umständen gezwungen sehen, die Zinsen anzuheben.

Die vielschichtige Darstellung der Inflationsprognosen zeigt, dass sich in der Realität keine einfachen, mechanischen Handlungsregeln aus dem Vergleich von Inflationsvorhersage und -ziel ableiten lassen, wie dies das einfache Svensson-Modell suggeriert. Dies beginnt bereits damit, dass die Notenbank nicht mit absoluter Sicherheit feststellen kann, ob die Inflationsprognose oberhalb oder unterhalb des Zielniveaus liegt. Erst recht kann sie aber keinen präzisen Wert für den optimalen – die Zielabweichung minimierenden – Geldmarktzins ermitteln. Trotz dieser Ungenauigkeiten sind die meisten Inflation Targeter jedoch der Ansicht, dass die Öffentlichkeit insgesamt von der Publikation der Inflationsprognosen profitiert.[100] Mit der Präsentation eines Fächercharts legt die Notenbank ihre Sichtweise über die weitere Inflationsentwicklung und ihre Risikoeinschätzung offen. Es kann zumindest grob abgeschätzt werden, ob in Bälde eine Zielverfehlung droht. Zinsentscheidungen, die im deutlichen Widerspruch zur Prognose stehen, kann die Notenbank kaum durchführen.

Betrachtet man die praktische Umsetzung von Inflation Targeting, so kann man durchaus davon sprechen, dass einige Notenbanken eine Art „Inflation Forecast Targeting" praktizieren. Dieses Vorgehen ist besonders augenfällig bei der *Bank of England* und der *Sveriges Riksbank*. So sah z.B. Charles Goodhart (2000) seine wesentliche Aufgabe als Mitglied des geldpolitischen Ausschusses der Bank of England darin *"to set the level of interest rates ... so that ... prospective (forecast) inflation would on average equal the target at the policy horizon."* Die Sveriges Riksbank beschreibt ihre Geldpolitik mit folgender Daumenregel [Sveriges Riksbank (IR 1/2002), S. 62]: *"If forecast inflation one to two years ahead is above the target rate, the repo rate is normally raised and vice versa."*

---

[100] „... they [the fan charts of the BoE; D.H.] summarise the information relevant to the MPC's decision of whether or not to change interest rates." King (1997b), S. 439.

2.3.1.4 Drei kritische Fragen an Inflation Targeting

Ignoriert Inflation Targeting Outputziele?

Aufgrund der Hervorhebung des quantitativen Inflationsziels vermittelt Inflation Targeting sehr rasch den Eindruck, dass Outputziele vernachlässigt werden. Notenbanken, die Inflation Targeting praktizieren, betonen jedoch, dass sie keine „Inflations-Spinner" [„inflation nutters", King (1997a), S. 90] seien. Sie würden nicht die permanente, sondern nur die mittelfristige Einhaltung des Inflationsziels anstreben und vor allem bei Preisschocks vorübergehende Abweichungen vom Inflationsziel zulassen, um unnötige Outputverluste zu vermeiden.[101] Svensson [z.B. (1997c), S. 7ff.] hat für Inflation Targeter, die auch Outputziele berücksichtigen, den Begriff „flexibles" Inflation Targeting in Abgrenzung zu „striktem" Inflation Targeting eingeführt, was anhand folgender Zielfunktion verdeutlicht werden kann:

(2.24) $L_t = \frac{1}{2} (\pi_t - \pi^*)^2 + \lambda\, y_t^2$.

Bei einem „flexiblem" Inflation Targeter ist $\lambda > 0$, d.h. die Geldpolitik praktiziert neben Inflations- auch Outputstabilisierung. Die Optimierungsbedingung, die aus der Minimierung der Verlustfunktion resultiert, ändert sich bei flexiblem Inflation Targeting gegenüber der zuvor betrachteten strikten Version (mit $\lambda = 0$). Statt die 2-Jahres-Inflationsprognose stets im Einklang mit dem Inflationsziel zu halten, soll diese Prognose bei einer Zielabweichung nur noch graduell zum Ziel zurückgeführt werden. Genauer gesagt sollte die 2-Jahres-Prognose dem gewichteten Durchschnitt aus Inflationsziel und 1-Jahres-Prognose entsprechen:

(2.25) $E_t\pi_{t+2} = s\,\pi^* + (1-s)\, E_t\pi_{t+1}$,

wobei $0 < s < 1$. Der Parameter s regelt, wie schnell die Zentralbank ihre 2-Jahres-Prognose an das Inflationsziel anpassen soll.[102] Je kleiner s ist, umso langsamer erfolgt diese Anpassung und umso stärker orientiert sich die 2-Jahres- an der 1-Jahres-Prognose (statt am Inflationsziel). Da die 1-Jahres-Prognose vorwiegend durch die aufgetretenen Preisschocks bestimmt wird, ist dies gleichbedeutend mit einer stärkeren Berücksichtigung von Outputzielen.[103] Eine Notenbank, die sich in erster Linie an der 1-Jahres-Prognose ausrichtet, reagiert schwach auf Preisschocks und vermeidet dadurch Outputschwankungen.[104]

Die Einbeziehung von Outputzielen macht Inflation Targeting etwas komplexer, da die simple Daumenregel (Inflationsziel = Prognose) leicht abgewandelt werden muss. Nach Ansicht von Svensson [(1997b), S. 1134] bleibt der intuitiven Charakter von Inflation Targeting aber bestehen, denn es sollte kein Problem sein, der Öffentlichkeit

---

[101] Gemäß King [(1997b), S. 436ff.] besteht Inflation Targeting aus zwei Komponenten: Einem mittelfristigen Inflationsziel und der angemessenen Reaktion auf Schocks.

[102] Parameter s ist insbesondere abhängig von λ. Es gilt $s = \lambda/(\lambda + \xi\alpha^2 k)$, wobei ξ = Diskontfaktor der intertemporalen Verlustfunktion und k = Parameter, der von α, λ, ξ abhängig und > 1 ist, vgl. Svensson (1997b), S. 1132.

[103] $E_t\pi_{t+1} = (1+\alpha\varphi)\pi_{t-1} + \alpha(1+\delta)y_{t-1} - \alpha\varphi i_{t-1} + \alpha\eta_t + \varepsilon_t.$.

[104] Tritt z.B. in der aktuellen Periode ein kräftiger Preisschock auf, dann steigt dadurch sowohl die 1-Jahres- als auch die 2-Jahres-Prognose an. Bei s = 0 müsste die Notenbank hierauf nicht reagieren und beide Prognosen (ein- und zweijährige) würden das Ziel verfehlen. Ist s = 1, dann müsste die Notenbank sofort die 2-Jahres-Prognose senken, in dem sie durch Zinserhöhungen eine negative Outputlücke in der Folgeperiode erzeugt.

zu vermitteln, dass die Inflationsprognose bei starken Schocks nur graduell zum Ziel zurückgeführt werden kann.

Erhöht oder mindert Inflation Targeting die Transparenz?

Es ist davon auszugehen, dass praktisch alle Notenbanken zur Abschätzung der künftigen Preisrisiken regelmäßig eine interne Inflationsprognose erstellen, an der sie ihre Entscheidungen bis zu einem gewissen Grade ausrichten. Befürworter von Inflation Targeting sehen daher in der Veröffentlichung dieser internen Notenbankprognose einen Transparenzgewinn, da viele geldpolitische Aktionen hierdurch leichter nachvollziehbar werden.

Eine Reihe von Ökonomen vertritt hingegen die Auffassung, dass die Publikation einer Inflationsprognose mehr Verwirrung als Klarheit stiftet.[105] Sie verweisen darauf, dass sich Prognosen nicht in einem einfachen und allgemein anerkannten Verfahren erstellen lassen, sondern das Resultat eines sehr komplexen Analyseverfahrens sind, bei dem die Notenbank über einen erheblichen Freiheitsgrad verfügt. Zwar leiten die Zentralbanken ihre Inflationsprognosen in der Regel aus einem Kernmodell ab, daneben werden aber auch Informationen aus anderen Modellen und das subjektive Urteil der Währungshüter berücksichtigt.[106] Issing [(1998), S. 9] spricht mit Hinblick auf Notenbankprognosen von einem „Kondensat aus komplexen ökonometrischen Modellen, Einzelindikatoren und einer gehörigen Portion subjektiver Einschätzung." Da das Verfahren zur Erstellung der Inflationsprognose – nach Meinung der Publikationsgegner – kaum transparent ist, ist der quantitative Prognosewert leicht manipulierbar. Man könnte daher befürchten, dass die Notenbank ihre veröffentlichte Inflationsprognose an eine im Vorhinein festgelegte und politisch gewollte Zinsentscheidung „anpasst", ohne dass dies von außen bemerkt wird.[107]

Protagonisten von Inflation Targeting stufen diese Manipulationsspielräume als gering ein, denn zum einen werden externe Expertengremien (z.B. Forschungsinstitute) die Qualität der Notenbankprognosen regelmäßig überprüfen.[108] Zum anderen kann man davon ausgehen, dass Notenbanken ihre Kompetenz unter Beweis stellen und bei ex-post Vergleichen zwischen ihren Prognosen und den tatsächlichen Ergebnissen, gut abschneiden möchten.[109]

---

[105] Vgl. hierzu z.B. Issing (1999), S. 513ff., oder Remsperger/Worms (1999), S. 5ff.

[106] „... the Bank's published inflation projection is not a mechanical extrapolation from a single macromodel. Rather, it draws upon a much wider and richer set of information variables – quantitative and qualitative, real and monetary." Haldane (1998), S. 11.

[107] Vickers [(1999), S. 6f.] nennt ein solches Vorgehen „numbers by painting", d.h. man zeichnet zunächst in gewünschter Weise den Fan Chart und leitet daraus die Prognosezahlen ab. Im Gegensatz hierzu steht „painting by numbers". Hierbei wird der Chart entsprechend der zuvor ermittelten Prognosezahlen erstellt.

[108] Gemäß Svensson [(1997b), S. 1123ff.] wird ein Wettbewerb zwischen der Notenbank und externen professionellen Vorhersageinstituten über die beste Inflationsprognose stattfinden. Remsperger/Worms [(1999), S. 7] zweifeln jedoch daran, dass eine solche Fachdiskussion der breiten Öffentlichkeit weiterhilft.

[109] Die BoE überprüft jeweils im August eines Jahres ihre bisherige Prognoseperformance und kommt 2003 [vgl. BoE (IR Aug/2003), S. 56] zum Ergebnis, dass die Prognosefehler niedriger als erwartet ausfielen.

Ihrer Meinung nach trägt die Veröffentlichung von Inflationsprognosen dazu bei, die Plausibilität geldpolitischer Entscheidungen zu verbessern. Dies gilt vor allem dann, wenn vorausschauendes Agieren angezeigt ist und die Notenbankhandlung unter Umständen im Widerspruch zur aktuellen Preisentwicklung steht. Die Fed rechtfertige z.B. im Februar 1994 bei rückläufiger Kerninflation (siehe Kapitel 4.4) den Übergang zu einer restriktiveren Geldpolitik mit dem Hinweis auf zukünftige Inflationsgefahren. Dabei hätte eine publizierte Inflationsprognose, die diesen zukünftigen Inflationsanstieg visualisiert hätte, als wirksame Argumentationshilfe dienen und zu geringeren Finanzmarktturbulenzen beitragen können.

Beinhaltet Inflation Targeting eine strikte Regelbindung?

Es wurde bereits darauf hingewiesen, dass Inflation Targeting nicht darauf abzielt, eine permanente Übereinstimmung der aktuellen Inflationsrate mit dem Inflationsziel herbeizuführen und in diesem Sinne keine strikte Regelbindung darstellt. Bernanke et al. [(1999), S. 22] charakterisieren Inflation Targeting daher mit dem Begriff „beschränktes Ermessen", was zum Ausdruck bringen soll, dass Inflation Targeting durch das Tolerieren vorübergehender Zielabweichungen einerseits und der klaren Zielvorgabe andererseits eine Mittelstellung in der Dichotomie zwischen strikter Regelbindung und vollkommener Flexibilität einnimmt.

Mit der Weiterentwicklung von Inflation Targeting zu Inflation Forecast Targeting schuf *Svensson* jedoch eine Art Zwischenzielregel (Inflationsziel = Inflationsprognose). Die Bank of England hält sich offenbar seit ihrer Unabhängigkeit (1997) verhältnismäßig eng an diese Daumenregel, denn die vierteljährlich veröffentlichte „zentrale Projektion" stimmt am Ende des Prognosezeitraums jeweils ziemlich genau mit dem Inflationsziel von 2 bzw. 2,5 % überein. Die britische Zentralbank betont jedoch ausdrücklich, dass sie sich nicht strikt an die Regel gebunden fühlt und sich in bestimmten Situationen vorbehält, davon abzuweichen:[110]

- Prinzipiell geht die britische Notenbank davon aus, dass ein 2-Jahres-Horizont ausreicht, um die Inflation nach einem Preisschock wieder an das Zielniveau heranzuführen. Bei einem sehr kräftigen Schock könnte aber zur Vermeidung unnötiger Outputverluste auch einmal ein längerer Zeithorizont notwendig werden, so dass z.B. erst die 3-Jahres-Prognose mit dem Inflationsziel übereinstimmt. In diesem Fall würde man das von *Svensson* bei flexiblem Inflation Targeting empfohlene graduelle Vorgehen umsetzen.
- Bei sehr großer Unsicherheit über die weitere Inflationsentwicklung kann es unter Umständen angebracht sein, die Zinsen vorsichtiger anzupassen, als dies die Differenz zwischen projizierter Inflation und Inflationsziel nahe legen würde.[111]

Neben dem Vorwurf einer zu strikten Regelbindung sieht sich Inflation Targeting aber auch mit der umgekehrten Vorhaltung konfrontiert. Bofinger [(2001), S. 264f.] ist der Ansicht, dass die Svensson'sche „Zwischenzielregel" den diskretionären Handlungsspielraum der Geldpolitik kaum einschränkt, da die Notenbank zu viele Freiräume bei

---

[110] Vgl. hierzu King (1997b), S. 439, BoE (IR Nov/2000), S. 67, und Bean (2003), S. 17. Die hohe Übereinstimmung von Inflationsziel und Inflationsprognose in den Jahren 1997-2003 ist gemäß Bean [(2003), S. 17] vor allem auf die insgesamt geringe Volatilität der Inflation zurückzuführen.

[111] King [(1997b), S. 439] bezieht sich hierbei speziell auf die so genannte „Brainard-Unsicherheit".

der Erstellung der Inflationsprognose besitzt. Eine Regelbindung wäre seiner Ansicht nach nur dann gegeben, wenn die Inflationsprognose aus einem einzelnen klar definierten Modell abgeleitet würde und nicht das Resultat eines eklektischen Ansatzes wäre, welcher der Öffentlichkeit kaum zugänglich und von der Notenbank leicht gestaltbar ist.

Vertritt man jedoch die Gegenmeinung, dass die veröffentlichte Inflationsprognose die zukünftige Inflationsentwicklung ziemlich „objektiv" widerspiegelt, da eine ausreichende Qualitätskontrolle stattfindet, dann kann man in Inflation Targeting im Vergleich zu anderen Zwischenzielstrategien eine sehr wirkungsvolle Regelbindung sehen. Die Bank of England muss jedenfalls triftige Gründe vorweisen, wenn sie im völligen Widerspruch zu ihrer eigenen Einschätzung der zukünftigen Preisentwicklung handeln will. Im Gegensatz etwa zu einem Geldmengensteuerer kann sich ein Inflation Targeter nicht damit herausreden, dass „Sonderfaktoren" das Zwischenziel als Inflationsindikator vorübergehend unbrauchbar machen.

Zusammenfassend kann man festhalten, dass Inflation Targeting mit Merkmalen wie der Ankündigung eines quantitativen Inflationsziels und der Verpflichtung auf eine hochgradig transparente Geldpolitik sehr attraktiv für Länder ist, die am Aufbau von Glaubwürdigkeit interessiert sind. Andere Volkswirtschaften könnte mit Hilfe von Inflation Targeting eine gewisse Systematisierung ihrer Geldpolitik erreichen und zwar vor allem durch die Nutzung einer quantitativen Inflationsprognose, die als Fixpunkt der Kommunikationspolitik dient und die Basis für eine einfache Daumenregel (Inflationsziel = Inflationsprognose) bildet. Heute wird Inflation Targeting zunehmend als „Distribution Forecast Targeting" praktiziert, d.h. man versucht nicht nur eine Punktprognose, sondern die gesamte Wahrscheinlichkeitsverteilung der Inflationsvorhersage mit dem Inflationsziel in Übereinstimmung zu bringen. An diesem Vorgehen entzündet sich aber auch viel Kritik, denn die Erstellung und Interpretation dieser Prognoseergebnisses lässt der Notenbank erhebliche diskretionäre Spielräume. Dem kann man jedoch entgegenhalten, dass die Öffentlichkeit mit der publizierten Inflationsprognose eine wertvolle Informationsvariable erhält, in der sich die Sichtweise der Entscheidungsträger über die weitere Inflationsentwicklung widerspiegelt, welche die Grundlage für eine vorausschauende Geldpolitik bildet.

2.3.2 Taylor-Regel

2.3.2.1 Komponenten und Eigenschaften

Anfang der 1990er Jahre war es John B. Taylor (damals Ökonom an der Stanford University) ein großes Anliegen, dass der Gedanke einer geldpolitischen Regelbindung stärkeren Eingang in die Notenbankpraxis findet.[112] Zu diesem Zweck entwickelte er 1993 eine Regel, die zunächst als normative Handlungsanweisung an Notenbanken gedacht war. Wie sich dann aber herausstellte, ließ sich mit ihr auch die (erfolgreiche) amerikanische Geldpolitik in den Jahren 1987-1992 recht gut beschrieben.[113] Die Regel weist folgende Struktur auf:

$$(2.26) \quad i_t = r^* + \pi_t + \alpha \, (\pi_t - \pi^*) + \beta \, (y_t).$$

Neben ihrer Einfachheit machte die „Taylor-Regel" unter anderem die Tatsache populär, dass sie sich direkt auf den kurzfristigen nominalen Geldmarktzins (i) – der allgemein üblichen und kontrollierbaren Instrumentenvariablen von Zentralbanken – bezieht.[114] Die Regel empfiehlt diesen Zins, der auch als Taylor-Zins bezeichnet wird, in Abhängigkeit der folgenden vier Faktoren anzupassen: (1) Dem gleichgewichtigen Realzins r^*, (2) der Inflationsrate π, (3) der Inflationslücke ($\pi_t - \pi^*$) sowie (4) der Outputlücke y_t.[115] Den Kern der Taylor-Regel bildet der reale Gleichgewichtszins r^*, worunter man gewöhnlich denjenigen Zins versteht, der die gesamtwirtschaftliche Nachfrage in Höhe des Produktionspotentials stabilisiert. Ergänzt um die erwartete Inflationsrate – hier durch die laufende Inflationsrate approximiert – ergibt sich der nominale Gleichgewichtszins. Dieser Zins kann als eine Art Benchmark der Taylor-Zinspolitik angesehen werden. Sobald nämlich eine positive (negative) Inflations- und/oder Outputlücke entsteht, empfiehlt die Taylor-Regel eine Erhöhung (Reduzierung) des Geldmarktzinses über diese Benchmark. Durch diese Zinspolitik soll die Geldpolitik zu einer Glättung der Preis- und Outputentwicklung beitragen. Die Gewichtungsparameter α und β geben an wie stark auf die Inflations- und Outputlücke reagiert wird.

Zur Berechnung konkreter Werte für den amerikanischen Taylor-Zins in den Jahren 1987-1992, unterstellte Taylor [(1993), S. 202] für den realen Gleichgewichtszins und das Inflationsziel jeweils 2 % und gewichtete die Inflations- und Outputlücke symmetrisch mit dem Faktor 0,5, wodurch die Taylor-Regel folgende, noch konkretere Gestalt annimmt:[116]

$$(2.27) \quad i_t = 2 + \pi_t + 0.5 \, (\pi_t - 2) + 0.5 \, (y_t).$$

---

[112] Vgl. Taylor (1998a), S. 2ff.

[113] Der normative und nicht der positive Zweck der Regel stand für Taylor anfangs im Vordergrund: "I [Taylor] am frequently asked whether the policy rule I suggested in the early 1990s was meant to be normative or positive. My answer is, normative of course'." Taylor (2000a), S. 7.

[114] Die in Konkurrenz zur Taylor-Regel vorgeschlagene McCallum-Regel erlangte wohl deshalb nicht ähnliche Popularität, da sie von einer Geldbasissteuerung der Geldpolitik ausgeht, vgl. z.B. McCallum (1999a), S. 8.

[115] Die Outputlücke wird von Taylor [(1993), S. 202] als prozentuale Abweichung des realen vom potentiellen Sozialprodukt ausgedrückt.

[116] Die Werte für α und β wurden von Taylor nicht ökonometrisch ermittelt, sondern mehr oder weniger ad hoc festgesetzt. Die Inflationsrate wurde von ihm anhand des BIP-Deflators gemessen und für die Wachstumsrate des Produktionspotentials unterstellte er 2,2 % (linearen Trendschätzung), vgl. Taylor (1993), S. 202ff.

Befindet sich die Volkswirtschaft im Gleichgewicht (Inflationsrate = Inflationsziel = 2 %, Outputniveau = Produktionspotential) dann empfiehlt diese Taylor-Formel ein „neutrales" oder „gleichgewichtiges" nominales Zinsniveau von 4 %. Die Aufgabe der Geldpolitik wird in dieser Situation darin gesehen, die Nachfrage auf dem gegenwärtigen Niveau zu stabilisieren. Hiervon ausgehend können drei Fälle unterschieden werden (siehe Abb. 2.13):

- Steigt die Inflationsrate aufgrund eines Preisschocks (c.p.) von 2 auf 3 %, dann klettert der nominale Taylor-Zins von 4 auf 5,5 %. Der reale Taylor-Zins erreicht damit ein „restriktives" Niveau von 2,5 %. Hierdurch soll die Inflation mittelfristig wieder auf ihr Zielniveau gedrückt werden. Dass ein Inflationsanstieg von 1 Prozentpunkt mit einem Zinsanstieg von 1,5 Prozentpunkten beantwortet wird, stellt eine wichtige Eigenschaft der Taylor-Regel dar, die als „Taylor-Prinzip" [vgl. Woodford (2001), S. 233] bezeichnet wird.
- Sinkt die Outputlücke (c.p.) aufgrund eines negativen Nachfrageschocks auf -1 %, dann fällt der reale Taylor-Zins auf 1,5 % und damit unter die Schwelle des neutralen Realzinsniveaus. Der sich daraus ergebende expansive geldpolitische Impuls soll zur Beseitigung der unterausgelasteten realen Ressourcen beitragen.
- Entwickeln sich Inflations- und Outputlücke aufgrund eines negativen Angebotsschocks gegenläufig, stehen sich also z.B. einer positiven Inflationslücke von 1 % und eine negative Outputlücke von 1 % gegenüber, dann empfiehlt die Taylor-Regel eine neutrale geldpolitische Haltung. Die Taylor-Regel fährt damit eine Kompromisslinie und versucht weder auf den Preisanstieg noch auf den Outputrückgang aggressiv zu reagieren.

Abb. 2.13: Taylor-Zinspolitik im Überblick

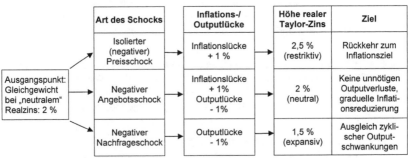

Art des Schocks	Inflations-/ Outputlücke	Höhe realer Taylor-Zins	Ziel
Isolierter (negativer) Preisschock	Inflationslücke + 1 %	2,5 % (restriktiv)	Rückkehr zum Inflationsziel
Negativer Angebotsschock	Inflationslücke + 1% Outputlücke - 1%	2 % (neutral)	Keine unnötigen Outputverluste, graduelle Inflationsreduzierung
Negativer Nachfrageschock	Outputlücke - 1%	1,5 % (expansiv)	Ausgleich zyklischer Outputschwankungen

Ausgangspunkt: Gleichgewicht bei „neutralem" Realzins: 2 %

Quelle: Eigene Darstellung, bei Nachfrageschocks wird kurzfristig mit keiner Preisreaktion gerechnet.

Durch diese Art der Zinspolitik erfüllt die Taylor-Regel drei wesentliche Forderungen, die gemäß Clarida et al. [(1999), S. 1673ff., und 1696] an eine moderne Zinssteuerung gestellt werden. Demnach sollte eine Zentralbank *erstens* durch eine Steuerung der Realzinsen versuchen, die Inflation mittelfristig auf dem Niveau eines Inflationsziels zu halten. *Zweitens* sollten Nachfrageschwankungen durch eine antizyklische Zinspolitik geglättet werden, und *drittens* sollte die Annäherung an das Inflationsziel nach einem Inflationsschock mit Rücksicht auf Outputverluste graduell und nicht abrupt vorgenommen werden.

2.3.2.2 Theoretische Fundierung I: Zinssteuerung und Gleichgewichtszins

Die Taylor-Regel empfiehlt eine Zinssteuerung, mit deren Hilfe die Schwankungsintensität von Inflation und Output eingedämmt werden soll. Dahinter verbirgt sich ein recht hohes Vertrauen in die Steuerungsfähigkeit der Geldpolitik. Dieses Vertrauen speist sich bei Taylor (1995) aus dem finanzmarkttheoretischen Transmissionsprozess, der bereits im Zusammenhang mit der Transparenzdebatte Erwähnung fand: Demnach ist die Geldpolitik über die Variation des kurzfristigen Geldmarktzinses in der Lage, Änderungen der Finanzmarktpreise (Kapitalmarktzinsen, Wechselkurs, Aktienpreise) herbeizuführen, welche sich unmittelbar auf die Nachfrage und in deren Folge auch auf die Outputlücke und die Inflationsrate auswirken.

Bereits Wicksell [(1898), S. 98f.] wies allerdings darauf hin, dass für die Wirksamkeit der Geldpolitik nicht so sehr die absolute Zinshöhe, sondern deren Relation zu einem Gleichgewichtszins entscheidend ist.[117] Daran anknüpfend findet sich auch in der Taylor-Regel ein solcher Gleichgewichtszins, über dessen Definition aber keine absolute Klarheit besteht. Im Folgenden wird darunter derjenige Zins verstanden, der die gesamtwirtschaftliche Nachfrage in Höhe des Produktionspotentials stabilisiert und damit für einen Ausgleich von Angebot und Nachfrage bei Vollbeschäftigung sorgt.[118] In Abb. 2.14 wird dies anhand eines Zins-Einkommens-Diagramm veranschaulicht, bei dem der Schnittpunkt einer IS-Kurve mit dem vertikalen realen Gleichgewichtslokus (y = 0) den realen Gleichgewichtszins determiniert. Eine einfache Form der IS-Kurve könnte man sich z.B. folgendermaßen vorstellen:

$$(2.28) \quad y_t = -\varphi \, (i_t - \pi_t - r^*) + \eta_t,$$

wobei r* = realer Gleichgewichtszins, φ = Zinselastizität der Nachfrage. Die inverse Relation zwischen kurzfristigem (ex post) Realzins (r = i - π) und Outputlücke (y) bringt den finanzmarkttheoretischen Transmissionsprozess zum Ausdruck, d.h. ein Anstieg des kurzfristigen Realzinses löst Anpassungen bei den Finanzmarktpreise aus (z.B. Anstieg der Kapitalmarkzinsen), welche die gesamtwirtschaftlichen Nachfrage und damit die Outputlücke reduzieren. Erreicht der kurzfristige Realzins das Niveau r*, stellt sich eine Nachfrage ein, welche das Produktionsniveau gerade in Höhe des Produktionspotentials stabilisiert. Parameter η symbolisiert alle Nachfrageschocks, die sich nicht über den Zinsmechanismus erklären lassen (z.B. fiskalische Schocks, exogene Wechselkursschocks oder Finanzmarktkrisen).

---

[117] Wicksell [(1898, S. 93ff.] bezeichnet den Gleichgewichtszins als „natürlichen" Zins. Es handelt sich dabei um eine Art Ertragsrate auf Sachkapital. Er selbst [Wicksell (1898), S. 95] spricht von einem „Ueberschuss, welchen die Produktion (oder der Erlös derselben in anderen Waren) über die Summe der ausgezahlten Löhne, Grundrenten u.s.f. zu liefern vermag ..." Der „natürliche" Zins ist damit nicht nur abhängig vom Grenzprodukt des Kapitals, sondern z.B. auch von der Lohnhöhe.

[118] Eine solche oder ähnliche Definition des Gleichgewichtszinses findet sich z.B. bei Blinder (1998), S. 31ff., Allsopp/Vines (2000), S. 9., oder Woodford (2003), S. 248. Diese könnte man als Keynes'sche Interpretation ansehen, der in der „General Theory" unter dem „neutralen" Zins denjenigen versteht, der Investition und Ersparnisse in Höhe des Vollbeschäftigungsniveaus zum Ausgleich bringt [vgl. Keynes (1936), S. 242f.]. Taylor [(1994), S. 23] schließt sich zwar in einem Artikel aus dem Jahr 1994 dieser Interpretation an. In seinem ersten Aufsatz [vgl. Taylor (1993), S. 202] ging er allerdings eher von einer neoklassischen Interpretation des Gleichgewichtszinses aus und sah ihn in der Nähe der langfristigen „steady-state" Wachstumsrate.

Da es sich beim realen Gleichgewichtszins um ein langfristiges Konzept handelt, erscheint es angebracht, die obige Kurve als eine langfristige „steady-state" IS-Kurve zu interpretieren.[119] Eine solches langfristiges „Nachfragegleichgewicht" liegt dann vor, wenn keine Nachfrageschocks auftreten bzw. die Wirkung früherer Schocks (in einem Modell mit Lags) ausgelaufen ist. Exogene Faktoren wie Wechselkurs, Budgetdefizit oder die marginale Konsumquote nehmen in diesem Fall bestimmte Gleichgewichtswerte ein. Es gilt daher:

(2.29) $y_t = -\varphi\,(i_t - \pi_t - r^*)$ bzw. $r_t = (i_t - \pi_t) = -(1/\varphi)\,y_t + r^*.$

Temporäre Schocks rufen also keine Änderungen beim Gleichgewichtszins hervor, sondern nur fundamentale Änderungen z.B. der Fiskalpolitik oder Konsumneigung.[120]

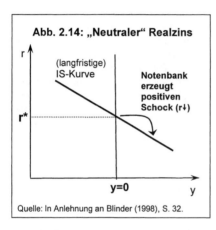

Abb. 2.14: „Neutraler" Realzins

Quelle: In Anlehnung an Blinder (1998), S. 32.

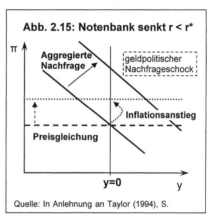

Abb. 2.15: Notenbank senkt r < r*

Quelle: In Anlehnung an Taylor (1994), S.

Abb. 2.15 zeigt, was passiert, wenn der tatsächliche vom neutralen Realzins abweicht, wozu zusätzlich die Preisgleichung des Svensson-Modells übernommen wird, die aufgrund der verzögerten Wirkung von y auf π in Abb. 2.15 waagrecht verläuft:

(2.16) $\pi_{t+1} = \pi_t + \alpha\,y_t + \varepsilon_{t+1}.$

Außerdem wird die Taylor-Regel in die obige IS-Gleichung integriert, woraus sich eine negativ geneigte aggregierte Nachfragekurve ergibt (siehe zur ausführlichen Herleitung Kap. 3.3).

(2.30) $y_t = -c\,(\pi_t - \pi^*),$ mit $c = (\varphi\alpha)/(1+\varphi\beta) > 0,$

---

[119] Auf diese Weise verfahren z.B. Blinder [(1998), S. 32] oder Bomfim [(1997), S. 831f.]. Auch Allsopp/Vines [(2000), S. 16, Fußnote] machen deutlich, dass sich die Anforderungen an den realen Gleichgewichtszins bei der Verwendung einer dynamischen (im Vergleich zu einer statischen) IS-Gleichung ändern.

[120] Die EZB [(2004a), S. 62ff.] nennt unter den langfristigen Bestimmungsfaktoren des „neutralen" Realzinses u.a. die Zeitpräferenz der Konsumenten, das Produktivitäts- und Bevölkerungswachstum und die Fiskalpolitik.

Versucht die Notenbank ausgehend von einem Gleichgewicht (entgegen ihrem normalen Verhalten) r unter r* zu drücken, löst sie einen kurzfristigen positiven Nachfrageschock (Nachfragekurve verlagert sich nach rechts)[121] und damit einem Anstieg der Outputlücke aus, der in der Folgeperiode die Inflation gemäß (2.16) nach oben treibt (Preisgleichung verlagert sich nach oben). Auf einen ähnlichen Mechanismus hatte bereits Wicksell verwiesen. Er sprach davon, dass ein Unterschreiten des von den Banken geforderten Darlehenszinses unter den „natürlichen" Zins einen kumulativen Preisanstieg auslösen würde. Ein umgekehrter Prozess (kumulativer Preisrückgang) stellt sich bei r > r* ein.

Insgesamt kann man sagen, dass der reale Gleichgewichtzins den zentralen Orientierungspunkt innerhalb der Taylor-Regel darstellt. Ein Unterschreiten diese Zinses ruft expansive, ein Überschreiten restriktive Impulse hervor. Unter Bezugnahme auf den finanzmarkttheoretischen Transmissionsprozess wird davon ausgegangen, dass mittels dieser geldpolitischen Impulse eine hinreichende Steuerung vor allem der Outputlücke möglich ist, um damit Nachfrageschwankungen und Preisschocks zu bekämpfen.

2.3.2.3 Theoretische Fundierung II: Inflations- und Outputvariabilität

Nachdem die Bedeutung des Gleichgewichtszinses innerhalb der Taylor-Regel geklärt wurde, stellt sich als nächstes die Frage, weshalb Taylor gerade die Output- und Inflationslücke als weitere Elemente in seine Regel integriert und mit gleichen Gewichten versehen hat. Die Preisgleichung (2.16) verdeutlicht, dass Outputstabilität im Allgemeinen als eine Voraussetzung für Preisstabilität gilt. Beim Auftreten von temporären Nachfrageschocks lässt sich daher ein „leaning against the wind" nach Art der Taylor-Regel schon allein mit der Zielsetzung Preisstabilität begründen. Taylors eigene Ausführungen [vgl. Taylor (1996), (1998b)] machen aber deutlich, dass er in der Beseitigung von Outputlücken nicht nur eine Vorbedingung für Preisstabilität, sondern auch eine autonome Zielsetzung sieht. Seiner Ansicht nach verursachen Nachfrage- und Angebotsschocks zwar keinen langfristigen Trade-off zwischen Inflations- und Output*niveau*, wohl aber zwischen der Inflations- und Output*variabilität*. Da die Öffentlichkeit nicht nur Präferenzen für Inflations-, sondern auch Outputstabilität besitzt, plädiert Taylor für ein β (Reaktionskoeffizient der Outputlücke) größer als null. Prinzipiell spricht er sich für gleich hohe Werte von α und β aus, da hierdurch ein ausgewogenes Verhältnis zwischen Inflations- und Outputstabilität gewährleistet werde (vgl. hierzu ausführlich Kap. 3.3).

Die Inflationslücke erfüllt innerhalb der Taylor-Regel eine wichtige Aufgabe: Sie soll innerhalb des Makro-Systems für eine nominale Verankerung in Höhe des Inflationsziels sorgen. Früher wurden Zinsregeln nicht zuletzt deshalb für untauglich erklärt [vgl. Sargent/Wallace (1975)], weil sie im Gegensatz zur Geldmengensteuerung dynamische Instabilitäten verursachen und keine nominale Verankerung des Preisni-

---

[121] Im Gleichgewicht hält die Notenbank normalerweise den Realzins in Höhe des Gleichgewichtszinses (r = r*). Weicht sie von diesem Verhalten ab, löst sie einen Zinsschock aus, der die Nachfragekurve verlagert. Einen solches Verhalten wäre z.B. denkbar, wenn die Notenbank ihr Inflationsziel erhöht. Ist letzteres der Fall, dann würde sich ein neues langfristiges Gleichgewicht im Schnittpunkt der neuen Preisgleichung mit y=0 einstellen.

veaus herbeiführen würden. Die dabei betrachteten Zinsregeln enthielten aber im Unterschied zur Taylor-Regel keinen automatischen Feedback-Mechanismus, der einen Preisanstieg mit einer Zinsstraffung beantwortet.[122] Damit dieser Feedback-Mechanismus innerhalb der Taylor-Regel vollkommen wirksam wird, muss allerdings gewährleistet sein, dass der Reaktionskeoeffizient $\alpha > 0$ ist:[123] Auf einen Inflationsanstieg von einem Prozentpunkt sollte also mit einem nominalen Zinsanstieg von mehr als einem Prozentpunkt reagiert werden. Ein Preisanstieg wird auf diese Weise stets mit steigenden Realzinsen beantwortet und verhindert damit eine akzelerierende Inflationsentwicklung sowie Prozesse, bei denen sich Inflationserwartungen immer weiter nach oben schaukeln.[124] Dieses so genannte „Taylor-Prinzip" war nach Ansicht von Taylor (1999a) in den USA der 1970er Jahren nicht erfüllt. In dieser Zeit reagierte die amerikanische Geldpolitik zwar im Allgemeinen auf einen Inflationsanstieg mit Zinserhöhungen, diese fielen aber gemessen an der Inflationsentwicklung zu zögerlich aus, so dass per Saldo der Realzins weiter abnahm und die Geldpolitik die makroökonomische Instabilität verstärkte.[125]

Bei der konkreten Ausgestaltung der Inflationslücke wird z.T. empfohlen, die aktuelle Inflationsrate durch die zukünftig erwartete Inflationsrate zu ersetzen (und ggf. die aktuelle Outputlücke durch deren Prognose), um dadurch stärker vorausschauendes Handeln zu ermöglichen und eine breitere Palette an Informationsvariablen (außer Outputlücke und Inflation) zu berücksichtigen.[126] Taylor [(2000c), S. 451] zeigt sich gegenüber dieser Änderung aufgeschlossen und weist darauf hin, dass der Unterschied zwischen einer solch „vorausschauenden" Taylor-Regel und seiner originären Regel nicht allzu zu groß sei, da bereits zur Ermittlung der laufenden Quartalsdaten eine Prognose erstellt werden müsse.

---

[122] Frühe Analysen einer Zinssteuerung unterstellen meist ein konstantes Zinsziel [vgl. z.B. Poole (1970)]. Dies bedeutet, dass eine Notenbank z.B. auf einen positiven Nachfrageschock, der im Rahmen eines IS/LM-Modells einen Zinsanstieg hervorruft, ihrerseits prozyklisch expansiv reagieren muss, um den Zinsanstieg zu verhindern. Damit verstärkt die Geldpolitik die Outputschwankung, statt sie zu dämpfen.

[123] Woodford [(2001), S. 232f., (2003), S. 252ff.] zeigt in einem Modell mit vorausschauenden Erwartungen, dass die Bestimmtheit des Makro-Systems unter Umständen auch bei $\alpha < 0$ gewährleistet sein kann, wenn gleichzeitig auf Outputschwankungen – als Hauptquelle der Inflation – in ausreichendem Umfang reagiert wird.

[124] Friedman [(1968), S. 7f.] hatte dies in Anlehnung an den Wicksell'schen kumulativen Prozess bei einer Zinssteuerung befürchtet. Bei einem $\alpha < 0$ kann sich sehr rasch ein Prozess „sich selbst erfüllender Instabilitäten" ergeben [vgl. Clarida et al. (2000), S. 171ff.]. Ein plötzlicher Anstieg der Inflationserwartungen führt hierbei zu sinkenden Realzinsen, wodurch die aggregierte Nachfrage stimuliert wird und die Inflation ansteigt, was die anfänglichen (fundamental u.U. nicht gerechtfertigten) Erwartungen bestätigt. Nach Bullard/Mitra (2002) sorgt die Einhaltung des Taylor-Prinzips nicht nur für ein stabiles, sondern auch für ein „erlernbares" Gleichgewicht, d.h. selbst wenn die privaten Wirtschaftssubjekte zunächst keine rationalen Erwartungen bilden, sondern z.B. heuristische Prognoseverfahren zur Inflationsschätzung verwenden, werden ihre Erwartungen früher oder später in Richtung des rationalen Gleichgewichts gelenkt.

[125] Zwischen 1980-1997 schätzt Taylor [(1999a), S. 329ff.] den Reaktionskoeffizient der Geldpolitik auf Änderungen der Inflation auf 1,5, während er nach seiner Berechnung zwischen 1960-1979 nur bei 0,8 lag. Clarida et al. [(2000), S. 157ff.] kommen zu einem ähnlichen Resultat.

[126] Clarida et al. [(2000), S. 158f.] zeigen, dass eine solche „vorausschauende" Taylor-Regel die tatsächliche Zinspolitik der Fed in den 80er und 90er Jahre gut abbildet. Zum Teil wird auch empfohlen die Outputlücke ganz aus der Regel zu streichen und nur noch auf die Differenz zwischen Inflationsprognose und Inflationsziel zu reagieren [vgl. z.B. Batini/Haldane (1999)], was der von Svensson propagierten Zielregel sehr nahe käme. Dennoch lehnt Svensson [(2003c), S. 446ff.] eine solche einfache Feedback-Regel ab.

Neben allgemeinen theoretischen Überlegungen führte Taylor [(1999b), (2000b)] auch zahlreiche Simulationsstudien durch und erstellte vergleichende Übersichten, um zu beweisen, dass die Taylor-Regel in der praktischen Anwendung effiziente ökonomische Ergebnisse liefert und besser als andere Regeln abschneidet. Bei der Evaluation geldpolitischer Regeln mittels Simulationsstudien geht man in folgenden Schritten vor:[127] Zunächst wird die zur Debatte stehende Regel als geldpolitische Reaktionsfunktion in ein strukturelles makroökonomisches Modell integriert. Danach wird ein ökonomischer Schock simuliert und ausgewertet, in welchem Ausmaß die geldpolitische Regel zur Stabilisierung des Makro-Systems beiträgt. Es konnte dabei ermittelt werden, dass die Taylor-Regel in den verschiedensten Modellen, denen z.T. unterschiedliche Vorstellungen über den Transmissionsprozess zu Grunde lagen, im Vergleich zu anderen Regeln überdurchschnittlich gut abschnitt, d.h. eine niedrigere Inflations- und Outputvolatilität erzeugte.[128] Zu keiner eindeutigen Aussagen kamen die Simulationsstudien bei der Frage, ob (1) der Wechselkurs, (2) der Zinssatz der Vorperiode (=„smoothing"-Komponente) oder (3) die erwartete Inflationsrate in irgendeiner Form in die Taylor-Regel integriert werden sollten.[129]

Insgesamt sprechen nach Taylors Meinung viele Argumente dafür, eine geldpolitische Regel nach seinen Vorstellungen zu strukturieren: Die Outputlücke sollte auf jeden Fall integriert werden, denn eine isolierte Konzentration auf die Inflationslücke würde im langfristigen Durchschnitt hohe Outputvariabilitäten erzeugen. Gleichzeitig sollte die Notenbank in scharfer Form auf Inflationsschwankungen reagieren („Taylor-Prinzip"). Nur auf diese Weise ist gewährleistet, dass das Inflationsziel für die Inflationserwartungen eine nominale Verankerung darstellt. Schließlich zeigen Simulationsstudien, dass die Taylor-Regel in verschiedenen Modellstrukturen niedrige Inflations- und Outputvariabilitäten erzeugt.

2.3.2.4 Die Taylor-Regel in der geldpolitischen Praxis

Taylor [(1998a), S. 6f, und (1998b), S. 44f.] sieht zahlreiche Vorteile – u.a. die Förderung von Glaubwürdigkeit und Berechenbarkeit – in einer geldpolitischen Regelbindung. Wie kann man sich aber eine solche Regelbindung in der Praxis vorstellen?

---

[127] Taylor [(2000b), S. 61] bezeichnet dieses Vorfahren zur Qualitätsprüfung geldpolitischer Regeln „new normative macroeconomics". Ein alternativer Weg zur Evaluierung geldpolitischer Regeln unternimmt Taylor [(1999a)] in seiner „historischen Analyse geldpolitischer Regeln". Dabei charakterisiert er verschiedene historische Phasen (Goldstandard 1880-1914, 1960-1979, 1980-1997) mit Hilfe der Taylor-Regel. Er kam zum Ergebnis, dass diejenige Phase (1980-1997), bei der die Geldpolitik am präzisesten seiner ursprünglichen Taylor-Regel gefolgt ist, auch gleichzeitig die höchste makroökonomische Stabilität aufweist.

[128] In Taylor (2000b) untersucht er die Performance seiner ursprünglichen Taylor-Regel in 18 verschiedenen Modellen. Die Taylor-Regel schneidet dabei unabhängig davon, ob der Wechselkurs, der langfristige Zins, vorausschauendes Verhalten oder der „credit view" im Transmissionsprozess integriert sind, gleichermaßen gute ab. Man spricht davon, dass die Taylor-Regel „robuste" Ergebnisse liefert.

[129] In Modellen mit rationaler Erwartungsbildung kann die makroökonomische Performance für gewöhnlich durch eine „smoothing-Komponente" verbessert werden. Die rationalen Wirtschaftssubjekte werden bei einem Inflationsanstieg (und Kenntnis des „interest rate-smoothing") eine Serie von Zinserhöhungen erwarten, woraus sich positive Stabilisierungseffekte ergeben [vgl. Taylor (2000b), S. 69f.]. Ball (1999a) und Svensson (2000b) kommen zum Ergebnis, dass in Modellen, die kleine offene Volkswirtschaften nachbilden, eine leichte Verbesserung der makroökonomischen Performance durch die Integration einer Wechselkurskomponente eintritt.

Eine sehr naive Sichtweise könnte folgendes Vorgehen unterstellen:[130] In einem ersten Schritt würde sich das oberste Entscheidungsgremium auf eine geldpolitische
Regel einigen – etwa auf die oben spezifizierte Taylor-Regel (2.27) – und beschließen, deren Empfehlungen strikt zu folgen. Auf jeder Sitzung des Entscheidungsgremiums würde dann folgende Prozedur ablaufen:

1. Datensammlung über die gegenwärtige Inflationsrate und das Outputniveau.
2. Schätzung des realen Gleichgewichtszinses und des Produktionspotentials.
3. Nutzung dieser Informationen zur Errechnung des Taylor-Zinses.
4. Öffentliche Ankündigung des angestrebten Notenbankzinses.
5. Realisierung auf dem Geldmarkt.

Die Schätzungen des Produktionspotentials und des Gleichgewichtszinses könnte
man einer Expertengruppe übertragen, und die Errechnung des Taylor-Zinses könnte
mittels Taschenrechner durch einen Beamten erfolgen.[131] Das geldpolitische Entscheidungsgremium würde erst wieder in Aktion treten, wenn nach einigen Jahren
die Überarbeitung der Regel ins Auge gefasst wird.[132] Diese Sicht widerspricht aber
Taylors Vorstellungen einer geldpolitischen Regelbindung. Obwohl seine Regel das
Aussehen einer mathematischen Formel besitzt, machte Taylor von Anbeginn deutlich, dass Notenbanken ihr nicht mechanisch folgen, sondern sie lediglich als grobe
Benchmark der Geldpolitik ansehen sollten.[133] Es war Taylor klar, dass eine starre
Regelbindung nicht in allen ökonomischen Situationen effizient sein konnte und dass
sich Notenbanker nie zu bloßen „Halbautomaten" [Issing (1993), S. 7] degradieren
ließen. Aus seiner Sicht sind daher temporäre Regelverstöße unvermeidlich, auch
wenn sich eine Notenbank offiziell an die Taylor-Regel bindet. Sie sollten aber auf
typische Krisen beschränkt bleiben und nur von kurzer Dauer sein. Im Börsen-Crash
1987 oder der internationalen Finanzmarktkrise 1998 sah er Beispiele für Situationen, in denen er Ausnahmen von der Regelbindung nicht nur für zulässig, sondern
sogar notwendig erachtete.[134]

Taylor [(1993), S. 208f.] machte auch konkrete Vorschläge, wie man seine Regel in
der Praxis umsetzen könnte. Eine Idee ist dabei, dem Taylor-Zins die Rolle eines
zentralen geldpolitischen Indikators zuzuweisen. Dabei würde man den Taylor-Zins
vor jeder Sitzung des obersten Entscheidungsgremiums errechnen. Die daraus gewonnen Erkenntnisse würden aber nur den Ausgangspunkt der Diskussion bilden,

---

[130] In ähnlicher Weise beschreibt dies Svensson [(2003c), S. 440f.].

[131] „... monetary policy could be conducted by a clerk with a hand calculator ..." Svensson (2003c),
S. 444.

[132] Nach Ansicht von Woodford (1999b) können Regelbindungen durchaus von Zeit zu Zeit überarbei-
tet werden. Allerdings sollte man sich bei Regelanpassungen nicht zu sehr von der aktuellen Situation leiten lassen (Gefahr des diskretionären Handelns), sondern eine „zeitlose Perspektive" einnehmen. Man sollte sich also fragen, wie man ursprünglich die Regel formuliert hätte, wenn man
über das heutige Wissen verfügen würde.

[133] „... despite the mathematical form, I proposed this rule in the early 1990s as a benchmark or guide-
line for assessing interest rate decisions." Taylor (2000c), S. 445. Vgl. auch Taylor (1993), S. 198.

[134] Vgl. Taylor (2000a), S. 18. Taylors Sicht einer geldpolitischen Regel kommt daher der von Persson
und Tabellini [(1990), S. 28ff.] propagierten Idee einer „einfachen Regel mit Ausnahmeklauseln"
sehr nahe. Demnach ist es sinnvoll, sich in „normalen" Zeiten ohne Schocks an einer einfachen
Regel zu orientieren. Bei kräftigen Schocks sollte man jedoch diskretionär handeln. Angesichts der
genannten Beispiele (Börsen-Crashs etc.) für mögliche Regelabweichungen gewinnt Svensson
[(2003c), S. 445] den Eindruck, dass Taylor nur in sehr seltenen Fällen (vor allem Liquiditätskrisen)
Ausnahmen von seiner Regel zulassen würde.

die mit Informationen anderer Indikatoren abgewogen werden müssten. Wird z.B. anhand der aktuellen Datenlage ein steigender Taylor-Zins errechnet, kann dies von der Notenbank als erstes Signal für die Notwendigkeit einer Zinserhöhung interpretiert werden. Bei der Ermittlung des Taylor-Zinses ist es gemäß Taylor, durchaus zulässig, experimentierfreudig (Verwendung unterschiedlicher Gewichte oder Preisindizes) vorzugehen und die Zinsempfehlungen als Bandbreite darzustellen.

Um die Taylor-Regel in eine umfassende und moderne Strategie einzubetten, müsste man aber sicherlich noch etwas über diese holzschnittartigen Vorstellungen Taylors hinausgehen. Den Übergang zu einer Taylor-Zinspolitik könnte man sich z.b. folgendermaßen vorstellen:

1. Die Notenbank gibt zunächst offiziell die Bindung an die Regel bekannt.
2. Sie erläutert die Beweggründe für den Strategiewechsel. Zum Beispiel könnte sie darauf hinweisen, dass die Taylor-Regel das bisherige Grundmuster der Geldpolitik – Zinserhöhungen bei steigendem Teuerungsdruck und expansive Reaktion bei abflauender Inflation oder Rezessionsgefahr – transparenter machen soll.
3. Die Notenbank weist darauf hin, dass Regelabweichungen in bestimmten Fällen notwendig sein könnten, solche Verstöße aber ausführlich gerechtfertigt würden.
4. Um ihre Geldpolitik der öffentlichen Überwachung zugänglich zu machen, kündigt die Zentralbank an, regelmäßige „Regel-Reporte" zu publizieren, in denen unter anderem die Berechnung des Taylor-Zinses ausführlich erläutert wird. Dabei wäre die Zentralbank gezwungen, ihr Inflationsziel, die Gewichtung der Inflations- und Outputlücke sowie regelmäßige Schätzungen der Outputlücke offen zulegen.

Einige Ökonomen haben Schwierigkeiten mit der Interpretation einer geldpolitischen Regel als grober Richtlinie und sehen darin kaum noch einen Unterschied zu diskretionärem Verhalten.[135] Taylor [(1998c), S. 97f.] entgegnet hierauf, dass sich eine geldpolitische Strategie, die in 85 % aller Fälle einer Regel folgt und nur in Ausnahmen davon abweicht, von einer völlig regellosen Politik deutlich unterscheidet und z.B. in Punkto Vorhersehbarkeit Vorzüge aufweist. Svensson [(2003c), S. 445] kritisiert jedoch, dass der Terminus „grobe Richtlinie" kaum in der Praxis operationalsierbar sei, weil *„there are no rules for when deviations from the instrument rule are appropriate."* Hierauf kann man aber erwidern, dass dies praktisch für jede Regelbindung gilt. Auch die Bundesbank wich recht freizügig von ihrer Geldmengenregel ab, ohne vorher genau die Fälle zu definieren, wann dies erlaubt ist. Trotzdem attestierte man ihr im Großen und Ganzen ein regelgebundenes Verhalten.

Die Eignung der Taylor-Regel als Richtlinie der Geldpolitik wird z.T. aber auch aus praktischen Erwägungen in Frage gestellt. Die Taylor-Formel sieht zwar einfach aus, in der Praxis ist die Kalkulation des Taylor-Zinses aber nicht unproblematisch. Vor allem können die Outputlücke und der reale Gleichgewichtzins nicht direkt beobachtet werden, sondern müssen geschätzt werden. Bei der Ermittlung des realen Gleichgewichtszinses greift man dabei meist auf ein simples Verfahren zurück: Man bildet den langjährigen Durchschnitt aus der Differenz von kurzfristigen Nominalzins und Inflationsrate. Der reale Gleichgewichtszins wird dadurch vom Zeitraum der Durchschnittsbildung abhängig. Dementsprechend schwanken seine Schätzungen,

---

[135] Vgl. z.B. B. Friedman (1998b), S. 61.

z.B. in den USA der Nachkriegszeit zwischen 2 und 3,5 %.[136] Eine mindestens ebenso große Unsicherheit tritt bei der Bestimmung der Outputlücke auf. Die Vielzahl an Schätzmethoden liefert hier oftmals erheblich abweichende Ergebnisse.[137] Als Folge dieser Unsicherheiten können sich Divergenzen bei der Taylor-Zinsempfehlung von bis zu 2 oder 3 Prozentpunkten ergeben.[138] Mancher Kritiker sieht daher in der Taylor-Regel nicht einmal eine *grobe* Orientierungsgröße der Geldpolitik.

Die generelle Verteidigungslinie gegen diese Kritik lautet, dass andere Strategien von denselben Unsicherheiten betroffen sind. Da heute praktisch alle Notenbanken eine Zinssteuerung praktizieren, müssen sie in der Lage sein, den realen Gleichgewichtszins ungefähr abzuschätzen, denn nur so können sie feststellen, ob ihr gegenwärtiger geldpolitischer Kurs angemessen oder eher zu restriktiv bzw. expansiv ist.[139] Des Weiteren spielt die Bestimmung des Produktionspotentials sowohl bei der Ableitung eines Geldmengenziels als auch bei der Erstellung einer Inflationsprognose eine wichtige Rolle.[140] Fehleinschätzungen können auch hier zu falschen geldpolitischen Signalen führen.

Insgesamt kann man sagen, dass die Taylor-Regel nie als mechanische Formel, sondern immer nur als grobe Benchmark gedacht war. In der Praxis könnte der Taylor-Zins die Rolle eines Hauptindikators im Rahmen einer umfassenden Strategie einnehmen. Die Notenbank würde sich hierbei u.a. dazu verpflichten, Regelverstöße detailliert zu begründen und unter Umständen im Vorhinein „erlaubte" Regelverstöße zu definieren. Aufgrund der Unsicherheit über die genaue Höhe des Taylor-Zinses erscheint es angebracht, den Taylor-Zins als Bandbreite in einem regelmäßig publizierten „Regel-Report" zu veröffentlichen.

---

[136] Vgl. z.B. die Tabelle in Kozicki (1999), S. 14. Weitere Kritikpunkte an dieser Methode sind, dass die Höhe des Gleichgewichtszinses von der Wahl des Preisindizes abhängig ist und sich der reale Gleichgewichtszins im Zeitablauf ändern kann, vgl. Deutsche Bundesbank (1999), S. 50, und Kozicki (1999), S. 14f. Alternativ hierzu könnte man den realen Gleichgewichtszins über die Lösung eines komplexen makroökonometrischen Modells [vgl. hierzu z.B. Bomfim (1997)] ermitteln, wobei sich hierbei die Problematik der Modellunsicherheit stellt.

[137] Die Verfahren zur Schätzung des Produktionspotentials reichen dabei von sehr einfachen Ansätzen, die aus einer Zeitreihe des BIPs eine Trendkomponente ermitteln bis zu komplexeren Methoden, die über eine Produktionsfunktion das Produktionspotential schätzen, vgl. z.B. EZB (2000b), S. 40ff. Die Schätzungen des CBO, des IMF und der OECD hinsichtlich der Outputlücke in den USA weichen z.B. in den 1990er Jahren um bis zu ca. 3 Prozentpunkten voneinander ab, vgl. hierzu z.B. CBO (2001), S. 35.

[138] Fehler bei der Einschätzung des realen Gleichgewichtszinses übertragen sich zu 100 %, Fehlschätzungen bei der Outputlücke zu 50 % (bei β = 0,5) auf die Berechnung des Taylor-Zinses. Zusätzlich kann auch die Wahl unterschiedlicher Preisindizes (etwa des BIP-Deflators oder des Verbraucherpreisindexes) deutliche Abweichungen bei den Zinsempfehlungen hervorrufen [Vgl. z.B. Kozicki (1999), S. 11ff.]. Dieses Problem kann aber durch die Wahl einer Kerninflationsrate abgemildert werden.

[139] Taylor [(1998b), S. 50ff., und (1999b), S. 666] weist außerdem darauf hin, dass bei Anwendung der Taylor-Regel Fehleinschätzungen bezüglich des realen Gleichgewichtszinses höchstens überhöhte (oder zu niedrige) Inflation aber keine instabilen Inflationsentwicklung hervorrufen, wenn α >0 gewählt wird.

[140] Vgl. z.B. Deutsche Bundesbank (1995a), S. 41ff. und EZB (2000b), S. 39ff.

2.3.2.5 Das Problem der Unsicherheit über die Outputlücke

Die Effizienz seiner Regel prüfte Taylor nicht nur mittels Simulationsstudien, sondern auch mit Hilfe einer historischen Analyse [vgl. Taylor (1999a)]. Dabei berechnete er auf der Grundlage heutiger Daten einen US-Taylor-Zins für die 1960er und 1970er Jahre und stellte fest, dass dieser deutlich oberhalb der tatsächlichen Fed Funds Rate verläuft. Taylor folgert hieraus, dass seine Regel im Vergleich zur tatsächlich durchgeführten Geldpolitik eine wesentlich restriktivere Gangart empfohlen und vor allem auf Inflationsanstiege heftiger reagiert hätte. Die Orientierung an seiner Regel hätte demnach zu einer Stabilisierung des Makro-Systems beigetragen und die „große Inflation" der 1970er Jahre verhindern können.

Orphanides [(2000), (2003b)], der ebenfalls die US-Geldpolitik der 70er Jahre anhand der Taylor-Regel untersucht, kommt gerade zum gegenläufigen Urteil: Die Regel hätte die geldpolitische Fehlsteuerung der 70er Jahre eher verstärkt als gemindert. Wie sind diese abweichenden Einschätzungen erklärbar? Während Taylor zur Berechnung des Taylor-Zinses die heutigen – stark gegenüber den 70er Jahren revidierten Daten – heranzog, versuchte Orphanides in seiner Analyse auf „Echtzeitdaten" zurückzugreifen. Damit wollte er das Problem der Datenunsicherheit, dem sich die Geldpolitik täglich gegenübersteht, verdeutlichen. Besonders große Schwierigkeiten bestanden in den 70er Jahre bei der korrekten Abschätzung der Outputlücke. Wie man heute weiß, überschätzten die Ökonomen der damaligen Zeit in erheblichem Maße die Wachstumsrate des Produktionspotentials und damit das Ausmaß der negativen Outputlücke.[141] Die Diagnose einer beträchtlichen Unterauslastung der Ressourcen veranlasste die Fed zu einer expansiven Geldpolitik. Die Orientierung an der Taylor-Regel hätte daran gemäß Orphanides nichts geändert. Setzt man die damals den Entscheidungsträgern zur Verfügung stehenden Daten zur Outputlücke und Inflation in die Taylor-Formel ein, so kann man zwischen 1969-1979 eine hohe Übereinstimmung zwischen tatsächlicher Zinspolitik und Taylor-Regel erkennen. Gerade also weil man im Prinzip der Taylor-Regel folgte – so Orphanides – ergaben sich große Probleme.[142] Der von Orphanides ermittelte Taylor-Zins verläuft dabei erheblich unterhalb des Taylor-Zinses, der sich auf Basis heutiger Daten errechnen lässt. Durchschnittlich etwa drei Prozentpunkte dieser Differenz entfallen auf die unterschiedliche Einschätzung der Outputlücke.[143]

Aufgrund seiner Ergebnisse folgert Orphanides [(2000), S. 1f., (2003b), S. 636], dass die Taylor-Regel nur dann gute Resultate liefert, wenn das Problem der korrekten Messung der Outputlücke ignoriert wird. Er plädiert daher dafür, die Taylor-Regel erst

---

[141] Vielfach wurden einfach die hohen Wachstumsraten der 1960er Jahre in die Zukunft fortgeschrieben und der bereits Ende der 1960er Jahre eingetretenen „Productivity Slowdown" übersehen. Die Regierung ging z.B. 1970 von einer Wachstumsrate des Produktionspotentials von 4,3 % aus. Erst im Laufe der 1970er Jahre wurde diese Schätzung schrittweise auf 3 % (1979) reduziert. Das tatsächliche reale Wachstum zwischen 1970 und 1998 lag aber nur bei 2,8 %, vgl. Orphanides (2000), S. 9, und (2003b), S. 654f.

[142] "If anything, the policy 'mistake' of the late 1960s and 1970s is that actual monetary policy 'followed' the Taylor rule, too closely!" Orphanides (2003b), S. 649.

[143] Heute liegt die NAIRU-Schätzung für die 1970er Jahre bei ca. 6 %, damals lag sie jedoch bei nur 4 %. Man kann daher grob davon ausgehen, dass die Beschäftigungslücke im Durchschnitt um ca. 2 und die Outputlücke um ca. 6 Prozentpunkte über- bzw. unterschätzt wurde, vgl. Orphanides (2000), S. 9f.

gar nicht anzuwenden oder zumindest die Outputlücke innerhalb der Regel abzuwerten.[144] Damit widerspricht er den Resultaten von Simulationsstudien, die bei der Ermittlung möglichst optimaler Taylor-Regeln die Outputlücke eher stärker als in der originären Formel gewichtet würden. Eine Anhebung des Reaktionskoeffizienten der Outputlücke (β) von 0,5 auf 1,0 würde laut dieser Studien für eine niedrigere Inflations- und Outputvariabilität sorgen.[145] Allerdings basieren diese Resultate wiederum auf der Annahme vollkommener Information über die Outputlücke.

Taylor [(2000a), S. 17] selbst stellt die empirischen Ergebnisse von Orphanides[146] in Frage und weist darauf hin, dass heute technisch bessere Verfahren vorliegen, um die Outputlücke zu messen.[147] Der „Output-Gap" sollte seiner Ansicht nach trotz der Messunsicherheit auf jeden Fall einbezogen werden, um den vorausschauenden Charakter der Regel zu bewahren. Bei völliger Ignoranz der Outputlücke würde man z.B. auf Inflationspotentiale, die in der reifen Phase eines Konjunkturaufschwungs entstehen, zu spät reagieren.[148] So sei es beispielsweise ein schwerer Fehler der *Bank of Japan* gewesen, Ende der 1980er den Anstieg der Outputlücke weitgehend in ihrem Kalkül außer Acht zu lassen.

2.3.3   Vergleich Taylor-Regel und Inflation Targeting

Der Vergleich von Inflation Targeting und Taylor-Regel befördert z.T. überraschende Parallelen zu Tage. Dazu vergegenwärtige man sich noch einmal, dass aus der Minimierung der Verlustfunktion eines strikten Inflation Targeters unter Verwendung des obigen einfachen Modells folgende Bedingung erster Ordnung abgeleitet wurde:

(2.21) $E_t \pi_{t+2} = \pi^*$,

woraus sich wiederum die bereits bekannte Reaktionsfunktion ermitteln ließ:

(2.23) $i_t = \pi_t + a_1 (\pi_t - \pi^*) + a_2 y_t$,

wobei $a_1 = 1/(\alpha\varphi)$ und $a_2 = (1+\delta)/\varphi$. Gleichung (2.23) stimmt in der Struktur mit der Taylor-Formel überein. Der Unterschied besteht nur darin, dass die Gewichtungsparameter a_1 und a_2 von 0,5 abweichen können und der reale Gleichgewichtszins von Svensson auf null normiert wurde. Trotz der offensichtlichen Gemeinsamkeit beste-

---

[144] Eine weitere Möglichkeit bestünde darin, das *Niveau* durch die *Veränderung* der Outputlücke zu ersetzen, da diese Größe weniger anfällig gegenüber Messproblemen sei, vgl. Orphanides (2003b), S. 651ff.

[145] Ball [(1997), S. 8] empfiehlt z.B. ein β von 1,0 statt 0,5. Taylor [(2000b), S. 66] sieht nach der Auswertung verschiedener Simulationsstudien ebenfalls die Tendenz für effizientere Ergebnisse bei einem β von 1,0.

[146] Die Federal Reserve selbst hat in den 1970er Jahren noch keine eigene Schätzungen zur Outputlücke vorgenommen. Orphanides [(2003b), S. 643f.] geht davon aus, dass sich die Fed an den Schätzungen der Regierung (Council of Economic Advisers) bezüglich des Produktionspotentials orientiert hat.

[147] Orhanides [(2003b), S. 657ff.] selbst wundert sich darüber, warum man nach den Fehlprognosen Anfang der 1970er Jahre keine Anstrengungen unternommen hat, die Prognoseverfahren innerhalb der Fed zu verbessern.

[148] Ebenso könnte eine Phase der Disinflation rasch in Deflation übergehen, wenn man die Outputlücke völlig missachtet. Allsopp/Vines [(2000), S. 13f.] zeigen dies anschaulich im Rahmen eines dynamischen Modells.

hen bei der Interpretation dieser Reaktionsfunktion und der Taylor-Regel deutliche Unterschiede:

- Bei (2.23) handelt es sich um eine flexible, endogene Reaktionsfunktion.[149] Sie ist das Ergebnis eines Optimierungskalküls unter Berücksichtigung einer spezifischen Modellstruktur. Dass in (2.23) „zufällig" die gleichen Elemente auftauchen, wie in der Taylor-Regel hängt damit zusammen, dass im obigen Modell die gegenwärtige Inflationsrate und Outputlücke die wesentlichen Determinanten der zukünftigen Inflationsentwicklung darstellen. In der Praxis wird eine Notenbank jedoch zur Erstellung einer Inflationsprognose komplexere Modelle heranziehen, in denen zusätzlich Variablen (z.B. Wechselkurs, Lohnkosten, Budgetdefizit etc.) Eingang finden. Eine daraus abgeleitete Reaktionsfunktion wird entsprechend komplexer ausfallen und Gleichung (2.23) stellt bestenfalls eine stark simplifizierte Reaktionsfunktion eines Inflation Targeters dar.

- Verschiedene Simulationsstudien und die obige Reaktionsfunktion zeigen zwar, dass die Taylor-Regel der optimalen Lösung häufig sehr nahe kommt,[150] aber prinzipiell wurde die Regel nicht aus einem Optimierungskalkül gewonnen, sondern mehr oder weniger ad hoc formuliert. Notenbanken, welche sich an die Taylor-Regel binden, stehen beim Umgang mit dieser Regel zwei Wege offen: Zunächst kann die Zentralbank einfach die ursprünglich von Taylor vorgeschlagene Spezifikation der Regel (α, β = 0,5) – ganz im Vertrauen auf deren „Robustheit" – übernehmen. Alternativ kann sie jedoch versuchen, α und β möglichst optimal an die eigene Wirtschaftsstruktur anzupassen. In diesem Fall würde man wiederum eine Art Minimierungsproblem lösen, allerdings unter der Vorgabe, dass die „optimale" Regel lediglich die Elemente der Taylor-Regel beinhaltet.

- Taylor-Regel und Inflation Targeting weichen in der Art der Regelbindung voneinander ab. Bei der Taylor-Regel bindet sich die Notenbank an eine „Instrumentenregel", die in ihrer Struktur mit Gleichung (2.23) identisch ist. Ein Inflation Targeter bindet sich hingegen an keine Reaktionsfunktion, sondern setzt formal „eine Stufe höher" an. Er verpflichtet sich gemäß (2.21) dazu, eine Zinspolitik zu praktizieren, welche die eigene Inflationsprognose in Übereinstimmung mit dem Inflationsziel hält. Dies bezeichnet Svensson als eine „Zielregel", da sich diese Bedingung aus der Optimierung der Zielfunktion ergibt.[151]

- Svensson präferiert eine solche Zielregel gegenüber einer Instrumentenregel à la Taylor, weil diese weniger anfällig gegenüber strukturellen Veränderungen sei.[152] Kommt eine Notenbank z.B. zum Ergebnis, dass sich der kurzfristige Trade-off zwischen Inflationsrate und Outputlücke verringert hat, dann wird sie ihre Reaktionsfunktion entsprechend anpassen und a_1 anheben. Diese Anpassung der Reaktionsfunktion kann ein Inflation Targeter vornehmen, ohne dass sich etwas an seiner Zielregel ändert. Bei Notenbanken, die sich der Taylor-Regel verpflichtet haben, verursachen strukturelle Veränderungen hingegen zunehmende Diskrepanzen zwischen der optimalen Zinspolitik und den Zinsempfehlungen der an-

---

[149] Vgl. z.B. Svensson (1999a), S. 628, und Rudebusch/Svensson (1999), S. 205.

[150] Taylor [(2000b, S. 69] weist darauf hin, dass sich die meisten komplexen Modelle letztendlich auf eine typische IS- und Phillips-Kurve „reduzieren" lassen. Daher liefert seiner Ansicht nach die Taylor-Regel über unterschiedliche Modelltypen hinweg „robuste" Resultate.

[151] Vgl. zur Diskussion über Ziel- versus Instrumentenregeln z.B. Svensson (2002a), (2003c), oder (1999a), S. 614.

[152] Vgl. z.B. Svensson (2003c), S. 442f., und Rudebusch/Svensson (1999), S. 239.

fänglich fixierten Regel. Der Geldpolitik sind aber insoweit die Hände gebunden, da häufige Revisionen der originären Regel (etwa Erhöhung von β innerhalb der Taylor-Regel) die Glaubwürdigkeit der Regelbindung beeinträchtigen.

- Befürworter der Taylor-Regel kritisieren wiederum an der Svensson'schen Zielregel, dass sie zu unspezifisch sei, um die Erwartungsbildung der Marktakteure über die weitere Zinspolitik zu stabilisieren. Mit der Taylor-Regel erhielten die Finanzmärkte im Vergleich hierzu klarere Hinweise über die Grundzüge der Zinspolitik und können daher zukünftige geldpolitische Aktionen besser abschätzen. Notwendige Abweichungen von der Taylor-Regel würden die langfristige Stabilität der Erwartungsbildung nicht beeinträchtigen, wenn die Regelverstöße sauber begründet würden. Historische Beispiele und Modellsimulationen hätten außerdem gezeigt, dass die Taylor-Regel ein wirkungsvolles Instrument sei, um die Inflations- und Outputvariabilität zu stabilisieren, weshalb sich auch ein Inflation Targeter an der Regel orientieren könnte.[153]

- Kritiker der Taylor-Regel weisen wiederum darauf hin, dass eine schwerpunktmäßige Ausrichtung an der Taylor-Formel kaum mit den heutigen komplexen Entscheidungsprozessen vereinbar sei, bei denen eine Unmenge an Informationen, Modellen und Indikatoren verarbeitet werden. Die Taylor-Regel nimmt sich im Vergleich hierzu mit ihren wenigen Informationsvariablen eher bescheiden aus. Inflation Targeting, das die Erstellung komplexer Inflations- und Outputprognosen vorsieht, steht hingegen eher mit modernen geldpolitischen Entscheidungsprozessen im Einklang.[154]

Welche der beiden Konzeptionen – Inflation Targeting oder Taylor-Regel – bei der Strategiewahl in Betracht gezogen wird, hängt u.a. von der gewünschten Regelbindung und Kommunikationspolitik ab. Die Taylor-Regel bietet sich an, wenn die Notenbank in der öffentlichen Kommunikation auf eine möglichst präzise Regel setzt, die leicht von außen überprüfbar ist und eine gute Vorhersehbarkeit der Zinspolitik erlaubt, bei der sich aber der diskretionäre Spielraum auf Regelverstöße beschränkt. Inflation Targeting würde hingegen eine unpräzisere Regel mit sich bringen, deren Einhaltung schlechter überprüfbar ist. Dafür macht Inflation Targeting aber (im Idealfall) kaum Regelverstöße erforderlich, da die Variablen der Regel (Inflations-, ggf. Outputprognose) möglichst alle relevanten Informationen beinhalten.

Unterschiedliche Auffassungen bestehen darüber, welche Strategie besser dazu geeignet ist, eine „gemeinsame Sprachebene" zwischen Notenbank und Öffentlichkeit herzustellen. Befürworter der Taylor-Regel weisen auf deren Einfachheit hin und sehen es als Vorteil an, dass der Öffentlichkeit die beiden Hauptaufgaben der Geldpolitik – kurzfristig Outputstabilität, mittelfristig Preisstabilität – direkt vor Augen geführt werden [vgl. Woodford (2003), S. 611]. Anderseits könnte man kritisch anmerken, dass der theoretische Background der Taylor-Regel weniger einleuchtend ist als bei anderen Strategien. Es ist z.B. auch heute noch für einen Großteil der deutschen Öffentlichkeit leicht nachvollziehbar, dass ein hohes Geldmengenwachstum langfristig für Inflation sorgt. Ebenso einfach verständlich dürfte es sein, dass Preisstabilität

---

[153] Taylor [(2000a, S. 9ff., und (2000c), S. 448ff.] sieht in der Taylor-Regel ein mögliches Durchführungsverfahren für Inflation Targeting.
[154] Vgl. Svensson (2003c), S. 428, oder 444.

nur dann gegeben ist, wenn die Inflationsprognose der Notenbank weitgehend im Einklang mit ihrem Inflationsziel steht. Die Logik der Taylor-Regel ist hingegen nicht unmittelbar ersichtlich und wird von Taylor selbst hauptsächlich mit dem Hinweis auf empirisch fundierte Simulationsstudien gerechtfertigt.

Tabelle 2.1: Übersicht Inflation Targeting versus Taylor-Regel

	Zinspolitik	Regel-bindung	Strukturverän-derungen	Wesentliche Vorteile
Inflation Targeting	Zinspolitik wird durch endo-gene und flexible Reaktions-funktion bestimmt (vorwie-gend aus Inflationsprognose abgeleitet), die wesentlich komplexer ausfällt als die Taylor-Regel.	Zielregel (aus Zielfunktion abgeleitet).	Zielregel bleibt unverändert, Re-aktionsfunktion wird angepasst.	Inflationsprognose (und damit auch Zielregel) enthält alle relevanten In-formationen für die Zinsentscheidung.
Taylor-Regel	Zinspolitik orientiert sich an starrer, exogen fixierter, ein-facher Regel. Reaktionskoef-fizienten α und β können anfangs optimal auf den Währungsraum abgestimmt werden. Regelabweichungen sind möglich.	Instrumenten-regel (bezieht sich direkt auf das Zinsin-strument der Notenbank).	Taylor-Regel muss überarbei-tet werden, an-sonsten drohen häufige Zielver-fehlungen.	Hohe Transparenz und Vorhersehbar-keit der Zinspolitik.

Quelle: Eigene Darstellung.

Zusammenfassend kann man festhalten, dass eine Notenbank durch die Bindung an die Taylor-Regel in einigen Bereichen hinsichtlich Berechenbarkeit und Transparenz sehr fortschrittlich agieren würde. Mit der Taylor-Regel würden die Finanzmärkte eine Formel erhalten, anhand derer sie die meisten Zinsschritte der Notenbank im Vorhin-ein ziemlich präzise abschätzen könnten. Außerdem würde die Notenbank entgegen den heute üblichen Gepflogenheiten spätestens mit der Bekanntgabe der genauen Regelspezifikation ihre Präferenzen für die Outputstabilisierung offen legen. Sie wür-de damit implizit zugeben, dass in einigen Fällen ein gewisses Maß an zusätzlicher Inflationsvariabilität zugunsten größerer Outputstabilität gerechtfertigt sein kann. An-dererseits ist die Taylor-Regel für sich genommen noch kein umfassendes strategi-sches Konzept. Die Berechnung des Taylor-Zinses kann nur ein (wichtiges) Element innerhalb eines komplexen Entscheidungsverfahren darstellen. Wird die Taylor-Regel auf diese Weise verstanden, ergeben sich automatisch Regelverstöße. Die Glaubwürdigkeit der Regelbindung wird aber darunter nicht zwangsläufig leiden, wenn die Normabweichungen sorgfältig begründet werden. In diesem Zusammen-hang wäre es vorteilhaft, im Vorhinein „Regeln für die Abweichung von der Regel" zu definieren.

2.4   Resümee zur heutigen Bedeutung geldpolitischer Strategien

Es ist heute unstrittig, dass alle großen Notenbanken intern einen umfassenden Prozess der Informationsverarbeitung durchführen, um adäquate geldpolitische Entscheidungen zu treffen. Zentralbanken unterscheiden sich aber darin, wie sie den komplexen Informations- und Entscheidungsprozess der Öffentlichkeit präsentieren. Zum Teil beschreiben sie ihr Vorgehen mit Hilfe einfacher Daumenregeln, zum Teil wird der Allgemeinheit aber auch ein umfassender Analyserahmen präsentiert. Dabei hat sich auf Seiten der Notenbanker zusehends die Erkenntnis durchgesetzt, dass Berechenbarkeit die Effizienz der Geldpolitik steigert. Strategien dienen in diesem Zusammenhang dazu, der Öffentlichkeit das systematische Reaktionsmuster der Zentralbank auf ökonomische Entwicklungen zu veranschaulichen, um dadurch die Vorhersehbarkeit der Notenbankpolitik zu erleichtern. Haben die Marktakteure das typische Reaktionsmuster der Notenbank verinnerlicht, dann wissen sie wie die Notenbank auf eine neue konjunkturelle Entwicklung reagiert, was entsprechende Anpassungen der privaten Zinserwartungen und der davon abhängigen langfristigen Vermögenspreise auslöst. Werden die Notenbankintentionen korrekt interpretiert, dann passen sich die Vermögenspreise in der gewünschten Weise an und die Bond-, Aktien- und Devisenmärkte erledigen zum Großteil die Arbeit der Notenbank. Die Zentralbankakteure müssen allerdings aufpassen, dass sie in keine zu starke Abhängigkeit von den Finanzmärkten geraten. Eine gute Balance ist dann erreicht, wenn die Zinsschritte in „normalen" Zeiten antizipiert werden, in außergewöhnlichen Fällen aber die Notenbank ihre Zinsführerschaft unter Beweis stellt.

Mit Hilfe von Strategien wollen Notenbanken nicht nur an Berechenbarkeit, sondern auch an Glaubwürdigkeit gewinnen, denn Strategien stellen eine Art Regelbindung dar, gegen welche die Notenbank nicht ohne Ansehensverlust verstoßen kann. Das strategische Konzept soll eine günstige Basis zur Stabilisierung der privaten Inflationserwartungen schaffen. Um Zweifel an der Glaubwürdigkeit der Stabilisierungspolitik einer Notenbank hervorzurufen, ist es nicht notwendig, der Zentralbank besonders ehrgeizige Beschäftigungsziele zu unterstellen. Unter Umständen reicht bereits die Vermutung aus, dass die Geldpolitik nach zufälligen Schocks generell ein geringes Interesse am Abbau einer positiven, aber ein großes Interesse an der Beseitigung einer negativen Outputlücke besitzt. Zu steigenden Inflationserwartungen kann es auch dann kommen, wenn die Öffentlichkeit den Eindruck gewinnt, dass die Notenbank auf zukünftige Kostenschocks aus Furcht vor Beschäftigungseinbußen sehr lasch reagieren wird und bereit ist, eine hohe Inflationsvariabilität zu akzeptieren. Um Glaubwürdigkeit zu demonstrieren, sind Notenbanken daher geneigt, ihr Beschäftigungsziel zu verschleiern, was allerdings dem Streben nach Transparenz und Berechenbarkeit widerspricht. Heute liegt daher das Phänomen vor, dass Notenbanken in vielen Bereichen sehr transparent sind, über das Beschäftigungsziel aber Stillschweigen bewahren.

Inflation Targeting ist eine Strategie, welche den gerade beschriebenen Zielkonflikt zwischen Glaubwürdigkeit und Transparenz zu integrieren versucht. Dies zeigt sich darin, dass Inflation Targeting zwar hohe Publikations- und Rechenschaftspflichten in Bezug auf das Inflationsziel, nicht jedoch hinsichtlich des Beschäftigungsziels einer Notenbank vorsieht. Als zentrales Element dieses Ansatzes fungiert eine Inflationsprognose, die von der Notenbank selbst erstellt wird. Sie bildet als zentrales Kommunikationsinstrument gleichzeitig die Basis für eine einfache Daumenregel (Inflationsprognose = Inflationsziel). Letztere erleichtert es Außenstehenden, die Notenbankpolitik nachzuvollziehen und zu überwachen. In der Praxis verschafft die Umsetzung von Inflation Targeting in Form von „Distribution Forecast Targeting" der Notenbank allerdings erhebliche diskretionäre Spielräume.

Ein alternatives Strategiekonzept stellt die Taylor-Regel dar. Mit Hilfe dieser Regel kann der Öffentlichkeit auf ganz direktem Wege eine einfache Daumenregel zur Abschätzung der zukünftigen Notenbankpolitik zur Verfügung gestellt werden. Die Taylor-Regel weist drei Merkmale auf, die zugleich eine moderne Zinssteuerung charakterisieren: Die Ausrichtung auf ein mittelfristiges Inflationsziel, die kurzfristige Stabilisierung des Outputs und die graduelle Reaktion auf Preisschocks. Innerhalb der Regel fungiert der reale Gleichgewichtszins als Fixpunkt für die Einschätzung des geldpolitischen Kurses. Wichtiger Bestandteil der Regel ist außerdem das Taylor-Prinzip, d.h. die Notenbank kontert einen Inflationsanstieg mit einem noch stärkeren Realzinsanstieg, was zur makroökonomischen Stabilisierung beitragen soll. Ein Problem der Taylor-Regel ist ihre mangelhafte theoretische Fundierung. Sie wurde von Taylor mehr oder weniger ad hoc formuliert und im Rahmen verschiedener Simulationsstudien auf ihre „Robustheit" überprüft. Die Taylor-Regel kann daher bestenfalls das Kernelement eines komplexeren strategischen Konzepts darstellen.

Taylor-Regel und Inflation Targeting weisen durchaus Parallelen auf. Aus der Daumenregel „Inflationsziel = Inflationsprognose" lässt sich im Rahmen eines einfachen Makro-Modells eine optimale Reaktionsfunktion ableiten, die Ähnlichkeiten mit der Taylor-Regel aufweist. Auch ein Inflation Targeter könnte daher die Taylor-Regel als simple Benchmark verwenden. Prinzipiell ist die Reaktionsfunktion eines Inflation Targeters aber im Gegensatz zur Taylor-Regel flexibel. Sie kann sich vor jeder geldpolitischen Entscheidung ändern, wenn die Notenbank Anpassungen an ihrem Kern-Modell vornimmt. Die Taylor-Regel bietet daher für den außenstehenden Marktteilnehmer die bessere Berechnungsgrundlage für die zukünftige Zinspolitik als die Daumenregel „Inflationsprognose = Inflationsziel". Andererseits wird eine Notenbank nicht umhin kommen, von der Taylor-Regel abzuweichen, da die Regel nur wenige Informationsvariablen umfasst. Die Inflationsprognose eines Inflation Targeters soll hingegen möglichst sämtliche Informationen über die zukünftige Preisentwicklung beinhalten.

3 Beschäftigungsziele in der Geldpolitik

3.1 Preisniveaustabilisierung – ein „free-lunch" der Geldpolitik?

3.1.1 Die heutige Dominanz des Preisstabilitätsziels in der Geldpolitik

Nach der Strategiedebatte in Kapitel 2, steht in Kapitel 3 die geldpolitische Zieldebatte im Zentrum. Wenn über Notenbankziele diskutiert wird, könnte man zunächst davon ausgehen, dass die Zentralbank als einer der wichtigsten makroökonomischen Akteure die beiden „Primärziele" der Wirtschaftspolitik – Preisstabilität und Vollbeschäftigung (bzw. einen hohen Beschäftigungsstand) – gleichrangig behandelt.[1] Seit den 1980er und 1990er Jahren besteht aber ein zunehmender Konsens unter Notenbankern, Wissenschaftlern und sogar der breiten Bevölkerung, dass sich Zentralbanken primär auf die Zielsetzung der Preisstabilität konzentrieren sollten. Dieser Konsens spiegelt sich in verschiedenen Entwicklungen wider:

- Alle Notenbankverfassungen, die in den 1990er Jahren neu erlassen wurden, verpflichten die nationalen Zentralbanken vorrangig oder ausschließlich auf „Preisstabilität". Beschäftigungsziele werden gar nicht oder nur als sekundäre Ziele erwähnt. Prominentestes Beispiel ist der EG-Vertrag, welcher die EZB auf Preisstabilität als Primärziel der Geldpolitik verpflichtet (siehe Kapitel 6.1). In der neuseeländischen Notenbankverfassung, die man in vielen Bereichen als vorbildhaft ansieht, wird die Sicherstellung eines „stabilen allgemeinen Preisniveaus" sogar als einzige Notenbankaufgabe aufgeführt.[2]

- Mit Inflation Targeting hat in den 1990er Jahren ein Strategieansatz enormen Zulauf erfahren, der – zumindest in der externen Kommunikation – primär auf Preisstabilität ausgerichtet ist. Darüber hinaus ist die Festlegung und Veröffentlichung eines numerischen Inflationsziels inzwischen auch bei Notenbanken üblich (z.B. EZB), die ansonsten kein striktes Inflation Targeting praktizieren. Beschäftigungsziele wurden hingegen noch von keiner Notenbank in quantitativer Form präzisiert. Dies steht im auffallenden Widerspruch zu den 1960er und 1970er Jahren, als in den wirtschaftspolitischen Debatten quantitative Vorstellungen hinsichtlich des Beschäftigungsziels dominierten.[3]

Tabelle 3.1: Inflations- und Arbeitslosenraten in der EU[4] 1970er-1990er Jahre

	1970er	1980er	1990er
Inflationsrate (%)[5]	9,9	7,3	3,2
Arbeitslosenrate (%)	3,5	9,0	10,2

Datenquelle: OECD, Wirtschaftsausblick, verschiedene Jahrgänge.

---

[1] Weitere wirtschaftspolitische Ziele wie ein „stetiges und angemessenes Wirtschaftswachstum" oder „außenwirtschaftliches Gleichgewicht" werden eher als Voraussetzung für das Erreichen der beiden anderen Ziele angesehen, vgl. z.B. Pätzold (1998), S. 28ff., oder Köhler (2002), S. 34.

[2] Vgl. § 8 der Reserve Bank of New Zealand Act (1989) und die jeweiligen „Policy Targets Agreement" (zwischen Schatzamt und Zentralbank), welche das Inflationsziel operationalisieren.

[3] Okun [(1962), S. 146] wunderte sich z.B. darüber, dass zwar eine Arbeitslosenquote von 4 % als angemessenes Beschäftigungsziel angesehen wird, gleichzeitig aber kein vergleichbares quantitatives Inflationsziel vorliegen würde: "Economists have never developed a clear criterion of tolerable price behavior …"

[4] Bis 1982 werden Daten der 12-EG-Länder, ab 1983 Daten der 15 EU-Länder verwendet.

[5] Inflation gemessen am Verpraucherpreisindex.

- Die zunehmende Bedeutung von Preisstabilität spiegelt sich auch in den ökonomischen Daten wider. Die Inflationsraten sind in allen westeuropäischen Ländern
  in den 1990er Jahren gegenüber den vorhergehenden beiden Dekaden gesunken und weisen ein anhaltend niedriges Niveau auf. Die Arbeitslosenraten sind
  hingegen in den 1980er Jahren deutlich angestiegen und auf hohem Niveau verharrt (siehe Tabelle 3.1).
- Die Konzentration auf Preisstabilität wird offensichtlich auch in gestiegenem Maße von der Öffentlichkeit akzeptiert. Jedenfalls hat die Ankündigung der EZB vor
  Beginn der Währungsunion, sich strikt an das Mandat des EG-Vertrags zu halten
  und jegliche Inflationsgefahr rigoros zu bekämpfen, kaum Widerspruch in der Öffentlichkeit provoziert, obwohl zu diesem Zeitpunkt die durchschnittliche Inflationsrate im Euroraum etwa 1 % betrug, während die Arbeitslosenrate der 10 %-
  Marke zustrebte.

Es gibt jedoch einige Punkte, die Zweifel an der „heilen Welt" einer auf Preisstabilität
fixierten Geldpolitik aufkommen lassen:

- In vielen geldpolitischen Debatten zwischen Akademikern und Notenbankern
  wird nach wie vor erregt darüber diskutiert, welche Wirkungen von der Geldpolitik
  auf die Inflation *und* die Beschäftigung (bzw. den Output) ausgehen.[6] Inzwischen
  ist sich die empirische Wissenschaft weitgehend darin einig, dass geldpolitische
  Impulse kurzfristig die Output- und Beschäftigungsentwicklung stärker beeinflussen als die Inflation (siehe ausführlich Kapitel 3.2). Warum sollte der Geldpolitik
  dann nicht auch beschäftigungspolitische Verantwortung übertragen werden?
- Viele Notenbanken, die öffentlich die Priorität ihres Inflationsziels hervorheben,
  nehmen in der praktischen Geldpolitik auch Rücksicht auf die Beschäftigungsentwicklung. Man könnte sich also fragen, ob die einseitige Fixierung auf Preisstabilität primär ein Phänomen der externen Kommunikation und weniger des
  praktischen Handelns ist.

Tabelle 3.2:   Reales Wachstum USA/Deutschland 1980er und 1990er Jahre

	1980er	1990er	1996-2000
USA (reales BIP in %)	3,2	3,2	4,2
Deutschland (reales BIP in %)	2,2	1,6	2,0

Datenquelle: OECD (2003), S. 32.

- Die wirtschaftliche Performance von Ländern mit Zentralbanken, die traditionell
  stark auf Preisstabilität ausgerichtet sind, war in den letzten Jahren eher bescheiden. Dies zeigt sich insbesondere im Fall von Deutschland, das in den
  1980er und 1990er Jahren sehr niedrige Wachstumsraten aufweist (siehe
  Tabelle 3.2). Sehr positiv fiel hingegen die wirtschaftliche Entwicklung in den
  USA aus. Gerade die US-Notenbank verfügt aber über eine gesetzliche Zielvor-

---

[6]   „... the tension created by the joint effect of central bank actions on inflation *and* on aggregate out-
      put, or employment, is usually at the essence whenever public policy discussion turns to monetary
      policy." Friedman, B. (1998a), S. viii. Viele andere Ökonomen stimmen dieser Einschätzung von B.
      Friedman zu [vgl. z.B. King (1999), S. 29, oder Taylor (1999b), S. 65]. Mankiw (2001) spricht von
      einem unumstößlichen („inexorable") Trade-off zwischen Inflation und Arbeitslosigkeit.

gabe, welche Beschäftigung und Preisstabilität gleichrangig behandelt. Die Fed ist erkennbar bemüht, dieses Mandat in der Praxis umzusetzen und hat sich daher dem gegenwärtigen Konsens – Vorrang von Preisstabilität – entzogen. Es stellt sich daher die Frage, ob ein Teil der divergenten Wachstumsdynamik auf Unterschieden in der Geldpolitik beruht.

Im Weiteren sollen unter anderem folgende Fragestellungen abgearbeitet werden:
1. Welche theoretischen Argumente werden angeführt, um die Dominanz des Preisstabilitätsziels in der Geldpolitik zu erklären?
2. Welche Einwände können gegen die herrschende Doktrin vorgebracht werden? Gibt es Gründe für eine Revitalisierung geldpolitischer Beschäftigungsziele?
3. Wie könnte eine pragmatische „beschäftigungsfreundliche" Geldpolitik, welche die Fehler der 1970er Jahre vermeidet, konkret aussehen?
4. Ist die Fed der Prototyp einer solchen Geldpolitik?

3.1.2 Lehren der 70er Jahre aus einer „beschäftigungsfreundlichen" Politik

3.1.2.1 Die Kosten der Inflation

Die heutige Zurückhaltung gegenüber Beschäftigungszielen in der Geldpolitik ist nicht zuletzt ein Reflex auf die Erfahrungen der 1970er Jahre. Damals wurde in den meisten westlichen Industrieländern mit Unterstützung der Notenbanken eine sehr beschäftigungsfreundliche Wirtschaftspolitik durchgeführt. Die Mehrzahl der Ökonomen ist sich darin einig, dass dieser Politikansatz zumindest mitverantwortlich für die einzige „große Inflation" während einer Friedensphase im 20. Jh. [vgl. De Long (1997)] war. Eine moderne Geldpolitik, welche Beschäftigungsziele in ihr Kalkül einbezieht, hat diese negativen Erfahrungen der 1970er Jahre zu berücksichtigen und die daraus gezogenen Lehren zu beachten. Hierzu gehören:
• Bereits hohe einstellige Inflationsraten verursachen volkswirtschaftliche Schäden.
• Ohne Unterstützung der Geldpolitik kann keine Inflation entstehen.
• Es sollten keine zu ehrgeizigen Beschäftigungsziele verfolgt werden.

Taylor [(1992), S. 14] nennt als eine der Ursachen für die „große Inflation" die mangelnde Sensibilität der damaligen Wirtschaftspolitik gegenüber den Kosten der Inflation, die in einem leichten Anstieg der Inflation nichts Dramatisches sah.[7] In diesem Bereich hat sich ein gewaltiger Bewusstseinswandel vollzogen. Ausgehend davon, dass die „große Inflation" in eine der schwersten Wirtschaftskrisen der Nachkriegszeit mündete, hat sich Preisstabilität heute einen festen Platz unter den wirtschaftspolitischen Zielen erobert. Angesichts weltweit gesunkener Inflation finden dabei zwar auch Deflationskosten zunehmend Beachtung, die meisten Notenbanken verweisen jedoch zur Rechtfertigung ihres Preisstabilitätsziels nach wie vor primär auf die Kosten der Inflation, die im Folgenden kurz skizziert werden sollen.[8]

Um die Wohlfahrtskosten der Inflation zu ermitteln, gehen Fischer/Modigliani (1978) in zwei Schritten vor. In einem Gedankenexperiment zeigen sie zunächst, dass posi-

---

[7] "It took the decade of the 1970s to persuade economists and policymakers that the political costs of even high single-digit inflation were very high." De Long (1997), S. 251.

[8] Gemäß Issing [(2001), S. 180] besteht nach wie vor ein größeres Inflations- als Deflationsrisiko.

tive Inflationsraten bereits Wohlfahrtseinbußen hervorrufen, wenn sich die Volkswirtschaft vollständig (z.B. durch Indexierung aller Nominallohnkontrakte) darauf eingestellt hat und die Inflation stets korrekt antizipiert wird. In einem solchen „inflationssicheren" Land kommt es bei wachsender Inflation zu einer suboptimalen Geldhaltung (aufgrund steigender Opportunitätskosten), es entstehen „Menu Costs" (Preislisten, Löhne, Münzautomaten müssen ständig angepasst werden) und das auf nominal fixierte Größen ausgerichtete Steuersystem verursacht trotz Indexierung von Frei- und Höchstbeträgen allokative Verzerrungen.[9]

In der Praxis nimmt mit zunehmender Geldentwertung aber nicht nur die durchschnittliche Höhe sondern auch die Inflationsvariabilität zu [vgl. z.B. Barro (1997), S. 93f.]. Dies löst zusätzliche Unsicherheit sowie Prognoseirrtümer und damit volkswirtschaftliche Schäden aus. In einem Umfeld stark schwankender Inflationsraten wird z.B. die Signalfunktion des Preismechanismus beeinträchtigt, da es den Wirtschaftssubjekten schwerer fällt, zwischen absoluten und relativen Preisveränderungen zu unterscheiden. An den Geld- und Kapitalmärkten werden sich Gläubiger und Schuldner aufgrund unkalkulierbarer Verlustrisiken kaum noch auf langfristige vertragliche Bindungen einlassen. Hierdurch wird der Spar- und Investitionsprozess empfindlich gestört und die Akkumulation von Sachkapital verringert.

Angesichts dieser überzeugenden Argumentationskette über die nachteiligen Wirkungen hoher Inflationsraten, müsste sich langfristig auch ein negativer Zusammenhang zwischen Inflation und Wirtschaftswachstum belegen lassen. Theoretische Wachstumsmodelle liefern aber in dieser Hinsicht bisher noch keine befriedigenden Ergebnisse.[10] Man zieht daher vor allem empirische Untersuchungen heran, um die negativen Auswirkungen der Inflation auf das Wirtschaftswachstum darzulegen. Die meisten Arbeiten, die auf diesem Gebiet veröffentlicht wurden, stützen die These der wachstumshemmenden Wirkung von Inflation.[11] Fischer [(1993), S. 498] kommt z.B. zum Ergebnis, dass eine Erhöhung der Inflationsrate um 10 Prozentpunkte das jährliche reale Wirtschaftswachstum um 0,39 Prozentpunkte senkt.[12]

Ein Problem dieser Untersuchungen ist jedoch, dass der häufig gewünschte Beweis einer negativen Korrelation zwischen Inflation und Wachstum nur dann zustande kommt, wenn Hochinflationsländer mit einbezogen werden. Untersuchungen, die sich nur auf Länder mit jährlichen Inflationsraten unter 10 % konzentrieren, kommen zu

---

[9]   Den negativen Wohlfahrtseffekten der Inflation ist ein positiver Effekt aus „Seigniorage"-Einnahmen (reale Geldschöpfungsgewinne, die bei positiver Inflationsrate zunächst zunehmen) gegenüberzustellen. Aufgrund dieser Einnahmen könnten andere Steuern, die allokationsverzerrend wirken, gesenkt werden.
[10] Vgl. zu einem Überblick Orphanides/Solow (1990). Tobin (1965) hat die Diskussion mit einem monetären Wachstumsmodell angestoßen, das sogar einen positiven Zusammenhang zwischen Inflation und Wirtschaftswachstum aufzeigt.
[11] Vgl. z.B. Andres/Hernando (1999), Barro (1995), oder Fischer (1993).
[12] Barro [(1997), S. 95] ermittelt bei gleichem Inflationsanstieg eine reale Wachstumseinbuße von 0,3 Prozentpunkten (Zeitraum 1960-1990, Panalstudie mit über 100 Ländern). Auf den ersten Blick erscheint diese Wachstumsminderung wenig beeindruckend. Akkumuliert über eine längere Zeit ergeben sich aber deutliche Effekte. Würde die EZB z.B. ihr Inflationsziel von 2 auf 12 % anheben, dann würde das BIP im Euroraum nach 10 Jahren immerhin um knapp 4 % unterhalb des Referenzszenarios mit niedrigerem Inflationsziel liegen.

widersprüchlichen oder nicht signifikanten Resultaten.[13] Für niedrige Inflationsraten kann daher keine sichere Aussage über den Zusammenhang zwischen Wirtschaftswachstum und Inflation getroffen werden.[14] Dies ist nicht gänzlich überraschend, wenn man bedenkt, dass volkswirtschaftliche Kosten wie „Menu Costs" oder die Beeinträchtigung der Signalfunktion von Preisen nur bei sehr hohen Inflationsraten deutlich zu Buche schlagen.

Hinzu kommt aber, dass die Reduzierung der Inflationsrate in Richtung null Prozent zwar stetig die Allokationseffizienz verbessert, gleichzeitig jedoch mit der Annäherung an die Null-Prozent-Linie auch negative Effekte auftreten, die sich dämpfend auf die durchschnittliche Wachstums- und Beschäftigungsrate auswirken. Leicht positive Inflationsraten erleichtern nämlich im Vergleich zu vollkommener Preisniveaustabilität die Reallohnflexibilität und dienen während Rezessionen als „Schmiermittel" der Geldpolitik [vgl. Fischer (1996), S. 19]. In einer viel beachteten Arbeit haben Akerlof et al. (1996) darauf hingewiesen, dass die Zahl der Firmen, die Nominallohnkürzungen durchführen müssten, um wettbewerbsfähig zu bleiben, rapide ansteigt, wenn die Inflationsrate in Richtung null Prozent fällt. Gleichzeitig ist aber die Bereitschaft der Arbeitnehmer zu Nominallohnkürzungen gering.[15] Aufgrund dieses Widerstandes werden die durchschnittlichen Reallöhne bei Null-Inflation steigen, was sich negativ auf die durchschnittliche Arbeitslosenrate auswirkt. Im Zuge der japanischen Krise ist außerdem das Problem der Untergrenze von null bei Nominalzinsen (in Verbindung mit Deflationsrisiken) verstärkt ins öffentliche Bewusstsein gedrungen und mit ihm die Gefahr, dass Notenbanken bei niedriger Inflation nicht ausreichend auf einen Konjunktureinbruch reagieren können, weil die Realzinsen nicht tief genug abgesenkt werden können.[16]

Es gibt daher vermehrt Versuche eine „optimale" Inflationsrate zu ermitteln, bei der sich die „Schmiermittel- (‚grease') und Sand-Effekte" [vgl. Groshen/Schweitzer (1999)] der Inflation gerade ausgleichen.[17] Die meisten Untersuchungen kommen zum Ergebnis, dass ab einer Inflationsrate von 2 bis 3 % ausreichende Möglichkeiten

---

[13] Vgl. z.B. Fischer (1996), S. 13ff., Barro (1997), S. 95ff., oder Bofinger (2001), S. 144ff. Einige Untersuchungen versuchen eine Übergangsrate zu ermitteln, ab der es eindeutig zu einer negativen Korrelation zwischen Inflation und Wachstum kommt. Die Ergebnisse bezüglich eines solchen „switching points" streuen zwischen 2,5 % [Gosh/Phillips (1998)], 8 % [Sarel (1996)], 15 % Barro [1995] und sogar 40 % [Bruno/Easterly (1996)].

[14] „... it is not possible at this stage to draw any firm conclusion on the relationship between inflation and growth at the very low inflation rates current in the G-7..." Fischer (1996), S. 17.

[15] Akerlof et al. [(1996), S. 5ff.] führen unter anderem an, dass Nominallohnkürzungen normalerweise von den Arbeitnehmern als unfair empfunden und daher nur akzeptiert werden, wenn sich die eigene Firma in extremen finanziellen Schwierigkeiten befindet. Gleichzeitig verhalten sich auch Arbeitgeber gegenüber Nominallohnkürzungen reserviert, da sie negative Auswirkungen auf die Arbeitsmoral befürchten. Akerlof. et al [(1996), S. 8ff.] verweisen auf zahlreiche Studien, welche die Seltenheit von Nominallohnkürzungen aufzeigen. In ihrer Modellanalyse gehen sie davon aus, dass bei einer Inflationsrate von 0-1 % 20 bis 30 % aller amerikanischen Firmen in ihrer Reallohnflexibilität beschränkt sind, vgl. Akerlof et al. (1996), S. 33f.

[16] Die nominalen Geldmarktzinsen können von der Notenbank nicht unter 0 % gedrückt werden, weil Bargeld mit einem Nominalzins von null immer die attraktivere Anlageform im Vergleich zu einem Geldmarktpapier mit negativem Nominalzins darstellen würde. Vgl. ausführlicher zu diesem Thema: Kap. 4.7.2.2.

[17] Groshen/Schweitzer (1999) sprechen von solchen „Schmiermittel- und Sand-Effekten" primär in Bezug auf den Arbeitsmarkt. Wyplosz (2001b) wendet das Begriffspaar breiter (z.B. auch auf die Deflationsgefahr) an.

der Reallohnflexibilität gegeben sind und die Wahrscheinlichkeit stark abnimmt, dass die Null-Zins-Untergrenze die Handlungen der Notenbank beschränkt.[18] Bei Inflationsraten unter 2 % wird hingegen vor einem langfristigen Trade-off zwischen Preisstabilität und Arbeitslosigkeit gewarnt, d.h. in diesem Bereich würde die langfristige Phillips-Kurve nicht vertikal, sondern negativ geneigt verlaufen, was bedeutet, dass die durchschnittliche Arbeitslosenrate zunimmt je weiter die Inflationsrate in Richtung null Prozent sinkt.[19]

Zum Thema Kosten und Nutzen der Inflation kann daher folgendes festgehalten werden: Die Wirtschafts- und Geldpolitik sollte Inflationsraten von deutlich über 3 % vermeiden, da auf diesem Niveau die negativen Wirkungen der Inflation auf Wachstum und Beschäftigung überwiegen. Preisstabilität im Sinne einer Inflationsrate von 2-3 % ist daher eine sinnvolle Zielsetzung der Wirtschaftspolitik. Damit ist zugleich eine Grenze für eine „beschäftigungsfreundliche" Geldpolitik gezogen. Würde eine solche Politik wie in den 1970er/1980er Jahren in einem Hochinflationsgleichgewicht enden, wäre sie von vornherein zum Scheitern verurteilt, da sie negative Wachstums- und Beschäftigungseffekte auslösen würde. Umgekehrt kann eine zu starr auf Preisstabilität fixierte Geldpolitik das Problem „zu niedriger" Inflationsraten hervorrufen, mit dem einige Notenbanken bereits in den letzten Jahren konfrontiert wurden. Eine Geldpolitik, die Beschäftigungsziele mitberücksichtigt, könnte daher einen hilfreichen Beitrag dazu leisten, dass eine ausreichende Pufferzone zur Nullinflation verbleibt.

3.1.2.2 Inflation als ein monetäres Phänomen

Mit der Feststellung, dass Preisstabilität eine wichtige wirtschaftspolitische Zielsetzung darstellt, ist aber noch nicht die Frage geklärt, ob Zentralbanken auch die geeigneten Akteure sind, um dieses Ziel zu erreichen. Heute erhält Friedmans [(1963), S. 17] Diktum, dass „Inflation immer und überall ein monetäres Phänomen ist" und daher die Sicherung der Preisstabilität in den Aufgabenbereich der Zentralbanken fällt, breite Zustimmung.[20] In den 60/70er Jahren sah dies vor allem in den USA noch anders aus.[21] Jedenfalls wurde die zunehmende Inflation von den verantwortlichen Entscheidungsträgern der damaligen Zeit nicht mit monetären Faktoren, sondern

---

[18] Coenen et al. (2003) kommen im Rahmen eines kleinen strukturellen Modells für die US-Wirtschaft zum Ergebnis, dass das Problem der nominalen Null-Zins-Untergrenze bei Inflationsraten über 2 % deutlich abnimmt. Wyplosz (2001b) ermittelt für einige europäische Länder deutliche „Schmiermittel"-Effekte im Bereich zwischen 0-2 % Inflation. Bei einem Rückgang der Inflation unter 2 % sei daher ein Anstieg der durchschnittlichen Arbeitslosenrate wahrscheinlich. Akerlof et al. (1996, 2000) empfehlen für die USA Inflationsraten zwischen 2-4 %, um das Problem der mangelnden Reallohnflexibilität zu mildern. Dem steht eine Analyse von Feldstein (1997) entgegen, wonach die USA aus einer Reduktion der Inflationsrate von 2 % auf 0 % per Saldo Wohlfahrtsgewinne erzielen würden, wobei hier vor allem die allokativen Verzerrungen aufgrund des nicht inflationsneutral ausgestalten Steuersystems im Vordergrund stehen.

[19] Das Auftreten einer nicht-linearen langfristigen Phillips-Kurve wird v.a. mit dem Effekt der mangelnden Reallohnflexibilität begründet [vgl. Akerlof et al. (1996), (2000)]. Coenen et al. [(2003), S. 20f.] zeigen, dass auch die Null-Zins-Untergrenze eine Begründung hierfür liefern könnte. Im Rahmen ihres strukturellen Modells ergibt sich im Durchschnitt eine negative Outputlücke, wenn die Notenbank ein Inflationsziel unter 4 % anstrebt.

[20] „Inflation ist und bleibt ein monetäres Phänomen!" Welteke (2002), S. 3.

[21] Nelson (2004) begründet „die große Inflation" der 1970er Jahre in den USA und Großbritannien primär mit der „monetary policy neglect hypothesis", d.h. seiner Ansicht nach haben die Fed und die Bank of England eine „nicht-monetäre" Inflationstheorie vertreten und damit ihre eigene Rolle im Inflationsprozess unterschätzt.

primär mit steigendem Kostendruck erklärt. Gleichzeitig wurde in der Geldpolitik auch nicht das geeignete Instrument zur Inflationsbekämpfung gesehen, sondern stattdessen eine zurückhaltende Lohn- und Fiskalpolitik gefordert.[22] Die meisten Studien, die sich im Rückblick mit den 70er Jahren befassen, vertreten jedoch die Auffassung, dass es mittels strafferer Geldpolitik durchaus möglich gewesen wäre, den Inflationsprozess unter Kontrolle zu halten.[23] Es hat sich heute allgemein die Erkenntnis durchgesetzt, dass Inflation ohne die Mitwirkung der Notenbank nicht möglich ist.

Das Postulat „Inflation = monetäres Phänomen" leitet sich zunächst aus quantitätstheoretischen Überlegungen ab, wonach Erhöhungen der Wachstumsrate der Geldmenge eine proportionale Erhöhungen der Inflationsrate auslösen. *Langfristige* Zeitreihen, die auf Durchschnittsgrößen basieren, weisen diesen engen Zusammenhang zwischen Geldmengenwachstum und Inflation auch nach.[24] Werden ähnliche Untersuchungen im Hinblick auf die Beziehung zwischen Geldmengenwachstum und Wachstumsrate des Outputs durchgeführt, ist hingegen kein systematischer Zusammenhang erkennbar. Für viele Geldpolitiker ist daher die Sachlage einfach. Da die Geldpolitik offenbar langfristig die Inflationsrate, nicht aber das Niveau des realen Wachstums determiniert, sollte sie auch nur für die Steuerung der Inflationsrate nicht aber für das Outputwachstum verantwortlich sein.

Die Inflationsrate in überschaubaren Zeiträumen von 1-2 Jahren mittels geldpolitischen Instrumenten zu steuern, ist jedoch nicht so einfach. Die ursprüngliche Idee, über die Geldmenge eine hinreichend präzise Kontrolle auf die Inflation auszuüben und sich dabei konjunkturpolitisch passiv zu verhalten, hat sich vor allem aus zwei Gründen als nicht realisierbar erwiesen: Zum einen herrscht *kurzfristig* in vielen Ländern keine stabile Korrelation zwischen Geldmengenwachstum und Inflation und zum anderen nimmt prinzipiell der Zusammenhang bei rückläufigen Inflationsraten ab.[25] Die Mehrzahl der Notenbanken ist daher von einer Geldmengensteuerung abgekommen und versucht stattdessen, über eine Zinssteuerung, in deren Rahmen im Prinzip die Outputlücke als „Zwischenzielgröße" fungiert, die Inflation zu kontrollie-

---

[22] Nicht zuletzt der damals amtierende Fed-Präsident Burns machte wachsenden Kostendruck (und nicht monetäre Expansion) für die akzelerierenden Inflationsraten in den USA ab 1973 verantwortlich. Eine monetäre Restriktion war seiner Ansicht nach das ungeeignete Mittel, um den Inflationsdruck zu stoppen. "… Arthur Burns, did not believe that he could use monetary policy to control inflation." [De Long (1997), S. 262]. Man setzte stattdessen auf Lohn- und Preiskontrollen [vgl. Nelson (2004), S. 16ff.]. In Deutschland sah man dies etwas anders. „Es liegt … auf der Hand, dass die Geldpolitik das geeignete Instrument zur Stabilisierung des Preisniveaus ist." SVR (1974), S. 156. Dementsprechend akkommodierte die Bundesbank die hohen Lohnsteigerungen des Jahres 1974 nicht, sondern fuhr einen restriktiven Kurs, vgl. Duwendag (1977), S. 288ff.

[23] Vgl. z.B. De Long (1997), Taylor (1996), Orphanides (2003b), oder Nelson (2004).

[24] McCandless/Weber (1995) zeigen z.B. anhand einer Querschnittsanalyse von 110 Ländern, dass die durchschnittliche Wachstumsrate der Geldmenge und die durchschnittliche Inflationsrate für die Periode 1960-1990 hochkorreliert ist. King (2003) repliziert diese Studie für 116 Länder und die Periode 1968-1998. Er ermittelt für enge und weite Geldmengenaggregate einen Korrelationskoeffizient von 0,99.

[25] Eine viel beachtete Studie von DeGrauwe/Polan (2001) kommt zum Ergebnis, dass in Ländern mit einer durchschnittlichen Inflationsrate < 10 % keine langfristige Korrelation zwischen Geldmengenwachstum und Inflationsrate im Zeitraum 1969-1999 gegeben ist, woraus wir folgern, dass der proportionale Zusammenhang zwischen Geldmengenwachstum und Inflation von der Höhe der Inflationsrate abhängig ist. Der Zusammenbruch einer kurzfristig stabilen Beziehung zwischen Geldmenge und Preise ist insbesondere in den USA seit Ende der 80er Jahre augenfällig, vgl. z.B. Friedman/Kuttner (1996).

ren.[26] Will eine Notenbank heute einen Preisanstieg dämpfen, schränkt sie nicht direkt die monetäre Liquidität ein, sondern erhöht den Realzins, um auf diesem Weg die Outputlücke zu reduzieren. Eine moderne Interpretation der Maxime „Inflation = monetäres Phänomen" stellt daher weniger auf den Geldmengen-Preis-Zusammenhang ab, sondern stützt sich vielmehr auf die Fähigkeit der Notenbank, den Inflationsprozess mittels Nachfragesteuerung zu kontrollieren. Dabei wird davon ausgegangen, dass erstens die Outputlücke im Wesentlichen den Inflationsprozess determiniert und zweitens die Outputlücke mittels Zinssteuerung hinreichend durch die Notenbank beeinflusst werden kann.[27] Folgt man dieser Auffassung, hätte z.B. die Federal Reserve in den 70er Jahren nur eine entsprechend negative Outputlücke erzeugen müssen, um den Inflationsanstieg zu stoppen.[28]

Obwohl das oben skizzierte Verfahren nur eine sehr grobe Beeinflussung der Inflation ermöglicht, gehen die meisten Ökonomen davon aus, dass die Inflation damit hinreichend präzise steuerbar ist.[29] Die Ergebnisse der 1990er Jahre scheinen diese Einschätzung zu bestätigen. Zentralbanken, die einen Zielkorridor für die Inflationsrate formuliert haben, ist es weitgehend gelungen, die Inflation in einem recht engen Zielband von 2-3 Prozentpunkten zu halten, was jedoch auch mit dem allgemein günstigen Inflationsumfeld der 1990er Jahre zusammenhängt.[30]

Im Ergebnis kann man sagen, dass ein kräftiger Inflationsanstieg ohne Zutun der Geldpolitik nicht möglich ist, was in den 1970er in den USA zu wenig beachtet wurde. Es ist daher ein Fortschritt, dass sich praktisch alle Notenbanken das politische Mandat zur Stabilisierung des Preisniveaus erkämpft haben. Dies spricht aber nicht automatisch für den Ausschluss von Beschäftigungszielen. Dies gilt umso mehr, wenn man die Steuerungsmöglichkeiten der Geldpolitik betrachtet. Die Notenbanken können sich jedenfalls nicht auf die Position zurückziehen, dass sie nur die Geldmenge stabil halten müssten, um Preisstabilität sicherzustellen. Es ist stattdessen heute üblich, dass die Notenbanken den „Umweg" über die Outputlücke nehmen, um die Inflation zu beeinflussen.

---

[26] Die Outputlücke kann als Zwischenziel bezeichnet werden, denn sie weist zum einen gute Vorlaufeigenschaften gegenüber der Inflation auf und läst sich zum anderen *kurzfristig* rascher und wirkungsvoller mit Hilfe der Notenbankzinsen kontrollieren als die Inflationsrate (siehe Kapitel 3.2).

[27] In modernen Makro-Modellen spiegelt sich dies zum einen in einer Phillips-Kurve wider, in der die Outputlücke im Wesentlichen die Preisdynamik determiniert und zum anderen in einer Zinsregel, welche die Outputlücke als wesentlichen Feedback-Parameter enthält. Kostenschocks werden hingegen als „white noise"-Prozesse (mit Mittelwert null) modelliert. Sie lösen nur dann einen persistenten Inflationseffekt aus, wenn der Schock einen Anstieg der Outputlücke nach sich zieht, z.B. weil die Wachstumsrate des Produktionspotentials sinkt oder die Geldpolitik sich dazu entschließt, den Schock zu alimentieren, vgl. Nelson (2004), S. 11f.

[28] Fed-Präsident Burns (1970-1978) war hingegen der Auffassung, dass sich der Inflationsprozess auch bei anhaltend hohen negativen Outputlücken unter Umständen fortsetzen würde, vgl. Nelson (2004), S. 17ff.

[29] „Anders als von Milton Friedman unterstellt, ist es jedoch für eine Notenbank im Rahmen einer diskretionären Politik relativ einfach, die Inflationsrate über viele Jahre hinweg auf einem geringen Niveau zu halten ..." Bofinger et al. (1996), S. 579. "Today, it is recognized that even if the relationship between money growth and inflation has weakened ... central banks can achieve their inflation targets by adjusting their preferred instrument, typically some short-term interest rate." Meyer (2001a), S. 5.

[30] Dies zeigen verschiedene Fallstudien zu Inflation Targeting, vgl. z.B. Bernanke et al. (1999).

3.1.3 Ansatzpunkte einer auf Vollbeschäftigung ausgerichteten Geldpolitik

3.1.3.1 Eine beschäftigungsorientierte Zielfunktion

Neben den bisher genannten gilt als weitere Ursache der „großen Inflation", dass in den 1960er und 1970er Jahren allgemein sehr ehrgeizige Beschäftigungsziele propagiert wurden. Da man sich nicht vorstellen konnte, dass die strukturelle Arbeitslosenquote deutlich oberhalb von 1-2 % lag, sahen Politiker und Ökonomen in Arbeitslosenraten von 3-4 % durchaus „vernünftige" und „stabilitätsgerechte" Ziele.[31] Nach Ansicht von De Long [(1997), S. 255ff.] sorgte außerdem in den USA der „Schatten der Großen Depression" für eine expansive wirtschaftspolitische Grundhaltung, der die Geldpolitiker unter Druck setzte, frühzeitig die Zinsen zu senken, sobald die Arbeitslosigkeit nach oben tendierte. Taylor (1996) und Sargent (1999) machen überdies geltend, dass die Vorstellung eines langfristigen Trade-offs zwischen Inflation und Arbeitslosigkeit noch bis weit in die 1970er Jahre hinein verbreitet war.[32] Es wurde dementsprechend angenommen, dass niedrige Arbeitslosenraten zwar unter Umständen mit höherer aber keineswegs akzelerierender Inflation verbunden waren. Erst die Inflationserfahrung der 1970er (und 1980er) verhalf offenbar der Idee einer vertikalen langfristigen Phillips-Kurve in Wissenschaft und Politik zum Durchbruch.

Wie könnte man sich heute eine zeitgemäße beschäftigungsorientierte Geldpolitik vorstellen, welche einerseits die Erfahrungen der 1970er Jahre berücksichtigt, gleichzeitig aber auch mit der herrschenden Doktrin einer primär auf Preisstabilität fixierten Geldpolitik bricht?

Zunächst wird von folgenden Punkten ausgegangen:

- In die Zielfunktion einer hier als „beschäftigungsfreundlich" bezeichneten Notenbank gehen die Ziele „Preisstabilität" und „Vollbeschäftigung" *gleichrangig* ein.
- Unter Vollbeschäftigung wird jedoch keine Arbeitslosenrate von null Prozent verstanden. Als untere Schranke der Arbeitslosenrate wird zunächst die „natürliche" Arbeitslosenrate angesehen. Dieser Begriff wird später (Kapitel 3.4) ausführlich erläutert. Hier soll der Hinweis genügen, dass es sich um ein realwirtschaftlich determiniertes Arbeitsmarktgleichgewicht handelt, dessen Unterschreiten in vielen Sektoren Überbeschäftigung und damit steigende Lohnforderungen auslöst.

Die Zielfunktion der beschäftigungsorientierten Notenbank hat unter diesen Annahmen zunächst folgendes Aussehen:

$$(3.1) \quad L = (\pi - \pi^*)^2 + \lambda \, (u^* - u)^2,$$

wobei u = Arbeitslosenrate, u* = natürliche Arbeitslosenrate, π = Inflationsrate, π* = Inflationsziel und λ = Beschäftigungspräferenz. Mit dieser Zielfunktion erhält die Notenbank nicht nur den Auftrag, die Inflationsrate in Höhe des Inflationsziels, sondern auch die Arbeitslosenrate in Höhe der natürlichen Arbeitslosenrate zu stabilisieren.

---

[31] Okun [(1970), S. 50] hielt z.B. in den USA die Kombination aus einer Arbeitslosenrate von 4 % und einer Inflationsrate von 2 % für realistisch. Der Council of Economic Advisers (CEA) schätzte bis Mitte der 70er Jahre die natürliche Arbeitslosenrate auf ca. 4 %, vgl. Taylor (1997), S. 278, und Romer/Romer (2002), S. 25ff.

[32] Romer/Romer [(2002), S. 23ff.] fanden eher Hinweise darauf, dass sich zwar die Konzeption der natürlichen Arbeitslosenrate rasch durchsetzen konnte, aber die Schätzung der natürlichen Rate zu optimistisch ausfiel.

Eine solche Zielfunktion wird auch von Notenbankpraktikern [vgl. Blinder (1997), S. 2; Meyer (2001b), S. 2] als vernünftige Grundlage für ein Beschäftigungsziel in der Geldpolitik angesehen.[33] Das Beschäftigungsziel fällt zwar bescheidener aus als im typischen Barro-Gordon-Spiel, bei dem eine Arbeitslosenrate unterhalb der natürlichen Rate angestrebt wird, dennoch ergeben sich deutliche Unterschiede zu einer einseitigen Preisstabilitätspolitik, denn schließlich wird die Zentralbank aktiv dazu aufgefordert, Unterbeschäftigung zu verhindern, was sie u.a. dazu verpflichtet, lang anhaltende Rezessionen zu vermeiden und Aufschwungphasen zu unterstützen.[34]

Man wird im weiteren Verlauf der Arbeit sehen, dass diese beschäftigungsorientierte Zielfunktion noch leicht modifiziert werden sollte. Unter anderem wird es sich als sinnvoll erweisen, statt einer einzelnen Zielrate einen Zielkorridor für die Arbeitslosenrate vorzugeben, da es sehr schwierig ist, das Niveau des herrschenden Arbeitsmarktgleichgewichts präzise zu schätzen. Die Zielfunktion sollte außerdem berücksichtigen, dass die Beschäftigungsperformance nicht nur vom Erreichen eines bestimmten Durchschnitts*niveaus* an Beschäftigung abhängig ist, sondern auch vom Ausmaß der Beschäftigungs*variabilität*. Schließlich gibt es Hinweise darauf, dass das Arbeitsmarktgleichgewicht nicht nur eine exogene, sondern auch eine endogene, nachfrageabhängige Größe darstellt. Man könnte die Geldpolitik daher zusätzlich auffordern, aktiv an der Reduzierung der natürlichen Arbeitslosenrate mitzuwirken, wenn die Situation (z.B. geringe Inflation) hierfür günstig erscheint. Eine separate Betrachtung bedarf ferner die Frage, ob eine beschäftigungsfreundliche Zielfunktion überhaupt publiziert werden sollte oder ob es nicht besser ist, sie geheim zu halten.

Neben alternativen Formulierungen des Beschäftigungsziels ist es aber auch denkbar, die Arbeitslosenrate in Gleichung (3.1) durch das Outputniveau, deren Wachstumsrate oder die Outputlücke zu ersetzen. Hierauf soll kurz eingegangen werden, da man statt von einem Beschäftigungsziel häufig auch von einem Wachstums- oder Outputziel spricht. Zur natürlichen Arbeitslosenrate korrespondiert zunächst ein „natürliches" Beschäftigungsniveau. Das Beschäftigungsniveau N lässt sich dabei aus der Arbeitslosenrate ableiten, wenn man das Arbeitskräftepotential (A) mit dem Beschäftigungsgrad (= 1 minus Arbeitslosenrate) multipliziert.[35] Für das natürliche Beschäftigungsniveau N* gilt dementsprechend:

$$(3.2) \quad N^* = A\,(1\text{-}u^*).$$

---

[33] Die Literatur geht bei modelltheoretischen Überlegungen meist von einer solchen Zielfunktion aus, obwohl in der Praxis meist keine präziseren Angaben zum Beschäftigungsziel gemacht werden (siehe Kap. 3.1.4.4). Die Gleichrangigkeit beider Ziele wäre bei $\lambda = 1$ gegeben, wenn man einer Inflationslücke von einem Prozentpunkt die gleiche Wohlfahrtseinbuße zuordnet wie einer Beschäftigungslücke von einen Prozentpunkt. Die quadratische Form der Zielfunktion impliziert, dass stärkere Abweichungen vom Ziel stärker gewichtet werden als geringfügige Zielabweichungen.

[34] Solow [(1998), S. 7] weist darauf hin, dass ein solches Beschäftigungsziel keineswegs wenig ambitioniert ist: "... the injunction to keep the unemployment rate near the neutral rate is not a monetarist or automatic-pilot prescription. Keeping the economy near its neutral rate could require frequent discretionary actions from the central bank, to offset the effects of shocks to aggregate demand ..."

[35] Hier wird die Arbeitslosenrate pro Kopf als konstant angesehen, so dass das Beschäftigungsniveau N ≡ Zahl der Erwerbstätigen. Die Arbeitslosenrate ist definiert als $u = (A\text{-}N)/A$. Das Arbeitskräftepotential A umfasst den Teil der Wohnbevölkerung, der erwerbsfähig ist und dem Arbeitsmarkt zur Verfügung steht. Diese Erwerbspersonen unterteilt man wiederum in Erwerbstätige und Arbeitslose. Das Verhältnis von Erwerbstätigen zu Erwerbspersonen (N/A = 1-u) ist der Beschäftigungsgrad, vgl. z.B. Landmann/Jerger (1999), S. 21f.

Es ergibt sich ein inverser Zusammenhang zwischen der (natürlichen) Arbeitslosenrate und dem (natürlichen) Beschäftigungsniveau. Bei konstantem Arbeitskräftepotential überträgt sich ein Anstieg der (natürlichen) Arbeitslosenrate eins zu eins in einen Rückgang des (natürlichen) Beschäftigungsniveaus. Mit Hilfe einer gesamtwirtschaftlichen Produktionsfunktion lässt sich des Weiteren ein zum natürlichen Beschäftigungsniveau korrespondierendes „natürliches" Outputniveau bestimmen. Vereinfachend sei mit Y = a N ein proportionaler Zusammenhang zwischen Output Y und Beschäftigungsniveau N unterstellt, wobei a die Arbeitsproduktivität darstellt. Das natürliche Outputniveau ist unter diesen Annahmen:

(3.3) $Y^* = A/a \, (1-u^*)$.

Ein Anstieg der natürlichen Arbeitslosenrate geht folglich bei Konstanz von A und a mit einem Rückgang des natürlichen Outputniveaus einher. Gleichung (3.3) kann in eine Relation zwischen Beschäftigungs- (u*-u) und absoluter Outputlücke (Y-Y*) umgeformt werden:[36]

$$(3.4) \quad u^* - u = \frac{1}{aA}\left(Y - Y^*\right).$$

Hieraus ergibt sich ein proportionaler Zusammenhang zwischen Beschäftigungs- und (absoluter) Outputlücke. Überbeschäftigung (u < u*) korrespondiert also im Normalfall mit Überschussproduktion (Y > Y*).[37] Aufgrund der engen Verknüpfung zwischen u* und Y* lässt sich das Beschäftigungsziel in einer geldpolitischen Zielfunktion alternativ zur Beschäftigungslücke auch mit Hilfe der Outputlücke formulieren, wobei es üblich ist, statt der absoluten die relative Outputlücke zu verwenden:

$$(3.5) \quad L = \left(\pi - \pi^*\right)^2 + \lambda\left(\frac{Y - Y^*}{Y}\right)^2.$$

Sobald das Beschäftigungsziel erreicht ist – im Sinne von u = u* oder Y = Y* –, reicht in den Folgeperioden jedoch kein gleich bleibendes Outputniveau aus, um den Status quo am Arbeitsmarkt zu bewahren. Sowohl das Arbeitskräftepotential als auch die Arbeitsproduktivität wachsen kontinuierlich und vergrößern entsprechend das Produktionspotential. Die Wirtschaft muss daher in Höhe des Potentialtrends zunehmen, um Vollbeschäftigung aufrecht zu erhalten.[38] Daraus ergibt sich eine dritte Mög-

---

[36] Nach Okun [(1962, S. 149] gilt folgender Zusammenhang zwischen Beschäftigungs- und *relativer* Outputlücke: u*-u = o(Y-Y*)/Y*. Für die USA der 1950er Jahre hat er empirisch ein o von 1/3 ermittelt, d.h. eine negative Beschäftigungslücke von einem Prozentpunkt ist mit einer negativen Outputlücke von 3 % verbunden.

[37] Es gibt natürlich einzelne Phasen, in denen die Output- und Beschäftigungsentwicklung nicht parallel verlaufen. Ein Beispiel ist der jüngste Aufschwung in den USA. Obwohl die gesamtwirtschaftliche Produktion gemessen am realen BIP 2002 um 2,2 und 2003 um 3,1 % zunahm, war die Beschäftigtenzahl (laut „establishment survey") bis Ende 2003 rückläufig, weshalb man von einem „jobless recovery" sprach. Der Hauptgrund für diese Entwicklung ist die hohe Wachstumsrate der Arbeitsproduktivität (über 4 % 2002/03). Es ist zwar üblich, dass zu Beginn eines Aufschwungs die Arbeitsproduktivität zunimmt, da gute Arbeitskräfte während der Rezession gehortet werden, das Ausmaß der Produktivitätsbeschleunigung war 2002/03 jedoch ungewöhnlich hoch [vgl. OECD (ES USA 1/2004), S. 21ff.]. Es wird vermutet, dass viele Unternehmen erst jetzt die hohen Kapitalinvestitionen, die sie Ende der 1990er Jahre getätigt haben, richtig ausnutzen [vgl. Kohn (2003b)].

[38] Okun [(1962), S. 148ff.] hat folgende empirische Faustformel für den Zusammenhang zwischen Wirtschaftswachstum und Arbeitslosigkeit ermittelt: $u_t-u_{t-1} = -a(\dot{Y}_t-\dot{Y}^*)$. Das jährliche Outputwachstum muss also mindestens dem Potentialtrend entsprechen, um die Arbeitslosenrate konstant zu

lichkeit, um ein geldpolitisches Beschäftigungsziel und damit die obige Zielfunktion auszudrücken:

$$(3.6)\quad L = (\pi - \pi^*)^2 + \lambda\,(\hat{Y} - \hat{Y}^*)^2,$$

wobei $\hat{Y}$ die aktuelle und $\hat{Y}^*$ die potentielle reale Wachstumsrate des Sozialprodukts beschreiben. Aufgabe der Geldpolitik wäre in diesem Fall, die reale Wachstumsrate möglichst dicht in Höhe des Potentialtrends zu stabilisieren. Aufgrund der engen Verknüpfung werden die Begriffe Wachstums-, Output-, und Beschäftigungsziel im weiteren Verlauf der Arbeit weitgehend synonym verwendet.

3.1.3.2 Einfache Fallbeispiele einer beschäftigungsorientierte Geldpolitik

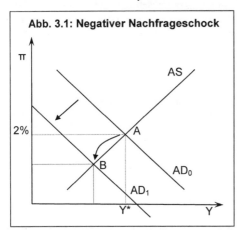

Abb. 3.1: Negativer Nachfrageschock

Im Folgenden sollen überblicksartig erste Ansatzpunkte einer Geldpolitik dargestellt werden, die Preisstabilität und Vollbeschäftigung gleichrangig berücksichtigt. Den makroökonomischen Rahmen der knappen Diskussion bildet dabei ein simples Standardmodell der aggregierten Güternachfrage (AD) und des aggregierten Güterangebots (AS).[39] In derartigen Modellen setzt die Geldpolitik auf der Nachfrageseite an – durch expansives Vorgehen erhöht sich sowohl die Inflationsrate π als auch das reale Outputniveau Y (und damit die Beschäftigung). Vollbeschäftigung ist erreicht, wenn der reale Output dem natürlichen Niveau Y* entspricht. Das Preisstabilitätsziel sei hier mit $\pi^* = 2\ \%$ gegeben. In der weiteren Diskussion geht es um die Frage, welcher zusätzliche Nutzen sich aus einer „beschäftigungsfreundlichen" – nicht einseitig auf Preisstabilität fixierten – Geldpolitik ergeben könnte. Die einzelnen Aspekte werden dann im Verlaufe dieser Arbeit noch weiter vertieft.

Den Ausgangspunkt bildet ein Gleichgewicht, bei dem sowohl das Inflations- ($\pi^* = 2\ \%$) als auch das Beschäftigungsziel (Y = Y*) erfüllt ist (Punkt A in den Abbildungen

---

halten. Jedes zusätzliche Outputwachstum senkt die Arbeitslosenrate aber nur um den Faktor o (Okun-Koeffizient), der für die USA meist auf 0,4 geschätzt wird. Die geringe Beschäftigungsintensität des Wachstums erklärt sich u.a. mit „labor hoarding" in der Rezession und einer Zunahme der Partizipationsrate im Aufschwung. Zum Teil wird behauptet, dass das Wachstum in Europa (speziell in Deutschland) aufgrund von Arbeitsmarktrigiditäten weniger beschäftigungsintensiv ausfällt bzw. überhaupt kein signifikanter Zusammenhang zwischen Wachstum und Beschäftigung besteht [vgl. z.B. Erber (2003)]. Blanchard [(2003), S. 185] und Schalk [(2001), S. 67] ermitteln jedoch gerade für jüngere Zeitperioden genauso hohe Okun-Koeffizienten in Deutschland wie in den USA.

[39] Hier wird ein AD-AS-Modell verwendet, bei dem auf der Ordinate die Inflationsrate und auf der Abszisse das Outputniveau abgetragen ist [vgl. z.B. Dornbusch/Fischer (1995), S. 573ff.]. Es gibt aber auch Varianten mit dem Preisniveau auf der Ordinate [vgl. z.B. Blanchard (2003), S. 135ff.] oder der Wachstumsrate auf der Abszisse [vgl. z.B. Spahn (1999a), S. 140ff.].

3.1-3.4). Als erstes wird ein negativer Nachfrageschock betrachtet, der sowohl die Inflation als auch den Output nach unten drückt (siehe Abb. 3.1, Bewegung von A nach B), so dass beide Ziele verfehlt werden. Die nahe liegende Reaktion der Notenbank wäre in dieser Situation eine Leitzinssenkung, um eine Rückverlagerung der Nachfragekurve in Gang zu setzen. Ein Zielkonflikt wäre nicht gegeben, da diese Aktion sowohl aus der Sicht des Inflations- als auch des Beschäftigungsziels geboten erscheint. Es wird daher häufig argumentiert, dass ein Inflationsziel bei einem negativen Nachfrageschock ausreichen würde, um das makroökonomische System zu stabilisieren.[40] Eine Reihe von Argumenten können aber für ein zusätzliches Beschäftigungsziel ins Feld geführt werden:

* Eine zusätzliche beschäftigungspolitische Verantwortung würde die Notenbank unter Druck setzen, für einen möglichst raschen Rückverlagerungsprozess der Nachfragekurve zu sorgen, um Vollbeschäftigung wiederzuerlangen. Sie würde dafür unter Umständen auch das Risiko einer kurzfristigen Überschussnachfrage (Y > Y*) in Kauf nehmen.

* Der erste Effekt wird dadurch verstärkt, dass normalerweise beträchtliche Unsicherheit über die aktuelle Wirtschaftslage besteht. Zum Zeitpunkt eines negativen Nachfrageschocks wird die Notenbank weder das Ausmaß der Linksverlagerung der Nachfragekurve noch die genaue Höhe des natürlichen Outputniveaus und damit der negativen Outputlücke kennen. Eine Notenbank mit explizitem Beschäftigungsziel wird eher dazu bereit sein, bei solch unsicherer Datenlage rasch expansiv zu agieren.

* Ist der Notenbank statt eines Punktziels ein Korridor (z.B. π^* = 1-3 %) beim Inflationsziel vorgegeben, könnte dies die abwartende Haltung einer allein an Preisstabilität orientierten Geldpolitik verstärken. Situation B würde dann ohne zusätzliches Beschäftigungsziel unter Umständen gar keine Zielverfehlung darstellen.

* Das obige Schaubild beinhaltet nur einen komparativ statischen Vergleich zwischen beiden Gleichgewichten A und B. Der dynamische Anpassungsprozeß wird vermutlich keine simultane Reduktion von Inflationsrate und Outputniveau mit sich bringen. Es ist zu vermuten, dass die Inflationsrate sehr träge reagiert und sich zunächst vor allem negative Mengeneffekte bemerkbar machen. Würde die Notenbank erst auf einen deutlichen Rückgang der Inflationsrate expansiv reagieren, würde sie erst sehr spät handeln.

* Schließlich könnte die AS-Kurve eine konvexe statt einer linearen Gestalt aufweisen. Links von Y* wäre z.B. ein horizontaler Verlauf der Angebotskurve in Höhe der Inflationsrate von 2 % denkbar, wofür Lohnrigiditäten im Sinne von Akerlof et al. (1996) verantwortlich sein könnten. Bei einer horizontalen Angebotskurve würde ein negativer Nachfrageschock überhaupt keinen Inflations-, sondern nur einen Outputrückgang bewirken, auf den eine Zentralbank ohne Beschäftigungsziel nicht reagieren würde.

Beim zweiten Fall (Abb. 3.2) eines negativen Angebotsschocks kommt es gleichzeitig zu Unterbeschäftigung und einer Überschreitung des Inflationsziels (siehe Punkt C). Eine allein auf Geldwertstabilität ausgerichtete Geldpolitik würde eine restriktive Reaktion der Notenbank (Linksverlagerung der AD-Kurve) erforderlich machen und dadurch zusätzliche Beschäftigungsverluste hervorrufen (Punkt C'). Diese zusätzli-

---

[40] Vgl. z.B. Bofinger (2001), S. 149f. Siehe auch die spätere Argumentation der Inflation Targeter.

chen Beschäftigungsverluste werden selbst von strikten Befürwortern einer Preisstabilitätspolitik zum Teil als unnötig erachtet, da sich die Angebotskurve unter Umständen automatisch nach einer Periode wieder in die Ausgangslage zurück verschiebt.
Negative Angebotsschocks sind daher meist der einzige Fall, bei dem übereinstim-
mend – über alle ideologischen Grenzen hinweg – die zumindest nachrangige Berücksichtigung von Beschäftigungszielen in der Geldpolitik befürwortet wird.[41]

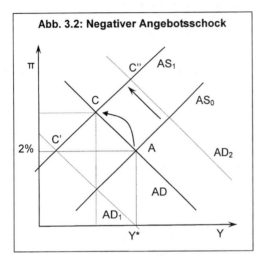

Abb. 3.2: Negativer Angebotsschock

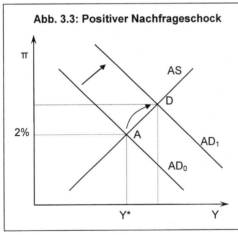

Abb. 3.3: Positiver Nachfrageschock

Nach Meinung vieler Ökonomen
rechtfertigt dies aber noch kein
explizites Beschäftigungsziel.
Vielmehr werden Beschäftigungsaspekte implizit dadurch
berücksichtigt, dass die „mittelfristige" Orientierung einer auf
Preisstabilität ausgerichteten
Geldpolitik hervorgehoben
wird.[42] Kurzfristige Abweichungen vom Inflationsziel sind demnach in ganz bestimmten Ausnahmefällen (z.B. Ölpreisschocks oder administrative
Preiserhöhungen) erlaubt.[43]
Hiergegen könnte man aber
einwenden, dass ein explizites
Beschäftigungsziel eine Notenbank unter Umständen zu einer
noch ausgewogeneren Haltung
in diesem Zielkonflikt veranlassen würde. Denkbar wäre z.B.
im Falle eines negativen Angebotsschocks auch eine leichte
geldpolitische Lockerung
(Rechtsverlagerung der Nachfragekurve, neues Gleichgewicht
bei C") , wenn die Notenbank in
einem Umfeld sehr stabiler Inflationserwartungen agieren würde.

Bei Auftreten eines positiven
Nachfrageschocks kann man
zunächst spiegelbildlich zum
negativen Pendant argumentieren (siehe Abb. 3.3). Die Situati-

---

[41] Vgl. z.B. King (1997), S. 437.
[42] Die mittelfristige Orientierung ihre Strategien – gerade beim Auftreten von Angebotsschocks – wird
bzw. wurde insbesondere auch von der EZB und der Bundesbank betont, vgl. EZB (1999a), S. 52.
[43] Dies schlug sich z.B. im Konzept eines „unvermeidlichen Preisanstiegs" der Deutschen Bundesbank nieder, vgl. Deutsche Bundesbank (1995), S. 83.

on in Punkt D ist durch eine doppelte Zielverletzungen (Inflation und Überbeschäftigung) gekennzeichnet, was eine restriktive Geldpolitik nahe legt. Das Vorliegen eines expliziten Beschäftigungsziels würde jedoch für eine langsamere Rückverlagerung der Nachfragekurve sorgen. Bei einer sehr weiten Auslegung der beschäftigungspolitischen Verantwortung der Zentralbank könnte man zusätzlich argumentieren, dass die Situation eines positiven Nachfrageschocks von einem Land mit hoher natürlicher Arbeitslosenquote zum Abbau von struktureller Arbeitslosigkeit genutzt werden könnte. Bei hoher Nachfrage werden die Unternehmen gezwungen sein, auch schwer vermittelbare Arbeitskräfte einzustellen und durch ein „training on the job" die Qualifikation dieser Beschäftigten zu verbessern (siehe ausführlich Kap. 3.5). In diesem Fall würde man bereits über den obigen Zielauftrag hinausgehen, da man die natürliche Arbeitslosenrate nicht mehr als rein exogene Größe ansehen würde.

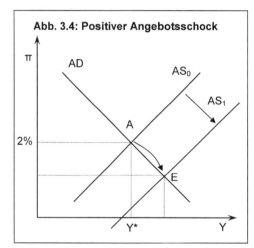

Abb. 3.4: Positiver Angebotsschock

Im letzten Fall eines positiven Angebotsschocks (Abb. 3.4) läge die ungewöhnlich Situation vor, dass das Inflationsziel eine expansive, das Beschäftigungsziel jedoch eine restriktive Politikaktion erforderlich machen würde.[44] Eine expansive Reaktion ließe sich z.B. ohne weiteres mit Deflationsgefahren rechtfertigen. In der Realität verhalten sich die meisten – primär auf Preisstabilität ausgerichteten – Notenbanken jedoch bei einem positiven Angebotsschock eher passiv und nutzen die Situation aus, um ein noch ehrgeizigeres Inflationsziel zu formulieren oder weisen darauf hin, dass es sich nur um einen temporären Preiseffekt handelt. Bei Vorliegen eines Beschäftigungsziels könnte man zumindest für eine neutrale Haltung der Notenbank plädieren, wenn man von einem dauerhaften positiven Effekt ausgeht (z.B. permanente Produktivitätsverbesserungen), der mit einer Senkung der natürlichen Arbeitslosenquote verbunden wäre.

Insgesamt könnte man also annehmen, dass durch die Einbeziehung von Beschäftigungszielen in der Geldpolitik die Zeiträume der Unterbeschäftigung verkürzt (bei negativen Nachfrage- und Angebotsschocks) und die Chancen einer sinkenden natürlichen Arbeitslosenrate (bei positiven Nachfrage- und Angebotsschocks) besser ausgenutzt werden.

---

[44] Der Fall besitzt durchaus Praxisrelevanz. Im Jahr 2003 legte in den USA das Preisstabilitätsziel aufgrund von Deflationsgefahren eine expansive, das Beschäftigungsziel wegen des beschleunigten Wachstums eine restriktive Aktion der Federal Reserve nahe (siehe Kapitel 4.7).

3.1.4   Warum nur Preisstabilität?

3.1.4.1 Geldpolitik erzeugt keine realen Effekte

Die vorangegangene Diskussion hat gezeigt, dass es durchaus Argumente für die Einbeziehung von Beschäftigungszielen in die Geldpolitik gibt. Wie kann daher die Ablehnung jedweder beschäftigungspolitischen Verantwortung für die Geldpolitik gerechtfertigt werden?

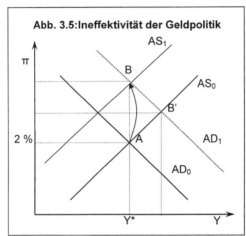

Abb. 3.5:Ineffektivität der Geldpolitik

Eine extreme Position in dieser Frage nimmt die neuklassische Theorie ein.[45] Gemäß dieser Denkschule erzeugt eine systematische und vorhersehbare Geldpolitik keinerlei reale Effekte, da sie von privater Seite antizipiert wird und entsprechende Anpassungsreaktionen hervorruft. Dies lässt sich wiederum anhand des AD-AS-Modells demonstrieren (siehe Abb. 3.5). Ausgangspunkt sei erneut ein Gleichgewicht bei Vollbeschäftigung und Preisstabilität (Punkt A). In dieser Situation versucht die Notenbank, durch eine Lockerung der Geldpolitik die Arbeitslosenrate unter die natürliche Rate zu senken (Rechtsverschiebung der AD-Kurve). Die privaten Akteure werden aber aufgrund ihres theoretischen Wissens (oder früherer Erfahrungen) das langfristige Ergebnis dieser Politik – nämlich höhere Inflation – antizipieren und sofort ihre Inflationserwartungen nach oben anpassen (Linksverlagerung der AS-Kurve). Die angestrebten Beschäftigungsgewinne der Notenbank werden bereits im Ansatz vereitelt (unmittelbare Bewegung von A nach B). Die Expansionspolitik überträgt sich damit eins zu eins auf die Inflation und führt selbst kurzfristig zu keiner Mehrbeschäftigung.[46]

Reale Effekte könnten nur dann entstehen, wenn die Notenbank unsystematische, nach dem Zufallsprinzip ausgewählte Maßnahmen ergreift, auf die sich die Wirtschaftssubjekte nicht einstellen können. Ein solches Vorgehen kann aber kaum befürwortet werden. Man kommt daher zu der Schlussfolgerung, dass die Notenbank nicht der geeignete Akteur ist, um Beschäftigungsziele zu realisieren, da eine „vernünftige" (systematische) Geldpolitik neutral wirkt und keine realen Effekte erzeugen kann.[47] Es reicht stattdessen aus, die Notenbank allein auf Preisstabilität zu ver-

---

[45] Als Begründer der neuklassischen Theorie gilt Lucas (1972, 1973). Typische Modellannahmen dieses Theoriezweiges sind rationale Erwartungen, flexible Preise, stetige Markträumung und stochastische Schocks.

[46] "... any predictable change in the rate of monetary growth has 100 percent of its effect on inflation even in the short run, and zero percent of its effect on unemployment." Gordon (1976), S. 201.

[47] Man bezeichnet dies als Politik-Ineffektivitäts-Hypothese, vgl. Sargent/Wallace (1975). Lucas [(1996), S. 678] sieht in der These, dass nur monetäre Schocks, die nicht antizipiert werden, kurz-

pflichten. Im Zuge der Glaubwürdigkeitsdebatte zu Beginn der 1980er Jahre wurde die Argumentation der Neuklassiker noch weiter zugespitzt. Demnach verpufft eine beschäftigungsorientierte Geldpolitik nicht nur wirkungslos, sondern ruft im „Spiel mit den Märkten" den ständigen Anreiz hervor, über eine Überraschungsinflation positive Outputeffekte zu erzeugen. Eine beschäftigungsorientierte Geldpolitik endet demgemäß automatisch in einem Hochinflationsgleichgewicht. Um diesen systematischen Anreiz zu unterbinden, sollte die Geldpolitik ausschließlich auf Preisstabilität verpflichtet und Beschäftigungsziele rigoros ausgeschlossen werden.

Gelten diese Schlussfolgerungen jedoch auch für eine Situation der Unterbeschäftigung, die z.B. durch einen negativen Nachfrageschock ausgelöst wird? Die obige Diskussion ging von einer Situation der Vollbeschäftigung und Preisstabilität aus, in der normalerweise gar kein wirtschaftspolitischer Handlungsbedarf besteht. Der relevante Ausgangspunkt für eine beschäftigungsorientierte Geldpolitik ist stattdessen eine Konstellation, bei der sich der Output unterhalb des natürlichen Niveaus befindet. Expansive Impulse sollen dann für eine möglichst rasche Rückkehr zu Y^* – jedoch nicht darüber hinaus – sorgen.[48] Solche Situationen ($Y < Y^*$) können jedoch in der neoklassischen Modellwelt nicht diskutiert werden, da normalerweise neben einer rationalen Erwartungsbildung vollkommen flexible Preise unterstellt werden. Phasen der Unterbeschäftigung bestehen daher nur kurzfristig, da der Preismechanismus für eine rasche Markträumung sorgt. Betrachtet man den Fall eines negativen Nachfrageschocks (siehe Abb. 3.1), dann wird die dabei entstehende Nachfragelücke automatisch durch sinkende Preise und dem damit verbundenen positiven Realkassen-Zins-Effekt beseitigt. Grafisch gesehen geht man davon aus, dass die Nachfragekurve von allein wieder nach rechts wandert. Eine aktive Beschäftigungspolitik der Notenbank wäre in einer solchen Situation unnötig und würde für einen zusätzlichen Nachfrageschub sorgen, der bestenfalls Inflationsängste provoziert.[49]

Ähnlich sieht es bei einem negativen Angebotsschock aus (siehe Abb. 3.2). Hier würde ein aktives, expansives Eingreifen der Notenbank dazu führen, dass sich die privaten Inflationserwartungen nach oben anpassen und eine Rückkehr zum Vollbeschäftigungsgleichgewicht verzögert wird. Um die Effekte von Angebotsschocks möglichst klein zu halten (oder sogar völlig zu beseitigen), ist es nach Auffassung der Neoklassiker am besten, wenn sich die Notenbank eine hohe Reputation in der Inflationsbekämpfung aufbaut. Dies würde für stabile Inflationserwartungen beim Auftreten eines Preisschocks sorgen. Unter Umständen würde sogar jeglicher Kosten- und Preiseffekt ausbleiben, wenn die Privaten auf den Angebotsschock mit kompensierenden Lohnkürzungen reagieren (stabile Angebotskurve trotz Angebotsschock).

---

fristige reale Effekte erzeugen, das zentrale Ergebnis seiner Theorieschule. Barro (1978) versuchte dies, empirisch zu untermauern.

[48] Hahn [(1982), S. 74f.] weist darauf hin, dass eine keynesianische Stabilisierungspolitik nicht darauf abzielt, Überbeschäftigung zu erzeugen, sondern „unfreiwillige" Arbeitslosigkeit ($u > u^*$) zu beseitigen. Lucas und seine Anhänger würden den Fall „unfreiwilliger" Arbeitslosigkeit hingegen negieren und stattdessen von Vollbeschäftigung ausgehen. Dass man von diesem Punkt aus durch expansives Handeln keine Mehrbeschäftigung, sondern nur Inflation erzeugen könne, hätten gemäß Hahn wohl auch kaum die Keynesianer bestritten.

[49] Aktive Stabilisierungspolitik könnte man in diesem Modellrahmen nur dann rechtfertigen, wenn die Notenbanken bei der Erkennung von Schocks einen Informationsvorsprung gegenüber den Privaten besitzen würden.

Im Ergebnis macht es wenig Sinn, innerhalb der neuklassischen Modellwelt über eine beschäftigungsorientierte Geldpolitik zu diskutieren. Lang anhaltende Rezessionen sind aufgrund der Modellannahmen nicht möglich. Expansive Geldpolitik bedeutet damit zwangsläufig Erzeugung von Überbeschäftigung und Inflation.

3.1.4.2 Schwierigkeiten bei der Steuerung realwirtschaftlicher Prozesse

Die Extremposition der vollkommenen Neutralität einer systematischen Geldpolitik stellt aber nur eine Minderheitenposition dar. Die Mehrheit der Ökonomen geht davon aus, dass geldpolitische Impulse (auch antizipierte) aufgrund von Lohn- und Preisrigiditäten zumindest kurzfristige reale Effekte hervorrufen.[50] Gleichzeitig sorgen diese Rigiditäten dafür, dass negative Schocks nachhaltige Mengeneffekte auslösen, da der Preismechanismus nicht für eine rasche Markträumung sorgt. Die Beseitigung zyklischer Outputschwankungen – insbesondere länger anhaltende konjunkturelle Arbeitslosigkeit – rückt damit wieder in das Blickfeld der Geldpolitik. Es ist auf jeden Fall nicht notwendig – wie in der Neuklassik – eine Beschäftigungszielsetzung automatisch mit der Erzeugung von Überbeschäftigung gleichzusetzen. Aber auch wenn dieser realistischere Rahmen günstigere Bedingungen für eine beschäftigungsorientierte Geldpolitik schafft, gibt es eine Reihe von Argumenten, die gegen eine beschäftigungspolitische Verantwortung der Geldpolitik sprechen.

Monetaristen lehnen Beschäftigungsziele in der Geldpolitik strikt ab, und dies, obwohl sie von kräftigen realwirtschaftlichen Wirkungen der Geldpolitik ausgehen. Sie zweifeln jedoch daran, dass die Zentralbank ihre realwirtschaftlichen Möglichkeiten zielgerecht nutzen kann.[51] Der Versuch eines antizyklischen „demand managements" zur Vermeidung konjunktureller Arbeitslosigkeit wird gemäß ihrer Auffassung Beschäftigungsschwankungen eher verstärken als abmildern. Ursache dieses Steuerungspessimismus ist die Unsicherheit über den geldpolitischen Transmissionsprozess.[52] Die Übertragung geldpolitischer Impulse von der Instrumentenvariable der Notenbank zu den Endzielen Preisniveau und Beschäftigung erfolgt über verschiedene Transmissionskanäle, über deren Verlauf keine gesicherten Kenntnisse vorliegen. Besondere Bedeutung für die monetaristische Schule erlangte dabei die von Friedman/Schwartz (1963) durchgeführte Studie über die amerikanische Geldgeschichte, die zur Schlussfolgerung gelang, dass die Übertragungswege geldpoliti-

---

[50] Preisrigiditäten werden von "Neukeynesianern" insbesondere mit den Kosten der Preisanpassung („Menu Costs") erklärt. Bereits geringfügige Menu Costs können demnach ausreichen, um einzelne Unternehmen von gesamtwirtschaftlich optimalen Preisanpassungen abzuhalten. Der Grund liegt darin, dass Preisanpassungen mit positiven Externalitäten verbunden sind, die im Nutzenkalkül des einzelnen Unternehmens keine Rolle spielen. Kleine Menu Costs können daher bedeutende Preisstarrheiten auslösen, vgl. z.B. Mankiw (1985).

[51] „Monetary policy cannot peg these real magnitudes [e.g. the rate of unemployment] at predetermined levels. But monetary policy can and does have important effects on these real magnitudes." Friedman (1968), S. 11.

[52] Ein weiteres Element der monetaristischen Kritik an einer antizyklischen Geldpolitik ist die Prognoseunsicherheit hinsichtlich wichtiger Makro-Variablen (insbesondere des BIP-Wachstums), die sich gemäß Meltzer (1987) darin zeigt, dass Prognostiker i.d.R. zu Beginn eines Quartals nicht mit Sicherheit sagen könnten, ob man sich am Ende des Quartals in einer Rezession oder einem Boom befindet. Diskretionäre geldpolitische Maßnahmen, die auf solch unsicheren Prognosen basieren, seien ungeeignet, um die Ökonomie zu stabilisieren, sie würden im Gegenteil sogar noch die Unsicherheit verstärken.

scher Impulse zum einen sehr lang sind und zum anderen Zeitpunkt und Stärke ihrer Wirkung im Vorhinein nicht genau abgeschätzt werden können.[53]

Senkt die Notenbank z.B. als Antwort auf einen negativen Nachfrageschock die kurzfristigen Zinsen, ist es aus monetaristischer Sicht sehr wahrscheinlich, dass diese geldpolitische Reaktion zu spät und in der falschen Dosierung (eher zu stark) erfolgt.[54] Es steht dann zu befürchten, dass der expansive monetäre Impuls erst in einer Phase zur vollen Geltung kommt, wenn sich die Wirtschaft bereits wieder im Aufschwung befindet. Statt konjunkturelle Entwicklungen entgegenzuwirken, besteht die Gefahr der Destabilisierung der wirtschaftlichen Entwicklung. Aufgrund dieser Unsicherheit bei der Steuerung realwirtschaftlicher Prozesse sollte die Geldpolitik aus monetaristischer Sicht nicht den Auftrag erhalten, Vollbeschäftigung durch eine antizyklische Politik aufrechtzuerhalten.[55] Die Notenbank sollte sich stattdessen darauf konzentrieren, wozu sie wirklich in der Lage ist, nämlich mittelfristig für Preisstabilität zu sorgen, denn gemäß des Sachverständigenrates [(1974), Ziff. 376], der zur damaligen Zeit viele Ideen des Monetarismus aufgegriffen hat, sind *„die kurzfristigen Wirkungen der Geldpolitik auf die Beschäftigung in jedem Fall weniger verlässlich als die mittelfristigen Wirkungen auf das Preisniveau."*

Zur Erfüllung ihrer Aufgabe wird der Notenbank geraten, möglichst eine konstante Wachstumsrate der Geldmenge festzulegen, die einerseits übermäßige Preissteigerungen ausschließt, gleichzeitig aber genügend Spielraum für reale Ausgabensteigerungen zulässt. Wie stark dieser von der Notenbank bereitgestellte monetäre Mantel letztlich für reale Beschäftigungssteigerungen oder Inflation genutzt wird, liegt vor allem in den Händen der Lohn- und Fiskalpolitik, auf die im Ergebnis die beschäftigungspolitische Verantwortung abgewälzt wird.[56] Die ablehnende Haltung gegenüber geldpolitischen Beschäftigungszielen wurde noch durch folgende Argumente ergänzt:

* Das Versprechen der Geldpolitik, konjunkturelle Arbeitslosigkeit zu verhindern, kann als Vollbeschäftigungsgarantie interpretiert werden. Es besteht dabei die Gefahr, dass Gewerkschaften diese Situation ausnutzen, um ehrgeizige Umverteilungsziele durchzusetzen. Sie könnten damit rechnen, dass „überhöhte" Nominallohnforderungen von der Geldpolitik akkommodiert werden. Der Sanktionsmechanismus für eine übertriebene Lohnpolitik – knappes Geld – entfällt bei einer auf Vollbeschäftigung ausgerichteten Politik. Der Sachverständigenrat [(2001), Ziff. 341] hat der EZB z.B. 2001 mit Hinweis auf die Lohnpolitik von weiteren Zinssenkungen abgeraten, denn die *„Vorstellung, Zinssenkungen heute würden mit Lohnzurückhaltung morgen honoriert, ist nur eine Hoffnung."*

---

[53] Friedman hat bereits sehr früh [vgl. z.B. (1948)] auf das Problem der langen und variablen Lags in der Stabilisierungspolitik hingewiesen und seine Sicht immer wieder gegen Kritiker verteidigt [vgl. z.B. Friedman (1961)].

[54] "Too late and too much has been the general practice." Friedman (1968), S. 16.

[55] "... the monetary authority should guide itself by magnitudes that it can control, not by ones that it cannot control. If ... it takes ... the current unemployment percentage as the immediate criterion of policy, it will be like a space vehicle that has taken the fix on the wrong star." Friedman (1968), S. 14f.

[56] „Stabilitätswidriges Verhalten des Staates oder der autonomen Gruppen darf nicht zum Anlass genommen werden, mehr Zentralbankgeld zur Verfügung zu stellen, als es die Regel für eine konjunkturneutrale Geldpolitik erlaubt." SVR (1974), Ziff. 396.

• Die Unsicherheit über die Wirkung der Geldpolitik ist gemäß der Monetaristen in Rezessionen noch ausgeprägter als in Boomphasen (Asymmetrie der Geldpolitik).[57] In einer Rezession sorgen rückläufige Abatzzahlen, sinkende Gewinnerwartungen und unterausgelastete Kapazitäten für eine pessimistische Stimmung unter den Unternehmen. Zinssenkungen der Notenbank werden hieran nur schwerlich etwas ändern. Es liegt eine geringe Zinselastizität der Investitionsnachfrage und damit eine Art „Investitionsfalle" vor.[58] In Deutschland wurde z.B. in den 1970er Jahren deutlich, dass es für die Bundesbank sehr schwierig war, die Ausgabentätigkeit nach einer wirtschaftlichen Schwächephase wieder anzuregen. Hingegen fiel es ihr relativ leicht, durch eine restriktive Politik Boomphasen zu beenden.[59] Auch empirische Studien deuten darauf hin, dass der Wirkungslag der Geldpolitik in der Rezession größer ist als im Boom.[60]

• Das Problem liegt jedoch nicht nur darin, dass die reichliche Liquiditätsversorgung in der Rezession wirkungslos verpufft, sondern dass eine solche Politik den Boden für einen zukünftigen Inflationsprozess bereiten kann. Die übermäßige Geldversorgung, die während der Rezession zunächst in kurzfristigen Vermögensanlagen „geparkt" und damit über eine erhöhte Umlaufgeschwindigkeit absorbiert wird, verschwindet nicht automatisch. Es besteht vielmehr die Gefahr, dass die Überschussliquidität im Aufschwung, der nach dieser Ansicht überhaupt keines monetären Anstoßes bedurft hätte, von den privaten Akteuren für eine Ausgabentätigkeit genutzt wird, die über dem Produktionspotential liegt.[61] Die Notenbank, die ursprünglich angetreten war, um eine Rezession zu bekämpfen, hat damit letztendlich eine inflationäre Entwicklung in Gang gesetzt.

• Die Problematik einer expansiven monetären Fehlsteuerung wird aus Sicht der Monetaristen bzw. Neuklassiker dadurch verschärft, dass Inflation leichter entsteht, als dass sie wieder abgebaut werden kann. Hat die Geldpolitik überzogen und die Nachfrage über das Vollbeschäftigungsgleichgewicht getrieben, werden sich unter Umständen steigende Lohnforderungen und geldpolitische Alimentierung gegenseitig hochschaukeln. Wenn „der Geist der Inflation einmal aus der Flasche entwichen ist" – so die Feinsteuerungsskeptiker – nimmt der Inflations-

---

[57] Vgl. SVR (1974), Ziff. 376, und SVR (2001), Ziff. 343.
[58] Vgl. z.B. Pätzold (1998), S. 166, oder SVR (2001), Ziff. 53.
[59] Diesw Politik ging jedoch mit steigender Arbeitslosigkeit einher, vgl. Duwendag (1977), S. 273ff.
[60] Friedman/Schwartz (1963) schätzen z.B. die durchschnittliche Wirkungsverzögerung einer restriktiven Geldpolitik auf 12 Monate, die einer expansiven Geldpolitik auf 18 Monate. Eine empirische Studie für den Euroraum [vgl. Peersman/Smets (2001)] kommt jedoch gerade zum umgekehrten Ergebnis, dass nämlich die Geldpolitik in Rezessionsphasen stärkere Outputeffekte erzeugt als in Boomphasen (siehe auch Kapitel 5.3).
[61] Im Euroraum hat sich z.B. nach Ansicht der EZB [(MB Oktober 2003), S. 10ff.] zwischen 2001 und 2003 eine erhebliche „Überschussliquidität" gebildet, jedenfalls sei deutlich mehr Liquidität vorhanden als zur Finanzierung eines inflationsfreien Wirtschaftswachstums notwendig ist. Ob daraus Inflationsgefahren erwachsen, sei davon abhängig, in welcher Weise die Überschussliquidität abgebaut wird. Gefährlich könnte es dann werden, wenn die Liquidität nicht in längerfristige Vermögensanlagen zurückverlagert, sondern bei anziehender Konjunktur vor allem für Transaktionszwecke verwendet werde. Ähnlich argumentieren Belke et al. [(2004), S. 44]: "... there is presently significantly more liquidity in the euro area than is needed to finance non-inflationary economic growth." Man könnte hiergegen jedoch einwenden, dass es für die Finanzierung eines Aufschwungs unerheblich ist, wie stark die Geldmenge im Vorfeld gewachsen ist, da ein so großer Bestand an liquiden Assets vorhanden ist, dass damit praktisch jeder Aufschwung finanziert werden kann. Entscheidend ist die Bereitschaft der Gläubiger, ihre Geld- in Kreditforderungen umzuwandeln, vgl. Spahn (1999a), S. 41ff.

prozess schnell akzelerierende Züge an. Die dabei entstehenden hohen Inflationserwartungen können im anschließenden Disinflationsprozess nur allmählich und unter Hinnahme hoher volkswirtschaftlicher Kosten (steigende Arbeitslosigkeit) wieder gebrochen werden. Der Versuch der Geldpolitik eine Rezession zu bekämpfen, mündet im Endeffekt in einer schweren Wirtschaftskrise.

Fasst man die obigen Argumente zusammen, spricht also gegen die aktive Bekämpfung einer Konjunkturkrise, dass:
1. hierdurch hohe Lohnforderungen provoziert werden,
2. eine solche Politik in der Rezession zunächst wirkungslos verpufft,
3. die Überschussliquidität später einen akzelerierenden Inflationsprozess initiiert,
4. eine Übersteuerung einen kostspieligen Disinflationsprozess notwendig macht.

Monetaristisch ausgerichtete Ökonomen geben daher Notenbanken den Ratschlag, konservativ vorzugehen und bestenfalls eine vorsichtige antizyklische Stabilisierungspolitik zu praktizieren. Die Geldpolitik sollte nicht das Risiko eingehen, den unteren Punkt der natürlichen Arbeitslosenquote auszutesten, sondern stattdessen die Gefahr eines akzelerierenden Inflationsprozesses minimieren. Insgesamt ist es nach dieser Auffassung vernünftiger, den einen oder anderen Prozentpunkt an konjunktureller Arbeitslosigkeit hinzunehmen, als eine überhitzende Konjunkturentwicklung zu provozieren. [62] Typisch für diese „konservative" Sicht auf die Geldpolitik ist die Meinung des Sachverständigenrates [(2000), Ziff. 335], der die (präventiv) straffe Geldpolitik der EZB im Jahre 2000 mit folgender Argumentation begrüßt: *„Es ist besser die Geldmarktzinsen rechtzeitig nach oben zu schleusen, als die Zinsen langfristig auf einem niedrigen Niveau zu halten und erst zu reagieren, wenn sich das Preisklima deutlich verschlechtert. Denn dann würde die Notenbank zu einem scharfen zinspolitischen Bremsmanöver genötigt, bei dem der Konjunkturaufschwung abrupt zum Erliegen käme und die Arbeitslosigkeit spürbar anstiege."*

In jüngster Zeit wurde die Monetarismuskritik an einer antizyklischen Geldpolitik von Orphanides [z.B. (2003a), (2003b)] aufgegriffen und fortentwickelt. Das Informationsproblem über die aktuelle Wirtschaftslage und den geldpolitischen Transmissionsprozess wird seiner Ansicht nach nicht dadurch gelöst, dass eine *diskretionäre* durch eine *regelgebundene* Stabilisierungspolitik ersetzt wird. Geldpolitische Regeln wie die Taylor-Formel, in welchen die Outputlücke eine bedeutende Rolle spielt, würden zwar einen Fortschritt gegenüber den 1960/1970er Jahren im Bemühen um eine konjunkturelle Feinsteuerung suggerieren, jedoch sei auch mit den heutigen Schätzmethoden die jeweils aktuelle gesamtwirtschaftliche Nachfragelücke nur äußerst unpräzise bestimmbar. Eine zu starke Reaktion auf eine solch ungenaue Schätzgröße würde daher wie vor 30 Jahren zu höherer statt niedriger Outputvarianz führen.

Im Ergebnis ist es gemäß der Monetaristen und ihrer Anhänger am besten, wenn man die Notenbank vorrangig auf Preisstabilität verpflichtet und damit erst gar nicht in Versuchung führt, eine aktive Konjunkturglättung zu praktizieren oder das maximal mögliche Beschäftigungsniveau anzustreben.

---

[62] "It doesn't make sense to me to push the economy into the danger range in an effort to reduce unemployment by a few tenths of a percent point, when the cost of being wrong is a recession that will increase the unemployment rate by two or more percent points." Poole (1998), S. 84.

3.1.4.3 Die Haltung der Inflation Targeter

Auch wenn Inflation Targeting in der Praxis eher „flexibel" als „strikt" angewandt wird (siehe Kapitel 2.3), treten bei diesem Ansatz Beschäftigungsziele im Vergleich zu Inflationszielen deutlich in den Hintergrund, was sich unter anderem darin zeigt, dass

- zwar ein Inflationsziel, aber kein Beschäftigungsziel quantifiziert wird;
- die Verfassung i.d.R. Preisstabilität als Hauptziel der Geldpolitik festschreibt;
- eine Inflationsprognose und nicht etwa eine kombinierte „Inflations- und Outputlückenprognose" als Zwischenziel der Geldpolitik fungiert;
- die Rechenschaftsberichte häufig als „Inflationsberichte" und nicht als „Inflations- und Beschäftigungsberichte" bezeichnet werden.

Welche Begründung liefern Inflation Targeter für die starke Fixierung auf Inflationsziele? Sie weisen zunächst darauf hin, dass Beschäftigungsziele in vielen Fällen unter dem Dach des Inflationsziels automatisch Berücksichtigung finden. Voraussetzung hierfür ist jedoch eine symmetrische Interpretation des Inflationsziels, d.h. Unterschreitungen des Inflationsziels müssen genauso ernst genommen werden wie Zielüberschreitungen.[63] Zur Illustration vergegenwärtige man sich den Fall eines negativen Nachfrageschocks (Abb. 3.1): Ein Land, dessen Zentralbank ein Inflationsziel von 2 % verfolgt, werde von einem solchen Schock getroffen, der eine Rezession auslöst und die Inflationsrate auf 1 % drückt. Bei symmetrischer Interpretation des Inflationsziels, wird die Notenbank hierauf expansiv reagieren, um die Inflationsrate wieder zum Zielniveau zurückzuführen. Dabei werden gleichzeitig die rezessionsbedingten Beschäftigungsverluste kompensiert. Durch die Beseitigung „zu niedriger" Inflation werden also indirekt positive Beschäftigungseffekte erzielt.

Diese Argumentation – einer mittelbaren Berücksichtigung von Beschäftigungszielen – erhält zusätzliche Substanz, wenn man bedenkt, dass Inflation Targeter eigentlich nicht die laufende Inflationsrate, sondern die Inflationsprognose steuern („Inflation Forecast Targeting"). Der an und für sich relevante Vergleich vollzieht sich nicht zwischen der aktuellen, sondern der erwarteten Inflationsrate und dem Inflationsziel. Sobald die eigene Inflationsprognose der Zentralbank vom Inflationsziel abweicht, entsteht geldpolitischer Handlungsdruck, was zu einer beschleunigten Reaktion auf ökonomische Schocks führt.

Zentrales Element der meisten Inflationsprognosen sind Messgrößen für die Auslastung der Produktionskapazitäten bzw. der Outputlücke.[64] Aus diesem Grund wird Inflation Targeting im Wesentlichen zu „Output Gap Targeting", was folgendes Szenario, bei dem wiederum ein Land von einem negativen Nachfrageschock getroffen wird verdeutlicht:

- Aufgrund des Schocks sinkt die gesamtwirtschaftliche Kapazitätsauslassung und es bildet sich eine negative Outputlücke.

---

[63] „... the floor of the target range should be emphasized every bit as much as the ceiling, thus helping to stabilize the real economy when there are negative aggregate demand shocks. " Mishkin (1999), S. 592. Vgl. auch Heikenstein/Vredin (1998), S. 11, und Freedman (1996), S. 254f.

[64] Goodhart [1999, S. 103] weist z.B. darauf hin, dass im Falle Englands eine einfache Inflationsprognose, die sich lediglich aus einer Messgröße für die Outputlücke und der Inflationsrate der Vorperiode zusammensetzt, Prognoseresultate liefert, die komplexeren Inflationsprognosen in der Vorhersagepräzision kaum nachstehen.

- Infolge der reduzierten Outputlücke – dem zentralen Element des Prognosemodells – korrigiert die Zentralbank ihre offizielle Inflationsprognose nach unten und stellt eine Zielunterschreitung fest (Inflationsprognose < Inflationsziel).

- Um die Zielunterschreitung abzuwenden, lockert die Notenbank ihre Zinspolitik und zwar möglichst in dem Ausmaß, um die negative Outputlücke (und damit der Disinflationsdruck) wieder zu beseitigen. Schematisch ergibt sich also:

Schock → Outputlücke↓ → Inflationsprognose↓ → Zielunterschreitung→ Zinsen↓ → Outputlücke↑

Die Steuerung der Inflationsprognose entpuppt sich also im Wesentlichen als Steuerung der Outputlücke. Um keinen nachfrageseitigen Inflations- und Deflationsdruck entstehen zu lassen, versucht die Notenbank, das Outputniveau zu stabilisieren. „Inflation Forecast Targeting" kann daher als realer Stabilisierungsmechanismus interpretiert werden, bei dem Beschäftigungsziele durchaus berücksichtigt werden – allerdings unter dem „Deckmantel" eines Inflationsziels oder in den Worten von Haldane [(1998), S. 28]: *"... inflation-targeting generates explicit output-stabilisation."*[65]

In Kapitel 2.3 wurde formal gezeigt, dass selbst für „strikte" Inflation Targeter, die ausschließlich ein Inflationsziel anstreben, eine Zinsregel optimal ist, in welche die Outputlücke mit positivem Reaktionskoeffizient einfließt.[66] Ein solches Ergebnis lässt sich praktisch aus allen modernen Makro-Modellen ableiten, bei denen die Preisdynamik über eine Spielform der Phillips-Kurve abgebildet wird:

"Thus optimal monetary policy, even if the focus is solely on hitting an inflation target and not at all on output fluctuations, still reacts to the state of the business cycle, as reflected [here] in the output gap ..." Mishkin (2002), S. 4.

Aber nicht nur bei Nachfrageschocks, sondern auch bei Angebotsschocks erzwingt Inflation Targeting nicht automatisch die Vernachlässigung von Beschäftigungszielen. Wie ausgeprägt ein Inflation Targeter auf einen negativen Angebotsschock reagiert, hängt von den *langfristigen* Wirkungen des Angebotsschocks auf die Inflation ab. Geht die Notenbank davon aus, dass der Preisschock bereits nach einem Jahr wieder aus den Preisdaten verschwunden ist (einmaliger Preis*niveau*schub), dann wird sie keine restriktiven Maßnahmen ergreifen. Unter Umständen siedelt sie sogar die langfristigen preisdämpfenden Wirkungen (aufgrund des Outputrückgangs) des Preisschocks höher an als die kurzfristigen inflationstreibenden Wirkungen. In diesem Fall liegt sogar eine expansive Reaktion (trotz Überschreitung des Inflationsziels) als Antwort auf einen negativen Angebotsschock im Bereich des Möglichen und zwar ohne dass hierzu die Formulierung eines expliziten Beschäftigungsziels notwendig wäre.

Allerdings wird eine Notenbank, die auf einem Preisschock expansiv oder neutral agiert, möglicherweise in ein Glaubwürdigkeitsdilemma geraten. Zinssenkungen zu

---

[65] "In fact, having a target range for price stability ... results in a monetary policy with stabilizing properties with respect to output ..." Freedman (1996), S. 254. "... interest rate adjustments that are motivated by rising (or falling) inflation can help to smooth resource utilisation and reduce fluctuations in economic activity." Heikenstein/Vredin (1998), S. 11.

[66] Auf die Parallelen zur Taylor-Regel wurde in Kapitel 2.3 ausführlich hingewiesen, vgl. auch Haldane (1998), S. 28, Freedman (1996), S. 255, oder Svensson (1997b), S. 1119.

rechtfertigen, wenn gleichzeitig das Inflationsziel überschritten wird, ist nicht unproblematisch. Der Hinweis auf eine stabile oder sogar leicht sinkende Inflationsprognose wird oftmals nicht ausreichen, um die Öffentlichkeit von einer alimentierenden Geldpolitik zu überzeugen, da Inflationsprognosen (vor allem langfristige) immer mit Unsicherheit verbunden sind.

Inflation Targeter behelfen sich daher auf andere Weise, um bei negativen Angebotsschocks nicht an Glaubwürdigkeit zu verlieren:[67] 1) Es werden Kerninflationsraten gewählt, welche Güter mit besonders volatilen Preisen (Öl, Nahrungsmittel) ausschließen. Ein Ölpreisschock wird sich dementsprechend nicht in der Kerninflationsrate niederschlagen und keine Zielverfehlung signalisieren. 2) Der Zielhorizont für das Inflationsziel wird ausgeweitet. Statt jedes Jahr das Inflationsziel einzuhalten, wird angekündigt, dass es nur im Durchschnitt z.B. über 3 Jahre eingehalten werden müsste. 3) Es werden vor der Zielfestlegungen klare Ausnahmen definiert, bei denen eine Abweichung von der Zielsetzung erlaubt ist. 4) Schließlich gilt bei „flexiblem" Inflation Targeting generell, dass die Daumenregel „Inflationsziel = Inflationsprognose" gelockert wird und der Notenbank eine graduelle Rückführung der Inflationsprognose an das Inflationsziel gestattet ist.

Insgesamt kann man sagen, dass Inflation Targeter Beschäftigungsziele in ihrer Konzeption nicht vernachlässigt sehen. Wird das Inflationsziel symmetrisch interpretiert und agiert die Notenbank vorausschauend, dann besteht der beste Weg zur Stabilisierung des Preisniveaus darin, Outputschwankungen zu minimieren. Die explizite Hinzunahme eines Beschäftigungsziels würde nach Meinung der Inflation Targeter nicht unbedingt zu einer weiteren Reduktion der Outputvariabilität führen.[68] Bei Angebotsschocks kann man ohne weiteres mit Ausnahmen und vorübergehenden Zielabweichungen agieren, um eine ausreichende Berücksichtigung von Beschäftigungsaspekten zu gewährleisten.

3.1.4.4 Die „inflation bias"-Problematik

Die Glaubwürdigkeitsdebatte liefert ein weiteres Argumente gegen Beschäftigungsziele in der Geldpolitik – zumindest gegen deren öffentliche Bekanntgabe. Der Grundgedanke ist dabei folgender (siehe Kapitel 2.2.2): Erhält die Öffentlichkeit den Eindruck, dass die geldpolitischen Akteure sehr ehrgeizige Beschäftigungsziele verfolgen, werden sich hohe private Inflationserwartungen einstellen, welche es der Notenbank schwer machen, niedrige Inflations- und Outputvariabilität zu erzeugen. Dieser Kerngedanke der Glaubwürdigkeitsdebatte hat tiefe Spuren in der öffentlichen Notenbankkommunikation hinterlassen. Obwohl in der Praxis alle Notenbanken zumindest bei negativen Angebotsschocks Rücksicht auf die Beschäftigungsentwicklung nehmen, werden offiziell keine oder nur unpräzise Angaben zu einem möglichen Beschäftigungsziel gemacht. B. Friedman [(2003), S. 115] spricht von einer generellen Zurückhaltung der Notenbanker *"to acknowledge openly an interest in or concern*

---

[67] Vgl. zur Reaktion von Inflation Targeter auf Angebotsschocks z.B. Mishkin (1999), S. 593, oder Bernanke/Mishkin (1997), S. 107.

[68] "Policy rules that respond only to inflation forecasts appear capable of synthetically recreating a similar degree of output stability to rules with explicit output terms in them." Batini/Haldane (1999), S. 63.

for real outcomes.[69] Dabei wird befürchtet, dass eine breite öffentliche Diskussion über Beschäftigungsziele das Vertrauen in die Anti-Inflationshaltung der Notenbank beeinträchtigt.[70]

"Discussing monetary policy objectives in terms of output fluctuations can thus lead to a loss of inflation-fighting credibility for the central bank ..." Mishkin (2002), S. 13.

Als frischgebackener Notenbanker erhielt der frühere Gouverneur Meyer [(2001b), S. 8] z.B. von zwei arrivierten ausländischen Kollegen den Rat, niemals öffentlich zuzugeben, dass die Zentralbank auch die Konjunktur stabilisieren wolle. Ein solches Eingeständnis, warnten sie, würde nur das allgemeine Vertrauen in das Preisstabilitätsziel der Notenbank beeinträchtigen. Mit Hilfe folgender Zielfunktion soll diese Problematik illustriert werden:

(3.7) $L_t = \lambda\, f(y_t) + (\pi\text{-}\pi^*),$

wobei π^* = Inflationsziel, y_t = Outputlücke, $f(.)$ = Funktion des Outputziels, λ = Präferenzparameter. Eine extreme Konsequenz der Glaubwürdigkeitsdebatte liegt dann vor, wenn die Notenbank behauptet, sie hätte keinerlei Beschäftigungspräferenzen (λ = 0) bzw. wenn einfach keine Angaben zum Beschäftigungsziel gemacht werden. Die EZB kommt dieser Extremposition ziemlich nahe. Sie nennt kein konkretes Beschäftigungsziel und wiederholt immer wieder, dass sie ihren besten Beitrag zu Wachstums und Beschäftigung durch die Sicherstellung von Preisstabilität leiste (siehe Kapitel 6.1). Weniger rigoros in ihrer Verschleierungstaktik agiert die Bank of England. Sie bekennt sich immerhin dazu, dass sie neben der Inflationsrate auch das Outputniveau stabilisieren wolle.[71] Dennoch machen auch britische Notenbanker keine präzise Angaben zur Gestalt des Outputziels $f(y_t)$ und der Stärke der Beschäftigungspräferenz λ. John Vickers [(1998), S. 370] gibt z.B. unumwunden zu, dass sich die offizielle Zielvorgabe des Schatzkanzler an die Notenbank über die Höhe des Präferenzparameters λ ausschweigt.[72] Auch bleibt im Dunkeln, wie die Outputlücke gemessen wird und ob positive und negative Outputlücken gleichermaßen ernst genommen werden. Ähnlich sieht es bei der Federal Reserve aus (siehe Kapitel 5.1), die zwar recht deutlich zu erkennen gibt, dass für sie Inflation und Beschäftigung gleichrangige Bedeutung besitzen, aber z.B. keine genauen Angaben zum Niveau des Beschäftigungsziels macht.

Die bewusste Verdunklung des Beschäftigungsziels ist jedoch in vielen Fällen nicht so recht nachvollziehbar. Herrscht innerhalb des Zentralbankkomitees Konsens, dass man kein überambitioniertes Beschäftigungsziel, sondern lediglich eine Output- bzw. Beschäftigungslücke von null ansteuert, dann würde die Bekanntgabe der entsprechenden Zielfunktion der Glaubwürdigkeit keinen Schaden zufügen. Die Notenbank würde im Gegenteil sogar verdeutlichen, dass ihre Zielfunktion keinen „inflation

---

[69] Ähnlich äußert sich S. Fischer [(1996), S. 26]: "Central bankers have a tendency to say that price stability should be the only goal of monetary policy, and to shrink from the point that monetary policy also affects output in the short run."

[70] "Discussing monetary policy objectives in terms of output fluctuations can thus lead to a loss of inflation-fighting credibility for the central bank ..." Mishkin (2002), S. 13.

[71] Vgl. Vickers (1998), S. 369f.

[72] "The MPC's remit is silent on this parameter of the loss function ..." Vickers (1998), S. 370.

bias" aufweist. Außerdem würden unter Umständen einige (expansive) geldpolitische Entscheidungen, die im Lichte eines solitären Inflationsziels unverständlich erscheinen, mit dem Hinweis auf die Outputstabilisierung einleuchtender werden. Svensson [(2003b), S. 135ff.] plädiert daher für die Veröffentlichung einer kompletten Zielfunktion, bei der unter anderem die Präferenzen für die Outputstabilisierung offen gelegt werden, womit seiner Ansicht nach die „inflation bias"-Problematik gelöst wäre. [73] Was spricht also für eine Verheimlichung des Beschäftigungsziels?

- Ein Argument ergibt sich aus dem Cukierman-Modell und lautet, dass die Notenbanken in der Realität kein symmetrisches Outputziel verfolgen, sondern Rezessionen stärker ablehnen als Boomphasen. Es liegt daher ein „inflation bias" vor und die Bekanntgabe der asymmetrischen Verlustfunktion würde zu höheren Inflationserwartungen führen. Es gibt daher aus Sicht von Cukierman [(2002), S. 32, (2003), S. 557f.] gute Gründe für Notenbanken, hinsichtlich des Beschäftigungsziels intransparent zu sein. [74]

- Auch die „Neu-Keynesianische" Phillips-Kurve liefert – wenn man sie als realistische Beschreibung der Preisdynamik ansieht – Argumente für eine Verschleierung des Beschäftigungsziels. Würde eine Notenbank offen legen, dass ihre Zielfunktion erhebliche Beschäftigungspräferenzen (hohes λ) aufweist, dann würde sie damit der Öffentlichkeit signalisieren, dass bei zukünftigen Kostenschocks nicht mit einer rigorosen Disinflationspolitik zu rechnen ist. Diese würde die Firmen dazu veranlassen, von zukünftig höheren Inflationsraten auszugehen und ihre Preisgestaltung entsprechend nach oben anzupassen. Sowohl die Inflationserwartungen als auch die aktuellen Inflationsraten würden folglich einen Sprung nach oben vollziehen, was die zukünftige Erreichbarkeit der Inflations- und Outputziele insgesamt erschweren würde. Aus dieser Sicht ist es daher sinnvoll, die Rücksichtnahme auf Outputziele herunterzuspielen und der Öffentlichkeit zu suggerieren, dass man praktisch nur auf Preisstabilität achtet.

- Schließlich gibt es auch politökonomische Argumente, die gegen Beschäftigungsziele in der geldpolitischen Zielfunktion bzw. deren Offenlegung sprechen. Regierungen werden dem Thema Arbeitslosigkeit im Allgemeinen (speziell vor Wahlen) eine höhere Aufmerksamkeit widmen als dem Preisstabilitätsziel. Sie verspüren daher einen permanenten Drang, von Notenbanken Zinssenkungen zu fordern, um Beschäftigungsprobleme zu lösen. [75] Dies geschieht nicht zuletzt deshalb, um von eigenen Fehlern in der Arbeitsmarktpolitik abzulenken. Dieser politische Druck fällt umso größer aus – so die Vermutung einiger Ökonomen –, je stärker sich eine Notenbank zu Beschäftigungszielen bekennt, denn die Zent-

---

[73] Vgl. Svensson (2003a), S. 136f., und Svensson (1999a), S. 634. Über die Höhe des Präferenzparameters α sollte dabei innerhalb eines geldpolitischen Komitees abgestimmt werden und der Medianwert aus dieser Abstimmung als gemeinsamer Wert der Notenbank implementiert werden. Svensson [(2003?), S. 138f.] spricht sich außerdem für eine quadratische und symmetrische Verlustfunktion aus.

[74] "... CBs [Central Banks] with asymmetric output gap concerns have, in the view of the new inflation bias result ..., a credibility reason for not highlighting this fact." Cukierman (1992), S. 32.

[75] Solchen Forderungen sah sich auch die EZB mehrfach ausgesetzt, etwa 1999 durch den deutschen Finanzminister Lafontaine, 2002 durch den österreichischen Bundeskanzler Schüssel oder 2004 durch den italienischen Ministerpräsident Berlusconi [vgl. z.B. o.V. (2002b), S. 11, o.V. (2004b), S. 15]. Die EZB drehte den Spieß jedoch um, wies jede beschäftigungspolitische Verantwortung zurück und forderte ihrerseits die nationalen Regierungen zu Strukturreformen auf, um das Beschäftigungsproblem zu lösen.

ralbank suggeriert damit, dass mittels Geldpolitik jegliche Konjunktur- und Beschäftigungsprobleme gelöst werden können. Insgesamt besteht nach Ansicht einiger Ökonomen [Mishkin (2000), S. 12, Bernanke et al. (1999), S. 309ff., SVR (2001), Ziff. 339] die Gefahr, dass sich geldpolitische Debatten zu stark auf die kurze Frist ausrichten, während das mittelfristige Ziel der Preisstabilität aus den Augen verloren geht.[76] Indem Preisstabilität als einziges oder zumindest übergeordnetes Ziel der Geldpolitik festgelegt würde, könnte sich eine Notenbank besser dem politischen Druck widersetzen, eine kurzfristige und stark expansive Geldpolitik durchzuführen.

Insgesamt werden Ökonomen, welche der Glaubwürdigkeitsproblematik große Bedeutung zumessen – etwa aus politökonomischen Gründen oder weil man den Argumenten des Cukierman-Modells vertraut –, Notenbanken empfehlen, möglichst wenig Zweifel an ihrer Preisstabilitätspolitik aufkommen zu lassen, um dadurch vor allem die privaten Inflationserwartungen auf niedrigem Niveau zu stabilisieren. Beschäftigungsziele sollten nach dieser Ansicht keine große Rolle innerhalb der geldpolitischen Zielfunktion spielen.

Nicht ganz ersichtlich ist allerdings, ob die Protagonisten der Glaubwürdigkeitsdebatte lediglich daran interessiert sind, dass Beschäftigungsziele verschleiert werden, oder ob einige konservative Notenbanker diese Debatte dazu instrumentalisieren, um Beschäftigungsziele gänzlich aus der Zielfunktion einer Notenbank zu streichen. Letzteres vermutet B. Friedman [(2003), 2004], aus dessen Sicht vor allem Inflation Targeting das Endprodukt einer Debatte darstellt, die aufbauend auf den Theorien der Zeitinkonsistenz und der „Neu-Keynesianische" Phillips-Kurve darauf abzielt, Beschäftigungsziele gänzlich aus dem Verantwortungsbereich der Notenbanken zu entfernen. Der Begriff „Transparenz" erfährt im Rahmen von Inflation Targeting gemäß B. Friedman [(2003), S. 120f.] eine Neuinterpretation, die sich dem Glaubwürdigkeitsgedanken unterordnet und darauf hinausläuft, dass über das Inflationsziel alles, über das Beschäftigungsziel jedoch möglichst nichts nach außen kommuniziert wird.[77] Indem die Notenbank öffentlich ausschließlich ihre Sorge für stabile Preise zum Ausdruck bringt, sollen die Inflationserwartungen gezielt auf niedrigem Niveau verankert werden. Die einseitige Kommunikation, wird nach *B. Friedmans* Ansicht – ob beabsichtigt oder nicht – auch Spuren im tatsächlichen Handeln hinterlassen und dazu führen, dass beschäftigungspolitische Aspekte von der Agenda der Geldpolitik gänzlich verschwinden.[78]

---

[76] „In einer öffentlichen Debatte, die stark auf die Konjunktur fixiert und kurzfristig orientiert ist, hat es die Geldpolitik stets schwer, eine breite Zustimmung für das längerfristig angelegte stabilitätspolitische Engagement zu bekommen ..." SVR (2001), Ziff. 339.

[77] B. Friedman [(2003), S. 121, (2004), S. 5] spricht von „eindimensionaler" Transparenz. Typisch ist z.b., dass Inflation Targeter kein konkretes Beschäftigungsziel nennen, sondern ihre Beschäftigungspräferenzen durch ein „mittelfristiges Inflationsziel" zum Ausdruck bringen, d.h. sie geben zu erkennen, dass sie die Inflationsrate nach einem Preisschock nicht sofort, sondern graduell zum Inflationsziel zurückführen. Der Öffentlichkeit wird aber nicht der Zusammenhang zwischen Inflations- und Outputvariabilität klar gemacht.

[78] "By forcing participants in the monetary policy debate to conduct the discussion in a vocabulary pertaining solely to inflation, inflation targeting fosters over time the atrophication of concerns for real outcomes." B. Friedman (2004), S. 10f.

Zieht man ein Fazit, erscheinen die „Beweise" und Argumente der Neuklassiker, Monetaristen, Inflation Targeter und Glaubwürdigkeitsapostel gegen Beschäftigungsziele in der Geldpolitik im Ganzen erdrückend:

- Beschäftigungsziele sind unnötig, da die Geldpolitik real wirkungslos ist bzw. eine symmetrische Interpretation des Preisstabilitätsziels bereits für eine ausreichende Outputstabilisierung sorgt.
- Beschäftigungsziele beeinträchtigen ein Umfeld stabiler Inflationserwartungen.
- Beschäftigungsziele veranlassen die Notenbank zu einer Geldpolitik, die zyklische Schwankungen verstärkt statt dämpft.

3.2   Reale Effekte der Geldpolitik: Wo stehen wir heute?

3.2.1   Die Vorstellungen der Zentralbanken über den Transmissionsprozess

Im Folgenden wird versucht, die vorgebrachten Bedenken gegen Beschäftigungsziele zu entkräften und Argumente für eine beschäftigungsorientierte Geldpolitik zu liefern. Basis einer solchen Politik ist die Fähigkeit der Notenbank, Produktion und Beschäftigung in geeigneter Weise zu beeinflussen. Es sollte gewährleistet sein, dass

1. mit geldpolitischen Aktionen spürbare Beschäftigungseffekte erzielt werden,
2. die realen Wirkungen der Geldpolitik über einen längeren Zeitraum anhalten,
3. die Zeitverzögerung bis zum Beginn der realen Wirkung nicht zu groß ist,
4. die Stärke und der Zeitpunkt des geldpolitischen Effektes mit einiger Sicherheit vorhergesagt werden können.

Es muss also zunächst der neuklassischen und monetaristischen Kritik begegnet werden. Würde z.B. eine Senkung des Leitzinssatzes um 100 Basispunkte erst nach zwei Jahren für lediglich ein paar Monate und nur im Ausmaß weniger Zehntel Prozentpunkte das reale Wachstum beeinflussen, dann bräuchte man über Beschäftigungsziele in der Geldpolitik nicht zu diskutieren. Nachfolgend wird kurz darauf eingegangen, wie sich Notenbanken theoretisch die Übertragung geldpolitischer Impulse auf die Realwirtschaft und das Preisniveau vorstellen. Danach werden empirische Ergebnisse zu dieser Thematik summiert.

Betrachtet man die Veröffentlichung von Notenbanken hinsichtlich ihrer Ausführungen über den Transmissionsprozess, so kann man eine starke Übereinstimmung in ihrer Sichtweise feststellen, was sich auch in der ähnlichen Struktur ihrer zentralen Makro-Modelle widerspiegelt. Der Transmissionsprozess wird dabei meist in drei oder vier Phasen unterteilt:[79]

- In der ersten Phase gehen die Zentralbanken davon aus, dass Veränderung des Leitzinssatzes Renditeanpassungen über das gesamte Laufzeitspektrum sowie Anpassungen bei anderen Vermögenspreisen (Wechselkurs, Aktien- und Immobilienpreise) auslösen.

---

[79] Vgl. z.B. zu den Auffassungen der EZB, BoE und Fed über den Transmissionsprozess: EZB (2000a), BoE (1999), Reifschneider et al. (1999), oder van Els et al. (2001), S. 13. Einen zusammenfassenden Überblick über die Modellierung von Transmissionsprozessen in Makro-Modellen verschiedener Zentralbanken gibt Smets (1995).

- In einer zweiten Phase wird damit gerechnet, dass die veränderten Vermögenspreise das Ausgabenverhalten von Firmen und Haushalten beeinflussen, was sich in einer modifizierten Investitions- und Konsumnachfrage niederschlägt.

- Letzteres würde ein Ungleichgewicht zwischen Güterangebot und -nachfrage hervorrufen und damit Produktions- und Beschäftigungsanpassungen initiieren.

- Schließlich wird angenommen, dass die veränderten Produktions- und Beschäftigungslücken zu entsprechenden Preisbewegungen führen.

Aus diesem Überblick wird deutlich, dass es inzwischen unter Notenbanken unstreitig ist, dass geldpolitische Impulse durch Veränderung des Refinanzierungszinssatzes für Zentralbankgeld und nicht durch ein Geldmengenaggregat ausgelöst werden.[80] Außerdem wird offenbar von allen Notenbanken anerkannt, dass die Geldpolitik Preiseffekte zum Großteil nur über den Umweg des Gütermarkts erzielen kann. Schließlich zeigt sich, dass der „Zinskanal" nach wie vor als einer der wichtigsten Wirkungskanäle der Geldpolitik betrachtet wird.

An die Stelle des traditionellen Zinskanals, wie man ihn aus dem IS/LM-Modell kennt, ist allerdings eine modernere Auffassung des zinspolitischen Übertragungsweges getreten. Wie in Kapitel 2 ausgeführt, wird dabei unterstellt, dass sich geldpolitische Impulse vom kurzfristigen Nominalzinssatz über Erwartungseffekte auf den langfristigen realen Kapitalmarktzins, den realen Wechselkurs und Aktien- und Immobilienpreise übertragen. Der traditionelle Zinskanal wird also um einen „Wechselkurskanal" sowie mehrere „Vermögenskanäle" ergänzt und verstärkt.[81] Eine Leitzinserhöhung wird dementsprechend nicht nur die Kapitalnutzungskosten und Konsumentenkredite verteuern, sondern auch unter Umständen dazu führen, dass sich Haushalte aufgrund rückläufiger Immobilien- und Aktienpreise ärmer fühlen und exportorientierte Unternehmen an preislicher Wettbewerbsfähigkeit einbüßen.

In jüngerer Zeit wird ferner argumentiert, dass mit der gängigen Beschreibung des Zinskanals die Rolle der Banken und Finanzmärkte nicht genügend Beachtung findet. Gemäß dieser Auffassung gibt es einen weiteren Verstärkungsmechanismus des Zinskanals, der als „Bilanzkanal" bezeichnet wird und Teil des weiter gefassten „Kreditkanals" ist.[82] Notenbanken besitzen demnach nicht nur Einfluss auf die gewöhnlichen Marktzinsen, sondern auch auf die so genannte externe Finanzierungsprämie, welche Gläubiger (Banken) von ihren Kreditnehmern als Ausgleich für Informationsdefizite und Überwachungskosten verlangen. Die externe Finanzierungsprä-

---

[80] Dass die Federal Funds Rate in den USA das entscheidende Politikinstrument der letzten 40 Jahre war, zeigen formal: Bernanke/Blinder (1992) und Bernanke/Mihov (1996).

[81] Ein „Wechselkurskanal" gehört heute zum Standard bei der Beschreibung der Transmissionsprozesse, vgl. Mishkin (1995), S. 5, Taylor (1995), S. 15ff., oder EZB (2002a), S. 51. Vermögenseffekte der Geldpolitik werden vor allem von Monetaristen betont. Das auslösende Moment sind dabei aber eher Geldmengen- als Zinseffekte, vgl. Mishkin (1995), S. 5ff, und Meltzer (1995), S 52.

[82] Neben dem „Bilanzkanal" wird als zweiter Zweig des Kreditkanals der „Bankkreditkanal" unterschieden [vgl. zu dieser Differenzierung und der folgenden Darstellung: Bernanke/Gertler (1995), Deutsche Bundesbank (2002a)]. Letzterer hebt vor allem darauf ab, dass die Geldpolitik auch das Kreditangebot von Banken beeinflusst. Die Bedeutung dieses Transmissionsweges wird allerdings als gering eingeschätzt [vgl. Bernanke/Gertler (1995), S. 41, Deutsche Bundesbank (2002a), S. 45]. Insgesamt sollte der Kreditkanal nicht als separater Übertragungsweg, sondern als Verstärkungsmechanismus des Zinskanals gesehen werden: "... the credit channel is an enhancement mechanism, not a truly independent or parallel channel." Bernanke/Gertler (1995), S. 28.

mie schwankt dabei mit der Bonität des Schuldners, die sich vor allem in seiner Nettovermögensposition (Bestand an liquiden Aktiva und marktfähigen Sicherheiten) widerspiegelt. Entscheidend für die Wirkung des Bilanzkanals ist die Annahme, dass eine Notenbank durch ihre Zinspolitik Einfluss auf die Nettovermögensposition und damit auch die externe Finanzierungsprämie von Schuldnern nehmen kann. Eine restriktive Geldpolitik belastet z.B. die Profite vieler Kreditnehmer (steigende Zinszahlungen) und mindert den Wert ihrer Sicherheiten (Immobilien). Im Durchschnitt erodieren die Bilanzpositionen der Firmen, was Gläubiger zu einer Anhebung der externen Finanzierungsprämie und Kreditkündigungen veranlasst. Hierauf werden vor allem kleinere Unternehmen mit Produktionseinschränkungen reagieren.[83]

In den modernen Makro-Modellen sind die Notenbanken bemüht, die differenzierte Sichtweise des Transmissionsprozesses durch die Integration von Wechselkurs-, Vermögens- oder Cash-Flow-Kanälen gebührend zu berücksichtigen.[84] Allerdings weisen gerade Untersuchungen im Euroraum darauf hin, dass der traditionelle Zinskanal über die Kapitalnutzungskosten immer noch sehr bedeutend ist und die Investitionen die treibende Kraft im Übertragungsprozess darstellen.[85] Dies bedeutet aber gleichzeitig, dass die Geldpolitik, um Preiseffekte zu erzeugen, unternehmerische Produktionsentscheidungen beeinflussen muss.

Notenbanken würden es vorziehen, wenn sie das Preisniveau direkter durch die Beeinflussung der Inflationserwartungen steuern könnten („Erwartungskanal"). Einige Notenbanken haben daher in der Vergangenheit nach Preisschocks versucht, über die Ankündigung von Inflations- oder Geldmengenziele möglichst rasche und schmerzlose (d.h. unter Vermeidung von Outputverlusten) preissenkende Wirkungen zu erzielen.[86] Wie sich aber später noch zeigen wird, ist eine direkte Steuerung der Inflationserwartungen über Ankündigungen selbst für sehr glaubwürdige Notenbanken schwierig.

Zusammenfassend kann man sagen, dass die Vorstellungen der Notenbanken über den geldpolitischen Transmissionsprozess sehr differenziert ausfallen und weit über das einfache IS/LM-Modell hinausgehen. Andererseits ist jedoch auch festzuhalten, dass die tragende Rolle nach wie vor dem um einige Elemente ergänzten Zinskanal und damit der Beeinflussung der Investitionsnachfrage zugewiesen wird.

---

[83] Bernanke/Glichrist (1996) weisen auf die unterschiedliche Bedeutung des Kreditkanals für kleinere und größere Firmen hin.

[84] Vgl. z.B. van Els [(2001), S. 13ff.] für einen Überblick über die verschiedenen Transmissionsprozesse innerhalb der individuellen Modelle der nationalen Zentralbanken des Eurosystems.

[85] "... while not dominant on the whole, the IRC [interest rate channel] is still a prominent channel in the transmission. For the euro area as a whole, the interest sensitive demand components (...) account for the bulk of the change in GDP after a monetary policy shift. (...) It is interesting that there generally seems to be a significant effect of the user cost of capital." Angeloni et al. (2002), S. 43f.

[86] „... es [das Konzept der Bundesbank; D.H.] beruhte auf der Überzeugung, dass angekündigte Geldmengenziele die Erwartungen der Wirtschaft stabilisierten und so die realwirtschaftlichen Kosten der Inflationsbekämpfung senken können." Issing (1994), S. 2.

3.2.2 Historische und einfache formale empirische Verfahren

Die Notenbanken sind natürlich darauf bedacht, dass ihre Vorstellungen über den geldpolitischen Transmissionsprozess im Einklang mit der Realität und den aus der Empirie gewonnen Erkenntnissen stehen. Im Folgenden wird überblicksartig dargestellt, was derzeitige empirische Studien über Stärke, Zeitpunkt, Dauer und Vorhersehbarkeit realwirtschaftlicher Effekte aussagen und welche Schlussfolgerungen hieraus für eine beschäftigungsorientierte Geldpolitik gezogen werden können.

Einen ersten eher intuitiven Eindruck über die Wirkungen der Geldpolitik erhält man, wenn man die Entwicklung der nominellen Kurzfristzinsen und des Wirtschaftswachstums in den USA und Deutschland der letzten 40 Jahre gegenüberstellt (siehe Abb. 3.6 und 3.7). Interpretiert man den deutschen Tagesgeldzins und die Federal Funds Rate als direkt steuerbare Instrumentenvariablen der Federal Reserve bzw. der Deutschen Bundesbank, so kann man feststellen, dass fast allen konjunkturellen Abschwungphasen in den USA und Deutschland eine restriktive Geldpolitik vorausging.[87] Hieraus könnte man die Schlussfolgerung ziehen, dass die Geldpolitik zumindest in kontraktiver Hinsicht deutliche realwirtschaftliche Effekte erzeugt und für die Schwere der meisten Nachkriegsrezessionen eine gehörige Mitverantwortung trägt.[88] Einfache lineare Regressionsanalysen bestätigen den engen Zusammenhang zwischen nominalen Kurzfristzinsen und Wirtschaftswachstum auch formal.[89]

Die Intention der meisten geldpolitischen Restriktionsphasen war auf den Abbau überhöhter Inflationsraten gerichtet. Nach Meinung einiger Ökonomen spiegelt sich daher in den beiden Grafiken die Tatsache wieder, dass Disinflationsprozesse nicht kostenlos, d.h. nicht ohne erhebliche Einbußen beim Wirtschaftswachstum und der Beschäftigungsentwicklung durchgeführt werden können. Eine Untersuchung von Ball (1994a) legt nahe, dass dies im besonderen Maße für Deutschland und die USA gilt, denn unter 19 betrachteten OECD-Ländern weisen diese beiden Volkswirtschaften die höchste so genannte Opferrate auf, d.h. die größten Outputverluste pro Prozentpunkt an Disinflationsgewinn.[90] Insgesamt stützt dies die Vermutung, dass selbst Notenbanken, die über eine hohe Reputation in der Inflationsbekämpfung verfügen, nur bedingt auf den Erwartungskanal zurückgreifen können, wenn sie das Preisniveau steuern wollen. Offensichtlich führt eine restriktive Geldpolitik zwangsläufig zu Produktions- und Beschäftigungseinbußen.

Es lassen sich aber auch einige Einwände gegenüber einer zu weitgehenden Interpretation der Abbildungen 3.6 und 3.7 anführen:

---

[87] "Interest rates have typically increased prior to economic downturns." Walsh (1998a), S. 17. Vgl. für die USA Bernanke/Blinder (1992), S. 911f., sowie für Deutschland Filc (1992), S. 320ff. Spahn [(1999a), S. 322] merkt in Bezug auf Deutschland, USA, Großbritannien und Kanada an: „Praktisch allen größeren Wirtschaftskrisen ging jedoch eine Phase geldpolitischer Restriktion – meist mit dem Ziel der Inflationsbekämpfung – voraus."

[88] „Es war regelmäßig die Geldpolitik, die durch Restriktionsmaßnahmen von ... relativ kurzer Dauer die Wirtschaftskrisen [in Deutschland] ausgelöst hat." Spahn (1988), S. 171.

[89] Vgl. für Deutschland z.B. Filc (2002), S. 165ff.

[90] "The highest average [sacrifice] ratios occur in Germany (2.9) and the United States (2.4)..." Ball (1994a), S. 167. Spahn [(2000), S. 18f.] kommt zumindest im Falle Deutschlands ebenfalls zu recht hohen Opferraten.

- Das zeitliche Verlaufsmuster zwischen Zinsen und Wirtschaftswachstum legt zwar eine hohe Korrelation zwischen beiden Größen nahe, dies sagt aber noch nichts über die *Kausalität* aus.[91] Die Schlussfolgerung, dass höhere Zinsen zu niedrigerem Wachstum führen, ist jedenfalls nicht automatisch zulässig. Es könnte z.B. sein, dass ein dritter Faktor – etwa eine Währungsabwertung – gleichzeitig steigende Zinsen (zur Abwehr der Kapitalflucht) und ein höheres BIP-Wachstum (aufgrund der Exportnachfrage) ausgelöst hat. Oder es wäre die umgekehrte Kausalität denkbar, dass nämlich steigendes Wirtschaftswachstum aufgrund höherer Kapitalnachfrage zu steigenden Zinsen führt.[92] Auf dem Zinsgipfel könnte dann ein exogener Schock (z.B. ein Ölpreisschock) und nicht die Notenbank die Wirtschaft in die Rezession gestürzt haben. Es sind jedenfalls weitere Beweise notwendig, um die kausale Beziehung zwischen Notenbankverhalten und Rezessionen zu klären.

- Hat eine Notenbank eine erfolgreiche Stabilisierungspolitik praktiziert, dann würde sich dies in einer niedrigen Korrelation zwischen Zins- und Outputentwicklung widerspiegeln. Man könnte sich z.B. folgenden Fall vorstellen: Es tritt ein positiver Nachfrageschock auf und die Notenbank reagiert hierauf mit einer adäquaten Zinserhöhung. Der Notenbank gelingt es also, das reale BIP-Wachstum in Höhe des Trendwachstums zu stabilisieren. Später wird man in den Daten eine kräftige Zinserhöhung erkennen, auf die kein rückläufiges, sondern ein konstantes Wachstum folgt. Obgleich in diesem Fall eine niedrige Korrelation zwischen Zinsen und Wirtschaftswachstum bestünde, hätte sich die Geldpolitik in diesem Fall als sehr wirkungsvoll erwiesen.

Romer/Romer (1989) haben anhand eines historischen Ansatzes versucht, die kausale Rolle der Geldpolitik für verschiedene realwirtschaftliche Entwicklungen in den USA darzulegen und damit die obigen Gegenargumente zu entkräften. Sie zeigen, dass die meisten geldpolitischen Restriktions- bzw. Zinsstraffungsphasen zwischen 1945-1980 von der Federal Reserve autonom, also unabhängig von anderen Faktoren und der realen Entwicklung durchgeführt wurden. In 6 Fällen (Oktober 1947, September 1955, Dezember 1968, April 1974, August 1978, Oktober 1979) hat die Fed absichtlich eine Rezession riskiert, um damit die Inflationsrate zu senken.[93]

---

[91] Die Diskussion über die kausale Rolle der Geldpolitik für realwirtschaftliche Fluktuationen wurde durch die Arbeit von Friedman/Schwartz (1963) angestoßen. Aufgrund des zeitlichen Verlaufsmuster der Wachstumsrate der Geldmenge und des realen BIP-Wachstums kamen sie zu dem Ergebnis, dass die Geldpolitik realwirtschaftliche Schwankungen verursacht hat. Tobin (1970) und King/Plosser (1984) zeigten jedoch, dass sich in der Korrelation zwischen beiden Größen auch die umgekehrte Kausalität widerspiegeln kann und sich die Geldmenge weitgehend endogen entwickelt. Mit dem Bedeutungsverlust der Geldmengensteuerung wurde die Kausalitätsdebatte von Bernanke/Blinder (1992) in eine Diskussion überführt, bei der es um die kausale Beziehung zwischen kurzfristigem Nominalzins und BIP-Wachstum geht.

[92] "... the movements in interest rates may simply reflect the Fed's response to the state of the economy." Walsh (1998a), S. 17.

[93] Nach Auffassung von Romer/Romer gibt es außer einer restriktiven Geldpolitik kaum andere (endogene) Gründe, mit denen erklärt werden könnte, dass ein trendmäßiger Anstieg des Preisniveaus in eine Rezession mündet: "... there appears to be no plausible channel other than policy through which trend inflation could cause large short-run output swings." [Romer/Romer (1989), S. 134f.] Restriktive Zinspolitiken eignen sich daher besonders gut, um die Wirkungen autonomer geldpolitische Schocks zu untersuchen. Expansive geldpolitische Phasen sind hierfür weniger zweckdienlich, da sie meist nicht unabhängig von realwirtschaftlichen Entwicklungen stattfinden [vgl. Romer/Romer (1989), S. 134f.]. Wie Spahn [(1988), S. 71ff., 105ff., 168ff.] zeigt, können auch

Abb. 3.6: Zinspolitik und BIP-Wachstum in den USA 1965-2004

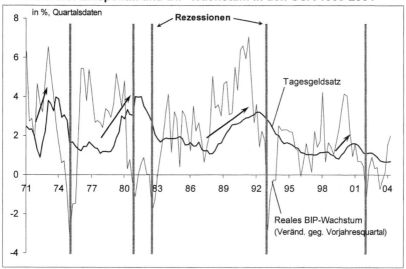

Datenquelle: BEA, BoG

Abb. 3.7: Zinspolitik und BIP-Wachstum in Deutschland 1971-2004

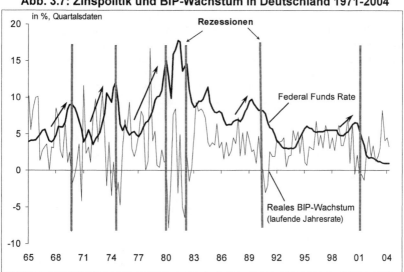

Datenquelle: Statistisches Bundesamt, Deutsche Bundesbank.

die beiden geldpolitischen Restriktionsphasen 1973 und 1981 in Deutschland im Sinne von Ro-mer/Romer als autonome geldpolitische Schocks interpretiert werden, die darauf ausgerichtet wa-ren, den Inflationsanstieg zu beenden.

Kurz nach dem Amtsantritt von Paul Volcker im Herbst 1979 erhöhte die Fed z.B. dramatisch die Zinsen. Dieser Zinsschock war aber nicht der Reflex auf eine besondere ökonomische Entwicklung, sondern erfolgte aufgrund einer Präferenzverlagerung der Fed in Richtung größerer Preisstabilität. Als Konsequenz der autonomen Restriktionspolitik errechnen Romer/Romer [(1989), S. 154f.] für die 6 betrachteten Episoden einen durchschnittlichen Einbruch bei der Industrieproduktion von 12 % und ein Anstieg der Arbeitslosenrate von 2 % (jeweils nach 2½ Jahren). Aus dem Zusammenspiel autarker geldpolitischer Entscheidungen und sichtbarer realwirtschaftlicher Wirkungen ziehen sie den Schluss, dass die Geldpolitik deutliche reale Effekte erzeugt.

Neben der eher historischen Analyse von Romer/Romer (1989) wurde auch nach formalen Methoden gesucht, um die kausale Wirkung der Geldpolitik auf das Wirtschaftswachstum zu erhärten. Ein erstes Verfahren bestand in der Ermittlung von Granger-Kaualitäten.[94] Verschiedene Untersuchungen kommen dabei zum Ergebnis, dass die nominalen Kurzfristzinsen zwar Granger-kausal für das Wirtschaftswachstum sind, die umgekehrte Kausalität aber nicht anzunehmen ist.[95] Dies bedeutet, dass Kurzfristzinsen einen wichtigen Prognoseindikator für die zukünftige reale Wachstumsentwicklung darstellen, das Wirtschaftswachstum seinerseits aber keinen wesentlichen Beitrag zur Prognose von Zinssätzen leistet.

Bernanke/Blinder (1992) kamen sogar zum Ergebnis, dass die Federal Funds Rate gegenüber anderen Zinssätzen und verschiedenen Geldmengenaggregaten als Prognoseindikator für die zukünftige konjunkturelle Entwicklung eindeutig überlegen ist.[96] Dies lässt beide Autoren in Verbindung mit ihrem zweiten Ergebnis – die Fed Funds Rate stellt das zentrale Politikinstrument der Fed dar – darauf schließen, dass die Geldpolitik bedeutsame reale Effekte besitzt.[97] Außerdem kann man die Tatsache, dass die nominale Fed Funds Rate den besseren Prognoseindikator für die zukünftige Wirtschaftsentwicklung darstellt als die (nominalen und realen) Kapitalmarktzinsen, dahingehend interpretieren, dass die Geldpolitik auf die Realwirtschaft wesentlich direkter wirkt, als dies vielfach vermutet wird.[98]

---

[94] Eine Variable X gilt dann als Granger-kausal für eine Variable Y, wenn gegenwärtige und vergangene Informationen über X dazu beitragen, die Prognose von Y zu verbessern. Sims (1972) wendete dieses Verfahren erstmals im Rahmen dieser Debatte an.

[95] Vgl. für Deutschland z.B. Filc (2002), S. 167f.

[96] Der Tagesgeldzinssatz als zentrale Steuerungsgröße der Bundesbank weist ebenfalls gute Prognosequalitäten hinsichtlich des realen Wirtschaftswachstums in Deutschland auf [vgl. z.B. Filc (2002), S. 165ff.]. Von einigen Autoren werden Zinsspreads als die besten Prognoseindikatoren gesehen, vgl. z.B. Davis et al. (1994).

[97] Sims (1980) hat hingegen die Abschwächung der Prognosequalität von Geldmengenaggregaten durch die Integration von Zinsen in die Schätzgleichungen für das zukünftige Wirtschaftswachstum als Beweis dafür angesehen, dass von der Geldpolitik geringe realwirtschaftliche Effekte ausgehen. Er steht damit aber noch ganz in der Tradition von Friedman/Schwarz, die davon ausgehen, dass die Geldmenge am Beginn des Transmissionsprozesses steht.

[98] Es müssen jedenfalls neben dem traditionellen Zinskanal über die Kapitalnutzungskosten noch andere Wirkungsmechanismen vorhanden sein, welche die starken realen Effekte der Geldpolitik erklären könnten. Bernanke/Blinder [(1992), S. 917ff.] sehen deutliche Hinweise auf das Vorliegen eines Kreditkanals. In Deutschland könnte der Wechselkurskanal die Erklärungslücke schließen [vgl. Krupp/Cabos (1999), S. 413ff.].

Aus den Ergebnissen der einfachen empirischen und historischen Verfahren lässt sich schließen, dass die Geldpolitik zumindest in kontraktiver Hinsicht starke realwirtschaftliche Effekte erzeugen kann und Disinflationsprozesse zwangsläufig über den Gütermarkt ablaufen. Vieles deutet jedenfalls darauf hin, dass die Wirkungsrichtung von der Zinspolitik zur Output- und Beschäftigungsentwicklung und nicht in die umgekehrte Richtung verläuft. Aufgrund einiger Untersuchungen kann man sogar davon ausgehen, dass die Geldpolitik direkter auf die Realwirtschaft wirkt als dies in vielen theoretischen Modellen unterstellt wird.

3.2.3 VAR-Analaysen

Granger-Kausalitäten geben einem zwar Hinweise auf die kausale Beziehung zwischen Geldpolitik und Wirtschaftswachstum, zur genaueren mengenmäßigen Abschätzung geldpolitischer Effekte mussten aber noch feinere ökonometrische Methoden entwickelt werden. Bei der Quantifizierung geldpolitischer Wirkungen stößt man aber wieder auf die Kausalitätsproblematik. Erhöht die Fed z.B. den Leitzins um 50 Basispunkte und sinkt in den folgenden 2 Jahren die Industrieproduktion um 10 %, so kann man diesen Produktionsrückgang nicht arglos als ein Maß für die reale Wirkung der Geldpolitik heranziehen, auch wenn man davon überzeugt ist, dass Änderungen der geldpolitischen Instrumentenvariable bedeutende reale Effekte hervorrufen. Da eine Notenbank bei ihren geldpolitischen Entscheidungen auf eine Vielzahl ökonomischer Entwicklungen reagiert, spiegeln sich in der Phase nach der geldpolitischen Entscheidung sämtliche Wirkungen verschiedenster ökonomischer Schocks wieder.[99] Dies soll anhand des folgenden strukturellen Modells verdeutlicht werden:

$$(3.8) \quad Y_t = A_1 Y_t + A_2 Y_{t-1} + b_1 i_t + b_2 i_{t-1} + \eta_t$$

$$(3.9) \quad i_t = C_1 Y_t + C_2 Y_{t-1} + d i_{t-1} + v_t,$$

wobei Y einen Vektor verschiedener ökonomischer Variablen (z.B. realer Output y_1, Inflationsrate y_2, Wechselkurs y_3 etc.), i die Instrumentenvariable (Geldmarktzins) der Notenbank sowie η und v seriell unkontrollierte Schocks darstellen. Die zweite Gleichung kann als Reaktionsfunktion der Notenbank aufgefasst werden, d.h. die Geldpolitik reagiert systematisch auf eine Reihe ökonomischer Variablen wie Output oder Inflation der laufenden und vorhergehenden Periode. Wird i von der Notenbank in Periode t angepasst, so wird dies Auswirkungen auf Y_t und Y_{t+1} haben. Die kumulierten Veränderungen von Y können jedoch nicht allein der Geldpolitik zugeschrieben werden, da die Anpassung der Instrumentenvariablen unter anderem auch eine Reaktion auf einen ökonomischen Schock η darstellen kann. Kommt es z.B. zu einem positiven Nachfrageschock, steigt der reale Output y_{1t} und die Notenbank erhöht die Zinsen, was sich wiederum dämpfend auf den realen Output auswirkt:

$$\eta_t \uparrow \rightarrow y_{1t} \uparrow$$
$$\eta_t \uparrow \rightarrow y_{1t} \uparrow \rightarrow i_t \uparrow \rightarrow y_{1t} \downarrow \qquad \Delta\, y_{1t}$$
$$i_t \uparrow \rightarrow y_{1t} \downarrow$$

---

[99] "A given policy action and the economic events that follow it reflect the effects of *all* the shocks to the economy." Christiano et al. (1999), S. 68.

In der Gesamtveränderung von y_{1t} wird sich daher sowohl die geldpolitische Maßnahme als auch der Nachfrageschock widerspiegeln. Δy_{1t} wäre daher als Maßstab für die reale Wirksamkeit der Geldpolitik völlig ungeeignet, da zumindest ein Teil des restriktiven Zinseffektes vom nachfragestimulierenden Schock kompensiert wird.

VAR-Analysen stellen eine Methode dar, um die „reine" Wirkung der Geldpolitik (z.B. einer Leitzinserhöhung) auf Variablen wie Output und Preise herauszufiltern. Dies geschieht, in dem so genannte „geldpolitische Schocks" isoliert werden, die überraschende – vom endogenen Reaktionsmuster der Geldpolitik abweichende – Handlungen der Notenbank abbilden. Variable v kann als ein solcher Schock aufgefasst werden, wenn zwei Bedingungen erfüllt sind:[100]

1. Der vordere Teil von Gleichung (3.9) – also: $C_1Y_t + C_2Y_{t-1} + di_{t-1}$ – muss das tatsächliche Reaktionsmuster der Notenbank möglichst präzise abbilden. Es sollte sich also darin das normale, von der Öffentlichkeit vorhersehbare Notenbankverhalten widerspiegeln.

2. Zinsanpassungen (Δi) der Notenbank dürfen nicht in der gleichen Periode auf Y wirken ($b_1 = 0$).[101] Ansonsten würde ein monetärer Schock einen Feedback-Effekt auf die Reaktionsfunktion auslösen. Bei $b_1 \neq 0$ erzeugt z.B. ein negativer Zinsschock ($v_t > 0 \rightarrow i_t\uparrow$) in der gleichen Periode einen Outputrückgang ($b_1y_t\downarrow$) und damit wiederum eine endogene Zinssenkung ($c_1b_1i_t\downarrow$), so dass Δi keine rein exogene Maßnahme mehr darstellen würde.

Obwohl innerhalb der VAR-Literatur noch kein Konsens über die sinnvollste Methode zur Isolierung geldpolitischer Schocks besteht, herrscht weitgehend Übereinstimmung über die qualitativen Wirkungen dieser Schocks.[102] Die Reaktionen des Outputs und der Preise auf einen restriktiven geldpolitischen Schock, die in Impulsantwortfunktionen abgebildet werden, weisen unabhängig von den angewandten Analysemethoden, den untersuchten Zeitperioden und den betrachten Ländern einen charakteristischen Verlauf auf.[103] Dieses typische Reaktionsmuster des Outputs und der Preise auf einen negativen Schock (unerwarteter Anstieg des kurzfristigen Zinssatzes) kann folgendermaßen beschrieben werden:

• Der Output reagiert recht rasch nach ein bis zwei Quartalen und in der erwarteten Weise (nämlich fallend). Der Höhepunkt des negativen Outputeffekts ist nach 3-6 Quartalen erreicht. Danach kehrt das Outputniveau langsam zum Ausgangs-

---

[100] Man spricht in diesem Fall davon, dass der geldpolitische Schock v „orthogonal" zu Y ist. Diese Annahme bezeichnen Christiano et al. [(1999), S. 68] als „recursiveness assumption". Eine alternative Identifizierungsannahme wäre, dass der Notenbank aktuelle Werte von Y nicht zur Verfügung stehen und daher $C_1 = 0$ [vgl. Bernanke/Blinder (1992), S. 902]. Die Modellierung einer Reaktionsfunktion stellt gemäß Christiano et al. [(1999), S. 68f.] nur eines unter drei möglichen Verfahren zur Isolierung geldpolitischer Schocks dar.

[101] Angesichts geldpolitischer Lags ist dies eine sinnvolle Annahme, wenn t keinen zu großen Zeitraum umfasst.

[102] "While researchers have disagreed on the best means of identifying policy shocks, there has been surprising consensus on the general nature of the economic responses to monetary policy shocks." Walsh (1998a), S. 31. "... the literature has not yet converged on a particular set of assumptions for identifying the effects of an exogenous shock to monetary policy. Nevertheless ... there is considerable agreement about the qualitative effects of a monetary policy shock..." Christiano et al. (1999), S. 69.

[103] Peersman/Smets (2003) kommen z.B. für den Euroraum unter Verwendung verschiedener Perioden und Identifizierungsschemas zu qualitativ ähnlichen Ergebnissen. Sims (1992) ermittelt ähnliche Resultate bei einem Vergleich zwischen Deutschland, England, Frankreich, USA und Japan.

punkt zurück, weshalb man von einem vorübergehenden Outputeffekt spricht. Die Impulsantwortfunktion des Outputs weist damit einen typischen nach unten gewölbten ("hump shaped") Verlauf auf.

- Die Preise (gemessen am Verbraucherpreisindex bzw. BIP-Deflator) reagieren im Gegensatz zum Output sehr träge. Teilweise steigen sie sogar zunächst an.[104] Ein signifikant negativer Effekt auf das Preisniveau bildet sich in der Regel erst nach dem Höhepunkt des Outputeffekts (also nach ca. 6 Quartalen) heraus. Dafür wird der Effekt als dauerhaft angesehen.

Wenn es um die exakte Quantifizierung geht, weichen die Ergebnisse stark voneinander ab. In Tabelle 3.3 sind einige Ergebnisse von Peersman/Smets (2003) und Christiano et al. (1999) für den Euroraum und die USA abgebildet. Auffallend in den Resultaten von Peersman/Smets für den Euroraum ist, dass sich ein signifikant negativer Preiseffekt erst nach 8 Quartalen einstellt und die Preise (gemessen am Verbraucherpreisindex) nach 15 Quartalen lediglich um 0,1 % (im Vergleich zur Basislinie) fallen. Der Outputeffekt erreicht seinen Höhepunkt hingegen bereits nach 3 Quartalen und nimmt bei diesem leichten Zinsschock von 30 Basispunkten immerhin ein Ausmaß von rund 0,15 % an.

Tabelle 3.3: Output-/Preiseffekte nach Zinsschocks im Euroraum und den USA

	Stärke des Zins-schocks (in Bp)	Outputeffekt			Preiseffekt	
		Beginn (Quartale)	Höhe-punkt (Quartale)	Ausmaß am Höhepunkt in %	Beginn (Quartale)	Ausmaß nach 15 Quartalen in %
Peersman/Smets Euroraum	-30	1-2	3	**- 0,15** (0,1-0,2)	8	**- 0,1** (0 - 0,15)
Peersman/Smets USA	-50	1-2	5	**- 0,2** (0,15 - 0,25)	3	**- 0,15** (0,5 -0,2)
Christiano et al. USA	-75	1-2	5-6	**- 0,5** (0,2 - 0,55)	6	**- 0,4** (0 -0,6)

Datenquelle: Peersman/Smets (2003), S. 39, Christiano et al. (1999), S. 86. Die Werte in Klammern beinhalten die Konfidenzintervalle.

Die Ergebnisse von VAR-Analysen scheinen zumindest keine Argumente gegen eine beschäftigungsorientierte Geldpolitik zu liefern. Der Einfluss der Geldpolitik auf das Outputniveau ist gemäß dieser Analysen wesentlich vorhersehbarer und direkter als auf das Preisniveau. Allerdings sollte man die VAR-Resultate mit Vorsicht bewerten. Sie liefern lediglich Hinweise auf die realen und nominalen Wirkungen der Geldpolitik nach einem unerwarteten geldpolitischen Schock. Inwieweit die Ergebnisse von VAR-Analysen auch auf den systematischen, vorhersehbaren Teil der Geldpolitik übertragbar sind, bleibt offen.[105]

---

[104] Das Ergebnis, dass die Preise nach einem kontraktiven Schock zunächst ansteigen, ging als „price puzzle" in die Literatur ein und wurde von Sims (1992) für mehrere Länder nachgewiesen.

[105] Dies ist auch einer der Kritikpunkte an VAR-Analysen: "If policy is completely characterized as a feedback rule on the economy, so that there are no exogenous policy shocks, then the VAR methodology would conclude that monetary policy doesn't matter. Yet while monetary policy is not causing output movements in this example, it does not follow that policy is unimportant; the response of

3.2.4   Strukturelle makroökonometrische Modelle

Eine Alternative zu VAR-Analysen stellt die Simulation geldpolitischer Schocks innerhalb struktureller Makro-Modelle dar. Solche Modelle bestehen aus einer Vielzahl von Verhaltens- und Identitätsgleichung, mit denen die Struktur einer Volkswirtschaft möglichst realitätsnah abgebildet werden soll. Gewöhnlich gehen diese Modelle davon aus, dass die Produktion zwar langfristig angebots-, kurzfristig jedoch nachfragebestimmt ist, und es aufgrund nominaler Rigiditäten (etwa bei der Lohnbildung) und vorausschauenden Elementen (etwa bei der Bestimmung des Wechselkurses oder des langfristigen Zinssatzes) zu Ungleichgewichten kommen kann.[106] Um ein Modell auf die spezifischen Verhältnisse eines Landes abzustimmen, werden Parameter wie die Zinselastizität der Investitionsnachfrage oder die Einkommenselastizität der Konsumnachfrage auf der Grundlage vergangener Daten geschätzt.

Abb. 3.8: Reaktion auf eine Leitzinserhöhung im Euroraum um 100 Bp

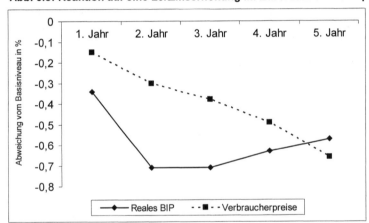

Datenquelle: van Els et al. (2001), S. 56ff.

Entsprechend der VAR-Analysen gibt es auch bei Simulationsstudien, die mit Hilfe von Makro-Modellen durchgeführt werden, trotz voneinander abweichender Modellspezifikationen eine weitgehende Einigkeit in den qualitativen Ergebnissen. Ein typisches Beispiel hierfür ist eine Studie, die anhand des euroraumweiten Modells der EZB (EWM) durchgeführt wurde. Das Experiment soll die Reaktionen des realen BIP und der Verbraucherpreise auf eine 2-jährige Erhöhung der Leitzinsen im Euroraum um 100 Bp abbilden.[107] Die Ergebnisse der ersten fünf Jahre zeigt Abb. 3.8.

---

the economy to nonpolicy shocks may depend importantly on the way monetary policy endogenously adjusts." Walsh (1998a), S. 33. Zur weiteren Kritik vgl. Rudebusch (1998).

[106] Über das euroraumweite Modell der EZB (EWM) heißt es z.B.: "... activity is determined in the short run by demand, given incomplete price and wage adjustment. In the long run, output is supply determined ..." McAdam/Morgan (2001), S. 43.

[107] In dieser Simulation geht man davon aus, dass sich der langfristige Zinssatz sofort um 20 Basispunkte und der Wechselkurs um 2 % erhöht, vgl. van Els et al. (2001), S. 25ff. Vgl. zu Simulationen im Rahmen des EWM unter verschiedenen Annahmen: McAdam/Morgan (2001), S. 20ff.

Wie bei den VAR-Analysen zeigt sich auch hier, dass die Auswirkungen im ersten Jahr auf das reale BIP (-0,34 %) wesentlich deutlicher spürbar sind als auf die Preise (-0,15 %). Der Outputeffekt erreicht im zweiten Jahr seinen Höhepunkt (-0,71 %) und ist ab dem dritten Jahr allmählich rückläufig. Aber selbst nach 5 Jahren ist das reale BIP in Relation zum Ausgangsniveau noch um mehr als 0,5 % reduziert. Die Auswirkungen auf die Preise erreichen hingegen erst nach fünf Jahren ihren Höhepunkt (-0,66), bleiben dann aber langfristig erhalten.

Angeloni et al. (2002) haben für einen Vergleich zwischen den USA und den Euroraum ein ähnliches Simulationsexperiment durchgeführt. Als Grundlage diente dabei für die USA das FRB/US-Modell der Fed, und für den Euroraum werden neben dem EWM aggregierte Daten verwendet, die sich aus den individuellen Ländermodellen der nationalen Zentralbanken ergeben (NZB). Der negative Zinsschock beträgt in dieser Simulation allerdings nur 50 Basispunkte und bleibt dauerhaft erhalten.

Tabelle 3.4: Auswirkungen eines Zinsschocks (50 Bp) auf Preise und reales BIP in den USA und dem Euroraum

	Reales BIP		Verbraucherpreise	
	1 Jahr	3 Jahre	1 Jahr	3 Jahre
EWM	-0,11	-0,49	-0,02	-0.15
NZB	-0,24	-0,63	-0,03	-0,21
FRB/US	-0,14	-0,52	-0,05	-0,57

Quelle: Angeloni et al. (2002), S. 56.

Auch in diesem Szenario ergibt sich ein ähnliches Bild (siehe Tabelle 3.4). Der Zinsschock macht sich in der Produktion bereits im ersten Jahr deutlich bemerkbar, während die Preise praktisch unverändert bleiben. Zusätzlich kann man erkennen, dass sich im Euroraum die Preiseffekte im Gegensatz zur USA auch nach drei Jahren bescheiden ausnehmen.[108] Da diese makroökonomischen Modelle

- *erstens* die Vorstellungen der Zentralbanken über den geldpolitischen Transmissionsprozess widerspiegeln,
- müsste man *zweitens* davon ausgehen, dass Zentralbanken offensichtlich von recht starken Outputeffekten aber nur schwachen Preiseffekten der Geldpolitik in den ersten zwei Jahren ausgehen.

Die EZB weiß sehr wohl, dass sie über den Gütermarkt gehen muss, um das Preisniveau zu steuern, was in folgender Äußerung zum Ausdruck kommt:

> *"... the delayed response on prices relative to that of output suggests that studying the transmission of policy to spending and output is a logical step, even if the aim of monetary policy is primarily or exclusively in terms of prices."* Angeloni et al. (2002), S. 5.

---

[108] Der Mitarbeitstab der Fed hat in eigenen Simulationsstudien auf der Grundlage des FRB/US-Modells kurzfristig noch stärkere Outputeffekte errechnet. Eine dauerhafte Senkung der Federal Funds Rate um 100 Basispunkte hätte demnach bereits im ersten Jahr nach der Zinssenkung zu einem Anstieg des reale BIP um 0,6 % und im zweiten Jahr sogar um 1,7 % geführt, vgl. Reifschneider et al. (1999), S. 8f.

Obwohl also auch die EZB von klaren und zeitigen (v.a. im Vergleich zu den Preiswirkungen) Outputeffekten ausgeht, lehnt sie es jedoch mit folgenden – dem Friedmanschen Erbe verhafteten – Argumenten ab, Beschäftigungsziele zu verfolgen:[109]

- Die Output- und Beschäftigungseffekte, die eine Notenbank erzielen kann, sind nur vorübergehend, die Preiseffekte jedoch dauerhaft.

- Zwar ist die Wirkungs*richtung* einer geldpolitischen Maßnahme im Hinblick auf Produktion und Preise ziemlich eindeutig, das *Ausmaß* und der *Zeitpunkt* der Wirkung ist aber mit großer Unsicherheit behaftet. Daher sollten Notenbanken nicht den Versuch einer konjunkturellen Feinsteuerung betreiben.

Dem ersten Einwand – nur temporärer Outputeffekt – kann man entgegnen, dass die meisten VAR-Analysen und Simulationsstudien einen Zeithorizont von mindestens 3½ bis 4 Jahren für die Dauer der Outputeffekte ermitteln. Bei solchen Zeitspannen kann man kaum noch von Kurzfristigkeit sprechen.[110] Außerdem gehen gerade strukturelle Modelle häufig von der Annahme eines langfristig stabilen Gleichgewichts aus. Insofern ist es fast etwas absurd, wenn die EZB mit Hilfe von Modellen, welche die langfristige Neutralität der Geldpolitik unterstellen, „beweist", dass es nur vorübergehende Outputeffekte gibt. Zum zweiten Einwand – Unsicherheit über die Zinseffekte – ist zunächst zu bemerken, dass die verschiedenen Analysen hinsichtlich des quantitativen Ausmaßes und des Zeitpunkts der Outputeffekte bemerkenswert eng beieinander liegen. Jedenfalls ist die Abschätzung der Preiseffekte mit noch größerer Unsicherheit verbunden. Außerdem wird von keiner Notenbank – auch mit Beschäftigungszielen – erwartet, dass sie mit ihrer Zinspolitik die Konjunktur ganz präzise steuert und dabei das reale Wachstum stets auf dem Potentialtrend hält. Aber eine Grobsteuerung, die mit vorsichtigen Zinsschritten („interest rate smoothing") versucht, Outputschwankungen zu mindern, liegt im Bereich des Möglichen.[111]

Insgesamt widerlegen die empirischen Ergebnisse offensichtlich viele Argumente, die von der neuklassischen und monetaristischen Theorie (Kapitel 3.1.4.1/2) gegenüber einer zu starken Beschäftigungsorientierung in der Geldpolitik vorgebracht werden:
- Geldpolitik verursacht deutliche reale Effekte.
- Die Lag-Problematik tritt eher in Bezug auf die Preise als auf den Output auf.
- Die Risiken einer geldpolitischen Fehlsteuerung erscheinen angesichts der eher bescheidenen und trägen Reaktion der Preise vergleichsweise gering.
- Es deutet auch nichts darauf hin, dass die Geldpolitik in der Rezession weniger wirksam ist als in der Hochkonjunktur. Die meisten Simulationsexperimente ergeben jedenfalls symmetrische Resultate in beiden Konjunkturphasen.[112]

---

[109] Vgl. EZB (2002a), S. 48-50, und 58. Sie versucht lediglich „unnötigen Schwankungen bei anderen wichtigen makroökonomischen Variablen, insbesondere bei der Konjunktur" [(2002a), S. 48] im Rahmen ihrer auf Preisstabilität ausgerichteten Politik zu vermeiden, siehe auch Kap. 6.1.

[110] Die EZB selbst weist darauf hin, dass in ihren Simulationsstudien, die Produktion nach einem Zinsschock frühestens nach 5 Jahren wieder zum Basisniveau zurückkehrt, vgl. EZB (2002a), S. 49.

[111] „... I fail to see any bright line – and maybe not even a dim one – between coarse-tuning, which is what central bankers are supposed to do, and fine-tuning, which is what they are supposed to avoid." Blinder (1997), S. 12.

[112] Einige VAR-Analysen deuten sogar darauf hin, dass die Geldpolitik in der Rezession wirkungsvoller ist als im Boom. Dies könnte daran liegen, dass der Kapitalkosten- oder Kreditkanal in konjunkturell schwachen Zeiten stärker zum tragen kommt, vgl. EZB (2002a), S. 54f.

3.3 Von der Phillips-Kurve zur Trade-off-Kurve von John Taylor

3.3.1 Der Trade-off zwischen Inflations- und Outputvariabilität

Angesichts der empirischen Resultate, die eine recht rasche, halbwegs vorhersehbare und quantitativ bedeutsame Wirkung der Geldpolitik auf das Outputniveau nahe legen, plädiert eine Reihe von Ökonomen dafür, diese Fähigkeiten der Geldpolitik zu nutzen, um Notenbanken nicht nur auf Preisstabilität, sondern auch auf die Minimierung von Outputschwankungen zu verpflichten. Die Grundpfeiler dieser Sichtweise, die vor allem von Befürwortern der Taylor-Regel („Taylorianer") propagiert wird, können wie folgt zusammengefasst werden:[113]

- Die Taylorianer vertreten keine radikale Auffassung, da sie das langfristige Neutralitätspostulat der Geldpolitik anerkennen.[114] Die natürliche Arbeitslosenrate wird als Gravitationszentrum des Systems angesehen, das monetär nicht beeinflussbar ist. Der Abbau von struktureller Arbeitslosigkeit ist in ihren Augen eine Aufgabe der Regierungen, die für attraktive Angebotsbedingungen (effizientes Steuersystem, flexible Arbeitsmärkte, niedriges Staatsdefizit) sorgen soll.

- Kurzfristige (durch exogene Faktoren erzeugte) Outputvolatilität um das langfristige Gleichgewicht wird von ihnen jedoch als Problem angesehen, das nicht allein den „Selbstheilungskräften" der Märkte überlassen werden sollte.

- Taylor und seine Anhänger teilen dabei nicht den Steuerungspessimismus der Monetaristen, sondern sind der Meinung, dass die Geldpolitik Output- und Beschäftigungsschwankungen glätten kann. Da die Bevölkerung nicht nur Präferenzen für ein stabiles Preisniveau, sondern auch für eine beständige Beschäftigungssituation besitzt, plädieren sie für zwei geldpolitische Ziele: Preis- *und* Outputstabilisierung.[115]

- Die Taylorianer betonen, dass es zwischen den beiden Zielen zu kurzfristigen Trade-offs kommen kann. Diese werden durch ökonomische Schocks ausgelöst, welche das langfristige Gleichgewicht stören und die Notenbank vor die Alternative stellen, temporär höhere Output- *oder* Preisschwankungen zu akzeptieren. Das anschaulichste Beispiel liefern hierfür negative Angebotsschocks, die gleichzeitig ein steigendes Preis- und ein sinkendes Outputniveau hervorrufen und die Notenbank vor die Entscheidungsalternative stellen, entweder durch ein scharfes Zinsmanöver das Preisniveau rasch zurückzuführen (unter Inkaufnahme weiterer Outputverluste) oder durch eine akkommodierende Politik die Outputverluste zu begrenzen (unter Inkaufnahme länger anhaltender Inflation).

---

[113] Vgl. hierzu z.B. Taylor (1994), (1996), S. 186ff., (1998b), S. 31ff., (2001), S. 89ff., und Meyer (2001b), S. 4ff.

[114] Diese Sicht der Dinge wird auch als "'no long-run trade-off'-view" bezeichnet, vgl. Taylor (1998b), S. 31.

[115] "But the public also cares about the variability of output relative to potential, and the conduct of monetary policy inevitably will affect output variability. Therefore ... the importance of keeping the monetary policy focused on what it can do supports the case for a dual mandate that explicitly recognizes both price stability and output stabilization as objectives for monetary policy." Meyer (2001b), S. 6. Auf einen qualitativen Unterschied zwischen beiden Zielen wird jedoch hingewiesen: Das Inflationsziel kann frei gewählt werden, das Output- bzw. Beschäftigungsziel ist hingegen mit dem Produktionspotential bzw. der natürlichen Arbeitslosenrate festgelegt, vgl. Taylor (1996), S. 187f.

Taylor [z.B. (1998b), S. 37ff.] plädiert dafür, diese kurzfristigen Zielkonflikte zwischen Inflation und Beschäftigung, denen sich eine Notenbank regelmäßig gegenübersieht, über einen längeren Zeitraum zu betrachten. Nimmt man z.b. die letzten 35 Jahre, dann waren die Industrieländer mit einer Vielzahl negativer Angebotsschocks konfrontiert – vor allem Ölpreisschocks, die durch das OPEC-Kartell bzw. mehrere Nahost-Krisen ausgelöst wurden. Eine Notenbank, die Vorlieben für Preisstabilität besitzt, würde bei jedem dieser Angebotsschocks restriktiv agieren und dabei temporäre Outputverluste akzeptiert haben. Hingegen würde eine Notenbank mit ausgeprägten Beschäftigungspräferenzen auf jeden dieser Schocks eher neutral oder sogar leicht expansiv reagiert haben. Gemäß Taylor wird sich eine solche – im Durchschnitt expansivere – Politik nicht in einem niedrigeren langfristigen Arbeitslosen*niveau*, jedoch in geringerer Beschäftigungs*variabilität* niederschlagen. Gleichzeitig ist diese Politik allerdings mit höherer Inflations*variabilität* verbunden. Eine Notenbank hat also nicht die Wahl zwischen einem niedrigen *Niveau* an Inflation oder Arbeitslosigkeit, sondern zwischen geringer Inflations- oder Beschäftigungs- bzw. Output*variabilität*.

Diesen Trade-off zwischen Inflations- und Outputvariabilität veranschaulicht Taylor anhand der so genannten Trade-off-Kurve, die auch als „Taylor-Kurve" bezeichnet wird.[116] Sie soll die alte Phillips-Kurve, die noch in Niveaugrößen argumentiert, als „menu of choice" der Geldpolitik ablösen. Die Trade-off-Kurve wird in der Regel (siehe Abb. 3.10, S. 108) als konvexe Kurve dargestellt.[117] Das Achsenkreuz weist auf der Ordinate ein Maß für die Inflationsvariabilität (z.B. Standardabweichung oder Varianz der Inflation) und auf der Abszisse ein Maß der Outputvariabilität (z.B. Varianz des Outputniveaus) auf. Die Kurve bildet mögliche Kombinationen von Inflations- und Outputvariabilität ab, die durch eine effiziente Geldpolitik erreicht werden können.[118] Rechts von der Kurve landet man dann, wenn eine ineffiziente Geldpolitik betrieben wird, z.B. weil die Notenbank eine schlechte Konjunkturanalyse praktiziert oder von der Regierung zu unvernünftigen Handlungen gezwungen wird. Punkte links von der Kurve sind beim gegebenen Wissenstand (z.B. begrenzte Kenntnisse über die Struktur der Volkswirtschaft oder die Häufigkeit von Schocks) nicht erreichbar.

Wurde eine solche Trade-off-Kurve für das eigene Land ermittelt – wie dies geschieht, wird weiter unten gezeigt –, steht die Notenbank als nächstes vor der Entscheidung, welchen Punkt sie auf der Kurve ansteuern soll. Sie wird vermutlich einen Punkt weit rechts anvisieren, wenn sie ausgeprägte Präferenzen für Preisstabilität besitzt und damit eine niedrige Inflationsvariabilität im Vordergrund steht. Je weiter man sich allerdings auf der Kurve nach rechts bewegt, desto höher sind die Opportunitätskosten (in Form steigender Outputvariabilität) pro zusätzlich gewonnener Einheit an Inflationsstabilität.

Die Ableitung der Taylor-Kurve soll im Weiteren anhand eines einfachen makroökonomischen Modells (inkl. einer simplen geldpolitischen Reaktionsfunktion) verdeut-

---

[116] In Taylor [(1979), S. 1281] wurde erstmals eine solche Kurve abgebildet.
[117] In Taylor (1998b) wird eine konkave Darstellung gewählt.
[118] Taylor [(1998b), S. 38f.] zieht hierbei bewusst eine Parallele zur Produktionsmöglichkeitskurve.

licht werde.[119] Dabei werden anfangs noch keine Nachfrage-, sondern nur Angebots-schocks berücksichtigt. Das System besteht aus den folgenden drei Gleichungen:

(3.10) $y_t = -\varphi r_t$

(3.11) $\pi_t = \pi_{t-1} + \alpha y_{t-1} + \varepsilon_t$

(3.12) $r_t = b y_t + p \pi_t$,

wobei y die reale Outputlücke (prozentuale Abweichung des realen BIP vom Produk-tionspotential), r einen approximierten Realzinssatz (Nominalzins abzüglich laufende Inflationsrate), π die Inflationsrate, ε einen Angebotsschock mit Erwartungswert null sowie konstanter Varianz und φ, α, b, p positive Konstanten darstellen.

Gleichung (3.10) ist eine IS-Kurve, die einen inversen Zusammenhang zwischen dem Realzins r und der Outputlücke y beschreibt.[120] Dahinter steht die Annahme, dass das reale BIP durch die Nachfrage bestimmt wird und alle Nachfragekompo-nenten (Investitions-, Konsum-, Exportnachfrage) negativ vom Realzins abhängig sind. Das „gleichgewichtige" oder „neutrale" Realzinsniveau, bei dem das reale BIP dem Produktionspotential entspricht (vgl. Kapitel 2.3.2), ist hier auf null normiert. So-bald der Realzins unter (über) null Prozent sinkt (steigt), entsteht eine positive (nega-tive) Outputlücke. Das Produktionspotential ist folglich keine Obergrenze, die nicht überschritten werden darf, sondern ein „normales" oder „natürliches" Outputniveau. Es wird durch langfristige Faktoren bestimmt und kann aus einer Produktionsfunktion abgeleitet werden.[121]

Gleichung (3.11) ist eine Phillips-Kurve, welche die Preisanpassung in der Ökonomie beschreibt. Wenn eine positive (negative) Outputlücke entsteht, steigen (fallen) die Preise. Dies geschieht allerdings mit einem Lag von einer Periode. Im vorigen Kapitel wurde deutlich, dass die Preisreaktion etwa mit einem Jahr Zeitverzögerung auf die Outputentwicklung reagiert, so dass eine Periode hier als ein Zeitraum von einem Jahr gesehen werden kann.

Gleichung (3.12) beschreibt die geldpolitische Reaktionsfunktion der Notenbank, die in ihrer Struktur der Taylor-Regel entspricht. Von der originären Taylor-Formel unter-scheidet sie sich dadurch, dass b (für Beschäftigungspräferenz) und p (für Preisstabi-lität) nicht zwangsläufig 0,5 betragen und der reale Gleichgewichtszins r* sowie das Inflationsziel π* auf null normiert sind. Ein Vorgehen gemäß Gleichung (3.12) impliziert, dass die Notenbank die Realzinsen sowohl bei einem Anstieg (Rückgang) der Inflationsrate über (unter) das Inflationsziel als auch bei einer Anstieg (Rück-gang) des realen BIP über (unter) das Produktionspotential erhöht (senkt). Die No-

---

[119] Das Modell lehnt sich an Taylor (1994) an [vgl. außerdem Taylor (1999a) und (2001)].

[120] Vgl. zur Interpretation der Kurven auch Taylor (1994), S. 23f.

[121] Gleichung (3.10) enthält natürlich eine Reihe von Vereinfachungen: 1) Es wird nicht zwischen dem kurzfristi-gen und dem langfristigen Realzins unterschieden. Hier wird r als kurzfristiger Realzins aufgefasst, da r gleichzeitig das Politikinstrument der Notenbank darstellt. 2) Da die Einführung der erwarteten Inflationsrate das Modell stark verkomplizieren würde, begnügt man sich hier bei der Ermittlung des Realzinses mit der lau-fenden Inflationsrate. 3) Empirische Ergebnisse legen nahe, dass sich Zinsveränderungen nur verzögert im realen BIP niederschlagen. Diese Wirkungsverzögerung wird später berücksichtigt. 4) Die Staatsnachfrage wird als konstant unterstellt. 5) Nachfrageschocks werden zunächst nicht berücksichtigt.

tenbank strebt also eine Stabilisierung von Inflation *und* Output an.[122] Mit p > 0 ist außerdem das „Taylor-Prinzip" gewahrt, d.h. auf einen Anstieg der Inflationsrate reagiert die Notenbank mit einem noch kräftigeren Nominalzinsanstieg, so dass sich per Saldo ein Realzinsanstieg ergibt, der die Nachfrage drosselt und das Makro-Systems stabilisiert. Aus Vereinfachungsgründen wird hier direkt der Realzins statt des Nominalzinses als Politikinstrument der Notenbank unterstellt, was angesichts der vorhandenen Preisrigiditäten unproblematisch erscheint.[123] Es wird weiterhin angenommen, dass die Währungshüter den gleichgewichtigen Realzinssatz (hier null Prozent) kennen, obgleich dieser in der Realität nicht so einfach zu beobachten ist.

Um den Trade-off zwischen Inflations- und Outputvariabilität zunächst formal abzuleiten, wird die Reaktionsfunktion (3.12) in Gleichung (3.10) integriert, um eine direkte Beziehung zwischen Inflation und Outputlücke herzustellen:

$$y_t = -\varphi(by_t + p\pi_t)$$

$$(3.13) \quad y_t = -c\pi_t,$$

wobei c = φp/(1 + φb). Gleichung (3.13) zeigt einen inversen Zusammenhang zwischen der Inflationsrate und der Outputlücke. Diese Relation ist eine direkte Konsequenz aus dem Taylor-Prinzip, wonach ein Inflationsanstieg automatisch von der Notenbank mit einer Realzinserhöhung beantwortet wird, was zu einem Rückgang der Outputlücke führt. Der Parameter c ist dabei umso höher je größer p (je aggressiver die Notenbank auf die Inflationslücke reagiert) und je kleiner b ist (je schwächer die Notenbank auf die Outputlücke reagiert).

Ein Anstieg von c bedeutet demnach, dass die Inflationslücke innerhalb der Reaktionsfunktion an Bedeutung gewinnt. In einem nächsten Schritt soll die Inflationsvariabilität des Makro-Systems ermittelt werden. Hierzu eliminiert man zunächst die Outputlücke aus der Preisgleichung (3.11) was durch Einsetzen von (3.13) in (3.11) geschieht. Es ergibt sich:

$$\pi_t = \pi_{t-1} - \alpha c\pi_{t-1} + \varepsilon_t$$

$$(3.14) \quad \pi_t = (1-\alpha c)\pi_{t-1} + \varepsilon_t.$$

Gleichung (3.14) stellt einen autoregressiver Prozess erster Ordnung in π dar, aus dem sich in einfacher Weise die Varianz der Inflationsrate [Var(π) = σ^2_π] ableiten lässt.[124] Bezeichnet man die Varianz des Angebotsschocks mit σ^2, erhält man:

$$(3.15) \quad \sigma^2_\pi = \frac{\sigma^2}{1-(1-\alpha c)^2}.$$

---

[122] Da bei diesem Modell Outputstabilität die Voraussetzung für Preisstabilität darstellt, bedeutet die Verwendung einer solchen Reaktionsfunktion nicht zwangsläufig, dass auch die Verlustfunktion der Zentralbank beide Ziele (Inflations- und Outputstabilisierung) beinhaltet (siehe Kapitel 2.3.1). Es kommt auf das Verhältnis von p und b an.

[123] "To treat the real interest rate as the instrument of monetary policy is a simplification, but in the sticky price world being examined here, all that is needed for this is that the monetary authorities change the interest rate sufficiently often, and sufficiently decisively, to remain 'ahead of the game'." Checchetti (2000), S. 51.

[124] Var(π_t) = (1-αc)² Var(π_{t-1}) + Var(ε_t) + 2(1-αc) Cov(π_{t-1},ε_t), da Cov(π_{t-1},e_t) = 0 und Var(π_{t-1}) =Var(π_t) ergibt sich: [1-(1-αc)²] Var(π_t) = Var(ε_t) bzw. in anderer Schreibweise [1-(1-αc)²] σ^2_π = σ^2.

Über (3.13) [$y_t = -c\pi_t$], lässt sich jetzt problemlos die Outputvarianz σ^2_y ermitteln. Es gilt: Var(y) = c^2 Var(π) und entsprechend:

$$(3.16) \quad \sigma^2_y = c^2\sigma^2_\pi = \frac{(c\sigma)^2}{1-(1-ac)^2}.$$

Setzt man (3.15) in Beziehung zu (3.16), wird der Trade-off zwischen der Inflations- und Outputvariabilität offensichtlich:

$$(3.17) \quad \frac{\sigma^2_\pi}{\sigma^2_y} = \frac{1}{c^2}.$$

Bei einem Anstieg von c [= p/(1 + b), für $\varphi = 1$] – also eine höhere Gewichtung der Inflationslücke innerhalb der Reaktionsfunktion (p/b↑) – nimmt die Inflationsvariabilität ab und die Outputvariabilität zu, so dass per Saldo das Verhältnis von Inflations- zu Outputvariabilität sinkt, was in (3.17) zum Ausdruck kommt. Fixiert man Werte für α und σ, dann lassen sich durch eine sukzessive Anhebung von c unendlich viele Wertepaare der Inflations- und Outputvariabilität berechnen und innerhalb eines Diagramms der Inflations- und Outputvarianz in Form einer Trade-off-Kurve (siehe Abb. 3.10, für c = ¼; ½; 1; 1½; 2 exemplarisch dargestellt) veranschaulichen. Die Wertepaare wandern dabei allmählich infolge der steigenden Inflations- und fallenden Outputstabilität nach rechts unten.

Mit der Ermittlung der Trade-off-Kurve ist aber noch nichts darüber ausgesagt, welchen Punkt die Notenbank auf der Kurve auswählen soll. Zur Bestimmung eines solchen optimalen Paares der Inflations- und Outputvariabilität ist die Einführung einer Verlustfunktion der Zentralbank notwendig, die man sich z.B. folgendermaßen vorstellen kann:

$$(3.18) \quad L = \sigma^2_\pi + \lambda\sigma^2_y,$$

wobei λ die Gewichtung des Beschäftigungsziels darstellt. Grafisch könnte man diese Verlustfunktion durch eine Schar von Indifferenzkurven darstellen, die konkav zum Ursprung vorlaufen.[125] Mit wachsender Entfernung zum Ursprung nehmen Output- und Inflationsvariabilität und damit auch die Kosten der Notenbank zu. Das Kostenminimum ist dort erreicht, wo eine der Indifferenzkurven gerade die Taylor-Kurve berührt. Anhand dieses Punktes kann die Notenbank ihre optimale Reaktionsfunktion (Werte von b und p) bestimmen.

Zur Ermittlung einer geeigneten Position entlang der Taylor-Kurve muss die Notenbank daher in zwei Schritten vorgehen:[126] Zunächst muss sie die Trade-off-Kurve ermitteln. Hierzu muss die Notenbank Vorstellungen über die Struktur der Volkswirtschaft bilden und einzelne Parameter abschätzen können, welche die Lage und Form der Kurve maßgeblich beeinflussen (z.B. Zinsreagibilität der Nachfrage φ, Varianz der Schocks σ). Als zweites muss sie sich Gedanken über ihre Zielfunktion und damit die Gewichtung der Kosten von Inflations- und Outputvariabilität machen.

Insgesamt kann man festhalten, dass der aus diesem einfachen Modell abgeleitete Trade-off zwischen Inflations- und Outputvariabilität in seiner Art typisch für die ge-

---

[125] Zu einer Darstellung in diesem Sinne vgl. z.B. King (1997b), S. 437.
[126] Walsh (1998b) spricht von einem „two-step approach".

genwärtige makroökonomische Modellanalyse ist und sich auch in komplexeren und anders strukturierten Modellen wieder findet.[127] Jedenfalls ist man sich weitgehend darin einig, dass ein solcher Trade-off besteht und die Taylor-Kurve auf keinen Fall vollkommen vertikal verläuft. Es wurde außerdem deutlich, dass neben der geldpolitischen Reaktionsfunktion (Parameter b und p) strukturelle Komponenten wie die Zinsreagibilität der Nachfrage (Parameter φ) oder die Schockfrequenz (σ^2_ε) für die Form und Lage der Trade-off-Kurve ausschlaggebend sind.

3.3.2 Der Trade-off im "π-y-Diagramm"

Durch eine grafische Darstellung des Modells soll der Trade-off zwischen Inflations- und Outputvariabilität noch besser veranschaulicht werden.[128] Gleichung (3.13) stellt nach π aufgelöst in einem π-y-Diagramm eine aggregierte Nachfragekurve (AD) dar.

(3.13) $\pi_t = -1/c\ y_t$

Da c = [$\varphi p/(1+\varphi b)$] positiv ist, weist die AD-Kurve eine negative Steigung auf. Der negative Zusammenhang zwischen Outputlücke und Inflationsrate ist einleuchtend, wenn man sich vergegenwärtigt, dass die Notenbank auf einen Inflationsanstieg automatisch mit einer Erhöhung der Realzinsen reagiert und damit Investitions-, Konsum- und Exportnachfrage mindert und eine negative Outputlücke erzeugt. Je größer c ausfällt, umso flacher verläuft die

Abb. 3.9: Aggregierte Nachfragekurve

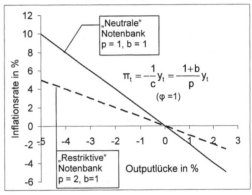

Quelle: In Anlehnung an Taylor (1994), S. 28.

AD-Kurve. Ein hoher Wert des Parameters c bedeutet, dass die Notenbank besonders aggressiv auf Inflationsveränderungen reagiert (hohes p) bzw. wenig Rücksicht auf Outputschwankungen nimmt (kleines b). In Abb. 3.9 sind zwei AD-Kurven gegenübergestellt, wobei die steilere Kurve ein „neutrales" (gleiche Gewichtung von Inflations- und Outputlücke) und die flache (gestrichelte) Kurve ein „restriktives" (doppelt so starke Gewichtung der Inflationslücke) Notenbankverhalten widerspiegeln soll. Die Steigung der Nachfragekurve wird damit in entscheidender Weise von den Präferenzen der Geldpolitik geprägt.

Die Angebotskurve ergibt sich aus Gleichung (3.11) welche die Preisanpassung beschreibt. Gleichung (3.11) weist allerdings keine Abhängigkeit der laufenden Inflati-

---

[127] Levin et al. (1999) zeigen konvexe Trade-off-Kurven anhand von vier unterschiedlichen Makro-Modellen der US-Wirtschaft. Clarida et al. [(1999), S. 1672f.] leiten eine Trade-off-Kurve auf der Grundlage einer „New Keynesian" Phillips-Kurve ab. Checchetti [(1998), S. 5ff., (2000), S. 51f.] verwendet ein noch einfacheres Modell (ohne Lags) zur Bestimmung einer konvexen Trade-off-Kurve.

[128] Dies geschieht teilweise in Anlehnung an Taylor (1994), S. 28ff.

onsrate von der aktuellen Outputlücke, sondern nur von y_{t-1} auf. Die Kurve der Preisanpassung (PA) verläuft daher in einem π_t-y_t-Diagramm als waagrechte Gerade. Wenn sich die Outputlücke jedoch verändert, wird sich dies in der nächsten Periode in einer horizontale Verschiebung der waagrechten Geraden nach oben oder unten bemerkbar machen.

Im Folgenden wird unterstellt, dass die Semizinselastizität der Güternachfrage bei eins liegt ($\varphi = 1$). Ein Anstieg des Realzinssatzes von einem Prozentpunkt führt entsprechend zu einer negativen Outputlücke von -1 %. Des Weiteren sei $\alpha = 0,5$, d.h. um die Inflationsrate in der nächsten Periode um einen Prozentpunkt zu reduzieren, muss eine negative Outputlücke von 2 % entstehen.[129] Zunächst wird von der „neutralen" Notenbank ausgegangen, die Inflations- und Outputschwankungen in gleicher Weise ablehnt (p = b = 1). Unter diesen Bedingungen ist c = $\varphi p/(1+\varphi b)$ = ½ und die aggregierte Nachfragekurve ($\pi_t = -1/c\, y_t$) weist eine Steigung von -2 auf. Dieser Fall ist in Abb. 3.11 dargestellt. Im Ausgangspunkt (Punkt A) sei außerdem angenommen, dass weder eine Outputlücke (y = 0) noch eine Inflationslücke (π = 0) besteht. Die Preisgleichung (PA) fällt dementsprechend mit der Abszisse zusammen.

Es wird nun ein negativer Angebotsschock unterstellt, der die Inflationsrate auf 4 % ansteigen lässt. Dies bedeutet, dass die PA-Linie horizontal um 4 Prozentpunkte nach oben geschoben wird (siehe Abb. 3.11). Wie reagiert die Notenbank auf diesen Preisschock? Der Reaktionskoeffizient der Inflationslücke p (=1) würde für sich allein genommen die Realzinsen um 4 Prozentpunkte erhöhen, woraus ein ebenso großer Outputrückgang resultieren würde. Da die Notenbank Inflations- und Outputvolatilität gleichermaßen berücksichtigt (b = 1), hebt sie die Zinsen jedoch „nur" um 2 Prozentpunkte an, was eine negative Outputlücke von 2 % und ein neues Gleichgewicht in Punkt B zur Folge hat. Aufgrund des Produktionsrückgangs sinkt die Inflationsrate in der nächsten Periode um einen Prozentpunkt auf 3 %, was sich grafisch in einer Verschiebung der PA-Linie nach unten (gestrichelte Gerade) und einem neuen Gleichgewicht in C äußert. Dieser Prozess des allmählichen Rückgangs der Inflationsrate setzt sich in den kommenden Perioden fort und die PA-Linie nähert sich nach und nach wieder dem Ausgangsniveau (Abszisse) an.

Als zweiter Fall (Abb. 3.12) wird eine Notenbank mit größerer Inflationsphobie betrachtet, welche ein p von 2 und ein b von 1 wählt und damit die Inflationslücke innerhalb ihrer Reaktionsfunktion stärker gewichtet als die Outputlücke. Hieraus ergibt sich ein c von 1 und damit eine flachere aggregierte Nachfragekurve (Steigung = -1). Der Preisschock wird dementsprechend von der Notenbank mit einem kräftigeren Zinsanstieg von 4 Prozentpunkten gekontert, dem ein ebenso starker Outputrückgang folgt (Punkt B'). Dies hat auch zur Folge, dass die Inflationsrate in der kommenden Periode deutlicher als im ersten Fall fällt (auf 2 %, Punkt C') und auch in den weiteren Perioden rascher zum Ausgangspunkt zurückkehrt. Insgesamt ergibt sich gegenüber dem Fall mit der indifferenten Notenbank damit ein stärkerer Ausschlag bei der Outputlücke aber eine geringere Schwankung bei der Inflationsrate. Die Inflationsvariabilität ist kleiner, die Outputvariabilität größer. Es gilt allgemein, dass eine

---

[129] Der Kehrwert von α (hier 2) kann daher als „Opferrate" bezeichnet werden. Ball [(1997a), S. 5] wählt für die Kalibrierung eines ähnlichen Modells in etwa die gleichen Werte ($\varphi = 1$, $\alpha = 0,4$).

flachere AD-Kurve nach einem Preisschock zwar größere Outputschwankungen erzeugt, aber gleichzeitig dafür sorgt, dass die PA-Linie rascher nach unten wandert.[130]

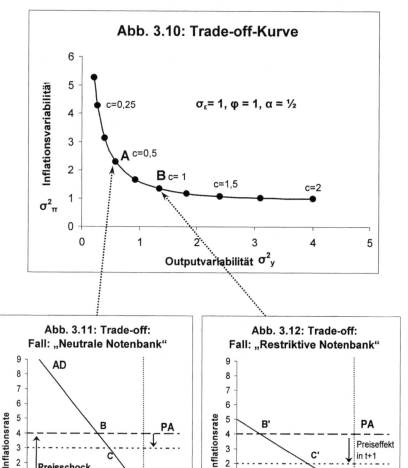

Abb. 3.10: Trade-off-Kurve

$\sigma_\varepsilon = 1,\ \varphi = 1,\ \alpha = \frac{1}{2}$

Abb. 3.11: Trade-off:
Fall: „Neutrale Notenbank"

Abb. 3.12: Trade-off:
Fall: „Restriktive Notenbank"

Quelle der Abb. 3.10-3.12: In Anlehnung an Taylor (1994), S. 28ff.

---

[130] Eigentlich ist die Summe der betragsmäßigen Outputverluste in beiden Fällen gleich groß (kumulierte Outputverluste jeweils 8 %). Die „restriktive" Notenbank erzeugt jedoch größere Anfangsverluste (tiefere Rezession zu Beginn). Die Summe der quadrierten Outputverluste (Varianz) ist daher im zweiten Fall größer, vgl. Ball (1994b), S. 41f.

Dies lässt sich auch anhand der Trade-off-Kurve aus Abb. 3.10 veranschaulichen. Die Werte dieser Kurve wurden auf der Basis der vorliegenden Modellstruktur ermittelt und zwar unter der Annahme, dass $\alpha = \frac{1}{2}$ und die Varianz des Angebotsschocks $\sigma^2 = 1$. Der erste hier betrachtete Fall der „neutralen" Notenbank wird durch Punkt A $(\sigma^2_y = 0,6, \sigma^2_\pi = 2,3)$ und der zweite Fall der „restriktiven" Notenbank durch Punkt B $(\sigma^2_y = 1,3, \sigma^2_\pi = 1,3)$ repräsentiert. Punkt A spiegelt höhere Präferenzen der Notenbank für Output und Beschäftigung, Punkt B für Preisstabilität wieder.

3.3.3 Die Relevanz von Nachfrageschocks für die Taylor-Kurve

Bisher sieht es so aus, als ob der Trade-off zwischen Inflations- und Outputvolatilität nur bei Angebotsschocks in Erscheinung tritt. Taylor [(1998b), S. 40f.] weist aber ausdrücklich darauf hin, dass die Idee der Trade-off-Kurve auch auf Nachfrageschocks Anwendung findet.[131] Intuitiv ist dies rasch einleuchtend. Kommt es z.B. zu einem expansiven Konjunkturschock, der eine positive Outputlücke und damit Inflationsdruck erzeugt, steht die Notenbank ebenfalls (wie bei einem Angebotsschock) vor einem Dilemma:

1. Sie kann durch eine kräftige Zinsresstriktion jegliche Inflationsgefahr im Keim ersticken. Dabei riskiert sie aber gleichzeitig, dass die Wirtschaft in eine Rezession abgleitet.
2. Sie kann aber auch sehr vorsichtig vorgehen und vorübergehend einen gewissen Inflationsanstieg hinnehmen, in dem sie die Outputlücke nur langsam wieder auf null zurückführt (Versuch eines „soft landings").[132]

Nachfrageschocks können auf einfache Weise in das obige Modell integriert werden. Gleichung (3.10) wird hierzu folgendermaßen erweitert:[133]

$$(3.10') \quad y_t = -\varphi r_t + \eta_t,$$

η stellt einen Nachfrageschock mit Mittelwert null und konstanter Varianz σ_η dar. Die neue aggregierte Nachfragekurve weist dann folgende Gestalt auf:

$$(3.13') \quad y_t = -c\pi_t + [1/(1 + \varphi b)]\,\eta_t.$$

Der Nachfrageschock stellt einen Lageparameter der AD-Kurve dar. Durch die Wahl eines hohen Wertes für b (Reaktionskoeffizient der Outputlücke) können Verschiebungen der Nachfragekurve minimiert werden [b↑ → 1/(1 + φb)↓]. Auf den ersten Blick scheint sich hieraus in einfacher Weise ein Trade-off ableiten zu lassen: Während eine Notenbank mit hohen Output- und Beschäftigungspräferenzen ein großes b wählt und damit niedrige Outputschwankungen erzeugt, wird eine Notenbank mit stärkeren Präferenzen für Preisstabilität auf Outputschwankungen weniger Rücksicht nehmen und b eher klein wählen. Ein Blick auf die modifizierte Preisgleichung zeigt jedoch, dass dies ein Trugschluss ist:

$$(3.11') \quad \pi_t = (1- \alpha c)\,\pi_{t-1} + \alpha\,[1/(1 + \varphi b)]\,\eta_t + \varepsilon_t.$$

---

[131] King [(1997b), S. 437] geht hingegen offenbar davon aus, dass sich die Trade-off-Kurve nur auf Angebotsschocks bezieht.

[132] Spahn [(2001b), S. 373] beschreibt die Zinspolitik in einer Boomphase als „knife-edge"-Situation.

[133] Vgl. Taylor (1994), S. 23, und 26.

Auch eine Notenbank, welche ein hohes Maß an Preisstabilität bevorzugt, sollte b möglichst groß wählen.[134] Dies ist einleuchtend, da Outputschwankungen von heute Inflationsschwankungen von morgen hervorrufen. Es ist daher sowohl zur Minimierung von Output- als auch Inflationsschwankungen angezeigt, ein hohen Wert für b zu wählen. Dieses Ergebnis resultiert aber primär aus der Annahme des Modells, dass die Notenbank mit ihrer Zinspolitik noch in derselben Periode jegliche Wirkungen eines Nachfrageschocks unterdrücken kann. Die Notenbank kann so zusagen die Nachfragekurve trotz des Schocks in ihrer originären Lage festnageln und damit aktuelle Output- und künftige Inflationsschwankungen gleichermaßen verhindern.

Unter der realitätsnäheren Annahme, dass geldpolitische Maßnahmen erst mit Zeitverzögerung auf die Outputlücke wirken, kann man jedoch zeigen, dass sich auch allein aus Nachfrageschocks ein Trade-off zwischen Inflations- und Outputvariabilität ergibt. Dazu muss das obige Modell erneut modifiziert werden:[135]

$$(3.10'') \quad y_t \quad = \quad -\varphi r_{t-1} \quad + \delta y_{t-1} \quad + \eta_t$$

$$(3.11) \quad \pi_t \quad = \quad \pi_{t-1} \quad + \alpha y_{t-1} \quad + \varepsilon_t$$

$$(3.12) \quad r_t \quad = \quad by_t \quad + p\pi_t.$$

An Gleichung (3.11) und (3.12) hat sich nichts verändert, die Outputlücke ist jetzt aber vom Realzins und der Outputlücke der *Vorperiode* abhängig. Diese Modellstruktur – Realzins wirkt mit einer Periode Zeitverzögerung auf die Outputlücke und diese erneut zeitverzögert auf die Inflationsrate – ist bei mehreren Autoren [Svensson (1997b), Ball (1997a), Bean (1998)] keine unübliche Annahme. Wenn man als Periodenmaß ein Jahr unterstellt, dann deckt sich dies weitgehend mit den empirischen Ergebnissen, dass sich geldpolitische Maßnahmen mit ca. einem Jahr Verzögerung auf den Output und mit zweijähriger Verzögerung auf die Preise auswirken (vgl. Kap. 3.2). Diese Erkenntnis hat auch unmittelbar Eingang in die Struktur des Makro-Modells der Bank of England gefunden: *"... in the Bank's macroeconometric model (...), official interest rate decisions have their fullest effect on output with a lag of around one year, and their fullest effect on inflation with a lag of around two years."*[136]

Während es in der ursprünglichen Modellstruktur noch für alle Notenbanken sinnvoll war, Nachfrageschocks möglichst unmittelbar zu bekämpfen, gilt dies jetzt nicht mehr. Die Reaktionen der Geldpolitik fallen aufgrund des modifizierten Modells unterschiedlich aus, je nachdem ob eher Vorlieben für Inflations- oder Outputstabilität bestehen. Unterstellt sei z.B. ein positiver Nachfrageschock η, der die Outputlücke auf 4 % ansteigen lässt und damit in der nächsten Periode einen Inflationsimpuls von 2 % (bei α = 0,5) auslöst. Eine Notenbank, die eindeutig Preisstabilität bevorzugt, wird auf diesen Schock mit einer scharfen Zinsrestriktion reagieren, wodurch sie bereits in der kommenden Periode eine deutlich negative Outputlücke hervorruft. Mit Hilfe dieses negativen „Output Gaps" soll möglichst viel Disinflationsdruck erzeugt und damit eine rasche Rückführung der Inflation gewährleistet werden. Um ihr Ziel – hohe Inflationsstabilität – zu erreichen, nimmt die Notenbank also ein beträchtliches

---

[134] Wählt man b groß, ergibt sich c.p. zwar ein kleines c. Dies kann aber durch die Wahl eines großen p (Reaktionskoeffizient der Inflationslücke) kompensiert werden, vgl. Ball (1994b), S. 41.

[135] Vgl. zu diesem Modelltyp: Bean (1998), Ball (1997a), (1999a), oder Svensson (1997b).

[136] Bank of England (1999), S. 3.

Maß an Outputvariabilität in Kauf. Umgekehrt wird eine Notenbank mit hohen Präferenzen für Outputstabilität eine weniger ehrgeizige Inflationsbekämpfung praktizieren. Diese Notenbank wird moderater reagieren und bestenfalls eine gemäßigte negative Outputlücke in den kommenden Perioden erzeugen. Das Beispiel wird in Kasten 3.1 ausführlich erläutert.

Die bisherigen Überlegungen machen deutlich, dass Nachfrageschocks bei der Ableitung der Taylor-Kurve eine wichtige Rolle spielen, wenn man die empirischen Ergebnisse über die Lag-Struktur im Transmissionsprozess ernst nimmt. Damit wird auch die Argumentation einiger Inflation Targeter ausgehebelt, die behaupten, dass bei Nachfrageschocks kein zusätzliches Beschäftigungsziel erforderlich ist, da bereits aufgrund des Inflationsziels ein hinlängliches Interesse an niedrige Outputvarianz bestehe. Wie soeben gezeigt, lässt sich aber durchaus allein auf Basis von Nachfrageschocks ein Trade-off zwischen Inflations- und Outputvariabilität ableiten. Eine höhere Beschäftigungspräferenz ist damit automatisch mit niedriger Outputvarianz verbunden. Es ist daher nicht gleichgültig, ob eine Zielfunktion auch ein Beschäftigungsziel enthält oder nicht. Dies wird sich auf jeden Fall in einer anderen Struktur der geldpolitischen Reaktionsfunktion niederschlagen. Vieles deutet jedenfalls darauf hin, dass es sich Notenbanken, die lediglich bei Angebotsschocks vorübergehend den Vorrang der Preisstabilität außer Kraft setzten, etwas zu einfach machen.

Kasten 3.1: Inflations- und Outputvariabilität bei Nachfrageschocks

Um die Wirkungen eines positiven Nachfrageschocks auf die Inflations- und Outputvariabilität grafisch darzustellen, werden die Parameter des obigen Modells wie folgt festgelegt: α = 0,5; φ = 1 und δ = 0,8. Außerdem werden zwei Notenbanken mit ungleichen Präferenzen (μ) in ihren Zielfunktionen (L = σ^2_π + $\lambda\sigma^2_y$) betrachtet, für die entsprechend zwei abweichende „optimale" Reaktionsfunktion gelten:[137]

- N^P sei eine Notenbank mit hoher Präferenz für Preisstabilität. Sie gewichtet die Inflationsstabilität doppelt so stark wie die Outputstabilität (λ = ½). Die optimalen Koeffizienten lauten hier: b = 1,3 und p = 1,0. N^P reagiert also sowohl auf die die Inflations- als auch die Outputlücke vergleichsweise stark, um die von den Nachfrage- und Angebotsschocks ausgehenden Inflationsimpulse rasch zu beseitigen.

- N^O sei eine Notenbank mit hohen Präferenzen für Beschäftigungsstabilität (λ = 4). Die optimalen Koeffizienten betragen hier: b = 1,0 und p = 0,45, d.h. N^O reagiert schwächer als N^P auf die Inflations- und Outputlücke, was eine geringere Realzins- und damit auch Outputvariabilität erzeugt.

---

[137] Zur Ableitung „optimaler" Zinsregeln stellt Ball [(1997a), S. 5ff.] folgende Überlegungen an: Ausgangspunkt ist die Verlustfunktion L = σ^2_π + $\lambda\sigma^2_y$, die minimiert werden soll. Die Outputlückenprognose $E(y_{t+1})$= -r + δy (φ=1) betrachtet er als eigentliche geldpolitische Steuerungsvariable, da sie von der Notenbank mit Hilfe des Realzinses r direkt kontrolliert werden kann. Wenn die Notenbank einen Wert für $E(y_{t+1})$ festlegt, muss sie insbesondere die erwartete Inflationsrate $E(\pi_{t+1})$ beachten; der einzigen Variablen des Systems, die sie nicht mehr beeinflussen kann. Die Notenbank wird folglich $E(y_{t+1})$ in Abhängigkeit von $E(\pi_{t+1})$ bestimmen: Es gilt daher: $E(y_{t+1})$ = -q$E(\pi_{t+1})$ bzw. -r + δy = q (π + αy). Die optimale Zinsregel ist folglich: r = (δ+ αq)y + qπ. Die Variable q ist ein Parameter, der von der Beschäftigungspräferenz λ abhängig ist und mit steigendem λ abnimmt. Mit wachsender Präferenz für Preisstabilität (und damit $\lambda\downarrow$ und q$\uparrow$) nehmen beide Reaktionskoeffizienten der optimalen Zinsregel zu [zur genauen Berechnung von q: Vgl. Ball (1997a), S. 17].

Interessant ist dabei, dass die unterschiedlichen Präferenzen der Notenbanken nicht im Reaktionskoeffizient der Output-, sondern der Inflationslücke zum Ausdruck kommen. Letzterer fällt bei N^P deutlich höher aus. Unter diesen Annahmen wird beispielhaft eine Volkswirtschaft betrachtet, die sich zunächst im Gleichgewicht befindet, dann aber (in Periode t_0) von einem Nachfrageschock getroffen wird, der die Outputlücke auf 4 % ansteigen lässt. Der sich hieraus ergebene Inflationsimpuls, erhöht die Inflationsrate in Periode t_1 auf 2 %. Wie reagieren N^P und N^O auf diesen Schock? (Zum Vergleich der Ergebnisse siehe Abb. 3.13):

- N^P erhöht die Realzinsen in t_0 scharf auf 5,2 %. Hierdurch wird in t_1 eine deutlich negative Outputlücke (2 %) erzeugt, die in den nachfolgenden Perioden zum raschen Abbau der Inflation beiträgt.

- N^O agiert zu Beginn weniger restriktiv. Sie erzeugt eine kleinere negative Outputlücke (0,8 %) und verhält sich auch in den Folgeperioden zinspolitisch ruhiger. Inflations- und Outputlücke werden daher in langsamerem Tempo zurückgeführt.

Abb. 3.13: Inflations- und Outputentwicklung nach einem positiven Nachfrageschock bei unterschiedlichen geldpolitischen Präferenzen

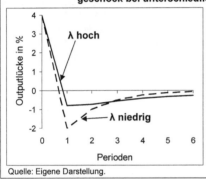 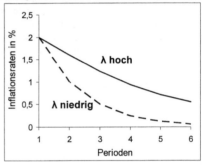

Quelle: Eigene Darstellung.

3.3.4 Eigenschaften der Trade-off-Kurve

Abschließend sollen Eigenschaften der Trade-off-Kurve diskutiert und kritische Anmerkungen zu ihrer Funktion als „Menu of Choice" der Geldpolitik gemacht werden.

Bewegungen entlang der Trade-off-Kurve = Variation des Politikhorizonts

Bisher wurden Bewegungen entlang der Taylor-Kurve als Präferenzverlagerungen innerhalb der Zielfunktion der Notenbank gesehen. Wandert der für die Notenbank optimale Punkt auf der Taylor-Kurve nach links (in Richtung größerer Outputstabilität), hat sich eine höhere Gewichtung des Beschäftigungs- gegenüber dem Inflationsziel ergeben ($L = \sigma^2_\pi + \lambda \uparrow \sigma^2_y$). Inflation Targeter haben eine etwas andere Sprachregelung für Bewegungen entlang der Taylor-Kurve getroffen. Da sie ungern die Begriffe „Beschäftigungs- oder Outputziel" in den Mund nehmen (siehe 3.1.4.4), sprechen sie bei einer Präferenzverlagerung in Richtung Outputstabilisierung lieber von einer Ausweitung des Zeithorizonts, innerhalb dessen Abweichungen vom Inflationsziel toleriert werden.[138] Trifft eine Notenbank z.B. die Entscheidung, sich mehr

---

[138] Vgl. Batini/Haldane (1999), S. 62f, und King (1999), S. 29.

Zeit für die Rückführung der Inflation nach einem Preisschock zu lassen, bewegt sie sich auf der Trade-off-Kurve nach links. Die weniger ehrgeizigen Disinflationsziele ziehen entsprechend geringere Outputverluste pro Periode nach sich. Dies schlägt sich auch in der Lockerung der Optimalitätsbedingung für Inflation Targeting nieder (siehe Kapitel 2.3.1.4): Es könnte dann z.b. ausreichen, stets die 3-Jahres statt der 2-Jahres-Inflationsprognose in Übereinstimmung mit dem Inflationsziel zu halten.

Verschiebung der Trade-of-Kurve = Reputationsgewinn bzw. -verlust

Die Variabilität der Inflationserwartungen kann man (in Anlehnung an das *Niveau* der Inflationserwartungen bei der Phillips-Kurve) als einen Lageparameter der Taylor-Kurve bezeichnen. Sinkt die Volatilität der Erwartungen z.B. aufgrund eines Reputationsgewinns der Notenbank, verschiebt sich die Trade-off-Kurve nach links. Im obigen Fall, bei dem nur Angebotsschocks betrachtet wurden, würde z.B. eine vollkommene Stabilität der Inflationserwartungen bei 0 %, dazu führen, dass die Inflationsvarianz von $\sigma^2/[1-(1-\alpha c)^2]$ auf σ^2 (also der Varianz des Angebotsschocks) fällt. Es würde sich ein günstigerer Trade-off ergeben. Die Notenbank könnte versucht sein, diese Situation auszunutzen, um verstärkt Beschäftigungsziele zu verfolgen – also auf der Kurve nach links zu wandern. Vollzieht die Notenbank jedoch einen zu starken Linksschwenk, kann sich aufgrund steigender Inflationsvariabilität erneut ein Reputationsverlust und damit ein Rechtsruck der Kurve einstellen. Bewegungen auf der Kurve in Extrempositionen können daher Verlagerungen der Kurve auslösen.

Bewegungen auf und Verschiebungen der Trade-off-Kurve in den USA

Abb. 3.14 demonstriert den Unterschied zwischen einer Verschiebung und einer Bewegung auf der Taylor-Kurve beispielhaft anhand der Geldpolitik der USA seit den 70er Jahre. Mitte der 70er Jahre sahen sich die USA hoher Inflations- und Outputvariabilität und damit einem unvorteilhaften Trade-off gegenüber (Punkt A). Dieses wollte der frühere Fed-Vorsitzende Paul Volcker ändern. Seine Anfang der 80er Jahre durchgeführte ri-

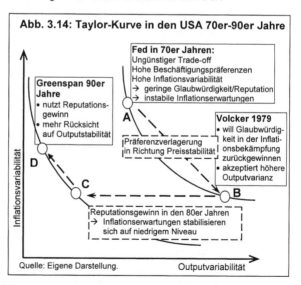

Abb. 3.14: Taylor-Kurve in den USA 70er-90er Jahre

gorose Stabilisierungspolitik war zunächst schmerzhaft, da sie mit höherer Outputvariabilität verbunden war (Punkt B), führte dann aber zu einem Reputationsgewinn der amerikanischen Geldpolitik und damit zu einer vorteilhafteren Trade-off-Konstellation (Linksverschiebung der Taylor-Kurve, Punkt C). Auf dieser Basis konnte Greenspan allmählich auch wieder Beschäftigungsziele verstärkt berücksichtigen (Bewegung auf der Kurve nach links, Punkt D).[139]

Trade-off-Kurve weist im Bereich $\sigma^2_\pi \approx \sigma^2_y$ eine scharfe Knickstelle auf

Empirische Schätzungen der Taylor-Kurve, die anhand unterschiedlicher Modelle, Zeiträume und Länderdaten durchgeführt wurden, haben eine auffallende Eigen-

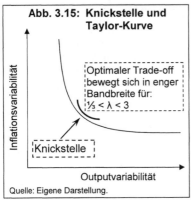

Abb. 3.15: Knickstelle und Taylor-Kurve

Inflationsvariabilität

Optimaler Trade-off
bewegt sich in enger
Bandbreite für:
$\frac{1}{3} < \lambda < 3$

Knickstelle

Outputvariabilität

Quelle: Eigene Darstellung.

schaft zu Tage gefördert: Die meisten dieser Kurven weisen an der Stelle, an der die Inflations- und Outputvariabilität in etwa gleich hoch sind einen scharfen Knick auf, d.h. rechts und links von diesem Punkt steigen die Opportunitätskosten zusätzlicher Inflations- und Outputstabilität enorm an (siehe Abb. 3.15).[140] Daraus kann man folgern, dass Notenbanken Bereiche außerhalb dieser Knickstelle nur bei extremen Präferenzen für Output- oder Preisstabilität ansteuern werden.[141] Umgekehrt gilt, dass eine leichte Präferenzverlagerung der Notenbank nur wenig Auswirkung auf die Höhe der Inflations- und Outputvariabilität besitzt. Bean [(1998), S. 1802ff.] hat z.B. für das Vereinigte Königreich eine Trade-off-Kurve geschätzt und kam dabei zum Ergebnis, dass sich eine Variation der Beschäftigungspräferenz λ zwischen ⅓ und 3 nur recht moderat auf die optimale Inflations- und Outputvarianz auswirkt, da man sich bei dieser Variation nicht weit von der Knickstelle der Trade-off-Kurve entfernt.[142] Insgesamt kann man daher sagen, dass es *erstens* für eine Notenbank nicht so wichtig ist, den genauen Wert von λ festzulegen. Entscheidender ist, dass man sie sich überhaupt des Trade-offs bewusst ist.[143] *Zweitens* kann man davon ausgehen, dass eine Notenbank nicht viel falsch macht, wenn sie die Inflations- und Outputvariabilität in ihrer Zielfunktion gleich gewichtet.

---

[139] Eine alternative Erklärung für die niedrige Inflations- und Outputvariabilität in den 90er gegenüber den 70er Jahren könnte man darin sehen, dass die Geldpolitik effizienter wurde. In diesem Fall würde die Bewegung von A nach D nicht eine Verschiebung der Kurve beinhalten, sondern einen Sprung von einem Punkt außerhalb der Kurve (ineffizienter Bereich) auf eine gegebene Kurve. Effizienzverbesserungen sehen Taylor (1999c) und Bernanke (2004c) darin, dass die Geldpolitik seit den 1980er Jahren das „Taylor-Prinzip" berücksichtigt und nicht mehr von einem langfristigen Trade-off zwischen Inflation und Arbeitslosigkeit ausgeht. Andere Autoren [vgl. z.B. Stock/Watson (2003)] sehen weniger in geldpolitischen Effizienzsteigerungen, sondern in einem global stabileren Umfeld (geringere Zahl von Schocks) die zentrale Ursache für die größere Outputstabilität. Auch dies (σ↓) würde sich in einer Linksverschiebung der Taylor-Kurve niederschlagen.

[140] Eine solche scharfe Knickstelle haben z.B. Bean (1998), Batini/Haldane (1999), und Taylor (1979) ermittelt. "The most striking thing about these frontiers is how sharply curved they are – indeed they are almost rectangular ..." Bean (1998), S. 1805.

[141] "... a wide range of possible weights on output vis-à-vis inflation lead to the selection of rather similar points on the policy frontier." Bean (1998), S. 1805. Vgl. auch Goodhart (1999), S. 104.

[142] Steigert man z.B. λ von ⅓ auf 3 (und damit die Beschäftigungspräferenz) dann sinkt die Standardabweichung des Outputs gemäß Bean [(1998), S. 1804] von ca. 2,5 % auf 2 % und die Standardabweichung der Inflation nimmt von ca. 2 auf 2,5 % zu.

[143] Bean [(1998), S. 1805] sieht es daher als unproblematisch an, dass die britische Regierung bei der Festlegung der Gewichtung des Inflations- und Outputziels eher vage bleibt.

3.3.5   Kritik an der Taylor-Kurve

Die Kritik an der Taylor-Regel konzentriert sich auf zwei Punkte: 1) Die empirischen Bestimmung des Kurvenverlaufs 2) Die Problematik einer Überbetonung der Outputstabilisierung. Damit die Taylor-Kurve als Instrument der Politikanalyse Anwendung finden kann, sollte ihre Form und Lage halbwegs bestimmbar sein. In der Realität wird man aber vermutlich nur eine rudimentäre Ahnung von der tatsächlichen Gestalt des Trade-offs in einem bestimmten Land gewinnen können.[144] Dies liegt zum einen an Meinungsverschiedenheiten über die „wahre" Struktur der Volkswirtschaft und deren modelltheoretischen Abbildung. Abweichende Modellauffassungen werden sich entsprechend in unterschiedlichen Trade-off-Kurven widerspiegeln. Des Weiteren helfen auch empirische Daten nur bedingt bei der Bestimmung der gesamten Taylor-Kurve weiter. Dies gilt vor allem dann, wenn die Geldpolitik über einen längeren Zeitraum in weitgehend unveränderter Manier durchgeführt wurde, d.h. eine konstante geldpolitische Reaktionsfunktion vorliegt, mit der nur ein Punkt auf der Trade-off-Kurve fixiert werden kann. Zur Ermittlung der gesamten Kurve wäre es aber erforderlich, verschiedene geldpolitische Reaktionsfunktionen durchzuspielen.

Einige Ökonomen [King (1999), S. 30f.] zweifeln auch an der Stabilität der Trade-off-Kurve. Kurvenverschiebungen können z.B. durch Änderungen der Schockfrequenz hervorgerufen werden. Wenn dies häufig auftritt, wäre der Wert der Kurve als Analyseinstrument deutlich geschmälert.[145] Taylor verweist jedoch darauf, dass Schätzungen einer US-Taylor-Kurve, die von mehreren Autoren vor dem Hintergrund divergierender Perioden und Modelle durchgeführt wurden [Taylor (1979), Fuhrer (1994), Rudebusch/Svensson (1999), Ball (1999a)], eine beachtliche Stabilität aufweisen.[146]

Neben den empirischen Einwänden bezweifeln einige Ökonomen, dass Bewegungen weit nach links auf der Taylor-Kurve – also in Richtung niedriger Output- aber hoher Inflationsvariabilität – möglich und sinnvoll sind. Sie verweisen vor allem darauf, dass Punkte mit hoher Inflationsvariabilität Glaubwürdigkeitsverluste und steigende Inflationserwartungen auslösen werden, was der Effektivität der Geldpolitik schade. In ihren Augen kann es selbst für eine Notenbank mit hoher Beschäftigungspräferenz von Vorteil sein, nach einem Preisschock die Inflation aggressiv („Schocktherapie") statt graduellen zu bekämpfen. Damit würde die Zentralbank demonstrieren, dass sie die Inflationsbekämpfung ernst nimmt, und erst gar keine steigenden Inflationserwartungen aufkommen lässt.[147] Schließlich wird bei Punkten im Nordwesten der Kurve auch wieder die „Orphanides"-Kritik relevant. Nach dieser Auffassung sollte eine zu aggressive Reaktion der Geldpolitik auf eine unsichere Schätzgröße wie die Outputlücke vermieden und Punkte weit links auf der Taylor-Kurve (hohe Gewichtung der Outputlücke) erst gar nicht in Betracht gezogen werden.[148]

---

[144] Vgl. Walsh (1998b), und King (1999), S. 30.
[145] Dieser Kritik sah sich bereits die Phillips-Kurve ausgesetzt, vgl. Taylor (2001), S. 90.
[146] Vgl. Taylor (1999b), S. 65 und Taylor (2001), S. 90f.
[147] Empirische Ergebnisse von Ball (1994a) deuten darauf hin, dass ein rascher gegenüber einem verzögerten Disinflationsprozess weniger Outputverluste erzeugt. Dies könnte damit zusammenhängen, dass eine tiefe aber kurze Rezession mit geringeren Hysteresis-Effekten verbunden ist als eine zwar milde dafür aber lang anhaltende Rezession, vgl. Spahn (1999a), S. 287f.
[148] Vgl. King (1999), S. 31. Wie in Kap. 2.3 dargelegt, ist diese Ansicht aber umstritten. Taylor (1999b) warnt explizit vor einer mangelnden Berücksichtigung der Outputlücke. Ferner ist darauf hinzuwei-

Insbesondere zwei der obigen Kritikpunkte erscheinen stichhaltig: Zum einen ist die exakte Bestimmung der Taylor-Kurve in der Tat ein schwieriges Unterfangen. Zum anderen führt eine zu hohe Inflationsvariabilität sicherlich zu Glaubwürdigkeitsverlusten. Auf die erste Kritik kann man aber erwidern, dass man das Konzept weniger ambitioniert auslegen sollte. Es ist bereits viel gewonnen, wenn man die prinzipielle Idee des Konzepts akzeptiert. Erkennt eine Notenbank das Vorliegen eines Trade-offs zwischen Inflations- und Outputvariabilität an, wird es ihr schwer fallen, die Geldpolitik ausschließlich auf Preisstabilität auszurichten. Dem zweiten Kritikpunkt kann man entgegenhalten, dass Punkte weit links auf der Kurve (hohe Inflationsvariabilität) sowieso von keiner Notenbank angesteuert werden. Vieles deutet darauf hin, Punkte im mittleren Bereich zu wählen.

Insgesamt kommt man daher zum Urteil, dass mit der Taylor-Kurve ein Instrument geschaffen wurde, dass genügend Potential besitzt, um die alte Phillips-Kurve als „Menu of Choice" der Geldpolitik abzulösen. Sie verdeutlicht, dass es auch dann sinnvoll ist, Beschäftigungsziele in der Geldpolitik zu verfolgen, wenn man im Grunde von langfristiger Neutralität ausgeht. Die Geldpolitik besitzt nach diesem Konzept nicht unbedingt die Fähigkeit, strukturelle Arbeitslosigkeit abzubauen, aber sie kann dazu beitragen, die Beschäftigungsentwicklung um den langfristigen Trend zu stabilisieren. Notenbanken müssen jedenfalls nicht nur nach Angebotsschocks, sondern auch beim Auftreten von Nachfrageschocks darüber entscheiden, ob sie vorübergehend eher eine höhere Arbeitslosigkeit oder Inflation akzeptieren. Diese Vielzahl an Einzelentscheidungen nach ökonomischen Schocks findet dann ihren Niederschlag in der makroökonomischen Performance (Ausmaß an Inflations- und Outputvariabilität). Die Präferenzen der Notenbanken für Output und Inflation spielen damit eine entscheidende Rolle für die langfristige makroökonomische Entwicklung. Zentralbanken können sich daher nicht mit dem Hinweis, dass Geldpolitik langfristig neutral ist, aus der beschäftigungspolitischen Verantwortung stehlen, sondern sie müssen sich entlang der Trade-off-Kurve positionieren und damit ihre Präferenzen offen legen.

Angesichts des Trade-offs zwischen Inflations- und Outputvariabilität ist es sinnvoll, die Diskussion über eine beschäftigungsorientierte Geldpolitik nicht nur anhand der Zielfunktion (3.1), welche Niveaus beschreibt, sondern zusätzlich anhand einer zweiten [geg. (3.18) nur in den Symbolen modifizierten] Zielfunktion fortzuführen:[149]

$$(3.19) \quad L_t = \mathrm{Var}\,(\pi_t) + \lambda\,\mathrm{Var}\,(y_t).$$

Das Ziel der Notenbank bestünde demnach darin, die durchschnittliche (quadrierte) Abweichung zwischen der Inflationsrate und ihrem Inflationsziel und die durchschnitt-

---

sen, dass eine hohe Gewichtung der Outputstabilität in der Zielfunktion nicht automatisch einen hohen Reaktionskoeffizienten der Outputlücke in der Reaktionsfunktion nach sich zieht. Das Beispiel in Kasten 3.1 verdeutlicht vielmehr, dass eine größere Präferenz für Preisstabilität beide Reaktionskoeffizienten in der Zinsregel ansteigen lässt.

[149] Gleichung (3.19) lässt sich aus der Zielfunktion $L_t = (\pi_t - \pi^*)^2 + \lambda(y_t - y^*)^2$ ableiten. Geht man davon aus, dass die Notenbank eine Outputlücke und ein Inflationsziel von null Prozent anstrebt (y^*, $\pi^* = 0$), und der Erwartungswert einer Zielvariablen ihrem Zielwert entspricht [$E_t(\pi_t) = \pi^* = 0$; $E_t(y_t) = 0$], gilt: $E_t[(\pi_t - \pi^*)^2] = \mathrm{Var}(\pi_t - \pi^*) + [E_t(\pi_t) - \pi^*]^2 = \mathrm{Var}(\pi_t)$ sowie entsprechend $E_t[(y_t - y^*)^2] = \mathrm{Var}(y_t)$. Rudebusch/Svensson [(1999), S. 215] zeigen, dass der Erwartungswert dieser einperiodigen Verlustfunktion unter bestimmten Bedingungen zugleich dem Erwartungswert einer intertemporalen Verlustfunktion [$E_t\sum_{(\tau=0)} \delta^\tau L_{t+\tau}$] entspricht. Dazu ist es notwendig, dass die intertemporale Verlustfunktion mit $1-\delta$ skaliert wird und der Diskontierungsfaktor δ gegen 1 geführt werden.

liche quadrierte Abweichung der Outputlücke zu minimieren. Eine beschäftigungsorientierte Notenbank wird darauf achten, die Balance zwischen beiden Varianzen ausgeglichen zu halten ($\lambda = 1$).

3.4 Spielräume der Geldpolitik infolge einer instabilen NAIRU

3.4.1 Die NAIRU als Orientierungsgröße der Geldpolitik

Im vorherigen Kapitel wurde die Stabilisierung der Beschäftigung bzw. der Arbeitslosigkeit in Höhe ihres so genannten „natürlichen" Niveaus als geldpolitisches Beschäftigungsziel propagiert. Im Weiteren soll darüber diskutiert werden, welches Vorgehen die Geldpolitik in Zeiten großer Unsicherheit über die Höhe dieses „natürlichen" Niveaus wählen sollte. Von besonderem Interesse ist dabei, wie eine möglicherweise gesunkene inflationsstabile Arbeitslosenrate von der Geldpolitik für beschäftigungspolitische Zwecke genutzt werden kann.

Das Konzept der natürlichen Arbeitslosenrate, welches durch Friedman (1968) und Phelps (1967) Eingang in die makroökonomische Debatte fand, kann man am besten anhand folgender einfacher (um Erwartungen erweiterten) Phillips-Kurve darstellen:

$$(3.20) \quad \pi = \pi^e - \alpha\,(u-u^*),$$

wobei π die Inflationsrate, π^e die erwartete Inflationsrate, u die Arbeitslosenrate, u^* die natürliche Arbeitslosenrate darstellt und α die Stärke der Reaktion der Inflationsrate auf Veränderungen am Arbeitsmarkt beschreibt. (3.20) bringt zum Ausdruck, dass neben den Inflationserwartungen die Beschäftigungslücke $(u-u^*)$ die Inflationsentwicklung bestimmt. Die natürliche Arbeitslosenrate u^* stellt gemäß Friedman ein realwirtschaftlich determiniertes Güter- und Arbeitsmarktgleichgewicht dar.[150] Die bei diesem Gleichgewicht bestehende Unterbeschäftigung ist auf Marktunvollkommenheiten (Immobilität von Arbeitskräften, Mindestlöhne oder mangelnde Information über freie Stellen) zurückzuführen und spiegelt daher friktionelle und strukturelle Arbeitslosigkeit wieder, welche durch Nachfragepolitik nicht beseitigt werden kann. Der Gleichgewichtscharakter dieser Größe zeigt sich gemäß Friedman [(1968), S. 8] darin, dass bei $u = u^*$ die Reallohnsätze mit einer „normalen" säkularen Rate wachsen und die Inflationserwartungen der Marktteilnehmer bestätigt werden ($\pi = \pi^e$).

Befindet sich die Arbeitslosenrate hingegen unter der natürlichen Rate, löst die damit verbundene Überbeschäftigung Lohn- und Preisdruck aus. Die Inflationsrate steigt über die anfänglich von den Lohnsetzern erwartete Preissteigerungsrate an. Früher oder später wird diese Inflationserfahrung Eingang in die Lohnforderungen finden und die Arbeitslosenrate wird sich in Richtung natürlicher Rate bewegen. Eine Notenbank, die durch expansive Politik versucht, die Arbeitslosenrate unter die natürliche Rate zu drücken, wird also nur temporär erfolgreich sein und zwar so lange wie

---

[150] Friedman [(1968), S. 8] selbst beschreibt dieses Güter- und Arbeitsmarktgleichgewicht als „Walrasian system of general equilibrium equations". Den Begriff der „natürlichen" Rate wählte er in Anlehnung an den „natürlichen Zins" von Wicksel. In modernen Interpretationen wird die natürliche Arbeitslosenrate als dasjenige Unterbeschäftigungsniveau gesehen, bei dem die Reallohnansprüche der Lohnsetzer (v.a. Gewerkschaften) mit dem von den Unternehmern über die Preissetzung zugestandenen Reallohn übereinstimmen. Die natürliche Arbeitslosenrate stellt damit ein Art Verteilungskampfgleichgewicht dar, vgl. z.B. Blanchard/Katz (1997).

die dadurch erzeugte Inflation nicht antizipiert wird.[151] Gleichung (3.20) kann weiter vereinfacht werden, wenn man für die erwartete Inflationsrate die Inflationsrate der Vorperiode (adaptive Inflationserwartungen) einsetzt:[152]

(3.20') $\pi_t = \pi_{t-1} - \alpha (u_t - u^*)$

(3.21) $\rightarrow \Delta\pi_t = - \alpha (u_t - u^*)$.

Es ergibt sich hierdurch eine unmittelbare Beziehung zwischen der *Veränderung* der Inflationsrate ($\Delta\pi$) und der Beschäftigungslücke ($u_t - u^*$). Wenn keine Beschäftigungs-lücke vorliegt, – die tatsächliche mit der natürlichen Arbeitslosenrate übereinstimmt – ist die Inflation konstant. Die natürliche Arbeitslosenrate ist daher unter der Annahme adaptiver Erwartungen nicht nur die Arbeitslosenrate, bei der die privaten Inflations-erwartungen bestätigt werden, sondern sie ist gleichzeitig die *inflationsstabile* Ar-beitslosenrate oder *NAIRU*.[153] Aufgrund ihrer engen Verwandtschaft werden die Beg-riffe NAIRU und natürliche Arbeitslosenrate im Weiteren synonym verwendet.[154]

Wenn die Gleichungen (3.20) und (3.21) ungefähr die Realität beschreiben und die NAIRU mit einiger Präzision ermittelt werden kann, dann ist es nahe liegend, einer Notenbank zu empfehlen, die Arbeitslosenrate möglichst dicht an der NAIRU zu hal-ten. Selbst bei niedriger Inflation müsste man der Notenbank davon abraten, die Ar-beitslosenrate unter die NAIRU fallen zu lassen.[155] Dies würde langfristig allenfalls die Inflation steigen lassen aber keine dauerhaften Beschäftigungseffekte erzeugen.

Beispielhaft könnte man von einem Land mit einer geschätzten NAIRU von 5 % und einer Inflationsrate von 2 % ausgehen. Der Koeffizient α liege bei eins, so dass sich ein Phillips-Kurven Trade-off der folgenden Gestalt ergibt: $\pi_t - 2\% = - (u_t - 5\%)$. Geht man nun davon aus, dass die Arbeitslosenrate angesichts eines Exportbooms (und

---

[151] "The temporary trade-off comes not from inflation per se, but from unanticipated inflation, which generally means, from a rising rate of inflation." Friedman (1968), S. 11.

[152] Vgl. zu diesem Vorgehen z.B. Blanchard [(2003), S. 162ff.], sowie Ball/Mankiw [(2001), S. 7f.]. Die Annahme $\pi^e = \pi_{t-1}$ ist zwar sehr simpel aber keineswegs gänzlich falsch. In vielen Ländern kann die Inflationsentwicklung sehr gut mit Hilfe der Inflation der Vorperioden beschrieben werden, da der Inflationsprozess offensichtlich „Random Walk"-Eigenschaften aufweist [vgl. z.B. Ball (2000)]. Gleichzeitig hielt die so genannte „Neu-Keynesianische" Phillips-Kurve, welche vorausschauende Inflationserwartungen beinhaltet, bisherigen empirischen Überprüfungen nicht stand: "... the empi-rical evidence speaks in favour of the old-fashioned expectations-augmented Phillips curve with strongly adaptive expectations." Bofinger (2001), S. 110.

[153] Non Accelerating Inflation Rate of Unemployment. Da es unterhalb der NAIRU zwar zu einer *Akze-leration* – also einer *beschleunigten* Zunahme – des Preis*niveaus* jedoch nur zu einem *Anstieg* der *Inflationsrate* kommt, wäre es exakter, von "Non *Increasing* Inflation Rate of Unemployment" oder NIIRU zu sprechen.

[154] Dies ist nicht ganz unstrittig. Eine Reihe von Autoren [vgl. z.B. King (1998), oder Estralla/Mishkin (1999)] weist darauf hin, dass es sich um unterschiedliche Konzepte handelt. Die natürliche Ar-beitslosenrate ist demnach eine Größe, die aus theoretischen Arbeitsmarktmodellen abgeleitet wird und explizit mikroökonomisch fundiert ist. Die Inflationsrate kann sich kurzfristig unabhängig von der natürlichen Arbeitslosenrate entwickeln (z.B. wenn ökonomische Schocks auftreten), nur lang-fristig ergibt sich daher ein stabiler Zusammenhang zwischen beiden Größen. Die NAIRU ist hin-gegen vor allem ein kurzfristiges und empirisches Konzept. Aus der Differenz zwischen NAIRU und Arbeitslosenrate soll man unmittelbar auf den kommenden Inflationsdruck schließen können. Die NAIRU wird daher vor allem aus Zeitreihenmodellen (in die z.B. auch zurückliegende Werte der Arbeitslosenrate und Inflation eingehen) und weniger aus theoretischen Modellen gewonnen.

[155] "The important implication [of the NAIRU model] is that, even if the current rate of inflation is toler-able, there is no case for deliberately pushing the unemployment rate below the natural rate." So-low (1998), S. 6.

dessen geldpolitischer Alimentation) auf 4 % fällt, dann ist gemäß des obigen Trade-offs ein Anstieg der Inflationsrate um einen Prozentpunk in der selben Periode auf 3 % zu erwarten. Selbst wenn die Notenbank die Arbeitslosenrate in der folgenden Periode durch eine restriktive Zinspolitik sofort wider auf 5 % zurückführt, würde die Inflationsrate auf einem Niveau von 3 % verharren.[156] Insgesamt wäre durch den temporären Output- und Beschäftigungszuwachs wenig gewonnen. Ein kleiner Teil der Bevölkerung wäre vorübergehend zusätzlich beschäftigt, dafür müsste aber die gesamte Bevölkerung eine dauerhaft höhere Inflation von 3 statt 2 % akzeptieren. Will man den Inflationsanstieg nicht hinnehmen und zum ursprünglichen Niveau zurückkehren, müsste die Geldpolitik eine Rezession herbeiführen und die Arbeitslosigkeit temporär auf 6 % ansteigen lassen. Insgesamt ergäbe sich aus diesem Vorgehen ein Nullsummenspiel: Ein vorübergehender Beschäftigungsgewinn würde mit einem späteren gleich hohen Beschäftigungsverlust einhergehen. Dabei würde man in willkürlicher Weise einmal eine bestimmte Bevölkerungsgruppe bevorzugen und später eine andere Bevölkerungsgruppe, die in Zeiten steigender Arbeitslosigkeit ein Beschäftigungsverhältnis sucht, benachteiligen. Vertraut man also auf die in Gleichung (3.20) beschriebene NAIRU-Hypothese, dann wäre von einem gezielten temporären Unterschreiten der NAIRU abzuraten, da dies nur zu unnötigen Schwankungen der Inflation und Beschäftigung führen würde.

In der Realität ist aber die Beziehung zwischen Inflation und Beschäftigung nicht so simpel und das NAIRU-Modell weist einige Fallstricke auf. Bereits Friedman hat darauf hingewiesen, dass die natürliche Arbeitslosenrate keine unveränderliche Größe darstellt.[157] Steigende Gewerkschaftsmacht oder eine Erhöhung von Mindestlöhnen kann zu einem Anstieg der gleichgewichtigen Rate führen. Daneben können ökonomische Schocks den Zusammenhang zwischen Inflation und Arbeitslosigkeit beeinträchtigen. Bei einem Ölpreisschock ist für die Zeitdauer der Störung in der Regel eine höhere Arbeitslosenrate erforderlich, um die Inflation konstant zu halten. Dies kann man formal wie folgt berücksichtigen:[158]

$$(3.21) \quad \pi_t = \pi_{t-1} - \alpha\,(u_t - u^*) + \varepsilon_t,$$

ε_t stellt eine Schockkomponente dar, die kurzfristige Veränderungen des Trade-offs zwischen Inflation und Arbeitslosigkeit zum Ausdruck bringen soll, während langfristige Veränderungen des Trade-offs (infolge sich wandelnder Arbeitsmarktstrukturen) eher durch eine Anpassung von u* berücksichtigt werden. Diese Unterscheidung ist aber häufig problematisch. Bei einem Produktivitätsschocks ist z.B. nicht ganz klar, ob dieser eine generelle Veränderung der NAIRU hervorruft oder nur kurzzeitig die Lohn- und Preisbildung beeinflusst.[159]

---

[156] Bei anhaltender Überbeschäftigung würde die Inflation jede Periode um einen weiteren Prozentpunkt steigen.

[157] "To avoid misunderstanding, let me emphasize that by using the term 'natural' rate of unemployment, I do not mean to suggest that it is immutable and unchangeable." Friedman (1968), S. 9

[158] Vgl. z.B. Ball/Mankiw (2001), S. 6f.

[159] Meyer (2000b) plädiert dafür, Produktivitätseffekte in die NAIRU-Schätzung zu integrieren, da deren Preiswirkungen längerfristiger Natur seien. Ölpreisschocks sollten hingegen nicht in die NAIRU-Schätzung Eingang finden. Über längere Zeiträume gesehen, geht man jedoch davon aus, dass die Wachstumsrate der Produktivität die NAIRU nicht beeinflusst. In einem Modellrahmen der Lohn- und Preissetzung lässt sich dies wie folgt erklären: Die Preissetzer werden bei steigender Produktivität bereit sein, einen höheren Reallohn zu zahlen, was sich senkend auf die NAIRU aus-

Kurzfristige Verschiebungen des Phillips-Kurven Trade-offs ($\varepsilon\uparrow\downarrow$) oder Veränderungen der NAIRU ($u*\uparrow\downarrow$) selbst sind unproblematisch, so lange sie erklärbar bleiben und nicht zu häufig auftreten. Was das NAIRU-Konzept jedoch unbrauchbar für die Geldpolitik werden ließe, wären zahlreiche, plötzliche und unerklärliche Veränderungen der NAIRU. Einige Entwicklungen in den vergangenen Jahrzehnten in den USA und Europa deuten jedoch genau in diese Richtung und haben Zweifel an der praktischen Relevanz des NAIRU-Konzepts aufkommen lassen:

- Einigkeit besteht darin, dass die NAIRU in den USA und Europa in den vergangenen drei Jahrzehnt einen schwankenden Entwicklungsprozess vollzogen hat. In den USA geht man davon aus, dass die NAIRU von etwa 5,5 % Ende der 60er Jahren angestiegen ist und Anfang der 80er Jahre ihren Gipfel bei etwa 6,8 % erreicht hat, um dann allmählich und seit Mitte der 90er Jahre beschleunigt wieder auf ca. 5 % abzusinken.[160] In Europa sieht man einen deutlichen Anstieg der NAIRU von ca. 3 % zu Beginn der 70er Jahre bis auf 10 % Anfang der 90er Jahre. In jüngster Zeit wird die NAIRU im Euroraum auf 8 % geschätzt.[161] In den USA konnte man zwar viele der NAIRU-Bewegungen im Nachhinein plausibel erklären.[162] Die Geldpolitik muss aber möglichst unmittelbar Klarheit darüber besitzen, ob ein aktueller Rückgang der Arbeitslosenrate alsbald zu Inflationsdruck führt oder aufgrund einer parallelen Verringerung der NAIRU unproblematisch ist. Mitte der 90er Jahre fiel z.B. in den USA die Arbeitslosenrate unter die gängigen NAIRU-Schätzungen von ca. 6 % gleichzeitig blieben aber die Preise relativ stabil. Es war für die Fed nicht eindeutig, ob die Preisstabilität auf einen Rückgang der NAIRU ($u*\downarrow$), einen vorübergehenden positiven Angebotsschock ($\varepsilon\downarrow$) oder einfach die träge Reaktion der Inflation zurückzuführen war. Im Falle Europas fällt es noch schwerer, durchgängig schlüssige Erklärungen für den deutlichen Anstieg der NAIRU zu finden.[163] Die beträchtliche Instabilität der NAIRU beeinträchtigt auf jeden Fall den Nutzen der NAIRU-Hypothese für die Geldpolitik.

- Die Instabilität der NAIRU erklärt auch zum Teil die zweite Problematik des NAIRU-Konzeptes: Die NAIRU-Schätzungen weisen erhebliche statistische Ungenauigkeiten auf. Staiger et al. (1997), die erstmals in größerem Umfang versuchten, Konfidenzintervalle für NAIRU-Schätzwerte zu ermitteln, kommen zum Ergebnis, dass ein typisches 95 %-Konfidenzintervall eines NAIRU-Schätzers in den USA einen Umfang von mindestens 2 bis 3 %-Punkten aufweist.[164] Für das Jahr 1994 ergibt sich z.B. auf der Grundlage des BIP-Deflators ein Konfidenzintervall von 4,3 bis 7,3 %. Errechnet man 95 %-Konfidenz-bänder für sämtliche

---

wirkt. Die Lohnsetzer werden jedoch früher oder später die Produktivitätszuwächse dazu nutzen, einen höheren Anspruchslohn zu formulieren, was die strukturelle Arbeitslosigkeit erhöht, so dass sich per Saldo keine Veränderung der NAIRU ergibt, vgl. Blanchard/Katz (1997), S. 56f.

[160] Vgl. zur Darstellung der NAIRU-Entwicklung in den USA der letzten 30-40 Jahren z.B. Gordon (1997), S. 19ff., Staiger et al. (1997), S. 37f., und Ball/Mankiw (2001), S. 16ff.

[161] Vgl. z.B. Blanchard (2003), S. 172ff. Für Deutschland ermittelt Franz [(1999), S. 373, (2001), S. 281f.] einen kontinuierlichen Anstieg der NAIRU von 2 % Anfang der 70er Jahre auf 8,2 % 1998.

[162] Vgl. hierzu z.B. Ball/Mankiw (2001), S. 18ff., oder Stiglitz (1997), S. 6ff.

[163] Meist werden Arbeitsmarktrigiditäten für die steigende NAIRU in Europa angeführt [vgl. z.B. OECD (1994]. Diese Argumentation ist aber weder theoretisch noch empirisch vollkommen überzeugend, weshalb auch die Makropolitik für den Anstieg der NAIRU verantwortlich gemacht wird [vgl. Ball (1997b), (1999b)]. Dies stellt jedoch insgesamt die NAIRU-Konzeption in Frage und ist daher Gegenstand von Kapitel 3.5.

[164] Vgl. Tabelle in Staiger et al. (1997), S. 39. Das schmalste Konfidenzintervall reicht von 4,1 bis 6,8% und basiert auf der Kerninflationsrate des Indexes der persönlichen Konsumausgaben (PCE).

Jahre zwischen 1960-1995 so würde kaum eine Arbeitslosenrate in den USA außerhalb dieser Bandbreiten liegen.[165] Diese statistische Ungenauigkeit ergibt sich unabhängig davon, welche genaue Spezifikation innerhalb der Schätzgleichung angewandt wird. Die mangelnde Präzision der Schätzungen ist auf die häufigen Schwankungen der Phillips-Kurve zurückzuführen.[166] In den USA gibt es z.B. zahlreiche Arbeitslosenraten zwischen 3,5 und 7,5 %, die in irgendeinem Jahr zwischen 1960 und 2000 mit Preisstabilität verbunden waren. Die fehlende Exaktheit bei der NAIRU-Schätzung verhindert, dass aus dem Vergleich zwischen Arbeitslosenrate und der NAIRU-Punktschätzung stets klare geldpolitische Signale abgeleitet werden können. Es stellt sich z.B. die Frage, wie eine Notenbank reagieren soll, wenn die Arbeitslosenrate zwar unter die zentrale NAIRU-Punktschätzung fällt, sich aber noch innerhalb des 95 %-Konfidenzbandes der Schätzung bewegt.

Die bisherigen Ergebnisse können wie folgt zusammengefasst werden:

- Indem man die Inflationsrate der Vorperiode mit der erwarteten Inflationsrate gleichsetzt, erhält man eine einfache Verknüpfung zwischen der Konzeption der natürlichen Arbeitslosenrate und der NAIRU.
- Die NAIRU-Hypothese besagt im Wesentlichen, dass die Inflation ein Arbeitsmarktphänomen darstellt. Aus der Beschäftigungslücke kann man unmittelbar auf den Inflationsdruck schließen.
- In seiner „naiven" Form lässt das NAIRU-Konzept der Geldpolitik keinen Spielraum für Experimente. Auch bei günstiger wirtschaftlicher Lage (niedrige Inflation) sollte die Arbeitslosenrate in Höhe der NAIRU gehalten werden.
- Unsicherheit besteht darüber wie Preisschocks in das NAIRU-Konzept integriert werden können (separates Element oder Ermittlung einer kurzfristigen NAIRU).
- Einigkeit besteht darin, dass die NAIRU z.T. erheblich schwankt und nicht exakt geschätzt werden kann. Klare geldpolitische Signale lassen sich jedenfalls aus dem Vergleich von Arbeitslosenrate und geschätzter NAIRU nicht ableiten.

3.4.2 Sollte die Geldpolitik der NAIRU „den Laufpass geben"?

Es gibt abweichende Ansichten darüber, wie mit einer variablen sowie nur vage schätzbaren NAIRU umgegangen werden soll, und ob diese Größe überhaupt als Analyseinstrument der Geldpolitik einsetzbar ist. Hier werden vier Meinungen diesbezüglich unterschieden:

(1) Eine erste Gruppe von Ökonomen empfiehlt der Geldpolitik, das NAIRU-Konzept völlig zu ignorieren bzw. ihm den „Laufpass" zu geben [Galbraith (1997), Eisner (1997)]. Sie sind der Meinung, dass das starre Festhalten an der NAIRU bisher einer beschäftigungsorientierten Geldpolitik im Wege stand.[167] Die Kritik an der NAIRU-

---

[165] Dabei wurde als Inflationsmaß die Kerninflationsrate des PCE-Indexes verwendet.

[166] Wie Gleichung (3.21) zeigt, können diese Schwankungen aus verschiedenen Quellen herrühren: 1) Bewegungen der NAIRU selbst, 2) kurzfristige Angebotsschocks oder 3) Änderungen bei der Erwartungsbildung.

[167] „... there is no robust empirical support for holding down economic growth to avoid unemployment less than the presumed NAIRU." Eisner (1997), S. 221. "... policymakers are almost *never* presented with a clear case, based on the natural rate analysis and supported by a consensus of NAIRU-adhering economists, for a proemployment policy." Galbraith (1997), S. 102.

Konzeption bezieht sich dabei nicht nur auf die Unsicherheiten bei der Bestimmung der NAIRU, sondern generell auf den Trade-off zwischen Inflation und Arbeitslosigkeit. Insbesondere bei sinkender Arbeitslosigkeit sehen diese Autoren für die USA keinen statistisch signifikanten Zusammenhang zwischen der Veränderung der Inflation und der Arbeitslosigkeit.[168] Als „Beweis" führen sie unter anderem an, dass keine Expansionsphase in der Nachkriegszeit mit einem nennenswerten Inflationsschub verbunden war. Generell würden vom Arbeitsmarkt wenige Impulse auf die Inflation ausgehen.[169] Nicht Lohndruck sondern Angebotsschocks werden daher von diesen Ökonomen als Hauptursache akzelerierender Inflation in den Nachkriegsjahren ausgemacht. Da Humanressourcen offenbar keine Engpassfaktoren in den USA darstellen (horizontale Arbeitsangebotskurve), hat die Geldpolitik auf sinkende Arbeitslosenraten in der Regel zu restriktiv reagiert. Dies lag auch daran, dass die NAIRU nach unten als starr angesehen wurde und aktuelle NAIRU-Schätzungen nur zögerlich den sinkenden Arbeitslosenraten folgten.[170] Hierdurch wurden Wachstumchancen unnötig verschenkt. Insgesamt wird von dieser Gruppe gefordert, dass sich die Geldpolitik bei sinkender Arbeitslosigkeit abwartend verhalten und nicht an den zumeist falschen NAIRU-Schätzungen orientieren sollte.

(2) Eine zweite Gruppe von Ökonomen rät ebenfalls davon ab, die NAIRU als Zielgröße der Geldpolitik anzusehen [Staiger et al. (1997), Estrella/Mishkin (1999)]. Im Gegensatz zur ersten Gruppe läuft die Stoßrichtung ihrer Argumentation aber gerade auf eine Abkehr von einer beschäftigungsorientierten Geldpolitik hinaus. Bereits Friedman [(1968), S. 10f.] vertrat die Position, dass die NAIRU viel zu instabil und unpräzise sei, als dass sie als Zielgröße der Geldpolitik fungieren könne. Die neuen ökonometrischen Methoden, welche breite Konfidenzintervalle bei der NAIRU-Schätzung ermitteln, bestätigten diese Auffassung offenbar auch empirisch. Die Ablehnung der NAIRU-Konzeption geht aber bei diesen Ökonomen nicht mit der Abkehr vom Phillips-Kurven Trade-off einher. Letzterer wird nach wie vor als höchst relevant angesehen.[171] Bei sinkender Arbeitslosenrate muss die Geldpolitik gemäß dieser Auffassung prinzipiell mit Inflationsdruck rechnen. Allerdings führen die häufigen Verschiebungen der Phillips-Kurve dazu, dass keine präzise inflationsstabile Arbeitslosenrate geschätzt werden kann. Dementsprechend wird von dieser Gruppe auch darauf hingewiesen, dass Inflationsprognosen, die sich auf NAIRU-Schätzungen stützen, keine besonders gute Prognoseperformance aufweisen.[172] Der Geldpolitik wird daher geraten, die Einschätzung des zukünftigen Inflationsdrucks auf eine breitere Informationsbasis zu stellen. Die NAIRU-Konzeption sollte zu einer umfassenden Inflationsprognose weiterentwickelt werden, in der nicht nur die Differenz zwischen Arbeitslosenrate und NAIRU als Indikator Eingang findet. Mit dieser Forderung

---

[168] „... while unemployment above the NAIRU may have lowered inflation in the United States, unemployment below the NAIRU has had little or no lasting effect in increasing inflation." Eisner (1997), S. 198.

[169] „...we need to recognize that almost no one seems to think that the major risks of accelerating inflation come from low unemployment." Galbraith (1997), S. 105.

[170] "Some economists have been more eager to raise their estimate of the NAIRU than to cut it. The NAIRU, like the wage rate, is downward sticky." Galbraith (1997), S. 102.

[171] "Although the NAIRU is imprecisely estimated, it should be emphasized that the empirical estimates confirm a clear negative sloped Phillips curve." Staiger et al. (1997), S. 39f.

[172] Vgl. Staiger et al. (1997), S. 42ff., und Estralla/Mishkin (1999), S. 408ff.

rückt man sehr stark in Richtung „Inflation Targeting".[173] Beschäftigungsziele treten dabei in den Hintergrund. Insgesamt wird deutlich, dass diese Ökonomen die NAIRU-Konzeption nur als Instrument zur Messung des Inflationsdrucks sehen, nicht aber als Mittel zur Quantifizierung eines ausgewogenen Beschäftigungsziels.[174]

(3) Eine dritte Gruppe von Ökonomen steht der NAIRU-Konzeption nach wie vor sehr positiv gegenüber. Ihr Hauptvertreter ist Robert Gordon (1997, 1998).[175] Seiner Ansicht nach weist das NAIRU-Konzept einen hohen Erklärungsgehalt für die USA in der Nachkriegszeit auf.[176] Die NAIRU selbst könne man recht präzise bestimmen. Voraussetzung ist, dass man ein Schätzverfahren anwendet, das eine über die Zeit variable NAIRU zulässt.[177] Jedenfalls seien die breiten Konfidenzintervalle, die einige Ökonomen bei ihren NAIRU-Schätzungen ermittelt haben, übertrieben.[178] Man könne auch nicht davon reden, dass die US-NAIRU in den letzten 50 erratisch geschwankt habe. Insgesamt verlief die Entwicklung der NAIRU relativ stabil.[179] Die beiden größten Veränderungen der NAIRU (der Anstieg Ende der 60er Jahre und der Rückgang in den 90er Jahren) könnten ziemlich plausibel mit institutionellen und strukturellen Veränderungen auf den Arbeits- und Gütermärkten erklärt werden.[180] Die NAIRU kann daher gemäß dieser Auffassung weiterhin als wichtige Orientierungsgröße der Geldpolitik fungieren und sollte von ihr möglichst präzise angesteuert werden.[181]

(4) Eine vierte Gruppe von Ökonomen vertritt schließlich eine gemäßigte Position, die weder eine strikte Ablehnung noch ein starres Festhalten an der ursprünglichen

---

[173] "... monetary policy should be informed by a wide range of variables, not just unemployment." Staiget et al. (1997), S. 48. Estrella/Mishkin (1999) schlagen das Konzept einer „kurzfristigen" NAIRU vor. Diese Größe soll nicht nur die natürliche Arbeitslosenrate, welche hier als langfristiges Arbeitsmarktgleichgewicht gesehen wird, umfassen, sondern sämtliche Variablen, die Informationen über den zukünftigen Inflationsdruck liefern. Die Differenz aus kurzfristiger NAIRU und der Arbeitslosenrate sollte daher den gesamten Inflationsdruck über den Politikhorizont reflektieren und stellt damit eine Art Inflationsprognose dar: "This short-run NAIRU is not an estimate of the long-run equilibrium natural rate, but a reference rate that represents the level of current unemployment that would correspond to a forecast of no inflation change over the policy horizon." Estrella/Mishkin (1999), S. 410. Auf die die Parallelität zu den Ergebnissen von Svensson (1997b) wird ausdrücklich hingewiesen, vgl. Estrella/Mishkin (1999), S. 413.

[174] "The policy objective is not to drive unemployment to the NAIRU, which is a temporary and variable reference point, but to use the NAIRU unemployment gap as one indicator of the direction to move the policy variable..." Estrella/Mishkin (1999), S. 413.

[175] Auch Taylor [vgl. z.B. (1998a), S. 31ff.] besitzt noch großes Vertrauen in die NAIRU-Hypothese.

[176] "This paper is about the postwar United States, for which the NAIRU hypothesis works very well ..." Gordon (1997), S. 28. Weniger Erklärungsgehalt weist das NAIRU-Modell seiner Meinung nach hingegen für die USA in den 30er Jahren sowie prinzipiell für Europa auf.

[177] Dies geschieht bei Gordon [(1997), S. 20] dadurch, dass für die NAIRU eine "random walk"-Entwicklung unterstellt wird.

[178] "This paper rejects the recent argument that the band of statistical uncertainty surrounding the NAIRU is so broad as to render the concept useless fort the conduct of policy." Gordon (1997), S. 28.

[179] "Within the postwar experience of the United States, the modest fluctuations in the NAIRU seem plausible in magnitude and timing." Gordon (1997), S. 28.

[180] Das Ende der 60er Jahre sei z.B. durch recht militante Gewerkschaften, hohe Mindestlöhne und ein steigendes Arbeitsangebot gekennzeichnet gewesen, vgl. Gordon (1997), S. 29.

[181] Gordon lobt z.B. die Geldpolitik der Jahre 1995/96 für ihr exaktes Ansteuern der NAIRU: "... monetary policy in the 1995-1995 has been almost precisely on target, with an average unemployment rate ... only slightly below the average estimated time-varying NAIRU..." Gordon (1997), S. 29.

NAIRU-Konzeption fordert [Stiglitz (1997), Solow (1998)].[182] Diese Sichtweise geht davon aus, dass es eine inflationsstabile Arbeitslosenrate gibt und der Arbeitsmarkt wichtige Implikationen für den Inflationsprozess beinhaltet. Gleichzeitig ist man sich aber auch der mangelnden Exaktheit der NAIRU-Schätzungen bewusst. Diese Unsicherheit über den tatsächlichen NAIRU-Wert sollte aber gemäß dieser Meinung nicht als Vorwand für ein sehr vorsichtiges Vorgehen oder ein völliges Negieren des Beschäftigungsziels verwendet werden. Vielmehr sollte das „Unsicherheitsband" um die NAIRU als Spielraum der Geldpolitik interpretiert werden. Aus einem leichten Unter- oder Überschreiten des tatsächlichen NAIRU-Wertes werden dabei keine dramatischen Konsequenzen erwartet. Man rückt daher von der ursprünglichen Auffassung ab, welche die NAIRU als eine Wasserscheiden-Größe interpretiert, bei deren Unterschreiten unmittelbar mit akzelerierender Inflation gerechnet werden muss.

Zusammenfassend kann man vier Positionen bezüglich der NAIRU-Konzeption unterscheiden:

• Eine erste radikale Position, die praktisch keinen bedeutenden Zusammenhang zwischen Inflation und Arbeitslosigkeit sieht und daher bedenkenlos jedweden Rückgang der Arbeitslosigkeit geldpolitisch begleiten würde.

• Eine zweite Position, welche das NAIRU-Konzept zu einer umfassenden Inflationsprognose weiterentwickeln würde und in der NAIRU keine Beschäftigungszielgröße sieht.

• Eine dritte Position, welche weitgehend an der originären Konzeption festhält.

• Eine vierte Position, bei der die NAIRU als grobe Orientierungsgröße angesehen wird, um die herum der Geldpolitik jedoch recht viel Spielraum eingeräumt wird.

3.4.3   Geldpolitische Experimente bei sinkender NAIRU

Für die Diskussion einer beschäftigungsorientierten Geldpolitik liefert sowohl der erste (Galbraith, Eisner) als auch der vierte Standpunkt (Stiglitz, Solow) Ansatzpunkte. Der radikalen ersten Sichtweise soll jedoch nicht weiter nachgegangen werde, da hier die Ansicht vertreten wird, dass zumindest ein gewisser Zusammenhang zwischen Arbeitsmarkt und Preisdruck besteht.[183] Nachfolgend werden daher vor allem die Vorstellungen von Solow und Stiglitz verdeutlicht. Den Diskussionsrahmen bildet dabei folgendes Beispiel: In einem Land liege die durchschnittliche Schätzung der NAIRU bei 5 % und das typische 95 %-Konfidenzintervall reiche von 4 bis 6 %. Wie sollte die Notenbank reagieren, wenn die Arbeitslosenrate auf 4,5 oder sogar 4 % fällt? Ein konservativer Notenbanker, für den Preisstabilität im Vordergrund steht und der auf das NAIRU-Akzelerationsmodell vertraut, würde mit nachstehenden Argumenten für eine rasche Restriktion plädieren:[184]

---

[182] „... the natural rate provides a useful framework for thinking about policy questions even if there is considerable uncertainty about its exact magnitude." Stiglitz (1997), S. 10. Solow (1998), S. 4ff. ist etwas skeptisch bezüglich der NAIRU-Hypothese, akzeptiert sie aber als Arbeitsgrundlage.

[183] Man könnte sich wie Stiglitz [(1997), S. 8] fragen: "If there is no clear, systematic relation between inflation and unemployment, why wouldn't policymakers simply keep trying to push unemployment lower and lower?"

[184] Diese Auffassung wird von Solow mit der Metapher "the genie is out of the bottle" [Solow (1998), S. 17] umschrieben, d.h. wenn der Geist (hier die Inflation) erst einmal aus der Flasche entwichen ist, ist er nur schwer wieder einzufangen.

- Der konservative Banker wird darauf hinweisen, dass mit Unterschreitung der zentralen NAIRU-Prognose die Inflationsgefahr steigt und die Notenbank aufgrund der geldpolitischen Wirkungsverzögerungen mit einer restriktiven Maßnahme nicht zögern sollte.
- Er wird ferner den dynamischen Charakter eines Inflationsprozesses hervorheben und darauf drängen, einen solchen Prozess bereits im Keim zu ersticken.
- Zuletzt wird der konservative Banker betonen, dass Inflation, die einmal entstanden ist, nur unter Hinnahme hoher Outputverluste wieder beseitigt werden kann.

Solow (1998) und Stiglitz (1997) widersprechen dieser Argumentation. Sie raten von einem zu restriktiven Vorgehen aufgrund der unsicheren NAIRU-Schätzungen ab. Vor allem Solow ist der Auffassung, dass eine Notenbank ruhig experimentierfreudig vorgehen und den unteren Rand der gerade noch mit Preisstabilität vereinbaren Arbeitslosenrate austesten sollte.[185] Würde sich dabei im Nachhinein herausstellen, dass die Geldpolitik zu weit gegangen ist – sprich die NAIRU wurde unterschritten – kann sie diesen Fehler ohne weiteres wieder korrigieren. Die Inflation wird zwar ansteigen, zu einem plötzlichen, beschleunigtem und irreversiblen Anstieg der Inflation wird es aber nach Solows Meinung nicht kommen. Es besteht daher kein Grund, auf mögliche Beschäftigungschancen zu verzichten.[186] Man sollte stattdessen auf jeden Fall die Chancen einer sinkenden NAIRU nutzen. Auf das obige Beispiel bezogen würde dies bedeuten, dass die Notenbank sich bis zu einer Arbeitslosenrate von 4 % ruhig verhalten sollte, so lange kein Anstieg der Inflation sichtbar wird.

Bestärkt wurde Solow in seiner Sichtweise durch verschiedene Simulationsexperimente, die von ihm selbst sowie Gordon (1997) und Eisner (1997) auf der Grundlage verschiedener NAIRU-Modelle durchgeführt wurden. Ein typisches Simulationsexperiment dieser Art sieht etwa so aus: Die Notenbank lässt zunächst die Arbeitslosenrate um einen Prozentpunkt unter die NAIRU fallen, stabilisiert die Beschäftigung für mehrere Perioden auf diesem Niveau und führt die Arbeitslosenrate dann wieder zum Ursprungsniveau zurück. Diese Experimente kommen im Hinblick auf den Inflationsprozess zu folgenden Ergebnissen:[187]

- Es kommt zwar nach Unterschreiten der NAIRU zu einem Anstieg der Inflation, das Ausmaß der Preissteigerung pro Periode ist jedoch laut Modellergebnissen gering. Der gesamte Inflationsprozess verläuft träge, ruhig und kontinuierlich.[188]
- Bei der Rückkehr der Arbeitslosenrate zur NAIRU kommt der Inflationsprozess ebenso rasch wieder zum Stillstand wie er ursprünglich begonnen wurde.

---

[185] "As long as there is uncertainty about the current rate of unemployment – and there is – monetary policy can afford to be exploratory. Part of its job is to feel its way to the neutral rate of unemployment, slowly and unsurely." Solow (1998), S. 22.

[186] "… they [central banks] can afford to explore, to experiment, to move forward a step at time. If they go a little to far, they can back off. (…) Central banks can reverse themselves. The cost of making an error of the second kind my be not zero, but it need not be large, and it may be small compared with the loss of running the economy a couple of percentage points short of its potential." Solow (1998), S. 17.

[187] Vgl. hierzu: Solow (1998), S. 17ff., Gordon (1997), S. 27, und Eisner (1997), S. 211ff.

[188] Gordon [(1997), S. 27] kommt z.B. zum Ergebnis, dass die Inflationsrate lediglich um 3 Prozentpunkte ansteigt, wenn die Arbeitslosenrate neun Jahre lang unterhalb der NAIRU gehalten wird.

Es tritt also weder der befürchtete akzelerierende, unkontrollierbare Inflationsanstieg ein, sobald die NAIRU unterschritten wird, noch ist der Inflationsprozess unumkehrbar.[189] Die Notenbank kann in Ruhe den unteren Rand des Unsicherheitsbereichs der Schätzung austesten, die Inflationsentwicklung beobachten und wenn die Daten klar anzeigen, dass man unterhalb der NAIRU liegt, diesen Fehler ohne größeren Schaden korrigieren.[190] Die Argumentation von Solow und Stiglitz soll nachfolgend grafisch veranschaulicht werden (siehe Abb. 3.16/3.17). In einem ersten Schritt wird dabei die Sichtweise eines konservativen Geldpolitikers betrachtet, der nicht bereit ist, Schwankungen der Arbeitslosenrate nach unten zu tolerieren. Dieser Sichtweise liegt offensichtlich ein konvexer Verlauf der Phillips-Kurve zu Grunde, in der sich folgende beiden Ideen widerspiegeln:

Abb. 3.16: Geldpolitik bei konvexer Phillips-Kurve

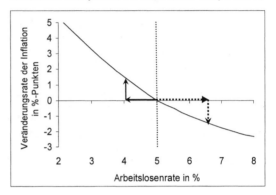

- Die NAIRU ist eine Art „Klippe" oder „Abgrund". Sobald die Arbeitslosenrate die NAIRU unterschreitet, setzt ein akzelerierender Inflationsprozess ein. Je deutlicher und länger man sich unterhalb dieser „Klippe" befindet umso kräftiger fällt der Inflationsanstieg aus.

- Der Prozess der Inflation beinhaltet ein asymmetrisches Element. Die Verluste aus einer Disinflation (in Form von Beschäftigungsrückgängen) fallen stärker aus als der Nutzen (in Form von Beschäftigungszuwächsen) der Inflation.

Im Weiteren wird wiederum davon ausgegangen, dass

Abb. 3.17: Geldpolitik bei linearer Phillips-Kurve

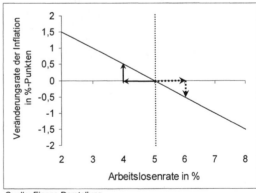

Quelle: Eigene Darstellung.

---

[189] Nach Auffassung von Solow [(1998), S. 20] ist keiner der oft für die NAIRU gewählten Metaphern „slippery slope", „yawning cliff", „the genie that has escaped from the bottle", welche eine plötzliche Beschleunigung des Inflationsprozesses und deren Irreversibilität veranschaulichen sollen, gerechtfertigt.

[190] „…there is plenty of time for the central bank to observe what is happening and to reverse itself if necessary before anything drastic happens on the inflation front." Solow (1998), S. 18. Ähnlich argumentiert Stiglitz [(1997), S. 9]: "Thus, small mistakes have only small consequences."

die NAIRU-Schätzung bei 5 % liegt (95 % Konfidenzintervall 4-6 %) und die Arbeitslosigkeit aufgrund eines positiven Nachfrageschocks auf 4 % fällt. Ein risikoneutraler Geldpolitiker wird vor dem Hintergrund einer konvexen Phillips-Kurve jegliche Experimente vermeiden und möglichst rasch versuchen, die Arbeitslosenrate wieder zur geschätzten NAIRU zurückzuführen. Es macht in seinen Augen wenig Sinn, darauf zu spekulieren, dass die NAIRU entgegen der zentralen Punktschätzung näher bei 4 als bei 5 % liegt, denn sollte sich nachher herausstellen, dass die NAIRU der wahrscheinlichsten Schätzung von 5 % entspricht, müsste der Notenbanker in diesem Beispiel davon ausgehen, dass die Inflationsrate um 1,5 % in der nächsten Periode ansteigt (siehe durchgezogene Pfeile in Abb. 3.16). Um diesen Inflationsanstieg später wieder rückgängig zu machen, müsste die Arbeitslosenrate um mehr als einen Prozentpunkt über die NAIRU angehoben werden (hier auf ca. 6,6 %, siehe gestrichelte Pfeile). Ein Beschäftigungsgewinn von ca. 1 % würde also mit einem späteren Beschäftigungsverlust von mehr als einem Prozentpunkt erkauft.

Ein konvexer Verlauf der Phillips-Kurve deckt sich jedoch laut Solow (1998), Stiglitz (1997) und Gordon (1997) nicht mit den empirischen Fakten. Es ist stattdessen, von einem linearen und sehr flachen Verlauf der Phillips-Kurve auszugehen.[191] Dies bedeutet mehrerlei:

- Hat die Geldpolitik versehentlich die NAIRU unterschätzt, muss sie nur mit einem geringen Anstieg der Inflationsrate rechnen.
- Der Inflationsprozess beschleunigt sich nicht, je weiter und länger man sich unterhalb der NAIRU aufhält.
- Ein Inflationsanstieg kann revidiert werden, ohne dass hierzu überproportionale Beschäftigungsverluste erforderlich wären.

Hier (siehe Abb. 3.17) wird davon ausgegangen, dass der α-Koeffizient der Phillips-Kurve [$\Delta \pi_t = - \alpha (u_t - u^*)$] 0,5 beträgt, was eher über den empirischen Schätzungen liegt, d.h. wird die Arbeitslosigkeit für eine Periode ein Prozentpunkt unterhalb der NAIRU gehalten, steigt die Inflationsrate um 0,5 Prozentpunkte an.[192] Eine risikoneutrale Notenbank ist unter diesen Bedingungen eher (als bei konvexer Phillips-Kurve) bereit, einen Rückgang der Arbeitslosigkeit auf 4 % trotz einer NAIRU-Schätzung von 5 % zu alimentieren. Das Risiko einer Fehlspekulation wäre vergleichsweise gering. Sollte die NAIRU tatsächlich bei 5 % liegen, muss sie lediglich mit einem Anstieg der Inflationsrate um ½ Prozentpunkt rechnen. Bei einem niedrigen Ausgangsniveau von 1 bis 2 % jährlicher Inflation wäre dies verkraftbar. Wollte sie dennoch zum Ausgangsniveau an Geldwertstabilität zurückkehren, wäre dies durch ein „Opfer" (Arbeitslosenrate müsste für eine Periode auf 6 % steigen) in Höhe des ursprünglichen Beschäftigungsgewinns zu bewerkstelligen.

---

[191] Stiglitz [(1997), S. 9] hält sogar einen konkaven Verlauf der Phillips-Kurve für möglich.

[192] Stiglitz [(1997), S. 9] geht von einem Anstieg von 0,3-0,6 %-Punkten, Gordon [(1997), S. 27] von durchschnittlich 0,32 %-Punkten pro Jahr aus, wenn die Arbeitslosenrate ein Jahr lang unterhalb der NAIRU gehalten wird. Es handelt sich bei Abb. 3.17 um eine idealisierte Darstellung eines linearen Kurvenverlaufs. In der Realität ist nicht von einer gleich bleibenden Linearität – vor allem an den Rändern – auszugehen.

Natürlich kann man gegen die Argumentation von Solow/Stiglitz Einwände erheben:

- Normalerweise empfiehlt man Notenbanken bei Unsicherheit (unvollkommene Information über die NAIRU) ein sicherheitsäquivalentes Verhalten, d.h. wenn die Notenbank den tatsächlichen Wert der Zielvariablen (hier der NAIRU) nicht kennt, sollte die Geldpolitik auf den Erwartungswert bzw. besten Schätzer der NAIRU reagieren.[193] Solows Empfehlung den unteren Rand der NAIRU-Schätzung experimentierfreudig auszutesten, könnte man als Verstoß gegen ein sicherheitsäquivalentes Vorgehen interpretieren. Es ist daher nahe liegend zu vermuten, dass Solow von einer asymmetrischen Zielfunktion ausgeht, bei welcher das Beschäftigungsziel gegenüber dem Inflationsziel dominiert.[194]

- Ein weiterer möglicher Kritikpunkt ist, dass Stiglitz und Solow die Bedeutung von Inflationserwartungen unterschätzen.[195] Eine Begründung für die vorteilhaften wirtschaftlichen Bedingungen in den USA am Ende der 90er Jahre – sinkende Arbeitslosigkeit bei stabiler Inflation – könnte man darin sehen, dass sich die Glaubwürdigkeit der Fed in der Inflationsbekämpfung verbessert hat.[196] Der im Vergleich zu früheren Perioden günstigere Phillips-Kurven Trade-off, wäre demnach auf niedrigere Inflationserwartungen und weniger auf eine sinkende NAIRU zurückzuführen. Eine Geldpolitik, die zu sehr mit niedrigen Arbeitslosenraten experimentiert, könnte diesen vorteilhafte Trade-off gefährden und Anlass zu steigenden Inflationserwartungen geben. Überhaupt könnte man der Meinung sein, dass Solow in seinen Simulationsexperimenten über den Inflationsprozess das dynamische Element steigender Inflationserwartungen vernachlässigt.

Den Einwendungen kann man jedoch wiederum entgegentreten: Ein stets sicherheitsäquivalentes Verhalten würde bedeuten, dass die Notenbank möglichst keine Abweichung der Arbeitslosenrate von der momentan besten Punktschätzung zulässt. Dies hätte aber zur Folge, dass die Vorteile einer sinkenden NAIRU nie ausgenutzt werden könnten. Man muss sich erneut vergegenwärtigen, dass Solow nur so lange für ein Absinken der Arbeitslosenrate unter die NAIRU plädiert, wie sich aus den Daten kein Inflationsanstieg ergibt. Bleibt die Inflation tatsächlich trotz höherer Beschäftigung stabil, dann muss die NAIRU-Schätzung nach unten revidiert werden.[197] Das gleiche gilt für die umgekehrte Richtung, wenn die Arbeitslosenrate zunimmt, ohne dass die Inflation sinkt. In diesem Fall müsste die NAIRU-Schätzung nach oben kor-

---

[193] Dieses Ergebnis (Empfehlung eines sicherheitsäquivalenten Verhaltens) setzt mehrere Bedingungen voraus: Eine linear quadratische Verlustfunktion (mit Arbeitslosigkeit und Inflation als Zielvariablen), aus der sich eine optimale Reaktionsfunktion ergibt, die unter anderem die Abweichung der Arbeitslosenrate von der NAIRU als ein wesentliches Element enthält. Der Prognoseirrtum bezüglich der NAIRU muss dabei additiv sein, vgl. zu Geldpolitik bei unvollkommener Information bzw. Unsicherheit z.B. Clarida et al. (1999), S. 1683ff.

[194] "Every point estimate is subject to uncertainty. Unless the loss function is asymmetric, the appropriate target is still the point estimate." Poole (1998), S. 82.

[195] Vgl. Poole (1998), S. 83ff., und Taylor (1998b), S. 95f.

[196] "I believe that a viable hypothesis is explaining the unemployment and inflation observations over the past three years is that the Federal Reserve has gained such credibility that the market does not expect a resurgence of inflation." Poole (1998), S. 84.

[197] Man könnte den Unterschied zwischen einem konservativen und progressiven Notenbanker auch wie folgt verdeutlichen: Der konservative Notenbanker würde die Arbeitslosenrate zunächst in Höhe der NAIRU stabil halten und erst bei sinkender Inflation die NAIRU-Schätzung nach unten revidieren. Der mutige Notenbanker würde hingegen zunächst die Mengenreaktion (Rückgang der Arbeitslosenrate) zulassen und dann darauf hoffen, dass die NAIRU ebenfalls gesunken ist.

rigiert werden und die Notenbank sollte mit Zinssenkung abwarten. Eine asymmetrische Zielfunktion kann man aber aus diesem Verhalten nicht ableiten.

Gegen die Kritik einer zu geringen Berücksichtigung von Inflationserwartungen kann man vorbringen, dass die Gefahr steigender Inflationserwartungen bei insgesamt niedrigem Inflationsniveau nicht überschätzt werden sollte. Hat die jährliche Inflationsrate z.B. für längere Zeit etwa 2 % betragen, so würde ein Anstieg auf 3 % sicherlich keine Explosion der Inflationserwartungen auslösen. Dies gilt umso mehr, wenn die Notenbank auf steigende Inflation sofort aggressiv mit Zinserhöhungen reagiert, d.h. das Experiment einer akkommodierenden Geldpolitik bei sinkender Arbeitslosigkeit wird sofort abgebrochen, wenn sich in den Daten Preissteigerungen zeigen.

Die Position von Stiglitz und Solow kann man folgendermaßen zusammenfassen: Fällt die Arbeitslosenrate aufgrund einer günstigen wirtschaftlichen Entwicklung unter die beste NAIRU-Punktschätzung, sollte die Geldpolitik nicht sofort restriktiv reagieren, sondern zunächst abwarten und die weitere Entwicklung genau beobachten. Zeigt sich in den Daten kein Inflationsdruck (v.a. bei der Kerninflation), solle die Notenbank weitere Beschäftigungsgewinne zulassen und sich vorsichtig an den unteren Punkt, der noch mit Preisstabilität vereinbaren Arbeitslosenrate herantasten. Dieses Vorgehen empfiehlt sch vor allem dann, wenn im Ausgangspunkt die Inflation niedrig ist und die wirtschaftliche Lage durch starken strukturellen Wandel gekennzeichnet, so dass große Unsicherheit über den tatsächlichen Wert der NAIRU besteht. Nur durch diese Strategie ist es möglich, Beschäftigungspotentiale, die sich aus einem Absinken der NAIRU ergeben, auszunutzen und solche Schwankungen der NAIRU (nach oben wie nach unten) sind nach einhelliger Auffassung keineswegs selten. Erweist sich im Nachhinein die Punktschätzung der NAIRU doch als recht präzise und kommt es daher zu Inflationsdruck, kann die Notenbank durch rasches und energisches Agieren ihre Glaubwürdigkeit demonstrieren und damit steigende Inflationserwartungen unterbinden.

3.4.4 Der Vorschlag einer nicht-linearen Regel bei NAIRU-Unsicherheit

Obwohl der Solowsche Vorschlag eines Herantastens an den wahren Wert der NAIRU argumentativ stichhaltig erscheint, ist der Gedanke recht vage formuliert und lässt der Notenbank beträchtlichen diskretionären Handlungsspielraum. Abschließend soll daher eine Idee des früheren Fed-Gouverneurs Meyer [(1999b), (2000a), et al. (2001)] zur Sprache kommen, in der man eine formale Umsetzung der Solowschen Gedanken sehen kann. Meyer regt an, dass Notenbanken bei großer Unsicherheit über den tatsächlichen Wert der NAIRU einer „nicht-linearen" Regel folgen sollten, die durch folgende Merkmale gekennzeichnet ist:
1. eine zurückhaltende Reaktion der Geldpolitik auf geringe Abweichungen der Arbeitslosenrate von der besten NAIRU-Schätzung.
2. den Übergang zu einer aggressiveren Reaktion auf Beschäftigungsveränderungen, sobald die Arbeitslosenrate deutlich von der besten NAIRU-Schätzung abweicht und damit ein Über- oder Unterschreiten der NAIRU mit ziemlicher Sicherheit vorliegt.

Den Ausgangspunkt der Überlegung bildet eine geldpolitische Regel vom Taylor-Typus, bei der allerdings die Beschäftigungslücke (u*-u) an die Stelle der Outputlücke tritt:[198]

(3.22) $r_t = p\pi_t + b\,(u^* - u_t)$.

Die beste Schätzung der NAIRU liege wiederum bei 5 % und der Unsicherheitsbereich der Schätzung zwischen 4 und 6 %. Sicherheitsäquivalentes Verhalten würde daher vorsehen, dass man für u* dessen Erwartungswert $E_t u^* = 5$ % wählt:

(3.23) $r_t = p\pi_t + b\,(5 - u_t)$.

Wenn also die Arbeitslosenrate auf 4,5 % sinkt, würde die Regel (bei gegebener Inflationsrate) sofort eine Zinserhöhung empfehlen. Meyer befürwortet jedoch ein hiervon abweichendes Vorgehen. Er hält es für sinnvoll, wenn Notenbanken im Unsicherheitsbereich von 4-6 % ihre NAIRU-Schätzungen an die tatsächliche Veränderung der Arbeitslosenrate anpassen. Im Extremfall (einer vollkommenen Anpassung) würde die Notenbank bei einem Rückgang der Arbeitslosenrate auf 4,5 % ihre NAIRU-Schätzung ebenfalls auf 4,5 % absenken. Im Ergebnis läuft das darauf hinaus, dass die Beschäftigungslücke bei Bewegungen der Arbeitslosenrate zwischen 4 und 6 % immer bei null liegt und damit innerhalb der geldpolitischen Regel an Gewicht gegenüber der Inflationslücke verliert bzw. in diesem Beispiel sogar völlig ausgeschaltet wird.[199] Sinkt die Arbeitslosenrate jedoch auf 3,9 %, dann wird wiederum die „alte" beste NAIRU-Schätzung von 5 % als relevant betrachtet und eine positive Beschäftigungslücke von 1,1 %-Punkten unterstellt, was eine fühlbare Zinserhöhung zur Folge hat. In Kasten 3.2 wird ein solches Notenbankverhalten beispielhaft dargestellt.

Insgesamt ergibt sich eine nicht-lineare geldpolitische Regel. In der Bandbreite zwischen 4 und 6 % reagiert die Notenbank zurückhaltend (hier gar nicht) auf Beschäftigungsveränderungen. Außerhalb der Bandbreite wird die Beschäftigungslücke wieder voll in die Regel einbezogen und die Reaktion auf Bewegungen der Arbeitslosenrate wird aggressiver. Wenn man die Outputlücke als das „vorausschauende" Element hinsichtlich zukünftiger Inflationsgefahren innerhalb der Taylor-Regel ansieht, bedeutet dieses Vorgehen, dass die Geldpolitik in der Unsicherheitszone zwischen 4 und 6 % weniger vorausschauend agiert (höhere Gewichtung der Inflationslücke), während sie in Perioden, in denen sie eindeutig von einer positiven oder negativen Beschäftigungslücke überzeugt ist, das vorausschauende Element wieder stärker in den Vordergrund rückt.[200]

---

[198] Die übrigen Parameter und Variablen weisen die gleiche Bedeutung wie bisher auf (r = Realzins, p und b = Reaktionskoeffizienten der Inflations- und Beschäftigungslücke). Außerdem gilt nach wie vor r* = 0.

[199] Meyer et al. [(2001), S. 228f.] legen viel Wert darauf, dass die NAIRU-Schätzungen stets an die aktuelle Datenlage angepasst werden. Dies wird aber in der Realität nicht zu einer völligen Anpassung der NAIRU-Schätzung an die tatsächliche Entwicklung der Arbeitslosenrate führen, so dass auch bei Bewegungen der Arbeitslosenrate innerhalb des Unsicherheitsbereichs noch eine kleine Beschäftigungslücke vorliegen wird.

[200] Im Hintergrund dieser nicht-linearen Regel steht eine spezielle Form der Wahrscheinlichkeitsverteilung möglicher NAIRU-Werte. Während man gewöhnlich von einer Gaus'schen Normalverteilung ausgeht, mit dem klaren Modus in der Mitte der Wahrscheinlichkeitsverteilung, wird hier von einer völligen Gleichverteilung aller Werte innerhalb des Unsicherheitsbereich ausgegangen, d.h. auf das obige Beispiel übertragen, dass die Notenbanker eine NAIRU von 4 % für genauso wahrscheinlich halten wie eine NAIRU von 5 oder 6 %, vgl. hierzu Meyer et al. (2001), S. 227.

In dem Meyer'schen Vorschlag einer „nicht-linearen" Regel kann man die Umsetzung der Ideen von Solow erkennen. Die Notenbank darf bei Anwendung dieser Regel so lange experimentierfreudig vorgehen, d.h. ein Absinken der Arbeitslosenrate akkommodieren, bis die Untergrenze des Unsicherheitsbereichs (Konfidenzintervalls) der NAIRU-Schätzung erreicht ist. Sobald die Untergrenze unterschritten ist, sollte das Experiment jedoch abgebrochen werden. Die Notenbank muss dann von erheblicher Überbeschäftigung und damit Inflationsgefahren ausgehen, auch wenn sich dies noch nicht in den aktuellen Inflationsdaten widerspiegelt. Im Rahmen dieser Regel ist es damit möglich, einen exogenen Rückgang der NAIRU (z.B. infolge höherer Wachstumsraten der Arbeitsproduktivität) geldpolitisch zu akkommodieren und damit zusätzliche mögliche Beschäftigungspotentiale zu realisieren.

Nicht geklärt wurde bisher, wie eine Notenbank bei einem leichten Anstieg der Arbeitsloserate über die beste NAIRU-Punktschätzung reagieren sollte. Würde man die nicht-lineare Regel konsequent anwenden, müsste die Geldpolitik in diesem Fall mit einer Zinssenkung abwarten und zwar so lange, wie sich die Arbeitslosenrate noch im Unsicherheitsbereich der Schätzung befindet. Ob eine solch zögernde Reaktion der Geldpolitik bei einer Zunahme der Arbeitslosigkeit sinnvoll ist, wird noch im Weiteren diskutiert werden.

Die Eigenschaften der nicht-linearen Regel stimmen weitgehend mit den neueren Forschungsresultaten über geldpolitische Regeln bei Unsicherheit überein, die eine gemäßigte Reaktion der Notenbanken auf die Outputlücke empfehlen.[201] Begründet wird dies unter anderem mit dem Problem der Datenunsicherheit, das bei der Messung der Output- oder Beschäftigungslücke – im Vergleich zu anderen Indikatoren – besonders massiv in Erscheinung tritt.[202] Reagiert die Geldpolitik zu stark auf eine „falsch" gemessene Outputlücke kann dies gemäß Orphanides (2003a) und Smeets

---

[201] Die Unsicherheit über die Outputlücke hat dann keine Auswirkungen auf die optimale Zinsregel, wenn sie als additive Unsicherheit, d.h. es gilt $y = \hat{y} + \eta$ ($\hat{y}$ = bester Schätzer der Outputlücke, η = "white noise") und damit $Ey = \hat{y}$ (Erwartungswert entspricht bestem Schätzer), im Rahmen eines linearen Modells mit quadratischer Verlustfunktion modelliert wird. Die optimale Reaktion der Notenbank auf $\hat{y}$ unterscheidet sich dann nicht von der Reaktion auf y bei vollkommener Information [sicherheitsäquivalentes Verhalten, vgl. z.B. Swanson (2000), S. 2, Estrella/Mishkin (1999), S. 415f.]. Ein Argument für eine abgeschwächte Reaktion auf die Outputlücke liefert zunächst die Einführung multiplikativer Unsicherheit. Letztere entsteht, wenn sich die Notenbank z.B. unsicher darüber ist, wie die Outputlücke auf die Inflationsrate wirkt [dieses Ergebnis geht auf Brainard (1967) zurück]. Eine zweite Begründung liefert Orphanides [(2003a), S. 612], der persistente Messfehler hinsichtlich der Outputlücke unterstellt und daher die Unsicherheit über die Outputlücke als AR(1) modelliert, d.h. es gilt $\eta_t = \rho\eta_{t-1} + \varepsilon_t$. Damit ist $\hat{y}$ ($\neq Ey$) nicht mehr der beste Schätzer von y. Eine aggressive Reaktion auf $\hat{y}$ trägt in diesem Umfeld zu erhöhter Inflations- und Outputvariabilität bei. Smeets (2002) zeigt schließlich, dass bereits additive Unsicherheit genügt, um eine zurückhaltende Reaktion auf die Outputlücke zu rechtfertigen, wenn man statt einer optimalen eine einfache Zinsregel unterstellt.

[202] Zu einem unsichern geldpolitischen Analyseumfeld trägt neben der Modell- die Datenunsicherheit bei. Sie zeigt sich darin, dass viele relevante Daten erst mit zeitlicher Verzögerung vorliegen und späteren Revisionen unterliegen. Bei der Outputlücke kommt hinzu, dass es sich um eine nicht direkt beobachtbare Größe handelt, die geschätzt werden muss. Diese Schätzungen sind abhängig vom verwendeten Modell und der Schätzmethode. Schwierigkeiten bei der Bestimmung der Outputlücke treten vor allem am Beginn eines Strukturbruches aus, der meist zu spät erkannt wird, so dass Schätzungen zur Outputlücke noch viele Jahre später deutlich korrigiert werden müssen. Da das Unsicherheitsproblem bei der Outputlücke besonders massiv in Erscheinung tritt, vertreten EZB (2001a) und Bundesbank (2004b) die Meinung, dass die Outputlücke im Vergleich zu anderen Indikatoren bei der Abschätzung zukünftiger Preisrisiken kein zu hohes Gewicht halten sollte.

(2002) erhebliche zusätzliche Inflations- und Outputvariabilität erzeugen. Diese Argumentationslinie wurde von der Deutschen Bundesbank [(2004b), S. 22ff.] und der EZB [(2001a), S. 58] aufgegriffen, um ihre ablehnende Haltung gegenüber einer „konjunkturellen Feinsteuerung" zu untermauern. Allerdings hat man den Eindruck, dass hier asymmetrisch argumentiert wird. In Zeiten, in denen die Arbeitslosenrate ansteigt und eine negative Beschäftigungslücke entsteht, stützt man sich bereitwillig auf das Argument der „Unsicherheit über die Outputlücke", um gegen massive Zinslockerungen zu plädieren. Wenn allerdings die Arbeitslosenrate fällt und eine positive Beschäftigungslücke entsteht, taucht rasch die Forderung nach Zinserhöhungen auf, um zukünftigen Inflationsdruck frühzeitig zu begegnen. Im Falle sinkender Arbeitslosigkeit tritt also das Unsicherheitsargument hinter das Argument zurück, dass die Geldpolitik vorausschauend agieren müsse.

Orphanides [(2003a), S. 607f.] weist ausdrücklich darauf hin, dass er keinen vollkommenen Verzicht auf jedwede Stabilisierungspolitik fordert. Er empfiehlt lediglich eine schwächere Reaktion auf die Outputlücke als dies eine „optimale" Zinsregel in einem hypothetischen Umfeld vollkommener Information nahe legen würde. Seiner Ansicht nach hat die Fed in den 1990er Jahren bereits die richtige Balance zwischen vollkommener Passivität und zu starkem Aktionismus gefunden und kam daher seiner Vorstellung einer gemäßigten Stabilisierungspolitik schon recht nahe. Ein solcher Politikansatz spiegelt sich letztendlich auch in der Taylor-Regel wieder, welche der Outputlücke ein relativ geringes Gewicht zuweist.

Kasten 3.2: Nicht-lineare Regel bei Unsicherheit

Abb. 3.18: Nicht-lineare Regel bei Unsicherheit

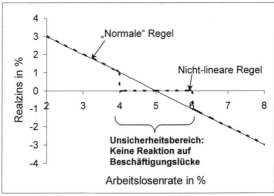

Quelle: Eigene Darstellung.

Abb. 3.18 veranschaulicht die Funktionsweise einer nicht-linearen Regel. Die Ordinatenwerte bilden die Realzinsanpassungen der Notenbank auf Veränderungen der Arbeitslosenrate ab. Die Notenbank agiert dabei gemäß obiger Zinsregel (3.22): $r_t = p\pi_t + b \, (u^* - u_t)$. Hier gilt jedoch im Speziellen:

> - Eine konstante Inflationsrate von 0 %,
> - b = 1 und u* = 5 %,
> - Ein Unsicherheitsbereich für die NAIRU-Schätzung von 4-6 %.
>
> Die durchgezogene Linie stellt die geldpolitische Reaktion dar, wenn sich die Notenbank strikt an die Zinsregel hält. Die gepunktete Linie gibt an, wie sich die Notenbank bei Befolgung einer nicht-lineare Regel verhalten würde. Im letzteren Fall passt die Notenbank im Bereich zwischen 4 und 6 % ihre NAIRU-Schätzung stets an die aktuelle Entwicklung der Arbeitslosenrate an (bzw. reagiert nicht auf die Beschäftigungslücke), so dass in dieser Zone gilt: (u*-u) = 0. Wenn die Arbeitslosenrate um weniger als einen Prozentpunkt unter die zentrale NAIRU-Schätzung fällt, ist damit eine weniger restriktive Geldpolitik möglich. Außerhalb des Unsicherheitsbereichs reagiert die Notenbank wieder aggressiver auf Veränderungen der Arbeitslosenrate.

3.5 Hysteresis und die Rückkehr einer stabilen Phillips-Kurve

3.5.1 Der rätselhafte Anstieg der europäischen Arbeitslosigkeit

In den bisherigen Ausführungen zur NAIRU-Hypothese wurde zwar kritisiert, dass sich die NAIRU nur unpräzise schätzen lässt und starken Schwankungen unterliegt, es wurde aber daran festgehalten, dass es sich um ein mikroökonomisch fundiertes, reales Gleichgewicht handelt, um welches das makroökonomische System kreist. Dies bedeutet unter anderem, dass die Arbeitslosenrate nach einem ökonomischen Schock zu ihrem ursprünglichen Gleichgewichtswert zurückkehrt. Zwar kann sich der „reale Anker" NAIRU von Zeit zu Zeit verschieben, diese Veränderungen müssen jedoch anhand struktureller Faktoren (veränderte Machtverhältnisse zwischen den Tarifparteien, Veränderung des Arbeitsschutzes, demographischer Wandel beim Arbeitsangebot etc.) erklärbar sein. Im Falle der USA lassen sich die meisten Veränderungen der gleichgewichtigen Arbeitslosenrate in der Tat mit exogenen Faktoren plausibel begründen.[203] Außerdem ist ersichtlich, dass sich die amerikanischen Gleichgewichtswerte in einem engen Band von 5 bis 7 % in der Nachkriegszeit bewegt haben und die Arbeitslosenrate nach stärkeren Ausreißern immer wieder zu diesen mittleren NAIRU-Werten zurückgekehrt ist.

Während also in den USA ein Oszillieren der Arbeitslosenraten um relativ stabile Gleichgewichtswerte erkennbar ist, stellt sich die Sachlage in Europa anders dar. In den meisten westeuropäischen Ländern stieg die Arbeitslosenrate in den vergangenen drei Jahrzehnten während jeder Rezession schubartig an und bildete sich in den anschließenden Aufschwungphasen nur teilweise zurück. Trotz der wachsenden Arbeitslosigkeit waren die Disinflationsphasen jedoch auf die Rezessionsperioden beschränkt. Derzeit liegt die durchschnittliche Arbeitslosenrate in der Europäischen Union bei weitgehend stabiler Inflation bei 8-9 %. Dies legt die Vermutung nahe,

---

[203] Der Anstieg der NAIRU in den 70er und 80er Jahren wurde vor allem mit den Ölpreisschocks und dem Productivity Slowdown erklärt. Der Rückgang der NAIRU in den 90er Jahren wurde unter anderem mit folgenden Faktoren begründet: Dem unerwartet starken Produktivitätswachstum, dem verminderten Anteil jüngerer Arbeitskräfte am Arbeitsangebot, der geringeren Gewerkschaftsmacht, dem stärkeren globalen Wettbewerb, der größeren Zahl von Gefängnisinsassen usw., vgl. hierzu Ball/Mankiw (2002), S. 18ff., und den Sammelband von Krueger/Solow (2002).

dass sich auch die inflationsstabile Arbeitslosenrate auf diesem Niveau befindet und damit seit Anfang der 70er Jahre um mehr als 5 Prozentpunkte angestiegen ist.[204] Das herkömmliche NAIRU-Modell stößt bei der Erklärung dieses markanten Anstiegs der inflationsstabilen Arbeitslosenrate an seine Grenzen:

Zunächst versuchte man den kräftigen Anstieg der Arbeitslosigkeit in Europa und anderen Industrieländern mit dem Auftreten von Angebotsschocks zu erklären.[205] Neben den Ölpreisschocks wurde dabei insbesondere auf den „Productivity Slow-down" hingewiesen, der Anfang der 70er Jahre einsetzte und die durchschnittliche Wachstumsrate der Arbeitsproduktivität in Westeuropa von knapp 5 % auf ca. 2 % Ende der 70er Jahre absenkte.[206] Es besteht jedoch Konsens darüber, dass mit solchen Angebotschocks nur einzelne Schübe an Arbeitslosigkeit nicht aber deren Persistenz auf hohem Niveau erklärt werden können.[207] Angewandt auf das obige NAIRU-Modell dürften sich solche Schocks nur vorübergehend in dem Störterm ε, nicht aber in einer generellen Verschiebung des Trade-offs niederschlagen.

Als populärste Erklärung für die hohen Arbeitslosenzahlen in Europa gilt heute der Hinweis auf die beträchtlichen Arbeitsmarktrigiditäten, die in den meisten europäischen Ländern vorherrschen.[208] Unter dem Begriff Arbeitsmarktrigidität wird dabei eine Vielzahl von Sachverhalten subsumiert, etwa die jeweilige Ausprägung des Kündigungsschutzes, die Dauer und Höhe der Arbeitslosenunterstützung, die Macht der Gewerkschaften, die Lohnabgaben- und Steuerbelastung, die Höhe der Mindestlöhne, das Ausmaß der Lohndifferenzierung, die Mobilität der Arbeitskräfte usw. Es wird argumentiert, dass ein Land mit einer vergleichsweise geringen Arbeitsmarktflexibilität in der Regel eine hohe Zahl struktureller Arbeitsloser und entsprechend eine hohe NAIRU aufweist.[209] Da der amerikanische Arbeitsmarkt im Vergleich zu seinen

---

[204] "In short, the natural rate [of European unemployment] clearly increased a lot in the 1970s. It has remained high since, and stands today around 8 %." Blanchard (2003), S. 283.

[205] Vgl. z.B. Bruno/Sachs (1985), die als erste hierzu eine Untersuchung durchführten.

[206] Vgl. Blanchard/Wolfers (2000), C4f.

[207] Der temporäre NAIRU-Anstieg aufgrund des Productivity Slowdown lässt sich damit erklären, dass die Arbeitnehmer ihre Lohnforderungen zunächst weiterhin an den hohen Produktivitätsraten der Nachkriegszeit orientiert haben, was zu rückläufigen Profitraten der Unternehmen führte. Man geht jedoch davon aus, dass die Arbeitnehmer früher oder später ihren Anspruchs- oder „Reservationslohn" an die niedrigeren Produktivitätsraten angepasst haben. Jedenfalls lässt sich über längere historische Zeiträume kein dauerhafter positiver Zusammenhang zwischen der Wachstumsrate der Arbeitsproduktivität und der Arbeitslosenrate feststellen, vgl. z.B. Blanchard/Katz (1997), S. 56f.

[208] Die groß angelegte OECD Beschäftigungsstudie [vgl. OECD (1994)] sieht z.B. in der mangelnden Arbeitsmarktflexibilität die zentrale Ursache des Beschäftigungsproblems in den OECD-Ländern. Die Handlungsempfehlungen der OECD [(1994), S. 45ff.] lauten daher u.a.: Stärkere Flexibilisierung von Arbeitszeit und Arbeitskosten, Reform der Beschäftigungsschutzbestimmungen, Neuordnung des Systems der Arbeitslosengeldleistungen etc. Die Makropolitik soll sich dagegen v.a. auf eine Konsolidierung der öffentlichen Finanzen und die Wahrung der Preisstabilität konzentrieren.

[209] Es ist allerdings umstritten, welche Art von Arbeitsmarktrigidität strukturelle Arbeitslosigkeit erzeugt. Im Gegensatz zur landläufigen Meinung führen nicht alle oben aufgeführten Rigiditäten zwangsläufig zu höherer Arbeitslosigkeit [vgl. hierzu z.B.: Blanchard/Wolfers (2000), C12f., Nickel (1997), Ball (1997b), S. 174ff.]. Als besonders „schädlich" gilt eine lange Dauer der Arbeitslosenunterstützung, da dies die Suchanstrengung der Arbeitslosen reduziert und den Lohndruck nach unten mindert. Ball [(1997), S. 175] sieht darin sogar die einzige relevante Rigidität zur Erklärung hoher struktureller Arbeitslosigkeit. Wenig Bedeutung für die Begründung hoher Arbeitslosenraten wird hingegen der Höhe der Arbeitslosenunterstützung oder einer starken Lohnbesteuerung beigemessen. Ambivalent sind die Aussagen in Bezug auf Kündigungsschutzregelungen oder gewerkschaftliche Macht. Hoher Arbeitsschutz führt nicht unbedingt zu einer steigenden NAIRU, son-

europäischen Pendants als wesentlich weniger „rigide" gilt, erscheint es plausibel, dass die USA auch eine niedrigere NAIRU als viele europäische Länder besitzt.[210]

Unterschiedliche Arbeitslosen*niveaus* zwischen den USA und Europa lassen sich also möglicherweise mit Arbeitsmarktrigiditäten erklären. Es besteht jedoch ein Problem darin, mit unzureichender Arbeitsmarktflexibilität den schubartigen Anstieg und damit die *Veränderung* der europäischen NAIRU *über die Zeit*, plausibel zu machen. Denn viele der bemängelten Arbeitsmarktrigiditäten lagen in Europa bereits Ende der 60er Jahre vor als die Arbeitslosenraten noch sehr niedrig waren. In den 70er Jahren kam es zwar teilweise zu einer weiteren Verschärfung der Arbeitsmarktregulierungen, spätestens Anfang der 1980er Jahre setzt dann aber in vielen europäischen Ländern eine Deregulierung auf dem Arbeitsmarkt ein.[211] Es wurden Kündigungsschutzregelungen gelockert und Leistungen an Arbeitslose gekürzt.[212] Trotzdem blieben in vielen Ländern die Arbeitslosenraten auf hohem Niveau. Nur im Vereinigten Königreich und einigen kleinen europäischen Volkswirtschaften sind vor allem seit Mitte der 90er Jahre einige Fortschritte beim Abbau der strukturellen Arbeitslosigkeit erzielt worden, die auch auf den Abbau von Arbeitsmarktrigiditäten zurückgeführt werden.[213]

Insgesamt kann man aber sagen, dass dem Abbau von Arbeitsmarktrigiditäten in den vergangenen 20 Jahren eher eine steigende oder konstante NAIRU gegenüberstand. Ökonometrische Untersuchungen konnten daher auch keinen systematischen Zusammenhang zwischen Veränderungen von quantitativen Maßgrößen der Arbeitsmarktflexibilität (etwa der Höhe der Lohnersatzleistungen) und Veränderungen der

---

[210] dern eher zu starren Arbeitsmärkten und einem höheren Anteil von Langzeitarbeitslosen, vgl. Nickel (1997), S. 46f., Blanchard/Wolfers (2000), C13, oder Blanchard/Katz (1997), S. 59.
Der amerikanische Arbeitsmarkt ist im Vergleich zum Durchschnitt der europäischen Arbeitsmärkte vor allem durch folgende Merkmale gekennzeichnet: Niedrigerer Kündigungsschutz, flexiblere Arbeitszeiten, mehr befristete Arbeitsverträge, kürzere Dauer und geringere Höhe der Arbeitslosenunterstützung, weniger arbeitsmarktpolitische Maßnahmen, geringerer gewerkschaftlicher Organisationsgrad sowie unbedeutender Einfluss der Gewerkschaften bei den Lohnverhandlungen. Allerdings dürfen auch nicht alle europäischen Länder im Hinblick auf die Arbeitsmarktrigiditäten in einen Topf geworfen werden. Auch zwischen den Europäern bestehen erhebliche Unterschiede. Vgl. hierzu Nickell (1997).

[211] "It is harder ... to explain *changes* [than levels] in unemployment during the 1980s. Most labour market distortions remained constant during the decade or decreased, as some countries weakened firing restrictions and reduced unemployment benefits. These changes go in the wrong direction for explaining why unemployment rose." Ball (1997b), S. 174.

[212] Gemäß Blanchard/Wolfers [(2000), C14ff.] ist die maximale Höhe der „replacement rate" (Höhe der Arbeitslosenunterstützung im Verhältnis zum vorherigen Arbeitslohn) in allen europäischen Ländern bis auf Italien seit Ende der 70er Jahre rückläufig. Der Arbeitsschutz (gemessen anhand eines „employment protection index") wurde insbesondere in Italien und Spanien seit Ende der 70er Jahre gelockert, während er in den meisten anderen Ländern weitgehend konstant blieb.

[213] Siebert [(1997), S. 41ff] führt die Niederlande und das Vereinigte Königreich als Beispiele dafür auf, dass beherzte Arbeitsmarktreformen seit den 80er Jahren zu einem Rückgang der Arbeitslosigkeit beigetragen haben. Ball [(1999b), S. 214ff.] ist von dieser Argumentation nicht überzeugt, da auch viele andere Länder in größerem Umfang Arbeitsmarktrigiditäten abgebaut haben (z.B. Belgien, Kanada, Spanien), ohne dass dies zumindest bislang zu einem merklichen Abbau struktureller Arbeitslosigkeit geführt habe. Die Erfolge Portugals und Irlands auf dem Arbeitsmarkt lassen sich seiner Ansicht nach überhaupt nicht mit Arbeitsmarktreformen erklären. Die OECD weist wiederum darauf hin, dass sich die Früchte von Arbeitsmarktreformen erst nach einiger Zeit zeigen und dabei umfassend durchgeführt werden müssen. Deshalb habe z.B. Spanien erst in jüngster Zeit Erfolge am Arbeitsmarkt erzielt, vgl. OECD (1999), S. 175ff.

NAIRU feststellen.[214] Blanchard [(1997b), S. 188] fasst die empirischen Ergebnisse z.b. folgendermaßen zusammen:

"Economists have been largely unsuccessful at isolating robust relations between the increase in unemployment over time and shifts in exogenous factors."

Unvollkommene Arbeitsmärkte reichen somit als isolierte Begründung für den europaweiten Anstieg der gleichgewichtigen Arbeitslosenrate nicht aus. Die Protagonisten dieses Argumentationsstranges mussten daher ihre Beweiskette um ein Element anreichern. Ein solches Element wird im verstärkten globalen Wettbewerb und beschleunigtem strukturellen Wandel gesehen. Diese Entwicklung habe den Nachteil der mangelnden Anpassungsfähigkeit auf den europäischen Arbeitsmärkten verstärkt. Es wird z.B. argumentiert, dass sich die Kündigungsschutzregelungen zwar nicht unbedingt verschärft haben, jedoch die Kosten solcher Regelungen in Zeiten eines intensiveren Wettbewerbs gestiegen sind.[215]

Aber auch die Argumentation mangelnder Arbeitsmarktflexibilität in Verbindung mit verstärktem globalem Wettbewerb überzeugt nicht vollkommen. Zum einen ergaben sich empirisch keine eindeutigen Hinweise auf einen verstärkten strukturellen Wandel seit den 1970er Jahren.[216] Zum anderen bleiben Entwicklungen in einzelnen Ländern unplausibel. So wiesen Spanien und Portugal in den 1980er und 1990er ähnliche Arbeitsmarktstrukturen auf und hatten es in dieser Zeit wohl auch mit einem ähnlichen strukturellen Wandel zu tun.[217] Trotzdem besitzt Spanien eine der höchsten und Portugal eine der niedrigsten NAIRUs in der EU, auch wenn in jüngster Zeit eine leichte Konvergenz beider Raten stattfand.[218]

Insgesamt bleibt der drastische Anstieg der NAIRU in großen Teilen Europas eher rätselhaft. Im Rahmen des herkömmlichen Modells – etwa mit Angebotsschocks oder veränderter Arbeitsmarktstrukturen – lässt er sich nur schwer erklären:

- Negative Angebotsschocks liefern allein nur eine Begründung für einen temporären Anstieg der NAIRU.

---

[214] Ein Beispiel macht dies besonders deutlich: In Spanien ist die „replacement rate" zwischen 1983 und 1995 gesunken, in Portugal hingegen gestiegen. Die geschätzte NAIRU vollzog jedoch gerade die umgekehrte Entwicklung, vgl. Ball (1999b), S. 214f."

[215] Siebert [(1997), S. 53] merkt z.B. in Bezug auf die meisten europäischen Arbeitsmärkte an: "The combination of intensified competition in a global economy and of labour-saving technical progress requires flexibility in wages, but this flexibility is prevented by institutional conditions." Ähnlich argumentieren Ljungquist/Sargent [(1998), S. 514]: "We impute the higher unemployment [in Europe since the 1980s] to welfare states' diminished ability to cope with more turbulent economic times, such as the ongoing restructuring from manufacturing to the service industry, adopting of new information technologies, and rapidly changing international economy." Ein Argument von Krugman (1994) lautet, dass infolge des technologischen Wandels die Nachfrage nach niedrig qualifizierten Arbeitskräften abgenommen hat, während sie nach hochqualifizierten Kräften zunahm. Dementsprechend ist der gleichgewichtige Lohnsatz für geringqualifizierte wohl deutlich nach unten gesunken. In Europa habe jedoch eine mangelnde Lohnspreizung, Lohnrigiditäten und hohe Mindestlöhne eine solche Anpassung im Bereich des unteren Lohnsegmentes verhindert und damit einen Anstieg der NAIRU verursacht.

[216] Man stellte z.B. fest, dass der Unterschied in den Wachstumsraten zwischen den einzelnen Sektoren in Europa seit den 60er oder 70er Jahren gegenüber heute nicht zugenommen hat, vgl. Blanchard (1997a), S. 416.

[217] Vgl. hierzu Blanchard/Jimeno (1995).

[218] Für 1999 schätzt die OECD die NAIRUs auf 15,1 (Spanien) bzw. 3,9 % (Portugal), vgl. OECD (2001), S. 192.

- Arbeitsmarktrigiditäten haben sich eher invers zum Anschwellen der NAIRU entwickelt.

- Der eventuell beschleunigte strukturelle Wandel erklärt nicht, warum einige Länder in Europa (trotz starrer Arbeitsmärkte) davon nicht negativ betroffen wurden.

3.5.2 Hysteresis-Effekte auf dem Arbeitsmarkt

Einige Ökonomen [u.a. Blanchard/Summers (1986), Ball (1997b,1999b)] haben nach Ansätzen außerhalb des NAIRU-Modells gesucht, um den Anstieg der Arbeitslosigkeit in Europa zu erklären. Bereits in den 80er Jahren ist dabei aufgefallen, dass die NAIRU-Schätzungen weitgehend parallel mit der tatsächlichen Arbeitslosenentwicklung angehoben wurden. Offenbar verwandelte sich bei jedem zyklischen Anstieg der Arbeitslosigkeit ein Teil der „konjunkturellen" in „strukturelle" Arbeitslose. Die Annahme, dass die NAIRU von der vergangenen Entwicklung der Arbeitslosigkeit determiniert wird, umschreibt man auch mit dem Begriff „Hysteresis". Dieser Terminus umreißt folgende Eigenschaften des Arbeitsmarktes:[219]

1. *Transitorische Schocks zeigen anhaltende Wirkung auf dem Arbeitsmarkt:* Das Wort Hysteresis stammt aus dem Griechischen und bedeutet „zurückbleiben".[220] In Bezug auf den Arbeitsmarkt soll damit zum Ausdruck kommen, dass die Wirkung eines ökonomischen Schocks auch nach dessen Verschwinden anhält. Löst z.B. ein plötzlicher Realzinsanstieg eine Nachfragekontraktion und damit einem Anstieg der Arbeitslosigkeit aus, dann bleibt dieser Beschäftigungsverlust gemäß der Hysteresis-Hypothese auch nach Zurückbildung des Realzinsschocks zumindest teilweise erhalten.

2. *Das Arbeitsmarktgleichgewicht ändert sich in Abhängigkeit ökonomischer Schocks:* Die anhaltende Schockwirkung hat zur Folge, dass die Arbeitslosenrate nach der Störung nicht wieder zum anfänglichen Gleichgewichtswert (NAIRU) zurückkehrt. Ein zentraler Aspekt von Hysteresis lautet dementsprechend, dass ein dynamisches System nach einer Störung nicht wieder zu seinem ursprünglichen Gleichgewicht zurückkehrt, sondern sich das Gleichgewicht in Abhängigkeit der Störung ändert.

3. *Pfadabhängigkeit der NAIRU:* Tritt Hysteresis auf dem Arbeitsmarkt auf, spricht man auch von „Pfadabhängigkeit" der NAIRU, da die heutige NAIRU, vom vergangenen Zeitpfad der Arbeitslosenrate abhängt. Steigende (Sinkende) Arbeitslosigkeit impliziert demnach einen Anstieg (Rückgang) der NAIRU. Nicht eine Vielzahl exogener Faktoren, sondern die zurückliegende Beschäftigungsentwicklung determiniert die aktuelle NAIRU.

4. *Langfristiger Einfluss der Geldpolitik auf die Arbeitslosenrate:* Im ursprünglichen NAIRU-Konzept wird die inflationsstabile Arbeitslosenrate ausschließlich durch reale – nicht jedoch monetäre – Faktoren determiniert. Mit dieser Dichotomie zwischen realer und monetärer Sphäre bricht die Hysteresis-Hypothese. Da sich

---

[219] Vgl. hierzu z.B. Franz (1989), Funke (1991), S. 529f., Landmann/Jerger (1999), S. 247ff., oder Spahn (1999a), S. 194ff.

[220] In der Physik wurde der Begriff Hysteresis für die Beschreibung von Phänomenen verwendet, bei denen die Wirkung eines Effektes (z.B. Magnetisierung) fortdauert, obwohl die Ursache der Wirkung (z.B. ein magnetisches Feld) beseitigt ist.

auch zyklische Veränderungen der Arbeitslosenrate in der NAIRU niederschlagen können, hat die Geldpolitik unter Umständen auch langfristige Wirkungen auf die Arbeitslosigkeit.

Ein hysteretischer Arbeitsmarkt ist also dadurch gekennzeichnet, dass ein temporärer Schock zu einer dauerhaften Veränderung der Arbeitslosenraten und damit des Arbeitsmarktgleichgewichts führt. Wo die NAIRU genau landet, hängt von dem vergangenen Zeitpfad der Arbeitslosenrate ab. Da die Geldpolitik diesen Zeitpfad beeinflussen kann, besitzt sie auch Einfluss auf die langfristige Arbeitslosenentwicklung. Formal lässt sich Hysteresis auf dem Arbeitsmarkt wie folgt darstellen:[221]

$$(3.24) \quad u_t^* = \bar{u} + h\,(u_{t-1} - \bar{u}).$$

Diese Bestimmungsgleichung der NAIRU unterscheidet zwischen der kontemporären NAIRU u^* und der steady-state NAIRU $\bar{u}$, in der sich die mikroökonomischen, strukturellen Faktoren des Arbeitsmarktes niederschlagen. h wird als Hysteresis-Parameter bezeichnet. Ist $h = 0$ gilt die alte NAIRU-Hypothese, wonach nur strukturelle Faktoren das Arbeitsmarktgleichgewicht bestimmen. Bei $h = 1$ liegt vollkommene Hysteresis vor. In diesem Fall wird die NAIRU ausschließlich durch die Arbeitslosenrate der Vorperiode bestimmt.[222] Bei $0 < h < 1$ spricht man eher von Persistenz, da sich u_{t-1} nur zum Teil in u^* niederschlägt.

Setzt man (3.24) in obige Phillips-Kurve (3.21) ein, ergibt sich eine neue Phillips-Kurve:

$$(3.25) \quad \pi_t = \pi_{t-1} + \alpha\,(1 - h)\,\bar{u} - \alpha\,(u_t - h\,u_{t-1}) + \varepsilon.$$

Zur Bestimmung einer langfristigen Gleichgewichtslösung wird davon ausgegangen, dass die Inflationserwartungen erfüllt werden ($\pi_t = \pi_{t-1}$), die Arbeitslosenrate konstant bleibt ($u_t = u_{t-1}$) und keine Störterme auftreten ($\varepsilon = 0$). Es gilt daher:

$$(3.26) \quad u_t^* = \frac{1-h}{1-h}\,\bar{u}.$$

Es lassen sich jetzt drei Fälle unterscheiden:

*   Ohne Hysteresis ($h = 0$) gilt im langfristigen Gleichgewicht $u^* = \bar{u}$, d.h. das langfristige Arbeitsmarktgleichgewicht wird ausschließlich durch strukturelle Faktoren bestimmt.
*   Im Fall persistenter Arbeitslosigkeit ($0 < h < 1$) ändert sich zunächst nichts an dieser langfristigen Gleichgewichtslösung.[223] Der Unterschied besteht lediglich darin, dass die Annäherung an das Gleichgewicht $\bar{u}$ nach einer Störung langsamer erfolgt.[224]

---

[221] Vgl. Landmann/Jerger (1999), S. 249, und Spahn (1999a), S. 195.

[222] Werden auch noch Arbeitslosenraten aus weiter zurückliegenden Perioden berücksichtigt, müsste sich die Summe deren Koeffizienten zu eins addieren.

[223] Eine alternative Modellierung, bei der Persistenz auch langfristige Wirkungen auf das Arbeitsmarktgleichgewicht besitzt, ist: $u_t^* = \alpha Z_t + h\,u_{t-1}$, wobei Z einen Vektor exogener Variablen darstellt, welche die NAIRU bestimmen [vgl. hierzu z.B. Franz (1989), oder Funke (1991)]. Im Gegensatz zu Gleichung (16) sind hier die exogenen Variablen und die Arbeitslosenrate der Vorperiode unabhängig voneinander, was bewirkt, dass das langfristige Gleichgewicht u^* auch bei $h < 1$ durch den Zeitpfad der Arbeitslosenrate bestimmt wird

[224] Diese langsamere Anpassung ist leicht nachvollziehbar: Bei Persistenz auf dem Arbeitsmarkt bewegt sich die kontemporäre NAIRU stets gleichgerichtet mit der tatsächlichen Arbeitslosenrate, so

• Bei vollkommener Hysteresis (h = 1) ergibt sich keine eindeutige Lösung. Es lässt sich über das Arbeitsmarktgleichgewicht nicht mehr aussagen als in der Bedingung $u_t = u_{t-1}$ zum Ausdruck kommt. Das Niveau des Gleichgewichts ist im Fall vollkommener Hysteresis nicht bestimmbar. Letztendlich kann jede gerade erreichte Arbeitslosenrate ein Gleichgewicht darstellen. Sie muss nur über eine Periode konstant gehalten werden

Liegt z.B. in einem Land die Arbeitslosenrate aktuell bei 5 %, dann stellt diese Rate, wenn kein Schock auftritt, auch für die folgenden Perioden das gleichgewichtige Unterbeschäftigungsniveau dar. Kommt es aber zu einem negativen Nachfrageschock, welcher die Arbeitslosenrate auf 7 % hochtreibt, dann stellt ab der folgenden Periode diese höhere Quote das Gleichgewicht dar und zwar so lange bis das Land erneut von einem Schock getroffen wird. Eine Tendenz zur Rückkehr zum Ausgangsniveau oder zu irgendeiner anderen durch strukturelle Faktoren determinierten Arbeitslosenrate besteht nicht. Die tatsächliche und die gleichgewichtige Arbeitslosenrate werden zum Spielball der auf das ökonomische System einwirkenden Schocks. Formal kann man dies folgendermaßen ausdrücken:

(3.27) $u_t^* = u_{t-1} + \varepsilon_t$.

Eine Zeitreihe dieses Typs, wird als "random walk" bezeichnet. Sie weist weder einen konstanten Mittelwert noch eine konstante Varianz auf. Der Verlauf der Zeitreihe wird durch das zufällige Muster der auftretenden Schocks bestimmt. Es ist daher auch reiner Zufall, wann ein "random walk" einen bestimmten Wert (z.B. den Ausgangswert) wieder erreicht. Folgt die gleichgewichtige Arbeitslosenrate einem "random walk", wird sie folglich durch das historische Muster der Schocks und nicht durch ein strukturell gegebenes Arbeitsmarktgleichgewicht determiniert.

Insgesamt kann man daher sagen, dass es auf einem hysteretischen Arbeitsmarkt keinen Sinn macht, von einem langfristigen Gleichgewicht zu sprechen, denn die gleichgewichtige folgt der tatsächlichen Arbeitslosenrate stets auf dem Fuße. Ökonomische Schocks verschieben die Arbeitslosenrate mehr oder weniger zufällig in die eine oder andere Richtung, ohne dass die Tendenz zu einem stabilen Gleichgewicht besteht. Strukturelle Faktoren wie die Machtverteilung der Tarifparteien, die Höhe der Mindestlöhne oder die Mobilität der Arbeitskräfte beeinflussen möglicherweise das allgemeine Arbeitslosenniveau, bestimmen aber nicht das langfristige Gleichgewicht.

3.5.3 Hysteresis-Kanäle und die Wiederkehr der stabilen Phillips-Kurve

Bisher ausgeklammert wurde die Frage, welche Mechanismen Hysteresis auslösen. Als zentrale „Hysteresis-Kanäle" werden die Insider-Outsider-Hypothese und die besondere Rolle von Langzeitarbeitslosen auf dem Arbeitsmarkt angesehen:[225]

---

dass die Differenz zwischen u* und u („Beschäftigungslücke") geringer ausfällt und damit auch kleinere Preiseffekte vom Arbeitsmarkt ausgehen. Gerade aber diese Preiseffekte sind der entscheidende Mechanismus, der das makroökonomische System (z.B. über Realkassen-Zins-Effekte) wieder zum Gleichgewicht zurückführt.

[225] Vgl. zu den Hysteresis-Kanälen: Blanchard/Summers (1986), Landmann/Jerger (1999), S. 254ff., und Funke (1991), S. 538. In „Kapitalmangelarbeitslosigkeit" wird ein dritter Mechanismus für

(1) Die essentielle Annahme der Insider-Outsider-Theorie[226] besteht darin, dass die Gewerkschaften in Lohnverhandlungen primär die Interessen der derzeit Beschäftigten – den so genannten „Insidern" – vertreten, während das Anliegen der arbeitslosen Outsider, die nicht Mitglied der Gewerkschaft sind, außer Acht gelassen wird.[227] Zielsetzung der Gewerkschaften ist es eine Weiterbeschäftigung aller Insider bei maximalem Einkommen zu erreichen. Sie werden daher in den Tarifverhandlungen den höchstmöglichen Lohnsatz fordern, der den aktuellen Beschäftigungsstand sichert.[228] Ein niedrigerer Lohnsatz würde zwar unter Umständen die Arbeitsnachfrage anregen und damit arbeitslosen Outsidern eine Beschäftigungschance einräumen, eine solche Politik liegt aber nicht im Interesse der Insider.[229] Mit der Insider-Outsider-Theorie lassen sich Hysteresis-Effekte auf dem Arbeitsmarkt gut nachvollziehen. Treten keine Schocks auf, bleibt das Beschäftigungsniveau konstant, da die Insider einen Lohnsatz wählen, der für ihre Weiterbeschäftigung sorgt. Kommt es aber zu einem negativen Schock, der die Arbeitsnachfrage reduziert, dann verlieren einige Arbeitnehmer ihren bisherigen Insider-Status. Um die Belange dieser gerade arbeitslos gewordenen Outsider wird sich aber die neue, kleinere Gruppe an Insidern in den anstehenden Tarifverhandlungen nicht kümmern. Sie werden stattdessen einen Lohnsatz wählen, der das jetzt niedrigere Beschäftigungsniveau festschreibt. Es besteht damit keine Tendenz zum anfänglichen Beschäftigungsniveau zurückzukehren. Die Wirkung des transitorischen Schocks hält an. Im Ergebnis folgt die Beschäftigung dem "random walk" der auftretenden Schocks.[230]

(2) Der zweite Hysteresis-Kanal zur Begründung von Hysteresis auf dem Arbeitsmarkt geht davon aus, dass sich Arbeitslosigkeit – insbesondere Langzeitarbeitslosigkeit – negativ auf das Humankapital von Erwerbspersonen auswirkt.[231] Den arbeitslosen Erwerbspersonen ist die Möglichkeit genommen, ihre beruflichen und sozialen Kompetenzen aufrechtzuerhalten bzw. weiterzuentwickeln. Dies hat mehrere

---

Hysteresis-Effekte gesehen. Dabei wird argumentiert, dass sich nach einer langen ökonomischen Krise ein Kapitalmangel ergeben kann, wenn die Unternehmen durch Desinvestition ihre Kapazitäten an die niedrigere Nachfrage angepasst haben. Zu Beginn des Aufschwungs ist dann – gemäß dieser Sichtweise – der Kapitalstock zu niedrig, um allen Arbeitsuchenden eine Stelle zu bieten. Nach Auffassung von Blanchard/Summers [(1986), S. 27] ist diese Erklärung am wenigsten geeignet, um Hysteresis-Effekte zu begründen.

[226] Vgl. zur Insider-Outsider-Theorie vor allem die Aufsatzsammlung von Lindbeck/Snower (1989), sowie Blanchard/Summers (1986), die eine enge Verknüpfung zu Hysteresis herstellen.

[227] Es werden abweichende Mitgliedschaftsregeln für Gewerkschaften formuliert. Die extremste Regel besteht darin, dass eine Erwerbsperson nach Verlust des Arbeitsplatzes sofort zum Outsider wird.

[228] In der Nutzenfunktion eines Insiders geht sowohl der Lohnsatz als auch die Sicherung des eigenen Arbeitsplatzes ein, wobei Letzteres Priorität genießt. Man geht dann davon aus, dass die Gewerkschaften den Lohn und die Unternehmen die Beschäftigungsmenge festlegen. Die Arbeitnehmer kennen dabei die Preissetzungsfunktion der Unternehmen. Sie müssen ihren Lohn aber vor der Realisation von Schocks fixieren, vgl. Blanchard/Summers (1986), S. 30ff., und Lindbeck/Snower (1989), S. 212ff.

[229] Um einen Arbeitsplatz zu erhalten, könnten Outsider natürlich in einen Lohnunterbietungswettbewerb mit den Insidern treten. Dies werden sie aber z.B. aus moralischen Gründen nicht tun [vgl. Solow (1990)], bzw. die Unternehmen sind auch dann nicht bereit, Outsider zu beschäftigen, wenn diese einen niedrigeren Lohnsatz bieten [z.B. wegen hoher Einstellungskosten, vgl. Lindbeck/Snower (1989), S. 68].

[230] "...in the absence of shocks, any level of employment of insiders is self-sustaining (...)... in the presence of shocks, employment follows a process akin to a random walk..." Blanchard/Summers (1986), S. 29.

[231] Vgl. z.B. zum Verlust von Humankapital während der Arbeitslosigkeit Pissarides (1992).

Auswirkungen auf das Arbeitsangebot, die Arbeitsnachfrage und den Lohnverhandlungsprozess:

• Mit zunehmender Dauer der Arbeitslosigkeit nimmt die Suchanstrengung der Arbeitslosen ab, da sie die Wahrscheinlichkeit, eine neue Stelle zu finden, als immer geringer ansehen. Früher oder später werden sie sich ganz aus dem Arbeitsleben zurückziehen.

• Unternehmen ordnen Langzeitarbeitslosen eine niedrigere Produktivität zu als den kurzfristig Erwerbslosen, weshalb sie letztere Gruppe bei Neueinstellungen bevorzugen.[232] In den Lohnverhandlungen wird daher von Langzeitarbeitslosen kaum Lohndruck nach unten ausgehen. Die derzeit Beschäftigten wissen, dass ihnen bei Arbeitslosigkeit kaum Konkurrenz um eine neue Stelle von Seiten der Langzeitarbeitslosen droht. Ihre Arbeitsmarktperspektiven sind daher besser als dies in der Höhe des Unterbeschäftigungsniveaus zum Ausdruck kommt.[233]

Da Arbeitslose mit zunehmender Dauer der Arbeitslosigkeit an Humankapital verlieren, sich weniger um eine neue Stelle bemühen, von Unternehmen nur ungern eingestellt werden und von ihnen daher kaum Lohndruck ausgeht, führt ein höherer Bestand an Langzeitarbeitslosen ceterus paripus zu einem Anstieg der NAIRU. Eine Konjunkturkrise, die zunächst „nur" steigende Arbeitslosigkeit auslöst, kann mit zunehmender Dauer gravierende Folgen haben, da sie die Entwertung von Humankapital vorantreibt und damit das marktfähige Arbeitspotential reduziert. Konjunkturelle Arbeitslosigkeit wandelt sich in strukturelle Arbeitslosigkeit. Wieder stellt sich das typische Hysteris-Merkmal der fortdauernden Wirkung transitorischer Schocks ein. Die NAIRU passt sich aufgrund der raschen Entwertung des Humankapitals an die tatsächliche Entwicklung der Arbeitslosigkeit an.

Abschließend soll die Wirkung des Hysteresis-Effekts auf die Preisdynamik unter Berücksichtigung der beiden dargestellten Kanäle veranschaulicht werden. Dazu wird Gleichung (3.25) folgendermaßen umgestellt:

$$(3.28) \quad \Delta \pi_t = \alpha \, (1-h) \, (\bar{u} - u_t) - \alpha \, h \, (u_t - u_{t-1}).$$

Wenn keine Hysterese auftritt (h = 0), ist nur der vordere Term von Gleichung (3.28) relevant, d.h. lediglich das Arbeitslosen*niveau* treibt die Inflationsentwicklung an. Je größer die Differenz zwischen der aktuellen Arbeitslosenrate und der steady-state NAIRU $\bar{u}$ ist, umso stärker sind die Preiseffekte. Bei vollständiger Hysterese (h = 1) löst hingegen nur die *Veränderung* der Arbeitslosenrate Lohn- und Preisbewegungen aus. Nur bei einer Zunahme der Unterbeschäftigung kommt es zu Lohnsenkungen. Dies kann man damit erklären, dass einerseits die beschäftigten Insider nur dann zu Lohnzugeständnissen bereit sind, wenn ihnen selbst Arbeitslosigkeit droht (u_t also

---

[232] Dabei ist es unerheblich, ob die Entwertung des Humankapitals bei den Langzeitarbeitslosen tatsächlich eingetreten ist oder nicht. Bei Neueinstellungen werden sich die Unternehmen angesichts einer Vielzahl von Bewerbern (gerade in Zeiten der Unterbeschäftigung) und der mangelhaften Überprüfbarkeit deren Leistungsfähigkeit an irgendwelchen äußeren Merkmalen der Bewerber orientieren. Hierzu gehört auch die Dauer der Arbeitslosigkeit. Blanchard/Diamond (1994) sprechen davon, dass die Unternehmen ein "ranking" durchführen.

[233] Die Beschäftigten sehen ihre Beschäftigungschancen offensichtlich weitgehend unabhängig von der Höhe des Unterbeschäftigungsniveaus. In England schätzten die Beschäftigten jedenfalls ihre Wiedereinstellungschancen 1985 bei 11,2 % Arbeitslosenrate genauso hoch ein wie 1977 bei einer Arbeitslosenrate von 5,2 %.

zunimmt) und andererseits der Bestand an arbeitslosen Outsidern keinen Einfluss auf die Lohnverhandlungen hat; unter anderem deshalb, weil in dieser Gruppe bereits eine starke Humankapitalentwertung stattgefunden hat.

Nachfolgende Abb. 3.19 soll dies verdeutlichen. Dabei wird von einer Phillips-Kurve entsprechend (3.25) mit einer steady-state NAIRU $\bar{u}$ von 5 % und $\alpha = 1$ ausgegangen:

$$(3.29) \quad \pi_t = \pi_{t-1} + (1-h)(5 - u_t) - h(u_t - u_{t-1}).$$

Im Ausgangspunkt A in Periode 0 (t_0), liege die Inflationsrate bei 3 % ($\pi_0 = 3$ %) und die Arbeitslosenrate entspreche der steady-state NAIRU ($u_0 = 5$ %). In t_1 tritt jedoch ein negativer Nachfrageschock auf, der die Arbeitslosenrate auf 7 % erhöht. Unabhängig vom Hysteresis-Parameter sinkt daraufhin die Inflationsrate in t_1 auf 1 % ($\pi_1 = 1$ %). Es findet eine Bewegung auf der gegebenen Phillips-Kurve von Punkt A nach B statt (siehe Abb. 3.19). Da adaptive Inflationserwartungen vorliegen, werden sich die Inflationserwartungen an die tatsächliche Infla-

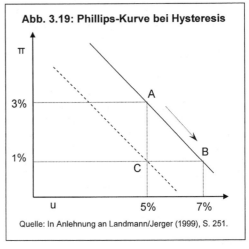

Abb. 3.19: Phillips-Kurve bei Hysteresis

Quelle: In Anlehnung an Landmann/Jerger (1999), S. 251.

tionsentwicklung anpassen und in t_2 auf 1 % sinken, was ceteris paribus zu einem Druck auf die Phillips-Kurve nach unten führt. Die tatsächliche Entwicklung in t_2 hängt jedoch davon ab, ob Hysteresis-Effekte auftreten oder nicht:

(1) Im Fall ohne Hysteresis ($h = 0$) wird die Lage der Phillips-Kurve durch die steady-state NAIRU $\bar{u}$ und die erwartete Inflationsrate bestimmt. Da $\bar{u}$ unverändert bleibt und die erwartete Inflationsrate auf 1 % gesunken ist, verschiebt sich die Phillips-Kurve um den vollen Betrag der gesunken Inflationserwartungen (2 %-Punkte) nach unten (siehe gestrichelte Linie). Ausgehend von Punkt B (auf der alten Phillips-Kurve), realisieren die Arbeitnehmer, dass sie einen höheren Reallohn erreicht haben als ursprünglich angenommen, was sie in t_2 zu einer Ausdehnung ihres Arbeitsangebots veranlassen wird. Gleichzeitig wird die Notenbank infolge der negativen Inflations- und Outputlücke die Realzinsen senken, so dass dieses zusätzliche Arbeitsangebot auch nachgefragt wird. Man landet schließlich in Punkt C.

(2) Im Fall vollständiger Hysteresis kommt es trotz der reduzierten Inflationserwartung zu *keiner* Verschiebung der Phillips-Kurve, da gleichzeitig die kontemporäre NAIRU um 2 Prozentpunkte auf 7 % ansteigt. Dies geschieht entweder, weil die jetzt kleinere Insidergruppe nur an der Aufrechterhaltung der aktuellen Arbeitslosenrate (von 7 %) interessiert ist und daher recht hohe Nominallohnforderungen stellt, oder weil sich das Humankapital der neuen Arbeitslosen innerhalb einer Periode entwertet

hat und diese Erwerbslosen daher mit den derzeit Beschäftigten nicht mehr um Arbeitsplätze konkurrieren. Die „strukturelle" Arbeitslosenquote ist daher um 2 Prozentpunkte gestiegen und Punkt B stellt ein neues Gleichgewicht dar, was nochmals die typischen Eigenschaften von Hysteresis verdeutlicht:

1. Jede Arbeitslosenrate kann zur gleichgewichtigen Arbeitslosenrate mutieren.
2. Die NAIRU passt sich der tatsächlichen Arbeitslosenentwicklung an.
3. Obwohl der Nachfrageschock in t_2 verschwunden ist, hält seine Wirkung aus t_1 an.

Das zentrale Ergebnis dieser Analyse ist, dass die Phillips-Kurve bei vollkommener Hysteresis wieder einen langfristigen Gleichgewichtslokus darstellt. Hatte sich nach Friedman (1968) allmählich ein Konsens herausgebildet, dass allenfalls kurzfristig – etwa unter Ausnutzung von Geldillusion oder wegen Lohn- und Preisstarrheiten – Bewegungen auf einer gegebenen Phillips-Kurve möglich sind, wird dieser Konsens infolge von Hysteresis-Effekten wieder in Frage gestellt. Nachfrageschwankungen können aufgrund einer raschen Entwertung von Humankapital eine dauerhafte Veränderung der Inflations- und Arbeitslosenrate auslösen. Die Wirtschaftspolitik sieht sich daher wieder einem permanenten Trade-off gegenüber, wie er in der originären Phillips-Kurve angelegt war.

Wenn Nachfrageveränderungen dauerhafte Wirkungen zeigen, hätte dies natürlich ernsthafte Konsequenzen für die Geldpolitik. Die Notenbank eines Landes, die sich ausgeprägten Hysteresis-Effekten gegenübersieht, müsste folgendes beachten:

• Disinflationspolitik wird wesentlich kostspieliger. Eine restriktive Geldpolitik zur Reduktion von Inflationsraten würde nicht nur zu einem zyklischen, sondern dauerhaften Anstieg der Arbeitslosenrate führen. Gerade bei negativen Angebotsschocks stellt sich daher für Notenbanken die Frage, ob der hiermit verbundene Anstieg der Inflation nicht einfach „ausgesessen" werden sollte.

• Eine lang anhaltende Rezession kann zu einem fühlbaren Anstieg struktureller Arbeitslosigkeit führen. Ein aktives geldpolitisches Gegensteuern, mit dem Ziel die Rezession zu verkürzen, scheint daher angebracht. Hysteresis-Effekte stärken damit die Argumentationsbasis für eine konjunkturstabilisierende Rolle der Geldpolitik.

• Positive Nachfrageschocks könnten dazu genutzt werden, um strukturelle Arbeitslosigkeit abzubauen. Eine solche Strategie ist unter Umständen für Ländern mit hoher NAIRU von Interesse. Dies würde allerdings voraussetzen, dass Hysteresis-Effekte in beide Richtungen (Auf- und Abbau struktureller Arbeitsloser) wirksam wären.

Vor allem der Ökonom Laurence Ball [(1997b), (1999b)] fordert auf der Grundlage zweier empirisch gestützter Analysen ein aktives Vorgehen der Geldpolitik aufgrund von Hysteresis-Effekten. Diese beiden Untersuchungen bilden die Grundlage der weiteren Diskussion.

3.5.4   Bekämpfung struktureller Arbeitslosigkeit mittels Nachfragepolitik?

Ball ist überzeugt davon, dass sich länderspezifische Unterschiede in der Entwicklung der NAIRU während der vergangenen 25 Jahre auf Hysteresis-Effekte und Differenzen in der Geldpolitik zurückführen lassen:

• Der NAIRU-Anstieg in vielen europäischen Ländern in den 1980er Jahren ist gemäß Ball auf die sehr passive Haltung der Geldpolitik in diesen Ländern während der Rezession zu Beginn der Dekade zurückzuführen. Dies hat negative Hysteresis-Effekte ausgelöst und damit zu einer Transformation von zyklischer in permanente Arbeitslosigkeit geführt.

• Der Rückgang der NAIRU in einigen europäischen Ländern am Ende der 1980er Jahre und Mitte der 1990er Jahre ist mit positiven Hysteresis-Effekten erklärbar. In diesen Ländern wurde eine günstige Nachfrageentwicklung im Zusammenspiel mit einer akkommodierenden Geldpolitik zum Abbau der strukturellen Arbeitslosigkeit genutzt.

Kasten 3.3 veranschaulicht Balls Argumentationskette zur Erklärung der unterschiedlichen Entwicklung der NAIRU während der 80er Jahre.

1. Am Ende der 1970er Jahre waren viele Industrieländer mit zweistelligen Inflationsraten konfrontiert.[234] Um die Kontrolle über die Inflationsentwicklung zurückzugewinnen, führten die meisten Notenbanken zwischen 1979-1981 eine scharfe Disinflationspolitik durch, woraus sich in vielen Ländern eine Stabilisierungsrezession ergab.[235]

Bis Anfang der 1980er Jahre konnte man also von einer identischen geldpolitischen Zielrichtung (Inflationsabbau) in den Industrieländern sprechen. Dies änderte sich jedoch mit Beginn der Rezession. Es bildete sich ein abweichendes geldpolitisches Vorgehen zwischen den beiden nordamerikanischen Ländern USA und Kanada auf der einen und den vier großen europäischen Volkswirtschaften Deutschland, Frankreich, Vereinigtes Königreich und Italien auf der anderen Seite heraus.

2. *Geldpolitisches Verhalten während der Rezession 1981-1983:* Die Federal Reserve und die Bank of Canada schwenkten mit Beginn der Rezession von einem restriktiven auf einen expansiven Kurs um.[236] Dieser Kurswechsel zeigt sich zum einen in den drastischen nominalen und realen Zinssenkungen dieser Notenban-

---

[234] Dies galt z.B. für die USA, Italien, Großbritannien und Frankreich. Deutschland und Japan wiesen hingegen noch vergleichsweise niedrige jährliche Inflationsraten von 3½ - 4 % auf. Angeheizt wurde die Inflation durch den 2. Ölpreisschock im Jahre 1979. Gleichzeitig lag aber in den meisten Ländern noch ein hoher Inflationssockel aus der Mitte der 1970er Jahre vor.

[235] In vielen Ländern fanden dabei verstärkt „angebotspolitische" Vorstellungen Verbreitung. Außerdem setzte sich in zunehmendem Maße die Erkenntnis durch, dass langfristiges Wachstum nur bei Preisstabilität zu erreichen ist. Zur Wiedererlangung von Preisstabilität war man daher auch bereit, eine Stabilisierungsrezession zu riskieren [vgl. z.B. SVR (1979), S. 15ff.]. Besonders augenfällig war der Wandel der Wirtschaftspolitik in Großbritannien, der durch den Regierungswechsel zu den Konservativen hervorgerufen wurde.

[236] Genau genommen fanden Anfang der 1980er Jahre in den meisten Industrieländer zwei Rezessionen kurz hintereinander statt. Hier wird vor allem auf die zweite Rezessionsphase 1981-1983 Bezug genommen.

ken während der Rezession.[237] Zum anderen ist aber auch aus Protokollen und geldpolitischen Berichten der Wille der amerikanischen Notenbanker erkennbar, mit Hilfe der Geldpolitik die Rezession zu bekämpfen und die Konjunktur wieder anzukurbeln.

Die vier großen europäischen Notenbanken (Deutsche Bundesbank, Bank of England, Banque de France, Banca d'Italia) reagierten auf die Rezession hingegen weitgehend passiv, wenn nicht sogar leicht restriktiv. Dies lässt sich unter anderem aus den nahezu unveränderten Kurzfristzinsen zwischen 1980-1982 in diesen Ländern ableiten.[238] Außerdem kann man aus der Notenbankrhetorik schließen, dass die Geldpolitik keineswegs zur Stützung der Konjunktur verwendet werden sollte. Eher wollte man die Rezession dazu nutzen, um weitere Disinflationsgewinne zu erzielen und wieder Glaubwürdigkeit in der Stabilisierungspolitik herzustellen.[239]

3. *Wachstumsraten und Outputniveau im Aufschwung:* In den nordamerikanischen Ländern setzte nach dem Konjunkturtief eine rasche Konjunkturerholung ein mit Wachstumsraten, die deutlich oberhalb des langjährigen Trendwachstums lagen. Dies ist nach Ansicht von Ball nicht zuletzt auf die energische, antizyklische Reaktion der Geldpolitik zurückzuführen. Er schließt sich damit der Meinung von Romer/Romer (1994) an, die der US-amerikanischen Geldpolitik einen maßgeblichen Einfluss in allen Erholungsphasen der Nachkriegszeit zuweisen.[240] Aufgrund der überdurchschnittlichen Wachstumsraten war es in den USA und Kanada möglich, dass das Outputniveau nach einigen Jahren wieder zum Potentialtrend, der während der Rezession unterschritten wurde, zurückkehrte.

In Europa fiel die Aufschwungphase – aufgrund der zurückhaltenden Geldpolitik – hingegen eher bescheiden aus. Die Rezession endete zwar, aber die Wachstumsraten stiegen kaum über den langfristigen Trend an, so dass sich das Outputniveau noch Mitte der 80er Jahre unterhalb des langfristigen Potentialtrends befand.[241]

4. *Entwicklung der Arbeitslosenrate:* Entsprechend des Okun'schen Gesetzes müsste sich die Arbeitslosenrate gegenläufig zur Outputveränderung entwickeln.

---

[237] Die kumulierten nominalen Zinssenkungen lagen während der Rezession 1981/1982 (USA) bzw. 1981-1983 (Kanada) in den USA bei über 7 in Kanada sogar bei fast 9 Prozentpunkten, vgl. Ball (1999b), S. 194.

[238] In Deutschland und Italien fanden leichte reale und nominale Zinssenkungen statt, in Frankreich und Großbritannien stiegen die Zinsen an, vgl. Ball (1999b), S. 195, Tabelle 2.

[239] Dies war vor allem im Vereinigten Königreich der Fall. Der Kurs der Deutschen Bundesbank wurde zwischen 1980 und 1985 stark von außenwirtschaftlichen Einflüssen geprägt. So praktizierte die Bundesbank 1981 trotz Wirtschaftsschwäche eine restriktive Geldpolitik, um eine DM-Abwertung zu verhindern. Es kam sogar zu einer Unterschreitung des Geldmengenkorridors. 1982/1983 wurde zwar der geldpolitische Kurs gelockert, spätestens ab 1984 ging man aber – aus Angst vor einer DM-Abwertung und Inflationsgefahren – wieder zu einem vorsichtigeren Kurs über. Die Geldmengenziele wurden nach unten angepasst. Vgl. Sachverständigenrat (1982, 1983), Deutsche Bundesbank (1982, 1983), oder Spahn (1988), S. 95ff.

[240] "Our main finding is that monetary policy has been the source of most postwar recoveries." Romer/Romer (1994), S. 14.

[241] Nach OECD-Angaben betrug das durchschnittliche jährliche reale Wachstum 1983-1985 in den USA 4,9; in Kanada 4,6; im Vereinigten Königreich 3,3; in Deutschland 2,2; in Italien 2,2 und in Frankreich 1,3 %.

In den nordamerikanischen Ländern kam es in der Tat während der Rezession zunächst zu einem zyklischen Anstieg, danach aber – in der Aufschwungphase – wieder zu einer Rückkehr der Arbeitslosenrate auf das Ausgangsniveau. In den USA ist z.B. fünf Jahre nach Beginn der Rezession das Niveau von Anfang der 1980er Jahre bei der Arbeitslosigkeit (ca. 7 %) wieder erreicht. Ende der 80er Jahre fiel die Arbeitslosenrate sogar noch weiter.

In den europäischen Ländern kam es hingegen während der Konjunkturerholung – entsprechend der Entwicklung des Outputniveaus – zu keinem Absinken der Arbeitslosenrate auf einen Stand, wie er zu Beginn des Jahrzehnts vorherrschte. Die Arbeitslosenrate verharrte 5 Jahre nach Beginn der Rezession um 4 bis 7 Prozentpunkte oberhalb des Ausgangsniveaus.

5. *Vergleich der Disinflationsgewinne:* Gemäß der herrschenden Lehre, muss man so lange mit einem Inflationsrückgang rechnen, wie sich die Arbeitslosenrate oberhalb der NAIRU befindet. Wäre die NAIRU in allen betrachteten Ländern in den 1980er Jahren konstant geblieben, hätte es im Fall der nordamerikanischen Länder nur zu einem temporären, im Fall der europäischen Länder zu einem permanenten Rückgang der Inflation kommen müssen. Die Inflationsentwicklung verlief jedoch unabhängig von der Beschäftigungsentwicklung in allen Ländern sehr ähnlich. In der ersten Hälfte der 1980er Jahre sank die Inflation überall deutlich und stabilisiert sich in den Jahren 1985/1986 auf niedrigem Niveau zwischen 2 % (Deutschland) und 5,5 % (Italien). Die Disinflationsgewinne waren dabei in den Ländern mit einem permanenten Anstieg der Arbeitslosenrate nur unwesentlich höher als in den USA und Kanada.[242]

6. *Entwicklung der NAIRU:* Da die Inflation in den europäischen Ländern trotz der hohen Arbeitslosenraten nicht weiter gefallen ist, muss die NAIRU im Einklang mit der tatsächlichen Arbeitslosenrate angestiegen sein. In den USA ist sie hingegen weitgehend konstant geblieben.[243]

Im Ergebnis lässt sich also festhalten:

• Die Notenbanken, welche aktiv auf die Konjunkturkrise reagiert haben, konnten negative Hysteresis-Effekte und damit einen Anstieg der NAIRU vermeiden. Gleichzeitig konnten sie aber auch deutliche Disinflationsgewinne verbuchen, die aus dem vorübergehenden Anstieg der Arbeitslosigkeit während der Rezession resultierten.

• Die Kosten-Nutzen-Relation einer passiven geldpolitischen Haltung während der Rezession fällt hingegen sehr ungünstig aus: Einem dauerhaften Anstieg der Arbeitslosenrate stehen nur minimale zusätzliche Disinflationsgewinne gegenüber.

---

[242] Von 1979 bis 1988 wurde die jährliche Inflationsrate in den vier europäischen Ländern etwa um 70 % in den USA um 65 % und in Kanada um 60 % reduziert, vgl. zu den konkreten Zahlenwerten Ball (1999b), S. 202.

[243] Die OECD-Schätzung, welche der Ball-Analyse [(1999b), S. 204] zugrunde liegt, geht sogar von einem Rückgang der NAIRU in den USA zwischen 1979-1988 von 7,2 auf 5,8 % aus. Gordons [(1997), S. 19ff.] Schätzungen einer "time varying" NAIRU legen eine nur geringe Schwankung der NAIRU in den 80er Jahren zwischen 6,2 und 6,5 % nahe.

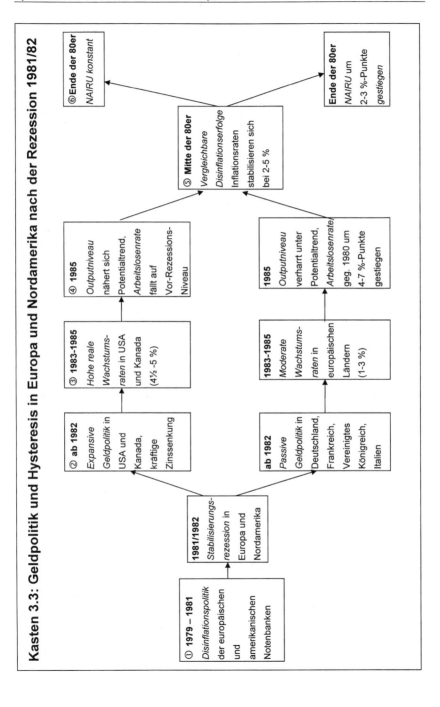

Kasten 3.3: Geldpolitik und Hysteresis in Europa und Nordamerika nach der Rezession 1981/82

① **1979 – 1981**
Disinflationspolitik der europäischen und amerikanischen Notenbanken

1981/1982
Stabilisierungs-rezession in Europa und Nordamerika

② **ab 1982**
Expansive Geldpolitik in USA und Kanada, kräftige Zinssenkung

③ **1983-1985**
Hohe reale Wachstums-raten in USA und Kanada (4½ -5 %)

④ **1985**
Outputniveau nähert sich Potentialtrend, Arbeitslosenrate fällt auf Vor-Rezessions-Niveau

ab 1982
Passive Geldpolitik in Deutschland, Frankreich, Vereinigtes Königreich, Italien

1983-1985
Moderate Wachstums-raten in europäischen Ländern (1-3 %)

1985
Outputniveau verharrt unter Potentialtrend, Arbeitslosenrate geg. 1980 um 4-7 %-Punkte gestiegen

⑤ **Mitte der 80er**
Vergleichbare Disinflationserfolge Inflationsraten stabilisieren sich bei 2-5 %

⑥ **Ende der 80er**
NAIRU konstant

Ende der 80er
NAIRU um 2-3 %-Punkte gestiegen

Balls Empfehlung lautet daher, dass Notenbanken auf eine Konjunkturkrise rasch und energisch expansiv reagieren sollten.[244] Die möglichen Gefahren einer solchen Politik – etwa ein rasches Anziehen der Inflation – hält er für gering. Der mit der Rezession verbundene temporäre Anstieg der Arbeitslosigkeit würde ausreichen, um die Inflation zunächst unter Kontrolle zu halten.[245] Eine übertriebene Beschäftigungspolitik kann man der Notenbank eigentlich nicht vorhalten. Sie versucht keine „Überraschungsinflation" zu erzeugen, sondern lediglich die Arbeitslosenquote rasch (um Hysteresis-Effekte zu vermeiden) auf das Ausgangsniveau und damit auf die Höhe der geschätzten NAIRU zu drücken. Eine „inflation bias"-Problematik im traditionellen Sinne liegt daher nicht vor.

Weitere Ergebnisse von Ball, die seine Argumentation im Hinblick auf negative Hysteresis-Effekte ergänzen und festigen, werden hier knapp zusammengefasst:

* Ball wollte seine Hypothese, dass vor allem eine unzureichende Nachfrage einen Anstieg der NAIRU auslöst, auf eine breite empirische Basis stellen. Er betrachtete dazu neben den G7-Ländern auch noch einen Großteil der übrigen OECD-Länder und führte Regressionsanalysen durch. Als abhängige Variablen fungierte dabei das „Ausmaß an Hysteresis" (gemessen an der Veränderung der NAIRU und dem „Hysteresis-Grad"[246]), als unabhängige Variable das „Ausmaß der geldpolitischen Reaktion" (= größte kumulierte nominale und reale Zinssenkung im ersten Jahr der Rezession zu Beginn der 80er Jahre). Der Untersuchungszeitraum bezog sich auf die Jahre 1979-1985.[247] Als zentrales Resultat ergab sich hieraus, dass die Zinsreaktion der Notenbank einen signifikanten Einfluss auf das Ausmaß an Hysteresis in einem Land ausübt. Je stärker eine Notenbank die Zinsen Anfang der 80er Jahre gesenkt hatte, desto weniger übertrug sich zyklische Arbeitslosigkeit auf die NAIRU.[248]

* Ball [(1997b), S. 176ff.] sieht die Nachfrageentwicklung zwar als auslösendes Moment für Hysteresis, gesteht aber durchaus zu, dass Arbeitsmarktrigiditäten das Ausmaß der Hysteresis-Effekte verstärken können. Insbesondere die Länge

---

[244] „... my results imply a strong case for combating recessions with expansionary policy. Failing to do so can produce not only a deeper recession, but also a permanent rise in unemployment." Ball (1999b), S. 236.

[245] „... there is still a substantial reduction in inflation from the contractionary forces in the pipeline when the recession begins." Ball (1999b), S. 203.

[246] Hystersis-Grad = [Veränderung der NAIRU/(größter Anstieg der aktuellen Arbeitslosenrate)], jeweils gemessen in den ersten 5 Jahren nach Beginn der Rezession Anfang der 80er Jahre. Wenn der stärkste Anstieg der Arbeitslosenrate z.B. 4 %-Punke betrug und die NAIRU um 2 %-Punkte angestiegen ist, dann beträgt der Hysteresis-Grad 0,5. Mit dieser Variablen soll berücksichtigt werden, dass die einzelnen Länder unterschiedlich stark von der Rezession Anfang der 80er Jahre getroffen wurden und daher in der Variablen „Veränderung der NAIRU" allein nur unzureichend das tatsächliche Ausmaß an Hysteresis zum Ausdruck kommt.

[247] Insgesamt wurden 17 Länder betrachtet, bei denen zumindest eine Rezession zwischen 1979-1985 stattfand, vgl. Ball (1999b), S. 203ff. Ball [(1999b), S. 211] hat auch Regressionsanalysen im Hinblick auf die weltweite Rezession Anfang der 1990er Jahre durchgeführt, kam hierbei aber zu keinen signifikanten Ergebnissen. Hierfür könnten die bereits zu Beginn der 90er Jahren hohen NAIRU-Niveaus, daneben starke Nachfrageturbulenzen und rasche Politikwechsel aufgrund der Wechselkurskrisen verantwortlich sein.

[248] Mit der geldpolitischen Reaktion als einziger unabhängiger Variablen ergab sich z.B. als Regressionsergebnis, dass eine zusätzliche Zinssenkung um einen Prozentpunkt während der Rezession Anfang der 80er Jahre den Hysteresis-Grad um 0,1 verringert hätte, d.h. von der zyklischen Arbeitslosigkeit eines Landes hätte sich 10 % weniger in strukturelle Arbeitslosigkeit verwandelt, vgl. Ball (1999b), S. 207.

der Arbeitslosenunterstützung hat seiner Ansicht nach einen signifikanten Einfluss auf die Stärke der Hysteresis-Effekte. Ein negativer Hysteresis-Effekt, der durch eine Nachfragekontraktion hervorgerufen wird, fällt umso gewichtiger aus, je länger die Arbeitslosenhilfe in einem Land gewährt wird. Man kann sich z.B. gut vorstellen, dass ein Arbeitsloser bei unbegrenzter Arbeitslosenhilfe rasch in seinen Suchanstrengungen nachlässt und sich früher oder später in sein Schicksal als Langzeitarbeitsloser fügt.

In der bisherigen Betrachtung ging es um negative Hysteresis-Effekte und um Strategien zur Vermeidung eines NAIRU-Anstiegs. Ball wollte aber auch herausfinden, ob Hysteresis in die andere Richtung wirkt und ob ein Land unter Umständen solche positiven Hysteresis-Effekte dazu nutzen kann, strukturelle Arbeitslosigkeit abzubauen. Zur Klärung dieser Fragestellung wurde die Analyse auf den Zeitraum zwischen 1985 und 1997 ausgedehnt. In dieser Periode identifizierte Ball innerhalb der OECD-Staaten vier Länder (Vereinigtes Königreich, Niederlande, Irland, Portugal), die es geschafft haben, die NAIRU deutlich zu senken.[249] Dieser Erfolg wird oftmals – vor allem im Fall des Vereinigten Königreiches und den Niederlanden – primär auf den Abbau von Arbeitsmarktrigiditäten zurückgeführt. Nach Ansicht von Ball reflektiert der Rückgang der NAIRU in diesen Ländern jedoch positive Hysteresis-Effekte, welche durch eine expansive Nachfrageentwicklung hervorgerufen wurden.[250] Initiiert wurden die positiven Nachfrageeffekte zwar weniger durch die Geldpolitik, als vielmehr durch nicht-monetäre Faktoren (z.B. expansive Fiskalpolitik, Abwertung der Währung, autonomer Investitionsboom), dennoch spielte die Geldpolitik eine entscheidende Rolle, da sie die positive Nachfrageentwicklung unterstützte. Insgesamt kann man die geldpolitische Strategie der vier erfolgreichen Länder dadurch beschreiben, dass eine Nachfrageexpansion erst bei sichtbar steigenden Inflationsraten und dann eher vorsichtig abgebremst wurde.[251]

Alles in allem kann man das Vorgehen dieser Länder als erfolgreich bezeichnen. Sicherlich gab es 1985 bis 1997 einzelne Phasen, in denen die Inflation vergleichsweise kräftig anzog.[252] Ein permanenter Anstieg der Inflation blieb jedoch aus, was auf positive Hysteresis-Effekte hindeutet. Die Arbeitslosenrate hat zwar anfangs die NAIRU unterschritten, was den Inflationsanstieg auslöste, dann fand jedoch offenbar eine Anpassung der NAIRU an die faktische Arbeitslosenentwicklung statt.

---

[249] Ball [(1999b), S. 211ff.] stellt diesen vier „erfolgreichen Ländern" sechs „Versager"-Länder (Spanien, Frankreich, Italien, Belgien, Kanada und Dänemark) gegenüber, deren hohe NAIRU-Werte konstant geblieben oder sogar angestiegen sind. Er zieht in seiner Analyse nur Länder heran, die 1985 eine NAIRU von mindestens 8 % aufgewiesen haben, wozu Deutschland noch nicht zählte. Dennoch müsste auch Deutschland zu den „Versager"-Ländern gerechnet werden, da die NAIRU nach Berechnungen von Franz [(2001), S. 281f.] von ca. 6 % 1985 auf 8,2 % 1998 angestiegen ist.

[250] "Demand expansions pushed unemployment rates in the success countries beneath their NAIRUs in 1985. Because of hysteresis, low actual unemployment pulled down the NAIRUs over time." Ball (1999b), S. 217.

[251] Das Verhalten der „Versager"-Länder beschreibt Ball [(1999b), S. 219f.] hingegen folgendermaßen: "In contrast, the failure countries tightened policy during periods of stable or failing inflation and kept policy tight for substantial periods after the recessions began."

[252] Die kräftigsten Inflationsanstiege betrugen im Falle des Vereinigten Königreichs, Portugals und den Niederlanden: 5,6; 4,1 bzw. 3,8 %. Solche Anstiege waren in anderen Ländern, in diesem Zeitraum nicht zu verzeichnen. Bei Irland fand kein größerer Inflationsanstieg statt, was darauf schließen lässt, dass die NAIRU weniger aufgrund endogener, sondern eher exogener Faktoren gefallen ist, vgl. Ball (1999b), S. 225f.

Der Ball'sche Ansatz eignet sich unter Umständen auch dafür, abweichende Entwicklungen zwischen den USA und dem Euroraum seit 2001 zu erklären. Die US-Notenbank reagierte auf die Rezession des Jahres 2001 ganz im Sinne der Ball'schen Politikempfehlungen und führte massive reale und nominale Zinssenkungen von knapp 5 Prozentpunkten durch. Die EZB begnügte sich hingegen mit einer etwa halb so starken Zinsreaktion.[253] Das bisherige Ergebnis dieser Politik bestätigt die Ball-Thesen: Während sich die Inflationsentwicklung in beiden Währungsräumen in den Jahren 2001-2004 kaum unterscheidet, ist bislang nur in den USA ein rückläufiger Trend der Arbeitslosenrate in Richtung NAIRU erkennbar.

Man kann also festhalten, dass nach Auffassung von Ball die Nachfrageentwicklung die entscheidende Rolle bei der Entwicklung der langfristigen Arbeitslosigkeit in den einzelnen OECD-Ländern in den letzten 20-25 Jahren gespielt hat. Notenbanken haben richtig gehandelt, wenn sie die Zinsen in Reaktion auf eine Rezession (wie etwa Anfang der 1980er, zu Beginn der 1990er Jahre oder im Jahr 2001) kräftig gesenkt haben. Dadurch konnten sie einen schubartigen Anstieg der strukturellen Arbeitslosigkeit vermeiden, ohne dass sie gleichzeitig auf die Disinflationsgewinne der Rezession verzichten mussten. Es war außerdem gemäß Ball sinnvoll, positive exogene Nachfrageschocks zum Abbau struktureller Arbeitslosigkeit zu nutzen. Dazu musste die Geldpolitik eine akkommodierende Haltung einnehmen. Wenig klug handelten hingegen Länder wie Deutschland, Frankreich oder Italien, die sich während einer Rezession geldpolitisch zu zögerlich verhielten und positive Nachfrageentwicklungen vorzeitig abbremsten. Diese Länder weisen in den 1980er und 1990er Jahren einen kontinuierlichen Anstieg der NAIRU auf. Die dabei wirksamen negativen Hysteresis-Effekte wurden im Falle Deutschlands und Frankreichs noch durch ungünstige Arbeitsmarktrigiditäten (z.B. lange Dauer der Arbeitslosenunterstützung) gefördert.

3.5.5   Kritik und geldpolitische Schlussfolgerung aus der Ball'schen Analyse

Insgesamt stellt Balls Sichtweise jedoch nur eine Außenseiterposition dar, die zahlreiche Kritikpunkte auf sich zieht:

(1) Wurde die kausale Logik zwischen NAIRU-Entwicklung und Geldpolitik vertauscht?

Ball hat einen statistisch signifikanten Zusammenhang zwischen den beiden Variablen „geldpolitische Reaktion" und „Veränderung der NAIRU" in den 80er Jahren ermittelt. Diesen Zusammenhang interpretiert er dahingehend, dass die geldpolitische Reaktion als exogene, verursachende Variable die Veränderung der NAIRU hervorgerufen hat. Es ist aber auch die umgekehrte Kausalität („reverse causality") denkbar, dass nämlich Veränderungen der NAIRU entsprechende geldpolitische Reaktionen ausgelöst haben.[254] Alternativ zur Ball'schen Interpretation könnte man sich vorstellen, dass viele europäische Länder zu einer restriktiven Geldpolitik aufgrund ei-

---

[253] Ball [(1999b), S. 193] verwendet zur Messung der geldpolitischen Reaktion die Zinsänderung im Zeitraum zwischen dem Beginn (hier 3. Quartal 2000) der Rezession und dem auf das Ende der Rezession folgende Quartal (im Falle der USA 1. Quartal 2002, im Falle von Euroland 3. Quartal 2003). Hieraus ergibt sich für die USA eine kumulierte nominale Leitzinssenkung von 475 und für den Euroraum von 250 Basispunkten.

[254] Darauf weisen unter anderem Mankiw [(1999), S. 236ff.,] und Blanchard [(1997b), S. 188] hin.

nes exogen (z.B. durch Arbeitsmarktrigiditäten) verursachten Anstiegs der NAIRU gezwungen waren. Ohne diesen Restriktionskurs wären in diesen Ländern Inflations-risiken entstanden. Ball [(1997b), S. 181f.] versuchte dieses Argument der „umge-kehrten Kausalität" mit einem statistischen Test zu entkräften, aus dem hervorgeht, dass diejenigen Länder mit dem stärksten Anstieg der NAIRU (in den 80er Jahren) im Jahre 1990 gleichzeitig eine besonders niedrige Inflationsrate aufweisen, was ei-ne besonders ausgeprägte Disinflationspolitik impliziert.[255] Nach Ansicht von Ball stützt dieses Ergebnis seine kausale Interpretation. Wenn Notenbanken sich einem Anstieg der NAIRU gegenübersehen, ist es zwar plausibel, dass sie eine restriktive Geldpolitik praktizieren, aber es ist nicht erklärbar, dass sie ein besonders an-spruchsvolles Inflationsziel verfolgen.[256]

(2) Es wird zu monokausal argumentiert:

Angreifbar ist natürlich, dass sich Ball fast ausschließlich auf die Nachfrageseite und hier im speziellen auf die Geldpolitik konzentriert, um die Entwicklung der langfristi-gen Arbeitslosigkeit in den OECD-Länder zu erklären. Andere Nachfragekomponen-ten oder die Entwicklung auf der Angebotsseite werden nicht berücksichtigt. So hat z.B. die US-Regierung 1981 mit kräftigen Steuersenkungen und einem ehrgeizigen Ausgabenprogramm für deutliche fiskalpolitische Impulse gesorgt. Manche Ökono-men machen daher die Fiskal- und weniger die Geldpolitik für die schwächere Nach-frageentwicklung Europas im Vergleich zu den USA Anfang der 80er Jahre verant-wortlich.[257] Außerdem wird auch kaum auf die Wechselkursentwicklung eingegan-gen, obwohl gerade diese für viele europäische Volkswirtschaften bis zur Europäi-schen Währungsunion eine zentrale Größe der makroökonomischen Entwicklung darstellte. Frankreich wollte z.B. Anfang der 1980er Jahre eine expansivere Geldpoli-tik praktizieren. Die Schwäche des Französischen Francs lies dies aber nicht zu.[258]

(3) Problematische Maßgröße zur Messung des geldpolitischen Kurses

Ball hat die geldpolitische Haltung einer Notenbank während der Rezession fast aus-schließlich anhand der kumulierten (nominalen und realen) Zinsveränderungen ge-messen. Dies ist sicherlich *eine* mögliche Maßgröße. Wie die Diskussion um die Tay-lor-Regel zeigt, wird die geldpolitische Haltung einer Notenbank jedoch heute meist

---

[255] Bei diesem Test stehen der „Veränderung der NAIRU von 1980 bis 1990" als abhängiger Variablen zwei unabhängige Variablen gegenüber: Die Inflationsrate im Jahre 1980 und die Inflationsrate 1990. Als Resultat ergab sich, dass zwar beide Variablen statistisch signifikant sind, der geschätzte (negative) Koeffizient der Inflationsrate im Jahre 1990 jedoch größer ist. Gemäß der Hypothese, dass der NAIRU-Anstieg exogen verursacht wurde, macht es nur Sinn, wenn die Inflationsrate im Jahre 1980 statistisch signifikant ist. Vgl. Ball (1997b), S. 181f., und Blanchard (1997b), S. 188.

[256] „... there is no apparent reason that countries with large NAIRU increases would push inflation down to especially low levels." Ball (1997b), S. 181.

[257] Hans-Jürgen Krupp als Vertreter einer Minderheitenposition innerhalb des Sachverständigenrates vertrat z.B. diese Auffassung: „Der spektakuläre Unterschied in der konjunkturellen Entwicklung zwischen den Vereinigten Staaten und Japan auf der einen Seite und der Europäischen Gemein-schaft auf der anderen Seite ist nicht zuletzt auf den unterschiedlichen finanzpolitischen Kurs zu-rückzuführen." SVR (1983), S. 36. Ähnlich sahen es Blanchard/Dornbusch (1984), die den Europä-ern daher empfohlen haben, es den USA gleichzutun und ebenfalls die Nachfrage über höhere Staatsdefizite anzuregen.

[258] „Länder, die über eine reichlichere Geldversorgung die Zinsen hatten senken wollen, wie bei-spielsweise Frankreich, konnten diesen Kurs infolge der Auswirkungen auf die Leistungsbilanz und des Drucks auf ihre Währung nicht durchhalten." SVR (1982), S. 15.

zusätzlich anhand des relativen Verhältnisses von dem aktuellem zum gleichgewichtigen Realzins gemessen. Wenn im Ausgangspunkt (vor der Rezession) das Realzinsniveau sehr hoch war, dann kann es gut sein, dass die geldpolitische Haltung einer Notenbank auch nach einer energischen kumulativen Zinssenkung noch als restriktiv bezeichnet werden muss. Entscheidend für die Einschätzung des Kurses einer Notenbank ist, ob sich die Realzinsen nach der Zinssenkung oberhalb oder unterhalb des gleichgewichtigen, neutralen Zinsniveaus befinden. Die Fed hat zwar vor allem Ende 1982 deutliche kumulierte kurzfristige Nominalzinssenkungen vorgenommen (6 Prozentpunkte), aber das Realzinsniveau lag Anfang 1983 immer noch bei über 4 % und damit wohl oberhalb des langjährigen Durchschnitts.[259] [260]

(4) Alternativer Erklärungsansatz von Blanchard und Wolfers:

Balls zentraler Erklärungsansatz für den säkularen Anstieg der europäischen Arbeitslosenraten zwischen 1980 und 1997 sind negative Nachfrageschocks (zu restriktive Geldpolitik) in Verbindung mit Arbeitsmarktrigiditäten. Letztere verstärken dabei die Hysteresis-Effekte, welche durch unzureichende Nachfrage hervorgerufen werden. Blanchard (1999) sowie Blanchard/Wolfers (2000) argumentieren zunächst in eine ähnliche Richtung. Auch sie machen – im Gegensatz zu vielen anderen – nicht allein Arbeitsmarktrigiditäten für die trendmäßige Zunahme und Persistenz der europäischen Arbeitslosenraten verantwortlich, sondern sehen in der Verbindung zwischen negativen Schocks und unzureichender Arbeitsmarktflexibilität die Wurzel des langfristigen Arbeitsmarktproblems. Es bestehen jedoch Unterschiede zur Ball'schen Argumentation:

1. Als Auslöser der Hysteresis-Effekte sehen sie weniger negative *Nachfrage*-schocks, sondern negative *Angebots*schocks. Auf die Ölpreisschocks und den Productivity Slowdown in den 1970er Jahre sind ihrer Ansicht nach weitere negative Angebotsschocks in den 80er und 90er Jahren gefolgt. Hierzu rechnen sie insbesondere ein generell höheres Realzinsniveau und einen säkularen Rückgang in der Arbeitsnachfrage.[261] Sie diagnostizieren zwar auch eine eher restrik-

---

[259] Die Federal Funds Rate sank von 15 % im April 1982 auf 8,5 % im Februar 1983. Die jährliche Inflationsrate (gemessen am Verbraucherpreisindex) wies jedoch Anfang 1983 nur noch ein Niveau von ca. 4 % auf. Das weltweite Zinsniveau wird dementsprechend 1983 vom Sachverständigenrat immer noch als recht hoch und als einer der hemmenden Faktor für das Wideranspringen der Investitionsnachfrage gesehen: „Maßgeblich für die weltweit hohen Zinsen ist aber auch, dass die amerikanischen Zinsen, bedenkt man die stark gesunkene Inflationsrate in den Vereinigten Staaten, immer noch außerordentlich hoch sind." SVR (1983), S. 24.

[260] Analysen, welche die Fed Funds Rate mit der Taylor-Regel (in ihrer originären Spezifikation) vergleichen, kommen zum Ergebnis, dass sich der US-Tagesgeldsatz in den 1980er Jahre z.T. erheblich oberhalb des Taylor-Zinses bewegte [vgl. z.B. Judd/Rudebusch (1998), S. 5, oder Taylor (1999a), S. 337], was für eine eher restriktive Haltung der US-Geldpolitik spricht. Man muss jedoch beachten, dass der durchschnittliche Realzins in den 80er weltweit höher lag als in den 70er und 90er Jahren, was z.T. der Geldpolitik (globale Präferenzverlagerung zugunsten von Preisstabilität) aber auch anderen Faktoren (z.B. wachsende Staatsdefizite) zuzuschreiben ist. Die Ergebnisse von Clarida et al. (1998), welche die monetäre Zinspolitik der G7-Länder (ohne Kanada) zwischen 1979 und 1994 untersuchen, lassen darauf schließen, dass sich die Fed unter allen betrachteten Zentralbanken in den 80er Jahren noch am wenigsten restriktiv verhielt, da sowohl der durchschnittliche kurzfristige Realzins mit 3,5 % vergleichsweise niedrig ausfiel und das implizite US-Inflationsziel von 4 % weniger ehrgeizig war als in allen übrigen Ländern.

[261] Die Realzinsen lagen in Europa in den 80er und 90er Jahren deutlich höher als in den 70er Jahren [vgl. Blanchard/Wolfers (2000), C7]. Blanchard [(1999), S. 3] vermutet, dass dieser Realzinsanstieg eher auf angebotsseitige Effekte (z.B. ein verringertes Kapitalangebot) als eine extrem restriktive

tive Geldpolitik, weisen diesem Faktor aber bestenfalls eine temporäre und untergeordnete Rolle zu.[262]

2. Um unterschiedliche Entwicklungen der langfristigen Arbeitslosigkeit innerhalb der europäischen Länder zu erklären, verweisen Blanchard und Wolfers nicht wie Ball auf Divergenzen in den nationalen Geldpolitiken, sondern auf Unterschiede in der Arbeitsmarktflexibilität. Während Ball Erfolge bei der Reduzierung der NAIRU vor allem mit einer expansiveren Geldpolitik (positiven Nachfrageschocks) erklärt, führen Blanchard und Wolfers günstigere Entwicklung in einzelnen Ländern im Wesentlichen auf die dort vorliegenden beschäftigungsfreundlicheren Institutionen des Arbeitsmarktes zurück.

Es gibt einige Argumente, die dafür sprechen, dass der Ansatz von Blanchard und Wolfers in jüngster Zeit im Vergleich zum Ball'schen Erklärungsansatz an Plausibilität gewonnen hat. Einige Länder, die Mitglied der Europäischen Währungsunion (EWU) sind, haben in den letzten Jahren deutliche Fortschritte bei der Reduzierung der Arbeitslosigkeit und der NAIRU erzielt (z.B. Spanien, Irland, Niederlande, Finnland), während andere kaum Erfolge aufweisen oder sogar Rückschritte hinnehmen mussten (Deutschland und Frankreich). Es fällt auf den ersten Blick schwer, diese Unterschiede in der Arbeitsmarktentwicklung angesichts der einheitlichen Notenbankpolitik im Euroraum und der – aufgrund des Stabilitäts- und Wachstumspakts – nur begrenzt abweichenden Fiskalpolitik auf die Nachfrageentwicklungen zurückzuführen. Blanchard und Wolfers weisen stattdessen darauf hin, dass jene Länder, die ihre Arbeitsmärkte konsequent liberalisiert haben, davon profitieren haben, dass die Wirkung der negativen Angebotsschocks aus den 90er Jahren allmählich nachlässt.[263] Die Kombination aus abflauenden Schocks und Arbeitsmarktreformen würde demnach die Erfolge einiger Euro-Länder erklären. Die OECD unterstützt diese These. Sie kommt zum Ergebnis, dass in der zweiten Hälfte der 90er Jahren der deutlichste NAIRU-Rückgang in den Ländern mit den mutigsten Liberalisierungsschritten auf dem Arbeitsmarkt erfolgte.[264]

Geldpolitik zurückzuführen ist. Er lehnt sich hierbei an Phelps (1994, 1995) an, der in einem exogenen Anstieg der Realzinsen eine der wesentlichen Ursachen für den Anstieg der langfristigen Arbeitslosigkeit seit den 80er Jahren sieht [vgl. Phelps (1995), S. 229]. Die Argumentationskette läuft dabei über eine verringerte Arbeitsnachfrage aufgrund steigender Kapitalnutzungskosten. Der zweite negative Angebotsschock, den Blanchard und Wolfers anführen, ist ein rückläufiger Trend in der Arbeitsnachfrage der Unternehmen, den sie darauf zurückführen, dass die Unternehmen zu einem effizienteren Einsatz der Arbeitskräfte bei steigendem globalem Wettbewerb gezwungen sind [Reduzierung von „labour hoarding", Blanchard (1999), S. 5].

[262] Blanchard [1999, S. 7] spricht von einer restriktiven europäischen Geldpolitik in den 80er Jahren, welche die Nachfrage gedämpft hat. Er sieht darin aber nur einen temporären Effekt ohne langfristige Konsequenzen (Hysteresis-Effekte). Nicht die Geldpolitik hat also in den 80er Jahren einen Anstieg der NAIRU verursacht, sondern negative Angebotsschocks waren dafür verantwortlich.

[263] "If our account is correct, one can be mildly optimistic about the future of European unemployment. The effects of some adverse shocks should go away. (...) Institutions are also slowly becoming employment-friendly. Our results suggest that the more favourable macroeconomic environment and the improvement in institutions should lead to a substantial decline in unemployment." Blanchard/Wolfers (2000), C32.

[264] Vgl. OECD (2001), S. 198. Deutschland und Frankreich werden bei der Umsetzung von Arbeitsmarktreformen besonders weit unten eingeordnet. Als Vorreiter innerhalb der EU werden hingegen die Niederlande, Irland Dänemark und in jüngster Zeit auch Spanien angesehen, die gleichzeitig auch deutliche NAIRU-Rückgange zu verzeichnen haben. Die OECD weist aber nicht auf die abflauende Wirkung von Schocks hin.

**Abb. 3.20: Realzins/Outputlücke:
Deutschland, Irland und
Spanien 1999-2004**

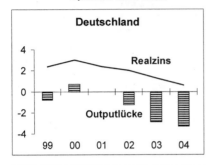

Deutschland

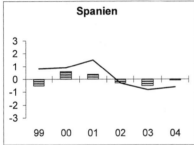

Spanien

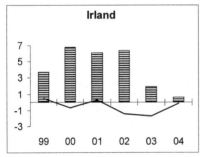

Irland

Datenquelle: OECD (EO 2004),
Realzins = 3-Monats-Zins ./.
Inflationsrate (CPI),
Daten 2004 geschätzt.

Die Entwicklung des Vereinigten Königreiches in den 90er Jahren könnte man
hingegen geradezu als Paradefall des
Ball'schen Erklärungsansatzes ansehen.
Im Vereinigten Königreich ist die NAIRU
seit 1993 deutlich gefallen, was sich nicht
zuletzt auf die geldpolitische Lockerung
und die anfängliche Abwertungsstrategie,
die mit dem Austritt aus dem EWS möglich wurde, zurückführen lässt.[265] Die Brit-
ten sind damit einen bewusst anderen
Weg gegangen als etwa Frankreich und
Italien, die ihre Währungen mit hohen
Zinssätzen verteidigt haben und Mitte der
90er Jahren zunächst keine Fortschritte
beim Abbau der Arbeitslosigkeit erzielen
konnten.[266]

Im Hinblick auf die einheitliche Geldpolitik
der EZB kann man anmerken, dass zwar
ein einheitliches kurzfristiges *Nominal-
zinsniveau* im Euroraum vorliegt, gleichzeitig aber Divergenzen bei den Inflationsraten und -erwartungen für einen ungleichen Restriktionsgrad innerhalb des Euroraums sorgen. Dies wird in Abb. 3.20
deutlich, welche die kurzfristigen ex-post
Realzinsen der Entwicklung der Outputlücke in Deutschland, Irland und Spanien
seit 1999 gegenübergestellt. Während in
Deutschland 2002 und 2003 die Realzinsen trotz extrem ungünstiger Outputentwicklung über 1 % verharrten, fielen sie in
Irland und Spanien bei positiven bzw.
leicht negativen Outputlücken unter null.
Deutschland konnte die schwächeren
geldpolitischen nur in begrenztem Maße
durch stärkere fiskalpolitische Impulse
ausgleichen.

---

[265] Nelson (2000) kommt zum Ergebnis, dass sich die britische Geldpolitik zwischen 1992 und 1997
ziemlich präzise mit der originären Taylor-Regel beschreiben lässt, d.h. die Bank of England hat
sich in dieser Zeit ähnlich verhalten wie die Fed (siehe Kapitel 5). Ein Kennzeichen der Geldpolitik
zwischen 1992 und 1997 ist außerdem das wesentliche niedrigere Realzinsniveau gegenüber dem
Zeitraum 1979-1992.

[266] Seit 2000 sind die Arbeitslosenraten in Italien zwar rückläufig, liegen aber immer noch über 8 %
(2003). In Frankreich steigen seit 2002 die Arbeitslosenquoten nach einem temporären Rückgang
2000/2001 wieder an.

Zusammenfassend kann man festhalten, dass Balls Analyse einige Schwächen aufweist. Zu diesen Mängeln gehört etwa die simple Messung des geldpolitischen Kurses anhand der kumulierten Zinsveränderungen oder die einseitige Konzentration seiner Analyse auf die Geldpolitik. Gleichzeitig ist aber vieles vor allem in Bezug auf die 80er Jahre recht überzeugend. Unbestritten ist, dass die Nachfrageentwicklung in Europa in dieser Zeit im Vergleich zu den USA schwächer ausgefallen ist und dass hierfür auch – aber nicht ausschließlich – eine restriktive europäische Geldpolitik verantwortlich war. Dies zeigt sich nicht zuletzt in den hohen europäischen Realzinsen, die auch Blanchard und Wolfers als einen wesentlichen Faktor anführen. Plausibel ist des Weiteren, dass aufgrund dieser Nachfragedefizits Hysteresis-Effekte aufgetreten sind, die durch ungünstige europäische Arbeitsmarktstrukturen noch verstärkt wurden. Neben der Länge der Arbeitslosenunterstützung, auf die sich Ball beschränkt, sind hier aber sicherlich noch andere Faktoren (Gewerkschaftsmacht oder Kündigungsschutz) zu nennen, welche zu einer Verfestigung der Arbeitslosigkeit beigetragen haben. Insgesamt scheint für die 80er Jahre jedenfalls die These eines endogenen Anstiegs der NAIRU aufgrund unzureichender Nachfrage überzeugender als die umgekehrte Vermutung eines exogenen Anstiegs der NAIRU, der die Notenbanken dann zu einer Restriktionspolitik gezwungen hat. Seit den 90er Jahren wird es hingegen schwieriger, einen Großteil der Entwicklungen auf den europäischen Arbeitsmärkten mit Hysteresis-Effekten zu erklären, da einerseits eine zunehmende Konvergenz in der Nachfragepolitik innerhalb der Europäischen Währungsunion stattgefunden hat, gleichzeitig aber dennoch Divergenzen bei der Entwicklung der Arbeitslosenraten aufgetreten sind.

3.5.6 Folgerungen für die Geldpolitik

Abschließend soll geklärt werden, welche geldpolitischen Folgerungen aus Balls Analyse gezogen werden können. Recht eindeutig sind die Handlungsempfehlungen an Notenbanken während einer Rezession. In einer Konjunkturkrise sollte die Geldpolitik auf jeden Fall stark antizyklisch handeln, um negative Hysteresis-Effekte zu verhindern. Inflationsdruck, der unter Umständen noch aus der vorangegangenen Boomphase herrührt, sollte hingegen vernachlässigt werden, da von einer ausreichenden Inflationsdämpfung durch die Konjunkturschwäche ausgegangen werden kann. Während einer Boomphase sollte die Notenbank hingegen eher abwartend agieren, um mögliche positive Hysteresis-Effekte zum Abbau strukturelle Arbeitslosigkeit zu nutzen. Dies würde bedeuten, dass die Notenbank erst dann zur Zinsrestriktion greift, wenn sich ein deutlicher Inflationsanstieg zeigt.

Die Ball'schen Empfehlungen lassen sich mit Hilfe einer geldpolitischen Reaktionsfunktion vom Taylor-Typ noch besser veranschaulichen. In der Rezessionsphase könnte man sich etwa folgende Reaktionsfunktion vorstellen:[267]

$$(3.30) \quad r = 0,5\,(\pi\text{-}\pi^*) + 2\,y.$$

Der Reaktionskoeffizient vor der Outputlücke (y) würde stark (z.B. mit dem Faktor 2) und der Reaktionskoeffizient vor der Inflationslücke (π) würde schwach (z.B. mit dem

---

[267] Die Instrumentenvariable der Notenbank r sei wie zuvor der Realzinssatz. Der gleichgewichtige oder neutrale Realzins liegt wiederum bei 0 %.

Faktor 0,5) gewichtet. Bei dieser Reaktionsfunktion würde eine negative Outputlücke eine kräftige Zinssenkung auslösen und zwar auch dann, wenn die Inflationsrate noch etwas oberhalb der Zielsetzung liegt. Die Notenbank würde durch die kraftvolle Gewichtung der Outputlücke während der Konjunkturkrise stark präventiv agieren.

In der Hochkonjunktur könnte man sich indes folgende Reaktionsfunktion vorstellen:

$$(3.31) \quad r = 2\,(\pi\text{-}\pi^*) + 0{,}5\,y.$$

Die Outputlücke würde im Gegensatz zu oben einen niedrigen Reaktionskoeffizienten (z.B. 0,5) und die Inflationslücke einen hohen Reaktionskoeffizienten (z.B. 2) aufweisen. Das Inflationsziel sollte darüber hinaus in dieser Phase nicht zu ehrgeizig gewählt werden (eher bei 3 als bei 2 %), da eine leichte Inflationierung bei der Ausnutzung von positiven Hysteresis-Effekten nicht ausgeschlossen werden kann. Die Notenbank würde erst bei einem deutlichen Inflationsanstieg – dann allerdings umso kräftiger – mit einer Zinsrestriktion reagieren. Sie würde sich in diesem Fall also stark rückwärtsgewandt verhalten. Diese Handlungsweise während der Hochkonjunktur würde sehr stark der von Meyer vorgeschlagenen „nicht-linearen" Regel ähneln. Allerdings wäre in diesem Fall nicht die Unsicherheit über die NAIRU-Schätzung bzw. die Vermutung eines exogenen Rückgangs der NAIRU der Grund für die geringe Gewichtung der Outputlücke, sondern der Versuch, mit Hilfe von positiven Hysteresis-Effekten ein endogenes Absenken der NAIRU herbeizuführen.

Die Probleme eines solchen geldpolitischen Vorgehens liegen auf der Hand: Man würde eine stark asymmetrischen Geldpolitik praktizieren, die bei negativen Nachfrageschocks stets expansiv, aber bei positiven Nachfrageschocks bestenfalls neutral reagiert. Dies könnte steigende Inflationserwartungen auslösen. Hinter dem oben beschriebenen Vorgehen steht offensichtlich eine geldpolitische Zielfunktion, die negativen Outputlücke ablehnt, aber positive Outputlücken begrüßt. Cukierman (2002) hat gezeigt, dass eine solche Zielfunktion eine „inflation bias"-Problematik erzeugen kann, welche die privaten Wirtschaftssubjekte dazu veranlasst, von einer höheren statt der angekündigten niedrigen Inflationsrate auszugehen. Herrschen jedoch – wie vielfach vermutet – eher adaptive als rational vorausschauende Inflationserwartungen vor, dann sollte diese Gefahr nicht überschätzt werden. Jedenfalls ist es nicht unmöglich, mit der oben dargestellten Strategie, die Inflation auf niedrigem Niveau zu halten. Zum einen ist die Inflationsgefahr in einer schweren Rezession in der Tat gering und zum anderen wird die Notenbank in der Hochkonjunktur einen kräftigen Inflationsanstieg aggressiv bekämpfen und damit auch öffentlich demonstriert, dass sie akzelerierende Inflation verhindern will. Dennoch kann man festhalten, dass die Ausnutzung positiver Hysteresis-Effekte wohl das weitaus problematischere Unterfangen als die Verhinderung von negativen Hysteresis-Effekten darstellt.

3.6   Ein erstes Resümee zu geldpolitischen Beschäftigungszielen

Welche generellen Schlussfolgerungen können im Hinblick auf Beschäftigungsziele in der Geldpolitik aus den bisherigen Ausführungen gezogen werden? Zunächst kann man festhalten, dass es unter Notenbanken unbestritten ist, dass von der Geldpolitik deutliche reale Effekte ausgehen. Dies ergibt sich aus den Untersuchungsergebnissen ihrer Forschungsabteilungen und ihren publizierten Beschreibungen des Transmissionsprozesses, welche dem Zinskanal nach wie vor eine herausragende Rolle zuweisen. Selbst wenn Notenbanken eigentlich nur an Preisstabilität interessiert sind, ist ihnen also durchaus klar, dass sie Preiseffekte nur über den Umweg des Gütermarktes erzielen können und sie deshalb Produktions- und Beschäftigungseffekte nicht ganz außer Acht lassen können.

Über die Wirkung geldpolitischer Impulse auf die Preise und das reale Sozialprodukt besteht zumindest in qualitativer Hinsicht ebenfalls weitgehend Einigkeit: Erhöht die Notenbank ihr zinspolitisches Instrument, kann man von einem Szenario ausgehen, bei dem bereits im ersten Jahr das reale Outputniveau in merklicher Weise sinkt und im zweiten Jahre der negative Outputeffekt seinen Höhepunkt erreicht. Die Wirkungen auf die Preise treten im Vergleich hierzu deutlich verzögert auf und sind auf dem Höhepunkt quantitativ nicht bedeutsamer. Aufgrund dieser empirischen Erkenntnisse ist es nicht ganz abwegig zu glauben, dass die Geldpolitik einen Beitrag dazu leisten kann, Output- und Beschäftigungsschwankungen zu nivellieren. Sollte die Notenbank dabei versehentlich über- oder untersteuern, muss man nicht automatisch mit dramatischen Konsequenzen rechnen, da die Inflation auf geldpolitische Impulse offensichtlich sehr träge und zurückhaltend reagiert.

Hiervon ausgehend besteht ein erster Schritt in Richtung einer beschäftigungsorientierten Geldpolitik darin, der Zielsetzung „Preisstabilität" eine zweite (gleichberechtigte) Zielsetzung „Stabilisierung von Output- und Beschäftigungsschwankungen" an die Seite zu stellen. Diese zweite Zielsetzung sollte dabei nicht als Nebenbedingung der ersten – etwa in dem Sinne, dass eine stabile Outputlücke eine Vorbedingung für Preisstabilität darstellt –, sondern als eigenständiger Wert gesehen werden, da eine stabile Beschäftigungsentwicklung unter anderem für mehr Sicherheit und Wohlstand in der Bevölkerung sorgt. Die „Stabilisierung von Beschäftigungsschwankungen" stellt ein gemäßigtes Beschäftigungsziel dar, denn diejenigen, die eine solche geldpolitische Zielsetzung propagieren, halten an der langfristigen Neutralität der Geldpolitik fest. Die Beschäftigungsentwicklung soll um ein exogen gegebenes, monetär nicht beeinflussbares Arbeitsmarktgleichgewicht (NAIRU) stabilisiert werden. Beschäftigungspolitisch ändert sich dennoch im Vergleich zu einer primär an Preisstabilität ausgerichteten Geldpolitik einiges, denn die Notenbank erhält damit unter anderem den Auftrag: Rezessionen zu verkürzen, Aufschwungphasen zu beschleunigen sowie Wachstumsphasen zu verstetigen und nicht übereilt – aus Inflationsfurcht – abzuwürgen.

Hinter der Doppelzielsetzung (Preisstabilität und Outputstabilisierung) steht auch eine neue Interpretation des Trade-offs zwischen Inflation und Beschäftigung. Angesichts des sich allmählich herausbildenden Konsenses bezüglich der langfristigen Neutralität der Geldpolitik haben sich viele Notenbanker auf die Position zurückgezogen, dass es keinen Sinn mehr machen würde, über ein eigenständiges Beschäftigungsziel (in Abwägung mit dem Preisniveauziel) nachzudenken, und dass die Phillips-Kurve als „Menu of Choice" der Geldpolitik ausgedient habe. Die von Taylor entwickelte Trade-off-Kurve macht aber deutlich, dass es selbst bei langfristiger Neutralität der Geldpolitik einen Trade-off zwischen Inflation und Beschäftigung gibt und sich eine Notenbank sehr wohl Gedanken über ihre Beschäftigungspräferenzen machen muss. Bei jedem ökonomischen Schock steht die Zentralbank vor der Entscheidung, ob sie vorübergehend eher eine größere Preis- oder Outputschwankung zulässt. Die Summe dieser Abwägungsentscheidungen bestimmt über einen längeren Zeitraum betrachtet die Inflations- und Outputvariabilität eines Landes. Es macht einen Unterschied, wenn zwei Länder zwar jeweils eine NAIRU von 5 % aufweisen, in einem Land aber des Öfteren Arbeitslosenraten von 7 oder 8 % hingenommen werden, während das andere Land darum bemüht ist, nur kleinere Abweichungen der Arbeitslosenrate von der NAIRU zuzulassen und dabei unter Umständen auch eine vorübergehend höhere Inflationsrate akzeptiert. Die Trade-off-Kurve zwingt Notenbanken jedenfalls dazu, sich entlang der Kurve klar zu positionieren und Beschäftigungspräferenzen offen zu legen.

Die Taylor-Kurve unterstellt normalerweise, dass die NAIRU präzise bestimmbaren ist. In der Realität können Notenbanken jedoch die vielfachen Schwankungen der NAIRU nicht im Vorhinein genau abschätzen. Probleme treten insbesondere dann auf, wenn die Arbeitslosenrate bei konstanter Inflation unter die beste NAIRU-Punktschätzung fällt. Dies kann von der Notenbank zum einen als Vorbote für massiven Inflationsdruck interpretiert werden („inflation is around the corner"), oder es kann zum anderen als ein Anzeichen für einen Rückgang der NAIRU aufgrund geänderter struktureller Bedingungen (z.B. höherer Wachstumsraten der Produktivität oder geringerer Gewerkschaftsmacht) gewertet werden. Eine Möglichkeit auf diese Unsicherheit zu reagieren, bestünde darin, kein Risiko einzugehen und jegliches Unterschreiten der Arbeitslosenrate unter die beste NAIRU-Schätzung mit einer Zinserhöhung zu beantworten. Ein solches Verhalten, dass von einer „downwardly sticky" [Galbraith (1997), S. 102] NAIRU ausgeht, wäre insbesondere dann nahe liegend, wenn die Notenbank keine beschäftigungspolitische Verantwortung trägt und ausschließlich auf Preisstabilität fixiert ist. Es würde aber bedeuten, dass jegliche Beschäftigungspotentiale, die aus einem exogenen Absinken der NAIRU resultieren, verschenkt werden.

Solow spricht sich daher für ein experimentierfreudiges Vorgehen der Notenbank aus. Die Geldpolitik sollte bei einem Absinken der Arbeitslosenrate unter die beste NAIRU-Schätzung so lange mit einer Zinsreaktion abwarten, wie sich nichts an der Inflationsfront tut. Er rechnet nicht mit einem plötzlichen, irreversiblen und akzelerierenden Inflationsanstieg, wenn die Notenbank versehentlich zu weit gegangen ist. Vielmehr könnte die Notenbank einen solchen Fehler problemlos wieder korrigieren. Solow empfiehlt ein solches experimentierfreudiges Vorgehen vor allem dann, wenn im Ausgangspunkt die Inflation niedrig ist und die Möglichkeit einer rückläufigen NAIRU stark vermutet wird (z.B. aufgrund stärkerer Wachstumsraten der Produktivität). In der von Meyer vorgeschlagen „nicht-linearen" Regel des Taylor-Typs kann man eine formale Umsetzung der Ideen Solows sehen. Diese Regel gibt der Notenbank eine klare Untergrenze vor, bis zu der sie eine rückläufige NAIRU austesten kann und schränkt daher den diskretionären Handlungsspielraum der „experimentier-freudigen" Notenbank ein. Die Untergrenze wird durch den unteren Rand des Konfidenzintervalls der NAIRU-Schätzung bestimmt. Sobald die Arbeitslosenrate dieses Limit unterschreitet, sollte die Notenbank ihr Experiment abbrechen und deutlich restriktiv agieren, auch wenn die Daten noch keinen unmittelbaren Inflationsanstieg signalisieren. Das Risiko einer sich beschleunigenden Inflation aufgrund von Überbeschäftigung wäre ansonsten zu groß. Eine solche Regel würde der Öffentlichkeit verdeutlichen, dass keine übertriebenen Beschäftigungsziele angestrebt werden.

Die Ideen von Solow und Meyer erweitern die beschäftigungspolitischen Möglichkeiten, die bereits in der Trade-off-Kurve angelegt sind: Im Rahmen der Konzeption der Taylor-Kurve ist es zwar möglich, Rezessionen (Arbeitslosenrate > NAIRU) zu bekämpfen, gleichzeitig soll aber auch jede Phase der Überbeschäftigung vermieden werden. Mit Hilfe der nicht-lineare Regel von Meyer können hingegen Situationen der Überbeschäftigung (Arbeitslosenrate < NAIRU) bis zu einer gewissen Grenze von der Geldpolitik toleriert und damit Beschäftigungspotentiale aus einem denkbaren Rückgang der NAIRU genutzt werden.

Ball geht mit seinen Empfehlungen an die Geldpolitik noch weiter, da er Hysteresis-Effekte ins Kalkül zieht und damit die langfristige Neutralität der Geldpolitik in Frage stellt. Eine expansive Reaktion der Notenbank während der Rezession wird von ihm nicht nur deshalb empfohlen, um kurzfristige Beschäftigungsschwankungen zu minimieren, sondern auch um einen Anstieg der langfristigen Arbeitslosigkeit zu verhindern. Bleibt eine Notenbank in der Konjunkturflaute zu lange passiv, sorgt sie nicht nur dafür, dass zwei oder drei Prozent der Erwerbspersonen für längere Zeit (als dies möglich wäre) arbeitslos sind, sondern es steht sogar zu befürchten, dass deswegen zwei oder drei Prozent der bisherigen Erwerbspersonen ganz aus dem markfähigen Arbeitspotential ausscheiden. In der Hochkonjunktur sollte sich eine Notenbank nach Ansicht von Ball nicht nur deshalb akkommodierend verhalten, um einen möglichen exogenen Rückgang der NAIRU zu nutzen, sondern um selbst einen (endogenen) Rückgang der NAIRU auszulösen, in dem z.B. bisherige Langzeitarbeitslose wieder in das Arbeitsleben integriert werden.

Aus den obigen Überlegungen kann man folgende beschäftigungsorientierte Strategie der Geldpolitik ableiten:
• Auf den Beginn einer Rezession sollte die Notenbank mit kräftigen Zinssenkungen reagieren. Zum einen, um Beschäftigungsschwankungen zu minimieren (Trade-off-Kurve) und zum anderen, um negative Hysteresis-Effekte zu vermeiden (Ball). Insgesamt sollte in dieser Phase das Augenmerk stärker auf der negativen Output- oder Beschäftigungslücke als auf der Inflationslücke liegen.
• Während der Hochkonjunktur sollte die Notenbank vorsichtig akkommodierend vorgehend. Zum einen, um Beschäftigungspotentiale aus einem möglichen exogenen Rückgang der NAIRU zu nutzen (Solow, Meyer) und zum anderen, um positive Hysteresis-Effekte, die aus der kräftigen Nachfrage resultieren zu verwerten (Ball). In dieser Phase sollte das Augenmerk vor allem auf der Inflationslücke liegen. Bei einem deutlichen Anstieg der Inflation sollte mit aggressiven Zinserhöhungen entgegengesteuert werden.

Die offene Flanke einer beschäftigungsorientierten Geldpolitik besteht darin, die Glaubwürdigkeit in die Stabilisierungspolitik zu bewahren und die Inflationserwartungen auf niedrigem Niveau zu halten. Eine solche Politik kann daher nur durchgeführt werden, wenn in der Vergangenheit über längere Zeit stabile Inflationsraten in einem Land bestanden haben und sich die Notenbank eine gewisse Reputation in der Stabilisierungspolitik aufgebaut hat. Bei einer Nachfrageexpansion muss prinzipiell die Drohung mit der Zinskeule bei einem zu starken Anstieg der Inflation präsent und in der Öffentlichkeit glaubwürdig sein. Generell ist die Gefahr steigender Inflationserwartungen infolge einer expansiven Geldpolitik zu Beginn einer schweren Rezession, eher als gering anzusehen. Hier spricht einiges für Balls These, dass der temporäre Anstieg der Arbeitslosenrate ausreicht, um sowohl die Inflation und als auch deren Erwartungen unter Kontrolle zu halten. Besonders problematisch ist es hingegen, einen positiven Nachfrageschock geldpolitisch zu akkommodieren, da dies zwangsläufig mit einem vorübergehenden Inflationsanstieg verbunden ist (so lange, bis sich die strukturellen Arbeitslosen in das Arbeitspotential wieder eingegliedert haben) und von daher wohl nur für Notebanken mit im Ausgangspunkt hoher struktureller Arbeitslosigkeit und deflationären Tendenzen bei der Preisentwicklung in Frage kommt.

4 Wirtschaftliche Entwicklung und US-amerikanische Geldpolitik zwischen 1987 und 2004

4.1 Geldpolitische Beschlüsse im FOMC

Die nachfolgenden Kapitel widmen sich der Analyse der Geldpolitik der Greenspan-Ära (1987 bis heute). Die einzelnen Abschnitte, die sich jeweils mit einer bestimmten konjunkturellen Phase (Rezession, Aufschwung, Boom oder Abschwung) der vergangenen 18 Jahre auseinandersetzen, sind dabei zweigeteilt: Zunächst werden die verschiedenen geldpolitischen Entscheidungen eines Konjunkturblocks beschrieben und die für die Beschlüsse relevanten Argumente der Fed aufgeführt. Danach erfolgt eine Bewertung des Vorgehens der US-Notenbank. Dabei stehen Fragen im Vordergrund wie: Welche Ziele und welche Strategie verfolgte die Fed in den einzelnen Konjunkturphasen? War der Kurs außergewöhnlich restriktiv oder eher expansiv? Welche Kritik zog das Vorgehen der Fed auf sich?

Die geldpolitischen Beschlüsse, über die im Folgenden diskutiert wird, werden vom *Federal Open Market Committee* (FOMC) – dem zentralen geldpolitischen Entscheidungsgremium der Federal Reserve – getroffen. Diesem Gremium gehören die sieben Mitglieder des *Board of Governors*[1] (BoG, vergleichbar etwa mit dem EZB-Direktorium) sowie fünf der zwölf Präsidenten der regionalen Federal Reserve Banks an.[2] Der Ausschuss tagt acht Mal im Jahr. Die wichtigste Entscheidung des FOMC ist die Festlegung der Zielrate der Federal Funds Rate – das so genannte Federal Funds Rate Target. Die Federal Funds Rate ist derjenige Zinssatz, zu dem sich Geschäftsbanken Zentralbankguthaben (Federal Funds) für einen Tag ausleihen. Zentrale Steuerungsgröße der Fed ist folglich der Tagesgeldsatz. Mit Offenmarkttransaktionen (in der Regel Wertpapierpensionsgeschäfte) versucht die Fed die aktuelle Fed Funds Rate möglichst dicht an ihrer Zielrate zu halten.[3]

Es ist zu beachten, dass bis 1994 Anpassungen der Zielrate der Federal Funds Rate vom FOMC nicht offiziell bekannt gegeben wurden.[4] Vielmehr überließ es die Fed professionellen Beobachtern – Analysten, welche die Offenmarkttransaktionen der Fed untersuchten – darauf zu schließen, ob die Zielrate verändert wurde oder nicht.

---

[1] Darunter befinden sich ein Vorsitzender (Chairman) und ein stellvertretender Vorsitzender (Vice-Chairman).

[2] Der Fed-Präsident von New York ist ständiges Mitglied. Die übrigen elf Fed-Präsidenten wechseln sich im Jahresrhythmus bei der Besetzung der vier verbleibenden Sitze ab. Jedoch können auch die sieben nicht stimmberechtigten Fed-Präsidenten an den FOMC-Sitzungen teilnehmen und mitdiskutieren. Den Fed-Präsidenten fällt unter anderem die Aufgabe zu, über die aktuelle wirtschaftliche Lage in ihren regionalen Distrikten zu berichten. Diese Konjunkturberichte („Beige Books") werden kurz vor jeder Sitzung veröffentlicht.

[3] Es wird dabei kritisiert, dass Offenmarktgeschäfte allein kein sehr effizientes Zinssteuerungsverfahren darstellen, da zur Vermeidung größerer Zinsausschläge ein ständiges Agieren der Notenbank am Geldmarkt erforderlich ist. Die Fed ist z.B. mindestens einmal täglich am offenen Markt präsent, vgl. hierzu Edwards (1997).

[4] Auf jeder FOMC-Sitzung wird eine Direktive an den Fed-Präsidenten von New York, in dessen Händen die Durchführung der Offenmarkttransaktionen liegt, festgelegt. Noch bis Juli 1997 wurde in diesen Direktiven keine konkrete Zielrate der Fed Funds Rate genannt, sondern immer nur von einer „Beibehaltung", „Verschärfung" oder „Lockerung" der Geldmarktbedingungen gesprochen. Aber selbst diese „verschleierte" Direktive wurde nur im Rahmen der Protokolle, d.h. erst nach der nächsten Sitzung, veröffentlicht

Die Erkenntnisse dieser Fed-Beobachter wurden dann über Pressemitteilungen an die breite Öffentlichkeit weitergegeben.

Bis Mitte der 1990er Jahre war es außerdem üblich, viele der geldpolitischen Entscheidungen außerhalb der offiziellen Sitzungen zu treffen. Auf den Ausschusssitzungen selbst wurden oftmals nur so genannte „asymmetrische Direktiven" beschlossen. Diese ermächtigen den Fed-Chairman, kleinere Anpassungen bei der Fed Funds Rate in die festgelegte Richtung (Restriktion oder Expansion) ohne weitere Konsultation der übrigen Offenmarktmitglieder zwischen den Sitzungen selbständig vorzunehmen.[5] Ab etwa 1994 erfolgten die Fed-Entscheidungen hingegen mehr und mehr auf den Offenmarktsitzungen selbst.

Außer über Wertpapierpensionsgeschäfte können sich Geschäftsbanken bei der Fed auch über Diskontkredite („discount window") Zentralbankgeld (so genannte „borrowed reserves" im Gegensatz zu „nonborrowed reserves") besorgen. Die Festlegung des Diskontsatzes ist daher neben der Bestimmung des Fed Funds Rate Target die zweite wichtige Aufgabe des FOMC.[6] Allerdings wurden Diskontkredite bis in das Jahr 2002 nur in Ausnahmefällen von der Fed genehmigt und spielten quantitativ eine untergeordnete Rolle. Die Festlegung des Diskontsatzes, der in der Regel 25 bis 50 Basispunkte unterhalb der Federal Funds Rate lag, hatte daher im Hinblick auf die Refinanzierungskosten der Banken nur symbolischen Charakter.[7] Da Diskontsatzänderungen jedoch sofort publik gemacht wurden, waren sie bis 1994 die einzige Möglichkeit, um eine Kursänderung oder -verschärfung öffentlich zu signalisieren.[8] Anfang 2003 nahm die Fed eine Restrukturierung ihres „discount windows" vor. Seitdem fungiert der Diskontkredit als echte Spitzenrefinanzierungsfazilität.[9]

Bis in das Jahr 2000 wurden auf den Offenmarktsitzungen auch Ziele für diverse Geldmengenaggregate bekannt gegeben. Diese Geldmengenziele haben aber bereits Mitte der 80er Jahre an operativer Bedeutung verloren. Die Fed versuchte wäh-

---

[5]   Allerdings war das Prozedere der „asymmetrischen Direktiven" offenbar nicht ganz eindeutig. Nachdem Fed-Chairman Greenspan im Februar 1991 eigenmächtig eine Anpassung der Fed Funds Rate um 50 Basispunkte vornahm, wollten einige Fed-Präsidenten diese Zinsänderung durch eine formale Abstimmung auf der nächsten FOMC-Sitzung bestätigen lassen, vgl. FOMC (Telephone Feb 1991).

[6]   Genauer gesagt werden Diskontsatzänderungen vom *Board of Governors* auf Vorschlag einer oder mehrerer regionaler Zentralbanken vorgenommen.

[7]   Diskontkredite wären eigentlich die günstigste Refinanzierungsquelle gewesen. Zur Inanspruchnahme eines Diskontkredites musste ein Institut jedoch erst nachweisen, dass alternative Geldquellen erschöpft sind. Die Inanspruchnahme eines Diskontkredites signalisierte daher Liquiditätsprobleme. Viele Banken befürchteten deshalb, dass sich ihr Kreditrating durch eine starke Ausnutzung von Diskontkrediten verschlechtern würde.

[8]   In Anspielung auf die Signalfunktion wurde davon gesprochen, dass die Fed bei Diskontentscheidungen den „Gong läuten würde". Fed-Präsident Boehne bemerkte z.B. [FOMC (TS Nov 1991), S. 15]: "we simply have to ring the monetary gong" und meinte damit eine Diskontsatzsenkung. Anpassungen beim Diskontsatz wurden seltener als beim Tagesgeldsatz und i.d.R. in Schritten zu 50 statt 25 Basispunkten vorgenommen.

[9]   Der Diskontsatz – inzwischen als „Primary Credit Rate" bezeichnet – liegt jetzt automatisch um einen Prozentpunkt über dem Fed Funds Rate Target. Der Diskontkredit kann ohne Angabe von Gründen und unbeschränkt in Anspruch genommen werden. Mit der Umfunktionierung des Diskontkredits zur Spitzenrefinanzierungsfazilität sollen Ausschläge der aktuellen Fed Funds Rate begrenzt und damit ein Mangel der bisherigen Geldmarktsteuerung behoben werden, vgl. zum Diskontkredit allgemein und zu dessen Neuausrichtung: Madigan/Nelson (2002).

rend der gesamten Greenspan-Ära, stets die Preise und nicht die Mengen auf dem Geldmarkt zu kontrollieren.

Der folgenden Analyse über die Geldpolitik der Greenspan-Ära liegen verschiedene Quellen zu Grunde. Zunächst ist hierbei der *Jahresbericht* („Annual Report") des *Board of Governors* [Abkürzung im Folgenden: BoG (AR)] zu nennen, der einen kurzen Überblick über die wirtschaftliche Lage und die wichtigsten geldpolitischen Beschlüsse im Berichtsjahr liefert.[10] Besonders wichtig für die Hintergründe der Entscheidungen des FOMC sind die *Protokolle* („Minutes") der Offenmarktsitzung, die als Zusammenfassung im Jahresbericht des Board of Governors erscheinen [im Folgenden abgekürzt mit: BoG (Minute)]. Für die Jahre 1987-1998 liegen diese Protokolle auch als vollständige „Verbatim Transcripts" [abgekürzt als: FOMC (TS)] vor. Bis 1998 sind außerdem die Stellungnahmen des Mitarbeiterstabs („Staff") zu den einzelnen Sitzungen vorhanden [hieraus entnommene Zitate werden abgekürzt mit: FOMC (Staff)], die zum Teil auch in Form von *Chart-Präsentationen* gegeben wurden [Abkürzung: FOMC (CP)]. Gerade zu Beginn der Greenspan-Ära wurden zahlreiche geldpolitische Maßnahmen auf *Telefonkonferenzen* zwischen den Sitzungen diskutiert, zu denen ebenfalls Protokolle vorliegen [Abkürzung: FOMC (Telephone)]. Seit 1994 kommuniziert das FOMC daneben verstärkt über kurze *Presseerklärungen* („Press Statements"), die im Anschluss an Offenmarktsitzungen veröffentlicht werden [Abkürzung: FOMC (PS)]. Zweimal im Jahr ist die Fed schließlich verpflichtet, Rechenschaft gegenüber dem Kongress abzulegen. Dies geschieht zum einen in Form einer Stellungnahme des Fed-Chairman („*Testimoney*")[11]und zum anderen in Form eines schriftlichen Berichts („Monetary Policy Report to the Congress", abgekürzt im Weiteren als: MPRC).[12]

Wichtige Quellen für externe Kommentierungen zur Fed-Politik sind zum einen die Jahresberichte der *Bank für Internationalen Zahlungsausgleich* [Abkürzung: BIZ] sowie die *Länderberichte* („Economic Survey") der *Organisation für wirtschaftliche Zusammenarbeit und Entwicklung* [Abkürzung: OECD (ES USA)] und deren zweimal im Jahr veröffentlichter *Wirtschaftsausblick* („Economic Outlook") [Abkürzung der englischen Version: OECD (EO), sowie der deutschen Version: OECD (WA)].

---

[10] Der Jahresbericht wird im April/Mai des folgenden Jahres veröffentlicht (der Bericht über das Jahr 2003 wurde z.B. im April 2004 publiziert). In den Zitaten ist die Jahreszahl des Berichtsjahres angegeben (hier: 2003).

[11] Zitate aus diesen Stellungnahmen laufen unter „Greenspan", weil nur er im betrachteten Zeitraum als Autor fungiert.

[12] Das meiste Material dieser Berichte geht später im Jahresbericht auf, weshalb der MPRC nur selten als Quelle angegeben ist.

4.2   1987-1990: Börsen-Crash, Aufschwung und Golfkrise: Geldpolitik zwischen Inflations- und Rezessionsgefahr

4.2.1   Wirtschaftliche Entwicklung und Geldpolitik 1987-1990

Makroökonomischer Überblick 1987-1990

- Von 1987 bis zum 1. Halbjahr 1989 setzte sich der seit 1983 anhaltende Wirtschaftsaufschwung in kräftigem Tempo fort (reales BIP-Wachstum 1987-89: 3½-4 %). Der Börsencrash im Oktober 1987 sorgte nur für temporäre Unsicherheit bei Investoren und Konsumenten. Im Januar 1989 erreichte der Kapazitätsauslastungsgrad der Gesamtindustrie mit 85,1 % einen Spitzenwert.

- Anfang 1989 drosselten zunächst steigende Realzinsen und eine scharfe reale Aufwertung des US-Dollars die Wirtschaftsdynamik. Die Kuweit-Krise und der damit verbundene Ölpreisschock ließen schließlich die abgekühlte Expansionsphase in eine Rezession abkippen. Konsumenten- und Investorenvertrauen brachen ein. Im 4. Quartal 1990 war das reale BIP-Wachstum stark negativ (-3,0 % in laufender Jahresrate).[13]

- Auf dem Arbeitsmarkt sorgte der Wirtschaftsaufschwung bis Mitte 1990 für deutliche Beschäftigungsgewinne. Die Arbeitslosenrate sank auf 5¼ % und lag damit deutlich unterhalb des Durchschnitts in den 1980er Jahren. Bis zum Jahresende 1990 zog sie jedoch rasch auf 6,1 % an.

- Der Preisauftrieb beschleunigte sich von 1987 bis 1990, wofür ab 1988 primär steigende Lohnstückkosten verantwortlich waren. Die Kerninflationsrate zog von 4 auf 5½ % an.

Geldpolitik 1987

Als Alan Greenspan am 11. August 1987 sein Amt als Fed-Vorsitzender antrat, dominierte auf Seiten der US-Notenbank die Sorge über die weitere Inflationsentwicklung gegenüber der Gefahr eines zu schwachen Wirtschafts- und Beschäftigungswachstums, was angesichts der makroökonomischen Entwicklung leicht nachvollziehbar ist.[14] Während sich nämlich die Arbeitslosenrate von 6½ % in Richtung 6 % bewegte, stand zu befürchten, dass sich die Inflationsrate (CPI) von einem ohnehin leicht überhöhten Niveau (4 %) weiter beschleunigen würde. Die Fed zog daher die geldpolitischen Zügel in den ersten 10 Monaten des Jahres leicht an, was in folgenden Handlungen zum Ausdruck kam:

- Der Restriktionsgrad der Reservehaltung wurde im Laufe des Jahres gegenüber den Geschäftsbanken sukzessive verschärft, was einen Anstieg der Fed Funds Rate von ca. 6 % zu Beginn des Jahres auf 7½ % im Oktober 1987 auslöste.
- Der Diskontsatz wurde im September von 5,5 auf 6 % erhöht.
- Die Fed ließ ausdrücklich ein Unterschreiten des Geldmengenziels (M2) zu.

Die Fed rechtfertigte ihren strafferen Kurs mit den folgenden vier Punkten:[15]
- Der Schwäche des US-Dollars.

---

[13] Veränderung gegenüber Vorquartal auf Jahresbasis hochgerechnet.

[14] "During the first half of 1987, monetary policy was carried out in an atmosphere of increasing concerns about the course of inflation ..." BoG (AR 1988), S. 38.

[15] "At times last year [1987], soaring commodity prices and sharp declines in the dollar and bond prices signalled the possibility of greater inflationary dangers. With the economy moving toward higher levels of resource utilization, the Federal Reserve had to be especially alert to these and other indications of pressures..." BoG (AR 1988), S. 25.

- Dem hohen Kapazitätsauslastungsgrad in der Industrie.
- Den steigenden Rohstoffpreisen.
- Dem Anstieg der langfristigen Kapitalmarktzinsen und den sich darin widerspiegelnden steigenden Inflationserwartungen.

Es bestand auf Seiten der Fed allgemein die Befürchtung, dass sich der einmalige Preisniveauschub – ausgelöst durch Dollarabwertung und Ölpreissteigerung – aufgrund ausgelasteter Kapazitäten und bereits angespannter Arbeitsmärkte in ein längerfristiges Inflationsproblem verwandeln könnte.[16]

Im Oktober löste jedoch der Kursverfall an den internationalen Börsen eine Kehrtwende in der Geldpolitik aus. Eine ausreichende Liquiditätsversorgung der Banken und eine Beruhigung der Finanzmärkte rückten in den Vordergrund und verdrängten die Inflationssorgen.[17] Die Reservebedingungen wurden gelockert, so dass die Federal Funds Rate auf 6,5 % fiel.

In den nachfolgenden Monaten blieb die Unsicherheit an den Finanzmärkten zunächst bestehen. Zugleich sah die Fed erste Anzeichen einer wirtschaftlichen Abkühlung (steigende Lagerbestände, rückläufige Arbeitsnachfrage) und war sich unsicher, welche Auswirkungen der Verfall der Vermögenspreise auf die private Nachfrage haben könnte.[18] Sie hielt daher vorerst ihren leicht gelockerten Kurs bei. Im Gegensatz zum Jahresbeginn überwog jetzt die Sorge über die weitere konjunkturelle Entwicklung gegenüber der Inflationsgefahr.

Die Geldpolitik des Jahres 1987 kann daher in drei Phasen unterteilt werden: Zunächst stand die potentielle Inflationsgefahr im Vordergrund (Anhebung des Tagesgeldsatzes von 6 auf 7,5 %), dann rückte die Krise an den Finanzmärkten in den Vordergrund und schließlich wurden erste Anzeichen einer konjunkturellen Abschwächung (Rücknahme des Tagesgeldsatzes auf 6,5 %) sichtbar.

Geldpolitik 1988

Zu Beginn des Jahres 1988 wurde die geldpolitische Lockerung, die Ende 1987 als Reaktion auf die Börsenkrise eingeleitet wurde, vorsichtig fortgeführt. Die Federal Funds Rate fiel bis auf 6½ % und damit insgesamt seit Anfang November 1987 um ca. 100 Bp. Begründet wurde dieser Kurs vor allem mit den folgenden Punkten:[19]

- Der Gefahr einer scharfen konjunkturellen Abkühlung (hohe Lagerbestände).

---

[16] "With labour markets tightening more than expected, further dollar depreciation was thought likely to exacerbate inflationary pressure." OECD (ES USA 1988), S. 48. "The challenge as we perceived it through much of 1987 was ... to prevent one-time price rises related to developments in energy and foreign exchange markets from becoming rooted in a renewed inflation process." Greenspan (1988a), S. 226.

[17] "When stock prices collapsed in mid-October, the resulting turmoil required that the focus of policy be on ensuring the liquidity of the financial system." BoG (AR 1988), S. 35.

[18] "Moreover, there have been some signs of weakness in the economy recently. In particular, the fourth quarter of 1987 was marked by a sharp rise in inventories in a few sectors, and there were indications of a slackening in labour demand early this year [1988]." BoG (AR 1988), S. 25.

[19] Vgl. BoG (AR 1988), S. 12. "... indications of some softening in the economy as the year began, against the background of a more stable dollar in foreign exchange markets, led us to take a further small easing step a few weeks ago." Greenspan (1988a), S. 227.

- Der immer noch vorhandenen Unruhe an den Finanzmärkten.
- Den Aufwärtstendenzen beim Dollarkurs.

Spätestens im März wurde jedoch aufgrund der neu eingegangen Daten klar, dass sich die Wirtschaft auf einem stabileren und kräftigeren Wachstumspfad befand als dies noch am Anfang des Jahres erwartet wurde.[20] Die Fed schwenkte daher auf einen eindeutig restriktiveren Kurs ein. In mehreren kleinen Schritten verschärfte sie die Bedingungen am Geldmarkt, was die Fed Funds Rate zwischen März und August von 6,5 auf 8 % ansteigen ließ. Den Höhepunkt des Restriktionskurses stellte die Erhöhung des Diskontsatzes von 6 auf 6,5 % (09. August) dar. Die wesentlichen Rechtfertigungsgründe für diese Politik waren:

- Potentielle Inflationsgefahren, welche sich aus hohem Outputwachstum, steigender Kapazitätsauslastung und sinkender Arbeitslosenrate ergaben.[21]
- Erste Anzeichen für Lohnkostensteigerungen.[22]
- Steigende Kapitalmarktrenditen (und damit steigende Inflationserwartungen).[23]
- Das kräftige Geldmengenwachstum.
- Die Demonstration von Glaubwürdigkeit in der Inflationsbekämpfung.[24]

Zwar war im Frühjahr/Sommer noch kein akuter Inflationsanstieg erkennbar, die Mehrheit des FOMC war jedoch der Meinung, dass sich das Wachstum im 1. Halbjahr 1988 oberhalb des Potentialtrends bewegte und die Fed frühzeitig auf den sich hieraus ergebenden Inflationsdruck reagieren müsse.[25] Bei der Frage, wie der Restriktionskurs durchgeführt werden sollte, setzten sich diejenigen Offenmarktmitglieder durch, die für eine vorsichtige Politik der Trippelschritte und gegen eine energi-

---

[20] Greenspan (1988a) teilte in seinem Kongressbericht mit, dass die meisten FOMC-Mitglieder am Anfang des Jahres von einem realen Wachstum von 2-2,5 % 1988 ausgingen, was als angemessen betrachtet wurde. Im März korrigierten die meisten FOMC-Mitglieder jedoch ihre Prognosen nach oben: "... the members [of the FOMC] agreed that the information available since the February meeting pointed to a stronger expansion in business activity than they had anticipated earlier." BoG (Minute Mar 1988), S. 91.

[21] Sowohl der Kapazitätsauslastungsgrad des verarbeitenden Gewerbes (Anstieg auf ca. 84 %) als auch die Arbeitslosenrate (Rückgang auf 5,3 %) erlangten langjährige Höchst- bzw. Tiefststände. Von den FOMC-Mitgliedern wurde dementsprechend immer wieder darauf hingewiesen, dass die Wirtschaft bereits nahe der Kapazitätsgrenze arbeite und das Arbeitskräftepotential ausgeschöpft sei: " ... the economy might well be near the point where faster growth in business activity would induce a higher rate of inflation." BoG (Minute Mar 1988), S. 92. "Considering the already limited slack in available labor and capital resources, a levelling of the unemployment and capacity utilization rates is essential if more intensive inflationary pressures are to be avoided in the period ahead." Greenspan (1998b), S. 608.

[22] "With regard to wages, some members commented that recent wage data, on the whole, had an upward tilt." BoG (Minute Jun 1988), S. 108. "... members noted with particular concern that labor compensation costs were rising at a faster rate this year." BoG (Minute Aug 1988), S. 117. Die Lohninflation (gemessen am Lohnkostenindex) nahm 1988 tatsächlich gegenüber 1987 um ca. 1 Prozentpunkt auf über 4 % zu.

[23] "Bond yields increased during this period, as the indications of economic strength contradicted the earlier market forecasts of a slowing economy and raised concerns about an uptrend in inflation." BoG (AR 1988), S. 12.

[24] "A [restrictive] policy response ... would also serve to confirm the System's commitment to achieving price stability over time and might help to avert an aggravation of inflationary expectations." BoG (Minute Mar 1988), S. 93.

[25] Vgl. z.B. BoG (Minute Mar 1988), S. 93. Die Wachstumsrate des Produktionspotentials schätzte man in dieser Zeit auf 2-3 %, vgl. z.B. Greenspan (1989a), S. 141.

sches Vorgehen plädierten.[26] Vor einem größeren Zinsschritt sollte erst die Wirkung der bisherigen Maßnahmen abgewartet werden.[27]

Zwischen August und Anfang November wurde dann eine Zinspause eingelegt. Die Federal Funds Rate schwankte um 8¼ %. Angesichts einiger Hinweise auf eine konjunkturelle Abkühlung war die Mehrheit des FOMC zuversichtlich, dass der gegenwärtigen Restriktionsgrad ausreichen würde, um die Inflationsgefahren in den Griff zu bekommen.[28]

Die im November neu eingehenden Daten signalisierten dann jedoch erneut ein unerwartet kräftigeres Wachstum. Angesichts der bereits stark ausgelasteten Sach- und Arbeitskapazitäten plädierte die Mehrheit des FOMC für eine vorsichtige Fortsetzung des Restriktionskurses.[29] Trotz des bereits hohen Zinsniveaus schien ihnen das Risiko einer Inflationsbeschleunigung wesentlich höher als die Gefahr einer zu starken Drosselung des Wachstums.[30] Die Fed Funds Rate stieg darauf hin von 8¼ % auf 8¾ % bis zum Jahresende an.[31]

Insgesamt stand die Geldpolitik ab März 1988 ganz im Zeichen der Inflationsbekämpfung. Die Fed Funds Rate wurde dabei vorsichtig in Trippelschritten angehoben und erreichte am Jahresende ein langjähriges Hoch von fast 9 %. Meist wurde das FOMC von der Stärke des Wirtschaftswachstums überrascht und musste dann zinspolitisch „nachlegen".

Geldpolitik 1989

Anfang des Jahres 1989 erreichte die geldpolitische Restriktion der Fed ihren Höhepunkt. Die Fed Funds Rate wurde um weitere 75 Basispunkte auf 9¾ % (Ende Februar), der Diskontsatz um einen halben Prozentpunkt auf 7 % angehoben. Dieses

---

[26] Vor allem Fed-Präsident Hoskins verwies immer wieder darauf, dass die Inflation bereits zu hoch sei und dass man sich weniger um kurzfristige Konjunkturziele kümmern sollte, vgl. z.B. BoG (Minute May 1988), S. 103f., und BoG (Minute Aug 1988), S. 121. Daneben mahnte Fed-Governor Angell öffentlich an, dass die Fed generell zu spät und zu vorsichtig auf Inflationsgefahren reagiert habe, vgl. Harris (1988), S. 7.

[27] „... a number of members stressed that monetary policy should not overreact to recent developments. The firming should proceed with caution ..." BoG (Minute Mar 1988), S. 93. Es wurden verschiedene Argumente für ein vorsichtiges Vorgehen angeführt: Die Unsicherheit an den Finanzmärkten (bis Mai), die noch stabilen Preisdaten, die Gefahr von starken Nachfragedämpfung, die Liquiditätsprobleme einiger Banken, das nachlassende Geldmengenwachstum, der steigende Dollarkurs (ab Juni) und die zeitverzögerte Wirkung der restriktiven geldpolitischen Impulse aus den Vormonaten (ab August).

[28] "Other members were more persuaded that, in the context of the recent evidence of slower economic growth, monetary policy already appeared to be on course that would progress in reducing inflation." BoG (Minute Nov 1988), S. 130.

[29] „... many members commented that the risks were in direction of greater inflation, given the apparent growth of the economy at a pace above its long-run potential together with relatively full employment of production resources." BoG (Minute Dec 1988), S. 137.

[30] "While the members recognized that the degree of monetary restrain could be overdone, they generally felt that the risks of a downturn stemming from the limited tightening under consideration were extremely small and needed to be accepted ..." BoG (Minute Dec 1988), S. 138.

[31] Die Gruppe der Falken, die eine energischere Restriktionspolitik forderte, konnte sich erneut nicht durchsetzen: "A number of members indicated a preference for a stronger immediate move to greater restraint, given their perception of the urgency of countering ... inflationary pressures in the economy. Other members ... preferred a more gradual approach to further restraint ..." BoG (Minute Dec 1988, S. 138).

langjährige Hoch der nominalen Geldmarktsätze rechtfertige die Fed mit den folgenden Argumenten:

- Die Daten vom Jahresende 1988 und Januar 1989 deuteten auf eine anhaltende wirtschaftliche Expansion (z.B. kräftig steigende Industrieproduktion und Konsumgüternachfrage) hin.[32]
- Es gab Hinweise auf Lohnkostenzunahmen bei generell angespannten Arbeitsmärkten.
- Konsumenten- und Erzeugerpreise waren im Januar kräftig angestiegen.[33]

Gerade Greenspan vertrat die Ansicht, dass sich die USA eine reale Wachstumsrate von erneut über 3 % angesichts der bereits hohen industriellen Kapazitätsauslastung von 84,5 % und einer Arbeitslosenrate von 5¼ % nicht mehr leisten könne, da ansonsten eine akzelerierende Inflationsentwicklung vorprogrammiert sein würde.[34]

Im Frühjahr signalisierten erstmals einige Indikatoren eine wirtschaftliche Abkühlung. Die straffe Geldpolitik zeigte offenbar Wirkungen.[35] Nach Ansicht des FOMC war aber die Zeit für eine Zinssenkung noch nicht reif, da unklar war, ob es sich um einen temporären oder längerfristigen Abwärtstrend handelte.[36] Das Inflationsrisiko stand weiterhin im Vordergrund. Auf dem Mai-Treffen des FOMC zeichnete sich dann aber eine Kurskorrektur ab. Erstmals seit langem wurde dem Rezessionsrisiko wieder der gleiche Rang beigelegt wie dem Inflationsrisiko und im August bekannte Greenspan [(1989c), S. 616] vor dem Kongress: "... the balance of risks may have shifted somewhat away from greater inflation". Die Fed Funds Rate wurden daher von 9¾ auf 9 % (im August) abgesenkt, was wie folgt begründet wurde:[37]

- Rückläufige Konsumnachfrage und Industrieproduktion, die eine wirtschaftliche Abkühlung signalisierten.
- Aufwertungstendenz beim Dollarkurs.[38]
- Geringes Geldmengenwachstum.[39]

Insgesamt blieb die Reaktion des FOMC auf die konjunkturelle Beruhigung jedoch eher verhalten, da sich beim Inflationsabbau keine Besserung abzeichnete. Die in-

---

[32] Vgl. BoG (AR 1989), S. 67. "Total industrial capacity utilization moved higher, owing to a sizable jump in the utilization of manufacturing capacity to the highest level since 1979." BoG (Minute Feb 1989), S. 76. Eine Minderheitenposition sprach sich dafür aus, so lange abzuwarten, bis sich die Restriktionsschritte des Vorjahres bemerkbar machen würden, vgl. BoG (Minute Feb 1989), S. 83.

[33] Die Erzeuger- und Verbraucherpreise stiegen im Januar um 1,0 bzw. 0,6 Prozentpunkte gegenüber dem Vormonat. Die Veröffentlichung dieser Daten löste unter anderem die Diskontsatzerhöhung am 24. Februar aus.

[34] Zwischen 1984 bis 1987 lag die Kapazitätsauslastung bei durchschnittlich 80 % und damit deutlich niedriger. Die Arbeitslosenrate lag nach Greenspans Meinung mit 5,3 % am unteren Rand der NAIRU-Schätzungen, so dass er zur Schlussfolgerung gelangte: "... there is little doubt that margins of slack [in labor markets and in industry] have been reduced. The risk of greater inflation could be appreciable if real GNP continue to increase at recent rates over the next several years." Greenspan (1989a), S. 141.

[35] Vor allem die Konsumnachfrage (für langlebige Verbrauchsgüter) war zwischen Januar und April 1989 deutlich rückläufig, vgl. z.B. BoG (Minute Mar 1989), S. 86, oder BoG (Minute May 1989), S. 92.

[36] Vgl. BoG (Minute Mar 1989), S. 89.

[37] Vgl. BoG (Minute Jul 1989), S. 101.

[38] Der DM/$-Kurs stieg von Anfang bis Mitte des Jahres von ca. 1,80 auf über 2 DM pro $ an.

[39] Die Wachstumsrate von M2 betrug im 2. Quartal lediglich 1,6 % (laufende Rate) bei einer Zielrate von 3-7 %, vgl. BoG (AR 1990), S. 47.

ternen Prognosen der Fed projizierten bis Jahresende weiterhin Preissteigerungsraten von 4-5 %.[40]

Die Geldpolitik dieser Zeit glich einem Drahtseilakt.[41] Auf der einen Seite war die Fed mit nach oben gerichteten Inflationsdaten und weiter angespannten Arbeitsmärkten konfrontiert, auf der anderen Seiten waren jedoch die Zeichen einer wirtschaftlichen Abschwächung, die sich unter Umständen zu einer Rezession ausweiten könnte, unverkennbar.[42] Greenspan [(1989c), S. 618] selbst sprach von einer "delicate balance", der man gegenüberstehe, war jedoch zuversichtlich, dass mit dem eingeschlagenen Kurs einer nur leichten geldpolitischen Lockerung ein „weiche Landung" der Wirtschaft gelingen könnte.[43] Er ging davon aus, dass sich das Wirtschaftswachstum auf einem Niveau von 1,5-2 % 1989 und 1990 und damit leicht unterhalb des Potentialtrends stabilisieren würde, was der Zielsetzung entsprechen würde, die Inflationsrate allmählich zu reduzieren, ohne dabei gleichzeitig die Konjunktur abzuwürgen. Bis Oktober 1989 schienen die neu eingehenden Wirtschaftsdaten diese Sichtweise zu bestätigen, so dass keine weiteren Maßnahmen ergriffen wurden.[44]

Im Spätherbst signalisierten jedoch Nachrichten über Einbrüche in der Automobilindustrie und im Wohnungsbau sowie ein abnehmendes Investorenvertrauen, dass die Jahresrate des wirtschaftlichen Wachstums eher bei 1 als bei 2 % landen würde.[45] Dies veranlasste das FOMC, die zweite Phase einer leichten Lockerung durchzuführen und die Federal Funds Rate bis zum Jahresende in drei kleinen Schritten von 9 auf 8,25 % zurückzunehmen. Die zinspolitische Reaktion blieb wiederum eher verhalten, weil man noch keine Anzeichen für einen dramatischen Abschwung erkannte.[46] Die Fed selbst bekannte freimütig, dass die Realzinsen im historischen Vergleich immer noch relativ hoch seien.[47]

Betrachtet man das Jahr im Gesamten, dann versuchte die Fed zunächst mit Geldmarktsätzen von fast 10 %, das reale Wachstum unter 3 % zu drücken. Als dies gelungen schien, nahm die Fed eine leichte Zinsanpassung nach unten (auf 8¼ %) vor.

---

[40] "... some members stressed that underlying inflation pressures remained strong (...). More generally, the members' forecast pointed to a rate of inflation that was unacceptable high and that moderated only slightly over this period." BoG (Minute Jul 1989), S. 104.

[41] „Auf der Gratwanderung zwischen Rezession und Inflation bewegt sich Greenspan in der Hoffnung, die amerikanische Wirtschaft doch noch sanft und ohne Inflations- und Rezessionsschock auf einen moderaten Wachstumspfad zu bringen." Kaps (1989), S. 10.

[42] Am 22.07.1989 vermeldete z.B. das Handelsminsterium (BEA) für das 2. Quartal 1989 einen deutlichen Rückgang des realen BSP-Wachstums auf 1,7 % und gleichzeitig einen Anstieg der BSP-Deflators auf 4,9 %.

[43] "... Alan Greenspan said August 1, 1989, he believed the Fed's monetary policy was on the right track and the U.S. economy would achieve a soft landing, avoiding a harmful recession." O.V. (1989b), S. 10. "He [Greenspan] recently told Congress that the Federal Reserve expects the economy to keep growing at the present rate, 1.5 to 2 percent a year, through 1990." O.V. (1989c), S. 9.

[44] "For the period ahead, a steady policy course was desirable in light of the latest evidence suggesting that price pressure were not intensifying; in addition, the expansion appeared to have stabilized at a moderate and provisionally acceptable pace..." BoG (Minute Aug 1989), S. 113f.

[45] Vgl. BoG (Minute Dec 1989), S. 134.

[46] "On the whole current demand conditions were not seen by most members as suggesting a cumulative weakening in the economy." BoG (Minute Dec 1989), S. 135.

[47] "Still, most measures of short- and long-term interest rates remained well above their trough levels of 1986 and 1987 ..." BoG (AR 1989), S. 15.

Für die Mehrheit des Komitees blieb jedoch das Inflationsrisiko akut. Die geldpolitischen Lockerungen wurden dementsprechend nicht als fundamentaler Politikwechsel, sondern lediglich als „midcourse correction" [BoG (AR 1989), S. 3] bezeichnet.

Geldpolitik 1990

Anfang 1990 ging die Fed davon aus, dass sich die Wirtschaft nach dem Einbruch im 4. Quartal 1989 wieder stabilisiert hat und auf einen moderaten Expansionskurs eingeschwenkt ist.[48] Die Offenmarktmitglieder prognostizierten für das Jahr 1990 ein reales Wachstum des BSP von 1,5-2,0 %. Dies entsprach weitgehend der Wunschvorstellung eines gedämpften, leicht unterhalb des Potentialtrends liegenden Wachstums.[49] Das Risiko eines Abgleitens in die Rezession wurde dabei im Vergleich zum Risiko zusätzlicher Inflation als ausgeglichen angesehen.[50] An dieser Lagebeurteilung hielt die Fed im ganzen 1. Halbjahr 1990 fest.[51] Sie sah daher keinen Anlass für eine Kurskorrektur und hielt die Fed Funds Rate bis Juli konstant bei ca. 8¼ %.[52] Es gab zwar einige Faktoren, die für eine weitere Zinssenkung gesprochen hätten, – z.B. die Liquiditätsschwierigkeiten einiger Unternehmen[53] – der mangelnde Fortschritt bei der Reduzierung der Inflation sprach aber wiederum dagegen.[54]

Zwei Sonderfaktoren und weniger eine neue Lageeinschätzung veranlassten die Fed im Juli und Oktober, zwei vorsichtige Zinssenkungen vorzunehmen und die Fed Funds Rate auf 7¾ % zu reduzieren. Der erste Punkt war die zurückhaltende Kreditvergabe der Banken, die man zusehends beobachten konnte.[55] Angesichts des Desasters der "Savings and Loan"-Institute[56], war der ganze amerikanische Bankensek-

---

[48] "... recent indicators of business conditions provided some assurance that the expansion was no longer weakening and indeed that a modest acceleration might be under way from considerably reduced growth experienced in the fourth quarter [of 1989]." BoG (Minute Feb 1990), S. 93.

[49] "... the Federal Reserve Governors and the Presidents of the Reserve Banks foresee continued moderate economic expansion over 1990, consistent with conditions that will foster progress towards price stability." Greenspan (1990a), S. 217.

[50] "The Federal Reserve saw those risks [of inflation and of an economic downturn] as about evenly balanced over the first half of the year and made no adjustment in monetary policy." Greenspan (1990b), S. 739.

[51] Im Juli äußerte sich Greenspan [(1990b), S. 738] vor dem Kongress wie folgt: "... on balance, the economy still appears to be growing, and the likelihood of a near-term recession seems low ....".

[52] Ein deutscher Kommentar merkt unter Hinweis auf eine Konjunkturanalyse der Fed an: „Danach wächst die Wirtschaft weder robust, noch hängt sie am seidenen Faden. Da sowohl eine starke Expansion als auch eine Rezession gefährlich wären ... steuert die Wirtschaft so ziemlich auf der Ideallinie. Kurzum: Die Zinspolitik der letzten Monate war ein voller Erfolg, und es gibt wenig Grund, sie zu ändern." Eckhardt (1990), S. 14

[53] "... several [members] ... observed a sense of unease and fragility in the business and financial communities arising from such factors as declining profit margins, heavy dept burdens, and ... a reduced availability of credit to some borrowers." BoG (Minute Feb 1990), S. 93. Daneben hätte eine geldpolitische Lockerung das restriktivere Umfeld – aufgrund des steigenden Dollarkurses, steigender Kapitalmarktzinsen und verschärfter Kreditkonditionen einiger Geschäftsbanken – abmildern können, vgl. BoG (Minute Mar 1990), S. 106.

[54] "However, most members saw little prospect that significant progress, if any, would be made in reducing the underlying rate of inflation in the quarters immediately ahead." BoG (Minute Feb 1990), S. 93.

[55] "... numerous reports indicate that depositary institutions have become more selective in extending credit." Greenspan (1990b), S. 740.

[56] Diese Sparinstitute wurden nach dem 2. Weltkrieg geschaffen, um den Wohnungsnotstand zu beseitigen. Der Staat gab dabei eine Haftungszusage für die Einlagen. Letzteres hatte viele Sparbankenmanager zu riskanten Immobiliengeschäften verleitet und die meisten Institute in eine finanziel-

tor darauf bedacht, seine Kapitalbasis zu schonen, weniger Kredite zu vergeben und höhere Zinsmargen durchzusetzen. Die Fed wollte noch nicht von einem „credit crunch" sprechen, da Kreditnehmer mit guten Qualitäten offenbar noch ausreichend Kredite erhielten. Trotzdem musste sie aber zugeben, dass die Einschränkungen auf dem Kreditmarkt ein restriktives Element für die Wirtschaft darstellten.[57] Daher senkte die Fed im Juli 1990 leicht (8 %) die Geldmarktzinsen.

Der zweite Anlass für eine leichte Lockerung der Geldpolitik bestand im Abschluss einer Budget-Vereinbarung zwischen Regierung und Kongress, die Kürzungen im Bundeshaushalt in die nächsten 5 Jahren von etwa 500 Mrd. US-$ vorsah. Greenspan hatte einige Monate zuvor angedeutet, dass die Fed im Falle einer erfolgreichen Budget-Vereinbarung, den hieraus entstehenden fiskalischen Nachfrageausfall geldpolitisch kompensieren würde.[58]

Bereits im August hatte sich jedoch das geldpolitische Umfeld für die Fed erheblich geändert. Der Einmarsch der irakischen Armee in Kuwait löste einen kräftigen Anstieg der Ölpreise aus und sorgte für beträchtliche geopolitische Unsicherheit. Der Fed war von Beginn an klar, dass dieser Ölpreisschub die typischen Eigenschaften eines negativen Angebotsschocks nach sich ziehen würde, d.h. sie rechnete sowohl mit einer weiteren Schwächung der Nachfrage als auch mit einem weiteren Preisauftrieb.[59] Welcher dieser beiden nachteiligen Effekte überwiegen und damit die größere Gefahr für die künftige wirtschaftliche Entwicklung darstellen würde, war für die Fed aber anfangs unklar.[60] Sie hielt es daher für klug, vorerst abzuwarten und durch konstante Geldmarktsätze die Stabilität an den verunsicherten Finanzmärkten zu fördern.[61] Die Mehrheit des Komitees ging ferner von einer bescheidenen Fortsetzung der wirtschaftlichen Expansion aus[62] und eine Minderheit warnte ausdrücklich vor einer Verbreiterung der Inflationsgefahr durch eine voreilige Zinssenkung.[63]

---

le Schieflage geführt. 1990 wurde der Kapitalbedarf zur Sanierung der Sparbanken auf 500 Mrd. US-$ geschätzt, vgl. z.B. Kaps (1990), S. 11.

[57]   "I would not call this change a 'credit crunch'.... (...) Nevertheless, in the here and now, the tightening is beginning to have very real, unwelcome effects." Greenspan (1990b), S. 740.

[58]   "Major, substantive, credible cuts in the budget deficit would present the Fed with a situation that would call for a careful reconsideration of its policy stance. What adjustment might be necessary ... cannot spelled out before the fact. I can only offer the assurance that the Fed will act, as it has in the past, to endeavour to keep the economic expansion on track." Greenspan (1990b), S. 743. Ein solches Junktim zwischen Geld- und Fiskalpolitik stieß bei einigen FOMC-Mitgliedern auf Vorbehalte, vgl. BoG (Minute Oct 1990), S. 142.

[59]   Vgl. z.B. BoG (Minute Aug 1990), S. 131.

[60]   "That the oil shock threatened both to raise inflation and to reduce activity was recognized from the outset, but which of those threats posed the greater danger was not immediately clear." BoG (AR 1990), S. 3.

[61]   "It appeared that the most constructive role monetary policy might play, until the balance of risk was clarified, would be to foster a sense of stability in the very nervous financial markets." BoG (AR 1990), S.19.

[62]   "... members commented that ... overall economic activity appeared to be continuing to expand although at a relatively slow pace (...) ... the available data did not point to cumulating weakness and the onset of a recession." BoG (Minute Oct 1990).

[63]   "...they [members who were against an easing action] were concerned that any easing in the near term would worsen inflationary expectations by tending to erode the credibility of the System's anti-inflationary effort." BoG (Minute Oct 1990), S. 142.

Im November kippte dann aber das Meinungsbild eindeutig in Richtung Rezessionsangst und die Fed vollzog einen fundamentalen Kurswechsel in der Geldpolitik, bei dem die Konjunkturförderung zum primären Ziel avancierte und das Inflationsrisiko in den Hintergrund trat.[64] Die Federal Funds Rate wurde in rascher Folge von 8 (Ende Oktober) auf 7 % (Ende Dezember) gesenkt und der Diskontsatzes von 7 auf 6,5 % gekürzt. Im Einzelnen wurde zur Rechtfertigung des Politikwechsels auf folgende Punkte verwiesen:

- Die neu veröffentlichten Wirtschaftsdaten wiesen klar in Richtung Rezession: Industrieproduktion und Einzelhandelsumsätze waren stark rückläufig (Oktober/November), die Arbeitslosenrate stieg kräftig von 5,5 (Juli) auf 5,9 % (November) an.[65]
- Das Konsumenten- und Investorenvertrauen war beträchtlich eingebrochen und damit war eine weiter rückläufige Ausgabentätigkeit sehr wahrscheinlich.[66]
- Die restriktive Kreditvergabepraxis der Banken hielt an und besaß das Potential, die Krise zu verschärfen und den Beginn des Aufschwungs hinauszuzögern.[67]
- Im Hinblick auf die inflationäre Entwicklung gab es erstmals seit Jahresbeginn Indikatoren, die den Anfang eines Disinflationsprozesses signalisierten.[68]

Insgesamt ging die Fed 1990 lange Zeit davon aus, dass eine „weiche Landung" der US-Wirtschaft auf einem moderaten Wachstumspfad (reales BIP bei etwa 1½ %), der langfristig zum Inflationsabbau führen würde, gelungen war. Der negative Angebotsschock im Spätsommer änderte aber die Lage. Nachdem klar war, dass die Golfkrise keine akzelerierende Inflation, sondern eine ausgeprägte Konjunkturschwäche hervorrufen würde, schwenkte die Fed rasch auf einen expansiven Kurs ein.

4.2.2   Bewertung der Geldpolitik 1987-1990

4.2.2.1   Die Zieldebatte

Die US-Geldpolitik der Jahre 1987-1990 war gleichzeitig an einem graduellen Inflationsabbau und der Bewahrung eines stabilen Wachstumspfads interessiert, was in folgendem – für die Zielausrichtung der Fed typischem – Zitat zum Ausdruck kommt:

"The Committee continued to focus on maintaining the economic expansion and on progress toward price stability..." Greenspan (1988a), S. 227.

---

[64] "By mid-autumn, however, it appeared that the inflationary spillover of the oil shock was being effectively contained and that the risk of an appreciable economic contraction was growing." BoG (AR 1990), S. 3. "As 1990 drew to a close, the immediate concern was that of bringing the recession to a halt and of getting the economy back on a path of expansion." BoG (AR 1990), S. 4.

[65] Aufgrund einiger positiver Fakten (schwacher Dollar, geringe Lager, rückläufige Ölpreise) war man aber zuversichtlich, dass es nur zu einer milden Rezession kommen würde: "... members commented that a relatively mild and short recession remained a reasonable expectations..." BoG (Minute Dec 1990), S. 154.

[66] Das Konsumentenvertrauen wurde von einigen Faktoren belastet (sinkende Häuserpreise, Arbeitsplatzangst, Bankenkrise und hohe Privatverschuldung), vgl. BoG (Minute Dec 1990), S. 155

[67] "...members remained concerned that supplies of credit might prove inadequate to the needs of many qualified borrowers, thereby deepening any downturn and impeding a satisfactory rebound in economic activity." BoG (Minute Nov 1990), S. 148.

[68] "... members referred to accumulating indications that the core rate of inflation ... might have stabilized. There were signs of diminished wage pressure in the aggregate data (...) ... it now seemed more likely that the effects of higher oil prices would not be built into the general price and wage structure." BoG (Minute Nov 1990), S. 149.

Die Fed machte keine präzisen Angaben darüber, was sie unter „Preisstabilität" oder einem „stabilen Wachstumspfad" verstand. Aus öffentlichen Stellungnahmen der Fed lassen sich jedoch Anhaltspunkte über den quantitativen Zielbereich gewinnen:

- Die jährlichen Inflationsraten von 4-5 % in den Jahren 1987-1990 wurden als unangemessen und zu hoch empfunden.[69] Die Mehrzahl der Fed-Gouverneure sympathisierte mit einer Resolution des Kongressabgeordneten S. Neal aus dem Jahre 1989, die den vollkommenen Abbau dieses Inflationssockels bis Mitte der 90er Jahre forderte.[70] Was aber konkret unter einer völligen Beseitigung der Inflation verstanden wurde – eine *gemessene* jährliche Inflationsrate von 0,1 oder 2 % – blieb unklar.[71]

- Im Hinblick auf das Wirtschaftswachstum machte die Fed deutlich, dass sie sich im langfristigen Durchschnitt ein Wachstum in Höhe des Produktionspotentials wünschte. Diese Wachstumsrate schätzte sie auf etwa 2½ %.[72]

- Von einem expliziten Beschäftigungsziel wurde i.d.R. nicht gesprochen. Man kann jedoch annehmen, dass mittels eines angemessenen Wachstums auch ein möglichst hoher Beschäftigungsstand erreicht werden sollte. Offizielle Aussagen von Greenspan legen nahe, dass die Fed die NAIRU und damit eine vollbeschäftigungskonforme Arbeitslosenrate auf 5½-6 % Ende der 80er Jahre schätzte.[73]

Eine wichtige Frage besteht darin, ob die Fed ihre beiden Zielen – Wahrung von Preisstabilität und angemessenes Wirtschaftswachstum – gleichrangig behandelte. Von der Regierungsseite wurde der Fed mehrfach vorgeworfen, dass sie vorschnell die Zinsen erhöhen und das Wachstumsziel zugunsten von Preisstabilität vernachlässigen würde.[74] Auch Greenspan vermittelte in der Öffentlichkeit den Eindruck, dass es für die Geldpolitik primär darauf ankomme, Preisstabilität zu gewährleisten.[75]

---

[69] "Current inflation rates ... clearly are too high and must be brought down." Greenspan (1989a), S. 141. Der als „Falke" bekannte Gouverneur Angell bezeichnete 1988 die bestehende Inflation als völlig unbefriedigend und forderte, dass sie auf eine Jahresrate von einem Prozent reduziert werden sollte, vgl. Harris (1998), S. 7f.

[70] "The Zero-Inflation Resolution represents a constructive effort to provide congressional guidance to the Federal Reserve." Greenspan (1989d), S. 797.

[71] Zunächst sah der Entwurf vor, dass die Inflation jedes Jahr um einen Prozentpunkt bis 1995 verringert werden sollte. Eine solche quantitative Fixierung lehnten jedoch die meisten Fed-Gouverneure ab [vgl. Berry (1989), S. 8]. Der überarbeitete Entwurf näherte sich dann der vagen Formulierung von Greenspan an, wonach Preisstabilität erreicht ist, wenn die Inflation so niedrig ist, dass sie für die privaten Wirtschaftssubjekte bei ihren Entscheidungen keine Rolle spielt. Aufgrund von Messfehlern würde Greenspan [(1988b), S. 611] aber einen kleinen Inflationsanstieg akzeptieren: "A small persistent rise in some of the indexes would be tolerable ..."

[72] "Most estimates place the growth in productive capacity – or long-term potential GNP – in the area of 2½ to 3 percent per year." Greenspan (1989a), S. 141.

[73] Darauf deuten mehrere Äußerungen von Greenspan zum Jahresbeginn 1989 hin, als die Arbeitslosenrate bei 5,3-5,4 % lag: "No one can say precisely which level of resource utilization marks the dividing line between accelerating and decelerating prices. However the evidence – in the form of direct measures of prices and wages – clearly suggests that we are now in the vicinity of that line." Greenspan (1989b), S. 275.

[74] Nach Äußerungen von Greenspan vor dem Kongress befürchtete Präsident *Bush*, dass die Fed die Inflation auf Kosten des Wirtschaftswachstums zähmen wolle, was er ablehnte [vgl. o.V. (1989a), S. 11]. Teilweise Empörung lösten Im August 1989 öffentliche Äußerungen des Budget-Direktors Richard Darman aus. Er forderte die Fed dazu auf, die Zinsen zu senken und mehr darauf zu achten, dass die US-Wirtschaft nicht in eine Rezession abgleiten würde, vgl. z.B. o.V. (1989d), S. 13.

[75] "... the primary role of monetary policy in the pursuit of the goal of maximum sustainable growth is to foster price stability." Greenspan (1989b), S. 274. "By ensuring stable prices, monetary policy

Im Widerspruch zu diesen Aussagen stand jedoch die tatsächliche makroökonomische Performance: Das reale Sozialprodukt wuchs in den Jahren 1987 bis 1989 mit Jahresraten von über 3 % und damit schneller als das Produktionspotential. Die Arbeitslosenrate lag mit 5¼ % unterhalb der geschätzten NAIRU. Das Preisstabilitätsziel wurde hingegen mit Inflationsraten von 4-5 % andauernd verfehlt. Es war daher nicht überraschend, dass für die Fed ab 1988 dasjenige Ziel in den Vordergrund rückte, welches permanent verletzt wurde.

Um Fortschritte beim Inflationsabbau zu erzielen, verfolgte die Fed eine Strategie, die darauf abzielte, die reale Wachstumsrate für eine gewisse Zeit leicht unter die Rate des Produktionspotentials zu drücken (etwa auf 1,5-2 %).[76] Dass es sich dabei eher um ein moderates Programm zu Erlangung von Preisstabilität handelte, machen folgende Punke deutlich:

- Die Fed wollte auf keinen Fall eine Rezession provozieren. Sie senkte die Zinsen, sobald es Hinweise für eine konjunkturelle Abkühlung gab (z.B. im Herbst 1987 oder im 2. Halbjahr 1989), woraus man schließen kann, dass innerhalb des FOMC eine gleichrangige Abwägung zwischen dem Rezessions- und Inflationsrisiko stattfand.
- Die Fed nahm stets nur vorsichtige Restriktionsschritte vor. Im geldpolitischen Ausschuss konnte sich diejenige Strömung nicht durchsetzen, die für raschere und deutlichere Zinserhöhungen eintrat und eine stärkere Ausrichtung auf Preisstabilität und geringere Rücksicht auf die konjunkturelle Entwicklung forderte.[77]
- Die Strategie der Fed war nicht auf schnelle Disinflationsgewinne ausgerichtet. Hierzu hätte die Fed zumindest eine milde Rezession riskieren müssen, was aber nicht beabsichtigt war. Viele außenstehende Betrachter sahen in der Fed-Politik daher eher einen Ansatz zur Stabilisierung als zur deutlichen Rückführung der gegenwärtigen Inflation:

"...there is a big question mark over the Fed's strategy of controlling inflation without risking a recession. Past experience suggests strongly that it is impossible to reduce inflation without first raising unemployment. That will take economic growth substantially slower than Mr Greenspan's target, which is designed to stabilize unemployment. In reality, therefore, the Fed's present objective appears to be stabilising inflation, than pushing it down in the foreseeable future ..." Kaletsky (1989), S. 11.[78]

---

can play its most important role in promoting economic progress." Greenspan (1990a), S. 216. Die strammen Zinserhöhungen 1988 und 1989 verteidigte Greenspan unter anderem damit, dass es besser sei frühzeitig zu agieren, als einen Inflationsprozess zu riskieren, der dann später durch weit drastischere Maßnahmen und eine schwere Rezession wie 1981/82 gestoppt werden müsste. "The experience of the past two decades vividly illustrates the problems that arise when accelerating prices and wages have to be countered later by severely restrictive policies." Greenspan (1989a), S. 142.

[76] Diese Strategie wird weiter unten ausführlicher erläutert.

[77] Vor allem der Fed-Präsident von Cleveland Hoskins machte sich zum Vorreiter einer primär auf Preisstabilität ausgerichteten Geldpolitik: "President Hoskins ... preferred a policy that would give less emphasis to near-term business conditions and exchange rate considerations and greater emphasis to the long-term objective of price stability." BoG (Minute Aug 1988), S. 121.

[78] Ähnlich sah es auch die OECD [ES USA (1989), S. 32]: "... the OECD interpretation of U.S. monetary policy is that it is aiming to stabilize initially, before attempting to reduce it." Sie schätzte, dass die Arbeitslosenrate in den USA mindestens 5 Jahre lang um einen Prozentpunkt höher liegen

Daher wurde Greenspan auch teilweise vorgeworfen, dass seine ausgeprägte Anti-Inflationsrhetorik im auffallenden Widerspruch zu den vorsichtigen Zinsschritten der Fed stand.[79] Offensichtlich wollte Greenspan mit seinen öffentlichen Äußerungen – Betonung von Preisstabilität – vor allem der Glaubwürdigkeitsdebatte Tribut zollen.

Mit der Konjunkturwende zum Jahresende 1990 zeigte sich dann eindeutig, dass die Fed nicht einseitig auf Preisstabilität fixiert war. Im Angesicht der Rezession wurde die Geldpolitik ganz auf die Abfederung der wirtschaftlichen Krise und die Förderung des Aufschwungs ausgerichtet, was auch offen nach außen kommuniziert wurde:

"As 1990 drew to a close, the immediate concern was that of bringing the recession to a halt and of getting the economy back on a path of expansion." BoG (AR 1990), S. 4.

Das Preisstabilitätsziel trat in den Hintergrund, obwohl die Inflationsrate (gemessen am Konsumentenpreisindex) im 4. Quartal 1990 noch 6,2 % betrug. Insgesamt kann man daher wohl von einer gleichrangigen Behandlung beider Ziele im Zeitraum 1987-1990 sprechen.

4.2.2.2 Geldmenge, Wechselkurs, Zinsen und andere Finanzindikatoren

Um ihre Ziele zu erreichen, praktizierte die Fed in den Jahren 1987-1990 rein formal eine Strategie der Geldmengensteuerung. Jeweils im Februar wurden Zielwerte für verschiedene Geld- und Kreditaggregate für das laufende Jahr festgelegt, die nach Meinung der Mitglieder des Offenmarktausschusses im Einklang mit den geldpolitischen Zielen der Fed standen. Die Zielwerte wurden öffentlich verkündet und über deren Einhaltung wurde auf den Offenmarktsitzungen ausführlich diskutiert.

In der praktischen US-Geldpolitik verlor die Geldmenge aber an Bedeutung. Die Fed gab selbst zu, dass die Grundlage einer Geldmengensteuerung, nämlich eine stabile Beziehung zwischen Geldmenge, Preise und Nominaleinkommen, in zunehmendem Maße in den USA nicht mehr gegeben war und dass vor allem die *kurzfristige* Indikatorqualität der Geldmengenaggregate abgenommen hatte.[80] Aus einer Abweichung der Wachstumsrate der Geldmenge von ihrem Zielkorridor ergab sich daher für das

---

müsste als derzeit (Anfang 1990), um die Inflationsrate von 4,5 auf 2 % zu reduzieren, vgl. OECD [ES USA (1990)], S. 46.

[79] „Die Praxis der Stabilitätspolitik hinkt hinter der Anti-Inflationsrhetorik Greenspans her". Grün (1989), S. 9. Viele Fed-Beobachter sahen den Restriktionskurs der Fed in der Zeit von März 1988 bis Mitte 1989 als unzureichend an: „Vielen professionellen Beobachtern hatte die Federal Reserve jedoch schon zu lange gezögert, und Kritiker bezeichneten die Anhebung des Diskonts auf den höchsten Stand seit drei Jahren als zu wenig, zu spät'." Eckhardt (1989), S. 11.

[80] "But for reasons that are by now well-known to you, M1 in particular, but the other aggregates as well, have become less useful guides to policy." Johnson (1988). "Over the last decade, money and debt aggregates have become less reliable guides for the Federal Reserve in conducting policy. The velocities of the aggregates have ranged widely from one quarter or one year to the next, in response to interest movements and special factors." Greenspan (1990a), S. 217. Seit Anfang der 80er Jahre waren Sichteinlagen in den USA auch in verzinslicher Form erhältlich. Sie wurden daher nicht nur zu Transaktionszwecken, sondern zunehmend auch als Vermögensanlage genutzt. In einer Ausweitung von M1 (oder M2) konnte sich daher eine expansive Geldpolitik oder aber eine Vermögensumschichtung in kurzfristige Anlageformen widerspiegeln, z.B. weil die Opportunitätskosten hochliquider Anlagen gesunken sind, vgl. hierzu ausführlich Greenspan (1988a).

FOMC kein direkter Handlungszwang.[81] Die Geldmengenentwicklung war bestenfalls noch einer von vielen Indikatoren der Geldpolitik. Nach außen wurde das Abrücken von einer Geldmengensteuerung vor allem anhand folgender Maßnahmen ersichtlich:

Abb. 4.1: Wachstum von M2 1987-1990

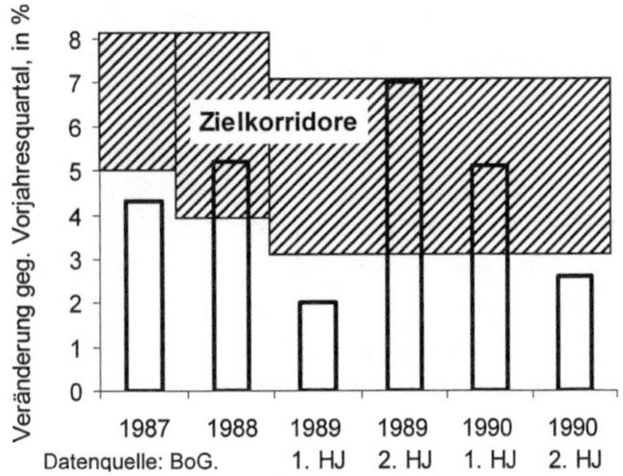

Datenquelle: BoG.

- Die Zielkorridore für die Geldmengenziele wurden ab 1988 von 3 auf 4 Prozentpunkte verbreitert, um der instabilen Geldnachfrage Rechnung zu tragen.

- Für das Geldmengenaggregat M1 wurden ab 1987 gar keine Zielvorgaben mehr formuliert, weil diese Größe zu volatil auf Zinsänderungen der Fed reagierte.[82]

- Abweichungen vom Zielkorridor wurden explizit zugelassen (siehe Abb. 4.1).[83]

Trotz aller Schwierigkeiten bei der Interpretation der Geldmengenzahlen war die Fed aber Ende der 80er Jahre noch nicht bereit, die vollkommene Aufgabe der Geldmengensteuerung zu proklamieren.[84] Gewisse Funktionen wurden ihr noch zugewiesen:

- Die Ankündigung der Geldmengenziele sollte in den Jahren 1987-1990 die längerfristige Ausrichtung der Geldpolitik verdeutlichen.[85] Die Zielkorridore wurden in dieser Zeit sukzessive zurückgeführt, was den Willen zum Inflationsabbau zum Ausdruck brachte.[86]

- Die Geldmengensteuerung sollte noch als Kommunikationsinstrument fungieren. Zumindest als unterstützendes Argument für eine geldpolitische Entscheidung wurde meist auch auf die Geldmenge verwiesen.[87] Dies sollte in der Öffentlich-

---

[81] "But, in a shorter-run countercyclical context, monetary aggregates have drawbacks as rigid guide to monetary policy implementation." Greenspan (1988b), S. 612.

[82] "The Committee also decided not to set a target range for M1, given the unpredictability of the behaviour of this aggregate relative to economic activity." BoG (AR 1988), S. 38.

[83] 1987 kam es zu einer Zielunterschreitung von M2 (Jahresrate 4,3 % bei einem Zielkorridor von 5-8 %, siehe Abb. 4.1), die bereits im Juli erkannt, aber dennoch explizit zugelassen wurde, d.h. es wurde deswegen keine Zinssenkung durchgeführt [vgl. BoG (Minute Jul 1987), S. 112]. Die Zielunterschreitung von M2 im 1. Halbjahr 1989 (siehe Abb. 4.1) wurde mit Sonderfaktoren gerechtfertigt [u.a. höher als erwarteten Steuerzahlungen, vgl. BoG (AR 1989), S. 16]. Das sehr niedrige Geldmengenwachstum im 2. Halbjahr 1990 schien überhaupt nicht erklärbar: "... M2 growth was much slower than seems explainable, indicating an underlying reevaluation of, and shift away from, M2 assets." BoG (AR 1990), S. 21.

[84] "One should not conclude from this [widening of target ranges, no target for M1 etc.] that the Federal Reserve is giving up on monetary targeting. We are not." Greenspan (1988a), S. 230.

[85] "The announcement of ranges for the monetary aggregates represents a way for the Federal Reserve to communicate its policy intentions to the Congress and the public." Greenspan (1988b), S. 612.

[86] Der mittlere Zielwert von M2 wurde z.B. von 7 % (1987), auf 6 % (1988) und schließlich 5 % (1989) zurückgeführt. Für 1990 sah man aufgrund der Konjunkturkrise von einer weiteren Reduzierung des Zielwertes ab.

[87] "While the monetary aggregates may not be pre-eminent on this list [of indicators considered by the Fed], they always receive careful consideration in our policy decisions. (...) Thus, the very sluggish

keit suggerieren, dass in der amerikanischen Geldpolitik noch einen gewissen Regelcharakter vorliegt.[88]

Eine Revitalisierung der Geldmengensteuerung, bei der sich die Fed vor allem an M2 (als Ersatz für M1) ausrichten sollte, wurde von der Mehrheit der FOMC-Mitglieder jedoch 1988 abgelehnt.[89] Stattdessen machte die Fed seit 1987 in verstärktem Maße gegenüber der Öffentlichkeit klar, dass sie aufgrund der Probleme mit der Geldmengensteuerung zu einem flexibleren Ansatz übergegangen ist, der eine breite Anzahl von Indikatoren auswertet.[90] Besondere Berücksichtigung finden dabei nach Angaben der Fed die folgenden Faktoren:
- Die Dynamik der Wirtschaftsentwicklung.
- Die Entwicklung der Inflation und der privaten Inflationserwartungen.
- Die Wechselkursentwicklung.

In der weiteren Diskussion sollen zunächst die Finanzindikatoren betrachtet werden, welche die Fed ergänzend oder alternativ zur Geldmenge heranzog. An erster Stelle sind dabei der Wechselkurs und die Kapitalmarktzinsen zu nennen. Die Wechselkursentwicklung gewann offenbar seit 1985 an Bedeutung für die US-Geldpolitik. So wurde z.B. 1987 die Notwendigkeit einer geldpolitischen Restriktion auch mit dem fallenden Dollarkurs begründet. 1989 wurde der wieder erstarkende Dollar als unterstützendes Argument für die leichte geldpolitische Lockerung angeführt (siehe Abb. 4.2).[91] Es konnte aber keine Rede davon sein, dass die Fed wie die Notenbanken anderer (kleinerer) Volkswirtschaften ein explizites Wechselkursziel verfolgte.[92] Automatische Zinsreaktionen auf Wechselkursbewegungen fanden nie statt. Die Entwicklung des Wechselkurses wurde immer nur im Zusammenhang mit binnenwirtschaftlichen Faktoren ausgewertet und letztere standen, wenn es darauf ankam, im Vordergrund.[93] Dies wurde vor allem im 2. Halbjahr 1990 deutlich, als sich die Fed

---

growth in M2 for the year to date was an important influence in the decision to begin to ease policy." Greenspan (1989c), S. 616.

[88] Greenspan [(1988b), S. 612] rechtfertigte das Festhalten an der Geldmengensteuerung 1988 wie folgt: "a perfectly flexible monetary policy, however, without any guideposts to steer by, can risk losing sight of the ultimate goal of price stability."

[89] Im August 1988 schlugen einige Mitglieder des FOMC vor, die Geldmenge wieder stärker zu beachten. Vor allem M2 hatte ihrer Ansicht nach in jüngster Zeit eine stabile Beziehung zum Nominaleinkommen aufgewiesen. Die Mehrheit der FOMC-Mitglieder meinte jedoch: "... the major focus in policy should continue to be on incoming indications of inflationary pressures in the economy." BoG (Minute Aug 1988), S. 119.

[90] "In 1987, the Federal Reserve continued to face the difficult task of charting policy in an environment in which considerable uncertainties clouded the relationship between the behaviour of the monetary aggregates and the performance of the economy. As a result ... it was deemed necessary to maintain a flexible approach in conducting its operations, looking at a broad range of information... Such factors as the pace of business expansion, the strength of inflation and inflation expectations, and developments in exchange markets played a major role in governing the System's actions, and in the light of the behaviour of these other factors, growth in the targeted aggregates, M2 and M3, was permitted to run at or below the established ranges." BoG (AR 1988), S. 35.

[91] Der G-10 Index wird ermittelt aus dem gewogenen Durchschnittswert des US-$ gegenüber den Währungen der G-10 Ländern.

[92] "Since 1985, conditions in the exchange market have been a more important factor in monetary policy decisions; but the exchange rate has not assumed the significance of a surrogate monetary rule (as for example in the United Kingdom)." OECD (ES USA 1988), S. 41.

[93] Nach dem G7-Treffen im Oktober 1989 wollte die Fed unbedingt den Eindruck vermeiden, dass man ein bestimmtes Wechselkursziel verfolgt: "While the dollar was an important factor influencing the course of the U.S. economy and prices, monetary policy should not be used, in the judgement

trotz eines gegenüber den
wichtigsten Währungen
abwertenden Dollarkurses
nicht davon abhalten ließ,
die Zinsen zu senken
(siehe Abb. 4.2). Die Dollarabwertung war als kon-
junkturstützendes Element
sogar willkommen.

Die Entwicklung der lang-
fristigen Kapitalmarktzinsen spielte ebenfalls eine
gewichtige Rolle in der
Fed-Analyse. Der Anstieg
der langfristigen Zinsen
am Anfang der Jahre

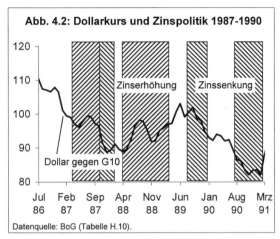

Abb. 4.2: Dollarkurs und Zinspolitik 1987-1990

Datenquelle: BoG (Tabelle H.10).

1987, 1988 und 1990 wurde jeweils mit Beunruhigung zur Kenntnis genommen und
als Zeichen für steigende Inflationserwartungen gewertet.[94] Steigende Kapitalmarktzinsen wurden daher oftmals zur Rechtfertigung eines restriktiven geldpolitischen
Kurses herangezogen. Rückläufige Zinsen von langfristigen Anleihen wurden wiederum als Bestätigung dafür angesehen, dass die Öffentlichkeit einer Politik der Inflationsbekämpfung durch die Fed vertraut.[95]

Angesichts der Prominenz einiger Finanzindikatoren für die amerikanische Geldpolitik kam Anfang 1988 sogar die Idee auf, aus mehreren Finanzindikatoren eine geldpolitische Konzeption zu basteln. Die Fed war sich bewusst, dass mit der Abkehr von
der Geldmengensteuerung sowohl eine einfache Orientierungsgröße als auch ein
simples Kommunikationsmedium verloren ging. Als Alternativlösung zur Geldmengensteuerung schwebte daher drei Fed-Gouverneuren (Johnson, Heller, Angell) die
Orientierung an drei herausgehobenen Indikatoren – Wechselkurs, Rohstoffpreise
und Zinsstruktur – vor.[96] Diese drei Größen seien hervorragende Frühindikatoren,
welche der Fed rechtzeitig Inflationsgefahren signalisierten und zum Teil auch

of the Committee, to attain particular levels for the foreign exchange value of the dollar that could
conflict with domestic policy objectives." BoG (Minute Oct 1989), S. 122.

[94] "Interest rates had increased noticeably since year-end; this rise probably reflected growing concerns about inflation in conjunction with a stronger near-term outlook for the economy..." BoG
(Minute Mar 1990), S. 105. Für das Jahr 1988 vgl. Fußnote 23.

[95] Im 2. Halbjahr 1988 stiegen die Kapitalmarktzinsen (trotz steigender Geldmarktzinsen) nicht weiter
an, was die Fed als Vertrauensbeweis in ihre Politik der Inflationsbekämpfung wertete: "... investors viewed Federal Reserve actions as heading of a long-term acceleration of inflation." BoG (AR
1988), S. 13.

[96] Es wurde bereits von einem neuen Ansatz der amerikanischen Geldpolitik gesprochen: "In a significant change in policy, the Federal Reserve Board has altered the way it monitors the U.S. economy ... The new approach will give financial markets a better sense of where interest rates are
heading. The change involves paying close attention to fluctuations in financial instruments, specifically the dollar, bonds and commodities." Kilborn (1988), S. 11. "The newly emerging fashion, already visible in the Federal Reserve, is to base monetary policy neither exclusively on money supply, nor on output and employment, but at least as much on certain key price indicators. Three
such indicators have been mentioned by the Fed's Vice Chairman, Manuel Johnson and supported
by at least two other board members." Brittan (1988), S. 4.

brauchbare Wirkungsindikatoren, die Auskunft über den derzeitigen Stand der Geldpolitik lieferten.[97] Die kombinierte Auswertung dieser drei Indikatoren würde daher
effiziente und für die Öffentlichkeit nachvollziehbare Entscheidungen gewährleisten.[98]

Für viele Fed-Beobachter war es z.b. schwer verständlich, warum die Fed im Laufe
des Jahres 1987 trotz eines rückläufigen Geldmengenwachstums die Zinszügel an-
gezogen hatte. Mit Hilfe der drei Indikatoren wäre es hingegen ein Leichtes gewesen,
die geldpolitischen Entscheidungen auch öffentlich plausibel zu machen. Die Kombination aus sinkendem Dollarkurs, steigenden Rohstoffpreisen und Ausweitung der
Zinsdifferenz hatten eindeutig auf verstärkten Inflationsdruck hingewiesen. Letztendlich konnte sich dieser Ansatz aber nicht durchsetzen.[99] Vor allem Greenspan lehnte
offenbar eine Ausrichtung an einzelnen hervorgehobenen Indikatoren ab:

> *„Während [Vice-Chairman] Johnson vor allem auf die Zinsstrukturkurve, den Dol-
> larkurs und die Rohstoffpreise – gewissermaßen als leading indicators für Inflati-
> onsgefahren – schaut, scheint Alan Greenspan eine umfassende gesamtwirt-
> schaftliche Beobachtung zu bevorzugen."* BHF-Bank (1988), S. 9.

Aus der obigen Analyse der einzelnen geldpolitischen Entscheidungen der Jahre
1987-1990 wird deutlich, dass für das FOMC immer eine umfassende Beurteilung
der gesamtwirtschaftlichen Lage im Vordergrund stand, bei der sämtliche – vor allem
auch realwirtschaftliche Faktoren wie Kapazitätsauslastung, Lagerbestände, Be-
schäftigungshöhe, Lohnkosten oder Konsumentenvertrauen – ausgewertet wurden.
Wenn die Mehrheit des Komitees von einer Überhitzung der Wirtschaftstätigkeit bei
ausgelasteten Kapazitäten überzeugt war, dann wurde entsprechend gehandelt, unabhängig davon wie im Einzelnen die Wechselkurs-, Rohstoffpreis- oder Geldmengenentwicklung gerade ausgesehen hatte.[100]

4.2.2.3 Die Politik der „Feinsteuerung" durch Greenspan

Das „neue" an Greenspans Analyse bestand also vorwiegend darin, realwirtschaftliche Faktoren intensiv auszuwerten und daraus abzuleiten, ob die gegebenen Sach-
und Arbeitskapazitäten ausgelastet sind. Wurde dabei ein Ungleichgewicht zwischen
gesamtwirtschaftlicher Nachfrage und Produktionspotential festgestellt, sah sich die
Notenbank unter Handlungsdruck. Nach Auffassung von Greenspan kann die Geld-

---

[97] Die Vorzüge dieser Indikatoren liegen darin, dass ihre Daten rasch und zuverlässig verfügbar sind.
Außerdem spiegeln sich in ihnen die Erwartungen und Einschätzungen der Finanzmarktakteure
wieder. Rohstoffpreise sind nicht unbedingt ein Wirkungsindikator der Geldpolitik, sie zeigen aber
der Geldpolitik frühzeitig Nachfragedruck an, vgl. Johnson (1988), und Heller (1988).

[98] Die Konzeption hätte neben den drei Indikatoren natürlich nach wie vor noch alle anderen Informationen berücksichtigt. Auch waren keine bestimmten Zielwerte für die Indikatoren vorgesehen, vgl.
Johnson (1988).

[99] Trotzdem hatte diese Konzeption auch nach 1988 noch einige Anhänger. Fed-Gouverneur Angell
merkte z.B. im Dezember 1989 im Rahmen eines Minderheitenvotums an: "Policy decisions should
rely mainly on leading indicators including commodity prices, the exchange rate, the yield curve,
and money supply growth. Attention to such indicators had served policy well in past." BoG (Minute
Dec 1989), S. 138.

[100] Anfang 1988 war ein Kommentator der Fed-Politik davon überzeugt, dass realwirtschaftliche und
nicht finanzwirtschaftliche Indikatoren entscheidend für die geldpolitischen Entscheidungen waren:
"The two moves suggest new Fed Chairman Alan Greenspan is focussing policy on developments
in the economy, rather than signals from the financial markets." Herman/Murray (1988).

politik aktiv daran mitwirken, die gesamtwirtschaftliche Nachfrage im Einklang mit dem Produktionspotential zu halten:

"Price stability ... requires that aggregate demand be in line with potential aggregate supply. In the long run, that balance depends crucially on monetary policy." Greenspan (1989b), S. 275.

Man könnte also sagen, dass die Fed-Strategie darauf abzielte, eine Outputlücke von null anzustreben. Ein solcher Ansatz spiegelte sich in den Jahren 1987-1990 wieder. Spätestens seit Mitte 1988 ging die Fed davon aus, dass sich in den USA eine positive Outputlücke aufgebaut hatte, nachdem das reale BIP in den Jahren 1983 bis 1987 deutlich schneller gewachsen war als das Produktionspotential. Viele Indikatoren deuteten 1988 zumindest auf wenig zusätzlichen Spielraum bei den Sach- und Arbeitskapazitäten hin:[101] Der Kapazitätsauslastungsgrad der Industrie stieg auf etwa 84 % an und lag damit deutlich über dem langjährigen Durchschnitt, die Arbeitslosenrate unterschritt mit etwa 5,3 % die gängige NAIRU-Schätzung und die Lohnzuwächse fielen kräftiger aus als in den Vorjahren. Die Fed hatte keinen Zweifel daran, dass die Aufrechterhaltung des aktuellen Wachstumstempos unvermeidlich zu akzelerierenden Löhnen und Preisen führen würde.[102] Die gesamtwirtschaftliche Nachfrage musste daher durch die Geldpolitik gedämpft werden.[103]

Die Strategie der Fed bestand darin, die Wachstumsrate des Sozialprodukts für ein paar Jahre unter die Wachstumsrate des Produktionspotentials abzusenken, dabei aber ein positives Expansionsniveau aufrechtzuerhalten (etwa 1,5-2 %). Hierdurch sollte die positive Outputlücke allmählich abgebaut und kurzweilig sogar eine leicht negative Outputlücke hervorgerufen werden, denn nur mit Hilfe unterausgelasteter Kapazitäten konnte auch ein Inflationsabbau herbeigeführt werden. Sobald die Inflationsrate dann ein Niveau erreicht hätte, das im Einklang mit den Vorstellungen der Fed stand (z.B. 2 %), wären wieder höhere reale Wachstumsraten im Bereich des Potentialtrends (2,5 %) möglich gewesen.[104]

Die folgenden beiden Grafiken sollen diesen Strategieansatz verdeutlichen. In Abb. 4.3 zeigt die durchgezogene Linie den von der Fed „angestrebten" Pfad des realen BIPs. Im vertikalen Abstand zur gestrichelten Linie (Potentialtrend) kommt die jeweils vorherrschende Outputlücke zum Ausdruck. In Abb. 4.4 werden die zum Fed-Plan korrespondierenden realen Wachstumsraten gezeigt. Ausgangspunkt der Fed-

---

[101] "Resource utilization has risen to levels that at numerous times in the past have been associated with a worsening of inflation. (...) The labor market is showing clear signs of tightening. (...) ... the available evidence points to a high probability of stopped-up wage pressures should unemployment decline significantly further. (...) Reports of labor shortages and wage pressures are widespread in some regions...Measures of industrial supply conditions ... on the whole also point to a tightening." Greenspan (1989), S. 139f.

[102] "If growth were to continue indefinitely at the recent pace, the concomitant tightening of supply conditions for labor and materials would risk a serious intensification of inflationary pressure at some not-to-distant point in the future." Greenspan (1989a), S. 139f.

[103] "Containing the pressures on labor and capital resources ... will require a slowing in domestic demand." Greenspan (1989a), S. 141.

[104] "Approaching price stability may involve a period of expansion in activity at a rate below the growth in the economy's potential, thereby relieving pressures on resources. Once some slack develops, real output growth can pick to around its potential growth rate, even as inflation continues to trend down. Later, as price stability is approached, real output growth can move still higher, until full resource utilization is restored." Greenspan (1990a), S. 216.

Überlegungen bildet eine positive Outputlücke von ca. 1½%, die Ende 1988 nach der langen Aufschwungphase entstanden ist.[105] Der Plan der Fed sieht jetzt folgendes vor: Die Nachfrage soll zunächst leicht mit Hilfe der Geldpolitik gedämpft werden, so dass sich die jährliche Wachstumsrate des BIP in den kommenden drei Jahren (1989-1991) auf einem Niveau von etwa 1½% einpendelt, während das Produktionspotential mit 2½% weiterexpandiert. Bereits 1990 ergibt sich auf diese Weise eine negative Outputlücke, die sich inflationsdämpfend auswirkt und 1991 mit ca. 1½% ihren Höhepunkt erreicht. Sobald die Fed mit dem Inflationsabbau zufrieden ist, wird sie darauf aus sein, die negative Outputlücke wieder zu schließen.[106] Vorübergehend sind jetzt sogar Wachstumsraten von 3% möglich, ohne dass es erneut zu einer Inflationsbeschleunigung kommt. 1995 könnte auf diese Weise wieder eine Outputlücke von null erreicht

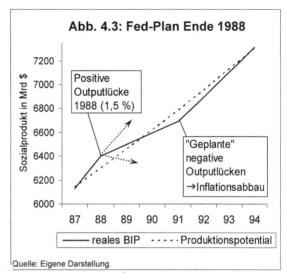

Abb. 4.3: Fed-Plan Ende 1988

Quelle: Eigene Darstellung.

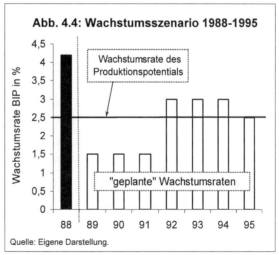

Abb. 4.4: Wachstumsszenario 1988-1995

Quelle: Eigene Darstellung.

sein. Die Pfeile in Abb. 4.3 deuten Alternativszenarien an, welche die Fed vermeiden wollte:

---

[105] Schaubild 16 der "Chart-Präsentation" vom Februar 1991 [vgl. FOMC (CP Feb 1991)] legt nahe, dass die Fed von einer Outputlücke in dieser Höhe in den Jahren 1988/1989 ausgegangen ist.

[106] Nach dem hier unterstellten Wachstumsverlauf würde sich in den Jahren 1991-1994 eine kumulierte negative Outputlücke von ca. 3 % ergeben. Bei einem Opferquotient von 2, würde sich ein Inflationsabbau von ca. 1,5 Prozentpunkten einstellen.

• Der nach oben gerichtete Pfeil beschreibt ein Szenario, bei dem das Expansionstempo der Vorjahre (4% jährliches reales BIP-Wachstum) anhält. Dies hätte nach Ansicht der Fed unweigerlich zu einem akzelerierenden Inflationsprozess geführt, den die Notenbank irgendwann mit Hilfe einer monetären Stabilisierungsrezession beenden hätte müssen.

• Ein rascher Inflationsabbau stand ebenfalls nicht zur Debatte (Pfeil nach unten). Dies hätte eine kräftige Restriktion und zumindest eine milde Rezession im Jahr 1989 erforderlich gemacht, womit unnötige Beschäftigungsverluste verbunden gewesen wären.

Eine Strategie, die darauf abzielt, die aggregierte Nachfrage in Einklang mit dem Produktionspotential zu halten, beruht auf einem hohen Vertrauen in die Steuerungsfähigkeit der Geldpolitik. Ein solches Vertrauen besaß (und besitzt heute noch) Greenspan bis zu einem gewissen Umfang:

"By altering reserve positions and the money supply, and thus interest rates and exchange rates and wealth positions, monetary policy can assist in bringing about a better match between demand and potential supply ..." Greenspan (1989), S. 275.

"The limits of monetary policy in short-run stabilization need to be born in mind. The business cycle cannot be repealed, but I believe it can be significantly damped by appropriate policy action." Greenspan (1988b), S. 613.

Aus diesen Äußerungen kann man zumindest ein vorsichtiges Bekenntnis zu einer antizyklischen und aktiven Geldpolitik ablesen. Jedenfalls kann nicht die Rede davon sein, dass Greenspan die US-Geldpolitik ausschließlich mittelfristig und vorwiegend an monetären Indikatoren ausrichten wollte.

Das Mittel, mit dem die Fed versucht die Nachfrage zu steuern, ist ganz eindeutig der Tagesgeldsatz, auch wenn die Fed in den Jahren 1987 bis 1990 die Anpassung der Zielrate der Fed Funds Rate verschleierte und offiziell immer noch von einer Verschärfung oder Lockerung des Restriktionsgrades der Reservepositionen spricht. Die „verdeckten" Zinsanpassungen wiesen dabei vor allem zwei charakteristische Merkmale auf:

• Zinsveränderungen wurden immer in kleinen Schritten vollzogen. Die Fed war sich der unsicheren Lageanalyse sowie der zeitverzögerten und ungenauen Wirkung geldpolitischer Aktionen bewusst. Die Anhebung der Fed Funds Rate von März 1988 bis Februar 1999 von 6,5 auf 9,75 % vollzog sich z.B. in 10 Zinsschritten à 25 bzw. 50 Basispunkten.

• Die Fed war bereit, schnell und flexibel auf geänderte wirtschaftliche Rahmenbedingungen zu reagieren und dabei unter Umständen auch die Richtung ihrer Zinspolitik rasch anzupassen. Dies geschah z.B. im Sommer 1989, als die Fed von einer Restriktion auf eine leichte Lockerung umschaltete, oder Anfang 1998, als zunächst noch die Auswirkungen des Börsen-Crashs berücksichtigt wurden, dann aber neue Daten eine Umkehr in der Zinspolitik nahe legten. Greenspan beschreibt dieses schrittweise und flexible Vorgehen der Fed folgendermaßen:

"Judgements about the balance of various risks to the economic outlook need to adapt over time to the shifting weight of incoming evidence ...The Federal Re-

serve must be willing to adjust its instruments fairly flexible as these judgements evolve; we must not hesitate to reverse occasionally if warranted by new developments. To be sure, we should not overreact to every bit of new information, because the frequent observations ... are subject to considerable transitory 'noise'." Greenspan (1988b), S. 613.

Diese Geldpolitik der vorsichtigen Zinsanpassungen in Reaktion auf realwirtschaftliche Veränderungen wurde von einigen Fed-Beobachtern scharf kritisiert und als Versuch der „Feinsteuerung" wirtschaftlicher Aktivitäten diskreditiert.[107] Diese Form der geldpolitischen Konjunktursteuerung war nach Ansicht der Kritiker – nachdem sie bereits in den 70er Jahren misslungen sei – erneut zum Scheitern verurteilt:

"Some complain that the Fed is beginning to resemble a weathervane, turning whichever way the latest economic winds blow, and that its efforts to fine-tune the U.S. economy are doomed to failure." Herman/Murray (1988), S. 8.

Nach dieser Auffassung war es eine Illusion zu glauben, dass man mit dem kurzfristigen Zinssatz die Wirtschaft steuern könnte. Außerdem würden die häufigen und zum Teil die Richtung wechselnden Zinsschritte die Finanzmärkte verunsichern.[108] Die Kritiker der Fed-Politik 1988/1989 forderten daher, dass sich die US-Notenbank ganz auf die Bekämpfung der Inflation konzentrieren und ihre Geldpolitik langfristig ausrichten sollte.

4.2.2.4 Wie restriktiv war die Fed in den Jahren 1987-1990 wirklich?

Die Geldpolitik der Fed war in den Jahren 1987-1990 nicht unumstritten. Vor allem die US-Regierung (sowohl die *Reagan-* als auch die *Bush-*Administration) kritisierte, dass die Fed die Zinsen zunächst zu stark erhöht und später ab 1989 zu langsam gesenkt und insgesamt zu wachstumsfeindlich agiert habe.[109] Von anderer Seite wurde der Fed hingegen ein zu expansives Vorgehen vorgehalten. Nach dieser Auffassung wären in den Jahren 1987-1989 beherztere Zinsschritte notwendig gewesen, um die überhöhten Inflationsraten von 4-5 % rasch zu reduzieren.[110] Zur möglichst objektiven Beurteilung des Restriktionsgrades der Fed-Politik in den Jahren 1987 bis 1990 sollen im Folgenden drei Indikatoren näher betrachtet werden: Die Realzinsen, die Zinsstruktur und ein fiktiver Taylor-Zins (siehe Abb. 4.5-4.8 auf S. 187).

---

[107] "After two apparent shifts in Fed policy in a little over two months, critics are crying 'fine-tuning'. That's code for small doses of ease or restraint as the economy expands in fits and starts – a quarter-point cut in interest rates here, a quarter point hike there." McNamee (1988), S. 9.

[108] „Da die amerikanische Geldpolitik keine längerfristigen Perspektiven erkennen lässt, kann von ihr kaum ein Beitrag zur erwünschten Beruhigung der ... Unsicherheiten an den Finanz- und Devisenmärkten erwartet werden. (...) Daher spricht auch in der Geldpolitik ... vieles für eine grundsätzlich mittelfristige Ausrichtung." BHF-Bank (1988), S. 9. Der gleiche Kommentar kritisiert die zu starke Ausrichtung der amerikanischen Geldpolitik auf gesamtwirtschaftliche Beobachtungen. Hierdurch würden die Finanzmärkte zu sensibel auf neue Konjunkturindikatoren reagieren.

[109] In Reaktion auf die Diskontsatzerhöhung im Februar 1989, hieß es z.B.: "In the Bush administration, however some officials fear that the Fed's actions may be to strong." Murray (1989), S. 11. Die Meinungsdifferenz zwischen der Fed und der Regierung eskalierte im Spätsommer 1989 als Regierungsmitglieder sogar öffentlich die Fed zu Zinssenkungen aufforderten, vgl. Fußnote 74.

[110] "Mr Greenspan's tightening manoeuvres since he became Fed chairman have been too cautious to have any significant impact on economic growth or inflation." Kaletsky (1989), S. 11.

Normalerweise geht man davon aus, dass die Wirkung der Geldpolitik auf die Realwirtschaft besser in realen als in nominalen Geldmarktsätzen zum Ausdruck kommt. Abb. 4.6 stellt die Entwicklung der kurzfristigen Realzinsen in den USA von 1987 bis 1990 dar. Der Realzins wird hierbei anhand der Differenz zwischen der nominalen Fed Funds Rate und der Kerninflationsrate für Konsumpreise (CPI ohne Energie- und Nahrungsmittelpreise) gemessen.[111] Die obere gepunktete Linie stellt die durchschnittliche reale Fed Funds Rate in den 80er Jahren, die untere Linie jene zwischen 1960 und 1990 dar. Dabei wird deutlich, dass die kurzfristigen Realzinsen mit durchschnittlich 3,85 % in den 1980er Jahren generell sehr hoch waren.

Ein weiterer Indikator zur Messung des geldpolitischen Kurses ist die Zinsstruktur. Eine flache oder gar inverse Zinsstruktur wird in der Regel einer restriktiven, eine steile oder normale Zinsstruktur einer expansiven Haltung der Geldpolitik zugeordnet.[112] Abb. 4.7 stellt die Zinsstruktur in den USA (1987-1990) anhand der Differenz zwischen langfristigen (hier: 10-jährige Treasuries) und kurzfristigen Zinsen (hier: Fed Funds Rate) dar.

In Abb. 4.8 werden schließlich die zinspolitischen Maßnahmen der Fed mit einem fiktiven Taylor-Zins verglichen, der als Richtschnur für eine neutrale Zinspolitik angesehen werden kann, die sowohl Preis- als auch Outputstabilität anstrebt. Zur Berechnung einer Taylor-Zins-Reihe wurde ein realer Gleichgewichtszins von 3 %[113] sowie ein nicht all zu ehrgeiziges Inflationsziel von 3 % gewählt, was vor dem Hintergrund einer Inflationsrate von ca. 4 % (1987) und der Zielsetzung eines mittelfristigen Inflationsabbaus realistisch erscheint.[114]

Betrachtet man zunächst die Periode von 1987 bis Mitte 1988, in der die Fed den Tagesgeldsatz anfangs auf 7½ % erhöht, dann aber im Zuge der Börsenkrise wieder auf 6½ % reduziert hatte, deutet vieles auf ein eher expansives Agieren der Fed hin:

- Die Realzinsen pendelten auf einem für die 80er Jahre niedrigen Niveau (2-3%).
- Die Zinsdifferenz weitete sich 1987 auf über 2 Prozentpunkte aus, was auf zunehmende Inflationsbefürchtungen der Marktteilnehmer schließen lässt.
- Die Taylor-Regel hätte schließlich – bei einer Inflation von über 4 % und einer zunehmend positiven Outputlücke – Geldmarktsätze von bis zu 8 % empfohlen.

---

[111] Dies stellt eine gute Approximation an den tatsächlichen Realzins dar, der sich aus der Differenz von Nominalzins und erwarteter Inflationsrate ergibt. Würde man die erwartete Inflationsrate anhand der kurzfristigen Inflationsprognose der *Survey of Professional Forecasters* (statt der laufenden Kerninflationsrate) abbilden, ergäbe sich kaum ein anderes Bild. Der Rückgang des Realzinses würde ab 1990 etwas verzögert erfolgen.

[112] "It is generally assumed that a 'normal' yield structure is a sign of an expansionary or at least neutral stance of monetary policy, while an 'inverted' yield structure is regarded as an indication of monetary restriction." Bofinger (2001), S. 282. Erhöht eine Notenbank z.B. die kurzfristigen Zinsen, so schwächt dies normalerweise die zukünftigen Wachstums- und Inflationsaussichten ab, was sich dämpfend auf die langfristigen Kapitalmarktzinsen auswirkt. Die Zinsstruktur wird im Ergebnis flacher.

[113] Im Allgemeinen wird der reale Gleichgewichtszins in den USA auf Werte zwischen 2 und 3 % geschätzt. Da in den 1980er Jahre die Realzinsen eher hoch lagen, wird hier der obere Bereich der Bandbreite gewählt.

[114] Für die Schätzung der Outputlücke wurden Werte des *Congressional Budget Office* verwendet und die Inflation wurde anhand der obigen Kerninflationsrate gemessen.

Die sukzessive Anhebung der Fed Funds Rate ab März 1988 und der damit allmählich straffere Kurs der US-Notenbank wird auch in den drei Indikatoren sichtbar, die
ab dem Spätherbst 1988 den Übergang von einem neutralen zu einem restriktiven
geldpolitischen Kurs signalisieren, da die Realzinsen die 4-%-Marke übersteigen, die
Zinsdifferenz sich der Null-Linie annähert und sich die positive Differenz zum Taylor-
Zins in eine negative Differenz verwandelt. Die letzten Zinserhöhungen der Fed im
Frühjahr 1989 (auf nahe 10 %) deuten sogar auf eine sehr scharfe und nach Meinung der Marktteilnehmer wohl übertriebene Restriktionspolitik hin. Die Zinsdifferenz
fällt auf unter -1,0 %, d.h. trotz der zusätzlichen Zinsanhebung am kurzen Ende fielen
die langfristigen Zinsen, worin ein erheblicher Konjunkturpessimismus zum Ausdruck
kommt. Die Realzinsen erreichen mit 5 % ein Niveau, das nur noch während der Vol-
cker-Disinflationsphase Anfang der 80er Jahre übertroffen wurde. Die Taylor-Regel
hätte Anfang 1989 keine nochmalige Verschärfung des Restriktionsgrades angesichts weitgehend konstanter Inflations- und Outputdaten empfohlen.

Obwohl ab dem Sommer 1989 eine leichte geldpolitischen Lockerung (Rücknahme
der Fed Funds Rate von 9,75 auf 8,25 %) durchgeführt wurde, muss man die Fed-
Politik auch nach dem nominalen Zinsgipfel im Frühjahr 1989 noch eine Zeit lang als
eher restriktiv einstufen, denn das ganze Jahr 1989 über verharrten die Realzinsen
auf über 4 %, blieb die Zinsdifferenz invers und überschritt die Fed Funds Rate den
Taylor-Zins. Die vorsichtigen nominalen Geldmarkzinssenkungen stellten daher in
der Tat, wie die Fed selbst bemerkte, nur eine leichte Kursanpassung, jedoch keine
fundamentale Wende in der Geldpolitik dar. Der entscheidende Kurswechsel trat erst
in den letzten Monaten des Jahres 1990 ein, als sich die Schere zwischen kurz- und
langfristigen Zinsen deutlich ausweitete und die Realzinsen auf unter 2 % fielen, was
für die 1980er Jahre bereits bemerkenswert niedrig war.

Betrachtet man den fiktiven Taylor-Zins im Jahre 1990, wird deutlich, dass die Fed
vorausschauender agierte als die „sture" Regel. Im Sommer 1990 kam es aufgrund
des negativen Angebotsschocks zu zwei gegenläufigen Entwicklungen: Während die
Inflationsrate nochmals auf Werte über 5 % anzog, drehte die Outputlücke allmählich
in den negativen Bereich. In der Taylor-Regel überdeckte der Inflationsanstieg die
rückläufige Outputentwicklung, weshalb der Taylor-Zins zunächst nach oben tendierte. Die Fed berücksichtigte in ihrem Kalkül hingegen stärker das sich abschwächen-
de Wachstum (und damit den zukünftig reduzierten Inflationsdruck) als die aktuell
steigende Inflation. Auch an den Finanzmärkten überwogen nach dem Ölpreisschock
offensichtlich die Konjunkturängste gegenüber den Inflationssorgen, worauf die lang-
same Normalisierung der Zinsstruktur Ende 1990 hindeutet.

Bewertet man das Vorgehen der Fed anhand der drei Indikatoren im Gesamten,
kann man zu der Auffassung gelangen, dass die Fed auf den Börsen-Crash 1987
etwas zu expansiv reagiert und dadurch den anschließenden Inflationsdruck verstärkt hatte.[115] Umgekehrt spricht einiges dafür, dass die Fed bei den nachfolgenden
Zinserhöhungen etwas zu weit gegangen ist. Vor allem die letzte Erhöhung der Fed
Funds Rate im Februar 1989 war vermutlich unnötig. Die anschließenden Zinssen-

---

[115] Greenspan (2004a) selbst scheint inzwischen diese Auffassung zu vertreten: "But the economy
weathered that shock [stock market crash in October 1987] reasonably well, and our easing extended perhaps longer than hindsight has indicated was necessary."

kungen hätten unter Umständen etwas kräftiger ausfallen können. Wenn man davon ausgeht, dass in Anbetracht der konjunkturellen Abschwächung 1989 ein neutraler geldpolitischer Kurs möglich gewesen wäre, hätte man sich ein Geldmarktzinsniveau von 7-7½ % (Gleichgewichtzins 3 % + Inflationsrate 4-4½ %) anstatt 8¼ % vorstellen können. Die rasche expansive Reaktion der Fed auf den Angebotsschock, erscheint dann jedoch richtig und nicht übertrieben expansiv. Eine Notenbank, die rein auf Preisstabilität fixiert gewesen wäre, hätte hier vermutlich länger gezögert.

Eine spannende Frage ist, ob die Fed eine Mitschuld an der Verursachung der Rezession trägt. Sie selbst ist sich keines Fehlers bewusst und führt die Konjunkturkrise allein auf die unerwarteten Ereignisse am arabischen Golf zurück. Bis Mitte 1990 sah sich die Fed bei der Verwirklichung ihrer Strategie – Erzielung weiterer Fortschritte in Richtung Preisstabilität bei Aufrechterhaltung eines moderaten Wirtschaftswachstums – auf gutem Wege.[116] In der Tat haben auch die meisten Ökonomen noch für das 2. Halbjahr 1990 eine Fortsetzung des mäßigen Expansionstempos prognostiziert. Nach Auffassung der Fed stürzte dann aber die Golfkrise und der damit verbundene massive Einbruch beim Konsumentenvertrauen die Wirtschaft in eine Rezession.[117] Folglich war ein negativer exogener Schock und nicht eine zu restriktive Geldpolitik (nach dieser Interpretation) für die Rezession verantwortlich.[118]

Andere Ökonomen behaupten hingegen, dass sich schon vor August 1990 eine deutliche Wachstumsabschwächung abzeichnete, welche die Fed mitverursacht habe.[119] Zumindest hätte die Fed ein Abkippen in die Rezession billigend in Kauf genommen. Von vielen Ökonomen wird der Fed aber immerhin zu Gute gehalten, dass sie mit ihrem Verhalten den Boden für eine milde Rezession bereitet habe. Weil das reale Wachstum bereits in den Monaten vor Beginn der eigentlichen Rezession merklich abkühlte, ist es im Gegensatz zu früheren Nachkriegszyklen nicht notwendig gewesen, dass die Fed einen überhitzenden Boom durch eine heftige Zinsreaktion und damit eine tiefe Rezession beenden musste.[120]

---

[116] "Trough midyear [1990], that delicate balancing act [to support an expanding economy while trying to reduce the rate of price inflation] appeared to be succeeding despite problems in some industries and regions. But in early August, Iraq's invasion of Kuwait and a related surge in oil prices bumped the economy of course ..." BoG (AR 1990), S. 3.

[117] "Alan Greenspan ... has been among the most outspoken advocates in Washington of the theory that the consumer, and not the Fed, caused the recession last fall by curtailing spending when the Gulf crises started." Malkin (1991), S. 6. Greenspan bemerkte anlässlich der Aussprache über seinen Kongressbericht im Februar 1991: "Had we not run into the sharp contraction in consumer confidence, the odds were a good deal better than 50-50 that we would have skirted a recession." Zitiert nach Nasar (1991), S. 13.

[118] Die OECD [ES USA (1991), S. 24] teilte diese Ansicht offenbar: "In 1989 and 1990, the aim of monetary policy had been to achieve a gradual decline in inflation while avoiding a recession, a goal which appeared to be within reach. (...) With the invasion of Kuwait, the Federal Reserve's goal became virtually unattainable ...".

[119] „Nach Ansicht vieler Ökonomen hat vornehmlich die strikte Geldpolitik der Notenbank während der letzten eineinhalb Jahre diese Rezession mit verursacht." Kaps (1991). Der Council of Economic Advisers rügt z.B. in seinem Jahresbericht 1990, dass sich die Fed 1990 zu lange restriktiv verhalten habe. Das niedrige Geldmengenwachstum hätte bereits früher Spielraum für eine Lockerung der Geldpolitik gegeben, vgl. z.B. o.V. (1991a), S. 12.

[120] „In den sechs Quartalen bis zum Beginn der Rezession im Endquartal 1990 wuchs das reale BSP nur noch um 1,3 %. So kläglich war das Wachstum in der Endphase eines Aufschwungs seit 1945 nie gewesen. Im Unterschied zu den acht früheren Nachkriegszyklen wurde dieser Einbruch somit

Die Fed-Politik war Ende der 1980er auf jeden Fall von Vorsicht geprägt. Greenspan war noch nicht dazu bereit – im Gegensatz zum Ende der 1990er Jahre – ein deutliches Absinken der Arbeitslosenrate unter die aktuellen NAIRU-Schätzwerte zu riskieren, um einen möglichen Rückgang der NAIRU auszunutzen. Ein beschleunigtes Produktivitätswachstum lag zwar seiner Ansicht nach im Bereich des möglichen, darauf von Seiten der Fed zu spekulieren, hielt er aber für unseriös.[121]

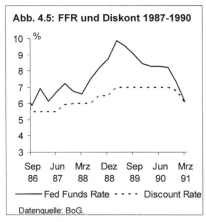

Abb. 4.5: FFR und Diskont 1987-1990

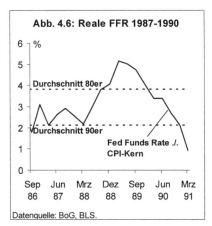

Abb. 4.6: Reale FFR 1987-1990

Abb. 4.7: Zinsdifferenz USA 1987-90

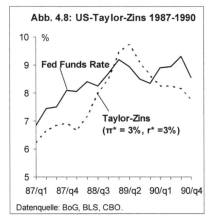

Abb. 4.8: US-Taylor-Zins 1987-1990

nicht ausgelöst, weil das Fed sich einer konjunkturellen Überhitzung wehren musste." Vgl. o.V. (1991b). "... the Federal Reserve's efforts to keep a lid on inflation before the Gulf crises contributed to what most economists insist is the relatively shallow and short nature of this recession." Nasar (1991), S. 13.

[121] "It is possible that forces not now visible could impart a significant upward push to productivity. This could boost potential economic growth beyond 3 percent per year. However, a policy that assumes such outcomes risks significant inflationary imbalances. I think it is wiser to have 'money in the bank before we spend it,'..." Greenspan (1989a), S. 141. Allerdings waren die Voraussetzungen – es herrschte Preisstabilität im Gegensatz zu 1988/1989 – Ende der 1990er Jahre auch günstiger, um den unteren Rand der NAIRU-Schätzungen auszutesten.

4.2.2.5 Ein Resümee der Fed-Politik 1987-1990

Das Ende der 1980er Jahre war geldpolitisch vorwiegend von restriktiven Maßnahmen (Geldmarktzinserhöhungen) gekennzeichnet. Hieraus eine einseitige Fixierung der Fed-Politik auf Preisstabilität abzuleiten, wäre aber voreilig. Die Restriktionspolitik war vielmehr dem Umstand zuzuschreiben, dass das Preisstabilitätsziel in den Jahren 1987-1990 stets verletzt, das Wachstumsziel jedoch bis 1989 übererfüllt wurde. Aufgrund des lebhaften Wachstums hatte sich in den Jahren 1987/1988 eine positive Outputlücke (Überauslastung der Kapazitäten) und ein Inflationssockel von 4-4½ % entwickelt, den die Fed allmählich abbauen wollte.

Die Strategie der Jahre 1988-1990 bestand folglich darin, die Nachfrage vorsichtig zu dämpfen und dadurch das reale Wachstum temporär unter die Wachstumsrate des Produktionspotentials zu drücken. Hieraus sollte sich allmählich eine negative Outputlücke und damit Disinflationsdruck entwickeln. Sobald mit diesem Ansatz Preisstabilität (etwa eine Jahresrate der Inflation von 2 %) erreicht war, sollte die Geldpolitik dazu beitragen, die Nachfrage in Höhe der Wachstumsrate des Produktionspotentials (etwa 2½ %) zu stabilisieren. Insgesamt wurde damit der Geldpolitik die Fähigkeit zugesprochen, die Nachfrageentwicklung in gewissem Umfang zu steuern.

Zum wichtigsten Instrument der Nachfragesteuerung und damit der Fed-Politik avancierte die Federal Funds Rate. Bevor eine Entscheidung über deren Anpassung getroffen wurde, führte der Offenmarktausschuss eine umfassende gesamtwirtschaftliche Lagebeurteilung durch. In den Jahren 1987-1990 ging es vor allem darum festzustellen, ob die Nachfragedämpfung erfolgreich war und sich die positive Outputlücke reduzierte. Solange das FOMC den Eindruck hatte, dass sich die wirtschaftliche Expansion unvermindert fortsetze, verschärfte sie den Restriktionskurs (vor allem von März 1988 bis Februar 1989). Sobald sie aber eine konjunkturelle Abkühlung und damit eine Entspannung bei den gesamtwirtschaftlichen Kapazitäten zu erkennen glaubte (etwa im Winter 1987/1988 oder im Sommer 1989), reagierte sie mit unmittelbaren Zinssenkungen.

Im Vergleich zur Einschätzung der wirtschaftlichen Dynamik spielte die Geldmenge bei den zinspolitischen Entscheidungen nur noch eine sekundäre Rolle. 1987-1990 setzte sich daher die Degradierung der Geldmengensteuerung fort. Die immer unpräziser formulierten Geldmengenziele sollten bestenfalls noch die grobe langfristige Richtung der Geldpolitik verdeutlichen. Das durch die Abkehr von der Geldmengensteuerung entstandene strategische Vakuum sollte nach Meinung einiger Fed-Gouverneure durch drei herausgehobene Indikatoren – Wechselkurs, Zinsstruktur und Rohstoffpreise – ausgefüllt werden, womit die Geldpolitik wieder eine gewisse Regelbindung und Transparenz gewinnen sollte. Der Ansatz konnte sich aber nicht durchsetzen.

Abschließend verbleibt die Frage, ob die Fed-Politik in den Jahren 1987-1990 angemessen war. Im Großen und Ganzen hatte die Fed wohl richtig gehandelt. Eine Restriktionspolitik war bis Ende 1988 in Anbetracht recht hoher Inflationsraten und einer positiven Outputlücke unvermeidlich. Kritisch könnte man im Nachhinein die letzten Zinserhöhungen Anfang 1989 (von 9 auf 9¾ %) sehen, welche die kurzfristigen Realzinsen auf ein Niveau von 5 % hinaufführte. Wäre die Fed etwas geduldiger gewesen, hätte sie den Schritt wahrscheinlich nicht mehr vollzogen, denn wenige Wochen später zeigten sich bereits erste Anzeichen einer Wachstumsverlangsamung. Bei den anschließenden Zinssenkungen wäre unter Umständen eine Reduzierung um weiter 100 Basispunkte möglich gewesen. Es ist aber unwahrscheinlich, dass eine Fed Funds Rate von z.b. 7 % (statt 8¼ %) die Rezession, die ab dem 3 Quartal 1990 eintrat, abgewendet hätte. Gegen den exogenen Schock der Golfkrise und dem damit verbundenen massiven Einbruch beim Konsumentenvertrauen wäre wohl auch eine noch expansivere Geldpolitik machtlos gewesen. Immerhin hatte die Fed mit der Reduzierung der Geldmarktsätze von 9¾ auf 8¼ % erstmals in der Nachkriegszeit bereits vor einer Rezession eine geldpolitische Lockerung durchgeführt.

4.3   1991-1993: Rezession, Kreditklemme und Niedrigzinspolitik

4.3.1   Wirtschaftliche Entwicklung und Geldpolitik 1991-1993

Makroökonomischer Überblick 1991-1993

- Die im Herbst 1990 einsetzende Rezession erreichte im 1. Quartal 1991 ihren Höhepunkt. Der sich daran anschließende Aufschwung verlief im Vergleich zu früheren Konjunkturbelebungen der Nachkriegszeit sehr verhalten und kam immer wieder ins Stocken (das reale BIP stieg 1992/1993 „nur" um 2½-3 %). Erst im 2. Halbjahr 1993 setze sich ein kräftigeres Wachstum durch.

- Den Aufschwung belastende Faktoren waren: Die restriktive Fiskalpolitik (Kürzung des Verteidigungshaushalts), Leerstände bei Gewerbeimmobilien, die zurückhaltende Kreditvergabepraxis, private Entschuldungsbemühungen sowie schwache Exportmärkte. 1993 sorgte dann u.a. das niedrige Zinsniveau für einen Nachfrageschub bei langfristigen Konsumgütern und Immobilien.

- Beim Inflationsabbau wurden klare Fortschritte erzielt. Die Kerninflation fiel von 5½ % (Sep 1990) bis auf 3¼ % (Dez 1993) und erreichte damit ein Niveau wie zuletzt 1972.

- Trotz Aufschwung verschärfte sich die Arbeitsmarktlage zunächst („jobless growth"). Die Unternehmen hatten ein starkes Interesse an Produktivitätsverbesserungen. Die Arbeitslosenrate stieg bis zum Sommer 1992 auf fast 8 % an, um dann 1993 allmählich auf 6½ % abzubröckeln.

Geldpolitik 1991

Bis April 1991 setzte die Fed ihren konjunkturstimulierenden Kurs, der im November 1990 begonnen wurde, fort und senkte die Fed Funds Rate um weitere 125 sowie den Diskontsatz um 100 Bp auf 5,75 bzw. 5,5 %, was sie wie folgt begründete:[122]

- Die Nachrichten über einen weiteren Rückgang der wirtschaftlichen Aktivitäten.
- Die Anzeichen für deutlich nachlassenden Inflations- und Lohndruck.
- Das ungewöhnlich niedrige Geldmengenwachstum.

Speziell bis Februar häuften sich die negativen Meldungen über Produktionskürzungen (speziell im Automobilsektor), schwache Bautätigkeit und einen massiven Beschäftigungsabbau. Aber dann zeigten sich – begünstigt durch das rasche Ende des Golfkrieges – erste Silberstreife am Horizont und die zentrale Prognose der Fed ging

---

[122] Vgl. z.B. BoG (AR 1991), S. 93.

von einer Überwindung der Krise sowie einem moderaten Aufschwung im 2. Halbjahr 1991 aus.[123] Dennoch wurde das Risiko eines unerwartet schwachen Konjunkturverlaufs nach wie vor als recht bedeutend eingestuft („downside risks").[124] Aufgrund der fragilen Lage neigte das FOMC 1991 dazu, lieber zu früh als zu spät die Zinsen zu senken.[125] Eine solch „präventive" Zinssenkung wurde z.B. im April durchgeführt, nachdem die neusten Daten der Konsum- und Kapitalgüternachfrage unerwartet negativ ausfielen.[126] Insgesamt sah die Fed in niedrigen Geldmarktsätzen ein wichtiges Element zur Überwindung der Konjunkturkrise.[127] Der forcierte Zinssenkungsprozess diente außerdem dazu, die zurückhaltende Kreditvergabe der Banken, die jetzt offen als „credit crunch" bezeichnet wurde, aufzubrechen.[128] Das Bankenverhalten schwächte nach Meinung der Fed in erheblichem Maße die Wirksamkeit der Geldpolitik, weshalb deutlichere Zinssenkungen als gewöhnlich notwendig waren.[129]

Im Frühsommer stellte sich vorsichtiger Konjunkturoptimismus ein, weshalb die Fed bis zum Juli eine Zinspause einlegte.[130] Im 3. Quartal kam der Aufschwung jedoch erneut merklich ins Stocken. Das „Beige Book" – der Konjunkturbericht der 12 regionalen Zentralbanken – beschrieb im August die wirtschaftliche Erholung als „slow and uneven".[131] Obwohl den Geldmengenaggregaten prinzipiell kein allzu großer Informationsgehalt mehr zugewiesen wurde, war die Fed auch über deren dramatisch rückläufigen Wachstumsraten besorgt.[132] Die Fed konnte dieses Phänomen nur teilweise mit einer verminderten Umlaufgeschwindigkeit erklären. Den Rest führte sie auf das reduzierte Kreditangebot der Finanzintermediäre zurück, was vor allem den Expansionsdrang kleinerer Unternehmen einschränkte und sich negativ auf die Auf-

---

[123] "A relatively mild recession followed by a moderate upturn in economic activity was still regarded as a reasonable expectation." BoG (Minute Feb 1991), S. 105.

[124] "However, the risks clearly were on the downside, and a very sluggish recovery or indeed a deep and relatively long recession could not be ruled out." BoG (Minute Feb 1991), S. 105.

[125] "A number of members commented ... that the costs of a substantial shortfall in economic activity from current projections would be much greater than those of markedly faster expansion than the members currently expected, since present levels of slack in labor and other resource use would tend to limit the price consequences of a period of robust growth." BoG (Minute May 1991), S. 126.

[126] Greenspan begründete die Zinssenkung intern wie folgt: "Auto sales and consumer expenditures are still down. (...) ... orders in the capital goods and materials areas ... show no sign of a turn and indeed in many instances are weakening." Greenspan, in: FOMC (Telephone Apr 1991).

[127] "Another important influence that is expected to provide support for economic activity as the year progresses is the decline in interest rates (...). Since last October ... the Federal Reserve has moved aggressively ... to ease money market conditions." Greenspan (1991b), S. 302.

[128] Die niedrigeren Geldmarktsätze sollten unter anderem die Margen der Banken verbessern. "Our response has been in recent weeks to try to break the back of the crunch by increasing the profit margins of commercial banks, and we have done this by significantly lowering the cost of money to banks." Greenspan (1991a).

[129] "Greenspan said the Fed's efforts to keep the economy growing last year were frustrated by banker's unwillingness to lend money without added constraints ...." Berry (1991), S. 12.

[130] "In the last several months [May to July], monetary policy has adopted a posture of watchful waiting as economic indicators have pointed increasingly toward recovery." Greenspan (1991c), S. 710. Einige Offenmarktmitglieder warnten bereits davor, dass weitere Zinssenkungen den Aufschwung in einen Boom verwandeln und damit Inflationsbefürchtungen hervorrufen würden, vgl. z.B. BoG (Minute May 1991), S. 126.

[131] Vor allem die Konsumnachfrageentwicklung enttäuschte, vgl. o.V. (1991d), S. 9.

[132] "Several [members] observed that the weakness of the monetary aggregates, while not closely correlated with short-run economic performance, was nonetheless a matter of increasing concern to the extent that it implied unusual constraints on the availability of credit and possibly a faltering economic expansion." BoG (Minute Aug 1991), S. 142. Im 3. Quartal 1991 wuchsen M2 mit 0,8 %, und M3 mit -1,2 % (geg. 4. Quartal 1990).

schwungsdynamik auswirkte. Dies und das matte Wachstum veranlassten die Fed bis September zu zwei kleinen Zinssenkungen (auf 5¼ %) bei den Fed Funds.

Ab Oktober 1991 verschärfte sich der Konjunkturpessimismus. Alle Präsidenten der regionalen Zentralbanken berichteten von einer allgemein trüben Stimmung und einem rapiden Vertrauensverlust der Unternehmen in die Nachhaltigkeit des wirtschaftlichen Aufschwungs.[133] Die Mehrzahl der Offenmarktmitglieder befürwortete in dieser Situation eine deutliche Reaktion der Fed. Die US-Notenbank senkte dementsprechend bis Ende Dezember in kurzer Folge die Fed Funds Rate auf 4 % (125 Basispunkte) und den Diskontsatz auf 3,5 % (150 Basispunkte). Den Höhepunkt stellte die Maßnahme am 20. Dezember dar, als der Diskont gleich um 100 Basispunkte gesenkt wurde. Die Fed wollte mit den drastischen Schritten auch eine psychologische Wirkung an den Märkten erzeugen und eine Vertrauenswende herbeiführen.[134] Die Inflationsgefahren wurden gleichzeitig als sehr gering angesehen.[135] Einige Fed-Gouverneure lehnten es allerdings ab, die Geldpolitik in so starkem Maße als konjunkturstimulierendes Instrument einzusetzen.[136]

Insgesamt war das Jahr 1991 von einem fortwährenden Zinssenkungsprozess geprägt, der nur kurz unterbrochen wurde und sich am Jahresende beschleunigte. Die Fed Funds Rate wurde im Ganzen um 300 Basispunkte von 7 auf 4 % zurückgenommen. Ein Motiv für die deutliche geldpolitische Lockerung war neben der Förderung des Aufschwungs insbesondere die Auflösung des „credit crunch". Für die Fed war es schwierig, den richtigen Zeitpunkt der Konjunkturwende abzuschätzen. Daher gab es neben Zinssenkungsbefürwortern immer auch Gegner, die eine weitere Lockerung für unnötig und inflationstreibend hielten.

Geldpolitik 1992

Die Fed ging zwar Anfang 1992 von einer Konjunkturbelebung aus, gleichzeitig war ihr jedoch klar, dass der momentane Aufschwung durch spezielle strukturelle Anpassungsprozesse belastet wurde, die in frühren Erholungsphasen nicht auftraten.[137] Als bedeutendster „Gegenwind" für die Konjunkturerholung wurden das Bemühen vieler privater Haushalte und Unternehmen zur Schuldenreduzierung gesehen.[138] Der Boom der 80er Jahre hatte nämlich zu Exzessen bei der Vermögensakkumulation

---

[133] Vgl. BoG (Minute Nov 1991), S. 157.

[134] "In response to that crisis of confidence, Fed officials decided to take more dramatic action than usual, in order to give a psychological boost to the economy." Murray (1991). "In this view, a larger and more visible policy action, which generally was not anticipated in financial markets, would have greater effectiveness in part because it would be more likely to bolster confidence." BoG (Minute Dec 1991), S. 169.

[135] Vgl. BoG (Minute Nov 1991), S. 160.

[136] "Some [members] questioned whether monetary policy actions could have a constructive influence on business and consumer confidence under prevailing circumstances. Indeed, appreciable further easing ... would incur too much risk of reviving inflationary concerns ..." BoG (Minute Nov 1991), S. 161.

[137] "Our economy has been held back in the past few years by a variety of structural factors that have not been typical of post World-War II business cycles – certainly not occurring all at once." Greenspan (1993a), S. 292.

[138] Weitere Faktoren waren: Kräftige Kürzungen im Verteidigungsbudget und der aggressive Kosten- und Beschäftigungsabbau der Unternehmen zur Stärkung der Wettbewerbsposition, vgl. Greenspan (1993a), S. 292.

auf Kreditbasis geführt. Als Ende der 80er Jahre die Vermögenspreise abbröckelten, wurde die überbordende Verschuldung vieler Privathaushalte und Unternehmen offensichtlich. Auf diese Situation reagierten die meisten Haushalte und Unternehmen, indem sie Teile ihres Einkommens bzw. Cash-Flows, für den Schuldenabbau statt für ihre Ausgabentätigkeit verwendeten. Diese „Bilanzrestrukturierung" dämpfte aber die Nachfrage und wurde von der Fed in Verbindung mit dem „credit crunch" als wesentliche Ursache für die verminderte Aufschwungdynamik angesehen.[139]

Die strukturellen Anpassungsprozesse erschwerten gleichzeitig die Konjunkturprognose. Bis November war kein eindeutiger Trend in der konjunkturellen Entwicklung erkennbar. Diese Unsicherheit spiegelte sich auch im Offenmarktausschuss wieder, der in der Frage hinsichtlich weiterer geldpolitischer Lockerungen gespalten war.[140] Die Gegner einer zusätzlichen Zinssenkung argumentierten meist folgendermaßen:

- Die Geldpolitik sei bereits expansiv und trage zur Konjunkturbelebung bei.[141]
- Ein weiterer Zinsschritt würde die Glaubwürdigkeit der Anti-Inflationspolitik gefährden und sich negativ auf die langfristigen Kapitalmarktzinsen auswirken.[142]
- Die Fed sollte nicht überhastet auf einzelne negative Konjunktursignale reagieren.[143] Stattdessen sei eine längerfristig orientierte Politik notwendig, die erst dann Maßnahmen ergreift, wenn sich eindeutige Anzeichen für einen konjunkturellen Abschwung ergeben.

Die Befürworter einer weiteren Zinssenkung hielten folgendermaßen dagegen:

- Die Risiken für die konjunkturelle Entwicklung lägen eindeutig im Bereich der Expansionsverlangsamung.[144] Ein erneuter Wachstumseinbruch könnte jedoch gravierende psychologische Folgen haben und eine tiefe Depression auslösen.
- Angesichts des eindeutigen Disinflationstrends und der unterausgelasteten Kapazitäten seien die Inflationsgefahren, die aus einer weiteren geldpolitischen Lockerung resultierten, minimal.[145]
- Weitere Zinssenkungen würden den Prozess des privaten Schuldenabbaus und der Bankenkonsolidierung fördern und deren negative Wirkung mildern. Angesichts dieser Strukturprobleme müsse die Geldpolitik expansiver als in früheren Zyklen reagieren.[146]

---

[139] "Widespread efforts to strengthen balance sheets along with conservative lending policies ... had exerted a significantly retarding effect on economic activity ..." BoG (Minute Jul 1992), S. 145.

[140] "The timing and strength of an upturn remained subject to substantial uncertainties ..." BoG (Minute Feb 1992), S. 118. "... the members were divided between those who supported an unchanged policy stance and others who preferred to ease." BoG (Minute Jul 1992), S. 149.

[141] "... earlier monetary policy easing actions had provided a substantial amount of stimulus to the economy that would continue to exert its effects over time." BoG (Minute Oct 1992), S. 164f.

[142] "... an easing move ... might well stimulate inflationary concerns by reducing confidence in the System's willingness to pursue an anti-inflationary policy ..." BoG (Minute Aug 1992), S. 159.

[143] "... what was needed at this point was a more patient monetary policy – one that was less predisposed to react to near-term weakness in economic data ...." BoG (Minute Aug 1992), S. 159.

[144] Vgl. BoG (Minute Jul 1992), S. 149.

[145] "Members who leaned toward some near-term easing of reserve conditions commented that such a policy move was not likely to foster inflationary pressures under current or prospective economic conditions, given the appreciable margin of unused resources in the economy." BoG (Minute Aug 1992), S. 157.

[146] "A greater degree of monetary policy easing than had been needed in the past seemed to be required to overcome the depressing effects of the restructuring activities ..." BoG (Minute Aug 1992), S. 157.

Bei den meisten Offenmarktsitzungen im Jahre 1992 gewannen die „Zinssenkungsbefürworter" die Oberhand. Mit Ausnahme des Mai-Treffens wurde auf jeder Sitzung eine „expansive Direktive" beschlossen, d.h. der Fed-Chairman wurde aufgefordert, bei entsprechenden Signalen eine rasche Zinssenkung ohne vorherige Konsultation der übrigen Board-Mitglieder durchzuführen. Davon machte Greenspan dreimal (April, Juli und September) gebrauch und senkte die Fed Funds Rate um 100 Basispunkte von 4 auf 3 %. Am deutlichsten agierte die Fed am 02. Juli als neben der Fed Funds Rate (auf 3¼ %) auch der Diskont um 50 Basispunkte gesenkt wurde. Dieser Schritt wurde mit der Veröffentlichung unerwartet negativer Arbeitsmarktzahlen – Anstieg der Arbeitslosenrate von 7,5 auf 7,8 % – in Verbindung gebracht.[147] Ein weiterer schwacher Arbeitsmarktbericht und rückläufige Zahlen im Bereich der Industrieproduktion veranlassten die Fed schließlich im September, die Geldmarktsätze auf 3 % abzusenken. Auch in den Wochen danach neigte die Fed aufgrund der enttäuschenden wirtschaftlichen Entwicklung noch zu einer weiteren Zinssenkung.[148]

Im Spätherbst ließen dann jedoch steigende Vertrauensindikatoren und kräftige Einzelhandelsumsätze vermuten, dass der Aufschwung an Breite gewonnen hatte.[149] Auf seinem Dezember-Treffen ging das FOMC daher erstmals wieder zu einer symmetrischen Direktive über, d.h. die Risiken der weiteren Wirtschaftsentwicklung (Rezession versus Inflation) wurden als ausgeglichen betrachtet. Erste Stimmen plädierten bereits für eine Zinserhöhung, die in ihren Augen rechtzeitig – d.h. vor einem Inflationsanstieg – erfolgen sollte.[150]

1992 war insgesamt von einem unklaren Konjunkturbild geprägt. Es ließ sich schwer abschätzen, inwieweit strukturelle Anpassungsprozesse den trägen Erholungsprozess beeinträchtigten. Der geldpolitische Lockerungsprozess vom Vorjahr wurde vorsichtig fortgeführt, was den kurzfristigen Realzins sogar in den negativen Bereich führte. Am Jahresende deutete sich im Zuge ermutigender Konjunktursignale ein Ende des Zinssenkungsprozesses an.

Geldpolitik 1993

Anfang des Jahres ging die Fed davon aus, dass sich die US-Wirtschaft 1993 auf einem zwar nur moderaten dafür aber recht stabilen Wachstumspfad bewegen würde. An dieser Prognose hielt sie das ganze Jahr fest.[151] Die Risiken einer unerwarteten Beschleunigung wurden dabei gegenüber der Gefahr einer unvorhergesehenen Abflachung des Wachstums als ausgeglichen angesehen, was gegenüber dem Vorjahr – als die „downside risks" in der Regel höher gewichtet wurden – eine optimistischere Sichtweise darstellte. Auch bei den strukturellen Anpassungsprozessen, wel-

---

[147] "The move [discount rate cut to 3 %] came shortly after the Commerce Department reported an unexpectedly sharp rise in the unemployment rate last month – from 7.5 per cent to 7.8 per cent, the highest level since 1984 ..." Prowse/Norman (1992), S. 18. Offiziell begründete man die Aktion aber recht lapidar mit den rückläufigen Preisdaten und dem stockenden Aufschwung, vgl. BoG (Minute Aug 1992), S. 153.

[148] Vgl. z.B. BoG (Minute Oct 1992), S. 163.

[149] Vgl. BoG (Minute Dec 1992), S. 180.

[150] "If a tightening move were to be needed, it would be desirable to implement such a move before inflation pressures showed through in the actual price statistics in order to avoid sharp and potentially disruptive tightening actions later." BoG (Minute Dec 1992), S. 183.

[151] Man prognostizierte das reale BIP-Wachstum auf 2,5-3,0 %, vgl. z.B. Greenspan (1993b), S. 852.

che die Aufschwungkräfte seit Mitte 1991 belasteten, sah man Entspannungssigna-le.[152] Unternehmen und Haushalte erzielten Fortschritte beim Schuldenabbau und die Banken gewannen an finanzieller Solidität. Trotz dieser positiven Tendenzen be-hielt die Fed ihre sehr akkommodierende Haltung – ablesbar an den negativen rea-len Geldmarktzinsen – bei und nahm das ganze Jahr über keine Zinsanpassungen vor. Sie beließ die Zielrate der Fed Funds Rate auf dem 25-Jahre-Tief von 3 %.

Das FOMC war sich bewusst, dass die Geldpolitik eine sehr expansive Haltung ein-nahm und dass der Übergang zu einem neutraleren Kurs nach vollkommener Über-windung der Krise unausweichlich war. Für die Mehrheit des Komitees war daher weniger die Frage *ob*, sondern *wann* die erste Zinserhöhung nach mehr als 4 Jahren beschlossen würde.[153] Man wollte den Schritt auf jeden Fall frühzeitig durchführen, bevor ein neuer Inflationsprozess in Gang gekommen ist. Die Anti-Inflation Haltung der Fed sollte damit klar unterstrichen werden.[154] Im Verlaufe des Jahres 1993 war für die Mehrheit des FOMC jedoch noch nicht die Zeit für eine Zinserhöhung reif, wo-für folgende Argumente angeführt wurden:

- Das Wachstum schien zwar robuster als im Vorjahr aber insgesamt doch eher bescheiden (1. HJ reales BIP < 2 %). Das Risiko eines erneuten Konjunkturein-bruchs konnte nicht ganz ausgeschlossen werden.[155] Die Unsicherheit über die weitere Entwicklung blieb groß, da sich widerstrebende Kräfte gegenüber stan-den: Günstige Finanzmarktbedingungen (niedrige Zinsen über das gesamte Laufzeitspektrum) auf der einen, eine schwache Export- und Fiskalnachfrage auf der anderen Seite.

- Der Disinflationstrend schien weitgehend in Takt zu sein. Fundamental gab es viele Gründe, die gegen größeren Inflationsdruck in naher Zukunft sprachen: Un-terausgelastete Produktionskapazitäten, eine Arbeitslosenrate (im 1. Halbjahr über 7 %) oberhalb der geschätzten NAIRU, hoher Wettbewerbsdruck bei den Unternehmen und moderate Lohnzuwächse.[156] Auch an den Finanzmärkten keimten – angesichts der bis Oktober fallenden langfristigen Zinsen – offensicht-lich keine Inflationsbefürchtungen auf.

Eine Minderheitenposition vertraten die Gouverneure Angell und Lindsey, die mehr-mals 1993 für Zinserhöhungen plädierten. Ihrer Auffassung nach nahm die Fed eine zu expansive Haltung ein. Hierdurch würde sie unnötige Inflationsrisiken eingehen und keine weiteren Fortschritte beim Inflationsabbau erzielen.[157] Sie verwiesen auf

---

[152] Vgl. z.B. BoG (Minute Dec 1993), S. 117.
[153] Vgl. z.B. BoG (Minute Aug 1993), S. 164. Greenspan kommentierte die Diskussion um eine mögli-che Zinserhöhung auf dem Mai-Treffen wie folgt: "I think Governor Mullins is right that a 3 percent funds rate is too low. I think we've known that for quite a long while; the issue has never been that. The issue is: When do we move?" Greenspan, in: FOMC (TS May 1993), S. 40.
[154] "The members recognized the desirability of taking early action to arrest incipient inflationary pres-sures before gathering strength, especially given the Committee's commitment not just to resist greater inflation but to foster sustained progress toward price stability." BoG (Minute Nov 1993), S. 183.
[155] "Other members ... gave some weight to the possibility that the expansion might remain quite slug-gish for a period; under the circumstances they foresaw the need to maintain an accommodative policy posture ..." BoG (Minute Sep 1993), S. 174.
[156] Vgl. BoG (Minute Marc 1993), S. 132.
[157] "In their [Lindsey, Angell] view, such an action [to tighten reserve conditions] was desirable not only to arrest the possible emergence of greater inflation but especially to promote further disinfla-

historische Erfahrungen, bei denen sich gezeigt hätte, dass Notenbanken im Aufschwung meist zu spät reagiert hatten.

Auf dem Mai-Treffen ergab sich wohl die schwierigste Entscheidungsfindung des Jahres. Neben unerwartet schlechten Konjunkturdaten bereitete den Fed-Politikern der plötzliche Anstieg der Produzenten- und Konsumentenpreise Kopfzerbrechen, da er im Widerspruch zu den Fundamentalfaktoren (unterausgelastete Kapazitäten) stand.[158] Man hoffte zwar darauf, dass es sich nur um ein vorübergehendes Phänomen handele, konnte aber einen autonomen Anstieg der Inflationserwartungen nicht ausschließen.[159] Letztendlich entschied man sich gegen eine Zinserhöhung, beschloss aber eine asymmetrische Direktive in Richtung Restriktion, um auf diese Weise die Anti-Inflationshaltung der Fed zu bekräftigen.[160]

In den Sommermonaten wurde klar, dass es sich tatsächlich nur um eine temporäre Preisbewegung gehandelt hatte, daher wechselte die Fed ab September wieder zu einer symmetrischen Direktive. Diese Haltung behielt die Fed bis zum Jahresende bei, obwohl sich ab November die Anzeichen einer Wachstumsbelebung mehrten. Eine Zinserhöhung oder auch nur eine asymmetrische Direktive wurde jetzt mit den Argumenten abgelehnt, dass eine restriktive Maßnahme einen fundamentalen Politikwechsel darstellen würde, nachdem seit 1989 die Zinsen kontinuierlich gesenkt wurden. Um die Finanzmärkte nicht in Unruhe zu versetzten, sollte ein solcher Schritt nur bei absolut klarer Datenlage und auf einer regulären Offenmarktsitzung unter Mitwirkung aller Mitglieder erfolgen.[161]

Insgesamt lässt sich zu 1993 sagen, dass die Fed im Hinblick auf die konjunkturelle Entwicklung etwas optimistischer gestimmt war als in den beiden Vorjahren, aber trotzdem das niedrige Geldmarktzinsniveau von 3 % beibehielt. Sie rechtfertige dies damit, dass der Prozess der wirtschaftlichen Erholung immer noch nicht vollkommen gesichert war, während der Disinflationstrend weiterhin anhielt. Es wurde aber mehrfach angedeutet, dass in Bälde ein neutralerer geldpolitischer Kurs und damit höhere Zinsen erforderlich sein würden.

---

tion. They were persuaded that monetary policy was overly accommodative as suggested by various indicators ... " BoG (Minute Mar 1993), S. 135. Vgl. auch BoG (Minute Dec 1993), S. 196f. Zu diesen Inflationsindikatoren gehörte ein schwacher Dollarkurs, eine steile Zinsstruktur, steigende Rohstoffpreise und niedrige Realzinsen.

[158] "With regard to the inflation situation, members commented that the it remained difficult to find a satisfactory explanation for the faster-than-projected increasing in price measures thus far this year." BoG (Minute May 1993), S. 141. Die Produzentenpreise stiegen im April um 0,6, der CPI um 0,4 % gegenüber dem Vormonat.

[159] Für Greenspan ließen sich die Preissteigerungen nur mit psychologischen Faktoren (z.B. steigender Inflationserwartungen aufgrund einer zu laxen Fiskalpolitik) erklären, vgl. FOMC (TS May 1993), S. 8ff.

[160] Vgl. BoG (Minute May 1993), S. 143. Hierbei wird auch das Thema der Transparenz geldpolitischer Entscheidungen gestreift, da die asymmetrische Direktive erst mit dem Protokoll und damit 6 Wochen nach der Sitzung veröffentlicht wurde. Man konnte folglich erst im Nachhinein der Öffentlichkeit die Anti-Inflationshaltung der Fed verdeutlichen. Einige Offenmarktmitglieder sprachen sich daher für ein unmittelbareres Signal in Form einer Zinserhöhung aus, vgl. FOMC (TS May 1993), S. 38ff.

[161] "... the members recognized that any tightening move would represent a turn in policy that might well have a greater-than-usual effect on financial markets. This prospect argued for taking such an action at a meeting, with the benefit of a full Committee review of the implications of a wide variety of emerging developments ..." BoG (Minute Dec 1993), S. 195. Vgl. auch BoG (AR 1993), S. 23.

4.3.2   Bewertung der Geldpolitik 1991 – 1993

4.3.2.1   Die Zieldebatte

Die Ziele der US-Geldpolitik in den Jahren 1991-1993 können wie folgt summiert werden:

1. *Wachstums- und Beschäftigungsziel:* Die Geldpolitik sollte zunächst einen Beitrag zur Überwindung der Rezession von 1990/1991 leisten und anschließend den wirtschaftlichen Erholungsprozesses fördern.
2. *Preisstabilitätsziel:* Der aus der Rezession resultierende Disinflationstrend sollte so weit wie möglich ausgenutzt und gleichzeitig kein neuer Inflationsdruck erzeugt werden.

In Worten der Fed lautete die Zielsetzung für 1991 bzw. 1993:[162]

"The principal objective of monetary policy in 1991 was to help lay the groundwork for a sustainable expansion without sacrificing the progress against inflation that had already set in motion." BoG (AR 1991), S. 19.

"The aim of the Federal Open Market Committee in 1993 is to promote financial conditions that will help to maintain the greater momentum that the economy developed in 1992 and to consolidate the trend toward lower inflation." BoG (AR 1993), S. 39.

Bis zu welcher präzisen Inflationsrate die Fed den sich ab 1991 einstellenden Disinflationstrend gerne genutzt hätte, blieb wiederum vage. Im Februar 1993, als die Kerninflationsrate bei 3¼ -½ % lag, meinte Greenspan [(1993a), S. 300]:

"As I have indicated ... price stability does not require that measured inflation literally be zero but rather is achieved when inflation is low enough that changes in the general price level are insignificant for economic and financial planning. At current inflation rates, we are thus quite close to attaining this goal."

Letzteres deutet darauf hin, dass die Fed mit einer Inflation zwischen 2 und 3 % bereits zufrieden gewesen wäre. Für die Öffentlichkeit (vor allem Bondhalter) wäre es aber sicherlich von Vorteil gewesen, genauer zu erfahren, ob die Fed in Zukunft deutlich unter die 3 %-Marke streben wollte oder nicht. Die OECD kritisierte dementsprechend, dass die Fed – im Gegensatz z.B. zur *Bank of Canada* – weder ein konkretes Zielniveau noch einen konkreten Zeitplan für ihren Disinflationspfad festgelegt hatte. Dies hätte ihrer Meinung nach die Unsicherheit über die Geldpolitik und unter Umständen die Disinflationskosten verringert.[163]

Im Hinblick auf das Wirtschaftswachstum, hätte die Fed nach der Rezession vorübergehend auch Wachstumsraten oberhalb der Zuwachsrate des Produktionspotentials für angemessen gehalten – also etwa ein reales Wachstums des BIP von 3-4 %:

---

[162] Einen ähnlichen Tenor wies auch die Zielsetzung für 1992 auf, vgl. BoG (AR 1992), S. 21.

[163] "Concrete targets would be helpful in several ways. It is possible that they would reduce the costs of bringing down inflation ... setting and achieving inflation goals would reduce uncertainty about future monetary policy and help to lock in low inflation." OECD [ES USA (1992), S. 34].

"The existing slack implies that the economy can grow more rapidly than potential GDP for a time, permitting further reductions in the employment rate even while inflation is contained." Greenspan (1993a), S. 300.

Betrachtet man die Gewichtung beider Ziele in den Jahren 1991-1993 kann man kaum davon sprechen, dass das Wachstums- und Beschäftigungsziel gegenüber dem Preisstabilitätsziel vernachlässigt wurde. Die Fed versuchte mit kräftigen Zinssenkungen (525 Basispunkte zwischen Juli 1990 und September 1992), die Konjunktur zu unterstützen. Um den Eindruck einer zu beschäftigungsfreundlichen Geldpolitik abzumildern, verwies sie im Allgemeinen darauf, dass sie diesen Zinssenkungsspielraum vor allem der rückläufigen Inflation zu verdanken habe.[164] Ende 1991 kommunizierte die Fed jedoch ausdrücklich ihre konjunkturfördernde Haltung mit einer scharfen Diskontsatzsenkung nach außen, um auf diese Weise für eine zuversichtlichere Stimmung in der Öffentlichkeit zu sorgen.

Im Jahre 1993 wäre es der Fed kaum möglich gewesen, die Fed Funds Rate bei 3 % zu belassen, wenn sie ausschließlich auf Preisstabilität fixiert gewesen wäre und ein Inflationsziel von z.B. 2 % angestrebt hätte. Das reale Wachstum fiel 1993 mit 2½-3 % recht ordentlich aus. Die Disinflationsgewinne waren hingegen enttäuschend, so dass die Inflationsrate (CPI-Kern) bei über 3 % verharrte.[165] Auch einige Offenmarktmitglieder waren daher der Meinung, dass die Fed restriktiver agieren müsste, um einen weiteren Inflationsabbau 1994 zu bewerkstelligen.[166] Diese Meinung konnte sich aber nicht durchsetzen, und dies obwohl im Juli 1993 die Inflationsprognosen der Fed-Präsidenten für 1994 bei 3-3½ % (zentrale Tendenz) lagen und damit keine verbesserte Inflationsperformance in Aussicht stellte.[167]

Insgesamt blieb das Inflationsziel 1991-1993 recht vage. Es war auch nicht erkennbar, dass das Wachstumsziel hinten anstehen musste, um weitere Fortschritte beim Inflationsabbau zu erreichen. Die Fed hatte offenbar sogar ein vitales Interesse an einer Stabilisierung des Aufschwungs und gab sich mit einer Inflationsrate von 3-3½ % zufrieden.

4.3.2.2 Das Ende der Geldmengensteuerung

Anfang der 90er erreichte der Bedeutungsverlust der Geldmengensteuerung innerhalb der Fed-Strategie eine neue Qualität, da nicht mehr nur die engen, sondern auch die breiteren Geldmengenaggregate stark an Informationskraft einbüßten. Zwischen 1991-1993 sind die Wachstumsraten von M2 und M3 (trotz der Zinssenkungen) extrem eingebrochen und landeten am unteren Rand der vorgegebenen Zielkor-

---

[164] "This reduction of cost and price pressures has given the Federal Reserve scope to move aggressively to counter contractionary influences on the economy without contributing to market concerns about the inflation outlook." Greenspan (1991a), S. 242.

[165] Greenspan selbst gab im Juli 1993 zu: "Nonetheless, on balance the news on inflation this year must be characterized as disappointing." Greenspan (1993b), S. 850.

[166] Governeur Angell merkte im Juli an: "In these circumstances, a tightening of policy would not involve any significant risk to the expansion but ... would be more consistent with renewed progress toward price stability in 1994 and later." FOMC (Meeting July 1993), S. 157.

[167] Die Inflationsprognosen für das Jahr 1993 wurden im Juli 1993 sogar gegenüber Februar nach oben korrigiert (von 2½-2¾ auf 2¾-3 %), vgl. BoG (AR 1993), S. 41 und 68.

ridore oder sogar knapp darunter (siehe Abb. 4.9). In früheren Jahren waren derart niedrige Wachstumsraten der Geldmenge nur bei einer extremen Konjunkturkrise vorstellbar.[168]

Die Geldmengenzahlen wurden von Anfang an mit Vorsicht interpretiert, da vermutet wurde, dass die Bankenkrise die Beziehung zwischen Einkommen und Geldmenge zumindest temporär beeinträchtigt hatte.[169] Trotzdem sahen einige Gouverneure und Fed-Präsidenten in der schwachen Geldmengenentwicklung eine ernsthafte Gefahr für die konjunkturelle Erholung.[170] Im Laufe des Jahres 1992 erkannte die Fed aber zusehends, dass das geringe M2-Wachtum weniger eine zu schwache Liquiditäts-versorgung der Wirtschaft, sondern primär eine steigende Umlaufgeschwindigkeit widerspiegelte.

Der Anstieg der Umlaufgeschwindigkeit lässt sich damit erklären, dass ein größerer Teil der Finanzgeschäfte infolge von Kapitalmarktliberalisierung und Bankenkrise außerhalb der Bankbilanzen – und damit außerhalb von M2 und M3 – abgewickelt wurde (Disintermediati-on).[171] Für die Geldvermögensbesit-zer boten sich zunehmend direkt am Kapitalmarkt lohnende Anlagechan-cen und Fondsprodukte erreichten 1992 Rekordzuflüsse. Die steile Zins-strukturkurve sorgte für eine hohe Attraktivität langfristiger Bonds. Die-se Assets waren allerdings nicht in M2/M3 einbezogen. Zugleich nutzten v.a. Großunternehmen die haussie-renden Börsenmärkte, um sich direkt am Kapitalmarkt zu verschulden. Die Umgehung von Banken bedeutete,

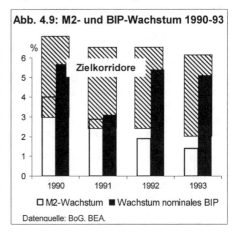

Abb. 4.9: M2- und BIP-Wachstum 1990-93

Zielkorridore

☐ M2-Wachstum   ■ Wachstum nominales BIP

Datenquelle: BoG. BEA.

---

[168] "Indeed, if the historical relationships between M2 and nominal income had remained intact, the behaviour of M2 in recent years would have been consistent with that of an economy in severe contraction." Greenspan (1993b), S. 852.

[169] Den langfristigen stabilen Zusammenhang zwischen M2 und Nominaleinkommen stellte man aber z.B. 1991 noch nicht in Frage: "This uncertainty about the credit intermediation process is one of the factors that could possibly make movements in M2 somewhat difficult to interpret in the short run, but ... we expect the aggregate to remain a stable guide for policy over the longer term." Greenspan (1991c), S. 712.

[170] "Some commented that the behaviour of the broader aggregates might imply that monetary policy had not been eased sufficiently in recent months and therefore might not provide adequate support to sustain the expansion." BoG (Minute Jul 1991), S. 137. 1991 wurden daher auch Fed-Maßnahmen mit dem schwachen Geldmengenwachstum begründet [vgl. z.B. Greenspan (1991a), S. 242]. Zum Teil wurde das niedrige M2-Wachstum noch als Signal für eine schwache Wirtschaft-sentwicklung gewertet: "But with not all of the weakness in M2 likely to be offset by a lasting shift in velocity, the behaviour of this aggregate seemed increasingly to signal a weaker path fort the economy than was consistent with the Committee's intentions." [Greenspan (1991a), S. 243]. Wäh-rend einige Offenmarktmitglieder sich bereits ganz von der Geldmengenentwicklung abgewandt hatten, verwiesen andere besorgt auf das rasche Wachstum von M1 (bzw. Geldbasis), das eine zu reichhaltige Liquiditätsversorgung der Wirtschaft anzeige, vgl. BoG (Minute Aug 1991), S. 145f.

[171] Vgl. hierzu ausführlich: Greenspan (1993a), S. 295ff.

dass mit weniger M2-Wachstum als zuvor das gleiche nominale BIP-Wachstum finanziert werden konnte. 1992 reichte z.B. eine Wachstumsrate von 1,9 % bei M2 aus, um einen Anstieg des Nominaleinkommens von 5,4 % zu finanzieren (siehe Abb. 4.9).

Insgesamt zeichnete sich für die Fed ab, dass zum einen eine klare Abgrenzung der Geldmenge angesichts der Kapitalmarktliberalisierung immer schwieriger wurde und dass zum anderen die Beziehungen zwischen den verschiedensten Geldmengenaggregaten und dem Nominaleinkommen von großer Unsicherheit geprägt wurde. Es fiel der Fed daher immer schwerer, aussagekräftige Zielkorridore für M2, M3 oder irgendein anderes Geldmengenaggregat zu formulieren. Entsprechend ließen sich nach Meinung von Greenspan aus dem Vergleich zwischen der Geldmengenentwicklung und den festgelegten Zielkorridoren kaum noch zuverlässige Handlungsanweisungen für die praktische Geldpolitik ableiten:

> *"The historical relationships between money and income and between money and the price level have largely broken down, depriving the aggregates of much of their usefulness as guides to policy. At least for a time being, M2 has been downgraded as a reliable indicator of financial conditions in the economy ..."* Greenspan (1993b), S. 852.

Die Fed sah daher in den Zielverfehlungen 1992/1993 keinen Anlass für eine noch expansivere Geldpolitik. Der Versuch die Geldmenge zwanghaft in die vorgesehenen Bandbreiten zu manövrieren, hätte gemäß Greenspan der wirtschaftlichen Entwicklung geschadet:

> *"... the FOMC judged in 1992 that more determined efforts to push the aggregates into their ranges would not have been consistent with achieving the nation's long-term objective of maximum sustainable economic growth."* Greenspan (1993a), S. 298.

Da aus der Einhaltung oder Verfehlung der Geldmengenziele keine größeren Rückschlüsse mehr gezogen werden konnten, dienten die Zielkorridore auch nicht mehr als Maßstab für die Rechenschaftspflicht der Fed-Politik, wie dies ursprünglich das „Humphrey-Hawkins"-Gesetz vorsah. Aber auch die langfristige Ausrichtung der Geldpolitik konnte aus den Zielkorridoren nicht mehr abgeleitet werden. Ende der 80er Jahre sollte die Reduzierung der Geldmengenziele noch das Bemühen um weitere Fortschritte bei Preisstabilität signalisieren. 1993 wurde hingegen betont, dass man die Reduzierung des Geldmengenziels für 1993 als rein technische Reaktion der Fed auf die verminderte Umlaufgeschwindigkeit aber nicht als Ausdruck einer restriktiveren Geldpolitik sehen sollte.[172]

---

[172] „... the lowering of the ranges is purely a technical matter, it does not indicate, nor should it perceived as, a shift of policy toward restraint." Greenspan (1993b), S. 852.

4.3.2.3 Reagierte die Fed adäquat auf die Rezession von 1990/1991?

Die Fed senkte zwischen Februar 1989 und September 1992 den Leitzins in 24 kleinen Schritten von knapp 10 auf 3 %. Im Jahr 1993 wurden die Geldmarktsätze dann
auf diesem sehr expansiven Niveau belassen. Die Fed war sich sicher, dass sie mit
dieser Politik der kleinen aber in ihrer kumulativen Wirkung beachtlichen Zinssenkungen einen wichtigen Beitrag zur Förderung des Wachstums geleistet hatte:

*"Partly as a result of the cumulative effect of the monetary easings of recent
years, economic activity accelerated in 1992 to its fastest pace since 1988."* BoG
(AR 1992), S. 21

Das Vorgehen der Fed im Nachgang auf die Rezession 1990/1991, traf jedoch nicht
auf ungeteilte Zustimmung. Die kritischen Stimmen waren dabei in zwei Lager gespalten, die gegenläufige Forderungen an die Geldpolitik richteten:
1. Vor allem die US-Regierung und der Kongress hätten sich eine raschere Zinssenkung in größeren Schritten und auf ein noch niedrigeres Niveau gewünscht.[173] Die Rezession hätte ihrer Ansicht nach diesen Spielraum ohne Gefahren für die Preisstabilität geliefert.
2. Andere vertraten gerade die gegenteilige Auffassung und hätten eine weniger
   konjunkturpolitisch motivierte Geldpolitik bevorzugt, welche die Zinsen in geringerem Ausmaß gesenkt bzw. bereits wieder früher erhöht hätte.[174]

Dem zweiten Vorwurf, dass die Zinsen zu stark gesenkt wurden, begegnete die Fed
mit dem Argument, dass die Geldpolitik expansiver als in früheren Konjunkturzyklen,
auf die Rezession reagieren musste, weil die US-Wirtschaft Anfang der 90er Jahre
durch besondere strukturelle Anpassungsprozesse belastet wurde, welche die Wirtschaft zwar langfristig auf eine solidere Basis stellen würden, kurzfristig jedoch die
Nachfrageexpansion belasteten.[175]

Die Nachfrage wurde Anfang der 90er Jahre unter anderem dadurch gedämpft, dass
viele private Akteure sich aufgrund einer Vermögensdeflation ärmer fühlten und außerdem gezwungen waren, einen größeren Teil ihres Einkommens für die Schulden-
tilgung anstatt für Konsum- und Investitionsausgaben zu verwenden. Während der
80er Jahre hatte eine Vermögensakkumulation auf Kreditbasis stattgefunden, die im
Vertrauen auf immer weiter steigende Vermögenspreise (vor allem Immobilienpreise)
erfolgte. Ende der 80er Jahre trat jedoch stattdessen eine Vermögensdeflation ein,

---

[173] Innerhalb der *Bush*-Regierung glaubte man z.B., dass die Trippelschritte der Fed die Wirksamkeit
der Geldpolitik reduzieren würde. Finanzminister *Brady* wird mit den Worten zitiert: "... Greenspan's practice of lowering the federal funds rate by only 0.25 percentage point every five or six
weeks has diminished the impact of the Fed's easing moves." Zitiert nach Murray (1991), S. 10.
Auch James Tobin [(1991), S. 8f.] forderte die Fed zu weiteren Zinssenkungen auf. Da die Fiskalpolitik kaum Spielraum besitze, sei es vor allem die Aufgabe der Fed, für einen Aufschwung zu
sorgen, was sie ohne größere Inflationsgefahren bewerkstelligen könnte.

[174] Diese Kritiker befürchteten, dass die Fed die Fehler der 70er Jahre wiederhole, d.h. im Aufschwung zu expansiv agiere und damit den Grundstein für spätere Inflation lege. Der *Economist*
argumentierte, dass auf eine milde Rezession wie 1990/91 auch nur ein gemäßigter Aufschwung
folgen sollte. Außerdem sei das von der Fed verfolgte Inflationsziel zu lasch, vgl. o.V. (1991c), S. 7.

[175] "A greater degree of monetary policy easing than ... in the past seemed to be required to overcome
the depressing effects of the restructuring activities ..." BoG (Minute Aug 1992), S. 157.

welche die Nettovermö-
gensposition vieler Unternehmen und Privathaushal-
te verschlechterte und einen Abbau der Verschul-
dung erzwang.

Gleichzeitig wurde der Fi-
nanzsektor, welcher die
Kreditexzesse der 1980er
Jahre finanzierte, durch
Darlehensausfälle und den
Werteverfall von Kreditsi-
cherheiten belastet. Mit den
Savings and Loan-Insti-
tuten brach sogar ein gan-
zer Kreditzweig zusammen.
Im gesamten Bankensektor
herrschte darauf hin größte

Abb. 4.10: Bankkredite und Verschuldung
USA 1982-1995

Veränderung geg. Vorjahr in %

—— Bankkredite an gesamten privaten Sektor
—— Bankkredite an private Unternehmen
- - - - Öffentliche + private Gesamtverschuldung

Datenquelle: BoG (Tabelle H.8).

Vorsicht bei der Kreditvergabe. Dies belastete vor allem mittelständische Unternehmen in ihrem Expansionsdrang und minderte die Aufschwungdynamik.[176] Es ist zwar
für eine Rezession nicht ungewöhnlich, dass das private Kreditwachstum rückläufig
ist, wie Abb. 4.10 zeigt, kam es Anfang der 90er Jahre aber – im Gegensatz zu früheren Konjunktureinbrüchen – sogar zu einem absoluten Abbau der Bankkredite an
den privaten Sektor. Durch Liquiditätsspritzen und niedrige Zinsen wollte die Fed den
Zinsendienst von Schuldnern erleichtern und die Gewinnmargen der Banken verbessern, um so den Prozess des Schuldenabbaus und der Bankenkonsolidierung zu
fördern.[177] Die Fed war überzeugt davon, dass sie durch ihre geldpolitische Lockerung eine schwere Krise, wie sie für einen spekulativen Boom mit anschließender
Vermögensdeflation typisch ist, verhindern konnte:[178]

"The successive monetary easings have served to counter these contractionary
forces, fending off the classic 'bust' phase that seemed invariably to follow specu-
lative booms in pre-World War II economic history." Greenspan (1992), S. 674.

---

[176] "Some of the factors leading to the relative shrinkage of our banking industry, by limiting the availability of credit to smaller firms, have restrained aggregate demand and thus have significantly hin-
dered the economic expansion." Greenspan (1993a), S. 297.

[177] "Lower interest rates have lessened repayment burdens ... and ... have facilitated the restructuring
of balance sheets. (...) ... lower interest rates ... have appreciable cut the funding costs of deposi-
tory lenders, materially improved interest margins ..." Greenspan (1992), S. 674. Ähnlich Fed-
Gouverneur Mullins: "Monetary Policy ... has decreased bank funding costs, which allows banks to
create this margins that will help in building their capital. The reductions in the prime rate have reduced the dept burden for firms and consumers ..." Mullins, in: FOMC (TS Dec 1991), S. 19.

[178] Greenspan verglich die Phase Anfang der 90er Jahre immer wieder mit einer klassischen Disinfla-
tionsperiode, die sich nach einem lang anhaltenden Boom (wie in den 80er Jahren) einstellen
würde: "I think what we're looking at her is a nearly classic disinflation process in which the economy is coming off a very substantial debt buildup and speculative binge in the '80s." Greenspan, in:
FOMC (Telephone Oct 1991), S. 1. Früher hätte solche Perioden häufig in schweren Krisen und
Bankenzusammenbrüchen geendet. Der Fed sei es aber gelungen, – durch geldpolitische Lockerungen – diesen Prozess abzumildern.

Eine Rechtfertigung der Fed für die insgesamt kräftigen Zinssenkungen 1991/1992, bestand also darin, dass ein Teil ihrer Maßnahmen durch die strukturellen Anpassungsprozesse im Finanzsektor absorbiert wurde bzw. sich nicht in niedrigeren Bankzinsen niederschlug.[179] Um die gleiche geldpolitische Wirkung wie in „normalen" Zeiten zu erzielen, musste die Fed daher die Zinsen weiter nach unten führen. Ein weiteres Argument für zusätzliche geldpolitische Impulse lieferte die Staatsnachfrage, die im Vergleich zu früheren Konjunkturkrisen äußerst schwach ausfiel. Ein Punkt, der weiter unten noch vertieft wird.

Die Fed sah also durchaus die Notwendigkeit eines expansiven Kurses und senkte demgemäß die Fed Funds Rate um insgesamt 7 Prozentpunkte. Den Zinssenkungsprozess führte sie jedoch eher langsam und in kleinen Schritten durch, was von Regierungsvertretern scharf kritisiert wurde. Greenspan hielt dieser Kritik entgegen, dass es für einen erfolgreiche wirtschaftliche Erholung weniger auf die kurzfristigen, sondern vor allem die *langfristigen* Zinsen ankomme. Nur mit niedrigen Kapitalmarktzinsen war es nach Meinung von Greenspan möglich, die strukturellen Anpassungsprozesse – besondere den privaten Schuldenabbau – zu unterstützen:

"The goal of moderate long-term interest rates is particularly relevant in the current circumstances, in which balance sheet constraints have been a major – if not the major – drag on expansion." Greenspan (1993a), S. 294.

Raschere und energischere Zinssenkungen der Fed am kurzen Ende hätten aber seiner Ansicht nach Inflationsbefürchtungen und steigende Zinsen am langen Ende provoziert. Er wies in diesem Zusammenhang auf die wachsende Sensibilität der Finanzmärkte hin. Heutzutage könne man nicht mehr automatisch von einem parallelen Rückgang der kurz- und langfristigen Zinsen ausgehen, denn die Finanzmärkte würden auf das kleinste Anzeichen einer als zu expansiv empfundenen Geldpolitik mit höheren Inflationsprämien reagieren:[180]

"An overly expansionary monetary policy, or even its anticipation, is embedded fairly soon in higher inflation expectations and nominal bond yields." Greenspan (1993a), S. 294.

Die Fed ging daher bewusst in kleinen Schritten vor, um keine Inflationsbefürchtungen zu wecken und dennoch graduell die Zinsen über das gesamte Laufzeitspektrum zu senken:

"The process of easing monetary policy, however, had to be closely controlled, and generally gradual, because of the constraint imposed by the marketplace's acute sensitivity to inflation." Greenspan (1993b), S. 849.

Da die Senkung der langfristigen Zinsen im Zentrum der Fed-Politik stand, war auch die Einbindung der Fiskalpolitik Teil der Fed-Strategie. Greenspan wurde nicht müde

---

[179] Das niedrige Kreditwachstum bot Greenspan außerdem einen wichtigen Anhaltspunkt dafür, dass kaum Inflationsgefahr drohte: "It's not interest rates that move inflation: it's finance. And so far as finance is concerned, we just do not have inflationary forces running. The rate of borrowing at this stage is the lowest it has been in the post World War II period." Greenspan, in: FOMC (TS Nov 1991), S. 28.

[180] Im Rückblick auf die 50er/60er Jahre meinte Greenspan [(1993a), S. 293]: "In those circumstances [stable inflation expectations], monetary policy had far more room to manoeuvre; monetary policy, for example, could ease aggressively without igniting inflation expectations."

in seinen Stellungnahmen vor dem Kongress zu betonen, dass eine Senkung der Budgetdefizite zu niedrigeren langfristigen Realzinsen und damit verbesserten wirtschaftlichen Rahmenbedingungen führen würde.[181] Er nutzte daher auch die Gelegenheit, die seit November 1992 neu im Amt befindliche *Clinton*-Regierung in ihrer Absicht zu bestärken, das Staatsdefizit zu reduzieren.[182] Das im Februar 1993 von Clinton präsentierte Programm zum mittelfristigen Abbau des Budget-Defizits (bis 1997 500 Mrd. US-$) lobte der sonst auf politische Neutralität achtende Greenspan [(1993a), S. 301] öffentlich mit den Worten: *"... it is a serious proposal; its baseline economic assumptions are plausible ..."*.

Im August wurde das Programm schließlich (leicht verwässert) vom Kongress verabschiedet und das Ziel, die langfristigen Zinsen zu senken, konnte tatsächlich erreicht werden (siehe Abb. 4.11). Zwischen November 1992 und Oktober 1993 sanken die Renditen 10-jährige Treasuries von 6,9% auf damals bemerkenswert niedrige 5,3%. Letztendlich ist dieses niedrige Niveau das Ergebnis zweier Faktoren: Der Erwartung einer weiterhin expansiven Geldpolitik (niedriger Geldmarktzinsen) und der an den Märkten als glaubwürdig empfundenen Ankündigung einer Budgetreduzierung, was auf eine langfristige

Abb. 4.11: Entwicklung langfrsitiger Zinsen USA 1991-1993

Renditen 10-jähriger Treasuries

Feb 1993: Ankündigung des Budget-Plans durch

Aug 1993: Budget-Plan von Kongress angenommen

Datenquelle: BoG.

dig empfundenen Ankündigung einer Budgetreduzierung, was auf eine langfristige Entlastung der Kapitalnachfrage hindeutete. Damit waren auf jeden Fall günstige Voraussetzungen für die Investitionsnachfrage und die private Entschuldung geschaffen. Gleichzeitig handelte es sich um einen eher eigenwilligen „policy mix" zur Überwindung der Rezession. Die klassische Lehrbuchversion antizyklischer Nachfragepolitik empfiehlt eigentlich, dass beide makroökonomischen Akteure – Zentralbank und Regierung – expansiv agieren sollten. Ein solcher Politikansatz wurde zehn Jahre später tatsächlich praktiziert. 1993 entschied man sich jedoch für die Kombination aus expansiver Geld- jedoch *restriktiver* Fiskalpolitik.[183]

---

[181] "The lower long-term interest rates that resulted from a credible deficit-reducing plan would themselves have an immediate positive effect on the economy." Greenspan (1993a), S. 301.

[182] Gemäß Woodward [(2001), S. 123ff.] hatte nicht zuletzt Greenspan den neuen Präsidenten von der Notwendigkeit der Haushaltskonsolidierung überzeugt und maßgeblich die quantitative Größenordnung des Budget-Plans beeinflusst.

[183] Blinder/Yellen [(2001), S. 21f.] weisen explizit auf das paradoxe Ergebnis hin, dass die restriktive Fiskalpolitik in dieser Zeit offenbar expansive Wirkung entfaltet hat. Sie erklären dies mit der dem Haltung der Finanzmärkte, die für längere Zeit auf den (günstigen) „policy-mix" von restriktiver Fiskal- und expansiver Geldpolitik vertraut haben. Im Hinblick auf die Nachfrage neutralisierten sich dabei Geld- und Fiskalpolitik. Für einen zusätzlich stimulierenden Impuls sorgten jedoch die deutlich niedrigeren langfristigen Zinsen.

Zusammenfassen kann man sagen, dass die Fed-Strategie 1991-1993 von zwei Seiten Angriffsflächen bot: Der einen war sie zu restriktiv, der anderen zu expansiv. Die in ihrem Ausmaß bedeutende Senkung der Fed Funds Rate rechtfertigte die Fed mit den speziellen strukturellen Anpassungsprozessen, die Anfang der 90er Jahre gegeben waren. Dass die Zinssenkungen nur in vorsichtigen Trippelschritten und über einen gespreizten Zeitraum erfolgten, wurde damit erklärt, dass man in niedrigen Kapitalmarktzinsen die primäre Voraussetzung für den Aufschwung sah. Um dies zu erreichen, versuchte man die Fiskalpolitik als Verbündeten zu gewinnen.

4.3.2.4 Reagiert die Fed zu stark auf einzelne Konjunkturindikatoren?

Die Strategie der vielen kleinen, fast unbemerkten Zinssenkungen, die in ihrer Kumulation große Wirkung entfalten sollten war jedoch innerhalb der Fed selbst umstritten. Einzelne Offenmarktmitglieder befürchteten, dass die Trippelschritte nach außen den Eindruck erwecken würden, dass die Fed auf einzelne schlechte Konjunkturdaten reagieren würde, statt eine langfristige Politik der Preisstabilität zu praktizieren. Der Fed-Präsidenten von St. Louis Melzer merkte z.B. nach der Diskontsatzsenkung vom 13.09.1991 an:[184]

"... in a long-term context, I worry a little about reacting to current numbers on the real economy. It just seems to me that ... we're going to see some numbers that don't look too good and, in effect we're reacting to bad numbers. I simply think this exposes us to the same sort of mistakes that historically were made in monetary policy around turning points." FOMC (Telephone Sep 1991), S. 2.

Greenspan antwortete hierauf, dass die Fed nicht kurzfristig handle, sondern vor allem auf die finanzielle Kontraktion der Finanzintermediäre reagiere:

"I don't think we are reacting to ... short-term economic events ... (...) I think fundamentally we are responding to the financial system." FOMC (Telephone Sep 1991), S. 3.

Auch in offiziellen Stellungnahmen begründete Greenspan Zinssenkungen lieber mit dem Argument finanziell angeschlagener Banken und Unternehmen als mit unzureichendem Wachstum.[185] Die Fed wollte offenbar die Rücksichtnahme auf die Konjunkturentwicklung herunterspielen, um keine Zweifel an ihrer Anti-Inflationshaltung hervorzurufen. Tatsächlich erfolgten jedoch sehr viele Zinssenkungen 1991/92 in direkter Reaktion auf die Publikation negativer Konjunkturdaten.[186] So rechtfertigte Greenspan die Zinssenkung im April 1991 (intern) mit einer unerwartet schlechten

---

[184] Im August 1991 lautete ein Argument gegen einen weiteren Expansionsschritt: "They [some members] were concerned about the risk of responding to what might prove to be short-lived fluctuations in the economic data and anecdotal information bearing on the performance of the economy." BoG (Minute Aug 1991), S. 145.

[185] Nach einem Vortrag im Oktober 1992 soll Greenspan auf die Frage, warum die Zinssenkungen der Fed noch keinen Wachstumsschub bewirkt hätte, folgende Antwort gegeben haben: " ... the [interest rate] cuts had not been made to encourage growth but to ease the debt burden." Zitiert nach Leadbeater (1992), S. 18.

[186] Innerhalb des FOMC war man sich dieser Problematik bewusst. Ende Oktober 1991 wollte man daher unbedingt verhindern, dass die nächste Zinssenkung in Verbindung mit der Veröffentlichung von Arbeitsmarktdaten gebracht wurde: "I'm wary of doing another move that is tied very, very closely to the announcement of he employment figures." Fed-Präsident Syron, in: FOMC (Telephone Oct 1991), S. 4f.

Konsum- und Kapitalgüternachfrage (siehe Fußnote 126). Die geldpolitische Lockerung im August 1991 erfolgte unmittelbar nach Veröffentlichung eines schwachen Konjunkturberichts („Beige Book"). Die Zinssenkungen im Juli und August 1992 standen in engem Zusammenhang mit schlechten Arbeitsmarktberichten.[187]

Im November/Dezember 1991 ist die Fed einmal dezidiert von ihrer Politik der kleinen, fast heimlich vollzogenen Trippelschritte abgewichen. In dieser Zeit mehrten sich Anzeichen, die auf einen Stillstand des Aufschwungs hindeuteten. Für das 4. Quartal 1991 prognostizierten viele Offenmarktmitglieder ein „Null-Wachstum".[188] Als besonders problematisch wurde der massive Einbruch der privaten Vertrauensindikatoren gesehen.[189] Ein negativer Schock − etwa ausgehend vom bereits labilen Finanzsektor − hatte in diesem Umfeld das Potential, die Wirtschaft erneut in die Rezession abkippen zu lassen.[190] Vor diesem Hintergrund sprachen sich viele Offenmarktmitglieder ab Oktober 1991 für eine „dramatische" Aktion der Fed aus.[191] Die Fed Funds Rate sollte möglichst um 50 statt der üblichen 25 Basispunkte gesenkt und von einer Diskontsatzsenkung begleitet werden.[192] Dies sollte der Öffentlichkeit demonstrieren, dass die Fed den Ernst der Lage erkannt hatte und dem drohenden Wachstumsabschwung nicht tatenlos zusehen würde. Die Vertrauensindikatoren sollten dadurch stabilisiert werden.[193] Ein großer Zinsschritt sollte der Öffentlichkeit auch signalisieren, dass der Zinssenkungsprozess vorerst beendet ist und dass sich ein weiteres Abwarten der privaten Akteure auf günstigere Finanzierungsbedingungen nicht mehr lohnen würde.[194]

---

[187] Vgl. BoG (AR 1992), S. 25. Ein weiteres Beispiel ist die Zinssenkung am 01. Feb 1991, die Greenspan unter anderem wie folgt gegenüber den anderen Offenmarktmitgliedern rechtfertigte: "The data releeased this morning, as you all know, are quite weak. And the Purchasing Managers' report ... is exceptionally weak for the month of January." Greenspan, in: FOMC (Telephone Feb 1991).

[188] "My sense is that we're not likely to see sharp declines in growth: I think we're going to see an absence of growth." Fed-Präsident *Boehne*, in: FOMC (Telephone Oct 1991), S. 2.

[189] Schwache Vertrauensindikatoren wurden vor allem auf der Telefonkonferenz im Oktober beklagt [vgl. FOMC (Telephone Oct 1991), S. 3f.]: Mr. Forrestal: "From statements by business people, what is happening here ... is that sentiment is really very, very negative." Mr. Black: "I don't remember a time in the postwar period when I felt that the confidence of our business people was as sour or as bad as it is right now."

[190] "I would agree with those who think the economy is vulnerable to a negative shock, and there are some potential ones in the financial sector." Governor Mullins, in: FOMC (TS Nov1991), S. 24.

[191] "What we need to do is something that gets attention − something that is more than the usual kind of easing moves we've taken. So I think we have to go 50 basis points on the funds rate and the discount rate." Fed-Präsident *Boehne*, in FOMC (Telephone Oct 1991), S. 2. "I think there are arguments for doing something that is a bit more dramatic." Fed-Gouverneur Keehn, in FOMC (Telephone Oct 1991), S. 4.

[192] Obwohl der Diskontkredit kaum noch Bedeutung besaß, waren die Signalwirkungen einer Diskontsatzsenkung damals größer als diejenigen einer Senkung des Tagesgeldsatzes, da Änderungen des Diskontsatzes (im Gegensatz zu Anpassungen der Fed Funds Rate) öffentlich verkündet wurden. Entsprechend ist auch die Äußerung von Fed-Präsident Keehn zu verstehen: "I would very much favour a reduction in the discount rate as a way of indicating what we're doing." FOMC (Telephone Oct 1991), S. 4.

[193] " ... we can ill afford to ignore this deterioration in confidence and I think we ought to make a [easing] move just to try to turn that around ..." Fed-Präsident Black, in: FOMC (Telephone Oct 1991), S. 4. "... given the impotency of fiscal policy at the moment, we're the only institution that can provide some kind of action that will help to turn confidence around." Fed-Präsident Forrestal, in: FOMC (TS Nov 1991), S. 30.

[194] "The next time we move the perception ought to be that we have done our thing and people should stop waiting for the next shoe to drop. People are out there trying to make decisions − they want to

Letztendlich wurde im Dezember 1991 tatsächlich ein „dramatischer" Zinsschritt (100 Basispunkte beim Diskontsatz) durchgeführt, aber die Diskussion darüber ließ einen generellen Konflikt über die Wirksamkeit der Geldpolitik in Aufschwungphasen innerhalb des FOMC erkennen. Die Mehrheit war der Auffassung, dass die bisherigen Zinssenkungen bereits der Wirtschaft geholfen hatten und dass zusätzliche Zinssenkungen den Aufschwung durchaus noch weiter unterstützen könnten.[195] Sie argumentierten dabei mit Hilfe der traditionellen Transmissionskanäle: Niedrigere Notenbankzinsen würden unter anderem die Kapitalmarkt- und Kreditzinsen reduzieren, die Börsenkurse stimulieren und den Dollarkurs schwächen. Vor allem zinssensitive Bereiche der Wirtschaft (Häusermarkt, langlebige Konsumgüter) würden davon profitieren. Schließlich wurde der Geldpolitik auch die Fähigkeit zugesprochen, die Vertrauenskrise am Jahresende 1991 zu mindern bzw. sogar zu beheben.

Eine Minderheit war hingegen der Auffassung, dass die reale Wirksamkeit der Geldpolitik in dieser Situation erschöpft sei. Die Geldpolitik könne weder einen Umschwung bei den Vertrauensindikatoren hervorrufen noch insgesamt den Aufschwung erzwingen.[196] Weitere Zinssenkungen würden nach dieser Auffassung nur zu höheren Inflationserwartungen und Kapitalmarktzinsen führen. Es wäre jetzt schon abzusehen, dass die Fed nach weiteren Zinssenkungen bald schon wieder gegensteuern müsse. Das Ergebnis wäre die übliche „Stop-and-Go-Politik", welche für weitere Unsicherheit sorge.[197]

Insgesamt kann man sagen, dass die Politik der kleinen Trippelschritte von der Mehrheit des Offenmarktausschusses getragen wurde. Gleichzeitig wurde aber auch die Gefahr gesehen, dass dieses Vorgehen in der Öffentlichkeit den Eindruck erwecken könnte, dass die Fed auf einzelne Konjunkturdaten reagiert und somit eine Art „Feinsteuerung" praktiziert. Nicht immer hielt die Fed 1991-1993 allerdings stur an ihrer zurückhaltenden Geldpolitik fest. Ende 1991 wollte sie durch eine dramatischere Aktion deutliche Signale an die Finanzmärkte senden. Die Auffassungen hinsichtlich der makroökonomischen Wirkungen dieses Zinsschrittes waren aber innerhalb des geldpolitischen Ausschusses geteilt.

---

buy a house or a car – and as long as they think there's a little more reduction in rates to go they're going to postponing those decisions." Fed-Präsident McTeer, in: FOMC (TS Dec 1991).

[195] Diese Auffassung vertrat besonders dezidiert Fed-Gouverneur Mullins: "Can monetary policy help? I think it can and has. One wonders where the economy would be without the easing actions we've taken. I believe the easing we did last year helped lift the economy out of the more traditional recession ... I believe the move's we've made since August have helped stabilize the housing recovery ..." Mullins, in: FOMC (TS Dec 1991), S. 19. "Despite doubts in every bout of economic weakness, I believe that monetary policy works. (...) Also, I think a [easing] move would cause the dollar to give up some of this year's gains and that would have an impact on exports." Mullins, in: FOMC (TS Nov 1991), S. 24.

[196] Fed-Präsident Melzer: "I'm very leery about our ability to do short-term fine-tuning, especially trying to fine-tune confidence." FOMC (Telephone Oct 1991), S. 6. Fed-Governor LaWare: "I'm not convinced that we are causing this recovery to stall out or that a change in interest rates would improve the rate of economic growth." FOMC (Telephone Oct 1991), S. 8.

[197] "... we're getting very close to making the same mistake monetary policy typically makes at this point in the cycle in that we could be sowing the seeds of the next inflation. (...) I worry about setting up a stop-and-go policy and putting us in a position where several years down the road we're going to have to tighten dramatically." Fed-Präsident Melzer, in: FOMC (TS Dec 1991), S. 32.

4.3.2.5 Wie expansiv war die Fed-Politik wirklich zwischen 1991 und 1993?

Angesicht der zum Teil heftigen Kritik an der Fed-Politik soll die Frage nach der Angemessenheit des geldpolitischen Kurses in den Jahren 1991-1993 erneut anhand der drei Indikatoren: Realzins, Zinsstruktur und fiktiver Taylor-Zins beleuchtet werden. Abb. 4.12. veranschaulicht zunächst den nominalen Zinssenkungsprozess, der zwischen Juli 1990 und September 1992 vollzogen wurde und zu einer Reduzierung der Fed Funds Rate von 8¼ auf 3 % führte. Phasen beschleunigter Zinssenkungen wechselten dabei mit Zinspausen ab. Rasche Expansionsschritte wurden in folgenden Perioden durchgeführt:

- Oktober 1990-März 1991 (8 auf 6 %): Direkt nach Beginn der Rezession.
- Nov/Dez 1991 (5 auf 4 %): Als der Aufschwung merklich ins Stocken geriet.
- Juli 1992 (3¾ auf 3¼ %): Als sich die Arbeitsmarktlage erneut eintrübte.

In den Zinspausen (etwa Mai-Juli 1991 oder Januar-März 1992) rechnete die Fed mit einer Stabilisierung des Aufschwungs. Ab Oktober 1992 beließ die Fed dann den nominalen Geldmarktsatz für 16 Monate bei 3 %. Die drei Indikatoren geben zunächst keinen Hinweis darauf, dass die Fed zu langsam und zu wenig stark auf die Rezession reagiert hat (siehe Abb. 4.12-4.15). Der erste Zinssenkungsschub zur Jahreswende 1990/91 reduzierte bereits den kurzfristigen Realzins auf 1 % (vgl. Abb. 4.13). Auf einen expansiven Kurs deutete auch die Zinsdifferenz hin, die sich auf 2 % ausdehnte (Abb. 4.14) und der Taylor-Zins, der ca. 1-1½ Prozentpunkte oberhalb der Fed Funds Rate verlief (Abb. 4.15). Der Expansionskurs wurde am Jahresende 1991 forciert (Realzins fällt auf 0 %, Zinsdifferenz steigt auf >3 %, Abstand zum Taylor-Zins weitet sich aus). Insgesamt kann man die Politik bis Anfang 1992 als durchaus konjunkturstimulierend bezeichnen. Allerdings fiel sie auch nicht ausnehmend expansiv aus, da ein Realzinsniveau von 0 % für eine Nachkriegsrezession nicht unüblich war.[198] Kritisieren könnte man lediglich, dass zwischen März und September 1991 kurzzeitig ein leichter Anstieg der Realzinsen zugelassen wurde.[199]

Aus dem Rahmen fällt die Fed-Politik jedoch ab Mitte/Ende 1992. Der Konjunkturtiefpunkt lag inzwischen über ein Jahr zurück, und die Anzeichen für einen robusten Aufschwung mehrten sich. Der Zeitpunkt für einen neutralen Kurs schien gekommen. Statt aber die Zinsen wieder zu erhöhen, hielt die Fed für weitere eineinhalb Jahre ein Realzinsniveau von ca. 0 % aufrecht. Blinder/Yellen [(2001), S. 13] bezeichneten dies als „extraordinary dose of easy money" und gehen davon aus, dass diese 18-monatige Niedrigzinspolitik dem Wirtschaftsaufschwung einen erheblichen Schub verliehen hatte. Wie stark expansiv die Fed-Politik war, zeigt der Vergleich mit dem Taylor-Zins. Die Taylor-Regel hätte für das Jahr 1993 ein Niveau der Fed Funds Rate von ca. 5 % statt 3 % geraten.[200] Ein Level von 3 % ließe sich im Rahmen der Tay-

---

[198] "Real short-term interest rates have often dropped below zero in previous recoveries, suggesting that monetary conditions have now [1992] eased by a typical degree." OECD (ES USA 1992), S. 32.

[199] Dies ergab sich trotz Senkungen der Fed Funds Rate (April, August, September), weil der Inflationsrückgang noch stärker ausfiel, was per Saldo zu steigenden ex-post Realzinsen führte.

[200] Dieser Prozentsatz lässt sich ermitteln, wenn man den realen Gleichgewichtzins und das Inflationsziel mit 2½ % ansetzt. Die Inflationslücke lag 1993 bei ungefähr ¾ %, die Outputlücke bei -2½ % (CBO-Schätzung). Gemäß der originären Taylor-Formel ergibt sich dann: 2,5 + 3,25 + 0,5 (0,75) + 0,5 (-2,5) = 4,875 %

lor-Regel nur bei einer sehr hohen Gewichtung der negativen Outputlücke rechtfertigen. Offensichtlich rückten für die Fed 1993 in der Tat die unterausgelasteten Kapazitäten in den Vordergrund, während die aktuellen Inflationsraten (immerhin 3-3½ %
1993) zurücktraten. Damit hatte sich die Fed ganz im Sinne einer beschäftigungsfreundlichen Geldpolitik verhalten, die nach Beginn einer Rezession kräftige Zinssenkungen empfiehlt und auf die Disinflationswirkungen der negativen Ouputlücke
vertraut.

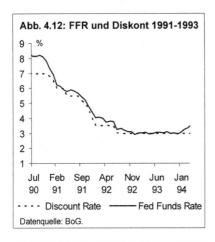

Abb. 4.12: FFR und Diskont 1991-1993

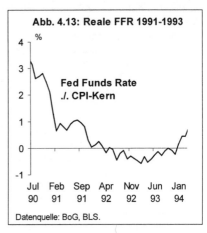

Abb. 4.13: Reale FFR 1991-1993

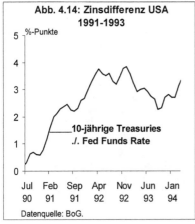

Abb. 4.14: Zinsdifferenz USA 1991-1993

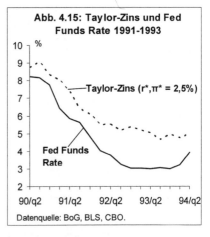

Abb. 4.15: Taylor-Zins und Fed Funds Rate 1991-1993

Insgesamt kann man sagen, dass die Fed in der ersten Phase nach Beginn der Rezession 1990/1991 nicht ungewöhnlich handelte. Die kurzfristigen Realzinsen wurden über einen Zeitraum von eineinhalb Jahren (Juli 1990 bis Januar 1992) auf 0 %
abgesenkt – ein Niveau, das im historischen Vergleich für Rezessionsphasen normal
ist. Außergewöhnlich verhielt sich die Fed hingegen 1993. Trotz zunehmender Auf-

schwungsignale wurde der Expansionskurs fortgeführt. Ein neutralerer Kurs (Taylor-Regel) hätte in dieser Zeit Geldmarktsätze empfohlen, die ca. 200 Basispunkte über der Fed Funds Rate lagen.

4.3.2.6 Resümee der Fed-Politik 1991-1993

Die Fed wollte 1991-1993 zum einen weitere Fortschritte beim Inflationsabbau erzielen und zum anderen den wirtschaftlichen Erholungsprozess in Gang bringen und fördern. Um beiden – sich zum teil widerstrebenden Zielen – gerecht zu werden, wurden die kurzfristigen Zinsen zwar insgesamt beträchtlich gesenkt aber dies sollte so vorsichtig (Trippelschritte) und über einen gedehnten Zeitraum erfolgen, dass an den Finanzmärkten keine Inflationsbefürchtungen hervorgerufen werden. Zentrales Anliegen der Fed war es, neben den kurzfristigen auch die langfristigen Zinsen nach unten zu drücken. Dies wurde schließlich auch 1993 mit Hilfe der Fiskalpolitik erreicht.

Öffentlich wurde als Argument für die Zinssenkungen häufig auf die hochverschuldeten Unternehmen und angeschlagenen Banken verwiesen, denen man mit niedrigeren Zinskosten unter die Arme greifen wollte. Insgesamt wurde von einer Vielzahl von „headwinds" (Bankenkrise, Vermögensdeflation, restriktive Fiskalpolitik) gesprochen, welche den wirtschaftlichen Erholungsprozess beeinträchtigten und daher besondere Maßnahmen der Geldpolitik rechtfertigten. Oft hatte man aber den Eindruck, dass die Fed sich einfach von den aktuellen Wirtschaftsdaten leiten ließ. Bei schlechten Nachrichten wurden die Zinsen gesenkt und bei verbesserten Indikatoren wurde eine Zinspause eingelegt. Innerhalb des Offenmarktausschusses hätten sich einige Mitglieder eine weniger konjunkturpolitische, dafür aber stärker langfristige und auf Preisstabilität ausgerichtete Geldpolitik gewünscht. Andere Mitglieder sprachen sich hingegen zum Teil für ein Abweichen von den vorsichtigen Trippelschritten aus, um auch nach außen die konjunkturstützende Haltung sichtbar zu machen. Am Jahresende 1991 konnte sich diese Gruppe durchsetzen.

Beurteilt man die US-Geldpolitik anhand von Indikatoren wie Zinsstruktur, Realzins oder Taylor-Zins, kann man zur Auffassung gelangen, dass der Kurs der US-Geldpolitik bis Mitte 1992 weder ausgesprochen restriktiv (wegen der verzögerten Zinssenkungen) noch zu expansiv (wegen des deutlichen Ausmaßes der Zinssenkungen) ausfiel. Dies änderte sich jedoch 1993, als die Fed trotz gefestigter Wachstumsprognosen nicht zu einem neutraleren Kurs wechselte, sondern an ihrem Expansionskurs festhielt. Von der Geldpolitik ging daher ein beträchtlicher konjunkturstimulierender Impuls für die kommenden Jahre aus.

4.4   1994/1995: „Preemptive strike" und „weiche Landung"

4.4.1   Wirtschaftliche Entwicklung und Geldpolitik 1994/1995

Makroökonomischer Überblick 1994/1995

- 1994 erlangte der Aufschwung zunächst die Dynamik früherer Nachkriegszyklen (reales BIP + 4 %). Im ersten Halbjahr 1995 kam es dann aber zu einer Konjunkturdelle. Das reale Wachstum (laufende Rate) sank auf unter 1,5 %. Im 2. Halbjahr erholte sich die US-Wirtschaft wieder.

- 1994 entwickelte sich die Investitionsnachfrage – neben Ausrüstungs- auch die Bauinvestitionen – zur treibenden Kraft des Aufschwungs. Die Industrieproduktion stieg kräftig an (+ 6 %).

- Anfang 1995 sahen sich die Unternehmen mit einer rückläufigen Export- (Mexiko-Krise) und Konsumnachfrage (Sättigung bei langlebigen Verbrauchsgütern) konfrontiert, worauf sie mit einer Reduktion ihrer Lager reagierten. Daneben litt der Häusermarkt unter den ansteigenden Zinsen.

- Die Inflation ging 1994/1995 nochmals leicht zurück (Kerninflationsrate bei 3 %). Mäßigend wirkte sich das trotz zunehmend angespannter Arbeitsmärkte moderate Lohnwachstum aus.

- Bei lebhafter Beschäftigungsnachfrage sank die Arbeitslosenrate 1994 auf 5½ % und stabilisierte sich 1995 trotz der konjunkturellen Stockung auf diesem Niveau.

Geldpolitik 1994

Im Februar 1994 leitete die Fed einen fundamentalen Kurswechsel in der Geldpolitik ein. Erstmals nach fünf Jahren wurde die Fed Funds Rate wieder erhöht und zwar von 3 auf 3,25 %. Dieser kleine aber sehr bedeutende Restriktionsschritt wurde wie folgt begründet:

- Die strukturellen Anpassungsprozesse (Bankenkonsolidierung, privater Schuldenabbau), die bisher den Aufschwung bremsten, schienen aus Sicht der Fed weitgehend gelöst.

- Die Fed prognostizierte für 1994 ein Wachstum leicht oberhalb des Potentialtrends und rechnete bis Jahresende mit einer Ausschöpfung der Sach- und Arbeitskapazitäten.[201]

- Auch wenn breitere Inflationsindizes noch keine akute Inflationsgefahr nahe legten, gab es erste Warnsignale in Richtung steigender Preise.[202]

Angesichts dieser Lagebeurteilung war nach Meinung des FOMC der Übergang zu einem neutraleren geldpolitischen Kurs von der derzeit sehr akkommodierenden Haltung unausweichlich. Letzteres machte es gemäß einer Prognose der Fed-Staff erforderlich, die Geldmarktsätze auf mindestens 4,5 % bis 1995 anzuheben. Strittig war dabei weniger das genaue Ausmaß, sondern eher die Geschwindigkeit einer solchen

---

[201] „... members emphasized that ... overall margins of slack in labor and product markets, already reduced to fairly modest levels, would shrink further in the quarters ahead with the clear possibility that ... added inflation would emerge in the absence of monetary tightening actions." BoG (Minute Feb 1994), S. 134.

[202] So wurde auf Engpässe im Bereich hochqualifizierter Arbeitskräfte, erhöhte Materialkosten und steigende Rohstoffpreise verwiesen, vgl. z.B. BoG (Minute Feb 1994), S. 134.

Zinsanpassung. Die Mehrheit des Ausschusses plädierte dafür, den neuen Zinszyklus mit einer deutlichen Zinserhöhung (50 Basispunkte) einzuleiten. Ihrer Meinung nach war es sinnvoller, sich in wenigen großen als in vielen kleinen Trippelschritten dem angepeilten „neutralen" Zinsniveau anzunähern. Ein solches forciertes Vorgehen würde die Anti-Inflationshaltung der Fed unterstreichen und den Märkten eine klare Richtung vorgeben.[203]

Greenspan sprach sich hingegen für ein vorsichtigeres Vorgehen (25 Bp) aus:

* Die Finanzmärkte würden sehr sensibel auf die Zinswende reagieren. Bei zu forschem Agieren würde die Fed einen „Crash" an den Finanzmärkten riskieren.[204]
* In Verbindung mit der Erwartung weiterer, zukünftiger Zinserhöhungen würde von den 25 Bp ein ausreichend restriktiver Impuls ausgehen.[205]
* Die Wirtschaft befinde sich noch nicht in einem Stadium der Überhitzung, so dass ein übereiltes Vorgehen nicht angezeigt sei.[206]

Mit Rücksicht auf die Marktreaktionen war es Greenspan auch wichtig, dass die Zins-Entscheidung einstimmig gefällt wurde. Nachdem er seine ganze Autorität in die Waagschale geworfen hatte, stimmten schließlich alle FOMC-Mitglieder seinem Vorschlag zu.[207] Im März und April wurde der behutsame Zinsanpassungsprozess in einem Umfeld volatiler und nervöser Märkte zunächst mit zwei weiteren kleinen Trippelschritten fortgesetzt. Im Mai beschleunigte die Fed jedoch ihre Gangart und hob die Fed Funds Rate in einem Zug von 3,75 % auf 4,25 % an und begründete dies damit, dass sich die Märkte allmählich auf steigende Zinsen eingestellt hätten und das Risiko heftiger Marktreaktionen reduziert sei.[208]

Das 2. Halbjahr brachte dann einen stetigen Wechsel von Zinspausen und kräftigen Zinserhöhungen mit sich. Insgesamt überwogen die Inflationssorgen, da die Fed angesichts der kräftigen Wachstumsdynamik der ersten Jahreshälfte vermutete, dass die Wirtschaft die Grenzen der Sach- und Arbeitskapazitäten bereits erreicht hatte. Eine Abschwächung des Wachstums in Richtung Potentialtrend wurde daher als absolut notwendig erachtet.

---

[203] Viele kleine Zinsanpassungen würden hingegen gemäß dieser Ansicht für ständige Unsicherheit an den Märkten sorgen: "In the view of some members, continued market expectations of further actions to tighten reserve conditions were themselves contributing to market instability." BoG (Minute Mar 1994), S. 147.

[204] "I've been around a long time watching markets behave and I will tell you that if we do 50 basis points today, we have a very high probability of cracking these markets." Greenspan, in: FOMC (TS Feb 1994), S. 53.

[205] Zum Teil wurde vermutet, dass ein Zinsschritt um 50 Basispunkte sogar geringere restriktive Wirkung erzielen könnte: "... it [a 50 basis point move] could be interpreted ... as a one-time fix, a one-time adjustment which would be followed by a 'Fed-on-hold' period." Vice Chairman McDonough, in: FOMC (TS Feb 1994), S. 46.

[206] Es wurde außerdem mit einer Abschwächung des Wachstums aufgrund von Sättigungstendenzen in einigen Bereichen (Automobilsektor) gerechnet, vgl. z.B. BoG (Minute Feb 1994), S. 131.

[207] Anfangs schlossen sich nur sechs – davon drei stimmberechtigte (McDonough, Forrestal, Kelley) – der insgesamt 17 Anwesenden (Greenspan eingeschlossen) auf dem FOMC-Treffen im Februar seinem Vorschlag einer kleinen Zinserhöhung an. Greenspan [vgl. FOMC (TS Feb 1994), S. 47f., 53, und 55f.] plädierte mehrfach, was sonst unüblich war, auch zwischen den Äußerungen der Offenmarktmitglieder für ein gemäßigtes Vorgehen.

[208] "... financial markets appeared to be in a much better position to absorb needed policy adjustments. Accordingly, a stronger action probably would not produce an unduly adverse market response and could well have a settling effect on markets." BoG (Minute May 1994), S. 158.

Auf seinem August- und November-Treffen beschloss das FOMC kräftige Zinssteigerungen von 50 bzw. sogar 75 Basispunkten, was die Fed Funds Rate in der zweiten Jahreshälfte von 4,25 auf 5,5 % hochschnellen ließ. Dies war zum einen eine Reaktion auf das unvermindert robuste und kräftige Wachstum. Zum anderen wollte die Fed mit diesen deutlichen Zinsschritten den Zinserhöhungsprozess möglichst zum Abschluss bringen und Forderungen der Finanzmärkte nach weiteren Zinserhöhungen den Boden entziehen.[209] Auf dem Juli-, September und Dezember-Treffen legte die Fed hingegen eine Zinspause ein, da sie die Wirkung der vergangenen restriktiven Maßnahmen erst noch abwarten wollte.[210]

Der außergewöhnliche Restriktionsschritt im November – mit 75 Basispunkten der größte Zinsschritt der Greenspan-Ära überhaupt – lässt sich damit erklären, dass im Spätherbst kräftige Beschäftigungs- und Produktionszuwächse endgültig klar machten, dass man die Aufschwungdynamik unterschätzt hatte und eine Abschwächung des Wachstums in Richtung Potentialtrend in naher Zukunft nicht mehr zu erwarten war.[211] An den Bondmärkten lösten die neuen Wirtschaftsdaten wachsende Inflationsängste und steigende Kapitalmarktzinsen aus. Mit ihrer beherzten Reaktion wollte die Fed nicht zuletzt diese Inflationsbefürchtungen dämpfen und die Glaubwürdigkeit in der Inflationsbekämpfung aufrechterhalten.[212]

Insgesamt wollte die Fed 1994 einen „preemptive strike" durchzuführen, d.h. die Inflation sollte – noch bevor sie in den Daten sichtbar wurde – durch zeitiges geldpolitisches Agieren im Keim erstickt werden. Der Zinserhöhungsprozess wurde mit Rücksicht auf die Finanzmärkte vorsichtig begonnen, später durch mutigere Zinsschritte forciert, die am Jahresende auch dazu dienten, die anfangs unterschätzte Wachstumsdynamik abzubremsen.

Geldpolitik 1995

Im Februar 1995 erreichte der Anfang 1994 eingeleitete Zinserhöhungszyklus seinen Höhepunkt. Die Fed steigerte den Tagesgeldsatz nochmals um 50 Basispunkte auf 6 %. Die Fed Funds Rate wurde damit binnen eines Jahres um 3 Prozentpunkte angehoben. Der Zinsschritt wurde durchgeführt, obwohl erste, zaghafte Anzeichen eine

---

[209] "A more decisive policy move [than 25 basis points] might reduce the need for further tightening later, or possibly even avert that need entirely ..." BoG (Minute Aug 1994), S. 180.

[210] Man war dabei teilweise überrascht, dass die restriktive Wirkung der Geldpolitik so lange auf sich warten ließ, vgl. BoG (Minute Jul, Sep, Dec 1994), S. 170, 188, und 208f.

[211] "... members commented on widespread ... indications of considerable greater strength in the business expansion than they had anticipated earlier, with numerous industries now operating at or beyond historic, long-run capacity levels." BoG (Minute Nov 1994), S. 195.

[212] Nachdem die Kapitalmarktzinsen im Dezember wieder deutlich rückläufig waren, bemerkte die Fed: "Evidently, market participants ultimately interpreted the substantial policy tightening as demonstrating the Committee's intention to take the actions necessary to contain inflation at relatively low levels." BoG (AR 1994), S. 28. Einige FOMC-Mitglieder – vor allem die neu von Clinton ernannten Gouverneure Blinder und Yellen – hätten für lediglich 50 Basispunkte plädiert. Sie wiesen speziell darauf hin, dass ein Großteil der 1994 beschlossenen Maßnahmen erst 1995/1996 wirksam werde, dann aber zu erheblichen Wachstumseinbußen führen würde, vgl. FOMC (TS Nov 1994), S. 30ff.

Wachstumsverlangsamung (z.B. im Einzelhandel) vorlagen.[213] Die Fed begründete ihre Aktion wie folgt:[214]

- Das Wachstum liege nach wie vor oberhalb des Potentialtrends. Ein nachhaltiger Abwärtstrend sei ungeachtet einiger retardierender Momente nicht sichtbar.[215]
- Bei einer Arbeitslosenrate von 5½ % und einem industriellen Kapazitätsauslastungsgrad von über 85 % seien die Ressourcenpotentiale vollkommen erschöpft.
- Die Preise von Vorleistungsgütern waren Ende 1994 spürbar gestiegen.
- Die Bond- und Devisenmärkte erwarteten eine weitere Zinserhöhung als Signal der Inflationsbekämpfung und würden auf eine Zinspause enttäuscht reagieren.[216]

Einige Mitglieder des FOMC warnten jedoch davor, dass man mit diesem Zinsschritt bereits über das Ziel hinausschoss. Sie hätten es vorgezogen, noch abzuwarten, um zu sehen, ob sich die jüngste Tendenz zur wirtschaftlichen Beruhigung bestätigen würde oder nicht.[217] Diese Außenseitermeinung sollte im Laufe des Jahres zunehmend an Gewicht gewinnen.

Bereits kurz nach dem Februar-Treffen wurde eine deutliche Dämpfung des Expansionstempos sichtbar. Vor allem die zinssensitiven Wirtschaftssektoren (langlebige Konsumgüter, Häusermarkt) erlebten Einbußen. Diese Wachstumsverlangsamung war einerseits gewollt, um das Ressourcenpotential zu entlasten, sollte aber andererseits auch nicht zu kräftig ausfallen. Die Mehrheit des FOMC war jedoch zuversichtlich, dass es sich nur um ein Zwischentief handelte, welches durch die Reduktion von überhöhten Lagerbeständen der Unternehmen ausgelöst wurde und bald überwunden sei. Für das zweite Halbjahr rechnete man mit einer Expansion auf einem moderaten Wachstumspfad.[218] Für diese positive Sicht sprach insbesondere das vorteilhafte monetäre Umfeld: Kapitalmarktzinsen und Dollarkurs waren rückläufig und die Banken vergaben bereitwillig Kredite zu günstigen Konditionen. Die Fed hielt es daher im Frühjahr für klug, keine weiteren Maßnahmen zu ergreifen.

Im Juni wurde dann aber erkennbar, dass die Wachstumsdelle des zweiten Quartals deutlicher ausfiel als ursprünglich erwartet. Nach mehrheitlicher Ansicht des FOMC war jetzt nicht mehr auszuschließen, dass sich die Lagerbestandreduktion der Unternehmen zu einer veritablen Rezession ausweiten oder ein anderer negativer Schock

---

[213] "The data that have been published in the first weeks of 1995 have offered some indications that the expansion may finally be slowing from its torrid and unsustainable pace of late 1994." Greenspan (1995), S. 342.

[214] Vgl. BoG (Minute Feb 1995), S. 119, und 121, sowie Greenspan (1995), S. 343.

[215] Für Greenspan war insbesondere die unverminderte Stärke der Investitionsnachfrage nicht mit einer baldigen rezessiven Entwicklung vereinbar, vgl. FOMC (TS Feb 1995), S. 104f.

[216] "Some tightening of policy at this meeting was generally anticipated in markets, and a failure to take action now was likely ... to raise questions about the credibility of the System's anti-inflation resolve." BoG (Minute Feb 1995), S. 121. Insbesondere Greenspan befürchtete einen raschen Einbruch beim Dollarkurs. Die USA seien derzeit „barely investment grade". FOMC (TS Feb 1995), S. 108.

[217] Vor allem die Fed-Gouverneure Blinder, Yellen und Lindsey hätten gerne noch die bevorstehenden Veröffentlichung einiger Wirtschaftsstatistiken abgewartet, vgl. FOMC (TS Feb 1995), S. 110ff.

[218] "... underlying demand was likely to remain sufficiently robust, especially in light of developments in financial markets to avert a cumulative decline in business activity and, indeed, to return economic growth to a pace broadly in line with potential." BoG (Minute May 1995), S. 144f.

rasch einen Abwärtstrend herbeiführen könnte. Das FOMC reduzierte daher vorsorglich auf seinem Juli-Treffen die Fed Funds Rate um 25 Basispunkte auf 5,75 %.[219]

Über den Sommer und Herbst gingen die Meinungen innerhalb des FOMC über die weitere Zinspolitik auseinander. Einige Offenmarktmitglieder um Fed-Gouverneur Blinder plädierten für weitere Zinssenkungen.[220] Diese Gruppe ging davon aus, dass das zyklische Inflationshoch überschritten war und sah für die zukünftige konjunkturelle Entwicklung gewisse „downside risks", welche durch eine restriktiver als erwartete Fiskalpolitik entfacht wurden. Die Fed sollte in dieser Situation zumindest eine neutrale Position einnehmen, was aber bei einem kurzfristigen Realzins von ca. 3 % noch nicht der Fall sei. Für andere Offenmarktmitglieder standen weitere Zinssenkungen nicht zur Debatte. Angesichts der hohen Ressourcenauslastung rechnete diese Gruppe mit keinen weiteren Disinflationsgewinnen, sondern ging bestenfalls von einer stabilen Inflationsentwicklung in den kommenden Monaten aus.[221]

Gegen Ende des Jahres kippte das Meinungsbild innerhalb des FOMC in Richtung der Zinssenkungsbefürworter, da sich das Wachstum nach einer temporären Stabilisierung im Herbst erneut schwächer und die Inflation eher günstiger als vermutet entwickelte und das Rezessionsrisiko insgesamt höher gewichtet wurde.[222] Die Fed Funds Rate wurde entsprechend im Dezember auf 5,5 % reduziert. Dieser Schritt wurde schon deshalb als notwendig erachtet, um die Realzinsen angesichts sinkender Inflation zu stabilisieren.[223]

Insgesamt betrachtet, schloss die Fed 1995 zunächst ihren „preemptive-strike" mit einer letzten Zinserhöhung auf 6 % ab. Wunschgemäß kam es infolge der Zinsrestriktion im ersten Halbjahr zu einer deutlichen Drosselung des Expansionstempos. Die „weiche Landung" schien geglückt. Ab dem Sommer mehrten sich jedoch die Anzeichen, dass die Fed leicht überdreht hatte, weshalb die Fed ihre Geldpolitik am Jahresende wieder leicht lockerte.

---

[219] "In the view of most members ... the risk to the [economic] outlook were tilted to the downside." BoG (Minute Jul 1995), S. 153. Für Blinder war die Zinssenkung angesichts der fragilen Konjunkturlage und der nach wie vor leicht restriktiven Fed-Haltung überfällig. "... I think we now are behind the curve [with monetary easing]" FOMC (TS Jul 1995), S. 61. Auch Greenspan [vgl. FOMC (TS Jul 1995), S. 58ff.] war der Meinung, dass die Fed Funds Rate noch um mindestens 50 Basispunkte gesenkt werden müsste, sprach sich aber wiederum mit Rücksicht auf die Märkte für einen kleineren Schritt aus. Fed-Präsident Hoenig war hingegen der Ansicht, dass sich die Wirtschaft von alleine wieder erholen würde und Unterstützung von Seiten der Geldpolitik nicht notwendig sei, vgl. BoG (Minute Jul 1995), S. 159ff.

[220] Vgl. BoG (Minute Sep 1995), S. 176, und BoG (Minute Nov 1995), S. 186.

[221] Auf dem August-, September- und November-Treffen des FOMC wurden deutliche Unterschiede bei der Einschätzung der weiteren Inflationsentwicklung deutlich. Einige Mitglieder glaubten, dass sich die derzeit niedrigen Arbeitslosenraten früher oder später in höheren Lohnzuwachsraten niederschlagen würden. Andere rechneten nicht damit und spekulierten sogar mit einer rückläufigen NAIRU: "It also was possible that the rate of capacity utilization and employment associated with a steady rate of inflation had changed in the direction of providing the economy greater leeway to operate at a somewhat higher level without generating more inflation." BoG (Minute Sep 1995), S. 176.

[222] Im 2. Halbjahr sank die Inflationsrate (gemessen am CPI) gegenüber dem 1. Halbjahr von 2,9 auf 2,6 %. Am Jahresanfang wurden noch Inflationsraten von über 3 % prognostiziert.

[223] Einige Offenmarktmitglieder zweifelten nach wie vor daran, ob eine weitere Zinssenkung absolut notwendig war, da sie keine Fortschritte in Richtung Preisstabilität sahen, vgl. BoG (Minute Dec 1995), S. 195.

4.4.2 Bewertung der Geldpolitik 1994/1995

4.4.2.1 Geldpolitische Ziele in der Hochkonjunktur (1994-2000)

In der Zinsrestriktion des Jahres 1994 sah mancher Kritiker eine Überbetonung des Preisstabilitäts- im Vergleich zum Beschäftigungsziel. Wie die Fed jedoch ausdrücklich hervorhob, wollte sie mit den Zinsanpassungen nur eine „neutrale" Position einnehmen. Mit einer solchen Haltung konnte sie nicht mehr erreichen, als die Inflation auf dem aktuellen Stand zu stabilisieren. Um sie zu reduzieren, hätte die Fed darauf abzielen müssen, eine negative Outputlücke zu erzeugen, d.h. die Arbeitslosenrate leicht zu erhöhten.

> *"... it is important to note that the Fed's goal in 1994 was not to push the economy below full employment in an aggressive attempt to pull inflation down."* Blinder/Yellen (2001), S. 26.

Auch in den folgenden Jahren der Hochkonjunktur war die Fed eher darauf bedacht, das gegenwärtige Niveau an Preisstabilität zu sichern, statt weitere Fortschritte beim Inflationsabbau zu erzielen. Die Zielsetzung der amerikanischen Geldpolitik während der gesamten Boomphase 1994-2000 kann daher wie folgt summiert werden:
1. Der Aufschwung sollte möglichst lang gestützt und die Produktion dabei dicht am Potential gehalten werden, um die Beschäftigung so gut wie möglich zu fördern.
2. Das gegenwärtige Niveau an Preisstabilität sollte verteidigt werden.

Das Vorgehen der Fed bei der Inflationsbekämpfung wurde auch als „opportunistischer Disinflationsansatz" [vgl. Orphanides/Wilcox (1996)] bezeichnet. Darin sollte zum Ausdruck kommen, dass die Fed Preisstabilität nicht durch ein aktives Vorgehen, sondern mit Hilfe „günstiger äußerer Gelegenheiten" (positiver Preisschock, unvorhergesehene Rezession) erreichen wollte.[224] Fed-Präsident McTeer sprach z.B. 1995 davon, dass *„man jetzt nur noch einen Zyklus von Preisstabilität entfernt sei".[225]* Er rechnete wie andere Fed-Politiker damit, dass die nächste Rezession automatisch weitere Disinflationsgewinne erzeugen würde und die Fed auf diese Weise Preisstabilität erreichen könnte, ohne aktiv eine negative Beschäftigungslücke herbeizuführen. Da Mitte der 1990er Jahre bereits ein recht niedriges Inflationsniveau (3-3½ %) erreicht war, konnte man sich dieses schrittweise und abwartende Vorgehen nach Meinung der meisten Fed-Politiker leisten.[226]

Über die Frage, wie weit die Disinflationspolitik gehen sollte, gab das Offenmarkttreffen im Juli 1996 gewisse Anhaltspunkte, bei dem über ein mögliches Preisstabilitätsziel diskutiert wurde. Die Mehrheit der Mitglieder sah in einer Reduzierung der Inflationsrate von 3 auf 2 % (gemessen am CPI) die nächste Etappe auf dem Weg zu

---

[224] Den Gegensatz zu einem „opportunistischen" Geldpolitiker bildet der „herkömmliche" Geldpolitiker [Vgl. Orphanides/Wilcox [(1996), S. 4ff.]. Letzterer führt so lange eine restriktive Geldpolitik durch bis das Inflationsziel erreicht ist und wartet nicht auf günstige externe Disinflationsschocks.

[225] FOMC (TS Feb 1995), S. 57, Übersetzung: D.H). Ähnlichen äußerte sich Blinder [(1997), S. 6].

[226] Orphanides/Wilcox [(1996), S. 2ff.] gehen davon aus, dass der „opportunistische Ansatz" nur bei einer leicht erhöhten Inflation durchgeführt wird, und die Geldpolitiker zu einer aktiven Inflationsbekämpfung übergehen, sobald die Inflationsrate eine gewisse Obergrenze überschreitet. Greenspan hegte gleichfalls Sympathien für diesen Ansatz und führte dafür vor allem politische Gründe an. Er sah für eine schnellere und gezieltere Reduzierung der Inflation keinen Rückhalt im Kongress und der Bevölkerung, vgl. FOMC (TS Feb 1995), S. 58.

Preisstabilität. Für einige wäre damit gleichzeitig das Endziel Preisstabilität erfüllt.[227] Die „Falken" innerhalb des FOMC bedauerten das zurückhaltende Vorgehen der Fed bei der Inflationsbekämpfung. Diese dezidierten Inflationsgegner sahen zwischen 1994 und 2000 mehrfach günstige – da für den Aufschwung kaum gefährliche – Gelegenheiten, um durch eine restriktivere Geldpolitik weitere Fortschritte in Richtung Preisstabilität zu erzielen. Stellvertretend hierfür sei ein Plädoyer von Fed-Präsident Broaddus für einen zusätzlichen Zinsschritt im Mai 1997 angeführt:

"We should not lose track of our long-term goal [of price stability]. If we are going to try to make progress toward that goal, this is a very good time to try to achieve it. I think we need to move today [the funds rate]." FOMC (TS May 1997), S. 71.

4.4.2.2 Die Politik des „preemptive strike"

Zwischen Februar 1994 und Februar 1995 verdoppelte die US-Notenbank (in sieben Schritten) die Fed Funds Rate von 3 auf 6 %. Der Zinserhöhungszyklus stieß teilweise (vor allem bei US-Politikern) auf Unverständnis, da er zu einem Zeitpunkt begonnen wurde, als keine unmittelbare Inflationsgefahr erkennbar war. Anfang 1994 wiesen alle breiten Preis- und Lohnindizes einen stabilen oder sogar fallenden Trend auf (siehe als Beispiel in Abb. 4.16 und Abb. 4.17 die Entwicklung der Lohn- und Konsumentenpreisinflation bis zum 1. Quartal 1994).

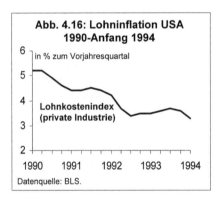

Abb. 4.16: Lohninflation USA 1990-Anfang 1994

in % zum Vorjahresquartal

Lohnkostenindex (private Industrie)

1990 1991 1992 1993 1994

Datenquelle: BLS.

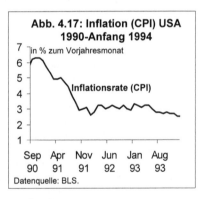

Abb. 4.17: Inflation (CPI) USA 1990-Anfang 1994

in % zum Vorjahresmonat

Inflationsrate (CPI)

Sep Apr Nov Jun Jan Aug
90   91   91   92   93   93

Datenquelle: BLS.

Zur Rechtfertigung ihrer Politik verwies die Fed darauf, dass sie im Gegensatz zu früheren Konjunkturzyklen explizit vorausschauend agieren und den Wirkungslag der Geldpolitik mitberücksichtigen wollte.[228] Entscheidend war daher für die Fed-Politik

---

[227] Über das endgültige Zielniveau von Preisstabilität gab es große Meinungsunterschiede. Einige waren mit 2 % zufrieden andere wollten noch weiter runter. Vor allem Fed-Gouverneurin Yellen riet vor zu niedrigen Inflationszielen mit dem Hinweis auf eine mangelnde Reallohnflexibilität ab. Andere sahen hierin ein geringeres Problem. Auch hinsichtlich des geeigneten Indexes zur Messung der Inflation gab es unterschiedliche Auffassungen. Einige sprachen sich für den PCE statt CPI aus, vgl. FOMC (TS Jul 1996), S. 41ff.

[228] "...to be successful, we must implement the necessary monetary policy adjustments in advance of the potential emergence of inflationary pressures, so as to forestall their actual occurrence. Shifts in the stance of monetary policy influence the economy with a considerable lag, as long as a year or more." Greenspan (1994b), S. 609.

nicht die aktuelle, sondern die zukünftige Inflationsentwicklung in den Jahren
1995/1996 und viele Indikatoren, welche
die Fed Anfang 1994 auswertete, zeigten potentielle Inflationsgefahren an.
Dies galt besonders für den Arbeitsmarkt, der aufgrund der hohen Arbeitsnachfrage zunehmend leergefegt war.
Desgleichen war der industrielle Kapazitätsauslastungsgrad nicht mehr weit
vom zyklischen Hoch der 80er Jahre
entfernt. Schließlich gab es auf den unteren Produktionsstufen der US-Firmen
Anzeichen für Materialknappheit und

Abb. 4.18: Inflation (CPI) 1990-93
und Staff-Prognose 1994

Datenquelle: FOMC (CP Feb 1994), Chart 1.

Preissteigerungen. Aufgrund all dieser Faktoren prognostizierte die Fed-Staff einen
Anstieg der Inflation (CPI) im Jahr 1994 auf über 3 % (siehe Abb. 4.18).

Für Zinserhöhungen sprach aber im Februar 1994 auch das sehr expansive Ausgangsniveau der kurzfristigen Realzinsen (ca. null Prozent). Dies hatte die Fed 1993
noch mit den speziellen Strukturanpassungen gerechtfertig, denen sich die
US-Wirtschaft seit Beginn der 90er Jahre gegenübersah. Inzwischen konnte man
aber nach Ansicht der Fed von einem sich selbst tragenden Aufschwung sprechen,
der keiner weiteren geldpolitischen Unterstützung mehr bedurfte.[229] Ein „neutralerer"
Kurs war daher ange-
bracht. Die Alternative
so lange eine akkom-
modierende Politik bei-
zubehalten, bis die Inflation infolge eines über-
hitzenden Booms tat-
sächlich ansteigt, kam
für die Fed nicht in Fra-
ge. Historische Erfah-
rungen hätten gezeigt,
dass der dabei entste-
hende Inflationsprozess
später nur noch mit ei-
ner harschen Zinsre-
striktion und anschlie-
ßender Stabilisierungs-
rezession gestoppt wer-
den könne.[230]

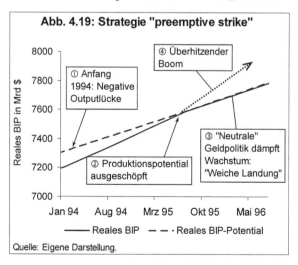

Abb. 4.19: Strategie "preemptive strike"

Quelle: Eigene Darstellung.

---

[229] „... it became evident by early 1994 that the mission of monetary policy of the past few years had
been accomplished. The 'headwinds' were substantially reduced, and the expansion appeared
solid and self-sustaining." Greenspan (1994b), S. 607.

[230] "The alternative – maintaining an accommodative monetary policy until inflation actually begins to
pick up – would be detrimental to the best interest of our nation's economy. (...) As a result, mone-

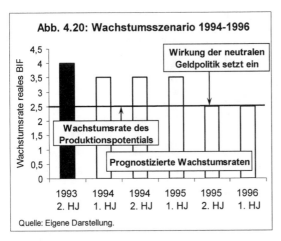

Abb. 4.20: Wachstumsszenario 1994-1996

Wirkung der neutralen Geldpolitik setzt ein

Wachstumsrate des Produktionspotentials

Prognostizierte Wachstumsraten

| 1993 | 1994 | 1994 | 1995 | 1995 | 1996 |
| 2. HJ | 1. HJ | 2. HJ | 1. HJ | 2. HJ | 1. HJ |

Quelle: Eigene Darstellung.

Die Strategie des „preemptive strike" soll anhand von Abb. 4.19 und 4.20 veranschaulicht werden. Ausgangspunkt ist im Februar 1994 eine negative Outputlücke von ca. 1,5 % (① in Abb. 4.19), die man als letzten Überrest der Rezession 1990/91 ansehen kann. Für das Jahr 1994 rechnete die Fed mit Wachstumsraten, die über dem Potentialtrend lagen. Bis Mitte 1995 musste man daher davon ausgehen, dass das Ressourcenpotential ausgeschöpft war und das reale in etwa dem potentiellen BIP entsprach (②). Ab diesem Zeitpunkt war daher geplant, dass aufgrund der Zinsanpassungen im Jahre 1994 von der Geldpolitik keine expansiven Impulse mehr ausgehen. Mit Hilfe einer neutralen geldpolitischen Haltung sollte das reale Wachstum jetzt „nur" noch in Höhe des Potentialtrends stabilisiert werden. Ende 1995 wäre dann mit einer solchen Strategie ein „soft landing" erreicht (③) und das Alternativszenario eines überhitzenden Booms mit anschließendem „hard landing" vermieden (④).

Greenspan machte 1995 klar, dass die präventive Geldpolitik auch in die andere Richtung anwendbar ist. Wenn sich das Ende der Boomphase abzeichnen würde und der Inflationsdruck dabei abnimmt, könnte die Fed eine vorbeugende Zinssenkung vornehmen und zwar selbst dann, wenn die aktuelle Inflation noch im Ansteigen begriffen ist:

> „... over the past year we have firmed policy to head off inflation pressures not yet evident in the data. Similarly, there may come a time when we hold our policy stance unchanged, or even ease, despite adverse price data, should we see signs that underlying forces are acting ultimately to reduce inflation pressures."
> Greenspan (1995), S. 348.

Die von der Fed 1994/1995 propagierte Strategie des „preemptive strike" klang plausibel und entsprach der schulbuchmäßigen Vorstellung einer antizyklischen Stabilisierungspolitik, dennoch hatte die Fed mit einer solch präventiven Geldpolitik kaum Erfahrung und das Vorgehen war nicht risikolos.[231] Eine Gefahr der Strategie wurde darin gesehen, dass die Fed unter Umständen ohne Not eine Rezession provoziert. Kritiker wiesen darauf hin, dass bereits milde Zinserhöhungen an den Märkten als

---

tary policy would need eventually to tighten more sharply than if a more timely and measured approaches were taken." Greenspan (1994b), S. 609.

[231] Empirische Analysen ergaben, dass die Fed in der Tat zum ersten Mal in der Nachkriegszeit deutlich vor dem Tiefpunkt der zyklischen Inflationsentwicklung ihren Tagesgeldsatz anhob, vgl. BIZ (1995), S. 76f.

Signal für weitere Zinserhöhungen und ein allgemein restriktiveres monetäres Umfeld interpretiert werden könnten.[232] Eine Folge dieser Spekulationen wäre ein Anstieg der langfristigen Zinsen, was sich wiederum negativ auf die konjunkturelle Entwicklung auswirken würde. Statt der erwünschten leichten Wachstumsermäßigung hätte die Fed einen kräftigen Wachstumseinbruch erzeugt. Eine andere Stoßrichtung der Kritik warf der Fed vor, dass sie Inflationsrisiken sehen würde, die gar nicht vorhanden sind. In der globalisierten Welt der 90er Jahre wären die Kapazitätsgrenzen weiter gesteckt und die Preisüberwälzungsspielräume der Unternehmen beschränkt.[233]

Schließlich wurde bemängelt, dass die Fed nicht klar gemacht habe, anhand welcher Indikatoren sie ihre präventive Geldpolitik durchführen wolle. Es sei daher schwierig, die weitere Zinspolitik der Fed abzuschätzen. Der US-Kongress fragte in diesem Zusammenhang an, ob die Fed nicht bestimmte Schwellenwerte für die Arbeitslosenrate oder den Kapazitätsauslastungsgrad bekannt geben könnte, von denen sie an mit Inflationsdruck rechnen würde. Greenspan [(1994c), S. 716f., (1994d), S. 798, (1995), S. 343] lehnte dies ab. Weder gäbe es präzise festlegbare Schwellenwerte, noch könne sich die Fed ausschließlich auf solch hochaggregierte Indikatoren verlassen.[234] Künftige Inflationsgefahren würden oftmals durch Information auf einer weit darunter liegenden Ebene signalisiert, wie z.B. verlängerte Lieferzeiten, zunehmende Materialknappheit im Produktionsprozess oder vermehrte Schwierigkeiten bei der Anwerbung qualifizierter Arbeitskräfte. Das seien Informationen, welche die Fed nur aus feinerem statistischen Datenmaterial oder informellen Gesprächen mit Unternehmern sowie Bankern erhalten würde. Mit anderen Worten, Greenspan wollte sich nicht durch die Festlegung irgendwelcher Indikatoren in seiner Flexibilität beschränken lassen.

Zusammenfassend kann man festhalten, dass die Fed 1994 vor allem aus zwei Gründen einen präventiven „Zinshieb" durchführte: Erstens schien die Strukturkrise im Finanzsektor, die zuvor noch eine Niedrigzinspolitik rechtfertigte, überwunden. Zweitens wollte die Fed erstmals in der Nachkriegszeit einen Inflationsprozess vorausschauend unterdrücken. Die präventive Strategie sah vor, dass die Geldpolitik 1994 eine neutrale Position einnahm, so dass die Realwirtschaft ab Mitte 1995 keine expansiven monetären Impulse mehr erhielt. Das reale Wachstum sollte nur noch in Höhe des Potentialtrends stabilisiert werden. Die Risiken der Strategie lagen darin, dass von den Zinserhöhungen stärkere psychologische Wirkungen ausgingen als geplant und sich statt einer Wachstumsdämpfung eine scharfe Rezession ergab. Des Weiteren war denkbar, dass die Fed die Inflationsrisiken in einer zunehmend globali-

---

[232] Vgl. zu dieser Kritik z.B. Galbraith (1994), S. 10. Ein solcher Kurswechsel der Notenbank in Richtung Restriktion könnte bei Banken und Investoren ganz allgemein dazu führen, dass Kreditengagements oder Investitionsprojekte noch mal überdacht oder auf vorsichtigerer Basis kalkuliert werden, vgl. Spahn (2000), S. 15.

[233] Vgl. z.B. Uchitelle (1994), S. 8, oder Thurow (1994), S. 6f. Dabei wurde darauf verwiesen, dass in vielen Ländern Europas und Asiens 1994 eine deutliche Kapazitätsunterauslastung vorliege.

[234] "However, as with the unemployment rate, there is no clear-cut ‚trigger point' for capacity utilization as a signal for emerging inflationary pressures." Greenspan (1994c), S. 717. "Estimates of macroeconomic relationships, as best we can make them, are useful staring points for analysis, but they are just starting points." Greenspan (1994d), S. 798. "… one must look beyond broad indicators to assess the inflationary tendencies in the economy. In this context, aggregate measures of pressure in labor and product markets do seem to be validated by finer statistical and anecdotal indications of tensions." Greenspan (1995), S. 343.

sierten Welt überschätzte. Schließlich empfanden viele das Vorgehen der Fed als sehr diskretionär. Insbesondere gab die Fed keine Kenngrößen (NAIRU) bekannt, anhand derer man künftigen Inflations- oder Disinflationsdruck messen konnte.

4.4.2.3 Die Konzeption des „neutralen" oder „gleichgewichtigen" Realzinses

Um ihre Strategie des „preemptive-strike" durchzuführen, musste sich die Fed darüber klar werden, bis zu welchem Niveau sie die Zinsen anheben wollte. Anhaltspunkte sollte dabei der so genante „gleichgewichtige" oder „neutrale" Realzins liefern. Bereits 1993 machte Greenspan vor dem Kongress deutlich, dass der Realzins und dessen Verhältnis zu einer „gleichgewichtigen" Rate eine wichtige Orientierungsgröße der US-Geldpolitik darstellte:

"One important guidepost is real interest rates, which have a key bearing on longer-run spending decisions and inflation prospects. In assessing real rates, the central issue is their relationship to an equilibrium interest rate, specifically the real rate level that, if maintained, would keep the economy at its production potential over time." Greenspan (1993b), S. 853.

Zwar skizziert Greenspan seine Vorstellung eines „gleichgewichtigen" Realzinses nur vage, aber man kann ihn wohl dahingehend interpretieren, dass er unter dem Gleichgewichtzins diejenige Rate versteht, die sich einstellt, wenn die gesamtwirtschaftliche Nachfrage mit dem Produktionspotential übereinstimmt, was der Definition des realen Gleichgewichtszinses im Rahmen der Diskussion über die Taylor-Regel in Kapitel 2.3.2 entsprechen würde. In der Praxis sah Greenspan zwar gewisse Messprobleme bei der Ermittlung des aktuellen und neutralen Realzinses ging aber davon aus, dass grobe Schätzungen beider Größen möglich sind und damit eine Verwendung als Indikatoren nichts im Wege stünde.[235] Keine Position bezog er noch zu der Frage, ob die Fed den von ihr am ehesten kontrollierbaren kurzfristigen Realzins gezielt in eine bestimmte Richtung lenken sollte. Dies änderte sich Anfang 1994, als die Fed bekannt gab, dass sie eine aktive Realzinssteuerung praktizieren und bewusst die Fed Funds Rate auf ein neutrales Niveau anheben wollte:

"... we must move toward a posture of policy neutrality – that is, a level of real short-term rates consistent with sustained economic growth at the economy's potential." Greenspan (1994a), S. 304.

Greenspan gab aber gleichzeitig zu, dass der Offenmarktausschuss nicht präzise sagen könnte, wo sich das neutrale Niveau der realen Federal Funds Rate momentan befinde. Die Mitglieder des FOMC seien sich aber ziemlich sicher, dass das gegenwärtige Niveau von ca. null Prozent darunter liege und eine Zinserhöhung daher unausweichlich sei.[236] Innerhalb des FOMC wurde rege darüber diskutiert, wie weit man die Fed Funds Rate anheben musste, um ein neutrales Niveau zu erreichen. Greenspan und die Fed-Staff rechneten im ersten Halbjahr 1994 noch damit, dass

---

[235] Vgl. Greenspan (1993b), S. 853. Später wies er auch auf das Problem der Instabilität des gleichgewichtigen Realzinses hin, vgl. Greenspan (1994a), S. 304.

[236] "While we were reasonably convinced at the last FOMC meeting that a zero real federal funds rate put real short rates below a ‚neutral' level, we cannot tell ... with assurance, precisely where the level of neutrality currently resides. (...) history suggests that real short-term rates are more likely to have to rise than fall from her. I cannot, however, tell you at this time when any such rise would occur ..." Greenspan (1994a), S. 305.

eine Erhöhung der nominalen Fed Funds Rate auf 4-4½ % dazu ausreichen würde, was bei einer Inflationsrate von ca. 3 % einem recht niedrigen neutralen Realzins von 1-1½ % entsprochen hätte.[237] Später korrigierte man die Schätzungen – parallel zu den vollzogenen Zinserhöhungen – nach oben und sah den neutralen Level der nominellen Tagesgeldsätze bei 5-5½ %.[238] Mit 5½ % war man im November 1994 also schon eher am oberen Rand möglicher neutraler Sätze angelangt.

Auch bei den Zinssenkungen 1995 spielte der Vergleich des aktuellen mit dem neutralen Realzinssatz eine wesentliche Rolle. Anfang 1995 wurde die Fed Funds Rate auf 6 % angehoben, was einem Realzins von ca. 3 % entsprach. Greenspan und einige weitere Offenmarktmitglieder waren der Ansicht, dass man damit bereits etwas oberhalb des neutralen Niveaus liege und die Fed leicht restriktiv agiere.[239] Angesichts der Wachstumsabkühlung im ersten Halbjahr 1995 wurde dies als nicht mehr angemessen empfunden. Die Zinssenkungen in der zweiten Jahreshälfte 1995 stellte daher nach dieser Meinung eine leichte Kurskorrektur in Richtung Neutralität dar.

Insgesamt kann man sagen, dass 1994 der „gleichgewichtige" oder „neutrale" Realzins als neue Indikatorgröße der Fed-Politik offiziell eingeführt wurde. Die Fed verkündete öffentlich, dass der Tagesgeldsatz in den nächsten Monaten auf ein „neutrales" Niveau angehoben werden sollte. Eine einheitliche Methode zur Bestimmung der gleichgewichtigen Fed Funds Rate gab es jedoch innerhalb des FOMC nicht. Schätzungen reichten 1994/1995 von etwa 4½ bis 5½ %. Die Fed kam mit ihrem Versuch, das Verhältnis zwischen aktuellem und neutralem Realzins in Abhängigkeit der wirtschaftlichen Lage zu managen, einer Taylor-Zinsregel recht nahe. Offenbar war aber nicht geplant, die Größe des neutralen Realzinses zu einem zentralen und dauerhaften Kommunikations- und Entscheidungsmittel weiterzuentwickeln.

4.4.2.4 Die Fed und die Finanzmärkte

Ein zentraler Diskussionspunkt war die Frage, wie schnell die Kursanpassung in Richtung Neutralität erfolgen sollte. Die Anhebung der Fed Funds Rate von 3 % auf ein anfangs als neutral eingestuftes Zinsniveau von 4,5 % konnte in sechs kleinen Schritten zu 25 Basispunkten oder mit forcierter Geschwindigkeit (z.B. 3 x 50 Basispunkte) vollzogen werden.

Greenspan sprach sich dafür aus, den Zinserhöhungsprozess mit Rücksicht auf die Finanzmärkte sehr vorsichtig einzuleiten. Da es sich um die erste Zinserhöhung seit fünf Jahren handelte, würde bereits eine kleine Zinserhöhung um 25 Basispunkte,

---

[237] Bei der Frage, ob die Fed im März 1994 die Fed Funds Rate um 25 oder 50 Basispunkte erhöhen sollte, merkte Greenspan an: "A 50 basis point increase would move the funds rate to 3¾ percent. In my judgment that would not be perceived of as neutrality or were we ultimately should have to be. My own view is that eventually we have to be at 4 to 4½ percent." FOMC (TS Mar 1994), S. 44. Zur Schätzung der Fed-Staff: Vgl. z.B. Kohn, in: FOMC (Staff May 1994), S. 1.

[238] Mitte des Jahres lagen die Schätzungen der Fed-Staff für die neutrale nominale Fed Funds Rate bei 5¼ %, vgl. FOMC (TS Jul 1994), S. 15f. Gouverneur Blinder errechnete am Jahresende 1994 eine Bandbreite der neutralen Fed Funds Rate von 4¾ -5¾ %, vgl. Blinder/Yellen (2001), S. 28.

[239] "... the current real short-term federal funds rate is above some notion of the equilibrium or natural rate. (...) ... the real federal funds rate consistent with achieving price stability is something under 3 percent – ... with some degree of reasonableness." Greenspan, in: FOMC (TS Jul 1995), S. 59.

eine starke Wirkung an den Börsen verursachen. Nach der langen Phase sinkender bzw. stabiler Zinsen würde ein größerer Zinsschritt (50 Basispunkte) das Risiko in sich bergen, einen Finanzmarktschock auszulösen, da die Märkte ein solch massives Vorgehen der Fed angesichts stabiler Inflationsdaten nicht erwartet würde. Greenspan warnte daher eindringlich im Februar 1994 vor einem großen Zinsschritt:

"I would be very concerned if this Committee went 50 basis points now because I don't think the markets expect it. (...) Were we to go 50 basis points with the announcement effect and the shock effect, I am telling you that these markets will not hold still." Greenspan, in: FOMC (TS Feb 1994), S. 55

Vorsicht sei auch deshalb geboten, da die Börsenmärkte nach Greenspans Ansicht leicht überbewertet waren. Statt mit einem Zinsschock von 50 Basispunkten ein Platzen dieser Blase zu riskieren, sei es besser, die Luft allmählich aus den überbewerteten Kursen entweichen zu lassen. Ein Zinsschritt von 25 Basispunkten sei dafür am besten geeignet.[240] Anfangs befolgte man Greenspans Ratschlag des behutsamen Agierens, später wechselte man aber das Tempo und ging zu energischen Zinsschritten über, die in der Zinserhöhung um 75 Basispunkte im November gipfelten. Die Fed begründete ihren Politikwechsel zum einen damit, dass sich die Finanzmärkte ab etwa Mitte 1994 auf weitere Zinserhöhungen eingestellt und einen Großteil der notwendigen Portfolioumschichtungen vollzogen hatten. Zum anderen waren die großen Zinsschritte im August und November eigentlich als Abschluss des Zinserhöhungszykluses gedacht. Die nervösen Märkte sollten mit einem letzten Zinsschritt beruhigt und weitere Zinsspekulationen unterbunden werden.[241]

Der Wechsel in der Geschwindigkeit der Zinspolitik, der bewusst auf die Finanzmärkte abgestimmt war, zeigte, dass Markterwartungen und -reaktionen ein immer stärkeres Gewicht im geldpolitischen Kalkül der Fed einnahmen und teilweise sogar gegenüber realwirtschaftlichen Überlegungen dominierten. Dies wurde insbesondere Anfang 1994 deutlich als Greenspan zugab, dass aufgrund der kräftigen Expansionsdynamik eigentlich ein großer Zinsschritt angemessen und für die US-Wirtschaft ohne weiteres verkraftbar sei, dass aber aufgrund von Finanzmarktüberlegungen, die sich natürlich indirekt (via Börsen-Crash) auf die Realwirtschaft auswirken könnten, ein kleiner Zinsschritt vorzuziehen sei.[242]

Die Zinspolitik des Jahres 1994 machte auch deutlich, dass die Fed in unterschiedlicher Weise mit Markterwartungen umging. Zu Beginn des Zinserhöhungsprozesses hielt es die US-Notenbank für sinnvoll, den Markterwartungen zu entsprechen oder

---

[240] Ein kleiner Zinsschritt würde die Märkte nicht schockieren aber dennoch leicht verunsichern, da sie mit weiteren Zinsschritten rechnen müssten. Letzteres würde wie ein „Damoklesschwert" über den Märkten hängen und weitere übertriebene Kurssteigerungen verhindern, vgl. Greenspan, in: FOMC (TS Feb 1994), S. 47.

[241] Nachdem das FOMC die Fed Funds Rate im August um 0,5 Prozentpunkte auf 4,75 % erhöht hatte, ging Greenspan davon aus, dass die Wahrscheinlichkeit einer weiteren Zinserhöhung bei unter 50 % liege. Ein kleiner Zinsschritt hätte seiner Meinung nach zu diesem Zeitpunkt nur sofort wieder die Erwartung (bzw. Forderungen) weiterer Zinsschritte nach sich gezogen, vgl. Greenspan, in: FOMC (TS Aug 1994), S. 31f.

[242] "... there is no doubt in my mind that this economy could absorb a very large increase in interest rates without a problem. The difficulty I have is that I don't think the financial system can take a very large increase without a break in its tensile strength ..." Greenspan, in: FOMC (TS Mar 1994), S. 43.

sogar leicht hinterherzuhinken. Am Jahresende war es der Fed aber wichtig, den Märkten einen Schritt voraus zu sein und die Zinsführerschaft zu übernehmen. Die Markterwartungen sollten überboten werden, um zu zeigen, dass es die Fed mit der Inflationsbekämpfung wirklich ernst meint:

"I think that we are behind the curve, and that it would be plausible ... to move rates up more than 50 basis points because markets have built in something close to 60. I think that creating a mild surprise would be of significant value ..."[243]

Die zunehmende Bedeutung der Finanzmarktreaktionen für die Fed führte auch zu einer größeren Offenheit der US-Notenbank gegenüber der Öffentlichkeit. 1994 ging die Fed dazu über, nach jeder Offenmarktsitzung ihren Zinsbeschluss unmittelbar zu veröffentlichen und gegebenenfalls durch ein erklärendes Statement zu ergänzen.[244] Vor dieser Zeit überließ es das FOMC so genannten Fed-Watchern, ihre Offenmarkt-transaktionen zu entschlüsseln. Die dabei auftretenden Fehlinterpretationen wollte die Fed 1994 unbedingt vermeiden. Sie kam schließlich zum Ergebnis, dass die neue Vorgehensweise – unmittelbare Bekanntgabe von Zinsbeschlüssen – effizienter war als das alte Prozedere und die größere Transparenz keineswegs, wie noch Anfang der 90er Jahre vermutet, die Finanzmarktvolatilität erhöht.[245]

Das vorsichtige Vorgehen der Fed und die erhöhte Transparenz sollten dazu beitragen, dass die Märkte gemäßigt auf den Beginn des Zinserhöhungszykluses reagierten. Die Fed hatte insgeheim darauf gehofft, dass ihr frühzeitiges, restriktives Agieren als Ausdruck einer entschlossenen Anti-Inflationshaltung gewertet und von den Finanzmärkten in Form einer Abflachung der Zinsstrukturkurve honoriert würde.[246] Das Gegenteil trat jedoch ein. Die Rentenmärkten erlebten einen der stärksten Kurseinbrüche in der Nachkriegszeit. Die Renditen 10-jähriger Treasuries stiegen von Januar bis November 1994 um 2¼ Prozentpunkte (5¾ auf 8 %) an und übertrafen damit die Anhebung der Fed Funds Rate (175 Basispunkte) im gleichen Zeitraum. Dies war alles andere als üblich, denn gewöhnlich reagieren die Zinsen am langen Ende nur in abgeschwächter Form auf Zinssteigerungen am kurzen Ende.[247]

Es wurde eine Vielzahl von Erklärungen für diese Rentenmarktkrise angeführt. Greenspan war der Überzeugung, dass die Fed mit ihrem „preemptive strike" eine Rentenmarktblase zum Platzen gebracht habe.[248] Vor Beginn der geldpolitischen

---

[243] Greenspan, in: FOMC (TS Nov 1994), S. 36.

[244] Auf der Februar-Sitzung 1995 wurde diese Vorgehensweise formal fixiert [vgl. BoG (Minute Feb 1995), S. 125]. Die Offenheit der Fed blieb aber noch stark gezügelt. So waren die erläuternden Statements meist ohne größere inhaltliche Substanz und nach Sitzungen ohne Zinsbeschluss war die Fed zu keinen erklärenden Worten gezwungen.

[245] Die Fed vollzog hier in nur kurzer Zeit einen beachtlichen Bewusstseinswandel. Noch im Oktober 1993 lehnte es Greenspan [(1993c), S. 21] vor dem Kongress ab, Änderungen der Fed Funds Rate sofort bekannt zu geben, da dies unter anderem zu erhöhter Finanzmarktvolatilität führen würde.

[246] "While the FOMC ... expected some rise in long-term interest-rates in response to their policy change ... the hope was that the reaction would be muted, drawing on the central bank's credibility." OECD (1994), S. 32f.

[247] Für gewöhnlich vollziehen die langfristigen Zinsen weniger als 50 % der Erhöhung des Tagesgeldzinses mit, vgl. OECD (ES USA 1995), S. 53.

[248] Vgl. z.B. Greenspan (1994b), S. 607f. Nach Meinung von Greenspan war es durchaus sinnvoll, die übertriebene Kursbewertung an den Rentenmärkten etwas nach unten zu korrigieren. Um dies zu erreichen, sei es richtig gewesen, gewisse Unsicherheit über die weitere Zinspolitik der Fed zu erzeugen: "What we come up against here is that there [in the financial markets] is a great deal of

Restriktion hätten sich seiner Ansicht nach viele Anleger in einer falschen Sicherheit gewogen und die stabilen Bonderträge der Vorjahre weit in die Zukunft fortgeschrieben, was zu beträchtlichen Umschichtungen in langfristige Anlagen (vor allem Renten- und Aktienfonds) geführt habe. Viele Investoren hätten dabei aber nicht bedacht, dass mit der Ausdehnung des Laufzeitspektrums auch höhere Preisrisiken einhergingen. Dies sei ihnen erst mit Beginn des Zinserhöhungsprozesses bewusst geworden, was eine Flucht aus langfristigen Bonds in kurzfristige Anlageformen (z.B. Geldmarktfonds) auslöste. Eine weitere Erklärung für den unerwarteten Kursverfall an den Bondmärkten wurde darin gesehen, dass Anfang 1994 die Aufschwungdynamik unterschätzt und die reale Wachstumsprognose ständig nach oben revidiert wurde. Dies hatte vor allem die Realzinsen aber unter Umständen auch die Inflationserwartungen nach oben getrieben.[249]

Außenstehende Beobachter sahen zum Teil andere Ursachen für die Rentenbaisse, die für die Fed weniger schmeichelhaft waren. Es wurde kritisiert, dass die Fed die Restriktionsschritte zu zaghaft durchgeführt habe und damit nicht in der Lage gewesen sei, die wachsenden Inflationssorgen an den Finanzmärkten zu dämpfen.[250] Es wäre dieser Meinung nach besser gewesen, die Zinsen schneller anzuheben. Damit hätte die Fed deutliche Signale in Richtung Inflationsbekämpfung aussenden können. Des Weiteren meinten Kritiker, dass der Kursverfall an den Bondmärkten auch durch die Unsicherheit der Marktakteure über die weitere Zinspolitik der Fed geschürt wurde. Wie bereits oben angemerkt, hatte Greenspan zwar angekündigt, dass die Fed eine besonders vorausschauende Politik praktizieren wolle, zu den Indikatoren, die hierbei eine Rolle spielten, machte er aber nur vage Andeutungen. Einige Fed-Beobachter hatten insgesamt den Eindruck, dass die Fed ihre Entscheidungen zunehmend ad hoc und intuitiv traf.[251]

Die laut Umfrageergebnissen stabilen kurzfristigen und langfristigen Inflationserwartungen sprechen für die Fed-Argumentation eines deutlichen Realzinsanstieges infolge der gesteigerten Wachstumserwartungen und weniger für einen prinzipiellen Vertrauensverlust in die Fed-Politik. Im Herbst 1994 schienen sich in dem akzelerierten Kursverfall der Bonds aber auch irrationale Übertreibungen widerzuspiegeln, welche die Fed mit dem Zinssprung von 75 Basispunkte Ende November beendete.

---

uncertainty ... And indeed some of it is purposeful on our part because if we are going to pierce the [financial] bubble, the only way we're going to pierce it is essentially to create a degree of uncertainty." Greenspan, in: FOMC (TS May 1994), S. 32.

[249] Das Argument, dass sich hinter den gestiegenen Kapitalmarktzinsen vor allem höhere Realzinsen verbargen, wurde insbesondere von der Fed [vgl. Greenspan (1994b), S. 607f.] aber auch von der OECD [(ES USA 1994), S. 35f.] angeführt. Die Fed kam daher zum Ergebnis, dass es auch ohne ihre Zinserhöhungen zu einem Anstieg der Bondrenditen gekommen wäre. Unterstützung erfährt diese Argumentation durch die Tatsache, dass die Zinsspreads zwischen Unternehmens- und Staatsanleihen geschrumpft sind, was auf gute Gewinnaussichten der Unternehmen schließen lässt (ebenso die stabilen Aktienmärkte).

[250] "As we have seen lately, a series of small steps with no end in sight causes uncertainty. A one-time substantial move would be more reassuring." Angell (1994), S. 9. Vgl. auch o.V. (1994a), S. 11f.

[251] New York Time-Korrespondent Bradsher [(1994a), S. 9] meinte z.B.: "The Federal Reserve, having dropped its reliance on the money supply figures ... is increasingly basing interest rate decisions on an approach best summed up as banker's intuition." In der *Neuen Züricher Zeitung* liest man: „... während der halbjährigen Hearings im Kongress kommentiert Greenspan mittlerweile eine derart große Vielzahl an Indikatoren, daß die Märkte oft nur noch darüber rätseln können, an welchen Größen sich das Fed nun eigentlich schwergewichtig orientiert." O.V. (1994b), S. 9.

Mit dieser überraschend deutlichen Zinserhöhung gelang es der Fed schließlich, die Zinsstrukturkurve wieder abzuflachen.

Insgesamt machen die Jahre 1994 und 1995 deutlich, dass die Finanzmärkte eine immer größere Rolle für die amerikanische Geldpolitik spielten. Dies zeigte sich unter anderem darin, dass die Geschwindigkeit der Zinsanpassung 1994 präzise auf die Marktreaktionen- und -erwartungen abgestimmt war. Die Taktik gegenüber den Finanzmärkten schwankte dabei zwischen vorsichtiger Rücksichtnahme (Anfang 1994) und bewusster Überraschung (November 1994). Realwirtschaftliche Entwicklungen, die im ersten Halbjahr 1994 für kräftigere Zinserhöhungen sprachen, mussten dabei teilweise hinter Finanzmarktüberlegungen zurücktreten. Die verstärkte Interdependenz zwischen Geldpolitik und Finanzmärkte veranlasste die Fed dazu, ihre Zinsschritte offener zu präsentieren. Die Tatsache, dass sich die Zinsstrukturkurve in Reaktion auf die Zinswende versteifte, zeigte jedoch, dass es der Fed noch nicht ganz gelang, die Finanzmarktreaktion in der von ihr gewünschten Weise zu steuern. Dazu hätte die größere Offenheit über die kurzfristige Zinspolitik unter Umständen durch mehr Transparenz hinsichtlich der langfristigen strategischen Konzeption ergänzt werden müssen.

4.4.2.5 Wie restriktiv war die Fed in den Jahren 1994/1995 wirklich?

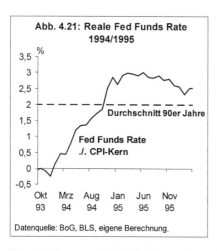

Abb. 4.21: Reale Fed Funds Rate 1994/1995

Datenquelle: BoG, BLS, eigene Berechnung.

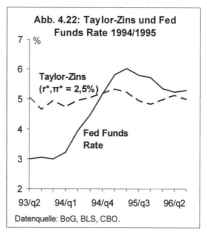

Abb. 4.22: Taylor-Zins und Fed Funds Rate 1994/1995

Datenquelle: BoG, BLS, CBO.

Die Abbildungen 4.21-4.23 zeigen, dass die Fed-Politik noch bis Oktober 1994 als leicht expansiv gelten konnte: Erst mit dem Zinsschritt im November übertraf der Realzins deutlich die 2 %-Marke und erreichte die Fed Funds Rate in etwa die Höhe des Taylor-Zinses. Auch die Märkte empfanden die Haltung der Fed bis Anfang November 1994 als eher expansiv bzw. gingen von einem stürmischen Wirtschaftswachstum aus, was an der weiten Zinsdifferenz erkennbar wird, die erst ab dem Winter 1994/1995 deutlich zu schrumpfen beginnt.

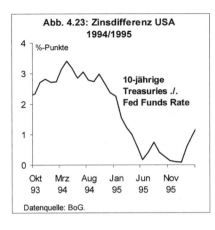

Abb. 4.23: Zinsdifferenz USA 1994/1995

%-Punkte

10-jährige Treasuries ./. Fed Funds Rate

Okt 93 Mrz 94 Aug 94 Jan 95 Jun 95 Nov 95

Datenquelle: BoG.

Mit der Fed Funds Rate-Erhöhung auf 6 % im Januar 1996 konnte man dann den Kurs der Fed als leicht restriktiv bezeichnen (Überschreitung des Taylor-Zinses, 3 % Realzins). Dies wurde mit den Zinssenkungen bis zum Jahresende korrigiert. Mit einer realen Fed Funds Rate von ca. 2,5 % und einer nominalen Fed Funds Rate in Höhe des Taylor-Zinses verhielt sich die Fed nunmehr weitgehend neutral.

4.4.2.6 Resümee der Fed-Politik 1994/1995

In der Fed-Politik der Jahre 1994/1995 zeichneten sich drei neue Entwicklungen ab:
- Die Fed wollte vorausschauender und präventiver als in früheren Jahren agieren.
- Mit dem „gleichgewichtigen" oder „neutralen" Realzins wurde eine neue Orientierungsgröße der Geldpolitik vorgestellt.
- Markterwartungen und –reaktionen wurden von der Fed zunehmend ernst genommen.

Die explizit vorausschauende Geldpolitik zeigte sich 1994 darin, dass die Fed deutlich früher – bei noch rückläufiger Inflation – als in vorangegangen Konjunkturzyklen mit Zinserhöhungen begann. Umgekehrt wollte die Fed aber auch rechtzeitig vor Beginn eines möglichen Abschwungs wieder die Zinsen senken. Um eine solch vorausschauende, antizyklische Zinspolitik in die Praxis umzusetzen, benötigte die Fed eine Richtschnur für ihre Zinsanpassungen. Die Fed verwies hierbei auf die Konzeption des „gleichgewichtigen" Realzinses, gemäß der die reale Fed Funds Rate in Abhängigkeit der wirtschaftlichen Lage über oder unter einen Gleichgewichtswert gelenkt werden sollte. 1994 war die Anhebung der nominalen Fed Funds Rate auf ein neutrales Niveau geplant, das die Fed Ende 1994 bei etwa 5,5 % sah. Anfang 1995 wurde die Fed kurzfristig restriktiv, bevor sie Ende des Jahres wieder zu einer neutralen Position zurückkehrte.

Aus der Differenz zwischen realer Fed Funds Rate und Gleichgewichtzins kann man den Restriktionsgrad der Geldpolitik ableiten (Wirkungsindikator). Was der Öffentlichkeit bei der Einschätzung der Fed-Politik jedoch fehlte, war ein zentraler Frühindikator, welcher beizeiten Inflations- und Rezessionsgefahren signalisierte.[252] Die Fed gab zwar eine Vielzahl von relevanten Frühindikatoren bekannt, lehnte es aber ab, z.B. einen konkreten Schwellenwert für die Arbeitslosenrate zu nennen, ab dem sie zinspolitisch aktiv wurde.

---

[252] Geldpolitische Indikatoren können sowohl Wirkungs- als auch Frühindikatoren darstellen [Vgl. z.B. Bofinger et al. (1996), S. 244ff.]. Die Geldmenge würde beide Funktionen erfüllen, wenn man den quantitätstheoretischen Transmissionsprozess für wirksam hält.

1994/1995 zeigten sich auch deutliche Veränderungen in der Beziehung zwischen der Fed und den Finanzmärkten. Zum einen wurden die Reaktionen und Erwartungen der Finanzmärkte von der Fed stärker als früher ausgewertet und berücksichtigt. Zum anderen zeigte die Fed wachsende Bereitschaft, geldpolitische Entscheidungen öffentlich bekannt zu geben und zu erklären. Dieses Streben nach mehr Offenheit trat jedoch in Konflikt mit der Fed-Tradition, im Entscheidungsprozess größtmögliche Flexibilität zu bewahren.

Insgesamt konnte man die Politik des „preemptive strike" als erfolgreich bezeichnen. Zwar trat Mitte 1995 eine leichte Wachstumsabschwächung ein, die befürchtete tiefe Rezession blieb aber aus. Ende 1995 war eine „weiche Landung" mit moderaten Inflations- und Wachstumsraten gelungen. Die Fed hatte damit die Phase eines inflationären Booms, wie er sich häufig am Ende früherer Konjunkturzyklen einstellte, verhindert und zur Verlängerung des moderaten Aufschwungs beigetragen. Man könnte bestenfalls kleine Kritikpunkte an Details der Zinspolitik vornehmen. So wäre es unter Umständen sinnvoller gewesen, die Tagesgeldzinsen rascher auf das angestrebte neutrale Niveau anzuheben, um Nervosität aus den Märkten zu nehmen. Die letzte Zinserhöhung im Januar 1995 (auf 6 %) scheint im Nachhinein unnötig gewesen zu sein. Sie wurde im Jahresverlauf auch recht rasch wieder korrigiert.

4.5   1996-1998: Sinkende NAIRU und „watchful waiting"

4.5.1   Wirtschaftliche Entwicklung und Geldpolitik 1996-1998

Makroökonomischer Überblick 1996-1998

- 1996-1998 beschleunigte sich das Expansionstempo des Aufschwungs deutlich. Das reale BIP wuchs zwischen 3,5 % (1996) und 4,5 % (1997 und 1998).
- Beide Komponenten der privaten Binnennachfrage (Konsum und Investition) waren Stützen der Konjunkturentwicklung. Die Investitionsnachfrage entwickelte sich dabei mit Wachstumsraten von 10 % besonders dynamisch, woran Neuinvestitionen in preisgünstige und sehr leistungsfähige Computer einen wesentlichen Anteil hatten.
- Die Staatsnachfrage wirkte stets (Bemühungen zur Budgetreduzierung) und die Exportnachfrage ab Ende 1997 (Asienkrise) dämpfend auf die wirtschaftliche Aktivität.
- Die Preisentwicklung zeigte nach unten. Die Kerninflationsrate (CPI) verminderte sich kontinuierlich von 2,7 % (1996) auf 2,3 % (1998). Aufgrund sinkender Energiepreise war der Rückgang beim breiten Konsumentenpreisindex noch stärker (1988 bei 1,6 %).
- Die Beschäftigtenzahl nahm jedes Jahr um mehr als 2,5 Mio. zu, was zu einem Rückgang der Arbeitslosenrate von 5½ % (Anfang 1996) auf 4½ % (Ende 1998) führte. Der Anstieg des Lohnkostenindexes hielt sich angesichts dessen auffallend in Grenzen (3-3½ %).

Geldpolitik 1996

Gleich zu Beginn des Jahres lockerte der Offenmarktausschuss nochmals geringfügig die Geldpolitik, in dem er die Zielrate der Fed Funds Rate auf 5,25 % zurücknahm. Die Entscheidung ist ein gutes Beispiel für den Abwägungsprozess, den die Fed zwischen den Inflations- und Wachstumsrisiken vornimmt. Das FOMC prognostizierte bis zum Jahresende ein moderates reales Wachstum (2-2¼ %) und eine konstante Preisentwicklung (2¾ -3 %), was grundsätzlich den geldpolitischen Zielvorstellungen der Fed entsprach. Aber während bei der Inflation kaum Risiken einer Inflationsbeschleunigung vermutet wurden, sah das FOMC beim Wachstum erhebliche „downside riks".[253] Nach Ansicht einiger FOMC-Mitgliedern trug die Zinssenkung außerdem dazu bei, die – gemessen am realen Tagesgeldzins – immer noch leicht restriktive Haltung der Fed in Richtung Neutralität zu korrigieren.[254]

Im Frühjahr wurde das FOMC dann jedoch von einem recht kräftigen Wachstum der wirtschaftlichen Aktivität überrascht. Die Inflationsgefahr wurde darauf hin auf der März- und Mai-Sitzung wieder höher, die Rezessionsgefahr hingegen geringer eingestuft. Zu einer Rücknahme der letzten Zinslockerung sah das FOMC aber noch keinen Anlass, da aufgrund des restriktiveren Finanzmarktumfeldes – seit dem Frühjahr stiegen Kapitalmarkzinsen und Dollarkurs an – mit einer Beruhigung der Expansion gerechnet wurde.[255] Diese Entspannung trat jedoch nicht ein, stattdessen nahm die Aufschwungdynamik im zweiten Quartal 1996 weiter zu und die Arbeitslosenrate fiel im Herbst deutlich unter 5½ %. Beides erhöhte die Sensibilität der Fed gegenüber Inflationsrisiken und veranlasste das FOMC, im zweiten Halbjahr 1996 auf jeder Sitzung eine asymmetrische Direktive in Richtung Restriktion zu beschließen, d.h. der Fed-Vorsitzende wurde dazu aufgefordert, die Fed Funds Rate in Eigenregie anzuheben, wenn sich zusätzliche Inflationssignale ergaben.[256]

Das FOMC war in der zweiten Jahreshälfte vor allem hinsichtlich der weiteren Inflationsentwicklung etwas ratlos. Herkömmliche ökonometrische Modelle hatten für diesen Zeitraum aufgrund der ausgelasteten Sach- und Arbeitskapazitäten – vor allem einer Arbeitslosenrate unterhalb der gängigen NAIRU-Schätzung – leicht steigenden Lohn- und Preisdruck prognostiziert.[257] Tatsächlich zeigten jedoch die aktuellen Preisdaten einen fallenden Inflationstrend an.[258] Zur Erklärung dieses Phänomens wurde in der Regel auf die folgenden beiden Faktoren verwiesen: Erstens hätten seit Anfang der 90er Jahre weit verbreitete Ängste unter den Arbeitnehmer über den Ver-

---

[253] Es handelte sich dabei um Risiken im Bereich der Konsumnachfrage (hohe private Schuldenlast, Angst vor Arbeitsplatzverlusten und Sättigungstendenzen bei Konsumgütern) und der Exportnachfrage (Wachstumsschwächen in Europa und steigender Dollarkurs), vgl. BoG (Minute Jan 1996), S. 118f.

[254] Einige Fed-Präsidenten, die im Januar 1996 nicht stimmberechtigt waren (Hoenig, Parry, Broaddus, Minehan, Melzer, Moskow), plädierten gegen eine Zinssenkung. Ihrer Ansicht nach sprach die ordentliche Wachstumsprognose für das Jahr 1996 nicht für eine Zinssenkung. Außerdem hätten sie weitere Fortschritte in Richtung Preisstabilität (Inflationsraten unter 3 %) begrüßt, was mit einer geldpolitischen Lockerung schwer zu erreichen sei, vgl. FOMC (TS Jan 1996).

[255] Der Teil der Offenmarktmitglieder der im Januar bereits die Zinssenkung abgelehnt hatte sprach sich auf der Mai-Sitzung für eine Umkehr dieser Entscheidung aus, da innerhalb dieses Lagers bereits deutliche Inflationsbefürchtungen gehegt wurden, vgl. BoG (Minute May 1996), S. 136ff.

[256] Das reale BIP nahm im 2. Quartal um 6,8 % nach 2,9 % im 1. Quartal zu (laufende Jahresrate). Auf dem Juli- und August-Treffen ging man zwar weiterhin von einer Drosselung des Expansionstempos im 2. Halbjahr aus, sah dabei aber beträchtliche „upside-risks", vgl. BoG (Minute Jul, Aug), S. 145, und 156.

[257] „...members observed that increases in prices had remained remarkably subdued for an extended period in relation to measures of resource utilization, notably the rate of unemployment. Such behaviour differed markedly from historical experience under similar circumstances." BoG (Minute Aug 1996), S. 156. Auch die Inflationsprojektion des Mitarbeiterstabs vom Juli 1996 prognostizierte bis zum Jahresende einen Anstieg der Kerninflationsrate auf über 3 %. Grundlage war dabei einer NAIRU-Schätzung von 5¾-6 %, vgl. FOMC (Staff Jul 1996), S. 3, und 17.

[258] Die Kernrate des CPI sank z.B. von 3 % im Januar 1996 auf 2,6-2,7 % im 2. Halbjahr 1996.

lust des eigenen Arbeitsplatzes zu generell niedrigen Lohnforderungen geführt. Zweitens würde der intensive nationale und internationale Wettbewerb es den Unternehmen erschweren, höhere Preise durchzusetzen.[259]

Einige Offenmarktmitglieder befürchteten, dass diese günstigen Bedingungen nicht ewig anhalten und die Arbeitnehmer irgendwann ihre Lohnzurückhaltung aufgeben würden. Dieser Teil des FOMC befürwortete daher mehrmals Zinserhöhungen, um das Wachstum unter den Potentialtrend zu drücken und damit die Sach- und Arbeitsressourcen zu entlasten.[260]

Vor allem Greenspan sah jedoch die Möglichkeit, dass die derzeit günstige Konstellation – hohes Wachstum bei stabiler Inflation – noch eine Weile andauern könnte. Er unterstrich dabei einen weiteren Aspekt: Seiner Ansicht nach haben die immensen Kapitalinvestitionen der vergangenen Jahre die Wachstumsrate der Arbeitsproduktivität in den Unternehmen stärker erhöht als dies in den offiziellen Statistiken zum Ausdruck kam.[261] Würde diese Vermutung stimmen, dann könnte man auch bei leicht anziehender Lohninflation aufgrund des kompensierenden Produktivitätswachstums von einer gedämpften Inflationsentwicklung in den kommenden Monaten ausgehen. Das Risiko, mit einer Zinserhöhung zu lange abzuwarten, sei außerdem begrenzt. Angesichts des nach wie vor keineswegs expansiven Realzinsniveaus (ca. 2½ %) würde sich ein möglicher Inflationsanstieg nur graduell vollziehen und könnte mit einer prompten Zinsreaktion schnell zum Stillstand gebracht werden.[262]

Betrachtet man das Jahr 1996 im Gesamten, so begann es zunächst mit Rezessionsbefürchtungen sowie einer Zinssenkung und mündete dann in eine Phase steigender Inflationserwartungen und der Tendenz zu Zinserhöhungen. Die geldpolitische Lagebebeurteilung wurde dadurch erschwert, dass es entgegen den historischen Erfahrungen bei sinkender Arbeitslosigkeit nicht zu steigendem, sondern rückläufigem Inflationsdruck kam.

Geldpolitik 1997

Über das gesamte Jahr 1997 sah sich das FOMC mit der Frage konfrontiert, ob sie den gegenwärtigen Kurs beibehalten oder eine präventive Zinsstraffung durchführen

---

[259] Vgl. BoG (Minute Jul, Aug, Sep), S. 147, 156f., und 165. Ängste in Bezug auf den Arbeitsplatzverlust resultierten vor allem aus den Umstrukturierungs- und Kostensenkungsprogrammen der großen US-Unternehmen im Nachgang zur Rezession 1990/1991.

[260] Vgl. zu dieser Meinung: BoG (Minute Jul, Aug, Sep), S. 150, 158, und 166. Es handelte sich dabei in etwa um die gleiche Gruppe an FOMC-Mitgliedern, die bereits im Januar gegen eine Zinssenkung war. Auf dem September-Treffen erhielt die Gruppe der Zinserhöhungsbefürworter vor allem aufgrund der jüngsten Arbeitsmarktdaten (Arbeitslosenrate sank auf 5,1 % und die Lohnzuwachsraten nahmen erstmals zu) zuwachs. Viele waren gegenüber der Annahme einer gesunkenen NAIRU skeptisch und wollten nicht so schnell das „alte" NAIRU-Modell (NAIRU bei ca. 6 %) aufgeben, vgl. FOMC (TS Sep 1996), S. 32ff.

[261] Greenspan machte hierzu auf dem September-Treffen genauere Ausführungen [vgl. FOMC (TS Sep 1996), S. 26ff.]. Nur eine stark gestiegene Wachstumsrate der Arbeitsproduktivität erklärte seiner Ansicht nach, dass bei einer Lohninflation von ca. 3,5 % und hohen Profitzuwächsen die Inflation rückläufig war.

[262] "A number [of members] also commented that real interest rates were not unusually low, suggesting that any pickup in inflationary pressures, should that occur, would be modest and readily contained." BoG (Minute Aug 1996), S. 157.

sollte. Für letzteres sprach insbesondere das niedrige Arbeitslosenniveau, das in der Vergangenheit eindeutig mit Lohn- und Preisdruck verbunden war. Für ein Stillhalten der Geldpolitik sprach wiederum, dass aus den vorliegenden Daten kein unmittelbarer Preisdruck erkennbar war.

Letztendlich entschloss sich die Fed nur einmal zu Beginn des Jahres, der Linie einer präventiven Zinspolitik zu folgen. Auf der März-Sitzung des FOMC wurde die Fed Funds Rate um 25 Basispunkte auf 5,5 % erhöht. Die wesentliche Argumentation für diesen Zinsschritt bestand darin, dass die Nachfrage im ersten Quartal erneut kräftiger ausfiel als ursprünglich erwartet und eine Abschwächung des Wachstums im Jahresverlauf zwar als möglich aber keineswegs als sicher angesehen wurde. Das Risiko, dass es infolge der bereits ausgelasteten Produktionsressourcen zu steigenden Preisen kommen könnte, war daher nach übereinstimmenden Meinung des FOMC hoch, während die Gefahr eines unangemessen hohen Wachstumseinbruchs infolge des kleinen Zinsschrittes als sehr niedrig eingestuft wurde.[263]

Im weiteren Jahresverlauf setzte sich dann jedoch der Teil des FOMC durch, der für eine abwartende („wait and see") Zinspolitik plädierte, wofür folgende Gründe sprachen:

- Sämtliche Preisstatistiken wiesen einen fallenden Inflationstrend aus, so dass offenbar keine akute Inflationsgefahr vorlag. Außerdem wurde eine Abschwächung des Wachstums in Richtung Potentialtrend weiterhin als sehr wahrscheinlich angesehen.
- Die Inflationsprognose der Fed-Staff, die für die Zukunft steigende Inflationsraten vorhersagte, sollte nach Ansicht einiger Offenmarktmitglieder vorsichtig interpretiert werden, da sie noch auf einer traditionellen NAIRU-Schätzung beruhe, die sich zuletzt als falsch erwiesen habe.[264] Es sei aber nicht auszuschließen, dass z.B. höhere Wachstumsraten der Arbeitsproduktivität die inflationsstabile Arbeitslosenrate gesenkt hätten.[265]
- Mit einer realen Fed Funds Rate von ungefähr 3 % nahm die Fed bereits eine leicht restriktive Haltung ein. Ein möglicher Preisauftrieb würde daher nur moderat ausfallen und könnte rasch wieder unter Kontrolle gebracht werden.[266]

Im Jahresverlauf wurde zwar in der Tat keine weitere Zinsstraffung vollzogen, das FOMC war sich aber darin einig, dass höchste Wachsamkeit gegenüber einem möglichen Inflationsanstieg gelten müsste. Bis in den November wurde daher jeweils eine restriktive asymmetrische Direktive beschlossen, d.h. eine Zinserhöhung wurde als wahrscheinlicher als eine Zinssenkung angesehen. Eine Minderheitenposition sprach sich sogar auf jeder Sitzung für eine sofortige Zinserhöhung aus. Neben dem Argument, dass der Druck auf den Arbeitsmärkten irgendwann in Form höherer Lohnfor-

---

[263] Vgl. BoG (Minute Marc 1997), S. 121.

[264] "The behaviour of inflation had been unexpectedly benign for an extended period of time for reasons that were not fully understood. Forecasts of an upturn in inflation were therefore subject to a considerable degree of uncertainty." BoG (Minute Sep 1997), S. 157.

[265] Vor allem Greenspan wies erneut auf diese Möglichkeit hin, blieb aber angesichts der mangelhaften statistischen „Beweise" noch vorsichtig, vgl. FOMC (TS May 1997), S. 54ff.

[266] "The level of real short-term interest rates was relatively high by historical standards and provided some assurance that the current stance of policy would not accommodate a significant increase in underlying inflationary pressures." BoG (Minute Aug 1997), S. 149.

derungen entweichen werde,[267] wurde auf die Notwendigkeit raschen geldpolitischen Handelns verwiesen. Es sei effizienter, frühzeitig eine kleine Zinserhöhung durchzuführen, als später – wenn die Inflation bereits im Ansteigen begriffen ist – eine kräftige Zinsrestriktion nachzuholen.[268] Ein solcher „preemtive strike" sei außerdem aufgrund der robusten Wirtschaftsverfassung mit wenig Risiko verbunden. Teilweise wurde sogar argumentiert, dass die „New Economy" (aufgrund des gestiegenen Produktivitätstrends) höhere Realzinsen – und damit auch höhere Tagesgeldsätze – als im historischen Vergleich erforderlich mache, um Angebot und Nachfrage auszugleichen.[269]

Am Jahresende verschob sich dann die Risikobalance aufgrund der im Juli entflammten asiatischen Finanzmarktkrise geringfügig. Die Fed ging davon aus, dass sich die Ereignisse in Asien bremsend auf die amerikanische Exportnachfrage sowie die Importpreise (intensiviert durch die Dollaraufwertung) auswirken werden. Aufgrund der dadurch geminderten Inflationsrisiken wechselte das FOMC im Dezember zu einer symmetrischen Direktive.[270]

Insgesamt gesehen kam es 1997 innerhalb des FOMC zu einem Tauziehen zwischen den Befürwortern eines präventiven Zinsschlages und den Anhängern einer „wait and see"-Politik. Erstere hielten an den alten NAIRU-Modellen fest und befürchteten, dass es ohne weitere Zinsstraffungen bald zu steigenden Inflationsraten kommen würde. Letztere gaben hingegen der Möglichkeit einer sinkenden inflationsstabilen Arbeitslosenrate eine Chance.

Geldpolitik 1998

1998 gingen von der Binnen- und Außenwirtschaft gegenläufige Risiken aus, welche die Fed stets miteinander abwägen musste: Auf der einen Seite sorgte die unvermindert kräftige heimische Nachfrage und der Rückgang der Arbeitslosenrate auf den niedrigsten Stand seit 1970 für erhebliche Inflationsgefahren. Auf der anderen Seite bestand das Risiko, dass sich die wirtschaftlichen und finanziellen Schwierigkeiten in Asien und anderen Teilen der Welt auf die US-Wirtschaft übertragen und zu erheblichen Nachfrageeinbrüchen führen könnten.

Im ersten Halbjahr überwogen aus Sicht der Fed noch leicht die Inflationsrisiken, weshalb das FOMC zu einer Zinserhöhung neigte. In Anbetracht der unsicheren Lagebeurteilung wollte man einen solchen Schritt aber so lange wie möglich hinauszögern. Die Fed blieb daher vorerst (bis August) bei ihrer „wait and see"-Politik, wofür folgende Gründe sprachen:

---

[267] Vgl. z.B. BoG (Minute Sep 1997), S. 157. Es wurden auch eine Reihe positiver Angebotsschocks angeführt (z.B. sinkender Ölpreis und Dollarkurs), die bisher den Preisauftrieb gedämpft hätten, deren Wirkung aber nur temporärer Natur sei.

[268] Gemäß Fed-Präsident Jordan gab es nicht die Option, einen kleinen Zinsschritt später nachzuholen: "For me, the policy issue is not a question of a little now or a little later. It may turn out to be a question of a little now or a whole lot later." FOMC (TS May 1997), S. 19.

[269] Dieses Argument wurde vor allem von Fed-Präsiden Broaddus auf dem Mai-Treffen vorgebracht. Greenspan wies jedoch darauf hin, dass höheres Produktivitätswachstum auch angebotsseitige Effekte besitzt und außerdem durch die sinkenden Inflationsraten automatisch auch höhere Realzinsen gegeben sind, vgl. FOMC (TS May 1997), S. 22f., und 59f.

[270] Vgl. BoG (Minute Dec 1997), S. 174f.

- Anfang 1998 wurde die Inflation dank einiger positiver Angebotseffekte (rückläufige Rohstoffpreise, Dollaranstieg) nach unten gedrückt.[271] Parallel dazu sanken auch die Inflationserwartungen, so dass es ohne Zutun der Fed bereits zu einem Anstieg der realen Fed Funds Rate und damit zu einer Straffung der monetären Bedingungen kam.
- Bisher waren die Auswirkungen der Asienkrise auf die US-Wirtschaft begrenzt.[272] Dies könnte sich jedoch ändern, sobald sich die Krise global ausweiten würde (etwa auf Japan und Lateinamerika), wofür es erste Anhaltspunkte gab.[273]
- Es bestand schließlich die Gefahr, dass man durch eine Zinserhöhung die Finanzmarktturbulenzen in Asien noch verschärfen (z.B. durch eine Beschleunigung des Dollarkusanstiegs) würde – mit unabsehbaren Rückwirkungen für die heimische Wirtschaft.[274]

Einige Offenmarktmitglieder hätten dennoch eine rasche Zinserhöhung befürwortet. Ihrer Ansicht nach war die Fed noch nicht restriktiv genug. Es lägen nach wie vor günstige Finanzierungsbedingungen (boomende Aktienmärkte, großzügige Kreditvergabe) vor, welche die übertriebene Nachfrageexpansion finanzpolitisch akkommodierten.[275] Mit einer Zinserhöhung könnte die Fed eine leichte Verschärfung der Kredit- und Finanzmarktkonditionen bewirken.

Im August 1998 avancierten jedoch die außenwirtschaftlichen Einflüsse im Gefolge des Zahlungsausfalls russischer Staatsanleihen zum dominierenden Risikofaktor. Die russische Finanzmarktklemme löste eine globale Verunsicherung und eine Flucht in sichere Anlageformen aus. Hiervon war auch der amerikanische Finanzmarkt betroffen, was sich in sprunghaft steigenden Zinsspreads zwischen Unternehmens- und Regierungsanleihen und einem stark rückläufigen Emissionsvolumen von Anleihen schlechterer Bonitätsstufen zeigte. Aufgrund zurückgestufter Gewinnerwartungen wurde auch der Aktienmarkt in Mitleidenschaft gezogen.[276] Zwar wurde nach den starken Kursgewinnen des Jahres 1998 eine leichte Kurskorrektur begrüßt, ein regelrechter Aktien-Crash konnte aber schwerwiegende Folgen für die inländische Expansion haben, denn bisher waren die steigenden Aktienkurse ein treibendes Elemente

---

[271] "Some members noted that price increases would be held down for a while by the effects of the higher dollar, which had not worked their way fully trough domestic prices." FOMC (Minute Mar 1998), S. 141.

[272] In der Tat wirkte die Asienkrise bisher sogar teilweise nachfragestimulierend auf die US-Wirtschaft, da sie die langfristigen Zinsen in den USA senkte und für rückläufige Rohstoffpreise sorgte.

[273] "This view [to wait with a policy move] included the possibility that financial and economic conditions in Asia might worsen further and exert a stronger retarding effect on the performance of the U.S. economy than presently seemed in train." BoG (Minute May 1998), S. 150.

[274] Vgl. BoG (Minute May and Jul 1998), S. 150f., und 162. Dabei gab es aber unterschiedliche Auffassungen darüber, inwieweit sich die Fed durch mögliche ausländische Marktreaktionen beeinflussen lassen sollte.

[275] Fed-Präsident Jordan wird auf der Mai-Sitzung wie folgt zitiert: "He [Mr. Jordan] also believed that the view that real interest rates currently were high was not confirmed by observed behavior. Bankers told him that both consumers and businesses believed that credit was cheap and plentiful." BoG (Minute Jul 1998), S. 153.

[276] Zwischen Mitte Juli und Oktober sank der Wilshire 5000-Index um 17 %, vgl. OECD (ES USA 1999), S. 46.

der Konsum- (Vermögenseffekt) und Investitionsnachfrage (Finanzierungsquelle).[277] Hinzu kam, dass die größere Risikoaversion auch vor den Banken nicht halt machte, die bei der Kreditvergabe vorsichtiger wurden.[278]

Die Fed begegnete der allgemein gestiegenen Gefahr eines inländischen Nachfrageeinbruchs, in dem sie die Fed Funds Rate in drei rasch aufeinander folgenden Trippelschritten (September bis November) um insgesamt 75 Basispunkte auf 4,75 % absenkte.[279] Die Mehrheit des FOMC war der Ansicht, dass die nach wie vor günstige Inflationsentwicklung ausreichend Raum für diese geldpolitische Lockerung bot.[280] Eine Minderheitenposition hätte aber zumindest mit der letzten Zinssenkung im November noch abgewartet und zwar mit der Begründung, dass sich die Finanzmärkte seit Mitte Oktober wieder etwas beruhigt hätten (erneute Aktienhausse, Verringerung der Risikoprämien) und sich die Binnennachfrage entgegen den Erwartungen noch als äußerst robust erwiesen habe.[281]

Insgesamt betrachtet kam es 1998 trotz eines Rekordtiefs bei der Arbeitslosigkeit zu Zinssenkungen, weil negative außenwirtschaftliche Einflüsse die geldpolitischen Entscheidungen dominierten. Die Fed musste wiederum verstärkt die Finanzmarktentwicklungen beachten. Zunächst heizte der heimische Aktienboom die inländische Expansion an, später wirkte die Risikoaversion internationaler Investoren hingegen wachstumshemmend.

4.5.2 Bewertung der Geldpolitik 1996-1998

4.5.2.1 Warum plädierte Greenspan für eine Politik des „watchful waiting"?

Die ökonomische Entwicklung der Jahre 1996-1998 war zugleich außergewöhnlich positiv und erstaunlich: Das reale Wachstum lag bei durchschnittlich 4 %, die Arbeitslosenrate sank kontinuierlich von 5½ auf 4½ % und trotz dieses Wachstums- und Beschäftigungsbooms war der Inflationstrend rückläufig – die Kerninflationsrate (CPI) sank z.B. von ca. 3 auf 2¼ % (siehe Abb. 4.24-4.26). Das Fed-Verhalten war in dieser Zeit von geduldigem Abwarten geprägt, wenn man von der kleinen Zinsanpassung im März 1997 absieht. Erst die internationale Finanzmarktkrise Ende 1998 veranlasste die Fed zu heftigeren Reaktionen.

---

[277] Auf dem März-Treffen hies es z.B.: "So long as a high degree of optimism in the stock market persisted, however, the elevated level of financial wealth and the low cost of capital should continue to boost spending." BoG (Minute Mar 1998), S. 139.

[278] Vom FOMC wurde sogar die Möglichkeit eines „credit crunch" nicht ausgeschlossen, vgl. BoG (Minute Sep 1998), S. 178ff.

[279] Der Zinsschritt im Oktober wurde außerhalb der offiziellen Sitzungen auf einer Telefonkonferenz beschlossen.

[280] Ein einmaliger, größerer Zinsschritt von (50 oder 75 Basispunkten) wurde nicht in Betracht gezogen, um die Situation nach außen hin nicht zu dramatisieren und weil doch noch gewisse Inflationsrisiken vorhanden waren, vgl. BoG (Minute Sep 1998), S. 181.

[281] "Some members indicated that in the light of continued robust economic growth, tight labor markets, and improving financial conditions they had a preference for awaiting further development that might provide a stronger basis for an easing action." BoG (Minute Nov 1998), S, 193. Sie befürchteten auch, dass eine zu starke geldpolitische Lockerung erneut zu irrationalen Übertreibungen an den Börsen führen würde.

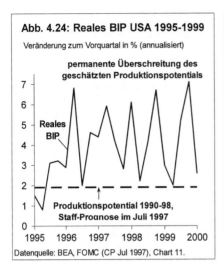

Abb. 4.24: Reales BIP USA 1995-1999

Veränderung zum Vorquartal in % (annualisiert)

permanente Überschreitung des geschätzten Produktionspotentials

Reales BIP

Produktionspotential 1990-98, Staff-Prognose im Juli 1997

Datenquelle: BEA, FOMC (CP Jul 1997), Chart 11.

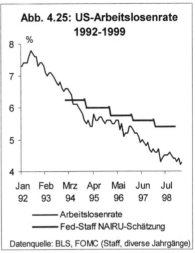

Abb. 4.25: US-Arbeitslosenrate 1992-1999

Jan Feb Mrz Apr Mai Jun Jul
92   93   94   95   96   97   98

———— Arbeitslosenrate
———— Fed-Staff NAIRU-Schätzung

Datenquelle: BLS, FOMC (Staff, diverse Jahrgänge)

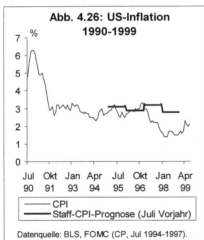

Abb. 4.26: US-Inflation 1990-1999

Jul Okt Jan Apr Jul Okt Jan Apr
90   91   93   94   95   96   98   99

———— CPI
———— Staff-CPI-Prognose (Juli Vorjahr)

Datenquelle: BLS, FOMC (CP, Jul 1994-1997).

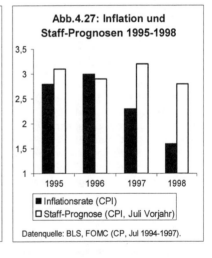

Abb.4.27: Inflation und Staff-Prognosen 1995-1998

1995   1996   1997   1998

■ Inflationsrate (CPI)
□ Staff-Prognose (CPI, Juli Vorjahr)

Datenquelle: BLS, FOMC (CP, Jul 1994-1997).

Diese „wait and see"-Politik erscheint überraschend, wenn man bedenkt, dass die Fed 1994/95 noch eine besonders vorausschauende Geldpolitik proklamiert hatte, die nicht auf die aktuelle, sondern die zukünftige Inflationsentwicklung reagieren soll-te. Dabei wurde betont, dass die Fed darauf achten müsse, dass die aggregierte Nachfrage nicht die Produktionskapazitäten übersteigt. Gerade aber die Arbeitska-pazitäten schienen bereits 1996 vollkommen erschöpft und die Nachfrage wuchs ste-tig oberhalb des geschätzten Produktionspotentials weiter.

Hätte das FOMC den Analysen seines Mitarbeiterstabes vertraut, dann wären spätestens Mitte 1996 Zinserhöhungen fällig gewesen. Die Fed-Staff prognostizierte für 1997 steigende Inflationsraten, wofür sie vor allem eine positive Beschäftigungslücke (Arbeitslosenrate unterhalb NAIRU) verantwortlich machte (siehe Abb. 4.24-4.27).[282] Der Möglichkeit einer höheren Trendrate der Arbeitsproduktivität wurde innerhalb der Staff nur eine geringe Wahrscheinlichkeit eingeräumt.[283] Die Analysten der Fed konnten sich daher weder eine deutlich gesunkene NAIRU noch eine höheren Wachstumsrate des Produktionspotentials vorstellen. Die Mehrheit des FOMC schloss sich dieser Meinung jedoch nicht an.

Im Folgenden soll zunächst Greenspans Sichtweise der Dinge, die letztendlich für die Beschlüsse und den abwartenden Kurs der Fed entscheidend war, dargelegt werden. Anschließend wird auf einige abweichende Stimmen innerhalb des FOMC eingegangen.

Abb.4.28: Lohninflation USA 1990-2000

Veränderung geg. Vorjahresquartal in %

Moderater Anstieg (dank "benefits")

——— Lohnkostenindex, private Industrie, Gesamtvergütung
— — · Benefits, private Industrie

Datenquelle: BLS.

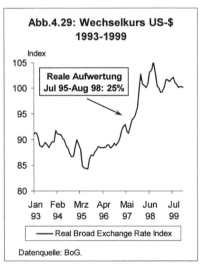

Abb.4.29: Wechselkurs US-$ 1993-1999

Index

Reale Aufwertung Jul 95-Aug 98: 25%

——— Real Broad Exchange Rate Index

Datenquelle: BoG.

Unbestritten ist, dass in den Jahren 1996-1998 einige positive Angebotsschocks zur günstigen Inflationsentwicklung beigetragen haben. Zu den positiven Preisschocks zählten hierbei eine deutliche Dollaraufwertung sowie sinkende Ölpreise.[284] Bei den

---

[282] Die positive Beschäftigungslücke wurde 1997 auf ¼ Prozentpunkt geschätzt (NAIRU-Schätzung: 5¾ %, Arbeitslosenrate: 5½ %). Daraus wurde ein recht kräftiger Anstieg der Lohninflation auf über 3 % (Lohnkostenindex) abgeleitet. Für die CPI-Inflation wurde ein Anstieg von 2,8 (1. Halbjahr 1996) auf 3,2 % (1997) prognostiziert, vgl. *Prell*, in: FOMC (Staff Jul 1996), S. 3ff.

[283] „... even the widely noted research by Staiger, Stock and Watson ... concludes that there is relatively low probability that the NAIRU currently is below 5.6 percent." *Prell*, in: FOMC (Staff Jul 1996), S. 17. Selbst Mitte 1997 prognostizierte die Fed-Staff die Wachstumsrate der Arbeitsproduktivität in der Gesamtwirtschaft auf durchschnittlich lediglich 0,9 % in den 90er Jahren, vgl. *Stockton*, in: FOMC (Staff Jul 1997), S. 1 (Abb. 36).

[284] Zwischen Juli 1995 und August 1998 wertete der Dollar gegenüber den Währungen seiner wichtigsten Handelspartner (broad exchange rate index) real um etwa 25 % auf. Die Ölpreise fielen vor allem 1997 und 1998 von Werte um 25 $ auf 12 $ pro Barrel (West Texas Oil).

Löhnen wirkte sich ein sehr gedämpfter Anstieg der Lohnnebenkosten (insbesondere Gesundheitskosten) mäßigend auf die Bruttolohngehälter aus (vgl. Abb. 4.28 und 4.29).[285] Alle diese Effekte wurden auch von Greenspan erkannt, aber er betonte ausdrücklich, dass solche temporären Faktoren nicht für die aktuelle Geldpolitik relevant sein könnten.[286] Wenn der geringe Lohn- und Preisdruck ausschließlich damit erklärbar gewesen wäre, hätte die Fed seiner Ansicht nach keine abwartende Haltung einnehmen dürfen, sondern deutlich restriktiver agieren müssen.

Eine nachhaltigere Erklärung für die moderate Lohninflation der Jahre 1996-1998 lieferte gemäß Greenspan die These vom „traumatisierten Arbeitnehmer", gemäß derer die amerikanischen Beschäftigen seit Anfang der 90er Jahre vermehrt an Arbeitsplatzsicherheit statt an Einkommenszuwächsen interessiert waren:[287]

"A typical restraint on compensation increases has been evident for a few years now and appears mainly the consequence of greater worker insecurity." Greenspan (1997a), S. 254.

Auslöser für dieses höhere Sicherheitsbewusstsein war die Rezession 1990/1991, auf welche die Unternehmen mit umfangreichen Restrukturierungs- und Kostensenkungsprogrammen reagierten, die zunächst Entlassungswellen und später nur schleppenden Neueinstellungen („jobless growth") zur Folge hatten. Aus Greenspans Sicht sorgte jedoch ein zusätzlicher Aspekt dafür, dass die Unsicherheit trotz rückläufiger Arbeitslosigkeit noch bis Mitte der 90er Jahre anhielt.[288] Dieses Element sah Greenspan im beschleunigten technologischen Wandel, der durch den verstärkten Einsatz der Computer- und Kommunikationstechnologie ausgelöst wurde und zu einer rascheren Entwertung von bestimmten Arbeitsplatzfähigkeiten führte. Einmal erworbene berufliche Fähigkeiten konnten daher bereits nach ein paar Jahren obsolet sein und Entlassungen schwerwiegende Konsequenzen haben, da sie den Erwerbstätigen von der fortwährenden Weiterbildung am Arbeitsplatz abhielten.[289]

Empirisch ließ sich die erhöhte Arbeitsplatzunsicherheit teilweise untermauern. So ergaben Umfragen, dass die Furcht vor dem Verlust des Arbeitsplatzes zwischen 1991 und 1996 merklich angestiegen ist. Auch im Gewerkschaftsverhalten – geringe-

---

[285] Während die Lohnzusatzkosten („fringe benefits", Kranken- und Rentenversicherungsbeiträge) Anfang der 90er Jahre noch stärker wuchsen als die reinen Gehaltskosten, kehrte sich dieses Verhältnis zwischen 1995 bis 1998 um. Die Lohnnebenkosten wuchsen in dieser Zeit lediglich mit Raten von 2-2½ % (sieh Abb. 32).

[286] Vice-Chairman McDonough, der mit Greenspans Analyse übereinstimmte erklärte z.B.: "The factors leading to a combination of good economic growth and ever better price performance – a firm dollar, restrained wage demand, and excellent performance of health care costs – clearly have to be transitory and cannot be depended on to continue ..." FOMC (TS Sep 1997), S. 70.

[287] Greenspan wies ausdrücklich darauf hin, dass er die anderen positiven Lohnschocks als weniger bedeutend für die Erklärung des geringen Lohndrucks ansah: "... although I do not doubt all these factors [deceleration in health care costs, increasing global competition etc.] are relevant. I would be surprised if they were nearly as important as job insecurity." Greenspan (1997a), S. 255.

[288] "The unanswered question is why this insecurity persisted even as the labor market ... tightened considerably. One possibility may lie in the rapid evolution of technologies in use in the work place. (...) ... it [technological change] contributes to the concern of workers that their job skills may become inadequate." Greenspan (1997a), S. 255.

[289] Geschah eine Entlassung in Verbindung mit der Einführung einer neuen Technologie, musste die Arbeitskraft ferner damit rechnen, dass sie aufgrund ihres veralteten Technologiewissens kaum noch marktfähig war.

re Streikaktivität, vermehrter Abschluss langfristiger Arbeitsverträge – kam zum Ausdruck, dass vor allem Sicherheit und weniger Lohnzuwächse im Vordergrund der Arbeitnehmerinteressen standen.[290]

Wenn das rasche Tempo des Technolgiewandels und damit das entsprechende Sicherheitsbedürfnis anhielten, war es gemäß Greenspan durchaus denkbar, dass die NAIRU dauerhaft gesunken sein könnte, z.B. von 6 auf 5 %.[291] Der Zusammenhang zwischen Arbeitslosigkeit und Lohndruck sei aber nicht für immer außer Kraft gesetzt. Wenn die Arbeitslosenrate schließlich auf den niedrigeren NAIRU-Wert gefallen sei, würden wieder die alten Zusammenhänge gelten, d.h. man müsse wieder mit akzelerierendem Lohndruck rechnen.

"But, at some point, greater job security will no longer be worth the further sacrifice of gains in real wages. The growth of wages will then again be more responsive to tightness of labor markets." Greenspan (1996b), S. 812.

Mit einem zweiten Ansatz zur Begründung des gleichzeitigen Auftretens von rückläufiger Inflation und Arbeitslosigkeit erlangte Greenspan weit mehr Aufmerksamkeit als mit der Annahme steigender Arbeitsplatzunsicherheit. Greenspan gehörte nämlich zu den Verfechtern der These, dass es seit Mitte der 90er Jahre zu einem sprunghaften Anstieg der Arbeitsproduktivität gekommen sei. Diese Mutmaßung erfreute sich vor allem an den Finanzmärkten und der Wirtschaftspresse großer Beliebtheit, war aber unter Wissenschaftlern höchst umstritten. Zunächst (Februar 1996) äußerte er die These nur zögerlich, gelangte dann aber mit der Auswertung zusätzlichen Datenmaterials mehr und mehr zur Überzeugung, dass es in den USA tatsächlich zu einem Produktivitätsschub gekommen ist.[292]

Bei der Begründung des plötzlichen Effizienzgewinns schien Greenspan vor allem eine Theorie von P. David sehr plausibel.[293] Dieser wies darauf hin, dass sich erst Synergieeffekte zwischen verschiedenen (neuen oder bereits reifen) Technologien entwickeln mussten, um deren Produktionspotentiale vollkommen auszuschöpfen. Solche Synergieeffekte ergaben sich Anfang der 90er Jahre offenbar im Bereich der Computer- und Kommunikationstechnologie. Zwar wurde die Computertechnik schon längere Zeit genutzt, aber erst parallele Fortschritte im Hard- und Softwarebereich sowie deren kombinierte Nutzung mit Kommunikationstechnologien reizten deren Produktivitätsmöglichkeiten in stärkerem Maße aus.[294]

---

[290] Umfragen bei Beschäftigten in Großunternehmen ergaben, dass 1991 nur 25 % der Befragten Angst hatten, ihren Arbeitsplatz zu verlieren, während es 1996 inmitten der Hochkonjunktur fast 50 % waren. Vgl. zu weiteren empirischen Hinweisen: Greenspan (1997a), S. 254f, oder Greenspan (1997b), S. 744.

[291] Greenspan nannte sogar eine Bandbreite von 4,25-5 % als möglichen Rückgang der NAIRU, vgl. FOMC (TS Jul 1996), S. 83.

[292] Anlässlich seines ersten Kongressberichts 1996 äußerte sich Greenspan [(1996a), S. 317ff.] erstmals ausführlicher zur These eines beschleunigten Produktivitätswachstums.

[293] Vgl. z.B. David (1990), und zum Greenspan'schen Bezug: Greenspan (1997b), S. 745, oder (1996a), S. 319.

[294] „... what has happened is that the synergies finally came together in recent years mainly as the software industry in this country expanded extensively and, as you all have observed, computer technology cumulatively enhanced our production capabilities." Greenspan, in: FOMC (TS May 1997), S. 57.

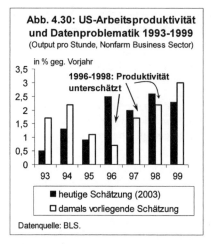

Abb. 4.30: US-Arbeitsproduktivität und Datenproblematik 1993-1999
(Output pro Stunde, Nonfarm Business Sector)

■ heutige Schätzung (2003)
☐ damals vorliegende Schätzung

Datenquelle: BLS.

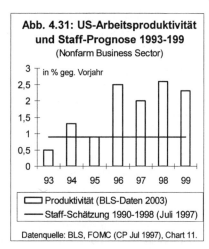

Abb. 4.31: US-Arbeitsproduktivität und Staff-Prognose 1993-199
(Nonfarm Business Sector)

☐ Produktivität (BLS-Daten 2003)
—— Staff-Schätzung 1990-1998 (Juli 1997)

Datenquelle: BLS, FOMC (CP Jul 1997), Chart 11.

Das Problem an der Sache war jedoch, dass die offiziellen Statistiken in den Jahren 1996/1997 keine eindeutigen Hinweise auf einen höheren Produktivitätstrend ergaben. Greenspan sprach daher auch bei seinen eigenen Ausführungen von einer noch zu beweisenden Hypothese.[295] Zwar war die Arbeitsproduktivität laut offizieller Statistik Mitte der 1990er Jahre leicht gestiegen, dies wurde aber eher als zyklisches Phänomen abgetan. Man unterstellte weiterhin, dass das Trendwachstum der Arbeitsproduktivität in der Gesamtwirtschaft ohne Landwirtschaft) wie in den 80er Jahren bei ungefähr 1,0 % lag (siehe Abb. 4.30 und Abb. 4.31). Greenspan zweifelte jedoch den Wahrheitsgehalt dieser Statistiken stark an:

"The evidence of significant restructurings and improvements in technology and real costs within business establishments does not seem to be fully reflected in our national productivity measurements." Greenspan (1996a), S. 319.

Zu diesen Zweifeln veranlassten ihn unter anderem folgende Beobachtungen:

- Ihm fiel auf, dass die Profitraten der Unternehmen 1996/97 immer noch deutlich zulegten (vgl. Abb. 4.32).[296] Gleichzeitig betrug aber auch die Lohninflation immerhin 3-3 ½ %. Wachsende Gewinne und Löhne ließen sich bei stabilen Preisen aber nur schwer mit einer niedrigen Wachstumsrate der Arbeitsproduktivität vereinbaren, was bereits eine einfache Mark-up-Preissetzungsfunktion (hier in Wachstumsraten) deutlich macht:[297]

(4.1)　　$\pi = \hat{g} + \hat{w} - \hat{a}$,

wobei g = Gewinnaufschlag, w = Lohnsatz und a = Arbeitsproduktivität.

---

[295] "... this hypothesis [pickup in productivity], which I would stress is only a hypothesis and by no means a certainty, involves some probability of being wrong." Greenspan, in: FOMC (TS May 1997), S. 59.

[296] "... we have some very significant and unexpected evidence that profit margins are still rising at this late stage of the business cycle expansion." Greenspan, in: FOMC (TS May 1997), S. 54.

[297] "If we believe that the price data are reasonably accurate ... and if we believe the profit estimates are about right – the latter are based on independent earning reports – then, by arithmetic, total unit costs could not have changed much." Greenspan, in: FOMC (TS May 1997), S. 54.

- Greenspan machte folgende Rechnung auf: Da die Zuwachsrate der Gewinne ĝ [präziser: Δg/(1+g)] annähernd der Inflationsrate π von ca. 2½ % entsprach, mussten die Wachstumsrate der Lohnstückkosten (ŵ - â) rein arithmetisch etwa null Prozent betragen.[298] Dies bedeutete, dass die Wachstumsrate der Arbeitsproduktivität, um die Lohninflation auszugleichen bei mindestens 3 % liegen musste.[299] Greenspan neigte dazu, diesen 3 % eher Glauben zu schenken, als den offiziell für die Gesamtwirtschaft gemessenen 1 %. Außerdem spiegelte sich darin seiner Ansicht nach nicht nur ein zyklischer, sondern auch ein trendmäßiger Anstieg der Wachstumsrate der Arbeitsproduktivität wider.

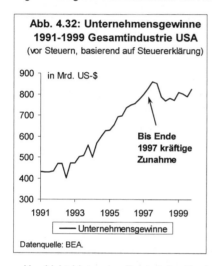

**Abb. 4.32: Unternehmensgewinne
1991-1999 Gesamtindustrie USA**
(vor Steuern, basierend auf Steuererklärung)

Bis Ende
1997 kräftige
Zunahme

Unternehmensgewinne

Datenquelle: BEA.

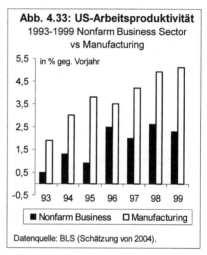

Abb. 4.33: US-Arbeitsproduktivität
1993-1999 Nonfarm Business Sector
vs Manufacturing

in % geg. Vorjahr

■ Nonfarm Business   □ Manufacturing

Datenquelle: BLS (Schätzung von 2004).

- Um Licht hinter das Dunkel der Produktivitätsmessung zu bringen, beauftragte Greenspan seinen Mitarbeiterstab damit, die Produktivitätsdaten der Gesamtwirtschaft, auf die sich die offiziellen Statistiken bezogen, nach Unternehmenssektoren zu disaggregieren. Dabei wurde eine rückläufige Produktivitätsentwicklung im Dienstleistungsbereich seit Anfang der 80er Jahre ermittelt, was jedoch kaum der Realität entsprechen konnte.[300] Hieraus schloss Greenspan, dass die Produktivitätsmessungen im Dienstleistungssektor falsch waren und entsprechend die Produktivitätskennziffern der Gesamtwirtschaft, welche den Dienstleistungsbereich enthielten, nach unten zogen:

---

[298] „... it turns out that the estimated rate of total unit costs from the first quarter of 1997 is close to zero." Greenspan, in: FOMC (TS May 1997), S. 54. Greenspan bezieht sich hier auf die gesamten Stückkosten (neben Löhnen gehören hierzu Zinsen, Abschreibungen etc.). Im Text ist aus Vereinfachungsgründen nur von Lohnstückkosten die Rede, welche ca. 70 % der gesamten Stückkosten umfassen.

[299] „Any reasonable set of numbers for average hourly compensation, which has been rising in this period, permits us to derive productivity numbers that are accelerating significantly – up roughly 3 percent from the first quarter of 1996 to the first quarter of 1997." Greenspan, in: FOMC (TS May 1997), S. 55.

[300] „... we run into the large anomaly of a long-term decline in productivity for the noncorporate business sector. This decline makes no sense." Greenspan, in: FOMC (TS May 1997), S. 55.

"This tells us that a large chunk of the productivity data in the nonfarm business product area makes no sense and is giving us a distorted view of the underlying productivity growth rate in the economy as a whole and a distinctly distorted view of underlying real costs." Greenspan, in: FOMC (TS September 1996), S. 27.

Die wahre Produktivitätsentwicklung kam daher seiner Ansicht nach eher in den Daten des verarbeitenden Gewerbes (die in der Nähe der oben errechneten 3 % lagen, siehe Abb. 4.33) als in den offiziellen Statistiken der Gesamtwirtschaft zum Ausdruck.

•   Schließlich musste man auch die hohen Zuwachsraten bei den Investitionen für High-Tech-Produkte, die man seit 1993 beobachten konnte, irgendwie erklären. Diese Investitionen ergaben nach Greenspans Ansicht nur dann Sinn, wenn sich die Unternehmen aus der Anwendung dieser High-Tech-Produkte höhere Profit-möglichkeiten versprachen:

"The accelerated synergies of various technologies may be what have been creating the apparent significant new profit opportunities that presumably lie at the root of the recent boom in high-tech investment. " Greenspan (1997b), S. 745.

Die steigenden Profitraten seit Mitte der 90er Jahre deuteten darauf hin, dass diese Gewinnhoffnungen offenbar bereits erfüllt wurden.

Die anhaltend hohen Profitraten der Industrie, die zu niedrigen Produktivitätszahlen im Dienstleistungssektor und der High-Tech-Investitionsboom, legten Greenspan nahe, dass es zu einem trendmäßigen Anstiegs der Produktivität gekommen sein musste. Die theoretische Debatte darüber, ob ein höherer Produktivitätstrend mit einem dauerhaften oder nur temporären Rückgang der inflationsstabilen Arbeitslosenrate verbunden ist, war für Greenspans Argumentation zweitrangig.[301] Für ihn war maßgeblich, dass die gesteigerte Effizienz in der Produktion zumindest für eine Weile den Lohndruck dämpfte, was ihn dazu veranlasste, in den Jahren 1996-1998 für eine abwartende geldpolitische Haltung zu plädieren.

Neben Arbeitsplatzunsicherheit und steigender Produktivität lässt sich in Greenspans Argumentation noch ein drittes Argument zur Erklärung der günstigen Preisentwicklung finden. Unternehmer schreckten offenbar trotz der lebhaften Nachfrage Mitte der 90er Jahre davor zurück, höhere Preise durchzusetzen, da sie befürchten mussten, dadurch Marktanteile an ihre Wettbewerber zu verlieren.[302] Ein Grund für diese Konkurrenzsituation bestand darin, dass die Kapazitäten – vor allem die Sachkapazitäten – nicht bis zum Rand ausgeschöpft waren (vgl. Abb. 4.34). Dies war angesichts der kräftigen Nachfrage- und Wachstumsentwicklung erstaunlich. Offenbar fiel es den

---

[301] Man geht in der Regel davon aus, dass ein Sprung in der Wachstumsrate der Arbeitsproduktivität zumindest einige Jahre lang für eine niedrigere NAIRU sorgt, da es eine gewisse Zeit dauert, bis die Arbeitnehmer ihre Lohnambitionen („wage aspiration") an die höhere Produktivitätsrate anpassen. Wenn man die Phillips-Kurve um einen Term bestehend aus der Differenz von Produktivitätswachstum und vergangenem Reallohnwachstum erweitert, wird der Rückgang der NAIRU Ende der 90er Jahre plausibel, vgl. Ball/Moffit (2001), S. 61ff.

[302] "The containment of inflation also is consistent with the general notion ... that it is very difficult for business firms to raise prices in this environment. The reason is that there is enough product slack in the economy to restrain firms that endeavour to raise their prices because they fear the loss of market share to competitors who may decide not to adjust their prices higher." Greenspan, in: FOMC (TS Mai 1997), S. 58.

Unternehmen in dieser Boomphase
leichter als früher, ihre Kapazitäten an
eine höhere Nachfrage anzupassen.
Ein Hinweis darauf waren die zum Teil
sinkende Lieferzeiten für Kapitalgüter
(v.a. wiederum High-Tech-Produkte) in
den Jahren 1996 bis 1998. Greenspan
führte diese größere Flexibilität der Kapazitätsanpassung auf den allgemein
stärkeren Einsatz neuer Technologien
zurück.[303]

Insgesamt veranlasste der Dreiklang
aus einem höheren Bedarf an Arbeitsplatzsicherheit, zurückhaltende Preispo-
litik der Unternehmen und höheren Produktivitätsraten Greenspan dazu, für
eine „wait and see"-Politik einzutreten.

Abb. 4.34: Kapazitätsauslastung
Gesamtindustrie USA 1992-1999

in % der Vollauslastung

Datenquelle: BoG.

Dabei sind alle drei Sachverhalte über das Phänomen des rascheren technologischen Wandels miteinander verknüpft: Der forcierte Einsatz neuer Technologien
sorgt für eine beschleunigte Entwertung einmal erworbener beruflicher Qualifikatio-
nen, ermöglicht eine raschere Kapazitätsanpassung an eine höhere Nachfrage und
verbesserte die Effizienz der Produktion.

4.5.2.2 Der Meinungsstreit zwischen den „Tauben" und „Falken" im FOMC

Greenspan hatte sich in den USA vor allem durch seine präventiven Zinsmanöver
(1988/89 und 1994) den Ruf als Vorkämpfer für Preisstabilität erworben. Die Phase
1996-1998 machte aber daneben deutlich, dass seine Sichtweise im Gegensatz zu
der Vorstellungswelt eines konservativen Notenbankers überraschend frei von Denk-
barrieren war:

• Greenspan lehnt es z.B. ab, von einer starren Wachstumsrate des Produktionspotentials als Orientierungsgrößen für die Geldpolitik auszugehen. Die Möglichkeit eines höheren Potentialtrends sollte seiner Meinung nach durchaus in Betracht gezogen und bei nachhaltigen Hinweisen auch von der Geldpolitik alimentiert werden.

  *"The Federal Reserve would certainly welcome faster growth – provided that it is
  sustainable. The particular rate of maximum sustainable growth ... is difficult to
  pin down. Fortunately, the Federal Reserve does not need to have a firm judgement on such an estimate."* Greenspan (1996a), S. 318.

  *"... pieces of information ... could be read as indicating basic improvements in
  the long-term efficiency of our economy. The Federal Reserve has been aware of
  this possibility ... and ... has operated with a view to supplying adequate liquidity*

---

[303] "In recent years, technology has engendered a significant compression of lead times between order and delivery for production facilities. This has enabled output to respond increasingly faster to
an upsurge in demand, thereby decreasing the incidence of strains on capacity and shortages so
evident in earlier business expansion." Greenspan (1997b), S. 745f.

to allow the economy to reach its highest potential on a sustainable basis."
Greenspan (1997b), S. 743.

- Greenspan räumte der Möglichkeit eines Produktivitätssprungs sehr frühzeitig – als die Daten noch keineswegs eindeutig waren – eine Chance ein. Dabei war er auch bereit, in Opposition zu seinem Mitarbeiterstab zu gehen, dessen Prognosen noch auf traditionellen NAIRU-Schätzungen beruhten und daher von steigenden Inflationsraten ausgingen. Greenspan blickte 1996 tiefer in die Statistiken und sah keine (oder nicht ausreichende) Anzeichen für wirklichen Preisdruck. Vor einer Zinserhöhung wollte er erst klare Beweise für steigenden Lohn- und Preisdruck in den Daten – etwa in Form verkürzter Lieferzeiten, mehr Überstunden, Materialknappheiten, höhere Lohnforderungen – sehen:

"I think it is important for us to see some of this evidence before we can be sure that the translation from real growth into inflation is following the historical patterns as closely as is implicit in the Greenbook [-Forecast]." Greenspan, in: FOMC (TS May 1996), S. 30.

- Greenspans Bereitschaft, flexibel auf neue Entwicklungen zu reagieren, zeigte sich auch darin, dass er die Sachkapazitäten kaum noch als begrenzenden Faktor für ein höheres Wachstum ansah, da Unternehmen ihre Sachressourcen offenbar flexibler an Nachfrageschwankungen anpassen konnten als früher:

"It appears that capital, that is, plant and equipment, can adapt and expand more expeditiously than in the past to meet demands. Hence, capital capacity is now a considerably less rigid constraint than it one was." Greenspan (1997b), S. 745.

Wenn es zu Inflationsgefahren kam, dann war seiner Ansicht nach dafür der Arbeitsmarkt das auslösende Moment, da das Arbeitskräfteangebot nicht unendlich ausgedehnt werden konnte. Ohne die Asienkrise, welche die Exportnachfrage beeinträchtigte, hätte Greenspan daher voraussichtlich Ende 1997 für Zinserhöhungen plädiert, weil er Mitte 1997 bereits Anzeichen für ein erschöpftes Arbeitsangebot sah.[304]

Einige FOMC-Mitglieder stellten sich demonstrativ hinter Greenspan und waren gegenüber der Idee eines bedeutenden technologischen und strukturellen Wandels aufgeschlossen.[305] Andere Offenmarktmitglieder und nicht stimmberechtigte Fed-Präsidenten forderten hingegen 1996/1997 mehrfach eine Zinserhöhung um 25 oder sogar 50 Basispunkte. Dabei handelte es sich vor allem um die Fed-Präsidenten:

---

[304] Die Knappheit an Arbeitskräften spiegelte sich nicht allein im Rückgang der registrierten Arbeitslosen wieder, sondern zeigte sich auch darin, dass die stille Reserve auf ein Rekordtief gesunken war. Von den 6 Mio. zusätzliche Beschäftigen seit 1995 wurden allein 1,5 Mio. aus der Gruppe der Erwerbsfähigen rekrutiert, die zwar eine Stelle wollten aber nicht aktiv danach gesucht haben (die restlichen 4,5 Mio. stammten von den offiziellen Arbeitslosen und zusätzlicher Erwerbsbevölkerung). Es war daher zu vermuten, dass die stille Reserve als Arbeitsreservoir bald erschöpft war und dass es bei weiter anhaltender Überschussnachfrage zu Lohnsteigerungen kommen würde, vgl. FOMC (TS Sep 1997), S. 66ff., und Greenspan (1997b), S. 746f.

[305] Es handelte sich dabei vor allem um die Fed-Gouverneure McDonough, Rivlin, Kelley und Yellen, sowie die Fed-Präsidenten Boehne und McTeer. So äußerte Fed-Präsident Boehne [FOMC (TS May 1996), S. 35] z.B.: "... my sense is that there is enough evidence over the last year or so to cause us to be more open-mined about the prospect that the economy may indeed be less prone to inflation."

Broaddus (Richmond), Hoenig (Kansas City), Parry (San Francisco), Melzer (St. Louis), Minehan (Boston), und Stern (Minneapolis).

Diese „Falken" im FOMC besaßen noch ein recht hohes Vertrauen in die alten historischen Beziehungen zwischen Inflation und Arbeitslosigkeit. Sie waren daher auch nicht bereit, ihre alten Prognosemodelle, die auf NAIRU-Schätzungen von 5½-6 % und einer potentiellen Wachstumsrate von rund 2-2½ % basierten, vorschnell ad acta zu legen:[306]

> "I am reluctant at this point to deemphasize what you [Mr. Chairman] refer to as the 'old model'." Fed-Präsident Broaddus, in: FOMC (TS Jul 1996), S. 85.

Der Idee eines Paradigmawechsels standen sie skeptisch gegenüber.[307] Sie gingen davon aus, dass die günstige Inflationsentwicklung vor allem auf transitorische Faktoren zurückzuführen war:

> "... I also think that the factors that have contributed in major way to this situation are more transitory than new paradigmish and their effects may be coming to an end." Fed-Präsidentin Minehan, in: FOMC (TS Sep 1997), S. 77.

Da ihre eigenen Prognosen und diejenigen der Fed-Staff eine steigende Inflationsrate in Aussicht stellten, war es für sie ganz natürlich, für eine restriktivere Gangart zu plädieren.[308] Schließlich sei das eigentliche Ziel der Fed Preisstabilität und es machte ihrer Ansicht nach keinen Sinn, aufgrund der vagen Möglichkeit eines strukturellen Wandels, die hart erkämpfte Glaubwürdigkeit in der Inflationsbekämpfung leichtfertig aufs Spiel zu setzen.[309] Nicht zuletzt auch deshalb, weil ihrer Ansicht nach die günstige Inflationsperformance maßgeblich auf den sinkenden Trend in den Inflationserwartungen der Marktakteure zurückzuführen sei.

Sie verwiesen auch gerne auf die ihrer Ansicht nach sehr erfolgreiche präventive Geldpolitik des Jahres 1994, an welche die Fed 1996/97 anknüpfen sollte.[310] Vorausschauendes Agieren machte es aber erforderlich, die Zinsen bereits zu einem Zeitpunkt zu erhöhen, wenn direkter Inflationsdruck noch nicht ersichtlich ist.[311]

---

[306] "... we ought to be careful before we abandon the model we have been using (...). I would be reluctant to abandon such a model given our past experience." Fed-Präsident Hoenig, in: FOMC (TS Jul 1996), S. 87f.

[307] "... I must say that I continue to be uncomfortable with the assumption that things have changed in a major way and that, while rising inflation occurred under similar circumstances in the late 1980s, it will not happen now." Fed-Präsidentin Minehan, in: FOMC (TS Jul 1996), S. 87.

[308] Fed-Präsident Broaddus in seinem Plädoyer für Zinserhöhungen: "... the long-term goal is price stability. The staff is now projecting an increase in the inflation rate next year. I think it is a credible forecast and it means that inflation is moving in the wrong direction." FOMC (TS May 1996), S. 32.

[309] Fed-Präsident Melzer warnte davor, dass es einer restriktivere Geldpolitik zu einem Verlust an Glaubwürdigkeit kommen könnte: "... I know how hard it was to earn that credibility. It took a long time (...). I really believe that it is a lot harder to gain and keep credibility than it is to give it away." FOMC (TS Sep 1996), S. 35.

[310] "That series of [tightening] actions [1994] was one of the most successful we have undertaken in recent monetary policy history in this country. And it was successful precisely because we acted proactively rather than reactively." Fed-Präsident Broaddus, in: FOMC (TS Sep 1997), S. 77.

[311] "... I do not think we should wait to see it [inflation] rise before acting, given the backward-looking nature of any inflation statistic. (...) ... all suggest to me that to be appropriate forward-looking we should move now." Fed-Präsidentin Minehan, in: FOMC (TS Jul 1996), S. 87.

Gegen letzteres Argument kam rasch Widerspruch von anderer Seite. Greenspan wies darauf hin, dass präventives Handeln zwar wichtig sei, dass man aber andererseits in einer Zeit starken strukturellen Wandels auch nicht überstürzt handeln sollte. Würde sich nachträgliche herausstellen, dass man die Lage falsch eingeschätzt hatte, würde dies in der Öffentlichkeit rasch den Eindruck mangelnder Kompetenz hinterlassen.[312]

Fed-Präsident McTeer strich vor allem den Unterschied von 1996/1997 gegenüber 1994 heraus.[313] Damals lag die reale Fed Funds Rate für mehr als ein Jahr bei null Prozent. Jetzt sei die reale Fed Funds Rate hingegen weitgehend neutral. Fed-Gouverneurin Yellen wies parallel darauf hin, dass die Zinspolitik der Fed ungefähr in Übereinstimmung mit der Taylor-Regel bewege, was ebenfalls auf eine neutrale Geldpolitik hindeute (vgl. Abb. 4.35 und 4.36).[314]

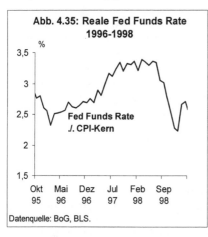

Abb. 4.35: Reale Fed Funds Rate 1996-1998

Datenquelle: BoG, BLS.

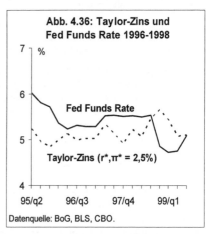

Abb. 4.36: Taylor-Zins und Fed Funds Rate 1996-1998

Datenquelle: BoG, BLS, CBO.

Nach Ansicht der FOMC-Mitglieder, die Greenspan unterstützen, sprachen auch der hohe Grad an Unsicherheit – gerade in der Beziehung zwischen Inflation und Output – und die häufigen Fehlprognosen dafür, sich in der Zinspolitik möglichst ruhig zu verhalten und weniger auf Prognosen als auf tatsächliche Zahlen (z.B. steigenden Lohndruck) zu reagieren.[315]

---

[312] Vgl. FOMC (TS Jul 1996), S. 82.

[313] Vgl. FOMC (TS May 1996), S. 36, und (TS Sep 1997), S. 79f. "To be sure, 1997 is not 1994. The real federal funds rate today is significantly higher than it was, three years ago." Greenspan (1997a), S. 256.

[314] "I found ... the Taylor Rule computations useful. To my mind, they mean that we are roughly correctly positioned at this point; we are in the neighbourhood of the equilibrium real funds rate." Yellen, in: FOMC (TS July 1996), S. 94. Ähnlich äußert sich später Fed-Gouverneur Meyer, vgl. FOMC (TS Sep 1996), S. 37.

[315] "I think we are in one of those situations now where we do not know much different the future will be. (...) That higher degree of uncertainty ought to make us more cautious about taking steps at this meeting ... " Fed-Präsident Boehne, in: FOMC (TS Jul 1996), S. 91. "I can also accept the wisdom of a view that present uncertainties might suggest a more gradual implementation of any cumulative tightening than otherwise." Fed- Gouverneur Meyer, in: FOMC (TS May 1997), S. 64.

Alles in allem kann man sagen, dass sich Greenspan 1996-1998 einer beachtlichen Riege von z.T. altgedienter und renommierter Fed-Präsidenten gegenübersah, die eine restriktivere Gangart in der Geldpolitik bevorzugt hätten. Dass sich Greenspan mit seiner Politik des Abwartens durchsetzen konnte, lag zum einen daran, dass fünf der sechs schärfsten „Falken" im FOMC 1996 nicht stimmberechtigt waren. Zum anderen war es aber auch seiner inzwischen mächtigen Autorität zuschreiben. Dass letzteres inzwischen eine große Rolle spielte, wurde vor allem im September 1996 deutlich. Auf dieser Sitzung kam selbst die als „Taube" bekannte Fed-Gouverneurin Yellen ins Grübeln und hätte eigentlich eher eine Zinserhöhung befürwortet.[316] Aus Loyalität zu Greenspan beugte sie sich aber dessen Vorschlag einer unveränderten Zinspolitik. Fed-Gouverneur Lindsey meinte, dass man als Akademiker eigentlich gegen die Vorlage Greenspans stimmen müsste, da sie allein auf dessen praktischer Erfahrung basiere, während sie den Ergebnissen theoretischer Modelle widerspreche. Aber aufgrund der guten Reputation des Vorsitzenden könnte man ihm diese etwas unkonventionelle und geistig flexible Vorgehensweise auch zugestehen.[317]

4.5.2.3 Resümee der Fed-Politik 1996-1998

Greenspan und die Fed praktizierten 1996-1998 eine Politik des „watchful waiting" und entschieden sich gegen eine präventive Zinserhöhung. Sie räumten damit der Möglichkeit, dass die Arbeitslosenrate zumindest mittelfristig deutlich unter 6 % fallen konnte, ohne Lohn- und Preisdruck zu erzeugen, eine reale Chance ein. Die Aussicht auf eine rückläufige NAIRU schien Greenspan vor allem aufgrund des rascheren technologischen Wandels, der für eine höhere Wachstumsrate der Produktivität, größere Arbeitsplatzunsicherheit und stärkeren Preiswettbewerb sorgte, plausibel. Dabei ließ sich Greenspan bei der Einschätzung der geldpolitischen Lage weniger von herkömmlichen Modellen, welche die Lohn- und Preisdynamik der Vergangenheit abbildeten, sondern von Daten auf „der untersten Ebene" wie Lieferzeiten oder Überstundenentwicklungen leiten, die keine Inflationsgefahr anzeigten. Außerdem meinte er frühzeitig, aus den disaggregierten Daten der Produktivitätsentwicklung einen ansteigenden Trend erkennen zu können

Mit ihrer Politik des Abwartens hat die Fed eine höhere Produktion und mehr Beschäftigung ermöglicht als mit einer frühzeitigen Restriktionspolitik. Gleichzeitig hat sie es aber auch nicht darauf angelegt, eine noch niedrigere Inflationsrate (etwa 1,5 oder 2 %) zu erreichen. Greenspan erkannte insbesondere die positiven Effekte, welche die akkommodierende Geldpolitik auf die Qualität des Faktors Arbeit hatte:

"Rapidly rising demand for labor has had enormous beneficial effects on our work force. Previously low- or unskilled workers have been drawn into the job market and have obtained training and experience ...." Greenspan (1998), S. 264.

---

[316] "I can support your proposal to adopt an unchanged policy ... (...) But I ... would also have been quite willing to support an upward adjustment of 25 basis point today, had you proposed that." Fed-Gouverneur Yellen, in: FOMC (TS Sep 1996), S. 38.

[317] "Mr. Chairman, I believe what you are proposing is more reflective of what I would call an entrepreneurial, hands-on approach. I think it is built frankly out of self-confidence and nimbleness, and you have earned the capacity to have self-confidence and to be a little more nimble in the conduct of policy. I will be supporting your recommendation based on what I think is a very well-earned reputation of success." Fed-Präsident Lindsey, in: FOMC (TS Sep 1996), S. 38.

Greenspan beschreibt hier letztendlich nichts anderes als positive Hysteresis-Effekte. Allerdings kann man nicht so weit gehen und behaupten, dass die Fed einen expliziten Nachfrageboom erzeugt hat, um dadurch die strukturelle Arbeitslosigkeit abzubauen. Sie hat mit ihrer passiven Haltung lediglich die Chance für Wachstum und Beschäftigung, die sich aus einem exogenen Rückgang der NAIRU ergeben haben, genutzt. Greenspan will die Politik der Fed in den Jahren 1996-1998 auch nicht dahingehend verstanden wissen, dass die Fed ausprobieren wollte, wie weit sie die Arbeitslosenrate nach unten drücken konnte:

"The Federal Reserve is intent on gearing its policy to facilitate the maximum sustainable growth of the economy, but it is not, as some commentators have suggested, involved in an experiment that deliberately prods the economy to see how far and fast it can grow. The costs of a failed experiment would be much too burdensome for too many of our citizens." Greenspan (1997b), S. 748.

4.6   1999/2000: Fed verliert Geduld und platzende Börsenblase

4.6.1   Wirtschaftliche Entwicklung und Geldpolitik 1999/2000

Makroökonomischer Überblick 1999/2000

- Die wirtschaftliche Dynamik setzte sich bis Mitte 2000 fort. Erneut erreichte das BIP-Wachstum Werte von über 4 % (1999: 4,1 %), brach dann aber Ende 2000 auf weniger als 1 % ein.
- Konsum- und Investitionsausgaben sprudelten wie in den Vorjahren kräftig. Die Konsumenten blieben bis zum Jahresende 2000 sehr optimistisch (v.a. wegen der günstigen Arbeitsmarktentwicklung und – bis Mitte 2000 – der Vermögenszuwächse). Die Sparquote fiel auf 1 %.
- Hohe Gewinnschätzungen und die Aussicht auf Produktivitätsfortschritte förderten bis in den Herbst 2000 Investitionen in High-Tech-Produkte. Im 4. Quartal 2000 trübte sich die Stimmungslage jedoch bei den Investitionsausgaben merklich ein, was den Konjunkturumschwung einleitete.
- Aufgrund gestiegener Energiepreise kletterte die Konsumentenpreisinflation auf 3½ % (CPI, Ende 2000). Die Kerninflation zeigte hingegen dank der günstigen Lohnstückkostenentwicklung (moderate Lohnzuwächse, kräftige Produktivitätszuwächse) kaum ansteigende Tendenz.
- Die Arbeitslosenrate erreichte im Dezember 2000 mit 3,9 % einen langjährigen Tiefstand.

Geldpolitik 1999

Anfang 1999 gab es bereits gute Gründe, die geldpolitische Lockerung, die im Herbst 1998 als Reaktion auf die internationalen Finanzmarktturbulenzen erfolgte, wieder rückgängig zu machen. Die Funktionsfähigkeit der amerikanischen Finanzmärkte war weitgehend wiederhergestellt, was u.a. aus den steigenden Emissionsvolumina und rückläufigen Risikoprämien an den Rentenmärkten ersichtlich wurde. Auch das Expansionstempo des Aufschwungs hatte offenbar kaum gelitten, denn die Binnennachfrage wuchs nach wie vor kräftig. Trotzdem zögerte die Fed aus folgenden Gründen mit restriktiven Maßnahmen:

- Eine Abschwächung des Wachstums in Richtung Potentialtrend wurde im Jahresverlauf als sehr wahrscheinlich angesehen.[318] Dafür sprach unter anderem eine allmähliche Nachfragesättigung bei langlebigen Konsum- und Kapitalgütern. Außerdem wurde mit einer Konsolidierung am Aktienmarkt und dementsprechend mit einer Abschwächung des expansiven Vermögenseffekts auf die Konsumnachfrage gerechnet.[319]
- Von den Auslandsmärkten (Brasilien) gingen unvermindert, sowohl im Bezug auf die Exportnachfrage als auch im Hinblick auf Finanzmarktstabilität, „downside risks" aus.[320]
- Beruhigend war, dass es trotz angespannter Arbeitsmärkte noch keine Anzeichen für akzelerierenden Lohn- oder Preisdruck gab.[321] Die Lohnstückkosten waren sogar dank eines kräftigen Produktivitätswachstums rückläufig. Über die weitere Produktivitätsentwicklung bestand zwar Unsicherheit, die Möglichkeit einer Fortsetzung des positiven Trends lag aber aus Sicht des FOMC durchaus im Bereich des Möglichen.[322] Insgesamt legte die unsichere Lageeinschätzung eine eher abwartende Haltung nahe, so lange sich aus den aktuellen Inflationsdaten noch kein eindeutiger Aufwärtstrend ergab.[323]

Nachdem die wirtschaftliche Dynamik Widererwarten über das Frühjahr nicht abklang, wollte die Fed jedoch allmählich ihre Politik des Abwartens aufgeben und die Märkte schonend auf eine Zinswende vorbereiten. Zu diesem Zweck machte die Fed erstmals direkt im Anschluss an eine Offenmarktsitzung eine Tendenzaussage zur weiteren Zinspolitik und kündigte im Mai an, dass sie in nächster Zeit eine Zinserhöhung für wahrscheinlicher hielt als eine Zinssenkung. Ende Juni handelte die Fed schließlich und hob die Zielrate der Fed Funds Rate um 25 Basispunkte auf 5 % an. Im August und November folgten zwei weitere Schritte, so dass das Fed Funds Rate Target am Jahresende wieder das Niveau vor Beginn der internationalen Finanzmarktturbulenzen (5,5 %) erreicht hatte. Ausschlaggebend für diese Politik war letztendlich die Arbeitsmarktentwicklung. Die Arbeitslosenrate war 1999 nochmals gegenüber dem Vorjahr gefallen und lag zur Jahresmitte bei 4¼ %. Die Mehrheit des FOMC war der Überzeugung, dass ein weiterer Rückgang der Arbeitslosigkeit früher oder später zu massivem Lohndruck führen würde, den selbst ein höherer Produktivitätstrend nicht mehr ausgeglichen konnte.[324] Zur Entlastung des Arbeitsmarktes war es aus Sicht des FOMC unbedingt notwendig, dass sich das Wachstum in Richtung Potentialtrend abschwächte. Im 3. Quartal expandierte das reale BIP jedoch erneut mit einer laufenden Jahresrate von deutlich über 4 %. Das FOMC schloss hieraus,

---

[318] Vgl. z.B. BoG (Minute Mar 1999), S. 220.

[319] "While the course of stock market prices could not reliably be predicted, the market's stimulative effect on spending was likely to wane over time ...." BoG (Minute Mar 1999), S. 221.

[320] Vgl. BoG (Minute Feb, Mar 1999), S. 210f., und 222.

[321] "... the persistence of subdued inflation and the absence of current evidence of accelerating inflation were seen as arguing against a policy tightening move at this point." BoG (Minute Feb 1999), S. 214.

[322] "... as the experience of recent years had amply demonstrated, improvements in productivity growth might permit the economy to continue to accommodate strong demand for some time without generating higher inflation ..." BoG (Minute May 1999), S. 231.

[323] "... they [the members] recognized that such [inflation] forecasts were subject to a substantial degree of uncertainty. This argued for a cautious approach to any policy change ..." FOMC (Meeting March 1999), S. 223.

[324] Vgl. BoG (Minute Jun 1999), S. 239.

dass der Boom der „Neuen Ökonomie" die Nachfrage so stark anheizte, dass noch höhere Realzinsen als bisher erforderlich waren, um einen Ausgleich zwischen Angebot und Nachfrage herzustellen.[325]

Für den eingeleiteten Restriktionskurs sprach außerdem, dass sich einige positive Angebotseffekte, die in den vergangenen Jahren den Preisdruck gemindert hatten, 1999 ins Gegenteil verwandelten.[326] Unter anderem sank im Jahresverlauf der Dollarkurs und die Rohstoffpreise zogen an. Diese Faktoren wirkten zwar unter Umständen nur vorübergehend auf die Inflationsrate, konnten sich aber dennoch negativ in den Inflationserwartungen niederschlagen. Schließlich trat in der zweiten Jahreshälfte neben die kräftige Binnennachfrage – aufgrund der überraschend schnellen Erholung im Ausland – auch noch eine erhöhte Exportnachfrage, die zu Beginn des Jahres noch ein dämpfendes Element darstellte.[327]

Die Kombination aus einer Normalisierung an den Finanzmärkten, einer anhaltend kräftigen Nachrage (aus dem In- und Ausland), sehr angespannten Arbeitsmärkten und der Umkehr einiger positiver Preis- und Angebotseffekte veranlasste die Fed letztendlich zur Rücknahme ihrer geldpolitischen Lockerung vom Herbst 1998. Gegen kräftigere Zinserhöhungen sprach zunächst die weiterhin bestehende Unsicherheit über die Inflationsprognosen und die Tatsache, dass es keine wirklichen Anzeichen für akzelerierende Löhne oder Preise gab.

Geldpolitik 2000

Bis Mitte 2000 setzte die Fed ihre Restriktionspolitik fort und hob die Fed Funds Rate um einen weiteren Prozentpunkt (im Februar und März je 25, im Mai 50 Basispunkte) auf 6,5 % an. Die Wirtschaftsdaten (anhaltend hohe Kapitalgüternachfrage, sprudelnde Einzelhandelsumsätze, lebhafter Häusermarkt) signalisierten der Fed zu Jahresbeginn, dass die Nachfrage nach wie vor rascher wuchs als das Produktionspotential.[328] Die Fed sprach davon, dass die beiden „Sicherheitsventile" („safety valves"), die bisher für eine Absorption des Nachfrageüberschusses sorgten, zunehmend an die Grenze ihrer Aufnahmefähigkeit stießen:[329]

- Ein Teil der heimischen Überschussnachfrage wurde bislang über Importgüter befriedigt. Die wachsenden Leistungsbilanzdefizite machten aber korrespondierende Kapitalströme notwendig, welche das Ausland nur bis zu einem bestimmten Punkt leisten würde.

- Noch problematischer waren die inländischen Angebotsschranken. Die kräftig expandierende heimische Produktion, musste auf ein schrumpfendes Arbeitsre-

---

[325] "While real interest rates had increased to some extent to restore balance between supply and demand, they evidently had not risen enough." BoG (Minute Nov 1999), S. 268.

[326] "... a number of other favourable developments in supply and prices that had acted to restrain inflation in recent years had already begun to dissipate or reverse." BoG (Minute Oct 1999), S. 260.

[327] "That [monetary] firming was important ... especially as improving foreign economies boosted the demand for U.S. exports." BoG (Minute Aug 1999), S. 253.

[328] Vgl. z.B. BoG (Minute May 2000), S. 223.

[329] "... the two safety valves [the economy's ability to draw on the pool of available workers and to finance the rapid growth in imports] could not be counted on to work indefinitely." BoG (Minute Mar 2000), S. 217.

servoir zurückgreifen, was irgendwann knappheitsbedingte Lohnsteigerungen zur Folge haben musste.

Zur Nachfragedämpfung war nach Ansicht der Fed auf jeden Fall ein deutlicher Anstieg der realen Kapitalmarktzinsen erforderlich, der bisher offenbar nicht in ausreichendem Umfang erfolgt ist.[330] Davon sollte auch eine mäßigende Wirkung auf die Aktienhausse ausgehen, die maßgeblich für die robuste Konsumnachfrage verantwortlich gemacht wurde. Nach den vorsichtigen Zinsschritten im Februar und März wurde die beschleunigte Zinsstraffung im Mai außerdem damit begründet, dass es erste Hinweise für verstärkten Lohndruck gab.[331]

Ab Juni änderte sich das Konjunkturbild. Vor allem der Immobilienmarkt und die Konsumnachfrage stockten. Letzteres wurde primär auf die fallenden Aktienkurse zurückgeführt. Das FOMC ging davon aus, dass der Trend in Richtung Wachstumsverlangsamung anhalten würde, wofür u.a. die restriktiven Finanzierungsbedingungen (hohe Realzinsen, Dollaraufwertung, verschärfte Kreditkonditionen) sprachen.[332] Trotz der Konjunkturabkühlung zog das FOMC aber noch keine Zinslockerung in Betracht, was wie folgt begründet wurde:

- In den vergangenen Jahren erwies sich die Erwartung einer Wachstumsberuhigung häufig als voreilig. Auch jetzt konnte ein Wiedererstarken der Konjunktur vor dem Hintergrund einer zunächst noch stabilen Investitionsnachfrage nicht ausgeschlossen werden.[333]

- Aufgrund eines Energiepreisanstieges hatten breite Inflationsindizes im Laufe des Jahres einen deutlichen Sprung nach oben vollzogen. Falls diese Entwicklung für längere Zeit anhielt, wurde eine Übertragung auf die Kerninflationsraten für möglich gehalten.[334]

- Selbst bei einem merklichen Wachstumsrückgang war nicht sofort mit einer Entspannung an den Arbeitsmärkten und vermindertem Lohndruck zu rechnen.[335]

Obwohl sich im November die Anhaltspunkte für eine Wachstumsverlangsamung nochmals verstärkten, bestand auf Seiten der Fed noch keine akute Rezessionsangst. Der leichte Anstieg der Kerninflationsrate in Richtung 3 % bereitete dem FOMC größere Sorgen.[336] Die Wirtschaftsdaten, welche das FOMC im Dezember erhielt, führten dann jedoch zu einem markanten Meinungsumschwung. Es mehrten sich plötzlich die Indikatoren, die auf eine krasse Abschwächung des Wirtschaftswachstums hindeuteten. Konsumenten- und Investorenvertrauen waren unerwartet stark eingebrochen, was sich bereits in rückläufigen Einzelhandelsumsätzen und einem unerwünschtem Lageraufbau niederschlug. Trotzdem erschien eine sofortige

---

[330] "There are view signs thus far that the rise in interest rates over recent quarters was restraining demand in line with potential supply ... further tightening actions might well be needed to ensure that financial conditions had adjusted sufficiently ..." BoG (Minute Feb 2000), S. 208.

[331] Bereits im Februar und März gab es Stimmen, die für forschere Zinserhöhungen plädierten, was dazu dienen sollte, die Anti-Inflationshaltung der Fed zu unterstreichen, vgl. BoG (Minute Feb, Mar 2000), S. 208, und 217.

[332] Vgl. BoG (Minute Jun, Aug, Oct, Nov 2000), S. 230, 241, 246, und 254.

[333] Vgl. BoG (Minute Jun, Nov 2000), S. 230, und 254.

[334] "The longer relatively high energy prices persisted, of course, the greater might be their imprint on both inflation expectations and core prices." BoG (Minute Nov 2000), S. 256.

[335] Vgl. BoG (Minute Nov 2000), S. 254.

[336] Für eine Minderheit der Offenmarktmitglieder bestand bereits eine ausgeglichene Balance zwischen Inflations- und Rezessionsrisiko, vgl. BoG (Minute Nov 2000), S. 256f.

Zinssenkung noch verfrüht. Die Daten der kommenden Wochen sollten erst noch weiteren Aufschluss über das Ausmaß des Konjunkturabschwungs liefern.[337] Es dominierte jetzt aber auf jeden Fall innerhalb der Fed die Furcht vor einer Rezession.

Insgesamt betrachtet, sprachen zu Jahresbeginn 2000 sowohl die Wirtschaftsdynamik als auch einzelne Inflationsindikatoren für eine weitere Zinsstraffung. Gegen Mitte des Jahres waren die Wachstums- und Inflationserwartungen gegenläufig. Eine „weiche Landung" wurde aber als das wahrscheinlichste Szenario angesehen, bis sich im Dezember plötzlich die Konjunkturaussichten verdüsterten und die Fed Zinssenkungen in Aussicht stellte.

4.6.2 Bewertung der Geldpolitik 1999/2000

4.6.2.1 Warum gab die Fed ihre Politik des „watchful waiting" 1999 auf?

Zwischen Juni 1999 und Mai 2000 erhöhte das FOMC die Fed Funds Rate um 175 Basispunkte von 4,75 auf 6,5 %. Damit versuchte die Fed zum dritten Mal (nach 1988/1989 und 1994/1995) in der Greenspan-Ära, durch eine präventive Zinserhöhung einen überhitzenden Boom zu verhindern und die Basis für eine „weiche Landung" der US-Wirtschaft zu legen. Auf den ersten Blick war allerdings nicht so recht ersichtlich, was sich gegenüber den Vorjahren (1996-1998) geändert hatte, als die Fed noch auf präventive Zinsmaßnahmen verzichtete. Der fallende Inflationstrend, der 1992 einsetzte, war zumindest im Hinblick auf die Kerninflation 1999 noch in Takt, wozu eine weiterhin gemäßigte Lohninflation beitrug.[338] Gleichzeitig korrigierte das *Bureau of Economic Analyses* ihrer Produktivitätsschätzungen für die Gesamtwirtschaft nach oben und errechnete für 1999 eine Wachstumsrate der Arbeitsproduktivität (3¾ %), die den Lohnkostenanstieg völlig kompensierte. Überhaupt fand die These vom Produktivitätsschub vermehrt (auch innerhalb des FOMC) Akzeptanz.[339] Statistische Verfahren, die darauf ausgerichtet waren, einen Trendbruch beim Produktivitätswachstum um das Jahr 1995 nachzuweisen, erreichten 1999 ein zunehmendes Signifikanzniveau.[340] Man schätzte dabei, dass der Produktivitätstrend seit 1995 um mindestens einen Prozentpunkt gegenüber dem Zeitraum 1975-1995 angestiegen war und jetzt ca. 2-2½ % betrug.

Angesichts dieses günstigen Umfeldes im Bereich der Lohn-, Produktivitäts- und Inflationsentwicklung stellt sich die Frage, warum die Fed 1999 an der Zinsschraube drehte. Ein Aspekt, der sich in auffallender Weise ab 1999 geändert hat, war, dass einige positive Angebotsschocks ausblieben oder sich sogar in negative Schocks verwandelten. Dies galt besonders für den Ölpreis, der sich 1999 mehr als verdoppelte. Der Dollarkurs wertete zumindest nicht weiter auf und die Gesundheitskosten, die bisher die Lohnnebenkosten entlastet hatten, begannen wieder merklich anzu-

---

[337] Einige FOMC-Mitglieder hätten sofort die Zinsen gesenkt. Ihrer Ansicht nach lieferten stabile Inflationserwartungen und geringe Lohnstückkosten dafür ausreichend Spielraum, vgl. BoG (Minute Dec 2000), S. 265.

[338] Die CPI-Kerninflationsrate sank im Laufe von 1999 von 2,4 (Jan) auf 1,9 % (Dez). Die Lohninflation lag gemessen am Lohnkostenindex für die Gesamtwirtschaft (ECI) 1999 bei 3½ % lag.

[339] "Quickening productivity had been the fundamental factor behind the economy's remarkable performance in recent years." BoG (Minute Aug 2000), S. 238.

[340] Blinder/Yellen [(2001), S. 59ff.] zeigen z.B., dass es noch bis Anfang 1998 keinen substantiellen ökonometrischen Beweis gab, dass der Produktivitätstrend angestiegen war.

ziehen. In den breiteren Preisindizes machte sich dies auch in einem leichten Anstieg bemerkbar. Der letztendlich ausschlagende Faktor, welcher die Fed zum Handeln veranlasste, war aber nicht ein temporärer Preisschock, sondern die Tatsache, dass die Arbeitslosenrate 1999 deutlich unter 4,5 % fiel.[341] Das Reservoir an potentiellen Erwerbstätigen war damit nach Ansicht der Fed 1999 erschöpft und eine weitere Zunahme der Beschäftigungsnachfrage musste irgendwann knappheitsbedingte Lohnsteigerungen auslösen, was die allgemeine Preisstabilität gefährden würde:

"... there is an effective limit to new hiring, unless immigration is uncapped. At some point the continuous reduction in the number of available workers willing to take jobs, short of the repeal of the law of supply and demand, wage increases must rise above even impressive gains in productivity." Greenspan (2000a), S. 272.

Dennoch bestand innerhalb des FOMC bei der Beurteilung der Arbeitsmarktentwicklung kein völliger Konsens, sondern man konnte drei unterschiedliche Strömungen ausmachen, die im Folgenden vor dem Hintergrund des NAIRU-Modells dargestellt werden (Abb. 4.37):

- Die Mehrheitsfraktion im FOMC, der Greenspan angehörte, war zunächst der Meinung, dass die höhere Wachstumsrate der Arbeitsproduktivität seit 1995 tatsächlich eine Reduzierung der NAIRU – in etwa auf 4,5 % – hervorgerufen hatte. Die Konsequenz hieraus war aber lediglich eine Verlagerung der Untergrenze der inflationsstabilen Arbeitslosenrate, nicht aber deren völlige Auflösung. Bei einer Unterschreitung der neuen, tieferen Untergrenze würde es gemäß dieser Meinung auf jeden Fall zu akzelerierenden Lohn- und Preissteigerungen kommen, es sei denn, die Produktivitätsraten würden noch stärker anziehen, was eine weitere Absenkung der NAIRU zur Folge hätte. Ein noch höherer Produktivitätstrend wurde aber von dieser Gruppe stark bezweifelt.[342]

- Eine Minderheitenmeinung im FOMC, die vor allem von Fed-Präsident McTeer vertreten wurde, ging davon aus, dass die Arbeitslosenrate noch weiter fallen könnte, ohne dass dies die Preisstabilität gefährden würde. Offenbar unterstellte McTeer weitere Effizienzgewinne in der Produktion oder ging von einer problemlosen Ausweitung des Arbeitsangebots aus (etwa durch positive Hysteresis-Effekte). In seinem abweichendem Minderheitenvotum zu der Entscheidung im Juni 1999, die Zinsen zu erhöhen, heißt es:

"Mr McTeer does not believe that rapid growth based on new technology, rising productivity and other supply is inflationary, especially in the current global environment. He would have preferred to continue to test the growth limits of the new economy." BoG (Minute Jun 1999), S. 243.

- Eine andere Minderheitenposition vertrat dagegen die Auffassung, dass selbst eine Stabilisierung der Arbeitslosenrate auf dem Niveau von Mitte 1999

---

[341] Auch eine erweiterte Arbeitslosenquote, welche die stille Reserve mitberücksichtigte, erreichte Rekordtiefsstände, vgl. z.B. BoG (AR 1999), S. 16.

[342] Greenspan [(1999b), S. 628] wies ausdrücklich darauf hin, dass es sehr schwierig sei, dass zukünftige Produktivitätswachstum abzuschätzen. Es sei noch keineswegs sicher, ob sich die Wachstumsrate der Produktivität auf dem gegenwärtigen Niveau stabilisiere, wieder zurückfalle oder noch weiter zunähme. Die Fed könne ihre geldpolitischen Entscheidungen auf jeden Fall nicht auf vage Zukunftshoffnungen stützen.

(4¼-½ %) Inflationsgefahren schüre und es besser sei, wenn die Arbeitslosenrate wieder leicht ansteigen würde.[343] Diese Gruppe von FOMC-Mitgliedern ging offenbar davon aus, dass die Produktivitätssteigerungen der vergangenen Jahre eher zyklischer und damit vorübergehender Natur waren. Der gegenwärtige NAIRU-Rückgang war dementsprechend nur temporär, und es drohte bald eine Rückverlagerung der NAIRU auf über 5 %.

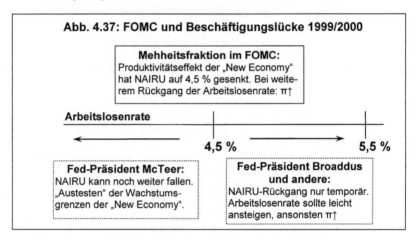

Abb. 4.37: FOMC und Beschäftigungslücke 1999/2000

Mehheitsfraktion im FOMC:
Produktivitätseffekt der „New Economy"
hat NAIRU auf 4,5 % gesenkt. Bei weiterem Rückgang der Arbeitslosenrate: π↑

Arbeitslosenrate

←――――――― **4,5 %** ―――――――→ **5,5 %**

Fed-Präsident McTeer:
NAIRU kann noch weiter fallen.
„Austesten" der Wachstumsgrenzen der „New Economy".

Fed-Präsident Broaddus und andere:
NAIRU-Rückgang nur temporär.
Arbeitslosenrate sollte leicht ansteigen, ansonsten π↑

Die Mehrheitsfraktion bestimmte schließlich die nach außen vertretene Linie, wonach zur Sicherung der Preisstabilität nicht unbedingt ein Anstieg, wohl aber eine Stabilisierung der Arbeitslosenrate auf dem gegenwärtigen Stand notwendig war. Um einen weiteren Rückgang der Arbeitslosenrate zu vermeiden, sollte die Wachstumsrate der Nachfrage möglichst in Einklang mit der Wachstumsrate des Produktionspotentials gebracht werden:[344]

"I ... pointed out ... that there are limits to how far ... our pool of unemployed labor resources can fall. As a consequence, the excess of the growth of domestic demand over potential supply must be closed before the resulting strains and imbalances undermine the economic expansion that now reaches 112 months ..."
Greenspan (2000b), S. 649.

Neben der Arbeitsmarktentwicklung gab es noch einen zweiten Aspekt, der die Fed dazu veranlasste, auf die Wachstumsbremse zu drücken. Das FOMC gelangte zunehmend zur Überzeugung, dass die mit dem technologischen Wandel verbundenen Produktivitätseffekte stärkere nachfrage- als angebotsseitige Wirkungen ausgelöst haben:

---

[343] "The greatest risks [for rising prices] would come from a further tightening of labor markets, but many members were also concerned about the possibility of accelerating costs at current levels of labor resource utilization." BoG (Minute Aug 1999), S. 253, vgl. auch BoG (Minute Jun 2000), S. 232.

[344] Unter Berücksichtigung des etwas höheren Produktivitätstrends bedeutete dies, dass das reale Wachstum von gegenwärtig (Anfang 2000) über 4 % auf 3½ % abgebremst werden musste.

"The problem is hat the pickup in productivity tends to create even greater increases in aggregate demand than in potential aggregate supply." Greenspan (2000a), S. 272.

Dies soll anhand eines Inflationsraten-Wachstumsraten-Diagramms (Abb. 4.38) erläutert werden. Ausgangspunkt ist ein makroökonomisches Gleichgewicht 1995 (B_o, π = 3 %, $\hat{Y}$ = 2,5 %). Der im gleichen Jahr einsetzende Produktivitätsschub führte zu einer Rechtsverlagerung der Angebotskurve ($AS_0 \to AS_1$), d.h. bei unveränderter Inflation sind höhere Wachstumsraten möglich. Die Produktivitätssteigerungen lösten aber auch positive Nachfrageeffekte aus, die vor allem über zwei Kanäle wirkten ($AD_0 \to AD_1$):[345]

- *Steigende Grenzleistungsfähigkeit des Kapitals:* Infolge der Produktivitätseffekte kam es zu einem Investitionsschub, da alle Firmen die Profitchancen der neuen Technologien nutzen wollten und verstärkt in High-Tech investierten.
- *Steigende Aktienkurse:* Die größere Effizienz in der Produktion verbesserte die Ertragsaussichten vieler Unternehmen, was deren Aktienkurse in die Höhe trieb. Der Aktienboom erleichter-

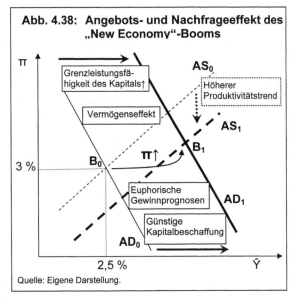

Abb. 4.38: Angebots- und Nachfrageeffekt des „New Economy"-Booms

Quelle: Eigene Darstellung.

te einerseits die Kapitalbeschaffung der Unternehmen und machte zum anderen zumindest auf dem Papier breite Bevölkerungskreise reicher. Dieser Vermögenseffekt trieb die Konsumnachfrage an.

Das FOMC ging davon aus, dass die Produktivitätseffekte stärker auf die Nachfrage als auf das Angebot wirkten. Grafisch bedeutet dies, dass die Nachfrage- stärker als die Angebotskurve nach rechts außen schert und die Preise dadurch allmählich nach oben getrieben werden ($B_o \to B_1$). Für die kräftige Rechtsverlagerung der Nachfragekurve machte die Fed vor allem den Vermögenseffekt, der aus der Aktienhausse resultierte, verantwortlich:

"A key element in this disparity [between the growth of demand and potential supply, D.H.] has been the very rapid growth of consumption resulting from the

---

[345] Vgl. z.B. BoG (Minute Feb 2000), S. 204.

effects on spending of the remarkable rise in household wealth." Greenspan (2000b), S. 648.

Dabei ging die Fed unverkennbar davon aus, dass sich hinter Teilen der Aktienhausse übertriebene Erwartungen der Anleger und Analysten verbargen. Die ständig nach oben revidierten Gewinnschätzungen waren jedenfalls nur damit erklärbar, dass breite Anlegerkreise von einem weiteren Anstieg des Produktivitätstrends ausgingen.[346] Wären die Anleger mit dieser Einschätzung richtig gelegen, hätte sich die Fed keine Inflationssorgen machen müssen, denn dann hätte sich die Angebotskurve infolge des noch höheren Produktivitätswachstums weiter nach rechts verschoben. Die Fed teilte jedoch den Optimismus über die Produktivitätsentwicklung nicht und warnte ausdrücklich davor, dass Investoren am Ende einer Hausse häufig zu unrealistischen Profiterwartungen neigten.[347]

Die Haltung der Fed wurde auch darin ersichtlich, dass sie offenbar von einem Anstieg des gleichgewichtigen Realzinses im Jahr 1999 ausging. Die Fed hatte Anfang 1999 vergeblich darauf gewartet, dass sich die Nachfrage abschwächte und kam daher zu dem Ergebnis, dass die aktuellen Realzinsen vermutlich zu niedrig waren, um die Nachfrage in Einklang mit dem Angebot zu bringen. Die Fed wollte daher mittels Zinserhöhungen den Anstieg der Realzinsen über das gesamte Laufzeitspektrum forcieren.[348] Interessant ist dabei, welche Begründung die Fed für den Anstieg des gleichgewichtigen Realzinses anführte. Einige Ökonomen, die von der Grenzproduktivitätstheorie des Kapitals ausgehen, vertreten die Meinung, dass ein dauerhaft höheres Produktivitätswachstum automatisch zu einem höheren gleichgewichtigen Realzins führt.[349] Ein höherer Realzins sei vor allem deshalb erforderlich, um die größere Kapitalnachfrage infolge des Investitionsbooms zu befriedigen. Diese Behauptung ist jedoch umstritten und als Begründung für die geldpolitischen Entscheidungen der Fed 1999/2000 wohl auch nicht zutreffend.[350] Als 1995/1996 der eigentliche Produk-

---

[346] "... analysts' expectations of five-year earnings growth have been revised up continually since early 1995. If anything, the pace of those upward revisions has quickened of late. (...) ... implicit in upward revisions of their forecasts, when consolidated, is higher expected national productivity growth." Greenspan (1999b), S. 628. Gemäß Greenspan [(2002d), S. 3] hätte der Produktivitätstrend noch um mindestens zwei weitere Prozentpunkte (also auf über 4 %) zulegen müssen, um den Anstieg des Kurs-Gewinn-Verhältnisses, der sich zwischen 1995 und 2000, einstellte, zu rechtfertigen.

[347] "... booms in their later stage are often supported by implausible projections of potential demand." Greenspan (2002d), S. 7.

[348] "... additional tightening might well be needed to ensure that financial conditions would adjust sufficiently to bring aggregate demand into better balance with potential supply ... " BoG (Minute Mar 2000), S. 217. Zur Erhöhung der Fed Funds Rate im Februar 2000 hieß es: "The Committee's decision to tighten its policy stance was intended to help bring the growth of aggregate demand into better alignment with the expansion of sustainable aggregate supply (...). Relatively high real interest rates would be required to accomplish this objective, given the effects of increasing productivity and profits on the demand for capital goods and, trough the wealth effect, on consumption spending." BoG (Minute Feb 2000), S. 208.

[349] Eine These, die z.B. vom Sachverständigenrat [(2000), Ziff. 240ff.] vertreten wird.

[350] Spahn [(2001), S. 336ff.] weist darauf hin, dass ein höherer Grenzertrag des Kapitals zunächst nur den Preis der Kapitalgüter nicht aber unbedingt den zur Finanzierung dieser Kapitalgüter relevanten Zinssatz erhöht. Zwar steigt – aufgrund der verstärkten Investitionsnachfrage – die Kreditnachfrage, dem stehen aber auch höhere Ersparnisse (und damit ein höheres Kapitalangebot) infolge des gestiegenen Einkommens gegenüber. Nach dieser Auffassung ist es auf jeden Fall nicht korrekt, den Gleichgewichtszins, der grundsätzlich auf dem Vermögensmarkt bestimmt wird, aus der technischen Effizienz der Produktion abzuleiten.

tivitätssprung stattfand, ging zumindest die Mehrheit des FOMC gerade nicht davon aus, dass höhere Realzinsen für ein makroökonomisches Gleichgewicht erforderlich waren.[351] Die Fed hatte die Realzinsen in dieser Zeit ungefähr konstant gehalten, weil sie unterstellte, dass die positiven Nachfrageeffekte (Investitions- und Konsumboom) durch entsprechende Angebotseffekte ausgeglichen wurden. 1999 vermutete die Fed jedoch, dass die Gewinnschätzungen der Finanzanalysten und Unternehmen unrealistisch waren und einen künstlichen Nachfrageboom auslösten, der nicht realwirtschaftlich fundiert war. Dieser autonome Nachfrageschub musste daher durch höhere Realzinsen ausgeglichen werden.

Diese Überlegung soll mit Hilfe von Abb. 4.39 verdeutlicht werden, die auf dem Realzins-Outputlücken-Diagramm aus Kapitel 2.3.2.2 aufbaut. Demnach hat der Produktivitätsschub 1995 anfangs zu einer Rechtsverlagerung der IS-Kurve (IS$_1$, Nachfrageeffekt) und des senkrechten Gleichgewichtslokusses (Angebotseffekt) geführt. Man landet in Punkt A$_1$. Der gleichgewichtige Realzins blieb unverändert (r*$_0$), weil die höhere Nachfrage durch die steigende Produktionskapazität absorbiert wurde. 1999 ging die Fed aber davon aus, dass weitere Spekulationen auf Produktivitätsgewinne unseriös waren und Aktienkursgewinne hervorriefen, die nicht haltbar waren. Es kam daher zwar aufgrund

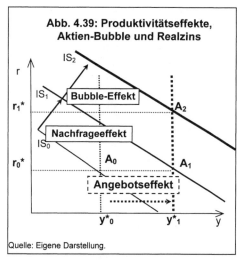

Abb. 4.39: Produktivitätseffekte, Aktien-Bubble und Realzins

Quelle: Eigene Darstellung.

des fortgesetzten Aktienbooms zu weiteren Vermögenseffekten und einer zusätzlichen Rechtsverlagerung der IS-Kurve (IS$_2$, Bubble-Effekt), das potentielle Outputniveau verschob sich (zumindest aus Sicht der Fed) jedoch nicht weiter nach rechts, da entgegen den Vermutungen der Anleger keine zusätzliche Effizienzsteigerung in der Produktion vorlag. Um die Nachfrage in Höhe des Produktionspotentials zu stabilisieren, war folglich ein höherer Realzins (r$_1$) erforderlich.

Die spezielle Problematik des Aktienbooms, welcher in den Jahren 1995-2000 die Steuerung der Fed-Politik erschwerte, soll im Folgenden genauer betrachtet werden.

---

[351] Fed-Gouverneur Broaddus vertrat wie der Sachverständigenrat die Auffassung, dass der gleichgewichtige Realzins bei einer Produktivitätszunahme ansteigen würde: "... even if productivity trend turns out to be higher than the staff is assuming ... real interest rates would still need to rise to prevent further credit-driven increase in aggregate demand." FOMC (TC May 1997), S. 22f. Fed-Präsident Boehne und auch Greenspan betonten jedoch, dass man auch die Angebotseffekte eines Produktivitätsanstieges beachten müsse, vgl. FOMC (TS May 1997), S. 60, und 74.

4.6.2.2 Die Fed und der Aktienboom zwischen 1995 und März 2000

1995 setzte eine stürmische – nur von wenigen, kurzen Rückschlägen unterbrochene – Aufwärtsentwicklung am US-Aktienmarkt ein. Gemessen am marktbreiten Standard & Poor's 500 Index stiegen die Kurse z.B. von Januar 1995 bis März 2000 um mehr als 330 % (Abb. 4.40). Diese immense Vermögenspreissteigerung hatte auch Rückwirkungen auf die Realwirtschaft und wurde zu einem bestimmenden Faktor der wirtschaftlichen Entwicklung Ende der 90er Jahre, worauf Greenspan und die Fed mehrfach hinwiesen:

"... during the 90s, capital gains, which reflect the valuation of expected future incomes, have taken on a more prominent role in driving our economy." Greenspan (1999a), S. 188.

Vor allem das Verhalten der privaten Haushalte wurde durch die Vermögenszuwächse beeinflusst. Da sich die Haushalte reicher fühlten, nahmen ihre Konsumausgaben in der zweiten Hälfte der 90er rascher als ihr verfügbares Einkommen zu, mit der Folge, dass die Sparquote zwischen 1992 und 2000 von 8 auf 1 % sank. Das FOMC schätzte, dass der Vermögenseffekt aus der Aktienkursentwicklung die heimische Gesamtnachfrage um mindestens einen zusätzlichen Prozentpunkt nach oben getrieben hatte.[352]

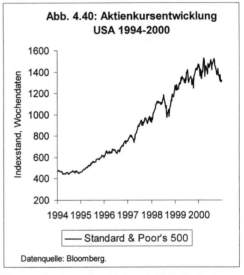

Abb. 4.40: Aktienkursentwicklung USA 1994-2000

Indexstand, Wochendaten

1994 1995 1996 1997 1998 1999 2000

—— Standard & Poor's 500

Datenquelle: Bloomberg.

Die steigende Bedeutung der Vermögenspreise schlug sich auch in der Analysetätigkeit der US-Notenbank nieder. Es wurde für die Fed unerlässlich, Aktienkursprognosen zu erstellen und daraus die Rückwirkungen auf die Konsumnachfrage abzuschätzen.[353] Da sich die zukünftige Börsenkursentwicklung aber nur schwer projizieren ließ, schuf dies ein zusätzliches Unsicherheitselement in der gesamtwirtschaftlichen Lagebeurteilung und erschwerte die geldpolitische Steuerung. Mit Beginn der Aktienhausse sah sich die Fed dabei stets mit zwei unangenehmen Szenarien konfrontiert: Auf der einen Seite konnte sich das Kursfeuerwerk fortsetzen. In diesem Fall musste die Fed infolge der virtuellen Vermögenszuwächse

---

[352] "Outlays prompted by capital gains in excess of increase in income, as best we can judge, have added about 1 percentage point to annual growth of gross domestic purchases, on average, over the past five years." Greenspan (2000a), S. 272.

[353] Greenspan [(1999c), S. 1] wies darauf hin, dass sich die Geldpolitik stärker als früher mit der Vermögenspreisen auseinandersetzen musste: "... our analytic tools are going to have increasingly focus on changes in asset values and resulting balance sheet variations if we are to understand these important economic forces."

mit einer unverändert kräftigen Konsumnachfrage rechnen, was die Inflationsgefahr weiter anheizen würde. Auf der anderen Seite musste aber auch stets die Möglichkeit einer scharfen Kurskorrektur im Auge behalten werden, was – im Gegensatz zum ersten Szenario – bedeutende negative Folgen für die Gesamtnachfrage haben konnte. Die Fed-Staff unterstellte zwischen 1996-2000 bei ihren Prognosen meist einem leichten Rückgang der Aktienkurse, was sich dämpfend auf die Konsumnachfrage auswirken sollte, gestand aber gleichzeitig ein, dass die beiden ungünstigeren Alternativszenarien und damit deutlich abweichende ökonomische Ergebnisse denkbar waren.[354]

Insgesamt betrachtete das FOMC die Aktienhausse mit Sorge und vermutete bereits Ende 1996 eine Aktienkursblase.[355] Hierauf deuteten nach Meinung der Fed u.a. historisch hohe Kurs-Gewinn-Verhältnisse und euphorische Gewinnschätzungen der Finanzanalysten hin.[356] Greenspan führte die überspannte Börsenentwicklung vor allem auf zwei Ursachen zurück: Zum einen würden viele Akteure – geblendet vom derzeit günstigen wirtschaftlichen Umfeld – vom immer währenden Aufschwung träumen. Zum anderen wären viele Anleger von der Idee stetig steigender Produktivitäts- und Unternehmensgewinne einer neuen industrielle Ära („New Economy") berauscht. [357] Wie sollte die Fed aber auf die mögliche Kursblase reagieren? Die Fed-Staff schlug verschiedene Reaktionsmöglichkeiten vor:[358]

1. Die Geldpolitik könnte durch präventive Zinsrestriktion versuchen, die Blase frühzeitig zum Platzen zu bringen und damit ein weiteres Aufblähen verhindern.[359]
2. FOMC-Mitglieder könnten durch öffentliche Äußerungen darauf aufmerksam machen, dass das aktuelle Kursniveau fundamental nicht gerechtfertigt sei, was den Herdentrieb und die Euphorie an den Börsen möglicherweise mäßigen würde.
3. Die Fed könnte sich zunächst ganz passiv verhalten und erst in Aktion treten, wenn die Börsenblase tatsächlich geplatzt ist. In ihrer Funktion als „Lender of last resort" sollte sie dann versuchen, durch flexible Maßnahmen das Finanzsystem zu stabilisieren.

---

[354] Vgl. z.B. zur Prognose für das Jahr 1997: Prell, in: FOMC (Staff Dec 1996), S. 3f.

[355] "I recognize that there is a stock market bubble problem at this point, and I agree with Governor Lindsey that this is a problem that we should keep an eye on. We have very great difficulty in monetary policy when we confront stock market bubbles." Greenspan, in: FOMC (TS Sep 1996), S. 30.

[356] Das Kurs-Gewinn-Verhältnis stieg 1996 auf über 20 an. Der Durchschnittswert 1986-1995 lag hingegen bei 18. Bemerkenswert war hierbei, dass hohe Kurs-Gewinn-Verhältnisse eher für den Beginn einer Aufschwungphase typisch sind, während man sich 1996 bereits in einer reifen Zyklusphase befand [vgl. BIZ (1997), S. 80ff.]. Eine Kennziffer, welche die Fed verstärkt betrachtete – die Differenz zwischen der erwarteten Rendite aus Aktien (Gewinn-Kurs-Verhältnis) und den langfristigen Realzinsen – erreichte ebenfalls historische Tiefstände und deutete auf extreme Gewinnerwartungen und eine hohe Risikobereitschaft der Anleger hin, vgl. BoG (AR 1997), S. 24.

[357] Greenspan [(1997a), S. 257f.] warnte bereits frühzeitig vor zu großem Optimismus. Die Anleger müssten damit rechnen, dass es früher oder später zu einer Rezession kommen würde und dass sich die Visionen von einer neuen Ära als Trugbild erweisen könnte, wie dies häufig in der Vergangenheit bereits der Fall war.

[358] Vgl. Kohn, in: FOMC (Staff Dec 1996), S. 3ff.

[359] Ein aktives Eingreifen bot sich vor allem dann an, wenn man bei einem weiteren Fortschreiten des Aktienbooms eine Gefährdung des ganzen Finanzsystems befürchten musste, z.B. weil Bankenzusammenbrüchen aufgrund einer zu risikofreudigen Kreditvergabe drohten, vgl. Kohn, in: FOMC (Staff Dec 1996), S. 6f.

Letzteres – die flexible Reaktion auf Finanzmarktkrisen – gehört ganz wesentlich zur Geldpolitik der Greenspan-Ära. Sowohl auf die Börsenkrise im Oktober 1987 als auch im Herbst 1998 reagierte die Fed mit raschen Zinssenkungen und großzügigen Liquiditätsspritzen. 1996-2000 setzte Greenspan aber auch auf den Vorschlag der verbalen Agitation um. Mehrfach versuchte er bei öffentlichen Auftritten, die Aktien-märkte aufzurütteln. Seine Mission begann er anlässlich einer Rede im Dezember 1996 mit dem berühmten Hinweis auf einen möglichen „irrationalen Überschwang, der die Asset-Preise (wie in Japan) in unangemessene Höhen trieb".[360] In den fol-genden Jahren erfolgten vor dem Kongress weitere Attacken gegen den Aktienmarkt, die seine Skepsis bezüglich der Nachhaltigkeit der Aktienkursgewinne deutlich zum Ausdruck brachten.[361] Greenspan erregte mit seinen Äußerungen zwar jeweils große öffentliche Aufmerksamkeit, erreichte damit aber letztendlich nicht viel. Nach jeweils kurzem Innehalten ging die Rallye an den Börsen weiter.

1999 blieb es aber nicht mehr nur bei verbalen Attacken gegen den Aktienmarkt. Die Erhöhungen der Fed Funds Rate dienten zumindest indirekt auch dazu, mäßigend auf die Aktienkurse einzuwirken. Ziel der Fed war es, die Nachfrage auf ein nachhal-tigeres Niveau abzusenken. Da der Vermögenseffekt als wesentliche Triebfeder der lebhaften Konsumnachfrage galt, wäre der Fed eine stabile oder sogar leicht rückläu-fige Entwicklung an den Aktienmärkten entgegengekommen. Erst wenn das Vermö-gen der Haushalte nicht mehr schneller wuchs als deren verfügbares Einkommen, war nach Ansicht der Fed die Voraussetzung für ein makroökonomisches Gleichge-wicht gegeben. Die von der Fed beschlossenen Zinserhöhungen sollten dabei einen Beitrag zur Abschwächung der Börseneuphorie leisten.[362]

Abb. 4.41: Aktienkurse als Informations- bzw. Zielvariable

Aktienkurse als Informationsvariable				
Aktienkurse ↑	Konsumnach-frage ↑	Überschussnachfrage: Aggregierte Nachfrage > Aggregiertes Angebot	Inflations-gefahr	Fed Funds Rate ↑
Aktienkurse als Zielvariable				
Aktienkurse ↑	Irrationale Übertreibung	Aktuelle Kurse > Fundamental-kurs/Zielniveau	Bubble	Fed Funds Rate ↑

---

[360] Vgl. Greenspan (1996c). Eigentlich handelte es sich innerhalb der Rede, welche die Rolle der Zentralbank in einer demokratischen Gesellschaft erörterte, eher um eine beiläufige Bemerkung, die keinen direkten Bezug zur gegenwärtigen Aktienhausse hatte. Trotzdem gingen entsprechende Meldungen sofort über die Informationsticker und lösten kurzfristig heftige Marktraktionen aus, vgl. z.B. o.V. (1996), S. 10f.

[361] „... caution seems especially warranted with regard to the sharp rise in equity prices during the past two years. These gains have obviously raised questions of sustainability." Greenspan (1997a), S. 258. "The recent [negative] behaviour of profits also underlines ... the possibility that the ... per-formance of the equity markets will have difficulty in being sustained." Greenspan (1999a), S. 188.

[362] Greenspan sprach ganz offen davon, dass höhere Zinsen erforderlich seien, um den Faktor, mit dem die zukünftigen Gewinnschätzungen an den Börsen abdiskontiert werden, zu vergrößern, was sich dämpfend auf das Aktienkursniveau auswirken würde, vgl. Greenspan (2000a), S. 272f.

Festzuhalten bleibt jedoch, dass die Aktienkursentwicklung nur eine (wichtige) Variablen innerhalb des makroökonomischen Modells darstellt, welches die Fed zur Wachstums- und Inflationsprognose heranzog. Die Fed hatte nur deshalb auf die steigenden Aktienkurse mit höheren Zinsen reagiert, weil eine Überschussnachfrage drohte und damit eines ihrer Ziele – nämlich Preisstabilität – gefährdet war, nicht aber weil sie ein autonomes Kursziel an den Aktienmärkten verfolgte. Abb. 4.41 verdeutlicht nochmals den Unterschied zwischen der Verwendung der Aktienkurse als Informations- oder Zielvariable, wobei für die Fed nur die obere Kausalkette relevant war. Greenspan betonte mehrfach, dass es der Fed nicht darum ging, die Aktienkurse in einer konkreten Zielzone zu halten, sondern dass die Aktienkurse lediglich eine von vielen Informationsvariablen innerhalb der Fed-Analyse darstellten:[363]

"But while asset values are very important to the economy and so must be carefully monitored and assessed by the Federal Reserve, they are not themselves a target of monetary policy. (...) ... many other factors [than asset prices] drive our economy, and it is the performance of the entire economy that forms our objectives and shapes our action." Greenspan (1999a), S. 187, und 189.

Die Fed-Politik konnte man daher nicht als eine Strategie bezeichnen, die durch präventive Zinserhöhungen eine mutmaßliche Börsenblase beizeiten zum Platzen bringen wollte. Dazu hätten die Zinserhöhung in den Jahren 1999/2000 als Reaktion auf den Aktienboom so stark ausfallen müssen, dass nicht nur die Inflationsgefahr gebannt worden wäre, sondern zusätzlich auch noch die Mehrzahl der Spekulanten vom Aktienmarkt vertrieben worden wären. Konkret hätte dies bedeutet, dass das FOMC die Fed Funds Rate nicht nur auf 6,5 %, sondern vielleicht auf 7 oder 7,5 % heraufsetzen hätte müssen.

Gegen das Vorhaben, eine Börsenblase präventiv zu bekämpfen, werden meist zwei Argumente angeführt:[364] Erstens sei es schwierig, einen Bubble überhaupt zu identifizieren. Zweitens könnten solche unabhängig von der realwirtschaftlichen Entwicklung getroffenen Entscheidungen eine Konjunkturkrise auslösen. Greenspan schloss sich beiden Argumenten an. Seiner Ansicht nach konnte es sich die Notenbank kaum anmaßen, besser darüber informiert zu sein, was fundamental gerechtfertigt ist, als Tausende von Börsenexperten.[365]

"... identifying a bubble in the process of inflating may be among the most formidable challenges confronting a central bank, pitting its own assessment of fundamentals against the combined judgement of millions of investors." Greenspan (1999b), S. 631.

---

[363] Aktienkurse werden daher von der Fed ähnlich wie Wechselkurse behandelt. Auch bei diesem Finanzmarktasset verfolgt die Fed kein bestimmtes Kursziel, reagiert aber dennoch auf extreme Ausschläge, weil z.B. eine krasse Abwertung die Preisstabilität gefährden könnte. Vgl. Kohn, in: Staff Statement (December 1996), S. 6.

[364] Als drittes Argument wird angeführt, dass es schwierig wäre eine solche Politik öffentlich zu rechtfertigen, vgl. Checchetti (2003), S. 6, und Borio/Lowe (2002), S. 25.

[365] Ähnlich äußert es sich auf der alljährlich stattfindenden Konferenz in Jackson Hole, Wyoming: "To anticipate a bubble about to burst requires the forecast of a plunge in the prices of assets previously set by the judgements of millions of investors, many of whom are highly knowledgeable about the prospects fort he specific companies that make up our broad stock price indexes." Greenspan (1999c), S. 7.

Er hielt es auch nicht für klug, einen frühzeitigen kleinen Aktien-Crash herbeizuführen, um einen späteren größeren zu vermeiden. Es war ihm stattdessen vielmehr daran gelegen, eine „weiche Landung" der Aktienkurse zu bewerkstelligen, um dadurch die Konsumnachfrage leicht zu dämpfen. Die Realität zeigte schließlich, dass dies nicht gelang. Der Bubble dehnte sich bis zum März 2000 weiter aus, danach kam es zu einer scharfen Kurskorrektur. Der Standard & Poor's 500 Index halbierte sich z.B. vom Frühjahr 2000 bis zum Herbst 2002 von 1500 auf rund 750 Punkte. Greenspan meinte hierzu rückblickend, dass es keine Möglichkeit gegeben habe, einen solchen Prozess zu verhindern:

"It seems reasonable to generalize from our recent experience that no low-risk, low-cost, incremental monetary tightening exists that can reliably deflate bubble. But is there some policy that can at least limit the size of the bubble and, hence, its destructive fallout? From the evidence to date, the answer appears to be no." Greenspan (2002d), S. 5.

Es gibt jedoch Kritiker, welche die Meinung vertreten, dass die Fed durchaus in der Lage gewesen wäre, durch rechtzeitiges Agieren die irrationalen Übertreibungen und den dramatischen Absturz der Jahre 2001/2002 zu verhindern.[366] Wie hätte aber eine solche Strategie der Bubble-Vermeidung aussehen können und ab welchem Zeitpunkt hätte sie erfolgen müssen? Die beiden renommierten Ökonomen Campbell/Shiller (1998) warnten anlässlich einer Präsentation bei der Fed bereits im Dezember 1996 vor einem Bubble. Ihre Aktienanalyse, die auf Fundamentalfaktoren beruhte, kam zum Ergebnis, dass der Aktienmarkt dreifach überbewertet war. Damals stand der Stand des Standard & Poor's Index bei 750 Punkten. Dieses Niveau wurde später – selbst in der Phase größter Unsicherheit (Börsenskandale, Irakkrise) im Spätsommer 2002 – nicht unterschritten. Man kann daher stark daran zweifeln, ob der Aktienmarkt 1997 tatsächlich bereits so stark überbewertet war. Der höhere Produktivitätstrend seit 1995, der heute als bestätigt gilt, rechtfertigt im Nachhinein sicherlich einen Großteil der Kurssteigerungen zu Beginn des Börsenbooms.[367]

Neben dem genauen Zeitpunkt, ist es auch problematisch, das korrekte Ausmaß einer präventiven Restriktion zur Bubble-Bekämpfung festzulegen. Eine nur leicht straffere Geldpolitik hätte vermutlich die Börseneuphorie, die auf spektakulären Gewinnschätzungen beruhte, kaum beeinträchtigt. Die Fed hätte daher massive Zinserhöhungen durchführen müssen, um das Kursniveau nachhaltig zu beeinflussen. Greenspan und Fed-Gouverneur Bernanke halten jedenfalls die Idee einen Bubble, wie er sich Ende der 90er Jahre ergab, mit sanften präventiven Zinserhöhungen zu verhindern, für nicht realisierbar. Sie vermuten, dass nur eine rasche Rezession (mittels scharfer Zinsrestriktion) zur frühzeitigen Beseitigung der Börsenblase, beigetragen

---

[366] Borio/Lowe (2002) oder der IMF [(WEO 1/2000), S. 77ff.] vertreten die Auffassung, dass in bestimmten Fällen eine präventive Bubble-Bekämpfung vorteilhaft ist. Es sei außerdem problematisch, wenn Notenbanken immer nur auf Börsen-Crashs aber nie auf Börsen-Booms mit präventiven Zinsmaßnahmen reagieren würden.

[367] Bernanke (2002a) meint mit Blick auf die Analyse von Campbell/Shiller: „… I suspect that Campbell and Shiller's implicit estimate of the long-run value of the market was too pessimistic and that … an attempt to use this assessment to make monetary policy in early 1997 … might have done much more harm than good."

hätte.[368] Es ist aber fragwürdig, ob dieses Vorgehen langfristig zu einer besseren Performance der Wirtschaft geführt hätte. Wäre die Konjunkturkrise bereits 1997 statt im Jahr 2001 eingetreten, wären dadurch wahrscheinlich Wachstumspotentiale verloren gegangen und es ist keineswegs sicher, dass nicht auch ohne Börseneuphorie im Jahr 2001 eine Rezession eingetreten wäre.

4.6.2.3 Resümee der Fed-Politik 1999/2000

Die Fed beendete 1999 ihre abwartende Geldpolitik v.a. aus folgenden Gründen:

1. Die Arbeitslosenrate sank auf ein Niveau, das nach Ansicht des FOMC langfristig zu akzelerierenden Lohnforderungen führen musste und daher nicht mit Preisstabilität kompatibel war. Ein erneuter Produktivitätsschub, den man als Korrektiv gegenüber dem lohnbedingten Kostenschub hätte sehen könnte, wurde als unrealistisch betrachtet.

2. Das FOMC gelangte zunehmend zur Überzeugung, dass der „New Economy"-Boom stärker nachfrage- als angebotsseitig wirkte. Als Ursache hierfür wurde ein zum Teil „künstlicher" Vermögenseffekt angesehen, der sich aus der Börseneuphorie ergab.

3. Eng hiermit verbunden ist, dass die Fed von einem Anstieg des „neutralen" Realzinses infolge der übertriebenen Kapital- und Konsumnachfrage ausging. Dies erforderte ihrer Ansicht nach auch eine höhere reale Fed Funds Rate.

Insgesamt stellte der starke Anstieg der Aktienpreise die Fed vor neue Herausforderungen. Das FOMC diagnostizierte bereits 1996 eine Kursblase. Der Umgang mit diesem Aktien-Bubble erwies sich jedoch als heikel. Zum einen erschwerte er die geldpolitische Steuerung, da sich die Fed nie sicher sein konnte, wann oder ob überhaupt ein Kurssturz erfolgen würde. Zum anderen sah sich die Geldpolitik vor die Wahl gestellt, die Blase präventiv zum Platzen zu bringen oder sich passiv zu verhalten. Die Fed entschied sich zunächst für letzteres. Erst als der Nachfrageeffekt des Aktienbooms das Preisstabilitätsziel der Notenbank zu gefährden schien, handelte die Fed mit einer Zinsstraffung, die auch auf die Dämpfung der Aktienkurse ausgerichtet war. Hierdurch sollte aber kein bestimmtes Kursziel angesteuert, sondern nur einer weiteren Beschleunigung des Vermögenseffekts verhindert werden.

Die Abb. 4.42 und 4.43 zeigen, dass die Fed ab Mitte 2000 ihre Strategie – Bekämpfung der kräftigen Nachfrageeffekte aus der Börseneuphorie – konsequent umsetzte. Das Realzinsniveau erreichte mit 4 % ein recht hohes Niveau. Als Ende 2000 die Finanzanalysten ihre Gewinnschätzungen vorsichtig nach unten korrigierten, sah sich die Fed jedoch rasch mit dem umgekehrten Problem konfrontiert – nicht Überschussnachfrage, sondern Überkapazitäten sollten alsbald die Herausforderung darstellen. Dies verdeutlicht die Problematik, die sich aus der hohen Korrelation zwischen Vermögensmarkt und Realwirtschaft ergibt.

---

[368] "The notion that a well-timed incremental tightening could have been calibrated to prevent the late 1990s bubble is almost surely an illusion." Greenspan (2002d), S. 5. "… my suspicion is that bubbles can normally arrested only by an increase in interest rates sharp enough to materially slow the whole economy. In short, we cannot practice ‚safe popping' …" Bernanke (2002a). Bernanke verwies dabei auf das Beispiel von 1929 als die Fed versuchte den Aktien-Bubble durch Zinserhöhungen zu bekämpfen, dabei aber in erster Linie die US-Wirtschaft in eine Rezession führte.

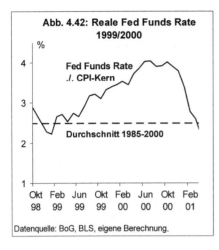

Abb. 4.42: Reale Fed Funds Rate 1999/2000

Datenquelle: BoG, BLS, eigene Berechnung.

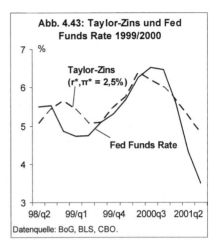

Abb. 4.43: Taylor-Zins und Fed Funds Rate 1999/2000

Datenquelle: BoG, BLS, CBO.

4.7   2001-2004: Scharfe Zinssenkung als Replik auf die Rezession

4.7.1   Wirtschaftliche Entwicklung und Geldpolitik 2001- (Mitte) 2004

Makroökonomischer Überblick 2001- (Mitte) 2004

- Die US-Wirtschaft glitt Anfang 2001 in eine Rezession, von der sie sich nur zögernd erholte. Nach Stagnation (2001: +0,8 %) und moderatem Wachstum (2002: +1,9 %), kam es erst im 2. Halbjahr 2003 zu einem kräftig anziehenden realen BIP-Wachstum (3. Quartal 2003: +7,4 %).

- Eingetrübte Profitaussichten (aufgrund höherer Energiepreise, Lohnstück- und Finanzierungskosten) und Anzeichen für Überkapazitäten führten Ende 2000 zu einer Kappung der Investitionen in „Ausrüstung & Software", die zuvor den Konjunkturmotor antrieben.

- Die Konsumnachfrage flaute 2001 zwar auch ab, wirkte aber insgesamt stabilisierend.

- Eine robuste Erholung der Wirtschaft – wie sie sich bereits 2002 abzeichnete – wurde durch die anhaltende Börsenschwäche und negative Schocks (11. September, Bilanzskandale, Irakkrieg), welche ein Klima permanenter Unsicherheit erzeugten, beeinträchtigt. Mitte 2003 hellte sich das wirtschaftliche Umfeld auf (Kriegsende, steigende Aktienkurse, niedrige Zinsen, fallender Dollar).

- Die Nachfrageschwäche, niedrige Preiserwartungen und hohe Produktivitätszuwächse sorgten für eine rückläufige Kerninflation (November 2003: 1,1 %). 2004 kam es infolge steigender Energiepreise zu einem leichten Inflationsschub (CPI Juni 2004: 3¼ %).

- Die Arbeitslosenrate stieg zunächst verhalten (4½ %), in Reaktion auf den 11. September kräftig an (5¾ %). Im Sommer 2003 folgte erneut ein leichter Schub auf 6¼ %. Erst Ende 2003 stellten sich am Arbeitsmarkt im Zuge des Wachstumsbelebung allmählich Erfolge ein (Juni 2004: 5½ %).

Geldpolitik 2001

Zwischen Januar und Mai 2001 führte die Fed die massivste Zinssenkung innerhalb von vier Monaten seit dem 2. Weltkrieg durch. Die Zielrate der Fed Funds Rate wurde in fünf Schritten um insgesamt 250 Basispunkte von 6,5 auf 4 % reduziert. Ungewöhnlich war sowohl die Größe der Zinsschritte (50 Basispunkte) als auch die Tatsache, dass zwei Zinssenkungen außerhalb der turnusmäßigen Sitzungen beschlossen wurden. Die Fed sah sich zu dieser ungewöhnlichen Reaktion veranlasst, da zu Beginn des Jahres ein unerwartet scharfer Wirtschaftsabschwung erkennbar wurde, der aus Sicht der Fed das Potential besaß, sich zu einer tiefen Rezession auszuweiten. Es herrschte daher Konsens innerhalb des FOMC, dass ein starker geldpolitischer Impuls erforderlich war, um dieser Gefahr entgegenzutreten.[369] Bei der Beurteilung des Ausmaßes der Zinssenkung war zu bedenken, dass man zu Jahresbeginn von einem recht hohen Niveau der realen Fed Funds Rate (etwa 4 %) ausging. Einige FOMC-Mitglieder hielten außerdem eine besonders prompte und aggressive Reaktion für erforderlich, um mit der größeren Anpassungsflexibilität der Unternehmen Schritt zu halten, die sich augenscheinlich rascher als früher an die Krise anpassten.[370] Im Einzelnen sprachen folgende Tatbestände für anhaltende Wachstums- aber reduzierte Inflationsrisiken:[371]

- Es hatten sich in der Industrie unerwünschte Lagerbestände gebildet, die vor einer Stabilisierung der Produktion erst noch völlig abgebaut werden mussten.
- Verschlechterte Gewinnaussichten der Unternehmen ließen weitere Produktions- und Investitionskürzungen in der Zukunft vermuten. Letzteres galt besonders für High-Tech-Investitionen, da sich hier offenbar Überkapazitäten gebildet hatten.
- Die Konsumnachfrage blieb zwar zunächst recht stabil, rückläufige Vertrauensindikatoren und die Aktienbaisse ließen aber auch hier Einbrüche erwarten.
- Obwohl die Inflation zu Jahresbeginn noch leicht nach oben tendierte, deuteten viele Faktoren – nachlassende Ressourcenauslastung, niedrige Inflationserwartungen, sinkende Energiepreise – auf einen rückläufigen Inflationstrend hin.

Das FOMC war zunächst zuversichtlich, dass sich – unterstützt durch die geldpolitischen Impulse – im 2. Halbjahr eine Konjunkturstabilisierung einstellen würde.[372] Die

---

[369] "Such a policy move [of 50 basis points] in conjunction with the 50 basis point reduction in January would represent a relatively aggressive policy adjustment in a short period of time, but the members agreed on its desirability in light of rapid weakening in the economic expansion ..." BoG (Minute Jan 2001), S. 235. Erst ab Mai hätten einige Offenmarktmitglieder eine langsamere Gangart bevorzugt. Fed-Präsident Hoenig und zwei weitere Offenmarktmitglieder wiesen darauf hin, dass sich ein Großteil der bisherigen (bereits bedeutenden) expansiven Impulse aufgrund des Lag-Effekts erst noch bemerkbar machen würde und warnten vor einer zu akkommodierenden Geldpolitik, vgl. BoG (Minute May 2001), S. 254

[370] "As a consequence [of the prompt adjustments by businesses to changing economic conditions], monetary policy reactions to shifts in economic trends needed in this view to be undertaken more aggressively and completed sooner than in the past." BoG (Minute Jan 2001), S. 235.

[371] "Business investment would be held back by lower earnings expectations and a capital overhang of unknown dimensions; consumption was subject to downside risks from previous decreases in equity wealth and declining confidence." BoG (Minute Mar 2001), S. 243. "The latest available data on new orders pointed to further, and possibly larger, declines in business spending on equipment and software over the months ahead. (...) Ongoing efforts to reduce excess inventories were continuing to curb output in manufacturing industries ..." BoG (Minute May 2001), S. 251f.

[372] Neben der expansiven Geldpolitik hoffte das FOMC v.a. auf die Wirkung der expansiven Fiskalpolitik sowie auf die anhaltend hohen Produktivitätsraten, vgl. FOMC (Meeting March, May 2001), S. 241, und 250.

Wirtschaftsdaten, welche die Fed über den Sommer erhielt, waren dann aber eher enttäuschend. Der Prozess des Personal-, Investitions- und Lagerabbaus war bei den Unternehmen noch im vollen Gange. Die Mehrheit des FOMC befürwortete daher im Juni und August weitere expansive Impulse der Geldpolitik zur Stützung der Konjunktur.[373] In Anbetracht der bereits vollzogenen Lockerung wurden die Zinssenkungsschritte aber auf 25 Basispunkte reduziert, so dass Ende August die Zielrate der Fed Funds Rate bei 3,5 % lag. Einige Offenmarktmitglieder sahen damit bereits das Ende des Zinssenkungsprozesses gekommen.[374] Die Ereignisse des 11. Septembers machten diese Lageeinschätzung aber hinfällig. Es war unmittelbar klar, dass die Terroranschläge für weitere Unsicherheit, Aktienkursverluste und eine Eintrübung des privaten Vertrauens sorgen würden, was die bereits geschwächte Ökonomie zusätzlich belasten würde. Vor diesem Hintergrund forcierte die Fed erneut den Zinssenkungsprozess und reduzierte den Tagesgeldzins in drei Schritten bis November auf 2 %. Das FOMC erklärte ihre rigorose Zinssenkungspolitik wie folgt:[375]

- Aus Sicht einiger FOMC-Mitglieder stellten die Zinssenkungen ein wichtiges psychologisches Mittel dar, um dem Konsumenten- und Investorenvertrauen Auftrieb zu verleihen.
- Die reale Fed Funds Rate sei für eine Konjunkturkrise noch nicht außergewöhnlich niedrig und andere Faktoren (z.B. sinkende Aktienkurse, Dollaraufwertung, steigende Risikoprämien) bremsten die stimulierende Wirkung der Geldpolitik.
- Die geringen Inflationsraten (und –erwartungen) ermöglichten es der Fed, sich auf das Ziel der Wachstumsförderung zu konzentrieren.

Im Dezember ergaben sich zwar erste, zaghafte Anzeichen (z.B. steigender Autoabsatz), die auf eine Verlangsamung des Abwärtstrends hindeuteten, trotzdem wurde die Fed Funds Rate nochmals auf 1,75 % gesenkt. Einige FOMC-Mitglieder sahen darin eine „Sicherheitsmaßnahme", um der nach wie vor gegebene Möglichkeit einer weiteren Verschlimmerung der wirtschaftlichen Situation entgegenzutreten.[376]

Insgesamt wurde die Fed Funds Rate 2001 um 475 Basispunkte gesenkt, womit die Geldpolitik eindeutig zum Instrument der Konjunkturstabilisierung wurde. Inflationsgefahren traten angesichts der sinkenden Ressourcenauslastung in den Hintergrund. Der unerwartet kräftige Abschwung, die fehlenden Stabilisierungssignale, die Ereignisse des 11. Septembers, waren Elemente, welche den Zinssenkungsprozess forcierten. Das FOMC traf seine Entscheidungen im großen Konsens. Es gab im Jahresverlauf nur drei Gegenstimmen.

---

[373] „... the members were persuaded that in the absence of firm evidence that the deceleration in the economic expansion had run its course a further easing action was needed at this point to help stabilize the economy." BoG (Minute Jun 2001), S. 263.

[374] Vgl. BoG (Minute Aug 2001), S. 271f. Präsident Poole plädierte schon im Juni gegen weitere Zinssenkungen (wegen positiver Konjunkturprognosen, bereits vollzogner Zinsreduktion), vgl. BoG (Minute Jun 2001), S. 264.

[375] „Further vigorous easing action would tend to support business and household confidence, which a number of members saw as especially important in current circumstances. Even after a 50 basis point reduction, the federal funds rate would not reflect an unusual accommodative policy stance in that, in real terms, it would still be positive by many measures ..." BoG (Minute Oct 2001), S. 281.

[376] Vgl. BoG (Minute Dec 2001), S. 298.

Geldpolitik 2002

Zu Jahresbeginn gab es einige Anzeichen, die auf eine wirtschaftliche Erholung hinwiesen: Der Prozess des Lagerabbaus näherte sich dem Ende, der Abwärtstrend bei den Investitionen für Ausrüstung und Software schien auszulaufen, die Häuser- und Konsumnachfrage entwickelten sich recht lebhaft. Die Fed beließ daher die Fed Funds Rate bei 1,75 % und stellte zwischen März und Juni die Wachstumsrisiken nicht weiter in den Vordergrund, sondern ging zu einer ausgeglichen Risikoeinschätzung über. Das FOMC hielt das bestehende Niveau der realen Fed Funds Rate für ausreichend, um die wirtschaftliche Erholung zu unterstützen.[377] Einige FOMC-Mitgliedern diskutierten bereits über Zinserhöhungen, die ihrer Ansicht nach rechzeitig – noch bevor ein kräftiger Aufschwung eindeutig im Gange sei – erfolgen müssten.[378] Für die Mehrheit des FOMC konnte man sich jedoch mit der Zinswende Zeit lassen, wofür vor allem zwei Gründe sprachen:[379]

- Es war fragwürdig, ob die Endnachfrage in nächster Zeit eine ausreichende Dynamik entwickeln würde, um die zarte Erholung in einen kräftigen Aufschwung zu überführen. Die Konsumnachfrage, die in den vergangenen Monaten recht stabil blieb, schien weitgehend gesättigt und im Hinblick auf die Investitionsnachfrage stand zu befürchten, dass in Anbetracht einer unvermindert gedrückten Stimmung, einiger Überkapazitäten und magerer Profitaussichten kein rascher Kapazitätsaufbau stattfinden würde.[380]

- Es bestand kaum Inflationsgefahr. Die niedrige Ressourcenauslastung, hohe Produktivitätsraten, sinkende Inflationserwartungen und die geringe Preissetzungsmacht der Unternehmen deuteten eher auf einen abnehmenden Inflationstrend hin.[381] Vor diesem Hintergrund war selbst bei einer überraschenden Beschleunigung der wirtschaftlichen Expansion, nicht sofort mit akzelerierender Inflation zu rechnen.

Die Konjunkturskeptiker sollten schließlich Recht behalten. Statt an Dynamik zu gewinnen, verlor der Aufschwung über die Sommermonate an Kraft, was die Offenmarktmitglieder dazu veranlasste, ihre Wachstumsprognosen nach unten zu korrigieren. Es musste jetzt damit gerechnet werden, dass das reale Wachstum eine Weile unterhalb des Potentialtrends blieb.[382] Ursache für die enttäuschende Entwicklung waren mehrere negative Schocks, welche auf die ohnehin fragile Konjunktursituation einwirkten. Im Juli/August sorgten zunächst Unternehmensskandale und Bilanzunregelmäßigkeiten (Enron/Worldcom) für zusätzliche Unruhe und kräftige Einbrüche am Aktienmarkt. Kaum schien diese Problematik abzuebben, trat ab September mit dem Irakkonflikt ein neuer Krisenherd in Erscheinung.

---

[377] "... with the federal funds rate at an unusually low level, policy seemed well positioned to support an economic recovery as the forces restraining demand abated." BoG (Minute Jan 2002), S. 179.

[378] Vgl. BoG (Minute Mar, May 2002), S. 188, und 204.

[379] "... members noted that the current policy stance was too accommodative to be consistent over time with the Committee's objectives ... (...). Still, in current circumstances, there was little risk of triggering an increase of inflation by waiting for a better reading on the course of the economy." BoG (Minute Jun 2002), S. 204.

[380] Vgl. BoG (Minute May 2002), S. 194.

[381] Vgl. BoG (Minute May, Jun 2002), S. 195f., und 203.

[382] "In the view of all the members, current forecasts clearly were subject to the risk that growth would not be sufficient to reduce excess capacity in labor and capital markets." BoG (Minute Sep 2002), S. 219.

Angesichts dieser Entwicklung trat ein rasches Umdenken im FOMC ein. Nach der Zinserhöhungsdebatte im Frühjahr plädierten im September bereits erste Fed-Politiker für eine Zinssenkung, die schließlich im November mit einer Reduzierung des Tagesgeldsatzes auf 1,25 % vollzogen wurde. Das FOMC wollte mit der aggressiven Maßnahme (50 Basispunkte) dafür sorgen, dass die aufgetretene Konjunkturdelle möglichst kurzweilig ausfällt und sich im Jahr 2003 ein kräftiger Aufschwung durchsetzt.[383] Da die Inflation in jüngster Zeit gefallen war, sollte außerdem der Tendenz einer steigenden realen Fed Funds Rate entgegengesteuert werden. Das FOMC war in dieser Situation, die durch Unsicherheit und der Gefahr eines weiteren kumulativen Abschwungs gekennzeichnet war, eher bereit eine übereilte Zinssenkung vorzunehmen, als den Irrtum zu begehen, zu lange abzuwarten.[384]

Das Jahr 2002 war insgesamt geldpolitisch zweigeteilt: In der ersten Jahreshälfte wollte man die Öffentlichkeit bereits allmählich auf eine Zinserhöhung vorbereiten. In der zweiten Jahreshälfte sorgten stattdessen aber Finanzmarktschocks und geopolitische Risiken für eine weitere geldpolitische Lockerung. Angesichts des erreichten Niveaus der Tagesgeldzinsen stieß die Fed damit an die Grenzen der geldpolitischen Handlungsfähigkeit.

Geldpolitik 2003

Die geldpolitische Steuerung wurde im Frühjahr 2003 durch den Irakkrieg erschwert. In Anbetracht dieses unsicheren Umfeldes wollte das FOMC keine voreiligen Zinsentscheidungen treffen.[385] Das Komitee beließ daher bis zur Jahresmitte die Fed Funds Rate bei 1,25 %, neigte aber prinzipiell zu einer Zinssenkung, wofür folgende Gründe sprachen:[386]

- Die Produktions- und Beschäftigungsentwicklung verlief im Frühjahr enttäuschend (die Arbeitslosenrate stieg auf 6 %, die industrielle Kapazitätsauslastung sank auf ein 20-Jahres-Tief).
- Der Disinflationstrend hielt an. Angesichts der bereits niedrigen Inflation (Kerninflation < 2 %) bestand – aus Sicht des FOMC – eine gewisse Deflationsgefahr.
- Das FOMC zweifelte weiterhin daran, ob die Investitionsnachfrage in naher Zukunft die notwendige Schubkraft für eine Stabilisierung des Aufschwungs entwickeln würde.[387] Bislang hielten sich die Unternehmen angesichts von Überkapa-

---

[383] "In the circumstances, a relatively aggressive easing action could help to ensure that the current soft spot in the economy would prove to be temporary and enhance the odds of a robust rebound in economic activity next year." BoG (Minute Nov 2002), S. 226f. Das FOMC setzte dabei offenbar darauf, dass die für die Märkte überraschend aggressive Reduzierung der Fed Funds Rate auch einen deutlichen Rückgang der Kapitalmarktzinsen auslösen würde, vgl. BoG (Minute Nov 2002), S. 227.

[384] Vgl. BoG (Minute Nov 2002), S. 227.

[385] Auf dem März-Treffens sah sich das FOMC nicht dazu in der Lage, eine einigermaßen vernünftige Einschätzung der zukünftigen wirtschaftlichen Risiken vorzunehmen, vgl. BoG (Minute Mar 2003), S. 176.

[386] "The members acknowledged that a case could be made for easing policy immediately in light of the generally disappointing reports on the recent performance of the economy, the ongoing disinflation trend in a period of already low inflation, and forecasts of persisting excess capacity." BoG (Minute May 2003), S. 183.

[387] "... there was as yet no persuasive evidence that business fixed investment would provide the needed support for the strengthening in overall economic activity." BoG (Minute Mar 2003), S. 175.

zitäten, unsicheren Umsatzprognosen und einer hohen Risikoaversion mit Erwei-
terungsinvestitionen zurück.

Auch nach Beendigung des Irakkriegs sah das FOMC trotz leicht verbesserter Rahmenbedingungen (sinkende Ölpreise, steigende Vertrauensindikatoren und Aktienkurse) noch keine überzeugenden Hinweise für einen breiten, sich selbst tragenden
Aufschwung. Die Zielrate der Fed Funds Rate wurde daher Ende Juni leicht auf
1,0 % gesenkt. Der Zinsschritt wurde als weitere „Sicherheitsmaßnahme" zur Förderung der wirtschaftlichen Erholung gesehen.[388] Selbst für den Fall, dass es zu einer
überraschend kräftigen Zunahme der wirtschaftlichen Aktivität kommen sollte, bestand nach Ansicht des FOMC aufgrund der geringen Ressourcenauslastung und
deutlich negativen Outputlücke kaum Inflationsgefahr.[389] Einige Offenmarktmitglieder
wiesen speziell auf die Möglichkeit eines negativen Nachfrageschocks hin, welcher
die Fed in arge Bedrängnis bringen könnte. Würde dabei die Inflation deutlich absinken, stünden der Fed kaum noch die Mittel zur Verfügung um die Wirtschaft anzukurbeln.[390] In der Pressemitteilung hob die Fed daher speziell das Risiko eines unerwünschten („unwelcome") Rückgangs der Inflation hervor. Gleichzeitig gab sie hinsichtlich der konjunkturellen Entwicklung eine ausgeglichen Risikoeinschätzung ab.
Damit wurde erstmals in der Greenspan-Ära eine Zinslockerung primär mit der Gefahr rückläufiger Preise und nicht mit einer ungenügenden Wachstumsdynamik begründet.[391] Im Spätsommer ergänzte das FOMC seine Kommunikationsstrategie um
ein weiteres Element, das im Kampf gegen Deflationsrisiken für notwendig erachtete
wurde. Das Komitee ließ nach der August-Sitzung verlauten, dass es die lockere
Geldpolitik noch für eine beträchtliche („considerable") Zeit lang beibehalten werde,
womit sie insbesondere die Inflationserwartungen über null stabilisieren wollte.

Über den Herbst verdichteten sich zwar die positiven Konjunkturnachrichten (beschleunigtes BIP-Wachstum im 2. und 3. Quartal), dennoch hielt das FOMC an seiner Lageeinschätzung (gewisse Deflationsrisiken bei unklarer Wachstumsdynamik)
und dem sehr expansiven Kurs bis Dezember fest. Da das Inflationsniveau 2003
niedriger ausfiel als zu Beginn früherer Aufschwungphasen (z.B. 1992/93) und die
Kapazitäten extrem niedrig ausgelastet waren,[392] hielt es das FOMC für vertretbar,
länger als in früheren Konjunkturzyklen mit der Zinsstraffung abzuwarten.[393] Erst
wenn sich definitive Hinweise für einen robusten Aufschwung einstellten, wollte das

---

[388] „... the members agreed that an easing move was desirable to provide additional insurance that a
stronger economy would in fact materialize." BoG (Minute Jun 2003), S. 192.

[389] "Members saw virtually no prospect that the proposed easing ... would incur any significant risk of
contributing to rising inflationary pressures ... " BoG (Minute Jun 2003), S. 192.

[390] „... there was concern that inflation could be approaching a level that would begin to complicate the
implementation of monetary policy if economic weakness unexpectedly persisted or the economy
was subjected to another negative demand shock." BoG (Minute Jun 2003), S. 191. Auf der Juni-
Sitzung wurde auch eine Zinssenkung um 50 Basispunkte diskutiert. Dies schien aber der Mehrheit
im FOMC angesichts der Signale für eine wirtschaftliche Stabilisierung übertrieben und hätte nach
außen eine zu starke Besorgnis der Fed über die weitere wirtschaftliche Entwicklung zum Ausdruck gebracht, vgl. BoG (Minute Jun 2003), S. 192.

[391] "On balance, the risk of undesirably low inflation was likely to be the Committee's predominant
concern for the foreseeable future." BoG (Minute Aug 2003), S. 200.

[392] Der Kapazitätsauslastungsgrad der Gesamtindustrie lag bei ca. 75 % und damit deutlich unter dem
langjährigen Durchschnitt von 81,3 %. Gleichzeitig verharrte die Arbeitslosenrate bis November bei
6 %.

[393] Vgl. BoG (Minute Oct 2003), S. 208.

FOMC auf einen neutralen Kurs einschwenken. Auf dem Dezember-Treffen sah man aber bereits keine größeren Deflationsrisiken mehr.[394]

Insgesamt war das Jahr 2003 durch eine sehr unsichere Lageeinschätzung (Irakkrieg), ambivalente Konjunkturnachrichten und rückläufige Inflation gekennzeichnet. Letzteres veranlasste die Fed zu der unkonventionellen Maßnahme, sich öffentlich für eine längere Zeit an eine Niedrigzinspolitik zu binden. Angesichts des geringen Risikos eines plötzlichen schubartigen Inflationsanstiegs hielt sie dieses Vorgehen für vertretbar.

Geldpolitik bis August 2004

Zu Jahresbeginn 2004 verdichteten sich die Anzeichen für eine solide Aufschwungdynamik, da jetzt auch die Investitionsgüternachfrage sichtbar an Breite gewann. Dem Übergang von einer akkommodierenden zu einer „neutralen" Geldpolitik stand jedoch aus Sicht des FOMC die enttäuschende Arbeitsmarktentwicklung im Wege.[395] Das Amt für Arbeitsmarktstatistik meldete für Januar und Februar nur geringe Stellenzuwächse. Das FOMC ging aber davon aus, dass die hohen Wachstumsraten der Arbeitsproduktivität bald nachlassen und die Unternehmen dann gezwungen sein würden, Neueinstellungen vorzunehmen.[396] Dementsprechend wurde die Öffentlichkeit auf eine nahe Zinswende vorbereitet. In den Pressemitteilungen im Januar und März gab das FOMC seine Bindung an eine langfristige Niedrigzinspolitik auf und sprach lediglich noch von geduldigem („patient") Abwarten.[397]

Im April verstärkte sich der Druck auf die Fed, die Zinsen zu erhöhen. Erstmals seit Beginn des Aufschwungs wurde ein kräftiger monatlicher Stellenzuwachs (> 300.000 im März) gemeldet. Gleichzeitig wurde der letzte Rest an Deflationsangst von ersten Anzeichen wachsenden Preisdrucks abgelöst.[398] Infolgedessen machte die Fed im Mai deutlich, dass eine Zinswende unmittelbar bevorstand, betonte aber gleichzeitig dass die Zinsstraffung maßvoll („measured") ausfallen würde. Weitere positive Konjunktur- und eher ungünstige Preisdaten besiegelten im Sommer 2004 das Ende der Niedrigzinspolitik. Das FOMC hob das Fed Funds Rate Target in zwei Schritten (Ende Juni, Mitte August) von 1,0 auf 1,5 % an.

Für den weiteren Jahresverlauf deutete sich infolge der Ölpreissteigerungen („negativer Angebotsschock") eine schwierige geldpolitische Steuerung an. Während der

---

[394] Vgl. BoG (Minute Dec 2003), S. 223.

[395] Es wurde v.a. eine anhaltende Belastung der Konsumnachfrage befürchtet, vgl. BoG (Minute Mar 2004).

[396] Auf eine erste Anspannung am Arbeitsmarkt deuteten längere Wochenarbeitszeiten sowie abnehmende Erstanträge auf Arbeitslosengeld hin, vgl. z.B. FOMC (Meeting January 2004), und Greenspan (2004b).

[397] „... the Committee believes that it can be patient in removing its policy accommodation." FOMC (PS Jan2004).

[398] Im ersten Halbjahr 2004 stieg die Konsumentenpreisinflation (CPI) von knapp 2 auf 3 %. Zu diesem Preisschub trugen u.a. die steigenden Rohöl- und Benzinpreise bei, die im ersten Halbjahr 2004 um 25-30 % gegenüber dem Vorjahr zulegten [vgl. MPRC (Jul 2004), S. 16]. Das FOMC zeigte sich vom Anstieg der Konsumpreise nicht allzu beunruhigt und ging davon aus, dass es sich nur um einen transitorischen Preisschock aufgrund einer vorübergehenden Ausweitung der Gewinnmargen und höherer Ölpreise handelte, vgl. MPRC (Jul 2004), S. 1f., oder Greenspan (2004d).

(vorwiegend ölpreisbedingte) Preisauftrieb Argumente für einen forcierten Zinserhöhungsprozess liefert, hat die Energiepreisverteuerung bereits im 2. Quartal 2004 die Konsumnachfrage merklich belastet, was wiederum für ein vorsichtiges Vorgehen der Fed spricht. Es ist daher davon auszugehen, dass die Fed den Zinserhöhungszyklus in kleinen Schritten fortsetzen wird.

4.7.2 Bewertung der Geldpolitik 2001- (Mitte) 2004

4.7.2.1 Geldpolitische Konjunkturstabilisierung

Das auffälligste Merkmal der Fed-Politik im Jahr 2001 war die massive Reaktion auf die einsetzende Konjunkturflaute. Tempo und Ausmaß des Zinssenkungsprozesses fielen dabei bis zum 11. September wesentlich ausgeprägter aus als bei sämtlichen anderen Notenbanken (vgl. Tabelle 4.1). Besonders augenfällig war der Unterschied zur EZB. Da in Kapitel 6 eine ausführliche Gegenüberstellung der EZB- und Fed-Politik erfolgt, wird hier nur ein kurzer Überblick zur Erklärung des aggressiveren Fed-Verhaltens gegeben.

(1) Das divergierende Notenbankverhalten lässt sich nicht allein mit unterschiedlichen makroökonomischen Rahmenbedingungen erklären. Zwar wurden die USA zunächst härter vom Abschwung getroffen als andere Regionen, aber seit Anfang 2002 wächst das amerikanische BIP erneut rascher als z.B. das euroraumweite BIP (siehe Kapitel 6.2.2).

Tabelle 4.1: Zinspolitik „wichtiger" Notenbanken von Januar bis August 2001

	Kumulierte Zinssenkung (Bp)	Beginn der Zinslockerung	Leitzins (in %) am 31.08.2001[399]
Fed	300	03. Januar	3,5
EZB	25	10. Mai	4,5
Bank of Japan	25	13. Februar	0,25
Bank of England	100	08. Februar	5,0
Bank of Canada	200	23. Januar	4,0
RB of Australia	125	07. Februar	5,0
Sveriges Riksbank	-25	keine Zinssenkung	4,25
Schweizerische NB	25	22. März	3,25
RB of New Zealand	75	14. März	5,75

(2) Eine stichhaltigere Begründung für die abweichende Geldpolitik kann in den ungleichen Notenbank*mandaten* gesehen werden, denn die Fed ist im Unterschied zu anderen Zentralbanken auch dazu verpflichtet, einen hohen Beschäftigungsstand

---

[399] In der Regel handelt es sich dabei um einen Tagesgeldzinssatz. Bei der Bank of Japan ist es der Diskontsatz, bei der Schweizerischen Nationalband die Mitte des Zielbandes für den Dreimonate-Libor.

sicherzustellen (siehe Kapitel 5.1.1).[400] Dieses Beschäftigungsziel stand 2001 für die Fed von Anfang an im Vordergrund und dies obwohl zunächst große Unsicherheit darüber bestand, ob die Wachstumsschwäche in eine Rezession münden würde o- der nicht.[401] Gleichzeitig war durchaus eine gewisse Inflationsgefahr gegeben, denn die Konsumpreisinflation schoss im Frühjahr 2001 (ölpreisbedingt) auf über 3½ %.[402] Hätte sich die Fed wie die EZB an ein klares quantitatives Inflationsziel von 2 % ge- bunden, dann wäre es für sie angesichts der Inflationsdaten und vagen Konjunktur- prognosen äußerst schwierig gewesen, die Zinsen zu senken.

(3) Die Fed hatte außerdem im Vergleich zu anderen Notenbanken ein recht hohes Vertrauen in die reale Wirksamkeit der Geldpolitik. Jedenfalls war sie der Überzeu- gung, dass expansive geldpolitische Impulse ein adäquates Mittel zur Nachfragesti- mulierung und Überwindung der Konjunkturkrise darstellen würden.[403] Im Gegensatz hierzu äußerten sich vor allem europäische Geldpolitiker [vgl. z.B. SVR (2001), Ziff. 53] skeptisch hinsichtlich der Wirksamkeit von Zinslockerungen. Die Ursache der Kri- se lag ihrer Ansicht nach in einer strukturellen Fehlentwicklung und nicht in einer mangelhaften Gesamtnachfrage. Als Folge der Euphorie über die „Neue Ökonomie" seien im Hochtechnologiesektor hohe Überkapazitäten entstanden. Die Zinselastizi- tät der Investitionsnachfrage sei dementsprechend gering. Man vertrat daher die An- sicht, dass die Geldpolitik die „Reinigungskrise" passiv akzeptieren und den Abbau der Überkapazitäten abwarten sollte.[404] Der Fed war durchaus klar, dass es schwie- rig sein würde, die Investitionsnachfrage rasch wieder anzukurbeln. Sie setzte daher auf andere Transmissionskanäle, die vor allem über die Konsumnachfrage wirken sollten.[405] Durch niedrige Hypothekenzinsen sollte der private Häusermarkt und durch billige Konsumentenkredite die Verkaufszahlen für langlebige Verbrauchsgüter stimuliert werden.

(4) Ein weiterer Punkt zur Erklärung der energischen Fed-Politik besteht darin, dass sie stärker als andere Notenbanken auf die preisdämpfende Wirkung einer abneh- menden Ressourcenauslastung vertraute, die sich während einer Konjunkturkrise einstellt. Sie war daneben optimistisch, dass die hohen Wachstumsraten der Produk- tivität über die jetzige Konjunkturflaute anhalten würden, was sich mäßigend auf die Preisentwicklung auswirken sollte.[406] Daneben vertraute sie vollkommen auf die in den letzten zwanzig Jahren erworbene Reputation in der Inflationsbekämpfung und ging davon aus, dass die privaten Inflationserwartungen trotz des leichten Ölpreis- schocks im Winter 2000/2001 stabil bleiben würden:

---

[400] Vgl. z.B. Fehr (2001), oder SVR (2001), Ziff. 340.

[401] Noch im Sommer 2001 rechneten viele Experten lediglich mit einer kleinen Konjunkturdelle in den USA. Hierzu hat auch die erste Schätzung des BEA für das reale BIP-Wachstum im 1. Quartal 2001 beigetragen, die mit 2 % überraschend positiv ausfiel. Später wurde diese Schätzung aber nach unten (1,3 %) korrigiert.

[402] Die Lohninflation verharrte zunächst ebenfalls bei über 4 %. Hingegen erhöhte sich die Arbeitslo- senrate bis Juli nur geringfügig auf 4½ %, was man nach wie vor als Vollbeschäftigung interpretie- ren konnte.

[403] „... the stimulus provided by the Committee's policy easing actions would help guard against cumulative weakness in economic activity and would support the positive factors that seemed likely to promote recovery ..." BoG (Minute Jan 2001), S. 235.

[404] Vgl. Starbatty (2001), S. 14f.

[405] Vgl. z.B. Greenspan (2001c), S. 590, und BoG (Minute Jun 2001), S. 261.

[406] Vgl. Greenspan (2001b), S. 213.

"A rapid and sizable easing was made possible by reasonably well-anchored inflation expectations, which helped to keep underlying inflation at a modest rate, and by prospect that inflation would remain contained as resource utilization eased and energy prices backed down." Greenspan (2001c), S. 589.

Nach Ansicht einiger europäischer Währungshüter barg das expansive Vorgehen der Fed hingegen erhebliche Inflationsrisiken.[407] Sie argumentierten dabei, dass ein Großteil der monetären Impulse aufgrund der geldpolitischen Lags erst im Jahr 2002 wirksam werde. Zu diesem Zeitpunkt sei aber möglicherweise die Konjunkturflaute bereits überwunden, so dass monetäre Impulse obsolet wären. Das hohe Geldmengenwachstum (M2), das im Jahr 2001 in den USA auf über 10 % anschwoll, könnte dann einen Inflationsprozess anschieben. Durch die extrem expansive Geldpolitik setze die Fed schließlich ihre mühsam erworbene Reputation in der Inflationsbekämpfung aufs Spiel und riskiere steigende Inflationserwartungen. Bestätigt sahen sich diese Kritiker durch die im Frühjahr und Sommer leicht ansteigenden Kapitalmarktrenditen, was ihrer Meinung nach eine höhere Inflationsprämie widerspiegle.[408] Innerhalb des FOMC äußerten lediglich eine Minderheit (die beiden Fed-Präsidenten Hoenig und Poole) ähnliche Bedenken und warnten vor zu hohem Geldmengenwachstum, zu starken geldpolitischen Impulsen und der Gefahr steigender Inflationserwartungen. Sie konnten sich mit dieser Meinung aber nicht durchsetzen.[409]

Aus heutiger Sicht überzeugt die Kritik an der Fed-Politik – zu aktivistisch und inflationstreibend – eher nicht. Obwohl die USA vielleicht am härtesten vom Wirtschaftsabschwung getroffen wurde, lagen die realen Wachstumsraten im Jahr 2003 bereits wieder deutlich über dem Euroraum. Außerdem hat die Fed die Dramatik des Wachstumseinbruchs Anfang des Jahres 2001 offenbar besser abgeschätzt als z.B. die EZB, die noch lange Zeit von befriedigenden Wachstumsraten ausging (siehe Kapitel 6.2.2). Inzwischen (Mitte 2004) müssten die ersten geldpolitischen Impulse ihre volle Wirkung auf Output und Preisniveau entfaltet haben. Von einem Inflationsschub, wie er verschiedentlich befürchtet wurde, kann man jedoch nicht sprechen. Zwar sind die Inflationsraten im 1. Halbjahr 2004 leicht angestiegen, dies ist aber insbesondere auf die gestiegenen Ölpreise zurückzuführen. Die Fed hatte daher auch in ihrer Einschätzung der geringen Inflationsgefahr bisher Recht behalten.

Zusammenfassend kann man sagen, dass die energische Geldpolitik der Fed seit Januar 2001 vor allem mit drei Faktoren erklärbar ist: *Erstens* sah sich die Fed aufgrund ihres Mandats dazu verpflichtet, der Rezessionsgefahr massiv entgegenzutreten. Auch (zunächst noch) ansteigende Inflationsraten konnten sie davon nicht abhalten. *Zweitens* hatte die Fed ein recht hohes Vertrauen in die reale Wirksamkeit der Geldpolitik. Durch niedrige Zinsen wollte sie vor allem die Konsumnachfrage stabilisieren. *Drittens* war die Fed davon überzeugt, dass kaum ernsthafte Inflationsgefahren von ihrer expansiven Geldpolitik ausgingen. Sie vertraute auf stabile Inflationser-

---

[407] Dies wurde häufig mit der Ermahnung an die EZB verbunden, sich die Fed nicht als Vorbild zu nehmen, vgl. z.B. SVR (2001), Ziff. 339ff., Neumann (2001), S. 9f., und o.V. (2001g), S. 7f.

[408] „Der Zinsanstieg am längeren Ende der Fristigkeiten ist als Risikozuschlag zu bewerten. Den verlangen die Kapitalgeber, weil sie einen Inflationsanstieg befürchten ..." Barbier (2001b), S. 17.

[409] Vgl. BoG (Minute May, Jun, Dec 2001), S. 254f., 264, und 299. Unter Umständen hat diese Gruppe aber darauf hingewirkt, dass der Zinssenkungsprozess ab Juni in kleineren Schritten vollzogen wurde.

wartungen, anhaltend hohe Produktivitätsgewinne und preisdämpfende Effekte der sinkenden Ressourcenauslastung. Ein abschließendes Urteil zur Fed-Politik der letzten drei Jahre lässt sich noch nicht fällen. Die allmähliche Stabilisierung des Wirtschaftsgeschehens in den Jahren 2003/04 bei niedriger Inflation deutet aber zumindest darauf hin, dass der Fed keine größeren Fehler unterlaufen sind.

4.7.2.2 Die Deflationsdebatte

Ab Herbst 2002 nahm die Fed eine leichte Korrektur bei der Rechtfertigung ihrer anhaltend expansiven Geldpolitik vor. Ihre letzten beiden Zinssenkungen begründete sie zum Teil (November 2002) bzw. sogar primär (Juni 2003) mit Deflationsgefahren, während Wachstumsrisiken allmählich in den Hintergrund traten.[410] Europäische Notenbanker vertraten erneut – wie bereits zwei Jahre zuvor bei der Abschätzung der Rezessionsgefahr – eine andere Auffassung und sahen eher keine Deflationsgefahr.[411] Es stellt sich daher die Frage, wie akut das von der Fed ins Spiel gebrachte Deflationsrisiko tatsächlich war.[412]

Immerhin gibt selbst die Bank für Internationalen Zahlungsausgleich [BIZ (2003), S. 78)] zu, dass heutzutage in den meisten Industrieländern „eine einzige tiefe Rezession genügen könnte, um eine Deflation auszulösen." Dies liegt daran, dass viele Länder Ende der 90er Jahre Preisstabilität – also etwa 1-3 % Inflation – erreicht haben und eine Rezession durchaus das Potential besitzt, die Inflation um weitere zwei bis drei Prozentpunkte zu senken.[413] Auch der Fall Japan zeigte, dass die Deflationsdebatte aktuelle Relevanz besaß. Allerdings wurde gerade von der Fed darauf verwiesen, dass eine leichte Deflation in den USA vermutlich weniger gravierende Folgen hätte als in Japan. Amerikanische Banken, Unternehmen und Privathaushalte würden auf recht soliden Beinen stehen, so das mit massenhaften Bankenschieflagen und Unternehmenskonkursen bei einer milden Deflation nicht zu rechnen sei.[414] Das eigentliche Problem, dass der Fed auf den Nägel brannte, war die so genannten „Nullzinsgrenze". Da die Nominalzinsen nicht unter null Prozent sinken können, schränken niedrige oder sogar negative Inflationsraten den realen Zinssenkungsspielraum einer Notenbank beträchtlich ein. Bei Deflation ist es einer Notenbank z.B. nicht mehr möglich, einen negativen realen Tagesgeldzins zu erzeugen, ein Niveau, welches aber gerade in der letzten Konjunkturflaute von der Fed für notwendig erachtet wurde. Ein Blick auf die nominalen Fed Funds Rate im Frühjahr 2003 zeigt, dass diese mit 1,25 % nicht mehr weit von der Nulllinie entfernt waren und der geld-

---

[410] Vgl. BoG (Minute Sep, Nov 2002), S. 219, und S. 226.

[411] Vor allem Chefvolkswirt Issing sah keine Anzeichen von Deflation im Euroraum, vgl. o.V. (2003c). S. 8.

[412] Im Mai 2003 erreichte die Deflationsdebatte in den Industrieländern ihren Höhepunkt. Neben der Fed warnte insbesondere auch der IMF (2003) vor Deflationsgefahren. Dies erzeugte vehement Widerspruch von verschiedenen Institutionen und Ökonomen, vgl. z.B. Deutsche Bundesbank (2003), oder o.V. (2003b), S. 12.

[413] In den USA sank z.B. die Kerninflationsrate (CPI) im Zeitraum vom Beginn der Rezession Anfang 1991 bis zum Beginn des kräftigen Aufschwungs 1994 von 5 auf 3 %.

[414] "Fortunately, financial conditions in the United States today are sound, not fragile. Both households and firms have done excellent jobs during the past few years of restructuring and rationalizing their balance sheets. (...) Completing the picture, the U.S. banking system is highly profitable and well-capitalized ..." Bernanke (2003c).

politische Handlungsspielraum bei weiter sinkender Inflation bedrohlich schrumpfen würde. Wie brisant war diese Gefahr aber 2003?

Die Makro-Daten ergaben im Frühjahr 2003 folgendes Bild: Die Kerninflation lag je nach Preisindize bei 1¼ -1½ % und war damit seit 2001 um mehr als einen Prozentpunkt gefallen. Das reale Wachstum lag im ersten Quartal 2003 immerhin bei knapp 2 %. Für das künftige Wachstum war die Fed zuversichtlich gestimmt und ging für das Gesamtjahr 2003 von 3 % und für 2004 sogar von mit mindestens 4 % aus.[415] Angesichts dieses optimistischen Ausblicks und der Tatsache, dass die Inflation noch ein Stück von der Nulllinie entfernt war, sahen viele Marktbeobachter keine ernste Deflationsgefahr. Die US-Notenbank machte aber – vor allem in Gestalt von Gouverneur Bernanke (2003b) – deutlich, dass eine rückläufige Inflationsentwicklung im Jahr 2004 auch bei anziehender Konjunktur durchaus denkbar war. Wie man zu einem solchen Ergebnis gelangt, veranschaulicht eine einfache Phillips-Kurve. Die wesentlichen Faktoren, die dabei die weitere Inflationsentwicklung bestimmen sind: Inflationserwartungen (π^e), Angebotsschocks (ε) und die Beschäftigungslücke (u-u*).[416]

(4.2) $\pi_t = \pi_t^e - \alpha\,(u_t\text{-}u^*) + \varepsilon_t$ bzw. $\pi_t = \pi_t^e - 0{,}4\,(u_t\text{-}5) + \varepsilon_t$.

Vor allem die Beschäftigungslücke erzeugt in den USA seit 2001 Disinflationsdruck. Das geringe Wachstum 2001/2002 hat zu einer erheblichen Unterauslastung der Ressourcen geführt. Im Juni 2003 konnte man von einer negativen Beschäftigungslücke von ca. 1¼ Prozentpunkten ausgehen, da die Arbeitslosenrate bei 6¼ % lag und Schätzungen der US-NAIRU[417] heute bei ungefähr 5 % liegen. Unterstellt man des Weiteren einen Opferquotienten[418] (Kehrwert von α) von 2,5, dann würde diese negative Beschäftigungslüche die Inflationsrate c.p. in einem Jahr um 0,5 Prozentpunkte nach unten drücken.[419] Um Aussagen über die weitere Entwicklung der Beschäftigungslücke zu treffen, wird eine Okun-Gleichung herangezogen, wobei ein Okun-Koeffizient (o) von 0,4 und eine Wachstumsrate des Produktionspotentials ($\hat{Y}^*$) von 3 % unterstellt werden:[420]

(4.3) $u_t\text{-}u_{t\text{-}1} = \Delta u_t = -\,o\,(\hat{Y}_t - \hat{Y}^*)$ bzw. $\Delta u = -\,0{,}4\,(\hat{Y}_t - 3)$.

Da man im Laufe des Jahres 2003 mit anziehendem Wachstum (> 3 %) rechnete und 2004 ein reales Wachstum von 4 % unterstellte, würde die Arbeitslosenrate bis

---

[415] Die zentralen Tendenzen der Wachstumsprognosen der Fed lagen für 2003 bei 2½ - ¾ % und für 2004 bei 3¾ - 4¾ %, vgl. BoG (AR 2003), S. 3.

[416] Trotz aller Mängel der Phillips-Kurve basieren die meisten Inflationsprognosen im Kern auf einer entsprechenden Gleichung. So kommen Stock/Watson (1999) z.B. zum Ergebnis: "Inflation forecasts produced by the Phillips curve generally have been more accurate than forecasts based on other macroeconomic variables ..."

[417] Punktschätzungen der US-NAIRU lauten z.B. für das Jahr 2000 4,9 % [Ball/Mankiw (2002), S. 17], oder für 2004 5,1 % [OECD (EO 1/2004), S. 236] bzw. 5,2 % (CBO).

[418] Er gibt an, um wie viele Prozentpunkte die Arbeitslosenrate in einem Jahr ansteigen muss, um die Inflationsrate um einen Prozentpunkt zu senken.

[419] Die Fed-Staff ging Mitte der 90er Jahre von einem Opferquotienten dieser Größenordnung aus [vgl. z.B. FOMC (CP Chart 15). Mankiw [(2000), S. 412f.] errechnet für die Volcker-Disinflation einen Opferquotient von 1,4; Spahn [2000, S. 19] für die Jahre 1990-96 einen Quotienten von 2. Bernanke (2003b) unterstellt – offenbar aufgrund der bereits sehr niedrigen Inflation – einen etwas höhern Opferquotienten.

[420] Für $\hat{Y}^*$ liegt man damit eher am unteren Rand gängiger Schätzungen (siehe Kapitel 5.2).

Ende 2003 auf ca. 6 % und bis Ende 2004 auf 5,6 % absinken. Die negative Beschäftigungslücke würde für ein weiteres halbes Jahr mehr als 1,0 und im Jahr 2004 durchschnittliche 0,8 Prozentpunkte betragen. Daraus ergibt sich bis Dezember 2004 insgesamt ein Disinflationseffekt von ungefähr 0,5 Prozentpunkten. Bei einer Ausgangsrate von 1¼ % läge die Kerninflationsrate dann bei ca. 0,75 %. Von den anderen Faktoren, die laut Phillips-Kurve für die weitere Inflationsentwicklung relevant sind ging eher eine stabilisierende Wirkung auf die Inflation aus. Die privaten Inflationserwartungen erweisen sich in den vergangenen Jahren als recht stabil und lagen Mitte 2003 bei ungefähr 2 % (siehe Kapitel 5.4.1). Außerdem sorgte eine Dollarabwertung für gewissen Inflationsdruck nach oben. Da man aber hinsichtlich der weiteren Wechselkursentwicklung keine präzisen Aussagen machen konnte, war eine Inflationsprognose von 1 % für Ende 2004 durchaus realistisch. Musste dies aber die Fed bereits so in Unruhe versetzen, dass eine weitere Zinssenkung Mitte 2003 unumgänglich war?

Greenspan (2003b) wies zur Erklärung der Zinsentscheidung im Juni 2003 explizit auf den „Risiko Management"-Ansatz hin, den die Fed praktiziere. Hätte man für die Entscheidung allein die wahrscheinlichste Prognose für das Jahr 2004 herangezogen, wäre es wohl zu keiner Zinssenkung gekommen, da ein reales Wachstum von ca. 4 % und eine Inflationsrate von 1 % im Einklang mit den Zielen der US-Notenbank standen. Die Fed betrachtet bei ihren Entscheidungen jedoch nicht nur den plausibelsten ökonomischen Entwicklungspfad, sondern immer auch alternative Risikoszenarien sowie deren Eintrittswahrscheinlichkeit und volkswirtschaftlichen Kosten.[421] Ein mögliches ungünstiges Szenario für das Jahr 2004 war, dass die US-Wirtschaft erneut von einem negativen Schock getroffen wurde und der erhoffte Aufschwung ausblieb.[422] In diesem Fall würde sich die Beschäftigungslücke ausdehnen, woraus sich noch stärkerer Disinflationsdruck und eine Inflationsrate von deutlich unter 1 % ergeben würde. Dieses Szenario wollte die Fed unbedingt vermeiden und senkte daher vorsichtshalber und gegen die Ratio, die der wahrscheinlichste Fall nahe legte, die Zinsen:

"These considerations have inclined Federal Reserve policymakers toward policies that limit the risk of deflation even though the baseline forecasts from most conventional models would not project such an event." Greenspan (2003b), S. 2f.

Für diese „Sicherheitsmaßnahme" zahlte die Fed eine „Versicherungsprämie" in Form eines höheren Inflationsrisikos.[423] Würde der Aufschwung nämlich kräftiger ausfallen als erwartet, musste man mit einer baldigen Schließung der negativen Outputlücke und leicht steigender Inflation rechnen. Dieses mögliche Ergebnis schien

---

[421] „... a central bank seeking to maximize its probability of achieving its goals is driven ... to a risk-management approach to policy. By this I mean that policymakers need to consider not only the most likely future path for the economy but also the distribution of possible outcomes about that path." Greenspan (2003b), S. 2.

[422] "If the recovery is significantly weaker than we hope ... the greater level and persistence of economic slack could intensify disinflationary pressures at an inopportune time." Bernanke (2003b). Greenspan bezeichnete in seinem Kongressbericht im Juli 2003 als spezielle „downside risks" der konjunkturellen Entwicklung die Gefahr steigender Öl- und Gaspreise sowie einer sehr schwachen Auslandsnachfrage (insbesondere aus Japan und Deutschland), vgl. Greenspan (2003a).

[423] Die Termini „insurance" und „premium of insurance" werden von Greenspan [(2003b), S. 3] explizit verwendet.

der Fed angesichts des niedrigen Ausgangsniveaus an Inflation aber vergleichsweise unbedenklich.

Eine Fed-Studie [Ahearne et al. (2002)], welche mögliche Lehren aus der Japan-Krise für die US-Geldpolitik untersuchte, unterstützt das Vorgehen des FOMC. Die wichtigsten Ergebnisse dieser Studie waren, dass

1. die Deflation in Japan weder von japanischen noch US-amerikanischen Ökonomen antizipiert wurde,
2. die Bank of Japan (BoJ) „downside risks" bei ihren Inflations- und Wachstumsprognosen zu wenig ernst genommen hat,
3. die BoJ daher auch zu wenig aggressiv und zu spät ihre Zinsen gesenkt hat.

Um die Fehler der BoJ zu vermeiden, wurde der Fed in Anbetracht des potentiellen Deflationsrisiko empfohlen, die Notenbankzinsen schneller und stärker als bei einem „normalen" Konjunkturabschwung zu senken. Diesem Ratschlag ist die Fed mit der Reduktion der Fed Funds Rate auf das Rekordtief von 1,0 % strikt gefolgt.[424] Der Nachteil dieser Strategie ist allerdings, dass die Öffentlichkeit irgendwann in Besorgnis über den geldpolitischen Handlungsspielraum der Fed geraten könnte. Um dem vorzubeugen, machte die Fed zwei Ankündigungen, mit denen sie ein Umfeld niedriger langfristiger Zinsen erzeugen wollte:

- Zum einen ließ sie verlauten, dass ihr neben Zinssenkungen auch „unkonventionelle" Möglichkeiten zur Verfügung stünden, um die Wirtschaft anzukurbeln. Insbesondere versicherte sie, dass sie notfalls öffentliche Anleihen direkt am Markt kaufen werde, um damit die langfristigen Kapitalmarktzinsen niedrig zu halten.[425]
- Zum anderen gab die Fed Mitte 2003 das Versprechen ab, die Fed Funds Rate für „eine beträchtliche Zeit" [FOMC (PS August)] auf dem derzeit niedrigen Niveau zu belassen und zwar selbst dann, wenn der Wirtschaftsaufschwung an Fahrt gewinnen sollte.[426] Mit dieser Ankündigung einer langfristigen Niedrigzinspolitik wollte die Fed sowohl mäßigend auf die Kapitalmarktzinsen einwirken[427] als auch die Inflationserwartungen stabilisieren. Beides zusammengenommen würde für rückläufige langfristige *Real*zinsen sorgen und dadurch der Investitionsnachfrage zusätzliche Impulse verleihen.[428]

---

[424] Greenspan (2003a) deutete sogar an, dass man die Zinsen notfalls auf Null Prozent senken werde: "... with the target funds rate at 1 percent, substantial further conventional easings could be implemented if the FOMC judged such policy actions warranted."

[425] Fed-Gouverneur Bernanke (2002b) wies darauf hin, dass es der Fed in den 1940er Jahre gelungen sei, eine Zinsobergrenze für 2-jährige Treasuries zu fixieren, obwohl sie weniger als 10 % der umlaufenden Staatspapiere besaß. Daneben könnte die Fed auch versuchen, private Kreditzinsen zu deckeln, in dem sie z.B. Diskontkredite (gegen kurzfristige Unternehmensanleihen als Sicherheit) zu Null Prozent an Banken gewährt. Auch eine Dollarabwertung würde gemäß Bernanke eine zusätzliche Möglichkeit der geldpolitischen Lockerung darstellen. Das FOMC selbst diskutierte „at length" auf ihrem Juni-Treffen über alternative Methoden der geldpolitischen Stimulierung, ohne Details hierüber zu veröffentlichen, vgl. BoG (Minute Jun 2003).

[426] Greenspan (2003a) kündigte dies erstmals im Juli an: "The FOMC stands prepared to maintain a highly accommodative stance of policy as long as needed to promote satisfactory economic performance."

[427] Diese Überlegung basiert auf der Erwartungstheorie der Zinsstruktur (siehe Kapitel 2.2.11).

[428] Die Fed-Politik folgt damit den Empfehlungen von Eggertson/Woodford (2003). Diese kommen im Rahmen eines intertemporalen Gleichgewichtsmodells zum Ergebnis, dass es für die Befreiung aus einer Liquiditätsfalle entscheidend darauf ankommt, welche Erwartungen die Öffentlichkeit ü-

Zunächst war die Fed mit ihrer Strategie erfolgreich. Die Deflationsproblematik wurde in der Öffentlichkeit ernst genommen und die Zinsen 10-jähriger Treasuries sanken auf 3 %. Im Juli-Kongressbericht gab Greenspan aber nach Meinung der Finanz-märkte einen sehr optimistischen Wirtschaftsausblick, während er Deflationsgefahren kaum noch erwähnte. Dieser positive Ausblick und einige günstige Wirtschaftsnach-richten über den Sommer führten zu einer Verkaufswelle an den Anleihemärkten und einem Anstieg der Renditen 10-jähriger Treasuries auf 4,5 %. Die Kapitalmarktbaisse war für einige Fed-Watcher Anlass, die Politik der Fed heftig zu kritisieren, wobei man zwei Ebenen der Kritik unterscheiden konnte:

- Einige Marktteilnehmer warfen der Fed vor, dass sie ihre Strategie der langfristi-gen Niedrigzinspolitik nicht glaubwürdig vermitteln konnte.[429] Zur Verbesserung der Fed-Kommunikation wurde insbesondere ein quantitatives Inflationsziel emp-fohlen. Damit hätte die Fed deutlich machen können, dass sie so lange die Zin-sen niedrig halten würde, wie ihre Inflationsprognose das Ziel unterschreite.

- Teilweise war der Anstieg der Kapitalmarktzinsen aber auch Anlass für eine grundsätzlichere Kritik. Das Deflationsgespenst, welches die Fed verbreite, war nach dieser Meinung nur der Deckmantel zur Rechtfertigung einer gefährlich ex-pansiven Geldpolitik, die einzig darauf ausgerichtet sei, die Konjunktur zu för-dern.[430] Die Fed habe damit einen bedenklichen Schwenk vollzogen: Weg von einer auf Preisstabilität ausgerichteten Politik, hin zu einer Geldpolitik, welche die Inflation schüre.[431] Dass die Fed eine „inflationäre" Geldpolitik betreibe, zeige sowohl ihre Ankündigung, die Zinsen auch bei einem klar ersichtlichen Auf-schwung niedrig zu halten,[432] als auch das kräftige Geldmengenwachstum, wel-ches die Fed zulasse.[433] Wie bereits Ende der 90er Jahre laufe die US-Notenbank Gefahr durch diese Überschussliquidität, einen Bubble am Akti-enmarkt zu provozieren.[434] Im Ergebnis mündet diese Kritik in zwei Forderung an die Fed: Mehr Regelbindung und weniger Konjunktursteuerung.[435]

---

ber die Geldpolitik in der Zeitphase nach dem Ende der Liquiditätsfalle – also wenn der der gleich-gewichtige Realzins wieder positiv ist – bildet. Die Notenbank muss glaubwürdig vermitteln können, dass sie die Zinsen auch noch für eine gewisse Zeitperiode nach der Liquiditätsfalle niedrig halten wird. Hierdurch erzeugt sie die Erwartung auf einen zukünftigen inflationären Boom, was während der Liquiditätsfalle für positive Inflationserwartungen und sinkende langfristige Zinsen sorgen soll.

[429] „... der Warnung von Alan Greenspan und seinen Kollegen vor deflationären Gefahren wurde in dem Moment kein Glaube mehr geschenkt, als sie begannen, Konjunkturoptimismus zu verbrei-ten." Zeise (2003), S. 18. Vgl. auch Tigges (2003b), S. 11, oder Ruhkamp (2003), S. 9.

[430] Greenspan wird dabei als eitler Notenbanker charakterisiert, der mit aller Macht beweisen wolle, dass er die US-Wirtschaft aus jeder Krise befreien könnte, vgl. Persaud (2003), S. 16.

[431] „Die Märkte haben ... begriffen, dass die Federal Reserve auf dem besten Wege ist, zu einer Poli-tik zurückzukehren, die seit gut zwei Jahrzehnten als untauglich und sogar gefährlich gilt: der Infla-tionierung der Wirtschaft in der Hoffnung, Wachstum zu generieren." Tigges (2003a), S. 11.

[432] Die Fed laufe dabei Gefahr, die gleichen Fehler zu begehen wie in den 70er Jahren, als man auch so lange mit Zinserhöhungen gewartet hatte, bis die Inflation bereits wieder im Ansteigen begriffen war. Die Folge aus einer solchen Politik könnte Stagflation sein, vgl. Persaud (2003), S. 16.

[433] „Die als Folge der Niedrigzinspolitik der Fed umlaufende Geldmenge wird immer größer und schürt auf Dauer die Inflation." Tigges (2003a), S. 11. Im ersten Halbjahr 2003 wuchs die Geldmenge M2 mit mehr als 8 %. Bei niedrigen Zinssätzen ist es aber keineswegs ungewöhnlich, dass mehr Geld in liquiden Anlagen gehalten wird, da die Opportunitätskosten der Kassenhaltung abnehmen. Die Fed führte zur Begründung des raschen M2-Wachstums außerdem einige Sonderfaktoren an. Vgl. BoG (AR 2003), S. 23f.

[434] Vgl. Polleit (2003), S. 8, und Belke/Polleit (2003), S. 5.

[435] Vgl. Tigges (2003a), S. 11, Belke/Polleit (2003), S. 5, und Persaud (2003), S. 16.

Die Beurteilung der Fed-Politik hängt entscheidend davon ab, wie plausibel man ihre Diagnose einer Deflationsgefahr ansieht.[436] Hält man die Einschätzung der US-Notenbank für vertretbar, dann ist es sogar sinnvoll, dass die Inflationserwartungen und das Geldmengenwachstum zulegten, denn nur auf diese Weise konnte das Risiko weiter sinkender Preise minimiert werden. Man könnte die Fed-Politik des Jahres 2003 sogar als Anschauungsbeispiel für eine bemerkenswert flexible Geldpolitik ansehen. Die Fed hätte demnach – im Gegensatz zur EZB – erkannt, dass sich die Ausgangslage dieser Rezession von früheren Krisen unterscheidet, da Ende 2000 bereits Preisstabilität gegeben war. Ein weiterer Rückgang der Inflation war daher gefährlicher als ein Inflationsanstieg. Das Reaktionsmuster der Geldpolitik musste sich an dieses geänderte Umfeld anpassen.

Resümierend kann festgehalten werden, dass die Fed ihre expansive Politik 2003 fortsetzte, diese aber weniger mit Wachstumsrisiken, sondern mit Deflationsgefahren rechtfertigte. Letztere resultierte ihrer Meinung nach vor allem aus der negativen Beschäftigungslücke, die auch bei anziehender Konjunktur noch eine Weile anhalten und für Disinflationsdruck sorgen würde. Obwohl die Fed die Eintrittswahrscheinlichkeit einer Deflation insgesamt für gering hielt, entschied sie sich dafür, vorbeugende Maßnahmen zu ergreifen, selbst auf die Gefahr hin, dadurch ein gewisses Inflationsrisiko hervorzurufen. Bei der Abwägung der Kosten, die aus Inflation bzw. Deflation resultieren könnten, erschienen ihr die Deflationskosten als wesentlich bedeutsamer. Zur Absicherung ihrer Anti-Deflationsstrategie kündigte die Fed außerdem eine langfristige Niedrigzinspolitik an, was allerdings in Anbetracht der Finanzmarktreaktionen (steigende Kapitalmarktzinsen) nicht ganz glaubwürdig gelang.

4.7.2.3 Befindet sich die Fed 2004 in einer Zinsfalle?

Nach Überwindung der Deflationsgefahr sah sich die Fed Anfang 2004 einer Situation gegenüber, die derjenigen vor 10 Jahren ähnelte. In beiden Fällen – Anfang 1994 und 2004 – ging die Fed davon aus, dass sich der Aufschwung gefestigt hatte und keiner geldpolitischen Unterstützung mehr bedurfte. Die Fed musste daher den Übergang von einer sehr akkommodierenden (realen Fed Funds Rate < 0) zu einer neutralen Geldpolitik bewerkstelligen. Im Jahr 2004 wollte die Fed jedoch ähnlich heftige Rentenmarktraktionen wie 1994 vermeiden (vgl. Kapitel 4.4.2.4). Erwünscht war ein moderater Anstieg der langfristigen Zinsen, der die Wirtschaftsdynamik nur leicht abdämpft. Die Voraussetzungen für ein solches Szenario waren günstig, denn die Fed hatte zwischenzeitlich ihre Kommunikationsstrategie verbessert. Im Gegensatz zu 1994 wurden die Finanzmärkte schrittweise auf die Zinswende vorbereitet, was die Presseerklärungen zwischen Dezember 2003 und Mai 2004 verdeutlichen:
* Dezember 2003: "... the Committee believes that policy accommodation can be maintained for a considerable period." FOMC (PS December 2003).

---

[436] Die Fed-Ökonomen Bauer et al. (2004) kommen in einer Analyse der amerikanischen Inflationsentwicklung zwischen November 2001 und Dezember 2003 zum Ergebnis, dass sich der Rückgang der Kerninflationsrate vorwiegend mit zwei Komponenten erklären lässt: Den Mietpreisen (die weniger stark anstiegen) und den Preisen für Gebrauchtwagen (die stark rückläufig waren). Beide Preiskomponenten würden 2/3 des Rückgangs der Kerninflationsrate um 1,6 Prozentpunkte erklären. Da man also offenbar nicht von einem breit angelegten Preisrückgang sprechen konnte, waren die Deflationssorgen ihrer Ansicht nach etwas übertrieben.

- März 2004: "... the Committee believes that it can be patient in removing its policy accommodation." FOMC (PS March 2004).
- Mai 2004: "... the Committee believes that the policy accommodation can be removed at a pace that is likely to be measured." FOMC (PS Mai 2004).

Abb. 4.44: Marktreaktionen auf Zinswende 2004

Datenquelle: BoG.

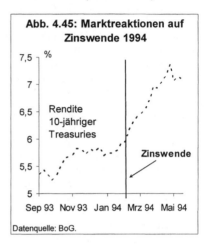

Abb. 4.45: Marktreaktionen auf Zinswende 1994

Datenquelle: BoG.

Die Fed sprach also zunächst davon, dass sie ihre Niedrigzinspolitik noch eine „beträchtliche" Zeitperiode aufrechterhalten werde, kündigte in einem zweiten Schritt an, dass ihr Verhalten durch „geduldiges" Abwarten geprägt ist und bemerkte schließlich, dass sie die Zinswende „maßvoll" einleiten werde. Im Unterschied zu 1994 – als die Fed erst damit begann, Presseerklärungen nach Offenmarktsitzungen zu veröffentlichen – waren die Finanzmärkte im Jahr 2004 in der Interpretation solcher Äußerungen geübt. Im Mai war daher absehbar, dass eine Zinswende bevorstand und dass sie vermutlich vorsichtig eingeleitet würde. Die Erhöhung des Fed Funds Rate Target von 1,0 auf 1,25 % Ende Juni löste daher keine spektakulären Marktreaktionen aus.

Wie Abb. 4.44 zeigt, haben die Kapitalmärkte bereits im April/Mai 2004 einen Teil der anstehenden Zinsrestriktion vor-

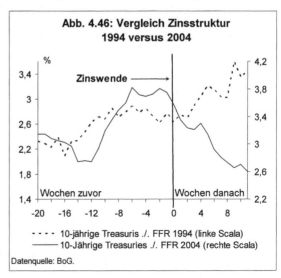

Abb. 4.46: Vergleich Zinsstruktur 1994 versus 2004

- - - - 10-jährige Treasuris ./. FFR 1994 (linke Scala)
———— 10-Jährige Treasuries ./. FFR 2004 (rechte Scala)

Datenquelle: BoG.

weggenommen. Nach dem Zinsentscheid Ende Juni 2004 sanken die Renditen 10-ähriger Treasuries sogar. Ganz anderes sahen die Reaktionen 1994 aus (siehe Abb. 4.45). Eine Vorwegnahme der Zinserhöhungen fand nicht statt, dafür reagierten die Rentenmärkte in den ersten Wochen nach Beginn der Zinswende im Februar 1994 ziemlich heftig. Während sich die Zinsstrukturkurve 1994 also versteifte, flachte sie 2004 ab (vgl. Abb. 4.46). Bis zum September 2004 ist es daher der Fed gelungen, die Zinswende in der gewünschten ruhigen eise durchzuführen.

Abb. 4.47: Verschuldung der Privat-haushalte in den USA 1984-2004	Abb. 4.48: Nettovermögen der Privat-haushalte in den USA 1984-2004

Datenquelle: BoG (Balance Sheet Data, FoF), BEA.

Datenquelle: BoG (Balance Sheet Data, FoF), BEA.

Wenn die Fed ihren Zinserhöhungszyklus wie geplant fortsetzt, ist jedoch ein deutlicher Anstieg der langfristigen Kapitalmarktzinsen unvermeidlich. Um einen neutralen Kurs zu erreichen, muss die Fed die Zielrate der Fed Funds Rate, um insgesamt ca. 300 Basispunkte auf 4 % anheben (Inflationsziel = 2 %, realer Gleichgewichtszins = 2 %). Unterstellt man eine weiterhin normale Zinsstruktur, werden die Renditen langfristiger Treasuries als Folge hiervon auf über 5 % klettern.[437] Einige Ökonomen [vgl. z.B. Illing (2004)] befürchten, dass ein solcher Zinsschock schwerwiegende Folgen für die Konjunkturentwicklung haben und insbesondere die Konsumnachfrage nachhaltig schwächen könnte. Letzteres sei insbesondere deshalb der Fall, weil die Privathaushalte in den vergangen Jahren einen beachtlichen Teil ihrer Konsumnachfrage – angeregt durch die Niedrigzinspolitik der Fed – auf Pump finanziert hätten. Vor allem günstige Hypothekendarlehen wurden zum Teil dazu verwendet, um zusätzliche Konsumausgaben zu bestreiten.[438] Aus den Daten wird ein Anstieg der Gesamt-

---

[437] So lange die Marktteilnehmer mit einer Fortsetzung des Aufschwungs rechnen, ist es plausibel, von einer normalen Zinsstruktur auszugehen. Der Zinsspread zwischen kurz- und langfristigen Zinsen, der Mitte 2004 über 2,5 Prozentpunkte betrug, wird sich bei steigenden Zinsen aber vermutlich etwas abschwächen. Die OECD [(EO 1/2004), S. 43] rechnet 2005 mit einem langfristigen Zins von 5,3 % (bei einem kurzfristiger Zins von 3 %), Krugman [(2004), S. 16] prognostiziert sogar einem Anstieg auf 7 % (= langfristiger Durchschnitt).

[438] Es ist in den USA nicht unüblich, einen Teil des Hypothekendarlehens für andere Zwecke als die Immobilie zu verwenden. Dies geschieht vor allem dann, wenn die Immobilie im Wert gestiegen ist und ein zusätzlicher Kredit auf diese nicht realisierten Kapitalgewinne aufgenommen wird. Diese so

verbindlichkeiten der Privathaushalte sowohl in Relation zum BIP (auf 85 % 2003) als auch im Verhältnis zum verfügbaren Einkommen (auf 117 % 2003) in den letzten Jahren ersichtlich (siehe Abb. 4.47).[439] Die Schuldendienstquote der Privathaushalte blieb zwar aufgrund des niedrigen Zinsniveaus noch vergleichsweise moderat, dies könnte sich aber nach Meinung der Kritiker der Fed-Politik ändern, sobald die Zinsen massiv ansteigen würden. Die Fed hat sich dieser Ansicht zufolge mit ihrer Niedrig-zinspolitik in eine Zinsfalle begeben. Sie könne die Zinsen gar nicht kräftig erhöhen, da sie damit die Konjunktur abwürgen würde.[440]

Andere [vgl. z.B. McConnell et al. (2004), und Greenspan (2004c)] sehen die Lage weniger dramatisch. Sie weisen darauf hin, dass man nicht nur die Schulden-, son-dern auch die Vermögenssituation der Haushalte beachten sollte. Wie Abb. 4.48 zeigt, hat sich die Nettovermögensposition der Haushalte nach dem Börsen-Crash 2001/02 deutlich erholt. Die Relation von Nettovermögen zu verfügbarem Einkom-men deutet auf keinen übermäßigen „finanziellen Stress" der Haushalte hin.[441] Au-ßerdem wird darauf verwiesen, dass sich der Zinsanstieg zwar negativ auf die Kon-sumnachfrage auswirke, dem stünden aber kompensierende Faktoren (u.a. Beschäf-tigungsaufbau) in einer beginnenden Boomphase gegenüber.

4.7.2.4 Resümee der Fed-Politik 2001- (Mitte) 2004

Die beiden unteren Abbildungen (Abb. 4.49/4.50) machen das Ausmaß der geldpoli-tischen Stimulierung in den Jahren 2001-(Mitte) 2004 deutlich. Gemessen an der Kerninflation senkte die Fed den realen Tagesgeldsatz innerhalb eines Jahres (No-vember 2000 – November 2001) um 5 Prozentpunkte (von +4 auf -1 %). Über fast drei Jahre – und damit länger als im Anschluss an die letzte Rezession – wurde ein negatives Realzinsniveau aufrechterhalten. Auch der Vergleich mit der Taylor-Regel macht den ausgeprägten Expansionsgrad der Fed-Politik deutlich. Die Fed Funds Rate lag zum Teil über zwei Prozentpunkte unter einem Taylor-Zins mit moderaten Spezifikationsannahmen (Realzins und Inflationsziel 2,5 %, gleiche Gewichtung der Output- und Inflationslücke). Selbst eine sehr outputorientierte Taylor-Regel (hier als Regel 2 bezeichnet) mit einer doppelt so hohen Gewichtung der Outputlücke hätte zumindest Anfang 2001 eine höhere Fed Funds Rate empfohlen.

Spiegelt sich in dieser Geldpolitik eine extreme Konjunkturorientierung oder die fle-xible Reaktion auf eine Sondersituation wider? Nicht wenige Ökonomen befürchten, dass die Fed mit ihrer Politik eine „Reflationierung" der Wirtschaft – insbesondere im Bereich der Vermögenspreise – eingeleitet habe. Für das mutige Vorgehen der Fed

---

genannten „home equity withdrawels" sind 2001-2003 kräftig gewachsen, vgl. z.B. McConnell et al. (2003).

[439] Den Löwenanteil (ca. 90 %) der Gesamtverbindlichkeiten der Privathaushalte machen Hypotheken-und Konsumentenkredite aus, vgl. BoG (Flow of Funds Accounts, Balance Sheet Data).

[440] Da gerade viele Hypothekenschuldner Festzinsdarlehen abgeschlossen haben, sind sie bis zum Auslaufen der Zinsbindung gegenüber dem Zinsänderungsrisiko abgesichert. Das Risiko tragen dann aber die Banken. Es ist fraglich, ob diese hierfür eine ausreichende Risikomarge kalkuliert haben. Teilweise wurde das Zinsänderungsrisiko durch Kreditverbriefung weitergeleitet und breit gestreut, vgl. Illing (2004), S. 35f.

[441] Die Angaben zum Nettovermögen wurden aus den „flow of funds accounts" des BoG entnommen. Es ergibt sich aus der Differenz der „assets" und „liabilities" der Privathaushalte.

spricht wiederum die Vielzahl von negativen Nachfrageschocks der letzten Jahre sowie die schwache Investitionsnachfrage als Folge der extrem niedrigen Kapazitätsauslastung oder das Problem der Deflation, das erstmals seit längerer Zeit wider akut
zu werden drohte. Eine abschließende Bewertung der Fed-Politik der letzten Jahre
ist zum jetzigen Zeitpunkt (Mitte 2004) verfrüht.

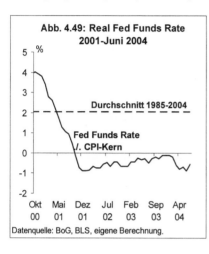

Abb. 4.49: Real Fed Funds Rate 2001-Juni 2004

Datenquelle: BoG, BLS, eigene Berechnung.

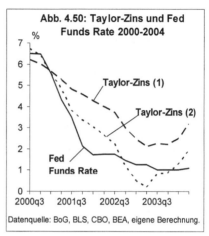

Abb. 4.50: Taylor-Zins und Fed Funds Rate 2000-2004

Datenquelle: BoG, BLS, CBO, BEA, eigene Berechnung.

4.8   Ein erstes Fazit zur Geldpolitik der Greenspan-Ära

Die Greenspan-Ära lässt sich durch vier Zinserhöhungszyklen (3/1988-2/1989,
2/1994-2/1995, 6/1999-5/2000, seit 6/2004) und drei Zinssenkungsphasen (7/1990-
9/1992, 7/1995-1/1996, 1/2001-6/2003) beschreiben.[442] Deren gemeinsame Merkmale und Unterschiede sollen die Grundlage des abschließenden Überblicks bilden. Alle
Zinserhöhungszyklen der Greenspan-Ära waren (bzw. sind) darauf ausgerichtet, eine
boomende Ökonomie abzukühlen und auf einen langfristig stabilen Wachstumspfad
zu führen. Bei der Durchführung der Restriktionspolitik setzte sich jeweils der Teil
des Offenmarktausschusses durch, der für eine graduelle Vorgehensweise plädierte.[443] Alle Zinssteigerungsphasen wurden daher mit kleinen Trippelschritten eingeleitet.[444] Dies geschah zum einen, um die Finanzmärkte nicht zu verunsichern. Zum
anderen wollte man aber auch auf keinen Fall ein abruptes Ende des Aufschwungs
herbeiführen. Die Zinssteuerung wurde in starkem Maße von der konjunkturellen
Entwicklung geprägt. Die neu eingehenden Konjunkturnachrichten in den 6-8 Wochen zwischen den Offenmarktsitzungen bestimmten jeweils den nächsten Zins-

---

[442] Die kurze Zinssenkung auf die Finanzmarktkrise 1998 wird als Sonderfall gewertet. Die Zeit von
1996-1998 könnte man als eine fünfte Zinserhöhungsphase einordnen, da zumindest die Realzinsen angestiegen sind.
[443] Sowohl 1988, 1994, 1999 und wohl auch zu Beginn der jüngsten Zinserhöhungsphase gab es Offenmarktmitglieder, die sich für kräftigere Zinsschritte aussprachen.
[444] Im April 1988 von 6½ auf 6¾ %, im Februar 1994 von 3 auf 3¼ %, Im Juni 1999 von 4¾ auf 5 %,
Im Juni 2004 von 1 auf 1¼ %. Außerdem könnte man auch noch die einmalige Zinserhöhung im
März 1997 von 5¼ auf 5½ % hinzurechnen.

schritt. Deuteten die Daten auf eine konjunkturelle Beruhigung hin, wurde eine Zinspause eingelegt, hatte das FOMC hingegen den Eindruck einer unverminderten Dynamik, wurde der Zinserhöhungsprozess vorsichtig fortgesetzt. Charakteristisch war dabei, dass der Offenmarktausschuss die Wirtschaftsdynamik anfangs (1988, 1994, 1999) jeweils unterschätzte und die Zinspolitik dementsprechend der tatsächlichen ökonomischen Entwicklung hinterherhinkte.[445] Dies führte meist dazu, dass man den Zinserhöhungsprozess im Laufe der Zeit forcierte und am Ende die Wachstumsdynamik überschätzte. Den Abschluss der Restriktionsphasen bildeten jeweils Zinsschritte um 50 Basispunkte (Februar 1989, Februar 1995, Mai 2000), die sich im Nachhinein als übertrieben herausstellen sollten. Zwei der vier Zinserhöhungszyklen – 1988, 1999 – wurden zu einem Zeitpunkt eingeleitet, als sich bereits eine positive Outputlücke gebildet hatte.[446] Diese „verspätete" Reaktion lässt sich zum Teil damit erklären, dass diesen Restriktionsphasen unmittelbar eine Finanzmarktkrise vorausging (Oktober 1987, Herbst 1998), welche die Fed dazu veranlasste, entgegen ihren eigentlichen Intentionen, expansiv zu agieren.[447] Die Finanzmarktkrisen konnten hierdurch zwar überwunden werden, die zusätzlichen geldpolitischen Impulse legten aber dem anschließenden Restriktionskurs eine zusätzliche Bürde auf. Die Art und Weise wie der Beginn eines Zinserhöhungszykluses kommuniziert wurde, änderte sich ebenfalls im Laufe der Zeit. 1988 wurden die ersten Zinsschritte „lautlos" vollzogen, 1994 wurde der Beginn der Zinswende öffentlich bekannt gegeben, 1999 wurde bereits im Vorfeld die Möglichkeit einer Zinswende angedeutet und 2004 wurden die Öffentlichkeit über mehrere Monate auf die erste Zinserhöhung vorbereitet.

Die Art und Weise der Zinssteuerung war bei fallenden Zinsen kaum anders als bei steigenden Zinsen (graduelles Vorgehen, Übersteuerungsproblematik, starke Konjunkturorientierung). Die drei Zinssenkungsphasen waren darauf ausgerichtet, eine Konjunkturkrise abzuwenden bzw. rasch zu überwinden. Während einer Expansionsphase griff die Fed immer dann zu besonderen Maßnahmen, wenn aus ihrer Sicht die Gefahr eines zweiten Wachstumseinbruchs drohte, welcher die ohnehin fragile Wirtschaftslage zusätzlich belasten würde. In solchen Situation senkte die Fed jeweils deutlich und stärker als allgemein erwartet die Zinsen, womit sie auch ein psychologisches Signal nach außen senden wollte. Dies geschah z.B. im Dezember 1991, im September 2001 oder im November 2002.

Vergleicht man die Reaktionen auf die beiden Rezessionen im Jahr 1990/1991 bzw. 2001, kann man Gemeinsamkeiten und Unterschiede erkennen. In beiden Fällen begründete die Fed das außergewöhnliche Ausmaß und die lang anhaltende Dauer der Niedrigzinspolitik mit Sonderfaktoren. In der ersten Rezession war dies der „credit crunch" und in der zweiten Rezession die Deflationsgefahr. Unmittelbar vor Beginn beider Rezessionen traten jeweils Ölpreisschocks auf, welche die Teuerungsrate nach oben trieben. Diese Preisschübe hielten die Fed aber nicht von ihrer Expan-

---

[445] 1988 rechnete man z.B. bereits im Herbst 1988 bei 8¼ % mit dem Ende der Zinserhöhungen. 1994 ging man anfangs davon aus, dass eine Zinserhöhung um 150 (und nicht 300) Basispunkte ausreichen würde.

[446] Die Kerninflation wies aber nur 1988 leicht ansteigende Tendenz auf. 1999 und 1994 war sie rückläufig, 2004 bewegte sie sich auf sehr niedrigem Niveau (< 2 %).

[447] 1987 befand sich die Fed bereits auf einem Restriktionskurs und 1998 wären vermutlich ohne die Asien- und Russlandkrise die Zinsen angehoben worden.

sionsstrategie ab. Im Unterschied zu 1990/1991 führte die Fed jedoch die Zinsmaßnahmen 2001 in größeren Schritten und in rascherer Abfolge durch und erreichte ein noch tieferes kurzfristiges Realzinsniveau. Der wesentliche Faktor war hierbei, dass der Wachstumseinbruch 2001 abrupter erfolgte. Ein anderer Erklärungsgrund könnte jedoch darin bestehen, dass die Fed im Laufe der 1990er Reputationskapital aufgebaut hat und daher 2001 nicht befürchten musste, dass rasche Zinssenkungen steigende Inflationserwartungen auslösen würden.[448] Für diese These eines allmählichen Reputationsgewinns der Fed während der Greenspan-Ära sprechen noch andere Beobachtungen. So war die Fed 1994 im Gegensatz zu 1996-1998 noch nicht bereit, ein Unterschreiten der damals gängigen NAIRU-Schätzung von 6 % hinzunehmen, obwohl es bereits 1994 Stimmen gab, die auf ein abnehmendes Inflationsrisiko im Globalisierungszeitalter hinweisen. Man könnte sogar argumentieren, dass der „preemptive strike" von 1994 zusammen mit der Restriktionspolitik der Jahre 1988/1989 eine Investition in Reputationskapital darstellten, die Greenspan und die Fed später nutzen konnten, um sich auf die keineswegs risikolose Strategie des „watchful waiting" einzulassen.

---

[448] 1991/1992 war die Fed besonders darum besorgt, dass die Kapitalmarktzinsen nicht ansteigen sollten.

5 Die Fed-Strategie der Greenspan-Ära

5.1 Die Ziele der Federal Reserve

5.1.1 Das „duale" Mandat der Federal Reserve

Nachdem die praktische Geldpolitik der Fed ausführlich diskutiert wurde, geht es im Weiteren darum, das grundsätzliche strategische Konzept der Federal Reserve zu charakterisieren und einzuordnen sowie Abgrenzungen zu anderen strategischen Konzepten vorzunehmen. Dabei soll auch die Frage beantwortet werden, inwieweit die derzeitige Fed-Strategie den modernen Ansprüchen an Transparenz und Glaubwürdigkeit genüge leistet.

Die Basis jeder geldpolitischen Strategie bilden zunächst die Ziele. Wie andere Notenbanken ist auch die Fed bei der Zielfestlegung nicht völlig frei, sondern an die grundlegende Zielvorgabe der nationalen Notenbankverfassung gebunden. Das amerikanische Notenbankgesetz – der *Federal Reserve Act* von 1913 – wurde erst im Jahr 1977 um ein explizites Mandat an die Fed ergänzt.[1] Gemäß § 2A soll die US-Notenbank für

1) *maximale Beschäftigung*
2) *stabile Preise und*
3) *moderate, langfristige Zinsen*

sorgen. Diese gesetzliche Zielvorgabe belässt der Fed ein recht hohes Maß an „Zielunabhängigkeit". Zwar sind der Fed drei Ziele vorgeschrieben, bei der Wahl der quantitativen Zielhöhen und der Zielgewichtung hat sie jedoch freie Hand.[2] Welche Zielsetzungen die US-Notenbank tatsächlich in der Praxis verfolgt, hängt daher entscheidend von der Auslegung des gesetzlichen Mandats durch die obersten geldpolitischen Entscheidungsträger ab. Keinen Zweifel lassen die Offenmarktmitglieder daran, dass die Zielsetzung „stabile Preise" einen hohen Stellenwert innerhalb des Zielekanons der Fed einnimmt.[3]

"... we have kept our focus firmly on the ultimate goal of achieving price stability." Greenspan (1997c).

"... price stability ... is elevated to the status of the primary long-run goal of monetary policy." Ferguson (1998).

---

[1] Zuvor wurde die Fed lediglich dazu aufgefordert, eine „elastische Geldvorsorgung" sicherzustellen und damit ihre Funktion als „Lender of Last Resort" zu erfüllen. Man ging allerdings davon aus, dass der „Employment Act" von 1946, der makroökonomische Ziele („maximale Beschäftigung und Kaufkraft") für die Regierung festlegte, auch für die Fed Gültigkeit besaß, vgl. Judd/Rudebusch (1999), S. 1, und Meyer (2001b), S. 1f.

[2] Im Allgemeinen wird davon ausgegangen, dass „Zielunabhängigkeit" – freie Wahl der Endziele durch die Notenbank [Debelle/Fischer [(1995), S. 197] – auch dann noch vorliegt, wenn das Notenbankgesetz zwar die Zielvariablen spezifiziert, die Festlegung der quantitativen Zielhöhen (wie im Falle der EZB oder der Fed) aber der Notenbank vorbehalten bleibt, vgl. Briault et al. (1996), S. 67, und Bofinger (2001), S. 210ff.

[3] "This ... makes price stability (in some shape or form) the direct, unequivocal, and singular long-term objective of monetary policy." Meyer (1998), S. 2. "I believe that the medium-term inflation objective is paramount ..." Poole (2000), S. 7. "In my view, the appropriate primary long-term goal for the Federal Reserve should be price stability ..." Yellen (1996), S. 1.

Stets wird darauf verwiesen, dass Inflation zum einen langfristig gut durch die Fed kontrollierbar ist und zum anderen Preisstabilität den Grundpfeiler einer erfolgreichen Wirtschaftsperformance darstellt.[4] Gerade Greenspan wird nicht müde, die Vorteile von Preisstabilität in seinen Reden vor dem Kongress zu wiederholen.[5] In dieser Anti-Inflationsrethorik unterscheidet er sich kaum von europäischen Notenbankern, die immer wieder auf die positiven Wirkungen der Preisstabilität auf die effiziente Allokation der Ressourcen hinweisen.[6]

Die Bedeutung und Interpretation des Ziels „maximale Beschäftigung" ist hingegen weniger eindeutig. Sicher ist, dass die Offenmarktmitglieder – aufgrund des Konflikts mit dem Preisstabilitätsziel – darunter nicht das maximal mögliche Beschäftigungsniveau verstehen.[7] Der Terminus wird daher oftmals von Fed-Politikern um das Adverb „sustainable" ergänzt:

> „... the goal of maximum employment is usually interpreted as maximum sustainable employment – meaning the highest level of employment that can be maintained without upward pressure on inflation." Meyer (2001b), S.2.

Nach dieser Interpretation ist das Beschäftigungsziel erfüllt, wenn die Beschäftigungsmenge das „inflationsstabile" oder „natürliche" Niveau erreicht hat bzw. die Arbeitslosenrate auf die „natürliche" Rate bzw. NAIRU gesunken ist. Der ehemalige Gouverneur Blinder ist sich ziemlich sicher, dass die meisten seiner Kollegen den Ausdruck „maximale Beschäftigung" auf diese Weise interpretiert haben.[8] Eine weitergehende Deutung des Terminus etwa in dem Sinne, dass darin auch der Auftrag enthalten ist, mittels expansiver Geldpolitik positive Hysteresis-Effekte zu fördern und strukturelle Arbeitslosigkeit abzubauen, findet selbst unter den „Tauben" des Offenmarktausschusses keinen Rückhalt. Die natürliche Arbeitslosenrate wird gemeinhin (zumindest in den USA) als exogene Größe gesehen, die durch Faktoren außerhalb der Geldpolitik (vor allem Arbeitsmarktstrukturen) determiniert wird.[9] Insgesamt sieht das FOMC in dem Beschäftigungsziel weniger den Auftrag, eine möglichst niedrige Arbeitslosenrate zu erreichen, sondern Schwankungen der Arbeitslosenrate um die exogen gegebene „natürliche" Rate zu minimieren. Da die Arbeitslosenrate mit der

---

[4]   "A stable level of prices appears to be the condition most conducive to maximum sustained output and employment ..." Board of Governors (1994), S. 17. "Price stability is of utmost importance to the nation's economic health ...." Bernanke (2004a).

[5]   „... the primary role of monetary policy in the pursuit of the goal of maximum sustainable growth is to foster price stability." Greenspan (1989b), S. 274. "By ensuring stable prices, monetary policy can play its most important role in promoting economic progress." Greenspan (1990a), S. 216. Damit wollte er sich wohl vor allem zu Beginn seiner Amtszeit den Ruf als harter Stabilitätspolitiker erwerben. Eines seiner wichtigsten Argumente für Preisstabilität lautet dabei, dass niedrige Inflation eine Art Produktivitätspeitsche für Firmen darstellt. Da die Unternehmen bei stabilen Preisen weniger leicht die Preise erhöhen können, müssen sie speziell über Kostensenkungen (v.a. Löhne) ihre Rentabilität verbessern, was seiner Ansicht nach zwangsläufig zu höherem Produktivitätswachstum führt, vgl. z.B. Greenspan, in: FOMC (TS Jul 1996), S. 46.

[6]   Dies gilt speziell für den Chef-Ökonom der EZB Issing, vgl. z.B. Issing et al. (2001), S. 7ff.

[7]   "In the presence of a price stability objective, it [maximum employment, D.H.] cannot possibly mean the largest number of jobs that the economy can generate." Blinder (1997), S. 4.

[8]   „... many members of the Federal Open Market Committee (FOMC) interpret the 'maximum employment' mandate in precisely this way [as stabilizing unemployment around its natural rate]." Blinder (1997), S. 4.

[9]   Vgl. z.B. Blinder (1997), S. 4. "This rate [NAIRU] ... is a fact outside the control of the FOMC." [Meyer (1998), S. 2]. Yellen [(1996), S. 2f.] sieht Hysteresis-Effekte in Europa nicht jedoch in den USA.

gesamtwirtschaftlichen Produktion schwankt, wird in dem Beschäftigungsziel der *Federal Reserve Act* auch ein Auftrag zur Konjunkturstabilisierung gesehen.[10]

Tabelle 5.1: „Duales" versus „Hierarchisches Mandat"

NOTENBANK	MANDAT		quantitatives INFLATIONSZIEL
	Dual	Hierarchisch	
Federal Reserve	X		Nein
Europäische Zentralbank		X	1,5-2 %
Bank of Japan		X	Nein
Bank of England		X	2 %
Reserve Bank of Australia	X		2-3 %
Bank of Canada		X	1-3 %
Sveriges Riksbank		X	2 %
Schweizerische Nationalbank		X	< 2 %
Reserve Bank of New Zealand		X	1-3 %
Bank of Korea		X	2,5 %
People's Bank of China		X	Nein
Banco Central do Brasil		X	2-6 %

Das dritte Element der obigen Zieltriade – moderate, langfristige Zinsen – wird in der Regel nicht als eigenständiges Ziel interpretiert, sondern man geht davon aus, dass es bei Preisstabilität automatisch erfüllt ist.[11] Man spricht daher gewöhnlich von einem „dualen Mandat" der Fed, die für Preisstabilität und maximale Beschäftigung (Vollbeschäftigung) sorgen soll, wobei maximale Beschäftigung dann als erreicht gilt, wenn die Arbeitslosenquote der NAIRU entspricht.[12] Die beiden Begriffe maximale Beschäftigung und Vollbeschäftigung werden dabei synonym verwendet. Wie in Kap. 3 ausgeführt, ist eine solches Mandat, das Vollbeschäftigung gleichrangig neben Preisstabilität stellt, eher ungewöhnlich.[13] In neueren Notenbankgesetzen genießt Preisstabilität in der Regel Priorität. In diesem Falle kann man im Gegensatz zum „dualen Mandat" der Fed von einem „hierarchischen Mandat" sprechen – mit Preisstabilität an der Hierarchiespitze.[14] Die „Außenseiterrolle" der Fed wird anhand von Tabelle 5.1 deutlich, aus der hervorgeht, dass unter den „größeren" Notenbanken nur noch die *Reserve Bank of Australia* ebenfalls ein „duales Mandat" zu erfüllen hat.

---

[10] „... promoting full employment [maximum employment] can be interpreted as a countercyclical monetary policy in which the Fed aims to smooth out the amplitude of the business cycle." Judd/Rudebusch (1999), S. 2.

[11] Vgl. Meyer (2001b), S. 2, und Svensson (2001b), S. 3. Gemäß dem Fisher-Theorem dürften die Nominalzinsen bei stabilen Preisen keine oder nur eine geringe Inflationsprämie enthalten.

[12] "The mandate is therefore interpreted as a dual mandate: full employment and price stability." Meyer (2001b), S. 2. "The Federal Reserve Act mandates that we promote price stability and maximum employment." Fergusen (1998). "The Fed's own official statements of goals have usually referred to 'maximum sustainable ouput and employment', and 'price stability.'" Fed-Präsident Perry (1997), S. 13.

[13] „... among the OECD central banks, the Fed stands out as being the only one with such a broad mandate." Wyplosz (2001a), S. 5.

[14] Vgl. Meyer (2001b), S. 1. Svensson [(2004), S. 161ff.] hält die Unterscheidung zwischen „dualem" und „hierarchischem" Mandat für wenig sinnvoll. Seiner Ansicht nach praktizieren heute alle Notenbanken mit explizitem Inflationsziel eine Form von „flexiblem" IT, d.h. neben Inflations- werden auch Outputziele berücksichtigt. In diesem Rahmen sei es möglich, Output- und Inflationsstabilisierung völlig gleichrangig zu behandeln. Die Notenbank müsse dies nur öffentlich deutlich machen.

Das duale Mandat der Fed kann man zunächst in der simplen Form einer „beschäftigungsorientierten" Zielfunktion aus Kapitel 3.1 beschreiben:

$$(5.1) \quad L = (\pi\text{-}\pi^*)^2 + \lambda\,(u\text{-}u^*)^2,$$

u^* = natürliche Arbeitslosenrate, π^* = Inflationsziel und λ = Beschäftigungspräferenz.
Die Fed ist jedoch weit davon entfernt, sich zu einer solchen Zielfunktion offiziell zu
bekennen. Insbesondere hat es die Fed bisher vermieden, ihre beiden Zielgrößen mit
Hilfe numerischer Werte zu präzisieren. Wenn Greenspan auf das Inflationsziel der
Fed angesprochen wird, zieht er sich meist mit einer sehr allgemeinen und vagen
Definition von Preisstabilität aus der Affäre. Demnach ist Preisstabilität dann erreicht,
wenn die Inflationsrate so niedrig ist, dass sie bei den täglichen Konsum- und Investi-
tionsentscheidungen der Haushalte und Geschäftsleute keine Rolle spielt.[15]

Noch weniger Informationen erhält die Öffentlichkeit über die genaue Höhe des Beschäftigungsziels. Die Fed-Staff führt zwar regelmäßig NAIRU-Schätzungen durch,
diese werden aber nicht publiziert und erst recht nicht als offizielle Zielgrößen deklariert. Greenspan spricht anstelle von einem Beschäftigungsziel meist lieber von einem Wachstumsziel, d.h. die Fed soll seiner Ansicht nach dafür sorgen, dass sich
das reale Wachstum möglichst dicht an der Wachstumsrate des Produktionspotentials hält. Auch in den Pressemitteilungen, die im Anschluss an eine FOMC-Sitzung
veröffentlicht werden, zieht es das FOMC vor, von einem Wachstums- statt Beschäftigungsziel zu sprechen. Bei ihrer Erklärung zur Risikobalance („balance-of-risks statement") wägt sie zwischen den beiden Zielen „Preisstabilität" und „nachhaltigem
(‚sustainable') Wirtschaftswachstum" ab, wobei sie unter letzterem die Wachstumsrate des Produktionspotentials versteht.[16] Alternativ zu (5.1) kann man daher das Beschäftigungsziel innerhalb der Zielfunktion der Fed mit Hilfe von Wachstumsraten
des Outputs $\hat{Y}$ (statt der Arbeitslosenquoten) beschreiben. Daraus ergibt sich die bereits aus Kapitel 3 bekannte Variante einer beschäftigungsorientierten Zielfunktion:

$$(5.2) \quad L = (\pi\text{-}\pi^*)^2 + \lambda\,(\hat{Y}^* - \hat{Y})^2,$$

allerdings macht die Fed auch zur Einschätzung der Wachstumsrate des Produktionspotentials keine genauen Angaben.[17] Trotz dieser Geheimnistuerei können verschiedene Vermutungen über die numerische Höhe der einzelnen Ziele der Fed ge-
äußert werden:

• Das Inflationsziel der Fed kann man auf eine jährliche Inflationsrate von 1½ - 2 %
  taxieren. Diese Vermutung ergibt sich zum einen aus öffentlich bekundeten Vorschlägen einiger Offenmarktmitglieder[18] und zum anderen aus einer Diskussion,
  die im Juli 1996 innerhalb des Offenmarktausschusses geführt wurde. Damals

---

[15] Vgl. z.B. Greenspan (2002c), S. 6.

[16] "Sustainable economic growth means output growth along the economy's potential path over time
      ..." FOMC (2000), S. 2.

[17] Meist begnügen sich Greenspan und seine Kollegen mit der Bemerkung, dass das derzeitige reale
      Wachstum oberhalb oder unterhalb gängiger Potentialschätzungen liege: "For some time now, the
      growth of aggregate demand has exceeded the expansion of production potential." Greenspan
      (2000b), S. 648.

[18] Fed-Gouverneur Bernanke [vgl. z.B. Tigges (2003b), S. 10] hat sich für ein Inflationsziel von
      1,0-2,0 % (PCE-Index, Kerninflationsrate), Ex-Gouverneur Meyer [(2001b), S. 12, und (2004), S.
      159f.] für 1,5 % (PCE) bzw. 2,0 % (CPI) %, Fed-Gouverneur Gramlich (2003b) für einen Korridor
      von 1,0-2,5 % ausgesprochen, wobei Gramlich die Obergrenze bewusst recht hoch angesetzt hat,
      weil er von erheblichen Messfehlern ausgeht.

hielt die Mehrheit der anwesenden Ausschussmitglieder diese quantitative Zielhöhe für angemessen.[19] Offenbar sind auch die Marktakteure dieser Meinung, denn die privaten (aus Umfragen bzw. Finanzmarktdaten ermittelten) Inflationserwartungen bewegen sich seit Jahren etwa in Höhe von 2 %.[20] Des Weiteren schien die Fed Ende der 1990er Jahre mit einer Kerninflationsrate von 2-2½ % recht zufrieden, während sie beim Rückgang der Kerninflation unter 1½ % 2003 bereits Deflationsgefahren witterte.[21]

- In Bezug auf den betrachteten Preisindex ist davon auszugehen, dass die Fed:[22]
  1) sich an einer um die preisvolatilen Elementen (Energie- und Nahrungsmittelpreise) bereinigten Kerninflationsrate orientiert,
  2) primär Verbraucherpreisindizes statt der breiteren BIP-Deflatoren beachtet,
  3) einen Preisindex mit veränderlichem (Paasche-Indizes) gegenüber einem Index mit fixem (Laspeyres-Indizes) Gewichtungsschema favorisiert, da ein Paasche-Index ihrer Meinung nach die Inflation weniger stark überzeichnet.[23]

  Offenbar bevorzugt die Fed als Maßstab für Preisstabilität zunehmend den Index der privaten Konsumausgaben (PCE, Paasche-Index) gegenüber dem populäreren Index der privaten Lebenshaltung (PCI), der ein flexibles Gewichtungsschema aufweist.[24]

- Die NAIRU-Schätzungen der Fed dürften derzeit bei 5 % liegen und damit um etwa einen Prozentpunkt niedriger als noch Mitte der 90er Jahre. Jedenfalls wurden Arbeitslosenraten von 5½ bis 6 % zum Jahresbeginn 2004 als „zu hoch" empfunden.[25] Ferner geht man davon aus, dass sich seit 1995 tatsächlich ein höherer Wachstumstrend eingestellt hat. Die Wachstumsrate des Produktionspotentials wird derzeit auf ca. 3½ % innerhalb der Fed geschätzt (siehe Kap. 5.2).

---

[19] Greenspan [vgl. FOMC (TS Jul 1996), S. 63] fasste die Diskussion mit den Worten zusammen, dass man sich auf ein Inflationsziel von 2 % geeinigt habe. Allerdings ließ es das Gremium noch offen, ob es sich dabei um ein Zwischen- oder Endziel handelt. Einige Offenmarktmitglieder (z.B. Yellen, McDonough, Meyer) plädierten prinzipiell für eine „Pufferzone" von zwei Prozentpunkten nicht nur aufgrund der Messproblematik, sondern auch wegen des Problems mangelnder Reallohnflexibilität und potentieller Deflationsgefahren. Greenspan [vgl. FOMC (TS Jul 1996), S. 51, und 67] war vor allem von dem Argument mangelnder Reallohnflexibilität nicht ganz überzeugt und favorisierte langfristig eine Inflationsrate von 0 %, für den Fall, dass sie richtig gemessen wird.

[20] Dies ergibt sich sowohl aus Zinsspreads zwischen nominalen und inflationsindexierten Bonds als auch aus Umfrageresultaten (siehe Kapitel 5.3). „Fed-Beobachter sind überzeugt, dass die Notenbank mittelfristig eine Kerninflationsrate von 2 % anstrebt." Tigges (2003a), S. 23. „Many monetary experts believe that the Fed tries to keep inflation at about 2 percent a year." O.V. (2000a), S. 10.

[21] Im Juli 2003 bemerkten Greenspan (2003a) und Bernanke (2003c), dass die derzeitige Kerninflation von 1-2 % unter Beachtung der Messfehler quasi Preisstabilität bedeute und ein weiterer Preisrückgang unerwünscht sei. "Inflation is not simply low; for my taste, it is very nearly at the bottom of the acceptable range for (measured) inflation." Bernanke (2004b).

[22] Vgl. z.B. die Diskussion innerhalb des FOMC [(FOMC (TS Jul 1996), S. 63ff.], oder Meyer (2004), S. 156ff.

[23] „... the CPI suffers from a form of 'substitution bias' that is not present in the PCE index." BoG (AR 2002), S. 27. Vgl. zu weiteren Vorteilen des PCE: Bernanke (2003a), Fußnote 6.

[24] „... there has been little, if any acceleration in the index of core personal consumption expenditure prices, which we consider to be a more reliable measure of inflation [than the CPI]." Greenspan (2001b), S. 591. Die Inflationsprognosen in den Kongressberichten werden seit Februar 2000 auf der Basis des PCE-Indexes anstelle des CPI durchgeführt, vgl. BoG (AR 2000), S. 37 (Fußnote).

[25] Bernanke (2004b) sieht bei einer Arbeitslosenrate von 5¾ % im Winter 2003/2004 deutliche Anzeichen für Unterbeschäftigung am Arbeitsmarkt. Im März 2004 wurde allgemein bei einer Arbeitslosenrate von 5,6 % von einer schwachen Verfassung des amerikanischen Arbeitsmarktes gesprochen, vgl. z.B. Tigges (2004b), S. 15.

Die Zielfunktion könnte man sich daher mit quantitativen Größen wie folgt vorstellen:

(5.1') $L = (\pi-2)^2 + (u-5)^2$ bzw.   (5.2') $L = (\pi-2)^2 + (3,5-\hat{Y})^2$.

Die Chancen dafür, dass die Fed ihre Zielfunktion auf diese Weise transparent macht, sind gemischt. Während es für die Einführung eines quantitativen Inflationsziels sowohl Gegner als auch Befürworter unter Fed-Politikern gibt (vgl. Kapitel 5.4), wird die Quantifizierung eines Beschäftigungsziels bisher einhellig abgelehnt. Ein besonders großes Fragezeichen steht noch hinter der Höhe von λ. Ein duales Mandat ist prinzipiell dadurch charakterisiert, dass beide Ziele völlig gleich gewichtet werden. Der Einfachheit halber wurde hier daher λ = 1 gewählt. Prinzipiell müsste aber bei der Festlegung von λ zunächst darüber diskutiert werden, ob eine einprozentige Abweichung vom Inflationsziel tatsächlich die gleiche Wohlfahrtseinbuße verursacht wie eine einprozentige Abweichung vom Beschäftigungsziel. Im Weiteren soll das Thema „Zielgewichtung" genauer betrachtet werden.

5.1.2   Die Zielgewichtung des Offenmarktausschusses

Angesichts des gesetzlichen Spielraums stellt sich die Frage, ob der Offenmarktausschuss beide Ziele des dualen Mandats völlig gleichrangig interpretiert und behandelt. Es herrscht diesbezüglich innerhalb des FOMC kein vollkommen einheitliches Meinungsbild. So gibt es stets eine Fraktion der „Falken" im FOMC, welche das Inflationsziel besonders hervorhebt und die Fed weitgehend von konjunkturellen Aufgaben frei halten will.[26] Diese Minderheitenfraktion würde es begrüßen, wenn das gesetzliche Mandat angepasst und auch im Falle der Fed der Vorrang für Preisstabilität gelten würde.[27] Es werden hierfür die gleichen Gründe angeführt, die bereits in Kapitel 3 ausführlich diskutiert wurden. Besonders populär ist das Argument, dass geldpolitische Entscheidungen dadurch eine längerfristigere Perspektive erhalten und weniger stark von kurzfristigen (konjunkturellen) Überlegungen geleitet würden.

Im Gegensatz zu dieser Position wird das duale Mandat jedoch von der Mehrzahl der Offenmarktmitglieder verteidigt und akzeptiert. Dabei wird von einer weitgehenden Gleichrangigkeit beider Ziele ausgegangen. Zwar bezeichnet auch diese Mehrheitsfraktion Preisstabilität oftmals als *primäre langfristige* Zielsetzung, im gleichen Atemzug wird aber stets darauf hingewiesen, dass die Stabilisierung von Output und Beschäftigung die zweite wichtige Zielsetzung der Fed darstellt. Für die meisten amerikanischen Geldpolitiker gehört Konjunkturstabilisierung ganz selbstverständlich zu den Aufgaben einer Zentralbank:

---

[26]   Zu Beginn von Greenspans Amtszeit gehörten zu diesen „Falken" Gouverneur Angell und die Präsidenten Hoskins und Melzer. Später taten sich vor allem die Präsidenten Broaddus, Hoenig und Poole als Vorkämpfer der Preisstabilität hervor. Broaddus [(2002), S. 162f.] sprach sich z.B. offen für ein hierarchisches Mandat aus: "... I've personally been convinced that controlling inflation should bet he the Fed's overriding objective, that this objective should be explicit, and that it should be supported by a Congressional mandate. (...) A unitary goal focused on low inflation would strengthen credibility by making the Fed's commitment to this objective definite and unambiguous." Auch Poole (2001) plädiert für eine klare Zielhierarchie: "... I assume that the Fed's primary goal is price stability and its secondary goal is stability of output and employment, to the extent possible."

[27]   Entsprechende Gesetzesinitiativen aus den Reihen des Kongresses (etwa vom Abgeordneten Neal Anfang der 1990er Jahre oder Senator Mack 1995), hätten von diesen Offenmarktmitglieder Unterstützung gefunden.

- *"... we have attempted not only to lean against the potential for an overheating economy, but also to cushion shortfalls in economic growth."* Greenspan (1997c).

- *"... in the shorter run, monetary policy can play an important role in stabilizing the economy from undesired fluctuations in economic activity and inflation."* Ferguson (1998).

- *"But the Federal Reserve has a dual mandate – to achieve not only price stability but also the maximum sustainable rate of employment."* Gramlich (2003a).

- *"In my view, monetary policy is needed, and has succeeded, in smoothing the ups and downs of the business cycle ... It thus follows that stabilization of output and employment is a second appropriate goal for the Federal Reserve."* Yellen (1996), S. 3.

- *"... I also believe that within the inflation objective it is perfectly feasible for the Fed to use correctly timed policy actions to increase the stability of short-run output and employment."* Poole (2000), S. 7.

Die Verteidigung des dualen Mandats speist sich vor allem aus zwei Quellen:

1. Bereits die oberen Aussagen verdeutlichen, dass das Gros der Offenmarktmitglieder den *Friedman'schen* Steuerungspessimismus nicht teilt, sondern ein recht hohes Vertrauen in die reale Steuerungsfähigkeit der Geldpolitik besitzt. Der Geldpolitik wird also nicht nur die Fähigkeit zugesprochen, die Inflation zu stabilisieren, sondern auch Outputschwankungen um den Potentialtrend wirksam zu dämpfen.

   "... a considerable amount of research supports the contention that monetary policy can reduce the variability of output around its full-employment level." Meyer (2001b), S. 5.

2. Allerdings wird ebenso klar gesehen, dass beides – Inflations- und Outputstabilität – nicht immer gleichzeitig im gewünschten Ausmaß erreicht werden kann, sondern ein Trade-off zwischen beiden Stabilisierungszielen vorliegt. Die Vorstellungen vieler Offenmarktmitglieder weisen daher eine enge Verbindung mit den theoretischen Aussagen der Taylor-Kurve auf:[28]

   "Even after price stability has been attained, there will remain some tradeoff between the volatility of real outcomes and reducing the volatility of inflation ..." Yellen (1996), S. 4.

   "... in the short run, some tension can arise between the efforts to maximize employment and output. ... In these circumstances, makers of monetary policy must decide the extent to which they should focus on defusing price pressures or on cushioning the loss of output and employment." Bord of Governors (1994), S. 17f.

   "Although it is possible in principle to achieve price stability and full employment simultaneously, an inevitable tradeoff between the variability of output and the variability of inflation exists." Meyer (2001b), S. 6.

---

[28] Im Hinblick auf „Real Business Cycle"-Modelle, die von einem Trade-off zwischen Inflations- und Outputvariabilität abstrahieren, merkt Fed-Gouverneur Kohn [(2003a), S. 7] fast belustigt an: "I think it would be naive to assume that circumstances would not arise in which the central bank faced short-term choices between inflation stability and economic or financial stability."

Die Verpflichtung zur Outputstabilisierung stellt aus Sicht vieler Fed-Politiker ein notwendiges Gegengewicht zur Preisstabilisierung dar. Ex-Gouverneur Meyer [(2001b), S. 6] lehnt z.B. ein hierarchisches Mandat mit dem Argument ab, dass dies die Wahlfreiheit entlang der Trade-off-Kurve in unnötiger Weise einschränke und die Fed auf einen Bereich mit zwar niedriger Inflations- aber dafür hoher Outputvariabilität festschreiben würde (siehe Abb. 5.1). Kann man also im Falle der Fed von einer völligen Gleichbehandlung beider Ziele sprechen? Zwei Einschränkungen können vorgebracht werden:

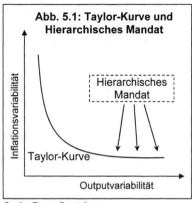

Abb. 5.1: Taylor-Kurve und Hierarchisches Mandat

Quelle: Eigene Darstellung.

(1) Zum einen ist die Glaubwürdigkeitsdebatte auch an der Fed nicht ganz spurlos vorübergegangen. Fed-Politiker vermeiden gewöhnlich eine zu starke öffentliche Betonung des Beschäftigungsziels. Die klare Feststellung des früheren Gouverneurs Blinder auf einer Notenbankkonferenz 1994 (Jackson Hole), dass der Fed eine *bedeutende Rolle beim Abbau der Arbeitslosigkeit zukomme*, empfand man jedenfalls als eher „unschicklich" für einen Notenbanker.[29] Viele Fed-Politiker unterstreichen in öffentlichen Statements lieber ihre Anti-Inflationshaltung und bezeichnen Preisstabilität als *einzige langfristige* Zielsetzung. Damit will man aber eher das langfristige Neutralitätspostulat hervorheben und weniger das duale Mandat in Frage stellen. Die Fed-Politiker verdeutlichen dadurch, dass die US-Notenbank keine ehrgeizigen Beschäftigungsziele (mit Arbeitslosenraten unterhalb der NAIRU) verfolgt.[30]

(2) Besonders spitzfindige Ökonomen sprechen hingegen auch bei der Fed von einem qualitativen Unterschied zwischen beiden Zielen.[31] Sie beziehen sich dabei gerade auf die Aussage vieler Fed-Politiker, dass nur eine Zielgröße – die Inflation – langfristig von der Geldpolitik kontrollierbar ist, während die Beschäftigung nur kurzfristig von der Notenbank beeinflusst werden kann. Daraus ergibt sich, dass eine Zentralbank praktisch jede Inflationshöhe eigenständig anstreben kann, das Beschäftigungsziel jedoch in Form der natürlichen Arbeitslosenrate vorgegeben ist. Gleichzeitig ist die natürliche Arbeitslosenrate eine Schätzgröße, die im Zeitablauf variiert, während ein quantitatives Inflationsziel präzise bestimmbar ist. Letztendlich erscheint es jedoch zweitrangig, ob eine Zielgröße frei wählbar oder exogen gegeben ist, zumal beim Inflationsziel kaum noch Wahlfreiheit besteht, wenn einmal Preisstabilität erreicht ist. Die meisten Zentralbanken wählen in diesem Fall heute Inflationsziele von 1-2 %. Entscheidend ist, dass von der Mehrheit der Offenmarktmitglieder Schwankungen um das Beschäftigungsziel genauso ernst genommen werden wie Schwankungen um das Inflationsziel. Um das duale Mandat und die Gleichrangigkeit

---

[29] Vgl. z.B. Bradsher (1994b), S. 7.

[30] Die Aussage, dass Preisstabilität die „primäre langfristige Zielsetzung" darstellt, besitzt für Bernanke (2003b) wenig Inhalt, da Inflation in der Tat die einzige Variable sei, die Notenbanken langfristig kontrollieren könnten.

[31] Vgl. hierzu: Svensson (2003a), S. 137; (2004), S. 161f., und Meyer (2001b), S. 10.

beider Ziele besser zu verdeutlichen, sollte man daher auf die Zielfunktion zurück-greifen, die im Zusammenhang mit der Taylor-Kurve entwickelt wurde:

(5.3) $\quad L_t = \text{Var}(\pi_t) + \lambda\,\text{Var}(y_t)$.

Damit käme man der Vorstellung näher, dass die Fed weniger bestimmte Zielni-veaus, sondern vor allem die Variabilität der Zielgrößen minimieren möchte.

Abb. 5.2: Fed-Politik und Inflation 1987-2003

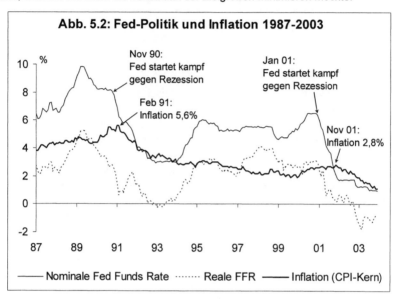

Abb. 5.3: Fed-Politik und Arbeitslosenrate 1987-2003

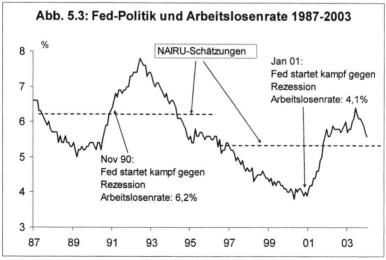

Datenquelle Abb. 5.2/5.3: BLS, BoG.

Während die Fed das Inflationsziel in der Außendarstellung u.U. etwas hervorhebt, ist in der Praxis keine unterschiedliche Gewichtung beider Ziele des dualen Mandats erkennbar. Man hat vielmehr den Eindruck, dass die Fed zu jedem Zeitpunkt gewissenhaft und ohne Präferenzen abwägt, ob eher das Inflations- oder Beschäftigungsziel gefährdet ist, wofür die letzten 18 Jahre anschauliche Exempel liefern. Zum Beispiel genoss auf Seiten der Fed die Bekämpfung der Wachstums- und Beschäftigungsschwäche während der beiden letzten Rezessionsphasen 1990/91 und 2001 eindeutige Priorität gegenüber der Sorge um stabile Preise. Am Jahresende 1990 kommentierte die Fed [Board of Governors (1990), S. 4.] ihr Vorgehen wie folgt:

"As 1990 drew to a close, the immediate concern was that of bringing the recession to a halt and of getting the economy back on a path of expansion."

Fed-Gouverneur Bernanke (2004b) beschreibt die Geldpolitik seit 2001 wie folgt:

"Monetary policy was deployed to support the weakening economy, as the Federal Open Market Committee (FOMC) aggressively cut rates in 2001 and has continued its policy of accommodation since then."

Der Umschwung in Richtung einer stark expansiven Geldpolitik wurde dabei jeweils zu einem Zeitpunkt (November 1990 bzw. Januar 2001) eingeleitet, als die Inflation noch nicht ihr zyklisches Hoch erreicht hatte und die Arbeitslosenrate eher unterhalb bzw. in der Nähe der geschätzten NAIRU als darüber lag (siehe Abb. 5.2 und 5.3). Mit einem hierarchischen Mandat, bei dem Beschäftigungsaspekte nur unter der Voraussetzung von Preisstabilität berücksichtigt werden dürfen, wäre dieses Vorgehen nur schwer zu vereinbaren gewesen.

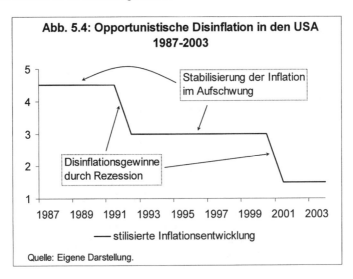

Abb. 5.4: Opportunistische Disinflation in den USA 1987-2003

Stabilisierung der Inflation im Aufschwung

Disinflationsgewinne durch Rezession

—— stilisierte Inflationsentwicklung

Quelle: Eigene Darstellung.

In den Boomphasen (1987-1990, 1992-2000) rückten zwar jeweils die Inflationsgefahren in den Vordergrund. Die Fed war jedoch darum bemüht, ihre Restriktionspolitik so vorsichtig durchzuführen, dass möglichst kein Wachstumseinbruch erfolgte, sondern das reale Wachstum in der Nähe des Potentialtrends blieb. Mit dieser Strategie konnte die Fed keine weiteren Fortschritte in Richtung Preisstabilität erzielen, sondern lediglich die Inflation auf dem gegebenen Niveau stabilisieren. Man muss sich dabei vergegenwärtigen, dass die Fed Ende der 1980er Jahre bei einer Kerninflationsrate von 4½-5 % noch keineswegs ihre Preisstabilitätsziel (also etwa 2 %) erreicht hatte. Die Fed spekulierte jedoch darauf, dass die nächste Rezession automatisch – aufgrund der temporären Unterauslastung der Kapazitäten – weitere Disinflationsgewinne mit sich bringen würde. Diese „wachstums- und beschäftigungsschonende" Disinflationsstrategie wird als „opportunistischer Ansatz" der Disinflation bezeichnet. Abb. 5.4 zeigt idealtypisch, wie die Fed „in Etappen" in Richtung Preisstabilität vorstieß.[32]

Ein hierarchisches Mandat hätte insbesondere eine Politik des „watchful waiting" in der Zeit von 1996 bis Mitte 1999 erschwert. Angesichts der zahlreichen Signale, die auf einen Anstieg der Inflation hindeuteten, hätte es für eine einseitig auf Preisstabilität ausgerichtete Notenbank ein unverhältnismäßig hohes Risiko bedeutet, auf die unsicheren Produktivitätseffekte der „New Economy" zu setzen.

Zusammenfassend kann man festhalten, dass die Mehrheit der Offenmarktmitglieder den gesetzlichen Zielauftrag der *Federal Reserve Act* als ein duales Mandat interpretiert, das neben der Stabilisierung der Preise auch die Stabilisierung der Beschäftigung und zwar in Höhe der NAIRU vorsieht. Konjunkturstabilisierung wird von der Mehrheit der Fed-Politiker ganz selbstverständlich als Aufgabe der Geldpolitik angesehen. Bei einer zu einseitigen Fixierung auf Preisstabilität werden unangemessene Outputschwankungen befürchtet. Zwar wird in öffentlichen Stellungnahmen nicht zuletzt aufgrund der Glaubwürdigkeitsdebatte eine qualitative Differenzierung zwischen beiden Zielen vorgenommen – Preisstabilität wird als *einzige langfristige* Zielsetzung bezeichnet –, in der Praxis kann man jedoch kaum von einer Zurücksetzung des Beschäftigungsziels sprechen. In Rezessionsphasen wurde dem Beschäftigungsziel jeweils eindeutig Vorrang eingeräumt, und in den Aufschwungphasen wurde mit Rücksicht auf das Beschäftigungsziel nur eine vorsichtig restriktive Geldpolitik praktiziert. Problematisch ist allerdings, dass die Fed keine Auskunft über die jeweils angestrebte quantitative Zielhöhe gibt.

---

[32] "We did follow a price stability objective in a cyclical sense, that is, one where the inflation rate is going to be lower at each progressive cyclical peak and lower at each progressive cyclical low." Greenspan, in: FOMC (TS Feb 1995), S. 58.

5.2   Das Durchführungsverfahren der Fed

5.2.1   Von der Geldmengensteuerung zur Steuerung des realen Wachstums

5.2.1.1 Das Ende der Geldmengensteuerung

Aufgrund der geldpolitischen Wirkungsverzögerungen ist selbst nach einer präzisen Festlegung der Ziele noch nichts darüber ausgesagt, anhand welcher Kriterien eine Notenbank ihre täglichen geldpolitischen Entscheidungen trifft. Wie in Kapitel 2 dargelegt, sind Notenbankentscheidungen das Ergebnis eines komplexen Entscheidungs- und Analyseprozesses. Zum besseren Verständnis ihrer Geldpolitik geben Notenbanken daher häufig einfache Daumenregeln und Zwischenziele bekannt, welche die grobe Richtung ihrer Geldpolitik beschreiben. Kann die Fed-Strategie einer dieser populären Strategieansätze zugeordnet werden, die in ihrem Kern ein Zwischenziel oder eine einfache Regel beinhalten?

Bis Anfang 2000 war die Fed aufgrund des *Humphrey-Hawkins* Gesetzes verpflichtet, jährliche Zielwerte für verschiedene Geld- und Kreditaggregate bekannt zu geben und sich für deren Einhaltung zu rechtfertigen. Rein formal bestand also in den USA lange Zeit eine Art Geldmengensteuerung. Spätestens seit Mitte der 90er Jahre sah aber das FOMC in der Fixierung der Geldmengenziele nur noch eine lästige Pflichterfüllung, die keine Rückschlüsse mehr auf die eigentliche Fed-Politik zuließ.[33] Insgesamt kann man seit Ende der 70er Jahre von einem sukzessiven Niedergang der Geldmengensteuerung in den USA sprechen:[34]

- Zwischen Oktober 1979 und September 1982 praktizierte die Fed unter dem damaligen Vorsitzenden Paul Volcker zunächst eine recht strikte Form der Geldmengensteuerung, die darauf ausgerichtet war, die Glaubwürdigkeit in der Inflationsbekämpfung zurückzugewinnen.[35] In dieser Zeit wurden nicht nur Geldmengenziele formuliert, sondern es wurde auch eine Geldbasissteuerung praktiziert, die hohe Volatilitäten beim Tagesgeldzins in Kauf nahm.[36] Zwar gelang es mit dieser Strategie, die Persistenz der hohen Inflationserwartungen zu brechen und die Inflationsraten deutlich zurückzuführen, gleichzeitig wurden aber die Geldmengenziele zum Teil deutlich verfehlt. Das so genannte „monetaristische Experiment" [Volcker (1977), S. 26] wurde daher 1982 aufgegeben.[37]

---

[33] Im Juni 2000 erklärte das FOMC [vgl. BoG (Minute Jun 2000), S. 232]: "... the members did not view the ranges [for growth of money and debt] as currently serving a useful role in the formulation of monetary policy. (...) ... these ranges had not provided reliable benchmarks for the conduct of monetary policy for some years."

[34] Bereits zwischen 1975 und 1979 wurden von der Fed Geldmengenziele verkündet, aber noch keine ernsthafte Geldmengensteuerung praktiziert, vgl. z.B. Bernanke/Mishkin (1992), S. 12f.

[35] Man geht davon aus, dass primär politische (und nicht technische) Gründe diesen Strategiewechsel herbeigeführt haben, vgl. zu einem Überblick z.B. Meulendyke (1988), S. 13ff, oder Bernanke/Mishkin (1992), S. 11ff.

[36] Die Fed steuerte die so genannten „non borrowed reserves" (= Zentralbankgeld, das die Fed über Offenmarktgeschäfte zur Verfügung stellt), für die Zielwerte formuliert wurden, die im Einklang mit dem angestrebten Geldmengenwachstum stehen sollten. Beim Tagesgeldzinssatz wurden derweil Schwanken zwischen knapp 20 und 8,5 % innerhalb weniger Monate zugelassen (z.B. zwischen April und Juli 1980).

[37] Als Grund für das Ende des „monetaristischen Experiments" wurde neben der zunehmend schwere Kontrollierbarkeit des engen Geldmengenaggregats M1 – der primären Zielvariable dieser Zeit – auch die zum Teil exzessiven Volatilitäten beim Tagesgeldsatz angeführt, vgl. Meulendyke (1988), S. 14f.

- Danach ging man zu einer lockeren Form der Geldmengensteuerung über und tolerierte vor allem beim engen Geldmengenaggregat M1 deutliche Zielabweichungen.[38] Der Tagesgeldsatz wurde wieder zum primären Steuerungsinstrument der Geldpolitik.[39] Die Geldmengenziele sollten jetzt vornehmlich die längerfristigen Intentionen der Fed widerspiegeln, z.b. wollte die Fed mit der sukzessiven Senkung der Geldmengenziele weitere Fortschritte in Richtung Preisstabilität signalisieren. In der kurzfristigen Analyse und bei den meisten geldpolitischen Entscheidungen spielte die Geldmengentwicklung jedoch nur noch eine sekundäre Rolle, auch wenn dem breiteren Geldmengenaggregat M2 noch die Funktion eines herausgehobenen Indikators zugesprochen wurde.[40]

- Das endgültige Aus für die Geldmengensteuerung kam Anfang der 1990er Jahre, als sich das Geldmengenwachstum entgegen den Absichten der Fed merklich verlangsamte. Die zunehmende Kapitalmarktliberalisierung und die Disintermediation im Anlage- und Kreditgeschäft hatten zu einer deutlichen Abnahme der Umlaufgeschwindigkeit bei den herkömmlichen Geldmengenaggregaten geführt (siehe Kapitel 4.3.2.2). Da die historische Beziehung zwischen der Geldmengen- und der nominalen Einkommensentwicklung offenbar zusammengebrochen war, erklärte Greenspan [(1993b), S. 852] vor dem Kongress, dass die Geldmenge ihre Rolle als wichtiger Indikator der amerikanischen Geldpolitik eingebüßt habe. In den folgenden Jahren spielte das Geldmengenwachstum bei kaum noch einer Entscheidung der Fed eine besondere Rolle. Mankiw [(2002), S. 34] bemerkt hierzu, dass sich diese Vorgehensweise – Ignoranz der Geldmengenaggregate – in den 1990er Jahren als sehr erfolgreich erwiesen habe:

"If ... the performance of the economy is any guide, this policy of ignoring data on the monetary aggregates has proven a remarkably effective operating procedure."

5.2.1.2 Outputlücke, Beschäftigungslücke und Potentialtrend

Das Ende der Geldmengensteuerung forcierte innerhalb der Fed-Strategie zwei Entwicklungen, die sich bereits zuvor abgezeichnet hatten: Zum einen wurde endgültig der Wandel von einem Ein-Indikatoren- zu einem Multi-Indikatorenansatz vollzogen, zum anderen wurde der Übergang von einer monetären Steuerung der Geld- oder Kreditaggregate zu einer realwirtschaftlichen Steuerung der Konjunktur beschleunigt.

Bereits Mitte der 80er Jahre wies die Fed darauf hin, dass sie zukünftige Preisrisiken zunehmend anhand der Einschätzung der wirtschaftlichen Dynamik und weniger an-

---

[38] "... by late 1982, M1 was de-emphasized and policy decisions per force became more discretionary." Greenspan (1997c).

[39] Die Steuerung der Fed Funds Rate erfolgte zunächst indirekt. Das offizielle Verfahren dieser Zeit (1982-89) wurde als „borrowed-reserve procedure" [vgl. z.B. Thornton (1988)] bezeichnet, d.h. die Fed legte einen Zielwert für die Zentralbankgeldmenge, welche sich Banken über Diskontkredite (= „borrowed reserves") besorgten, fest. Da die Nachfrage nach Diskontkrediten aber von der Differenz zwischen dem Tagesgeld- und Diskontsatz abhing, war dies – wenn man von der Stabilität der Nachfragefunktion ausging – praktisch äquivalent zu einer Steuerung der Fed Funds Rate.

[40] "... in recognition of the longer-run relationship of prices and M2, especially its stable long-term velocity, this broader aggregate was accorded more weight, along with a variety of other indicators, in setting our policy stance." Greenspan (1997c).

hand des Geldmengenwachstums beurteilt.[41] Anhaltende Ungleichgewichte zwischen der gesamtwirtschaftlichen Nachfrage- und Angebotsdynamik und damit eine Über- oder Unterauslastung der Arbeits- und/oder Sachkapazitäten werden seither von der Fed als maßgebliches Signal für zukünftigen Inflations- bzw. Disinflationsdruck gewertet. Die Fed selbst sieht sich dabei in der Pflicht, an einer ausgewogenen makroökonomischen Entwicklung mitzuwirken. Mittels antizyklischer Zinspolitik versucht sie, das tatsächliche BIP-Wachstum möglichst im Einklang mit der Wachstumsrate des Produktionspotentials zu halten, um damit das Entstehen positiver oder negativer Outputlücken zu vermeiden. Die Outputlücke, welche die relative Abweichung zwischen tatsächlichem und potentiellem Outputniveau abbildet und als umfassendster Indikator der Nachfrage- und Angebotsbedingungen einer Volkswirtschaft gilt, ist damit letztendlich zur zentralen Politikgröße der Fed geworden.[42] Da eine Outputlücke in Höhe von null sowohl die Voraussetzung für Preisstabilität als auch für Vollbeschäftigung darstellt, kann die Fed mit diesem Politikansatz gleich „zwei Fliegen mit einer Klappe schlagen".

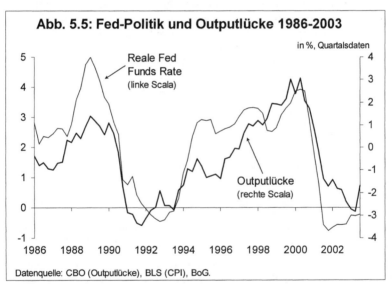

Abb. 5.5: Fed-Politik und Outputlücke 1986-2003

Datenquelle: CBO (Outputlücke), BLS (CPI), BoG.

Das Ergebnis dieser Politik wird in Abb. 5.5 deutlich. Sie zeigt den recht hohen Gleichlauf zwischen der Entwicklung der realen Fed Funds Rate und der Outputlü-

---

[41] Die Fed [BoG (AR 1988), S. 35] merkte z.B. 1988 an, dass sie angesichts der zunehmenden Unsicherheit über die Beziehung zwischen Geldmenge und Nominaleinkommen in den Jahren 1986/87 einen flexibleren Ansatz bei der Analyse verfolgen musste, bei dem eine Vielzahl von Indikatoren betrachtet wurden. An erster Stelle wurde dabei „the pace of business expansion" angeführt.

[42] Die Outputlücke kann man definieren als $(Y - Y^*)/Y^*$, wobei Y das tatsächliche Outputniveau und Y^* das potentielle Outputniveau darstellt. Unter dem Produktionspotential Y^* wird dabei die gesamtwirtschaftliche Leistung verstanden, welche bei normaler Auslastung der Faktoren Arbeit und Kapital (und unter Berücksichtigung des technischen Fortschritts) erreicht werden kann [vgl. z.B. Deutsche Bundesbank (1995a), S. 41f.]. Bei $Y > Y^*$ kommt es zu einer Überbeanspruchung der vorhanden Angebotskapazitäten, was Preisdruck auslöst.

cke, wie sie vom *Congressional Budget Office (CBO)* gemessen wird.[43] Dies kann man dahingehend interpretieren, dass die Fed immer dann die Realzinsen anhob, wenn sie einen Anstieg der Outputlücke zu erkennen glaubte und im umgekehrten Fall die Geldpolitik lockerte. Dieses Vorgehen, das auf eine Outputlücke von null abzielt, basiert vor allem auf zwei Annahmen:

1. Ungleichgewichte zwischen aggregierter Nachfrage und Angebot stellen die wesentliche Quelle des zukünftigen Inflations- und Disinflationsdruck dar:[44]

   "Price stability ... requires that aggregate demand be in line with potential aggregate supply. In the long run, that balance depends crucially on monetary policy." Greenspan (1989b), S. 275.

   "... we believe that the level of resource utilization in the economy is an important determinant of wage and price behaviour." Prell, in: FOMC (Staff Feb 1990), S. 7f.

Abb. 5.6 veranschaulicht den recht engen Gleichlauf zwischen der Outputlücke und Inflationsentwicklung in den USA seit 1960. In der Grafik ist dabei der Outputlücke in Periode t die Änderung der Inflationsrate in Periode t+1 gegenübergestellt.

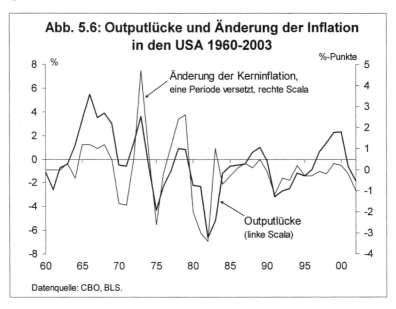

Abb. 5.6: Outputlücke und Änderung der Inflation in den USA 1960-2003

Datenquelle: CBO, BLS.

---

[43] Zur Berücksichtigung zeitlicher Verzögerungen bei der Informationsverarbeitung wurde dabei die reale Fed Funds Rate der Periode t der Outputlücke der Periode t-1 gegenübergestellt, wobei eine Periode ein Quartal umfasst. Die Schätzungen anderer Institutionen (z.B. OECD, IMF) weichen zwar im Niveau teilweise etwas von den Schätzungen des CBO ab, weisen aber praktisch das identische Verlaufsmuster auf, vgl. CBO (2001), S. 32ff.

[44] Dies wird gerade auch in den Prognosen der Fed-Staff deutlich: "As usual, the broader contours of our inflation outlook are shaped less by these largely transitory influences [of energy and food prices] and more importantly by our assessment of the underlying trends of aggregate demand and supply." Stockton, in: FOMC (Staff Jan 1996), S. 23.

2. Die Fed sieht sich in der Lage, die Nachfrageentwicklung in begrenztem Maße zu steuern und damit größere Ausschläge bei der Outputentwicklung zu verhindern:

"By altering ... interest rates and exchange rates and wealth positions, monetary policy can assist in bringing about a better match between demand and potential supply ..." Greenspan (1989), S. 275.

"The business cycle cannot be repealed, but I believe it can be significantly damped by appropriate [monetary] policy action." Greenspan (1988b), S. 613.

Als Benchmark für das Niveau der Outputlücke fungiert bei der Fed zumeist die „Beschäftigungslücke" – also die Differenz zwischen NAIRU und tatsächlicher Arbeitslosenrate (u*-u). Zwar ist die Fed prinzipiell am Auslastungsgrad beider Produktionsfaktoren (Kapital und Arbeit) interessiert, angesichts des „dualen Mandats" und der großen Bedeutung, welche die Lohnkosten für die Preisentwicklung aufweisen, kam aber der Analyse der Beschäftigungsentwicklung schon immer eine herausgehobene Rolle zu. Die Fed-Staff beginnt z.B. ihre Ausführungen zur zukünftigen Preisentwicklung immer mit der Einschätzung der Beschäftigungslücke. Diese Tendenz verstärkte sich in der zweiten Hälfte der 1990er Jahre als Greenspan [(1997b) S. 745] im Faktor Arbeit den eigentlichen Engpassfaktor der Produktion sah, während er in den Sachkapazitäten kaum noch eine Produktionsschranke vermutete. Die Fed-Politik wurde daher stärker von der Beschäftigungsentwicklung als etwa vom Kapazitätsauslastungsgrad der Industrie bestimmt.

Abb. 5.7: Fed-Politik und Beschäftigungslücke 1987-2003

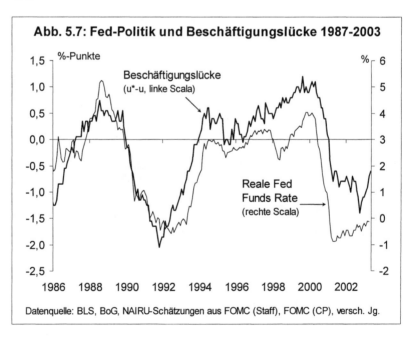

Datenquelle: BLS, BoG, NAIRU-Schätzungen aus FOMC (Staff), FOMC (CP), versch. Jg.

Abb. 5.7 verdeutlicht den engen Zusammenhang zwischen der amerikanischen Geldpolitik und der Entwicklung der „Beschäftigungslücke".[45] Generell kann man sagen, dass die Fed bis 1995 immer dann eine restriktive Gangart einlegte, wenn die Arbeitslosenrate die geschätzte NAIRU von 5¾-6 % unterschritt (= positive Beschäftigungslücke) und zu einer expansiveren Politik überging, wenn die Arbeitslosenrate auf über 6 % stieg (= negative Beschäftigungslücke). Ab 1996 schloss sich die Mehrheit des FOMC der Meinung Greenspans an, dass die NAIRU der USA auf 5 % (oder sogar 4,5 %) gefallen sein könnte. Die Zinspolitik wurde daher erst unterhalb dieser Marke restriktiver. Heute gehen viele Institutionen (OECD, CBO, Council of Economic Advisers) davon aus, dass die US-NAIRU bei etwa 5 % liegt.[46] Die trotz des kräftigen Wachstums immer noch sehr expansive Geldpolitik der Fed am Jahresende 2003 wurde daher unter anderem mit der nach wie vor bestehenden Unterbeschäftigung begründet, die bei einer Arbeitslosenrate von 5¾ -6 % noch gegeben sei.[47]

Während die Beschäftigungslücke Auskunft über den *derzeitigen* Auslastungsgrad der Arbeitsressourcen gibt, muss die Fed außerdem abschätzen können, wie sich *in Zukunft* die gesamtwirtschaftliche Ressourcenauslastung entwickelt, d.h. sie muss Vorstellungen darüber bilden, in welchem Ausmaß die Wirtschaft mittelfristig wachsen kann, ohne die Angebotsmöglichkeiten zu überfordern. Zu diesem Zweck schätzt die Fed regelmäßig den mittelfristigen Potentialtrend. Der Vergleich zwischen diesem Trendwachstum und der tatsächlichen Wachstumsrate gibt dann Aufschluss darüber, ob sich in Zukunft eine positive oder negative Outputlücke herausbilden könnte. Die beiden wichtigsten Größen anhand derer die Fed-Staff die Wachstumsrate des Produktionspotentials ($\hat{Y}^*$) bestimmt, sind die Wachstumsrate der Arbeitsproduktivität ($\hat{a}$) und die Wachstumsrate des Arbeitsangebots ($\hat{A}$). Gemäß der Fed-Staff lag das Wachstum beider Größe zwischen 1987 bis 1995 bei etwa 1¼ %, so dass der Potentialtrend in dieser Zeit auf etwa 2½ % geschätzt wurde:[48]

$$(5.4) \quad \hat{Y}^* = \hat{a} + \hat{A} = 1\tfrac{1}{4}\,\% + 1\tfrac{1}{4}\,\% = 2\tfrac{1}{2}\,\%.$$

Spätestens seit 1998 setzte sich im Offenmarktausschuss aber unter der Meinungsführerschaft von Greenspan die Auffassung durch, dass die Wachstumsrate der Arbeitsproduktivität im Zuge der breiten Diffusion effizienterer Produktionstechniken um ca. 1 Prozentpunkt auf ungefähr 2-2½ % angestiegen ist. Inzwischen geht man allgemein von einem Potentialwachstum der US-Wirtschaft von ca. 3½ % aus:[49]

$$(5.5) \quad \hat{Y}^* = \hat{a} + \hat{A} = 1\tfrac{1}{4}\,\% + 2\tfrac{1}{4}\,\% = 3\tfrac{1}{2}\,\%.$$

---

[45] Bei der Berechnung der Beschäftigungslücke wurden folgende NAIRU-Werte unterstellt, die bis 1995 der Staff-Schätzung und ab 1996 der Vermutung Greenspans einer allmählich gesunkenen NAIRU folgen: 1987-1993: 5¾ %, 1994/95: 6 %, 1996: 5,5 %, 1997 5¼ %, ab 1998 bis 2003: 5 %.

[46] Das CBO [(2001), S. 37] schätzt die NAIRU im Jahr 2004 auf 5,2 %, das Council of Economic Advisers [CEA (2004), S. 98] auf 5,1 % und die OECD [EO (1/2004), S. 236] auf 5,1 %.

[47] Die Mehrzahl der Fed-Beobachter rechnete 2003 erst bei einem deutlichen Absinken der Arbeitslosenrate in Richtung 5 % mit dem Ende des Zinssenkungszykluses, vgl. z.B. Tigges (2003e), S. 25.

[48] Zur Bestimmung der Wachstumsrate des Produktionspotentials der Fed-Staff vgl. z.B. Prell, in: FOMC (Staff Feb 1991), S. 22ff., und FOMC (Staff Jul 1994), S. 4f., oder Stockton, in: FOMC (Staff Jul 1997), S. 1ff.

[49] Greenspan [(2000b), S. 649] ging bei einem heimischen Nachfragewachstum von ca. 5¼ % 1998/99 davon aus, dass man sich um 1½-2 Prozentpunkte oberhalb des (um die Produktivitätseffekte der New Economy erhöhten) Potentialtrends bewege, was für einen geschätzten Potentialtrend von ca. 3½ % spricht. Die OECD [ES USA (2002), S. 48] taxiert den Potentialtrend in den USA 1996-2000 auf 3,4 %, das CBO auf 3,5 %.

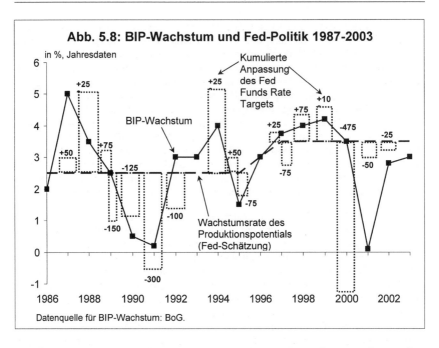

Abb. 5.8: BIP-Wachstum und Fed-Politik 1987-2003

Datenquelle für BIP-Wachstum: BoG.

Die Einschätzung der jeweils herrschenden Wachstumsdynamik prägte die amerikanische Geldpolitik stark.[50] Die Politik der Fed war darauf ausgerichtet, das BIP-Wachstum möglichst im Einklang mit dem Potentialwachstum zu halten. Dieses Vorgehens wird in Abb. 5.8 deutlich. Die Potentialschätzung der Fed sowie die Wachstumsrate des Sozialprodukts werden dabei der Zinspolitik der Fed gegenübergestellt. Letztere wird in der kumulierten Anpassung des Federal Funds Rate Targets eines Jahres (bzw. leicht angepassten Zeitperioden) zum Ausdruck gebracht. Für das BIP-Wachstum werden die damals der Fed vorliegenden Daten („Echzeitdaten") herangezogen. Anhand Abb. 5.8 kann man die antizyklische Zinspolitik der Fed in den Jahren 1987-2003 Revue passieren lassen:

1. In den drei Zinserhöhungszyklen (`87-89, `94/95, `99/00) sollte durch eine straffere Zinspolitik das Wachstum der gesamtwirtschaftlichen Nachfrage auf ein Niveau abgedämpft werden, das mit dem langfristigen Potentialtrend vereinbar war:

    • März 1987-Februar 1989: In dieser Zeit war die Zinspolitik darauf ausgerichtet, das kräftige Nachfragewachstum auf ein Niveau leicht unterhalb des Potentialtrends zu drücken (ca. 1,5-2 %): *"Containing the pressures on labor and capital resources ... will require a slowing in domestic demand."* Greenspan (1989a), S. 141.

---

[50] Die Fed-Staff [vgl. z.B. Stockton, in: FOMC (Staff Jun 1992), S. 20ff.] weist immer wieder darauf hin, dass sowohl das *Niveau* der Outputlücke als auch die *Geschwindigkeit* der Expansion (als „speed effect" deklariert) die weitere Preisentwicklung beeinflusst, was speziell die Analyse in Aufschwungphasen erschwert, wenn die Outputlücke noch negativ ist, das Wachstum aber bereits oberhalb des Potentialtrends liegt.

- Februar 1994-Februar 1995: Der „preemptive strike" sollte für eine rechtzeitige Abschwächung des Wachstums sorgen, um Kapazitätsengpässen vorzubeugen: "... *[FOMC-] members emphasized that ... overall margins of slack in labor and product markets ... would shrink further in the quarters ahead ... in the absence of monetary tightening actions.*" BoG (Minute Feb 1994), S. 134.

- Juni 1999-Mai 2000: Die Zinsrestriktion dieser Phase sollte dazu beitragen, dass überschäumende Wachstum des „New Economy"-Booms abzubremsen: *"The Committee's decision to tighten its policy stance was intended to help bring growth of aggregate demand into better alignment with the expansion of aggregate sustainable supply ...."* BoG (Minute Feb 2000), S. 207f.

2. Die expansiven Impulse in den drei Zinssenkungsphasen (Herbst 1990-Ende 1992, Ende 1995, 2001-2003) waren hingegen darauf ausgerichtet, Rezessionsphasen (1990/91, 2001) oder Wachstumseinbrüche (1995) zu überwinden. Dies sollte dazu beitragen, die Wachstumsrate wieder auf die Höhe des Potentialtrends bzw. sogar (kurzfristig) darüber hinaus anzuheben. Eine Ausnahme ist die Finanzmarktkrise im Herbst 1998, als die Zinsen trotz eines Wachstums oberhalb des Potentialtrends gelockert wurden.

3. Eine besondere Phase der Geldpolitik stellten jeweils die Aufschwungphasen (1992/1993 sowie 2002/2003) dar. In solchen Perioden treten zwei gegenläufige Effekte auf: Das lebhafte Wachstum wirkt inflationstreibend, die noch bestehende Unterauslastung der Kapazitäten jedoch inflationsdämpfend. Die Fed vertraute in diesen Phasen jeweils auf den Disinflationseffekt der negativen Outputlücke und behielt zunächst die akkommodierende Politik (1993 und 2003) aufrecht. Sie sieht es als ihre Aufgabe an, nach einer Rezession Wachstumsraten oberhalb des Potentialtrends zu unterstützen, damit die Ressourcenspielräume allmählich wieder voll ausgeschöpft werden und insbesondere die Arbeitslosenrate wieder auf das ursprüngliche NAIRU-Niveau absinkt:[51]

"When the economy is operating below capacity, bringing demand in line with supply can involve real GNP growth that is faster for a time than its long-run potential." Greenspan (1989b), S. 275.

Auch die Deutsche Bundesbank praktizierte im Rahmen ihrer Konzeption einer potentialorientierten Geldmengensteuerung eine Geldpolitik, die stark an der Wachstumsrate des Produktionspotentials ausgerichtet war. Der Umgang der Fed mit dem Potentialtrend war aber offenbar durch ein größeres Maß an Flexibilität geprägt:[52]

---

[51] Für Greenspan ist die Periode Mitte der 1980er Jahre ein Beispiel für eine Phase, bei der die Geldpolitik gut daran getan hat, Wachstumsraten oberhalb des Potentialtrends zu fördern, um auf diese Weise die negative Outputlücke zu beseitigen, die sich als Folge der Rezession zu Beginn der 80er Jahre gebildet hat. 1992 wies die Fed-Staff [vgl. Stockton, in: FOMC (Staff Jun 1992), S. 20ff.] z.B. darauf hin, dass eine akkommodierende Geldpolitik trotz eines Wachstums oberhalb des Potentialtrends aufgrund der negativen Beschäftigungslücke keine Inflationsgefahren mit sich bringen würde.

[52] An den Potentialschätzungen der Bundesbank wurde u.a. bemängelt, dass sie zu rückwärtsgewandt und tendenziell nach unten gerichtet waren [vgl. z.B. Maier-Rigaud (1998)]. Außerdem hätte die Bundesbank gemäß dieser Ansicht die Unterauslastung der Kapazitäten während und nach Rezessionsphasen durch einen größeren Zuschlag zur Wachstumsrate des Produktionspotentials berücksichtigen müssen. Insgesamt sei die potentialorientierte Geldmengensteuerung asymmet-

- Die Fed (und vor allem Greenspan) ließ sich nicht allein von vergangenheitsorientierten Potentialschätzungen leiten, die auf einer Trendfortschreibung basierten, sondern sie hob die Potentialschätzung trotz Datenunsicherheit in den Jahren 1996-1998 mutig an.[53]
- Nach Rezessionsphasen oder Wachstumseinbrüchen wurden bewusst auch Wachstumsraten oberhalb des Potentialtrends geldpolitisch alimentiert, um eine Abschmelzung der in der Rezession entstandenen negativen Outputlücken zu bewerkstelligen.
- Im Vordergrund der Fed-Politik stand vor allem die volle Ausschöpfung der Arbeitsressourcen und damit nach einem Anstieg der Arbeitslosenrate die Rückkehr zur ursprünglichen Höhe des Beschäftigungsniveaus.[54]

Letzterer Punkt verdeutlicht, dass die Fed-Politik zwar nicht unbedingt darauf ausgerichtet ist, mittels expansiver Nachfragepolitik die NAIRU zu senken, zumindest zielt sie aber darauf ab, negative Hysteresis-Effekte zu vermeiden. Viele Fed-Politiker sehen jedenfalls in vollausgelasteten Arbeitsmärkten eine Voraussetzung für die kontinuierliche Qualifizierung des Arbeitskräftepotentials. Greenspan [z.B. (1998), S. 264] hat mehrfach auf die positiven Effekte des „New Economy"-Booms für die Qualität des Arbeitsangebots hingewiesen. Besonders anschaulich ist aber auch eine Aussage von Ex-Fed-Gouverneur Rivlin (1997):

"The benefits of tight labor markets are enormous, especially in a society whose future depends on continuous and persistent upgrading of skills of the whole labor force. If we can keep labor markets at least as tight as they are now for a few years ... we can do a lot for the future standard of living of Americans."

Zusammenfassend kann man festhalten, dass die Fed seit Mitte der 1980er Jahre vor allem dann Preisrisiken vermutet, wenn ein Ungleichgewicht zwischen der Nachfrage- und Angebotsdynamik vorliegt. Die Fed sieht sich in diesem Fall nicht nur als passiven – beobachtenden –, sondern auch als aktiven Akteur, dessen Aufgabe darin besteht, Konjunkturschwankungen und damit das Entstehen einer Outputlücke mittels antizyklischer Zinspolitik zu begrenzen. Da vor allem die Arbeitsressourcen als Engpassfaktor der Produktion angesehen werden, wird das Niveau einer möglichen Outputlücke primär durch die „Beschäftigungslücke" approximiert, deren Schwankungen die Fed-Politik konsequent begegnet ist. Eine unter- oder überdurchschnittliche Wachstumsdynamik misst die Fed anhand der Differenz aus tatsächlichem BIP-Wachstum und geschätztem Potentialtrend. Im Zeitraum 1987-2003 versuchte die Fed in drei Zinssenkungsphasen jeweils unter- und in drei Zinserhöhungsphasen jeweils überdurchschnittlichem Wachstum zu begegnen. Der Umgang des FOMC mit Potentialschätzungen zeichnet sich dabei durch ein hohes Maß an

---

risch angelegt: Sie lasse zwar rezessive Entwicklungen zu, höheres Wachstum werde aber durch eine zu eng gewählte Finanzierungsschranke verhindert.

[53] Die Deutsche Bundesbank senkte hingegen ihre Annahmen über die Wachstumsrate des Produktionspotentials bei der Ableitung ihres Geldmengenziels von 2¾ (1995), auf 2½ (1996) und schließlich auf 2 % (1997/98), vgl. Deutsche Bundesbank (1996), S. 25, und Deutsche Bundesbank (1997), S. 21.

[54] In der deutschen Geldpolitik begrenzten hingegen die von der Bundesbank berechneten hohen Auslastungsgrade der Sachkapazitäten (von nahezu 100 %) trotz der Unterbeschäftigung im Bereich des Arbeitsangebots die Potentialspielräume, vgl. Maier-Rigaud (1998), S. 436.

Flexibilität aus. So war das FOMC sehr schnell bereit, den Potentialtrend 1996/1997 anzuheben und nach Rezessionen ließ es auch temporär Wachstumsraten oberhalb des Potentialtrends zu.

5.2.1.3 Die Zinslücke als neuer Wirkungsindikator der Geldpolitik

Um ihre antizyklische Konjunktursteuerung von 1987-2004 durchzuführen, benötigte die Fed einen Indikator, mit dessen Hilfe sie den Restriktionsgrad ihrer Geldpolitik bestimmen konnte. Bis Ende der 80er Jahre übernahm die Geldmenge weitgehend die Rolle eines solchen „Wirkungsindikators". Bei hohem Geldmengenwachstum konnte man von expansiven, im umgekehrten Fall von restriktiven Impulsen ausgehen. Mit dem vollkommenen Übergang zu einer Zinssteuerung rückte jedoch ab etwa 1993 die Konzeption der Zinslücke und des realen Gleichgewichtszinses verstärkt in das Blickfeld der Fed. Die Differenz zwischen der aktuellen realen Fed Funds Rate und dem kurzfristigen realen Gleichgewichtszins sollte der Fed darüber Aufschluss geben, ob ihre Geldpolitik ausreichend restriktiv bzw. expansiv ausfiel.

Abb. 5.9: Reale Zinslücke USA 1987-2004

Quelle: BLS und BoG (Daten), eigen Darstellung.

Abb. 5.9 macht deutlich, dass die Realzinsentwicklung tatsächlich innerhalb des FOMC verstärkt Beachtung fand. Nach der sehr akkommodierenden Zinspolitik in den Jahren 1992/1993 strebte das FOMC 1994 explizit ein „neutrales" Zinsniveau an. Im Sommer 1996 empfand die Mehrheit der Offenmarktmitglieder eine reale Fed Funds Rate von 2,5 % als neutral und hielt dies unter den gegenwärtigen Umständen (ordentliches Wachstum, stabile Inflation) für angemessen.[55] Der Rückgang der Infla-

---

[55] Vgl. z.B. BoG [(Minute Jul 1996), S. 149], oder Gouverneur Yellen, in FOMC (TS July 1996), S. 94.

tion sorgte dann im Jahr 1997 automatisch für einen Anstieg der Realzinsen.[56] Damit nahm die Fed nach Ansicht der meisten Offenmarktmitglieder eine leicht restriktive Haltung ein, was vor dem Hintergrund der günstigen Wachstumsentwicklung als wirksamer Schutz gegen plötzlich aufflammende Inflationsgefahren angesehen wurde. Im Frühjahr 2000 wurden im historischen Vergleich recht hohe Realzinsen für notwendig gehalten, um das lebhafte Nachfragewachstum unter Kontrolle zu bringen. Eine Vielzahl negativer Schocks und Deflationsgefahren rechtfertigt schließlich 2002/2003 die Aufrechterhaltung eines negativen Realzinsniveaus. Die Einleitung der Zinswende im Juni 2004 wurde im Kongressbericht [MPRC (Jul 2004), S. 1] als erster Schritt in Richtung einer „neutraleren" Haltung der Fed bezeichnet

Greenspan [(1993b), S. 853] bezeichnete zwar die „Realzinslücke" als einen wichtigen Indikator der amerikanischen Geldpolitik. Der Offenmarkausschuss entwickelte diesen Ansatz jedoch nicht zu einer ausgereiften Konzeption weiter. Es wurde intern z.B. keine Konsensmeinung über das neutrale Realzinsniveau angestrebt. Stattdessen bildete sich jedes Offenmarktmitglied mehr oder weniger seine eigene Meinung über das Ausmaß der Zinslücke. Dementsprechend konnte die Zinslücke auch nicht als externes Kommunikationsmittel fungieren, mit dessen Hilfe außenstehenden Beobachtern die Fed-Politik erklärt wurde.

Die stark antizyklische Zinspolitik der Fed hat natürlicher auch Widerspruch provoziert. Kritiker werfen der Fed vor, dass sie im Bemühen, jede Konjunkturwelle auszumerzen, in der Zeit von 1998 bis 2004 die wirtschaftlichen Instabilitäten eher verstärkt als gemindert habe. Im Rahmen des Vergleichs mit der Zinspolitik der EZB in den Jahren 2001-2003 wird auf diese Kritik näher eingegangen (siehe Kapitel 6.2). Bereits vorab lassen sich aber unterschiedliche Auffassungen über die Qualität der Fed-Politik verdeutlichen, wenn man einen zweiten Blick auf Abb. 5.5 wirft, die eine weitgehend parallele Entwicklung zwischen der realen Fed Funds Rate und der Outputlücke aufzeigt. Würde man Greenspan nach einer Interpretation dieser Grafik fragen, so würde er vermutlich die meisten zyklischen Outputbewegungen mit exogene Faktoren erklären, also z.B. den Wirtschaftsabschwung 1990 mit dem ersten Irakkrieg, den Aufschwung 1995-2000 mit der Aussicht auf bessere Profitchancen infolge effizienterer Produktionstechniken oder die Rezession 2001 mit dem Platzen der Börsenblase. Er würde des Weiteren argumentieren, dass die Fed mit ihrer Zinspolitik auf diese exogene Entwicklung reagiert und schlimmere Outputschwankungen verhindert habe. Kritiker der Fed-Politik werden hingegen die umgekehrte kausale Logik anführen. Nach dieser Lesart ist die Fed mit ihren Zinsbewegungen nicht ausschließlich der Outputentwicklung gefolgt, sondern die heftigen Zinsausschläge der Fed haben ihrerseits erst die Outputschwankungen verursacht bzw. haben schwächere Bewegungen verstärkt.

---

[56] Man sprach von einer „passiven" Restriktionspolitik der Fed: "Some analysts have dubbed the contribution of the reduction in inflation expectations to raising the real federal funds rate [in 1997] a 'passive' tightening, in that it increased the amount of monetary policy restraint in place without an explicit vote by the FOMC." Greenspan (1998a), S. 264.

5.2.2 Von der Geldmengensteuerung zu einem Multi-Indikatorenansatz

Das Ende der Geldmengensteuerung bedeutete nicht nur die offizielle Abkehr von einem monetär orientierten Ansatz, sondern die Fed verlor damit auch ein wichtiges Kommunikationsinstrument. Im Prinzip erfüllt die Geldmengensteuerung in idealer Weise die Anforderungen, die an eine glaubwürdige und transparente Strategie gestellt werden: *Erstens* ist der theoretische Unterbau – der Zusammenhang zwischen Geldmengenwachstum und Inflation – für die Öffentlichkeit leicht nachvollziehbar und plausibel. *Zweitens* sorgt der Vergleich von Geldmengenziel und tatsächlichem Geldmengenwachstum für einen gewissen Regelcharakter und ständigen Rechtfertigungszwang der Geldpolitik. Aus Sicht der *Deutschen Bundesbank* hat die Geldmengensteuerung z.B. noch in den 1990er ihre Funktion als gemeinsame „Sprachebene" zwischen Notenbank und Öffentlichkeit erfolgreich erfüllt.[57] Über diese Vorzüge der Geldmengensteuerung in der öffentlichen Kommunikation war sich auch die Fed im Klaren, weshalb sie erst nach dem vollkommenen Auseinandertriften von Nominaleinkommen und Geldmengenwachstum endgültig davon abkam.[58]

Die Herabstufung der Geldmengenziele hinterließ auf jeden Fall eine Kommunikationslücke, die bis heute nicht wirklich geschlossen werden konnte. Zunächst kündigte die Fed an, dass sie sich bei ihren geldpolitischen Entscheidungen nicht mehr primär an einem, sondern einer Vielzahl von Konjunktur-, Preis- und Finanzmarktindikatoren orientieren werde. Dieser Ansatz machte die Fed unabhängiger von strukturellen Veränderungen und ermöglichte ihr, sämtliche Informationen bei der Entscheidungsfindung zu berücksichtigen. Gleichzeitig gab sie aber auch zu, dass ihre Geldpolitik hierdurch diskretionärer und eklektischer wurde:

> *"Thus, as the historic relationship between measured money supply and spending deteriorated, policymaking, seeing no alternative, turned more eclectic and discretionary."* Greenspan (1997c).

Die Fed war daher darum bemüht, alternative Konzeptionen ausfindig zu machen, welche zu einem besseren Verständnis und einer leichteren Überprüfbarkeit der amerikanischen Geldpolitik beitragen sollten.[59] Unter anderem kam es dabei zu folgenden Vorschlägen:

* Die erste Idee (Ende der 1980er Jahre) bestand darin, sich an drei herausgehobene Indikatoren – Zinsstruktur, Wechselkurs und Rohstoffpreise –, welche der Fed in den zurückliegenden Jahren sowohl bei der Prognose von Preisrisiken als auch zum Teil bei der Einschätzung des geldpolitischen Wirkungsgrades gute

---

[57] Vgl. zu den Vorteilen der Geldmengenstrategie auch als Kommunikationsmittel aus der Sicht der Bundesbank z.B. Deutsche Bundesbank (1995b), S. 68ff., (1996), S. 22f, und (1997), S. 18f., (1998b), S. 35ff.

[58] Greenspan verteidigte 1988 noch mehrfach die Geldmengensteuerung, warnte vor einer völlig regellosen Geldpolitik und wies auf die Vorzüge der Geldmengensteuerung hin: "A perfectly flexible monetary policy, however, without any guideposts to steer by, can risk losing sight of the ultimate goal of price stability. (...) The announcement of ranges for monetary aggregate represents a way for the Federal Reserve to communicate its policy intentions to the Congress and the public." Greenspan (1988b), S. 612.

[59] "Whatever its successes, the current monetary policy is far from ideal. (...) ... we continuously examine alternatives that might better anchor policy, so that it becomes less subject to the abilities of the Federal Open Market Committee to analyze developments and make predictions." Greenspan (1997c).

Dienste geleistet haben, zu orientieren. Die Protagonisten dieses Vorschlages konnten sich aber im Kreis ihrer Offenmarktmitglieder nicht durchsetzen (vgl. Kapitel 4.2.2.2).

• Nachdem die Fed sich bei der Abschätzung des zukünftigen Preisdrucks immer stärker am Verhältnis von gesamtwirtschaftlicher Nachfrage und Angebot orientierte, wurde aus den Reihen des Kongresses angefragt, ob die Fed nicht bestimmte Schwellenwerte für die Arbeitslosenrate oder den Kapazitätsauslastungsgrad bekannt geben könnte, deren Unter- oder Überschreiten die Fed als Signal für zukünftig steigenden oder nachlassenden Preisdruck interpretieren würde. Greenspan [(1994c), S. 716f., (1994d), S. 798] lehnte dies jedoch mit dem Argumenten ab, dass man sich bei der Analyse nicht allein auf solch hochaggregierte Indikatoren stützen könnte und Schwellenwerte wie die „natürliche" Arbeitslosenrate zu unpräzise messbar seien (vgl. Kapitel 4.4.2.2).

• In jüngster Zeit wurde von verschiedenen Ökonomen und von Fed-Politikern selbst eine stärkere Annäherung der Fed-Strategie an Inflation Targeting empfohlen.[60] Dabei reichen die Vorschläge von der Formulierung eines quantitativen Inflationsziels bis zur Veröffentlichung einer vom FOMC selbst erstellten Inflationsprognose (vgl. Kapitel 5.5).

• Vor allem deutsche Ökonomen fordern wiederum von der Fed die Rückbesinnung auf Geldmengenziele.[61]

All diese Empfehlungen scheiterten aber nicht zuletzt am Fed-Vorsitzenden Greenspan, der sich stets für die Bewahrung höchstmöglicher Flexibilität in der Geldpolitik und gegen die Festlegung auf bestimmte übergeordnete Indikatoren oder einfache Daumenregeln in der externen Kommunikationspolitik, aussprach [vgl. z.B. Greenspan (1997c), (2003b), (2004a)]. In einer komplexen Welt, die durch häufige Strukturbrüche und unvorhergesehene Ereignisse gekennzeichnet ist, wäre die Bindung an einfache Regeln oder Modelle seiner Ansicht nach völlig unangemessen.

Was ursprünglich als Verlegenheitslösung gedacht war – ein Multiindikatorenansatz –, blieb daher bis heute in Takt. Die Fed hat es bisher allerdings vermieden, eine offizielle Liste der von ihr betrachteten Indikatoren zu veröffentlichen. Die wichtigsten Indikatoren der Fed lassen sich nur implizit aus den drei Kommunikationsmedien erschließen, mit denen die Fed der Öffentlichkeit eine umfassende gesamtwirtschaftliche Lagebeurteilung präsentiert. Es handelt sich dabei um (1) die Kongressberichte (halbjährlich), (2) die geldpolitischen Protokolle der Offenmarktsitzungen und (3) die „Beige Books" (Konjunkturberichte der regionalen Zentralbanken). Innerhalb dieser Lageanalyse kann man drei Schwerpunkte unterscheiden:

• *Nachfragesituation:* Die Fed untersucht in detaillierter Weise die einzelnen Nachfragekomponenten – Konsum-, Investitions-, Staats- und Exportnachfrage – und deren wichtigste Bestimmungsfaktoren. In Tabelle 5.2 werden beispielhaft die wichtigsten Indikatoren aufgelistet, welche die Fed im Rahmen ihrer Analyse der Konsumnachfrage untersucht und qualitativ und/oder quantitativ auswertet.

• *Angebotssituation:* Wie bereits oben ausgeführt, steht bei der Untersuchung der gesamtwirtschaftlichen Ressourcenauslastung der Arbeitsmarkt im Vordergrund.

---

[60] Vgl. zu diesen Vorschlägen z.B. Bernanke (2003b), Meyer (2001b), und Mishkin (1999).
[61] Vgl. z.B. Tigges (2004a), S. 11.

Die Fed beobachtet aber natürlich auch andere angebotsseitige Faktoren, die einen möglichen Inflations- oder Disinflationsdruck verursachen können und wertet eine Vielzahl von Preisindizes aus. Einen Überblick zu den wichtigsten betrachteten Indikatoren der Angebotsseite gibt Tabelle 5.3 und ein ausführliches Beispiel für eine Auswertung der Angebotsfaktoren durch die Fed-Staff wird in Kasten 5.1 präsentiert.

*   *Finanzmärkte:* Der Schwerpunkt der Analyse hat sich in diesem Bereich von den Geld- und Kreditaggregaten zur Auswertung der Zins- und Aktienmarktentwicklung verlagert. Finanzmarktindikatoren dienen als Informationsquelle für eine Vielzahl von Fragestellungen: Aus ihnen kann zum eine abgelesen werden, wie die privaten Akteuere die weitere ökonomische Entwicklung (steigende Kapitalmarktzinsen deuten z.b. auf steigende Inflationserwartungen hin) und die weitere Zinspolitik der Notenbank einschätzen (ein Anstieg der Federal Funds Rate Futures lässt auf steigende Zinserwartungen schließen). Zum anderen beeinflussen Veränderungen von Finanzmarktgrößen das Ausgabenverhalten der Wirtschaftssubjekte (steigende Aktienkurse, günstige Kreditkonditionen, sinkende Kapitalmarktzinsen regen die Binnennachfrage an), was für die Nachfrageanalyse relevant ist. Die regelmäßige Auswertung verschiedener Aktienindizes, Zinsspreads (zwischen Anleihen verschiedener Laufzeit und Risikoklassen, nominalen und indexierten Bonds) und Future Märkten gehört daher zu den Routinen der Fed.

Tabelle 5.2: Fed-Indikatoren der US-Konsumnachfrage

Konsumausgaben	• Wachstumsrate der persönlichen Konsumausgaben, getrennt nach Sektoren z.b. langlebige Konsumgüter, Dienstleistungen. • Einzelhandelsumsätze.
Einkommen	• Wachstumsrate des verfügbaren Einkommens und Entwicklung der Einflussfaktoren z.B. Steuern und Beschäftigung.
Vermögen	• Entwicklung von Häuserpreisen und Aktienkurse. • Verhältnis Nettovermögen zu verfügbarem Einkommen.
Konsumentenvertrauen	• Gemessen am Index des *Conference Board.* • Gemessen am Index der *University of Michigan.*
Verschuldung	• Stand und Entwicklung der Haushaltsverschuldung. • Wachstumsrate der Konsumentenkredite. • Schuldendienstquote (Schuldendienst/verfügbares Einkommen). • Entwicklung der Kreditausfallquote. • Bereitschaft der Banken zur Kreditvergabe.
Sparen	• Entwicklung der Sparquote.
Zinskosten	• Veränderung der Hypothekenzinsen.

Insgesamt erfährt die Öffentlichkeit aus den Kongressberichten und den geldpolitischen Protokollen des FOMC recht präzise, wie die Fed die derzeitige ökonomische Lage einschätzt. Der Transfer dieser ökonomischen Lageeinschätzung in konkrete geldpolitische Beschlüsse ist jedoch für den außenstehenden Fed-Beobachter weniger leicht nachvollziehbar. Die Fed begründet ihre Zinsentscheidungen eher spärlich und verweist dabei immer nur auf eine Auswahl an Indikatoren. Die Öffentlichkeit kann nur Vermutungen darüber anstellen, welches Gewicht und welche Priorität die Fed den verschiedenen Indikatoren generell beimisst und von welchen Beziehungen zwischen den einzelnen Indikatoren ausgegangen wird. Man erfährt insgesamt nur wenig über das ökonomische Weltbild der Fed und ihre Ansichten über den geldpolitischen Transmissionsprozess. Da es der Fed bei der Analyse der Angebots- und Nachfragesituation vor allem um die Bestimmung der derzeit vorliegenden Output- und Beschäftigungslücke geht, wäre es außerdem hilfreich, wenn die Fed diese Schätzwerte bekannt geben würde.

Tabelle 5.3: Fed-Indikatoren der Angebotsseite

Auslastungsgrad des Faktors Arbeit	• Arbeitslosenquote. • Um „stille Reserve" korrigierte Arbeitslosenquote. • Leichtigkeit/Schwere der Stellensuche („Perceived Job Availability", Umfrage *Conference Board*). • Entwicklung der Teilzeitbeschäftigung. • Zahl der unbesetzten Stellen.
Lohnkosten	• Lohnkostenindex (ECI), alternatives Maß: Wachstumsrate der Bruttostundenlöhne („Compensation per Hour"). • Entwicklung Lohnzusatzkosten („Benefits").
Arbeitsproduktivität	• Wachstumsrate der Stundenproduktivität. • Veränderung der Kapitalintensität.
Arbeitsangebot	• Wachstumsrate der Beschäftigtenzahl (nach Sektoren). • Veränderung der Partizipationsrate.
Auslastungsgrad des Faktors Kapital	• Kapazitätsauslastungsgrad des verarbeitenden Gewerbes. • Entwicklung der Verkäufer-Lieferzeiten (NPAM-Index: „Vendor Delivery Perfomance").
Wichtige Preisindikatoren	• Erzeugerpreise (PPI-Index für End- und Zwischenprodukte). • Energie- und Nahrungsmittelpreise („CPI Food", „CPI Energy"). • Einfuhrpreise („Non-Oil Import Prices").
Inflationserwartungen	• Umfrage der Universität Michigan (*Michigan Survey*). • Zinsspread zwischen nominalen und inflationsgeschützen Bonds.

Kasten 5.1: Ein Beispiel für die Fed-Staff-Analyse der Angebotssituation und zukünftigen Preisentwicklung vom Februar 1997

Ausgangspunkt: Das kräftige Wachstum im Jahr 1996 (reales BIP: 3¼ %) und die rückläufige Arbeitslosenrate (Rückgang von 5½ auf 5¼ %) haben die Inflationsgefahr in den USA erhöht. Die weitere Preisentwicklung analysierte die Staff auf Basis der erwarten Angebots- und Nachfragedynamik.

1) Reales Wachstum ($\hat{Y}$):
Die Nachfrageanalyse ließ aus Sicht der Staff eine leichte Beruhigung des Wachstums vermuten. Sie prognostizierte für das Jahr 1997 ein moderates BIP-Wachstum von 2,3 %.

2) Wachstumsrate des Produktionspotentials ($\hat{Y}^*$):
Die Wachstumsrate der Arbeitsproduktivität (â) schätzte die Fed-Staff auf 0,8 %, was mit dem seit Anfang der 90er Jahre anhaltenden Trend übereinstimmte. Im Gegensatz zu Greenspan sah die Staff noch keine eindeutigen Anzeichen für einen höheren Produktivi-

tätstrend. Die Wachstumsrate des Arbeitsangebots (Â) wurde mit 1 % angesetzt, wobei hierfür speziell die weiterhin zunehmende Partizipationsrate (steigende Erwerbspersonenzahl) angeführt wird. Somit ergab sich eine Wachstumsrate des Produktionspotentials von 1,8 %:

$$\hat{Y}^* = \hat{A} + \hat{a} = 0,8\ \% + 1\ \% = 1,8\ \%$$

Das für 1997 prognostizierte Wachstum (2,3 %) lag also weiter über dem Potentialtrend.

3) Veränderung der Arbeitslosenrate (Δ u):
Hier stützte sich die Staff primär auf das „Okun'sche Gestz". Der Okun-Koeffizienten (o) wurde auf ungefähr 2½ geschätzt, weshalb die positive „Wachstumslücke" ($\hat{Y}$-$\hat{Y}^*$) von 0,5 Prozentpunkten einen Rückgang der Arbeitslosenrate um 0,2 Prozentpunkte auslöste:

$$\hat{Y} - \hat{Y}^* \quad = -o\Delta\ u$$

$$(2,3 - 1,8)/2,5 \quad = - \quad \Delta\ u = -0,2$$

Gemäß der Staff-Prognose sank die Arbeitslosenrate folglich von 5,3 auf 5,1 %, was eine zunehmende Anspannung auf dem Arbeitsmarkt implizierte.

4) Lohndruck (Δ ŵ):
Der Lohndruck wurde von der Staff primär aus der Beschäftigungslücke (u*-u) abgeleitet. Es wurden aber auch Veränderungen bei den Inflationserwartungen und andere Faktoren berücksichtigt. Die Staff-Analyse kann daher wie folgt zusammengefasst werden:

$$\Delta\ \hat{w} = \Delta\ \pi^e + \tfrac{1}{2}\ (u^*\text{-}u) + \varepsilon,$$

wobei ŵ = Wachstumsrate der Löhne, u* = NAIRU, π^e = Inflationserwartungen und ε = andere Faktoren wie Änderungen bei Mindestlöhnen oder Lohnnebenkosten („benefits"). Δ bringt die Änderung der jeweiligen Größen zum Ausdruck.

Anfang 1997 schätzte die Staff die NAIRU auf 5,6 %, woraus sich eine durchschnittliche (positive) Beschäftigungslücke von 0,4 Prozentpunkten im Jahr 1997 ergab. Die angespannte Lage auf dem Arbeitsmarkt bestätigte auch eine Umfrage des *Conference Board*, wonach es Arbeitnehmern zunehmend leicht fiel, eine Stelle zu finden. Die Entwicklung der Inflationserwartungen ließ hingegen keinen zusätzlichen Lohndruck erwarten (Seitwärtsbewegung der *Michigan Survey*). Steigende Mindestlöhne und Gesundheitskosten wirkten sich wiederum lohnkostensteigernd aus. Gemäß der Staff-Prognose nahm die Lohninflation 1997 um 0,4 Prozentpunkte zu, wobei die Beschäftigungslücke und die übrigen Faktoren jeweils ungefähr hälftig hierzu beitrugen:

$$\Delta\ \hat{w} = \Delta\ \pi^e + \tfrac{1}{2}\ (u^*\text{-}u) + \varepsilon = 0 + \tfrac{1}{2}\ (5,6 - 5,2) + 0,2 = 0,4$$

5) Preisdruck:
Zur Abschätzung der Preisentwicklung berücksichtigte die Staff neben der Lohnentwicklung auch die Preiserhöhungsspielräume der Unternehmen und die übrigen Kostenfaktoren. Anfang 1997 sah es so aus, als ob der steigende Lohndruck durch andere Faktoren z.T. kompensiert würde. Der industrielle Kapazitätsauslastungsgrad bewegte sich mit 82 % auf einem Durchschnittsniveau. Die Staff ging daher von einem unveränderten „Mark-up" der Unternehmen aus. Von den Importpreisen gingen nach Ansicht der Staff kostendämpfende Impulse aus, da hier eine Fortsetzung des rückläufigen Trends (-3 % im Vorjahr) erwartet wurde. Die Prognose hinsichtlich der Änderung der Kerninflationsrate ($\Delta\pi$) könnte man sich daher wie folgt veranschaulichen:

$$\Delta\pi = \Delta\ \hat{w} + \Delta\hat{g} + \Delta\ k,$$

wobei ĝ = Wachstumsrate des Mark-up, k = übrige Kostenfaktoren.

$$\Delta\pi = -0,4 + 0 - 0,2 = 0,2$$

Die Staff-Prognose kam zum Endergebnis, dass die Kerninflationsrate um 0,2 Prozentpunkte – von 2,6 auf 2,8 % – ansteigen wird.

Tabelle 5.2: Juni 1999 bis Mai 2000: Zinserhöhung 4,75 → 6,5 %

	Generell: Wachstumsrate der Nachfrage > Wachstumsrate des Produktionspotentials → signifikantes Inflationsrisiko
Kräftige Konsumnachfrage	Konsumentenvertrauen ↑ (Arbeitslosenrate ↓, Aktienkurse ↑)
	Aktienkurse ↑↑ (Haushaltsvermögen ↑)
	Realeinkommen ↑ (Beschäftigung ↑)
Lebhafte Investitionsnachfrage nach Computern & Software	High-Tech-Investitionen ↑ (Preise ↓, Profiterwartungen ↑)
	Übrige Kapitalgüter: Tendenz leicht fallend (Nachfrageerwartungen↓, Auftragseingänge↓, Realzinsen↑)
Exportnachfrage ↑	Erholung an den Auslandsmärkten nach Asienkrise
	Leistungsbilanzdefizit ↑ (→ Gefahr: US-Dollarabwertung)
Sehr angespannter Arbeitsmarkt	Arbeitslosenrate ↓ von niedrigem Ausgangsniveau (4¼ %)
	Stille Reserve ↓ (Zahl noch verfügbarer Arbeitskräfte ↓)
Preisdruck (noch gering)	Lohnkostenindex eher ↓, Arbeitsproduktivität ↑ (Kapitalintensität ↑, Effizienzgewinne) → Lohnstückkosten ↓
	Mäßige Kapazitätsauslastung (82 % verarbeitendes Gewerbe)
	Stabile Inflationserwartungen (→ Umfragen, Zinsspreads)
	Mark-up konstant
	Rohstoff- und Energiepreise ↑
Finanzmärkte (stabil + zunehmend restriktiv)	Volatilität der inländischen + internationalen Finanzmärkte ↓
	Reale Kapitalmarktzinsen ↑

Tabelle 5.3: Juni bis November 2000: Konstante Fed Funds Rate von 6,5 %

	Generell: Binnennachfrage ↓, zunehmende Übereinstimmung des Nachfrage- und Angebotswachstums, latente Inflationsgefahr
Konsumnachfrage ↓	Aktienkurse ↓ (Vermögenseffekt ↓)
	Energiepreise ↑ (Kaufkraft ↓)
	Schuldendienstquote ↑ (Zinskosten ↑)
	Sättigung bei langlebigen Gütern (1¾ Autos pro Haushalt)
	Häusermarkt ↓(Housing Starts ↓, Hypothekenzinsen ↑)
Robuste Kapitalgüternachfrage	High-Tech-Investitionen auf hohem Niveau (Hoher Auftragsbestand, Lieferengpässe, günstige Ertragserwartungen)
	Aber: Finanzierungsbedingungen ↓ (Aktienkurse ↓, Kreditkonditionen ↓, Zinsen ↑) + Nachfrageerwartungen ↓
Angespannter Arbeitsmarkt	Niedrige Arbeitslosenquote (4 %), steigende Erwerbsquote → hoher Auslastungsgrad des Faktors Arbeit, latenter Lohndruck
Preisdruck (noch unter Kontrolle)	Lohninflation moderat, Arbeitsproduktivität anhaltend hoch (trotz Wachstum ↓) → Lohnstückkosten konstant
	Ölpreise↑ → Verbraucherpreise↑ → Gefahr: Inflationserwartungen↑
Finanzmärkte restriktiv	Reale Kapitalmarktzinsen ↑, Aktienkurse ↓

Tabelle 5.4: Januar bis Mai 2001: Zinssenkung 6,5 → 4 %

Generell: Gefahr einer sich kumulativ verstärkenden Wachstumsschwäche	
Abschwächung der Konsumnachfrage	Konsumentenvertrauen ↓ (Arbeitsplatzunsicherheit ↑)
	Aktienkurse ↓ (Haushaltsvermögen ↓) + Kursvolatilität ↑
	Kaufkraft ↓ (Energiepreise ↑)
	Einzelhandelsumsätze ↓, Autoabsatz ↓
	Aber: Häusermarkt stabil (Hypothekenzinsen ↓)
Kräftiger Rückgang der Investitionsnachfrage (v.a. High-Tech-Investitionen ↓)	Industrieproduktion ↓ + Lagerbestandskorrektur ↓ (Wahrnehmung von Überkapazitäten, Inventory-Sales Ratio ↑)
	Unternehmervertrauen ↓
	Finanzierungsbedingungen ↓ (Aktienpreise↓, Kreditkonditionen↓)
	Profite ↓ (Energiekosten ↑), Umsatz- und Gewinnprognosen ↓
Exportnachfrage ↓	Globale Wachstumsschwäche
Arbeitsmarkt (noch angespannt)	Arbeitslosenrate noch auf niedrigem Niveau
	Entlassungen ↑ → Druck auf Arbeitsressourcen ↓
Inflationsprognose ↓	Kein Hinweis, dass Produktivitätszuwächse ↓
	Wachstum ↓ → Outputlücke ↓ → Kostendruck ↓, Wettbewerbsintensität ↑, Preisüberwälzungsspielräume ↓
	Stabile Inflationserwartungen
	Aber: Energiepreise ↑, leichter Anstieg der Kerninflationsrate

Tabelle 5.5: Juni – August 2001: Verlangsamte Zinssenkung 4 → 3,5 %

Generell: Weiterhin Rezessionsgefahr, aber Aussicht auf Konjunkturerholung	
Konsumnachfrage relativ stabil	Einzelhandelsumsätze, Autoabsatz stabil
	Kaufkraft ↑ (Steuersenkungen, Energiepreise ↓, Preisrabatte)
	Häusermarkt stabil (Hypothekenzinsen ↓)
	Gefahr: Konsumentenvertrauen ↓ (Aktienkurse/Arbeitslosenrate ↓)
Investitionsnachfrage weiterhin rückläufig	Profite ↓, Gewinn- und Umsatzerwartungen ↓ (niedrige Auftragsbestände, weiterhin Überkapazitäten, Inventory-Sales-Ratio ↑)
	Unternehmervertrauen niedrig
	Aber: Finanzierungsbedingungen außerhalb Aktienmarkt ↑ (Zinskosten↓, Kreditkonditionen ↑)
Exportnachfrage ↓	Globale Wachstumsschwäche verschärft sich
Inflationsprognose ↓	Weiterhin kräftige Produktivitätszuwächse
	Arbeitslosenrate ↑
	Kapazitätsauslastungsgrad des Verarbeitenden Gewerbes ↓
	Hohe Wettbewerbsintensität (kaum Preiserhöhungsspielräume)
	Stabile Inflationserwartungen
	Energiepreise ↓

In den Tabellen 5.4-5.7 wird beispielhaft gezeigt, mit welchen Indikatoren die Fed ihre Beschlüsse von Juli 1999 bis August 2001 begründete. Es wurde dabei versucht, die verschiedenen Argumente in ein systematisches Schema einzuordnen.[62]

Die Fed selbst könnte das obige Raster noch weiter ausbauen, in dem sie sämtliche von ihr beobachtete Indikatoren auflistet und in verschiedene Kategorien einordnet. Jeder dieser Kategorien könnte vom FOMC ausgewertet und mit einem geldpolitischen Signal – expansiv, neutral, restriktiv – versehen werden. Von einer Kategorie Arbeitsmarkt würde z.b. bei niedriger Arbeitslosenquote und einem steigenden Lohnkostenindex ein restriktives Signal ausgehen. Die einzelnen Kategorien könnten zusätzlich nach ihrer Bedeutung gewichtet werden.

Statt der Öffentlichkeit eine solche geldpolitische Gesamtsicht zu präsentieren, geht Greenspan jedoch anders vor. Er „führt" die Märkte, in dem er z.b. in seinen Reden vor dem Kongress hervorhebt, auf welche Indikatoren er in naher Zukunft besonders achtet. Im Juli 2000 deutete Greenspan (2000b) z.b. das Ende des seit 1999 andauernden Zinserhöhungszyklusses an, wenn sich die Hinweise auf eine Abschwächung der Konsumnachfrage und eine Entlastung des Arbeitsmarktes verdichten würde. Die Märkte reagierten daher in der Folgezeit besonders sensibel auf den Lohnkostenindex, die Arbeitslosenzahlen, die Einzelhandelsumsätze, das Konsumvertrauen oder die Absatzzahlen langlebiger Konsumgüter.[63]

Trotz dieser Führung der Märkte durch den Fed-Vorsitzenden gibt es vor allem von Befürwortern der Geldmengensteuerung harsche Kritik an einem solchen Multiindikatoren- oder „looking at everything"-Ansatz, dem eine klare Hierarchiestruktur der Indikatoren fehlt:[64]

- Die Praxis der Fed, ihre Entscheidungen immer nur mit wenigen und vielfach wechselnden Indikatoren zu rechtfertigen, kann sehr leicht den Eindruck einer gewissen Willkürlichkeit und Beliebigkeit der Entscheidungsfindung wecken.
- Die Indikatoren senden häufig gegenläufige und zeitlich unterschiedlich einzuordnende Signale aus.[65] Die Fed kann daher in vielen Fällen gleichzeitig sowohl eine Zinserhöhung als auch eine Zinssenkung überzeugend begründen, was ihr großen diskretionären Spielraum verleiht. Ende 2000 (Tabelle 5.5) hätte die Fed z.B. ohne weiteres statt einer Zinspause weitere Zinserhöhungen oder sogar Zinssenkungen rechtfertigen können. Für ersteres hätte man die steigenden Öl-

---

[62] Zu den wichtigsten Medien, mit denen die Fed ihre Entscheidungen begründet und rechtfertigt, gehören dabei: (1) Die Pressemitteilungen, welche die Fed unmittelbar im Anschluss einer geldpolitischen Entscheidung veröffentlicht, (2) der Abschnitt „Monetary Policy ... and the Economy ..." in den Kongressberichten, (3) die Stellungnahme („Testimony") des Fed-Vorsitzenden an den Kongressberichten, (4) die Zusammenfassung der Diskussion des Offenmarktausschusses über die Festlegung des Federal Funds Rate Target in den geldpolitischen Protokollen und (5) Redebeiträge der Offenmarktmitglieder (häufig mit dem Titel „Economic Outlook").

[63] Der Chefökonom von Merrill Lynch erklärte z.B., dass bei der Einschätzung der zukünftigen Fed-Politik 2000 v. a. auf drei Zahlenbündel ankäme: Arbeitsmarktdaten, Einzelhandelsumsätze und Verbraucherpreisindex, vgl. o. V. (2000b), S. 21

[64] Vgl. zu einer generellen Kritik an reinen Multiindikatorenansätzen: Issing (1998), S. 6; SVR (1999), Ziff. 271, und Deutsche Bundesbank (1995b), S. 70.

[65] Fed-Gouverneur Gramlich (2003a) beschreibt dieses Problem wie folgt: "Economic data series are released every day, and the usual pattern is that some indicators point upward and some point downward, many have seasonal adjustment problems, and many are significantly revised in subsequent months and years. To ascertain true economic signals from this welter of data is quite challenging."

preise, die niedrige Arbeitslosenquote und die robuste Kapitalgüternachfrage anführen können. Zur Begründung einer Zinssenkung hätte die Fed die rückläufige Konsumnachfrage, die stabile Lohnstückkostenentwicklung und die bereits restriktiven Finanzierungsbedingungen hervorheben können.

• Schließlich wird bemängelt, dass die hohe Komplexität des Ansatzes die Erwartungsbildung an den Märkten erschwere. Die Vielzahl an Indikatoren kann Orientierungslosigkeit hervorrufen und zu starker Unsicherheit über den weiteren geldpolitischen Kurs führen.

Ein solcher Multiindikatorenansatz wird daher von einigen Ökonomen als wenig geeignet angesehen, um für Glaubwürdigkeit und Berechenbarkeit in der Geldpolitik zu sorgen. Der Fed wird entsprechend geraten, sich einem stärker regelorientiertem Ansatz zuzuwenden.[66]

Die Bekanntgabe des zentral verwendeten Makro-Modells wäre ein Mittel, um der Öffentlichkeit die geldpolitische Vorstellungswelt der Fed noch plausibler zu machen. Der Mitarbeiterstab der Fed hat ein solches Modell entwickelt, um z.b. die ökonomischen Folgen verschiedener geldpolitischer Optionen (z.B. Zinserhöhung um 50 statt 25 Basispunkte) abschätzen zu können. Bei diesem so genannten FRB/US-Modell handelt es sich um ein „Neukeynesianisches Modell", das von verzögerten Preisanpassungen ausgeht und daher nach ökonomischen Störungen keine unmittelbare Markträumung unterstellt.[67] Aufgrund dieser Preisrigiditäten kann die Notenbank durch Änderungen der Fed Funds Rate Einfluss auf den Realzins und damit auch auf die Output- und Inflationsentwicklung nehmen.[68] Das Modell steht im Einklang mit der geldpolitischen Philosophie der Fed, da es davon ausgeht, dass hohe Outputvolatilitäten zwar auftreten, aber gleichzeitig durch geeignete Maßnahmen der Geldpolitik abgemildert werden können.[69] Das FRB/US-Modell liefert trotzdem nur sehr bedingt Hinweise auf die amerikanische Geldpolitik. Insbesondere gilt es zu beachten, dass es vom Mitarbeiterstab der Fed ohne Mitwirkung der Mitglieder des FOMC entwickelt wurde und daher nicht unbedingt die Überzeugung von Greenspan und seinen Kollegen widerspiegelt. Es ist daher bei weitem nicht das wichtigste Analyseinstrument, das auf den Offenmarktsitzungen als Grundlage der geldpolitischen Diskussion dient.[70] Ein besonders augenfälliges Beispiel hierfür ist die Zeit zwischen 1996-1998, als Greenspan in explizite Opposition zu den Modellergebnissen der Analysen der Fed-Staff trat.

Zusammenfassend kann man festhalten, dass der Übergang der Fed zu einem Multiindikatorenansatz gleichzeitig den Abschied von einer einfachen Kommunikationspolitik bedeutete. Zwar gab es verschiedene Versuche, zu einem stringenteren und weniger komplexen Ansatz zurückzukehren (Orientierung an „herausgehobenen" Indi-

---

[66] „Die Fed sollte die Möglichkeit einer Wiedereinführung der Geldmengensteuerung prüfen." Tigges (2001d), S. 13, vgl. auch Mishkin (2000), S. 12.

[67] Vgl. zu einem Überblick über das Modell Reifschneider et al. (1999), oder Brayton/Tinsley (1996).

[68] Es wird außerdem ein vorausschauendes Verhalten der Wirtschaftssubjekte unterstellt (der heutige Konsum hängt z.B. vom zukünftig erwarteten Einkommen ab). Das zukünftig erwartete Notenbankverhalten beeinflusst daher Output und Inflation der Gegenwart, vgl. Reifscheider et al. (1999), S. 1f.

[69] "According to the viewpoint embedded in the model, monetary policy can mitigate this swings in aggregate resource utilization by altering financial conditions ..." Reifschneider et al. (1999), S. 1.

[70] Diese Meinung vertreten z.B. auch Blinder et al. [(2001), S. 35].

katoren, Bekanntgabe von Schwellenwerten der Arbeitslosenrate, Veröffentlichung einer Inflationsprognose, Rückkehr zur Geldmengensteuerung), diese Versuche wurden aber bisher vom Fed-Vorsitzenden abgeblockt. Im Rahmen ihres Multiindikatorenansatzes führt die Fed eine detaillierte Analyse der gegenwärtigen Angebots- und Nachfragesituation durch, welche der Öffentlichkeit über verschiedene Medien präsentiert wird. Dennoch werden einige Transparenzdefizite im Kommunikationsverhalten der Fed angemahnt. So rechtfertigt sie ihre Entscheidungen immer nur selektiv mittels weniger, stets wechselnder Indikatoren. Einen umfassenden Überblick über die Auswertung aller betrachteten Indikatoren anhand eines einheitlichen Rasters wird der Öffentlichkeit nicht gewährt. Generell bleibt die Sichtweise des obersten Entscheidungsgremiums auf die Struktur und Funktionsweise der amerikanischen Volkswirtschaft eher im Dunkeln. Auch das von der Fed-Staff erstellte Makro-Modell hilft hier nur bedingt weiter, da es nicht unbedingt die Meinung des FOMC widerspiegelt. Die Offenmarktmitglieder ziehen es stattdessen vor, die Markterwartungen über kurzfristige Hinweise auf die gerade kritischen Faktoren der Nachfrage- und Angebotsentwicklung zu steuern.

5.2.3   Die Fed – ein Inflation Targeter?

Nicht nur die US-Notenbank, sondern zahlreiche Zentralbanken sind Anfang der 1990er Jahre zu einem Multiindikatorenansatz gewechselt, weil sie ähnliche Probleme wie die Fed mit traditionellen Zwischenzielstrategien (Geldmengen-, Wechselkurssteuerung) hatten. Um der Kritik an einem solchen Ansatz – Komplexität und Intransparenz – zu begegnen, sind die meisten dieser Notenbanken jedoch noch einen Schritt weitergegangen und haben den Multiindikatorenansatz zu Inflation Targeting weiterentwickelt (siehe Kapitel 2.3.1). Innerhalb dieses Ansatzes dient vor allem die Inflationsprognose der Notenbank als ein Instrument, um das „locking at everything" eines Multiindikatorenansatzes transparenter zu gestalten und die Vielzahl an betrachteten Indikatoren mit ihren teils widersprüchlichen Signalen zu einem konsistenten und übersichtlichen Gesamtbild zusammenzufassen.[71]

Vergleicht man die typischen Merkmale von Inflation Targeting mit der derzeit praktizierten Fed-Strategie, kann man auf den ersten Blick keine großen Gemeinsamkeiten erkennen. Insbesondere hat die Fed kein explizites Inflationsziel veröffentlicht. Trotzdem beschreiben einige Ökonomen die Fed-Politik in den 1990er Jahren mit dem Terminus „verdecktes bzw. implizites Inflation Targeting".[72] Diese Bezeichnung wird *erstens* damit gerechtfertigt, dass die Fed in den vergangenen 20 Jahren die hohe Bedeutung von Preisstabilität öffentlich herausgestrichen und sukzessive die

---

[71] Der Präsident der Schweizerischen Nationalbank Jean-Pierre Roth [(2002), S. 10] brachte dies wie folgt auf den Punkt: „Die Inflationsprognose ... dient als konzentrierte Zusammenfassung der Einschätzung der aktuellen Lage durch die Nationalbank."

[72] "As a practical matter, Fed policy of the 1990s might well be described as 'covert inflation targeting' at a rate of about 3 percent." Mankiw (2002), S. 42. "When one considers the Greenspan era as a whole, it would appear that the ... Fed adopted, gradually and implicitly, an approach to monetary policy that can be characterized as inflation targeting." Goodfriend (2003), S. 11. "... a major reason for the success of the Volcker-Greenspan Federal Reserve is that it has employed a policy-making philosophy, or framework, that is in many ways quite similar to inflation targeting." Bernanke et al. (1999), S. 310. Kohn [(2003a), S. 5ff.] bestreitet hingegen, dass die Fed-Politik in den 90er Jahren als Inflation Targeting bezeichnet werden kann (siehe Kapitel 5.5).

Inflation gesenkt hat. *Zweitens* wird darauf verwiesen, dass die Fed zwar kein explizites, wohl aber ein implizites Inflationsziel (ca. 2 %) verfolgt. *Drittens* weist offensichtlich das Durchführungsverfahren der Fed deutliche Verbindungen zu Inflation Targeting auf. Die Fed ist seit der Greenspan-Ära verstärkt darum bemüht, vorausschauend und präventiv zu agieren.[73] Als Paradebeispiel wird hierfür stets der „preemptive strike" von 1994 angeführt. Die Fed erhöhte damals die Zinsen, obwohl die laufende Inflation tendenziell abnahm. Sie rechtfertigte dies mit zukünftigen Inflationsgefahren, die sich nicht zuletzt in leicht steigenden Inflationsprognosen widerspiegelten (vgl. Kapitel 4.4). Greenspan wird dabei nicht müde, die zentrale Rolle der Prognosen innerhalb der Fed-Politik zu betonen.[74] Die zwei bekanntesten Beispiele für diese Prognoseaktivität sind:

- *Die Wirtschaftsprognosen der Kongressberichte:* Zweimal im Jahr werden von der Fed in den Kongressberichten Prognosen zum BIP-Wachstum, den Verbraucherpreisen und der Arbeitslosenrate publiziert.[75] Dabei handelt es sich jeweils um individuell erstellte Projektionen der regionalen Zentralbanken und der Mitglieder des Federal Reserve Boards. Im Kongressbericht werden die Bandbreiten und zentralen Tendenzen dieser Prognosen veröffentlicht.

- *Die Prognosen des Mitarbeiterstabs:* Die Fed-Staff erstellt vor jeder Offenmarktsitzung Prognosen für das laufende und kommende Jahr über die Inflations-, Arbeitslosen- und Wachstumsentwicklung. Da diese Prognosen in einem grünen Einband den Offenmarktmitgliedern präsentiert werden, bezeichnet man sie auch als „Greenbook-Prognosen". Sie dienen als Grundlage der geldpolitischen Diskussion im FOMC und stellen dementsprechend einen wichtigen Inputfaktor des geldpolitischen Entscheidungsprozesses dar. Die Prognosewerte werden aber nicht publiziert.

In der praktischen Fed-Politik üben diese Prognosen einen ähnlichen Einfluss auf die Zinspolitik wie bei einem arrivierten Inflation Targeter aus. Nach der Daumenregel für Inflation Targeting sollte eine Notenbank dann die Zinsen erhöhten (senken), wenn sich ihre eigene, bedingte[76] Inflationsprognose am Ende des Prognosehorizonts (= Kontroll-Lag) oberhalb (unterhalb) des Inflationsziels befindet. Hierdurch soll die Inflationsprognose möglichst im Einklang mit dem Inflationsziel gehalten werden. Auch die geldpolitischen Entscheidungen der Fed beruhen offensichtlich stark auf einer Gegenüberstellung ihrer Prognosen mit den geldpolitischen Zielen. Eine Äußerung des Fed-Vize-Präsidenten Ferguson (1998) hätte jedenfalls genauso gut von einem Inflation Targeter stammen können:

> *"Based on these [inflation and employment] forecasts we can then take steps to adjust the stance of monetary policy as necessary, in accordance with our objectives."*

---

[73] „... a preemptive response to the potential for building inflationary pressure was made an important feature of policy. As a consequence, this approach elevated forecasting to an even more prominent place in policy deliberations." Greenspan (2004a). Mishkin [(1999), S. 599f.] bezeichnet das implizite Inflationsziel und das vorausschauende Verhalten als wesentliche Merkmale der Fed-Strategie.

[74] „... expectations about future economic developments nonetheless inevitably play a crucial role in our policymaking. If we react only to past or current developments, lags in the effects of monetary policy could end up destabilizing the economy ..." Greenspan (2001b), S. 592.

[75] Im Februar werden nur Prognosen für das laufende Jahr, im Juli für das laufende und kommende Jahr erstellt.

[76] „Bedingt" bedeutet dabei, dass die Prognose auf dem gerade vorliegenden Informationsstand beruht und von einem konstanten Notenbankzins ausgeht.

Es gilt dabei zu berücksichtigen, dass die Fed im Gegensatz zu einem „strikten" Inflation Targeter nicht nur ein Inflationsziel, sondern auch ein gleichrangiges Beschäftigungsziel verfolgt. Für ihre Zinsentscheidungen ist daher nicht nur der Vergleich von Inflationsprognose und -ziel, sondern auch die Gegenüberstellung der prognostizierten Arbeitslosenrate mit der NAIRU bzw. der Wachstumsprognose mit der potentiellen Wachstumsrate von Belang. Die Fed wird daher den Zinspfad wählen, bei dem nicht nur die prognostizierte Inflationslücke, sondern möglichst auch die prognostizierte Output- und Beschäftigungslücke minimiert wird.

Aufgrund der Unsicherheit von Projektionen ist es im Rahmen von Inflation Targeting inzwischen üblich, nicht nur Punktprognosen zu betrachten, sondern die gesamte Wahrscheinlichkeitsverteilung möglicher zukünftiger Inflationsergebnisse bei der Entscheidungsfindung zu berücksichtigen („Distribution Forecast Targeting"). Die Fed hat offenbar auch diese Weiterentwicklung von Inflation Targeting nachvollzogen:

> "Because accurate point forecasts are extraordinarily difficult to fashion, we are forced also to consider the probability distribution of possible outcomes. Against these distributions, we endeavor to judge the possible consequences of various alternative policy actions, especially the consequence of a policy mistake." Greenspan (2001b), S. 592.

Ein Beispiel für eine in der Nähe von Inflation Targeting angesiedelte Fed-Politik stellt die scharfe Zinslockerung im 1. Halbjahr Jahr 2001 dar, als die Fed den Zielsatz für Tagesgeld in rascher Folge um 275 Basispunkte reduzierte. Greenspan [(2001b), S. 592] begründete dieses aggressive Vorgehen in seinen Erläuterungen zum Juli-Kongreßbericht ausdrücklich mit dem Hinweis auf die eigenen Inflations- und Wachstumsprognosen:

• Er wies darauf hin, dass die Wachstumsprognosen der Fed zu Beginn des Jahres davon ausgingen, dass die eingetretene Nachfrageschwäche noch über längere Zeit anhält.
• Bei den Prognosen wurde darüber hinaus das Risiko, dass die Nachfrageschwäche noch ausgeprägter ausfällt als vermutet, höher veranschlagt, als der umgekehrte Fall einer unerwartet positiven Entwicklung („downside risks").[77]
• Die Inflationsprognosen wiesen hingegen eher eine fallende Tendenz auf.

Insgesamt drohte also eine Verfehlung des impliziten Wachstums- und Inflationsziels, was eine geldpolitische Lockerung nahe legte. Diese geldpolitische Lagebeurteilung im Juli 2001 soll anhand von Tabelle 5.8 und den Abbildungen 5.10-5.12 veranschaulicht werden. Dabei werden ein Inflationsziel von 2 %, eine NAIRU von 5 % und ein reales Wachstumsziel von 3,5 % unterstellt. Diesen Zielen werden die Prognosen des Kongressberichts gegenübergestellt. Im Prinzip liegen die Projektionen weitgehend im Einklang mit den Zielvorstellungen der Fed (Inflation bei 2 %, Wachstumsrate bei 3 % und Arbeitslosenrate bei 5 %). Es sind vor allem die „downside risks" bei der Wachstumsprognose, welche die Fed zur Handlung veranlassten. Es gilt außerdem zu berücksichtigen, dass die Prognosen der Offenmarktmitglieder nicht

---

[77] "In reducing the federal funds rate so substantially this year, we have been responding to our judgment that a good part of the recent weakening of demand was likely to persist for a while, and there were significant downside risks even to a reduced central tendency forecast." Greenspan (2001b), S. 592.

– wie bei Inflation Targetern üblich – von einer konstanten Fed Funds Rate ausgehen, sondern auf der Basis eines erwarteten Zinspfades erstellt werden. Man kann davon ausgehen, dass in diesen Prognosen noch zusätzliche expansive geldpolitische Impulse eingearbeitet waren. Die Abbildungen sollen darlegen, wie die Fed Ihre Prognosen der Öffentlichkeit hätte präsentieren können (Fächer-Charts). Vor allem die asymmetrische Wahrscheinlichkeitsverteilung bei der Wachstums- und Beschäftigungsprognose (Abb. 5.11 und 5.12) und die fallende Inflationsprognose (Abb. 5.10) hätten die Fed-Argumentation unterstützt.

Tabelle 5.8: Die Geldpolitische Lage im Juli 2001

	aktuelle Werte[78] (Juli 2001)	Prognose 2002	Risiken	implizites Ziel	Prognose versus Ziel	Schluss-folge-rung
Inflation (PCE)	3 ¼ %	1 ¾ -2 ½ %	„pari"	2 %	Ziel erfüllt	i konstant
reales Wachs-tum	1 ¼ %	3-3 ¼ %	„downside"	3 ½ %	Zielunterschrei-tung	i ↓
Arbeits-losigkeit	4 ½ %	4 ¾-5 ½ %	„upside"	5 %	tendenziell Zielüberschrei-tung	i ↓

Datenquelle: BoG (AR 2001), S. 71ff.

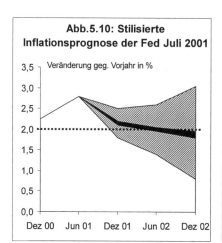

Abb.5.10: Stilisierte Inflationsprognose der Fed Juli 2001

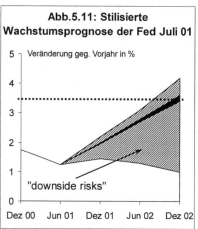

Abb.5.11: Stilisierte Wachstumsprognose der Fed Juli 01

Quelle Abb. 5.10-5.12: Eigene Darstellung. Die Punktprognosen für 2001 und 2002 basieren auf BoG (AR 2001), S. 74, die Wahrscheinlichkeitsverteilungen orientieren sich an den verbalen Ausführungen.

---

[78] Es handelt sich dabei um die im Juli 2001 der Fed vorliegenden Werte. Beim realen BIP-Wachstum und der Inflation (PCE) sind dies die Werte aus dem 1. Quartal 2001 und bei der Arbeitslosigkeit vom Juni 2001.

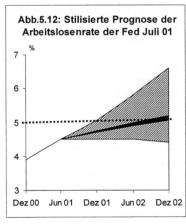

Abb.5.12: Stilisierte Prognose der Arbeitslosenrate der Fed Juli 01

Die Verwendung der Inflations- und Wachstumsprognosen im geldpolitischen Entscheidungsprozess der Fed weist aber einen gravierenden Unterschied zu einem „echten" Inflation Targeter auf: Es handelt sich nicht um gemeinsame Prognosen des obersten geldpolitischen Entscheidungsgremiums. Die kollektive Einigung auf eine einheitliche Inflations-, Wachstums- und Beschäftigungsprognose wäre aber die Voraussetzung dafür, dass diese Prognosen als wesentliche Entscheidungsgrundlage des Offenmarktausschusses fungieren würden. Ein solcher Abstimmungsprozess ist z.B. bei der Bank of England gegeben. Hier legen die Mitglieder des geldpolitischen Komitees im Konsens den endgültigen Verlauf der dann publizierten Inflations- und Outputprognose fest.[79]
Anders sieht es bei der Fed aus:

- Die Projektionen des Kongressberichts werden von den einzelnen Mitgliedern des FOMC ohne gegenseitige Abstimmung isoliert erstellt.
- Die „Greenbook-Prognose" wird vom Mitarbeiterstab ohne Mitwirkung der Mitglieder des geldpolitischen Ausschusses erstellt, die sich teilweise ausdrücklich im Widerspruch zu diesen Prognosen äußern.[80] Ein besonders deutliches Beispiel hierfür sind die Jahre 1996/97 als vor allem Greenspan den nach oben gerichteten Inflationsprognosen der Fed-Staff keinen Glauben schenkte.[81]

Überdies wird die „Greenbook-Prognose" streng geheim gehalten und dient nicht als externes Kommunikationsmittel zur Erläuterung und Rechtfertigung der getroffenen Entscheidungen. Letzteres ist aber ein zentrales Element von Inflation Targeting.

Zusammenfassend kann man festhalten, dass es der Fed möglich gewesen wäre, ihren Multiindikatorenansatz zu Inflation Targeting weiterzuentwickeln und damit ihre Strategie einfacher und übersichtlicher zu gestalten. Anklänge an Inflation Targeting sind durchaus erkennbar. So ist die Fed darum bemüht, vorausschauend und prä-

---

[79] In der Präambel zu jedem Inflationsbericht der BoE heißt es: ... the fan charts represent the MPC's [Monetary Policy Committee] best collective judgement about the most likely paths for inflation and output ..."

[80] "In fact, the staff do not even allow FOMC members to witness the process by which the forecast is derived! One consequence of this internal veil of secrecy is that the forecast is clearly the staff's, not the FOMC's, and FOMC members frequently take issue with it at meetings." Blinder et al. (2001), S. 32. Im Juli 1996 haben sich vier Fed-Gouverneure heftig bei Greenspan über die schlechte Informationspolitik der Fed-Staff beschwert. Zuvor wurde den Gouverneuren Blinder und Yellen explizit verweigert, am Erstellungsprozess der Staff-Prognosen teilzunehmen. Die Staff-Mitglieder stehen dabei auf dem Standpunkt, dass ihre Prognosen völlig losgelöst von den Einzelmeinungen einiger FOMC-Mitgliedern erstellt werden sollen, vgl. Berry (1996), S. 18.

[81] Auf dem Mai-Offenmarkttreffen 1996 meinte Greenspan [vgl. FOMC (TS May 1996), S. 28ff.], dass er sich eigentlich für eine Zinserhöhung aussprechen müsste, wenn er der Greenbook-Prognose vollkommen Glauben schenken würde. Da er aber ernsthafte Zweifel am Wahrheitsgehalt der Prognose hatte, plädierte er für eine abwartende Haltung. Fed-Präsiden Jordan [vgl. FOMC (TS May 1996), S. 34] merkte scherzhaft an, dass es gut sei, dass die Greenbook-Prognose nicht publiziert werde, da die Meinung der meisten Offenmarktmitglieder im Widerspruch zur ihr stünden.

ventiv zu agieren. Prognosen spielen daher eine wichtige Rolle bei ihren Entscheidungen, was vor allem bei den Zinssenkungsschritten im Jahre 2001 deutlich wurde, als sämtliche Wachstums- und Inflationsprognosen, die von der Fed erstellt werden, nach unten gerichtet waren. Jedoch mangelt es der Fed sowohl an expliziten Zielwerten als auch an offiziellen kollektiv vom FOMC erstellten Prognosen. Die Fed ist daher im Gegensatz zu einem Inflation Targeter nicht in regelmäßigen Abständen gezwungen, einen Abgleich zwischen Zielen und offiziellen Prognosen vorzunehmen und auf dieser Basis ihre Beschlüsse zu treffen und zu rechtfertigen.

5.2.4   Regelbindung gemäß Taylor-Prinzip?

Der Vorwurf, dass die Fed regellos und diskretionär agiert, würde an Kraft verlieren, wenn sich für die Greenspan-Ära eine stabile Reaktionsfunktion ermitteln ließe, die aufzeigen würde, dass die Fed in systematischer Weise auf Veränderungen bestimmter Makro-Variablen mit Hilfe des Tagesgeldsatzes reagiert hat. Die Arbeiten von John Taylor (und mehrere anderer Ökonomen) legen nahe, dass die Zinspolitik der Greenspan-Fed tatsächlich einer gewissen Systematik folgt, die sich durch eine simple Reaktionsfunktion – nämlich der nach ihm benannten Regel – beschreiben lässt (zur Formel vgl. Kap. 2.3.2). Dies gilt vor allem für die Zeit von 1987 bis 1992.[82] Danach nimmt der Zusammenhang zwischen Taylor-Regel und Fed-Politik etwas ab, im Großen und Ganzen kommt man jedoch zum Ergebnis, dass ein hypothetischer Taylor-Zins die Geldpolitik der Greenspan-Ära (1987-2003) recht gut abbildet. Diese Aussage gilt vor allem im Vergleich zu früheren Zeitperioden, denn unter den Greenspan-Vorgängern Volcker, Miller und Burns waren die Differenzen zwischen einem hypothetischen Taylor-Zins und der Fed Funds Rate wesentlich ausgeprägter.[83]

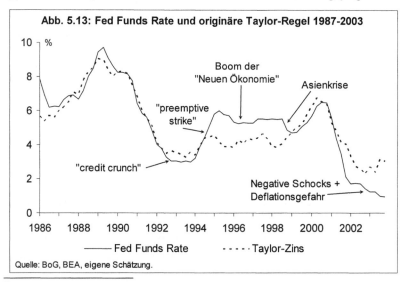

Abb. 5.13: Fed Funds Rate und originäre Taylor-Regel 1987-2003

Quelle: BoG, BEA, eigene Schätzung.

---

[82] Vgl. Taylor (1993), S. 202ff.
[83] Dies gilt vor allem für die Burns-Miller-Zeit, vgl. Judd/Rudebusch (1998), S. 5ff., Taylor (1999a), S. 336ff., und Clarida et al. (1999), S. 1696ff.

Abb. 5.13 stellt den Verlauf der Fed Funds Rate einem hypothetischen Taylor-Zins während der Greenspan-Periode gegenüber. Die Berechnung des Taylor-Zinses lehnt sich dabei eng an die ursprüngliche Kalkulation von Taylor (1993) an.[84] Der reale Gleichgewichtszins wird allerdings im Zeitablauf leicht zwischen 2 und 3 % variiert.[85] Betrachtet man die beiden Zinsverläufe, so kann man neben homogenen Phasen auch einige Fälle erkennen, bei denen die Zinsverläufe auseinanderdriften. Diese Fälle lassen sich wie folgt klassifizieren:

1. *Finanzmarktkrisen:* Die Aktienkurseinbrüche 1987, 1998 und 2001 sowie die heimische Kreditklemme 1992/93 ließen die Fed jeweils expansiver als die Taylor-Regel agieren. In diesen Phasen wollte die Fed die Finanzmärkte rasch mit ausreichender Liquidität versorgen, um ihrer Rolle als „Lender of Last Resort" nachzukommen. Sie konnte nicht so lange abwarten, bis sich die negativen Folgen der Finanzmarktschocks in den Komponenten der Taylor-Regel – etwa einem Rückgang der Outputlücke – niederschlagen.

2. *Präventives Vorgehen:* 1994 gab die Taylor-Regel das Signal für Zinserhöhungen, welche die Fed nachvollzog. Das FOMC ging aber noch darüber hinaus und hob das Fed Funds Rate Target etwa eineinhalb Prozentpunkte über den Taylor-Zins an, womit sie zeitig den zukünftig erwarteten Ressourcenengpässen begegnen wollte. Die Fed löste sich damit von der „rückwärtsgewandten" Taylor-Regel und reagierte auf die zukünftig erwartete und nicht die laufende Outputlücke.

3. *Veränderung des Gleichgewichtszinses:* 1995-1998 folgte die Fed zwar der Empfehlung der Taylor-Regel, die Zinsen weitgehend konstant zu halten,[86] gleichzeitig bewegte sie sich aber weiterhin etwa eineinhalb Prozentpunkte über dem Taylor-Zinsniveau. Diese Niveaudifferenz wird z.T. damit begründet, dass der „New Economy"-Boom den gleichgewichtigen Realzins über das gängige Niveau von 2-3 % hinaus angehoben habe.[87]

4. *Deflationsrisiko:* Mitte 2003 entwickelten sich Taylor-Zins und Fed Funds Rate gegenläufig. Der Taylor-Zins tendierte aufgrund der leicht ansteigenden Outputlücke nach oben, die Fed senkte jedoch aufgrund des Deflationsrisikos die Zinsen. Während die Taylor-Regel alle Zielabweichungen völlig gleich bewertet, greift die Fed bei deutlichen Abweichungen vom Inflationsziel (nach oben und unten) zu aggressiveren Maßnahmen, um akzelerierende Inflations- und Deflationsgefahren frühzeitig zu unterbinden.

Da Taylor seine Regel nur als eine grobe Orientierungslinie ansieht, stellen kleinere Abweichungen von seinen Empfehlungen prinzipiell keinen Verstoß gegenüber der von ihm propagierten Regelbindung dar. Eine absolute Übereinstimmung zwischen

---

[84] Die Bestimmung der Outputlücke basiert wie bei Taylor (1993) auf einer einfachen log-linearen Trendschätzung des Produktionspotentials (Schätzzeitraum: 1. Quartal 1980 - 4. Quartal 2003). Die Inflationsrate wird anhand des BIP-Deflators gemessen (prozentuale Veränderungsrate gegenüber dem Vorjahresquartal).

[85] Es wurden folgende reale Gleichgewichtszinssätze unterstellt: 1987-1991: 2,5 %, 1992/1993: 2 % (Anpassung nach unten aufgrund des „credit crunch"), 1994: 2,5 %, 1996-2000: 3 % (Anpassung nach oben aufgrund des Börsenbooms), 2001-2003: 2 % (Anpassung nach unten aufgrund der Deflationsängste und Schocks).

[86] Fed-Gouverneur Meyer (1999a) sprach z.B. davon, dass die Fed zwischen 1995 und 1998 weitgehend der Taylor-Regel folgte. Die steigende Outputlücke und die sinkende Inflationsrate haben sich in ihrer Wirkung weitgehend aufgehoben und eine konstante Zinspolitik nahe gelegt.

[87] Vgl. z.B. Carlstrom/Fuerst (2003), S. 3 und Kapitel 4.6.2.

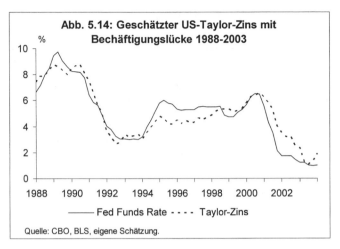

Abb. 5.14: Geschätzter US-Taylor-Zins mit Bechäftigungslücke 1988-2003

——— Fed Funds Rate - - - - Taylor-Zins

Quelle: CBO, BLS, eigene Schätzung.

Taylor-Zins und Fed Funds Rate ist daher nicht erforderlich, um der Fed eine Taylor-Zinspolitik zu attestieren. Trotzdem wurden im Laufe der Zeit zahlreiche empirische Studien durchgeführt, um herauszufinden, ob durch eine leichte Modifikation der ursprünglichen Taylor-Formel ein noch höherer Gleichlauf zwischen Taylor-Zins und Fed-Politik erzielt werden kann. Im Folgenden wird eine solche Anpassung des Taylor-Zinses an die Entwicklung der Fed Funds Rate mit Hilfe zweier einfacher Regressionsanalysen dargestellt. Als Untersuchungszeitraum fungiert die Greenspan-Periode (1987Q4-2003Q4). Die Ergebnisse werden in den Abb. 5.14 und 5.15 dokumentiert. In der ersten Analyse dient nicht die Output-, sondern die Beschäftigungslücke als Maß für die gesamtwirtschaftliche Ressourcenauslastung. Es wird dann eine Regression mit der Fed Funds Rate als abhängiger Variable und der Beschäftigunglücke sowie der Inflation (jeweils Quartalsdaten) als unabhängigen Variablen durchgeführt. Die Schätzungen der (zeitlich variierenden) NAIRU durch das Congressional Budget Office (CBO) dienen als Basis bei der Ermittlung der Beschäftigungslücke ($u_t^*-u_t$). Die Inflationsdaten beruhen auf der Kerninflationsrate des Verbraucherpreisindexes (CPI). Geht man über die Gesamtzeit von einem Inflationsziel π^* von 3 % aus, ergibt sich folgende modifizierte Taylor-Formel:

$$(5.6) \quad i_t = 2{,}1 + \pi_t + 0{,}5 \, (\pi_t - 3) + 1{,}6 \, (u_t^*-u_t).$$

Die Gleichung korrespondiert in zwei Punkten ziemlich genau mit der originären Taylor-Regel, denn der reale Gleichgewichtszins beträgt ungefähr 2 % und α (Koeffizient der Inflationslücke) entspricht dem Wert 0,5. Offenbar hat aber die Greenspan-Fed deutlich stärker auf die Output- bzw. Beschäftigungslücke reagiert als dies in der originären Taylor-Regel vorgesehen war. Unterstellt man einen Okun-Koeffizienten von 2 ergibt sich ein β (Koeffizient der Outputlücke) von 3,2 (statt 0,5). Dies entspricht zumindest der Tendenz nach den Ergebnissen anderer Untersuchungen, die ebenfalls eine recht kräftige Reaktion der Fed auf die Output- bzw. Beschäftigungslücke ermitteln.[88] Mit obiger Gleichung lassen sich immerhin 85 % aller Bewegungen der

---

[88] Clarida et al. [(2000), S. 157] ermitteln für die Volcker-Greenspan-Zeit einen Outputkoeffizienten von 0,93, Judd/Rudebusch [(1998), S. 9] für die Greenspan-Periode (1987-1997) einen Reaktions-

Fed Funds Rate erklären (R^2 = 0,85, siehe Abb. 5.14).[89] Einige Autoren wie Ball/Tchaidze (2002) und Mankiw (2002) haben ebenfalls statt der Outputlücke die Beschäftigungslücke als Regressionsvariable verwendet und damit eine hohe Übereinstimmung zwischen der (auf diese Weise modifizierten) Taylor-Regel und der Fed-Politik erzielt. Dies korrespondiert mit der Erkenntnis (vgl. Kapitel 5.2.1.2), dass die Fed die Höhe der Outputlücke in der Regel anhand der Beschäftigungslücke approximiert, und die Beschäftigunglücke bei der Fed als Hauptindikator für zukünftigen Lohn- und Preisdruck fungiert.

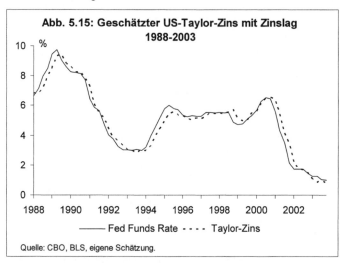

Abb. 5.15: Geschätzter US-Taylor-Zins mit Zinslag 1988-2003

Quelle: CBO, BLS, eigene Schätzung.

Eine noch bessere Anpassung zwischen Fed Funds Rate und Taylor-Zins gelingt, wenn man die erklärenden Variablen um die Fed Funds Rate des Vorquartals ergänzt. Ein solches „interest rate smoothing"[90] (Zinsglättung) kann man wie folgt in die Taylor-Regel integrieren:

(5.7) $i_t = (1-\rho) \, i_t^* + \rho \, i_{t-1},$

---

[89] koeffizienten von 0,99, Ball/Tchaidze [(2002), S. 4, Fußnote 2] gehen sogar von einem Koeffizienten von bis zu 4,0 aus. Eine Analyse von Merill Lynch [Lucas/Quek (1998)] geht soweit zu sagen, dass allein die Outputlücke innerhalb der Taylor-Regel eigentlich Relevanz für die Beschreibung der Fed-Politik besitzt.

[89] Die Regressionsgleichung lautet genau: $i_t = k + \alpha'\pi_t + \beta'(u_t^*-u_t) + \varepsilon_t$, wobei Konstante $k = r^* - \alpha'\pi^*$. Alle Symbole weisen die bisher genannten Bedeutungen auf (r^* = gleichgewichtiger Realzins, ε = „weißes Rauschen"). Es ergibt sich α' = 1,49 (13,4); β' = 1,61 (15,1) und k = 0,6 (0,8). In Klammern sind die t-Werte angegeben. Folglich sind α' und β' signifikant von null verschieden, die Konstante jedoch nicht. Der Erklärungsgehalt der Regression steigt nicht, wenn die Inflations- und die Beschäftigungslücke der Vorperiode verwendet werden.

[90] Mit „interest rate smoothing" wird ein typisches Notenbankverhalten beschrieben, das darauf abzielt, geplante Zinsänderungen in einer Serie von kleinen und gleichgerichteten Schritten über einen längeren Zeitraum hinweg durchzuführen und häufige Zinsrevisionen zu vermeiden, vgl. z.B. Goodhart (1996), Woodford (1999), oder Sack/Wieland (1999). Die Fed hat z.B. zwischen Januar 1988 und August 2004 69 Leitzinsänderungen vorgenommen, davon erfolgten 60 in die gleiche Richtung, nur 9 beinhalteten eine Zinsrevision, 48 Zinsschritte umfassten 25 Basispunkte, 20 Zinsschritte 50 und ein einziger Zinsschritt 75 Basispunkte.

wobei i* = gewünschter Zinssatz bei strikter Anwendung der Taylor-Regel und ρ = Rückkopplungsparameter auf den Zinssatz der Vorperiode. Je größer ρ, desto stärker orientiert sich die Notenbank an dem Zinssatz der Vorperiode. (1-ρ) gibt an, wieviel Prozent der gewünschten Zinsanpassung in einem Quartal durchgeführt werden. Wird jetzt die Fed Funds Rate auf die Inflation, die Outputlücke und die Fed Funds Rate des Vorquartals regressiert, ergibt sich folgende Taylor-Formel bei einem unterstellten Inflationsziel von 3 %.[91]

$$(5.8) \quad i_t = 0{,}83\ i_{t-1} + 0{,}17\ [2{,}2 + \pi_t + 0{,}75(\pi_t - 3) + 1{,}3y_t].$$

Demnach wären nur 17 % der gewollten Änderung der Fed Funds Rate in einem Quartal durchgeführt worden. Dies entspricht den Ergebnissen von Clarida et al. [(2000), S. 157f.] Judd/Rudebusch [(1998), S. 9] und Sack/Wieland [(1999), S. 5f.], die in den 1980er und 90er Jahren in den USA für ρ Werte von 0,7-0,9 ermittelt haben. Im Vergleich zu originären Taylor-Regel fällt wiederum die stärkere Reaktion auf die Outputlücke auf (β = 1,3). Zum anderen ist aber auch der Koeffizient der Inflationslücke etwas höher (α = 0,75). Insgesamt lässt sich festhalten, dass die US-Notenbank zwischen 1987-2003 eine intensive Zinsglättung durchgeführt hat, d.h. obwohl die kumulierten Zinsänderungen der Fed unter Umständen ausgeprägter ausfielen als bei anderen Notenbanken, war die Fed darauf bedacht, keine abrupten Zinsänderungen vorzunehmen.[92] Die Fed hat außerdem sowohl ziemlich aggressiv auf Veränderungen der Output- und Beschäftigungslücke als auch auf Veränderungen der Inflationsrate reagiert. Damit wurde dem „Taylor-Prinzip" Rechnung getragen. Dieses Verhalten der Fed, das zum Teil vom historischen Verhaltensmuster abweicht, wird als eine der Gründe für den Erfolg der Geldpolitik in den 1990er Jahren angesehen [vgl. Taylor (1999a)].

Die grundsätzlich hohe Übereinstimmung zwischen Taylor-Zins und Fed-Politik stellt letztendlich keine Überraschung dar. Die Eigenschaften der Taylor-Zinspolitik decken

---

[91] Die Regressionsgleichung lautet: $i_t = \rho i_{t-1} + k^p + \alpha^p \pi_t + \beta^p y_t + \varepsilon_t$, wobei $k^p = (1-\rho)k$, $\alpha^p = (1-\rho)\alpha$, $\beta^p = (1-\rho)\beta$. Es ergibt sich $\alpha^p = 0{,}23\ (3{,}6)$; $\beta^p = 0{,}3\ (2{,}3)$; $k^p = 0{,}01\ (0{,}1)$; $\rho = 0{,}83\ (12{,}3)$. α^p und ρ sind statistisch signifikant bei einem Signifikanzniveau von 1 %, β^p nur bei einem Signifikanzniveau von 5 %. Im Vergleich zu einer Regression, die lediglich den Zinssatz der Vorperiode als endogene Variable enthält, nimmt der Erklärungsgehalt der obigen Gleichung geringfügig zu, d.h. das R^2 steigt von 0,95 auf 0,96.

[92] Ländervergleichsstudien lassen vermuten, dass das Ausmaß der Zinsglättung in den USA nicht höher ausfällt als in anderen Ländern [vgl. z.B. Clarida et al. (1998)]. Michels (2002) ermittelt für die USA (1987-2001) ein ρ von 0,8, während er für das Vereinigte Königreich und Deutschland (1980-2001) auf 0,85 bzw. 0,9 kommt, was eine noch stärkere Zinsglättung in diesen Ländern vermuten lässt und frühere Ergebnisse Goodharts [(1996), S. 9f.], die auf ein besonders ausgeprägtes „smoothing" in den USA hindeuteten, in Frage stellt. Resultate von Judd/Rudebusch (1998) und Clarida et al. (2000) legen allerdings nahe, dass die Zinsglättung unter Greenspan im Vergleich zu früheren Perioden etwas zugelegt hat. Als Erklärung für das „interest rate smoothing" wird neben der allgemeinen Daten- und Modellunsicherheit insbesondere auf die bessere Beeinflussbarkeit der Markterwartungen verwiesen [Goodfriend (1991), Woodford (1999a), Kap. 2]. Nach dieser Ansicht kann durch vorsichtige Zinsanpassungen (und der damit verbundenen höheren Persistenz der Zinsänderung) stärkerer Einfluss auf die Kapitalmarktzinsen genommen werden als bei abruptem Vorgehen. Rudebusch (2001) bestreitet, dass die Fed bewusst verzögert auf neue ökonomische Entwicklungen reagiert. In seinen Augen spiegelt die Signifikanz des Rückkopplungsparameters ρ in der geschätzten Taylor-Regel nicht den bewussten Versuch einer graduellen Zinsanpassung, sondern die Reaktion der Fed auf persistente Schocks wieder, welche in der Taylor-Regel als erklärende Variablen nicht enthalten sind. So habe die Fed z.B. die Zinsen 1992/93 nicht deshalb so lange auf einem konstant niedrigen Niveau belassen, weil sie explizit langsam agieren wollte, sondern weil sie auf den (persistenten) „credit crunch"-Schock reagiert habe.

sich weitgehend mit der Interpretation des geldpolitischen Zielauftrags durch die US-Notenbank, wonach die Fed mittelfristig ein Inflationsziel ansteuern und kurzfristige Nachfrageschwankungen nivellieren soll.[93] In Kapitel 5.2.1 wurde deutlich, dass die beiden Hauptkomponenten der Taylor-Regel – Inflations- und Outputlücke – eine Schlüsselrolle bei der geldpolitischen Steuerung der Fed spielen. Das FOMC betrachtet zwar eine Vielzahl an Indikatoren, diese Multiindikatoranalyse dient aber in erster Linie dazu, die Höhe der derzeitigen Beschäftigungslücke und den gegenwärtigen Inflationsdruck aufzuspüren. Die Elemente der Taylor-Regel bilden daher sozusagen die Quintessenz der Fed-Politik ab:

"... the two variables determining the policy stance under the [Taylor-] rule clearly are of central concern to the Federal Reserve." Yellen (1996), S. 8.

Die Nähe zwischen Taylor-Regel und Fed-Politik hat sowohl innerhalb als auch außerhalb der Fed Aufmerksamkeit erzeugt. So nutzen inzwischen viele „Fed-Watcher" die Taylor-Regel zur Spekulation über die weitere Zinspolitik der Fed.[94] In Publikationen von Finanzanalysten wird der Verlauf eines (zum Teil modifizierten) Taylor-Zinses mit dem aktuellen Niveau der Zielrate der Fed Funds Rate verglichen, um Rückschlüsse über die weitere Zinspolitik abzuleiten.[95] Seit einigen Jahren führt auch der Mitarbeiterstab der Fed Vergleichsstudien zwischen der Fed Funds Rate und der Taylor-Regel durch.[96] Dies soll dem FOMC grobe Hinweise darüber liefern, ob die gegenwärtige Zielrate der Fed Funds Rate angemessen ist oder nachjustiert werden muss. Anfang 1997 heißt es z.B. in einer Staff-Analyse:[97]

"... the Taylor rule suggests that policy now is roughly in line with your [FOMC] past responses to realized output gaps and inflation rates – responses that have been reasonably successful in damping output cycles and reducing inflation."

Auch innerhalb des Offenmarktausschusses selbst hat die Taylor-Regel Anhänger gefunden. Einige Fed-Politiker äußern sich betont wohlwollend gegenüber der Taylor-Regel, loben deren positive Eigenschaften und nutzen die Zinsempfehlung als Benchmark für die eigene Einschätzung der gegenwärtigen Zinspolitik.[98] Fed-

---

[93] "These responses [of the Taylor Rule to inflation and output, D.H.] impose what I believe are the two key ingredients for a disciplined monetary policy strategy: a nominal anchor (via the inflation target) and a policy that leans against cyclical winds (via the response to changes in resource utilization rates)." Meyer (1999a).

[94] Verschiedene Investmentbanken (z.B. HSBC, Merrill Lynch, Goldman Sachs, DB Research) haben vergleichende Studien über die Taylor-Regel und die Fed Funds Rate publiziert, vgl. z.B. Shepherdson (1997), Lucas/Quek (1998), Dallmeyer/Gräf (2000), o.V. (2001i), S. 27.

[95] Anfang 2000 erstellte DB Research folgende Zinsprognose, welche tatsächlich eintrat: „Die Ergebnisse der von uns modifizierten Taylor-Regel legen die Vermutung nahe, dass die Fed früher und stärker die geldpolitischen Zügel hätte anziehen müssen, und das noch weitere Zinsschritte folgen werden. So erwarten wir ... weitere Zinserhöhungen von ... 75 Bp." Dallmeyer/Gräf (2000), S. 4.

[96] Offensichtlich began die Staff Mitte 1996 damit: "The staff's financial indicators package now routinely depicts the recommendations of Taylor's rule." Yellen, in: FOMC (TS May 1996), S. 37.

[97] Vgl. Kohn, in: FOMC (Staff Mar 1997), S. 2. Diese Bewertung der Fed-Politik anhand der Taylor-Regel erfolgt im Rahmen der „Bluebook"-Analysen. Hierbei werden auf der Grundlage längerfristiger Simulationen verschiedene Argumente durchdiskutiert, die für eine Erhöhung, Senkung oder Beibehaltung des derzeitigen Zinsniveaus sprechen. Ein weiteres Beispiel hierfür ist: "The developing situation is reflected as well in results from Taylor rule-type simulations, which tend to show that the federal funds rate is not misaligned at present given recent inflation and output." Kohn, in: FOMC (Staff Feb 1997), S. 3.

[98] Vor allem die früheren Fed-Gouverneure Yellen und Meyer haben während ihrer Amtszeit regelmäßig die Empfehlungen der Taylor-Regel betrachtet: "This [Taylor rule] is a rule of thumb that I

Gouverneur Gramlich (1998) fasst einen Diskurs über geldpolitische Regeln z.B. folgendermaßen zusammen:

"So the Taylor rule generally describes monetary policy well in years when policy was relatively successful, and also ... how monetary policy may have gotten off track in years when policy was less successful. It has desirable theoretical and stabilization properties."

Ex-Fed Gouverneur Yellen [(1996), S. 10] hebt vor allem den Nutzen der Taylor-Regel als sehr einfachen Orientierungsmarke der Geldpolitik hervor:

"...such rules provide a simple but useful benchmark to assess the setting of monetary policy in a very complex and uncertain economic environment. "

Gemäß Fed-Präsident Perry [(1997), S. 14] fasst die Taylor-Regel oftmals den „Nettoeffekt" der geldpolitischen Debatten in nützlicher Weise zusammen:

"... the [Taylor] rule is a useful way to characterize the net effect of all the debate and consensus building among the 19 participants in FOMC meetings."

Obwohl die Taylor-Regel innerhalb des FOMC manche Sympathie genießt und als Analyseinstrument genutzt wird, kann man im Falle der Fed noch längst nicht von einer offiziellen Regelbindung sprechen.[99] Hierzu wäre es notwendig, dass die Fed in regelmäßigen Abständen einen offiziellen Taylor-Zins bekannt gibt und sich für Abweichungen von der Regel rechtfertigt. Von einer solchen Prozedur ist man aber noch weit entfernt:

- In den Medien, die als Foren für die Begründung geldpolitischer Entscheidungen fungieren (Kongressberichte und Protokolle), wird bisher mit keiner Silbe auf die Taylor-Regel eingegangen, was sich zum Teil auch damit begründen lässt, dass nicht alle Notenbanker von den Vorzügen der Taylor-Regel überzeugt sind.[100]
- Bevor die Fed einen offiziellen Taylor-Zins berechnen und bekannt geben könnte, müsste sie sich in mehreren Bereichen zu mehr Transparenz durchringen: Sie müsste ein numerisches Inflationsziel, ihre Einschätzungen über die Outputlücke sowie ihre Vorstellungen über ein neutrales Realzinsniveau bekannt geben.

Insgesamt kann man also sagen, dass die Fed so handelt, als ob sie der Taylor-Regel folgt, ohne sich aber offiziell an die Regel zu binden.[101] Gerade für Greenspan weist dieses Verhältnis von Fed-Politik und Taylor-Regel einen gewissen Charme auf.[102] Die Fed kann einerseits der Öffentlichkeit durch Grafiken wie Abb. 5.13 und

---

regularly consult as a very rough guide to reasonable policy." Yellen, in: FOMC (TS May 1996), S. 37. "The appeal of the Taylor Rule is that it is simple and specifies how the federal funds rate ... should be varied directly in response to inflation and to deviations of output and inflation from the Fed's ultimate targets of full employment and price stability. (...) Because both objectives are explicitly incorporated in the rule, it provides a disciplined approach to juggling the dual mandate for monetary policy." Meyer (1998).

[99] "I hasten to point out that the FOMC does not deliberately follow this rule." Fed-Präsident Perry (1997), S. 14.

[100] "The FOMC ... is not committed to a Taylor-Rule and only some of us pay significant attention to it." Meyer (1999a).

[101] Taylor [(1998a), S. 15] bemerkte mit Blick auf alle Notenbanken, speziell aber auf die Fed bezogen an "... it appears that, whether or not central banks actually follow such a [Taylor-]rule, in recent years they act as if they follow such a rule."

[102] Vgl. Spahn (2001b), S. 367.

Abb. 5.15 demonstrieren, dass die eigene Zinspolitik einer gewissen Systematik folgt, was den Vorwurf der „Regellosigkeit" entkräftet. Andererseits hat man sich aber auch nicht in das enge Korsett einer Regelbindung begeben und sich dadurch die Flexibilität in der täglichen Zinspolitik erhalten.

Zusammenfassend kann man festhalten, dass ein hypothetischer Taylor-Zins den Verlauf der Fed Funds Rate in den Jahren 1987-2003 – vor allem im Vergleich zu früheren Zeitperioden – recht gut beschreibt. Durch leichte Modifikationen an der ursprünglichen Taylor-Formel („smoothing"-Komponente, höhere Gewichtung der Outputlücke) kann sogar noch ein besserer „Fit" zwischen Taylor-Zins und Fed Funds Rate erreicht werden. Angesichts der bedeutenden Rolle, welche die Outputlücke innerhalb der amerikanischen Geldpolitik spielt, ist die Nähe zur Taylor-Regel allerdings nicht verwunderlich. Innerhalb und außerhalb der US-Notenbank hat die Taylor-Regel an Aufmerksamkeit gewonnen. Fed-Watcher, die Fed-Staff und Fed-Politiker selbst nutzen die Taylor-Regel als Analyseinstrument und loben zum Teil ihre positiven Eigenschaften. Dennoch ist die Fed weit davon entfernt, sich offiziell an eine Regel zu binden. Um diesen Schritt zu vollziehen, müsste innerhalb des FOMC vor allem hinsichtlich Transparenz und dem Wunsch nach größtmöglicher Flexibilität ein fundamentales Umdenken einsetzen.

5.3 Glaubwürdigkeit und Transparenz der Fed aus Sicht der Akademiker und Märkte

5.3.1 Die Kritikpunkte an der Strategie der Federal Reserve

Im Laufe der Arbeit wurde bereits auf einige Kritikpunkte an der Fed-Strategie hingewiesen. Ein zentraler Vorwurf lautet dabei, dass die geldpolitischen Entscheidungen der Fed auf einer unzureichenden konzeptionellen Basis gefällt werden. Diese Kritiklinie soll im Weiteren überblickartig vorgestellt werden. Vor allem die vier folgenden Punkte werden dabei stets als Malus der Fed-Strategie erwähnt:

1) *Mangelnde Transparenz*
2) *Fehlender nominaler Anker*
3) *Zu starke Ausrichtung auf den Fed-Vorsitzenden*
4) *Duale Zielsetzung*

(1) Mangelnde Transparenz:

Die Transparenzkritik knüpft vorwiegend an zwei Punkten an:[103]

• *Unzureichende Zieldefinition:* Die Fed hat ihre Ziele nicht numerisch präzisiert. Sie gehört damit zu den wenigen Notenbanken, die über kein explizites Inflationsziel verfügen (siehe Tabelle 5.1). Bei Outputzielen ist eine Quantifizierung zwar bislang unüblich, die Fed könnte aber zumindest Missverständnisse hinsichtlich der Formulierung „maximale Beschäftigung" ausräumen. Bei der Zielgewichtung wird zwar meist der Eindruck einer völligen Gleichrangigkeit beider Ziele vermittelt, einige Gouverneure sprechen sich aber für eine Bevorzugung des

---

[103] Vgl. zu dieser Kritik u. a.: Svensson (2004), Blinder et al. (2001), S. 70f., Cecchetti (1999), S. 2f., McCallum (2000), S. 4f., Mishkin (1999), S. 599ff., und Mishkin (2000), S. 8ff.

Inflationsziels aus (siehe Kapitel 5.1.2). Insgesamt erfüllt die Fed die Forderung nach Transparenz über die Zielfunktion nur unvollkommen.[104]

- *Intransparenter Entscheidungsprozeß:* Aufgrund des Multiindikatorenansatzes sind die Kriterien, nach denen die Fed ihre Entscheidungen trifft, weniger transparent als bei anderen Notenbanken, die sich an einem herausgehobenen Zwischenziel (Geldmenge, Inflationsprognose) orientieren und eine einfache Daumenregel als Benchmark für ihre Geldpolitik verwenden.[105] Auch die Geheimniskrämerei über die Wachstums- und Inflationsprognosen des Fed-Mitarbeiterstabs („Greenbook-Prognosen"), die eine große Rolle in der geldpolitischen Diskussion spielen, wird als Makel empfunden.

Dieser Kritik kann jedoch auch einiges entgegengehalten werden:

- Wie weiter unten noch gezeigt wird, agiert die Fed trotz des Multiindikatorenansatzes für die Märkte verständlicher und berechenbarer als viele andere Notenbaken, die ein Inflationsziel und eine wohlformulierte Strategie besitzen.
- Hinsichtlich des Inflationsziels können die Märkte aus den Erfahrungen der vergangenen Jahre zumindest auf ein grobes Zielband von 1-3 % schließen.
- In einigen Bereichen kann die Fed als Vorreiter der Transparenzpolitik gesehen werden. Sie veröffentlichte bereits in den 80er Jahren geldpolitische Protokolle ihrer Ausschusssitzungen mit den persönlichen Abstimmungsergebnissen der Mitglieder. Zur damaligen Zeit war dies noch unüblich. Heute gehört sie zu den wenigen Notenbanken, die nach einer geldpolitischen Sitzung Tendenzaussagen zur weiteren Zinspolitik macht.[106] Sie stellt entweder ein Übergewicht der Inflationsrisiken oder der Wachstumsrisiken fest bzw. erklärt, dass sie die Risiken für ausgewogen hält.
- Anfang der 90er Jahre hat die Fed eine „Transparenzoffensive" gestartet und damit einige Transparenzdefizite beseitigt.[107] Einen Überblick über die getroffenen Maßnahmen gibt Kasten 5.2. Allerdings hat die Fed hier in vielen Bereichen nur das nachgeholt, was andere Notenbanken bereits praktiziert haben.

Im Großen und Ganzen wird der Fed aber trotz aller Bemühungen um mehr Transparenz das Fehlen eines Inflationsziels und einer klaren Strategie schwer angelastet. *Goodhard* bezeichnete die Fed im Herbst 2001 anlässlich der Präsentation einer Studie über die Transparenz größerer Notenbanken als die „vielleicht am wenigsten transparente Bank".[108]

---

[104] Vgl. Blinder et al. (2001), S. 29.

[105] "The Fed stubbornly refuses to disclose the criteria it uses to decide when to pump more money into the economy to drive interest rates down, or when to draw money out of the economy to drive interest rates up. This lack of clarity is the one knock on Alan Greenspan's otherwise excellent stewardship of the Fed." O.V. (2000a), S. 10.

[106] Neben der Fed gibt nur noch die neuseeländische Notenbank Hinweise auf die zukünftige Zinspolitik, vgl. Blinder et al. (2001), S. 37, oder Deutsche Bundesbank (2000), S. 27. Das FOMC [(2000), S. 3] weist jedoch ausdrücklich darauf hin, dass eine asymmetrische Risikoerklärung nicht automatisch als Hinweis für eine baldige Zinsänderung in die entsprechende Richtung gedeutet werden sollte.

[107] Vgl. Ferguson (2002), Blinder et al. (2001), S. 66ff., und Mishkin (2000), S. 10f.

[108] Zitiert nach o.V. (2001h), S. 14. Ähnlich äußert sich Mishkin (2000), S. 11: "Despite improved transparency and communication, the lack of explicit goals has meant that Fed transparency is still much less than at many other central banks."

Kasten 5.2: Die Transparenzoffensive der Federal Reserve

1994:- Bekanntgabe der Entscheidungen unmittelbar im Anschluss an eine FOMC-Sitzung (formal wird dies im Februar 1995 festgelegt, ab August 1997 wird explizit eine numerische Zielrate der Fed Funds Rate in den Direktiven an die New York Fed angeben).

   - *Änderungen* der Zielrate der Fed Funds werden in einem Kurz-Kommunique erläutert.

   - Zinsentscheidungen werden vermehrt auf den planmäßigen Sitzungen gefällt.

   - Veröffentlichung von wörtlichen Protokollen („verbatim transcripts") der Offenmarktsitzungen (mit fünf Jahren Zeitverzögerung).

1999:- Unmittelbar nach jeder Sitzung wird eine Tendenzaussage zur weiteren Zinspolitik bekannt gegeben („Bias-Ankündigung").

   - Nach *jeder* Offenmarktsitzung (nicht nur bei Zinsveränderungen) wird der geldpolitische Beschluss in einem Pressekommunique begründet.

2000:- Die „Bias-Ankündigung" wird abgelöst von der Einschätzung darüber, ob in naher Zukunft das Inflationsrisiko oder die Gefahr einer Konjunkturabkühlung überwiegt.

2002:- Das Abstimmungsergebnis bezüglich der geldpolitischen Beschlüsse wird direkt nach der FOMC-Sitzung bekannt gegeben und nicht erst mit Publikation der Protokolle.

---

(2) Fehlender nominaler Anker

Da die Fed weder ein Geldmengen-, Wechselkurs- oder ein quantitatives Inflationsziel bekannt gibt, fehlt es an einem „nominalen Anker" bzw. einem „monetären Standard" [McCallum (2000), Mishkin (1999), S. 580ff.], der die Kaufkraft der Währung institutionell absichert. Ein solcher nominaler Anker kann z.B. als Fixpunkt der Inflationserwartungen bei Lohnverhandlungen dienen und die negativen Folgen eines Ölpreisschocks begrenzen. Man kann jedoch davon sprechen, dass in den USA ein impliziter nominaler Anker vorliegt, da die amerikanische Öffentlichkeit offensichtlich seit längerem ein „verdecktes" Inflationsziel der Fed von etwa 2-2 ½ % unterstellt (siehe Kapitel 5.4). Angesichts der seit Jahren sehr niedrigen und stetig fallenden Inflationsraten verfügt die Fed außerdem inzwischen über ein recht hohes Maß an Glaubwürdigkeit in der Inflationsbekämpfung. Es ist daher schwer vorstellbar, dass sich plötzlich Inflationsängste [„inflation scares", Goodfriend (1993)] ohne expliziten nominalen Anker in den USA verselbständigen, oder dass die Fed zur „inflationären" Geldpolitik der 1970er Jahren zurückkehrt.[109] Andere sehen wiederum den gegenwärtigen nominalen Anker der Geldpolitik zu sehr mit der Person des Fed-Vorsitzenden verbunden.[110]

(3) Zu starke Ausrichtung auf den Fed-Vorsitzenden

Innerhalb der Wissenschaft besteht weitgehend Konsens darüber, dass die amerikanische Geldpolitik in den vergangenen 20 Jahren sehr effizient war, zunächst Anfang der 80er Jahre in der Inflationsbekämpfung und später in der Unterstützung hoher Wachstumsraten. Diese Erfolge werden aber nicht einer besonders ausgeklügelten

---

[109] Nach Ansicht von Goodfriend (1993) hatte die Fed in den 1980er Jahren trotz der erfolgreichen Volcker-Disinflation noch keine vollkommene Glaubwürdigkeit in der Inflationsbekämpfung erreicht. Jedenfalls sah er noch zwei Phasen (1983, 1987) einer plötzlichen Inflationshysterie („inflation scares"), was aus einem kräftigen Anstieg der langfristigen Zinsen ersichtlich wurde. Goodfriend [(1993, S. 18] folgerte daraus, dass ein klares gesetzliches Mandat für Preisstabilität solche Entwicklungen erschweren könnte.

[110] „ … right now the nominal anchor in the United States is Alan Greenspan." Mishkin (2000), S. 9.

geldpolitischen Strategie, sondern den beiden Fed-Vorsitzenden *Volcker* und Greenspan zugesprochen. Eine der wesentlichen Kritikpunkte an der amerikanischen Geldpolitik ist daher, dass sie zu stark auf dem Vertrauen, den Fähigkeiten und Präferenzen des Fed-Vorsitzenden basiert:[111]

"The problem is that we do not have well-articulated policy objectives, with an accompanying strategy or framework. What we have is a magician." Cecchetti (1999), S. 2.

Vor allem der Übergang zu einem neuen Fed-Vorsitzenden (im Jahre 2006) könnte unter Umständen kritisch werden. Für den neuen Fed-Präsident wird es schwierig, die Greenspan-Politik einfach fortzuführen, da Greenspan seinem Nachfolger (bisher) keine wohlformulierte Strategie hinterlassen hat.[112] Folgende Probleme könnten sich hieraus ergeben:

- Der neue Vorsitzende könnte einen Kurswechsel in der Geldpolitik vollziehen, da er an kein konkretes Inflations- oder Beschäftigungsziel gebunden ist. Es ist z.B. denkbar, dass er ein ehrgeizigeres Inflationsziel als Greenspan anstrebt oder dem Inflationsziel klare Priorität gegenüber dem Beschäftigungsziel einräumt. Einigen der aktuellen Offenmarktmitgliedern wäre eine solche Politikwende zuzutrauen (siehe Kapitel 5.1.2). Andere befürchten wiederum, dass ein zukünftiger Chairman eine zulasche Haltung gegenüber der Inflationsbekämpfung einnehmen könnte.[113] Die Märkte können jedenfalls nicht automatisch von einer Fortführung der momentanen Geldpolitik ausgehen.

- Aufgrund der starken Personalisierung der amerikanischen Geldpolitik hängt deren Glaubwürdigkeit sehr stark vom Charisma des Vorsitzenden und dessen „track record" (vergangene Inflationsergebnisse) ab. Im Vergleich zu den USA war die Reputation der deutschen Geldpolitik stärker mit der Institution der Bundesbank verbunden. Ein Wechsel an der Bundesbankspitze vollzog sich daher ziemlich geräuschlos. Ein neuer Fed-Vorsitzender muss sich hingegen erst seine eigene Reputation aufbauen. Vor allem bei Zinssenkungen wird der neue Präsident unter Umständen anfangs vorsichtiger agieren müssen als sein Vorgänger, um keine Inflationserwartungen zu schüren.[114]

- Nach einigen Jahren Erfahrung mit Greenspan haben die „Fed-Watcher" dessen oftmals verklausulierten Bemerkungen zunehmend richtig gedeutet. Bis die Märkte allerdings die „Sprache" des zukünftigen Vorsitzenden verstehen, wird einige Zeit verstreichen. Zu Beginn der Amtszeit kann man daher an den Finanzmärkten mit einigen Missverständnissen und damit größeren Volatilitäten rechnen.

Insgesamt könnte also eine klar ausformulierte Strategie für eine größere Kontinuität in der US-Geldpolitik sorgen und die Abhängigkeit von Personen reduzieren.

---

[111] Vgl. z.B. Mishkin (1999), S. 600, Cecchetti (1999), S. 1ff., Tigges (2001d), S. 13, und Barbier (2001a), S. 13.

[112] Mankiw [(2002), S. 40ff.] spricht davon, dass Greenspan seinem Nachfolger kein Erbe („legacy") hinterlassen wird und folgert: "If a successor tries to emulate the Greenspan Fed, he won't have any idea how." Mankiw (2002), S. 41.

[113] "It is entirely possible that some future Chairman could have very different attitude toward the importance of avoiding inflation." McCallum (2000), S. 2.

[114] Greenspan selbst leitete seine Amtszeit (nach drei Wochen) mit einer Diskontsatzerhöhung um 50 Basispunkte ein, womit er nach Ansicht seines Vorgängers Volcker gezeigt habe, dass er ein „richtiger" Notenbanker sei, vgl. Woodward (2000), S. 32.

(4) Duale Zielsetzung

Es wird schließlich eine Änderung des gesetzlichen Mandats der Fed gefordert. Das duale Mandat soll in ein hierarchisches Mandat umgewandelt werden und damit Preisstabilität zum übergeordneten Ziel der Fed-Politik avancieren.[115] Dies würde den Interpretationsspielraum der Offenmarktmitglieder einschränken und für mehr Zielklarheit sorgen. Der Öffentlichkeit würde nochmals verdeutlicht, dass die Geldpolitik langfristig nur für stabile Preise nicht aber für mehr Beschäftigung sorgen kann. Die Gleichstellung der Ziele in den USA fördert hingegen nach dieser Ansicht geldpolitische Debatten, bei denen die Geldpolitik vor allem als ein Instrument zur kurzfristigen Stimulierung der Konjunktur und Beschäftigung gesehen wird. Ein zweiter Kritikpunkt an der doppelten Zielsetzung ist die Verwässerung der Rechenschaftspflicht. Wird z.B. Preisstabilität nicht erreicht, kann dies damit gerechtfertigt werden, dass die vergangene expansive Politik aufgrund des Beschäftigungsziels erforderlich war.[116]

Dieser Kritiklinie wird hier explizit nicht gefolgt. Statt dessen wird in dieser Arbeit gerade für eine gemäßigte beschäftigungsorientierte Geldpolitik plädiert, die auf der Taylor-Kurve sowie den Vorschlägen von Ball und Solow basiert. Außerdem wird das Vorgehen der Fed in den vergangenen Jahren, der ein duales Mandat und ein ständiges Abwägen zwischen Inflations- und Beschäftigungsziel zu Grunde lag, im Großen und Ganzen als erfolgreich angesehen. Darüber hinaus kann die Fed mit ihrem klaren Bekenntnis zu einem Beschäftigungsziel wiederum zu den Vorreitern in der Transparenzdebatte gerechnet werden, da andere Notenbanken selbst die nachrangige Berücksichtigung von Beschäftigungszielen möglichst verheimlichen wollen.[117]

Insgesamt kann man festhalten, dass das Urteil über die Transparenz der amerikanischen Geldpolitik zwiespältig ausfällt. Wie andere Notenbanken war die Fed in den vergangenen Jahren stark darum bemüht, an Transparenz zu gewinnen. In einigen Bereichen (Tendenzaussagen zur weiteren Zinspolitik) ist sie dabei weit fortgeschritten. Sie vermeidet es aber nach wie vor, ihr Inflationsziel zu quantifizieren und eine umfassende Strategie zu formulieren. Dies erhöht die Wahrscheinlichkeit von Brüchen in der amerikanischen Geldpolitik und sorgt beim Wechsel an der Notenbankspitze für Unsicherheit an den Märkten. Die Kritik an der Doppelzielsetzung der Fed ist hingegen wenig überzeugend. Praktisch alle Notenbanken berücksichtigen Beschäftigungsziele. Die Fed spricht damit offen aus, was andere nur hinter vorgehaltener Hand zugeben. Außerdem legt die wirtschaftliche Performance der USA nahe, dass das duale Mandat ein Erfolgsfaktor der amerikanischen Geldpolitik darstellt.

---

[115] Eine solche Forderung erheben z.B. Mishkin (2000), S. 8, Bernanke et al. (1999), S. 310f., oder McCallum (2000), S. 4f.

[116] "... with its broad mandate, the Fed can always escape criticism – and possibly hide its mistakes – by explaining that it had been working hard at confronting its many and occasionally conflicting obligations." Wyplosz (2001a), S. 5.

[117] Meyer [(2004), S. 152] merkt z.B. an, dass die Fed mit ihrem offenen Bekenntnis zu einem dualen Mandat transparenter agiere, als mancher Inflation Targeter, der im Prinzip ebenfalls eine duale Zielsetzung verfolge aber öffentlich nur von einem Inflationsziel spreche.

5.3.2 Wie glaubwürdig ist die Greenspan-Fed in den Augen der Märkte?

5.3.2.1 Die Entwicklung der Inflationserwartungen

Wenn die wissenschaftliche Kritik an der Fed-Politik – Mangel an einer klar formulierten geldpolitischen Strategie – gerechtfertigt ist, müsste sich dies auch in entsprechenden Marktreaktionen (z.b. Inflationsprämien, hohe Volatilitäten) niederschlagen. Es soll daher anhand der folgenden drei Fragestellungen überprüft werden, wie es um die Glaubwürdigkeit und Transparenz der amerikanischen Geldpolitik aus der Sicht der Märkte bestellt ist:

- Wie haben sich die privaten Inflationserwartungen der letzten Jahren entwickelt?
- Wie haben die Märkte auf die eindeutig beschäftigungsorientierte Geldpolitik der jüngsten Zeit reagiert?
- Wie gut wird die amerikanische Geldpolitik von den Märkten antizipiert?

Abb. 5.16: Entwicklung der langfristigen Inflationserwartungen in den USA 1987-2004

in %, Quartalsdaten

——— CPI   - - - - 10-Jahres-Prognose (SPF)

Datenquelle: BLS, Federal Reserve Bank of Philadelphia.

Die Entwicklung der privaten Inflationserwartungen soll einen ersten Eindruck von der öffentlichen Glaubwürdigkeit der Fed vermitteln und Aufschluss darüber geben, ob sich die Einschätzung der Fed-Politik über die Zeit verändert hat. Hohe und stark schwankende Inflationserwartungen wären ein Indiz für ein geringes Vertrauen in eine stetige Politik der Inflationsbekämpfung. Um Inflationserwartungen zu messen, bedient man sich vor allem zweier Methoden: Zum einen werden sie indirekt aus Finanzmarktpreisen abgeleitet, zum anderen werden aber auch direkte Befragungen bei privaten Wirtschaftssubjekten durchgeführt. Zur letzteren Kategorie gehört die von der der Federal Reserve Bank of Philadelphia erstellte „Survey of Professional Forecasters" (SPF). Im Rahmen der SPF werden verschiedene private Firmen (z.B. Wall Street-Häuser, Banken, Consulting-Unternehmen) und öffentlichen Einrichtungen nach ihren Inflationseinschätzungen befragt, u.a. sollen diese Institutionen auch eine 10-Jahres-Prognose abgeben.[118] Abb. 5.17 stellt die hieraus ermittelten langfris-

---

[118] Zu einer genauen Darstellung der Vorgehensweise vgl. Croushore (1993), S. 3ff.

tigen Preiserwartungen der tatsächlichen Inflationsentwicklung (gemessen am CPI) seit 1987 gegenüber, woraus man folgende Rückschlüsse ableiten kann:

- Man kann erkennen, dass die langfristigen privaten Inflationserwartungen seit Ende der 80er Jahre deutlich von über 4 % auf etwa 2,5 % gesunken sind.
- Obwohl die laufende Inflationsrate seit 1998 in einer Bandbreite von 1,0-3,5 % schwankt, sind die Inflationserwartungen weitgehend stabil geblieben.[119]
- Die Öffentlichkeit interpretiert seit 1998 offensichtlich eine Inflationsrate von 2,5 % als implizites Inflationsziel der Fed.

Abb. 5.17: Break-Even-Inflationsrate USA seit 1997

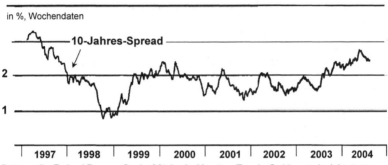

in %, Wochendaten

Datenquelle: Federal Reserve Bank of St. Louis, Monetary Trends, S. 11, versch. Jahrgänge.

Zu ähnlichen Resultaten kommt man, wenn man Finanzmarktpreise zur Ableitung der Inflationserwartungen heranzieht. Die Einschätzung privater Inflationserwartungen über den Kapitalmarkt wird durch die seit 1997 emittierten inflationsindexierten Bundesanleihen (TIPS, Treasury Inflation-Protected Securities) erleichtert. Die Differenz aus den nominalen Renditen gewöhnlicher Treasuries und den realen Renditen inflationsgeschützter Treasuries gleicher Laufzeit wird als „Break-even-Inflationsrate" bezeichnet und ergibt einen Näherungswert für die privaten Inflationserwartungen.[120] Abb. 5. stellt die Entwicklung der „Break-even-Inflationsrate" seit 1997 anhand von Treasuries mit 10-jähriger Laufzeit dar. Das sich hieraus ergebende Bild gleicht den Ergebnissen der SPF. Die privaten Inflationserwartungen sind zunächst gesunken und pendeln seit Mitte 1999 in einer engen Bandbreite von 1,5-2,5 %.[121]

---

[119] Aufgrund der längeren Zeitperspektive schwankt die 10-Jahres-Prognose generell weniger stark als die Ein-Jahres-Inflationsrate. Dennoch ist vor allem seit 1998 ersichtlich, dass die langfristigen Inflationserwartungen von den kurzfristigen Inflationsbewegungen kaum noch beeinflusst werden.

[120] Die Break-even-Inflationsrate gibt die Inflationserwartungen v.a. aufgrund zweier Effekte nur verzerrt wieder: Indexierte Bonds enthalten eine Risikoprämie, da die Papiere dem Anleger Schutz vor unvorhergesehenen Inflationsrisiken bieten. Gewöhnliche Anleihen weisen wiederum eine Liquiditätsprämie auf, da ihre Emissionsvolumina i.d.R. größer sind. Während die Risikoprämie der TIPS die Break-even-Inflationsrate überzeichnet, wirkt die Liquiditätsprämie „normaler" Anleihen in die entgegengesetzte Richtung. Man geht davon aus, dass die Inflationserwartungen durch die Break-even-Inflationsrate eher überschätzt werden und damit die Risikoprämie den bedeutenderen Effekt darstellt, vgl. EZB (MB Februar 1999), S. 16, und Sack (2000), S. 5f.

[121] Dass im Vergleich zur SPF etwas niedrigere Niveau der geschätzten Inflationserwartungen überrascht etwas, da man normalerweise eher vermutet, dass die Break-even-Inflationsrate die tatsächlichen Inflationserwartungen überzeichnet (siehe vorhergehende Fußnote).

Auch im internationalen Vergleich schneidet die USA bei der Entwicklung der Inflationserwartungen günstig ab. Castelnuovo et. al. (2003), die eine Vergleichsstudie unter 14 Industrieländern im Zeitraum 1990-2002 durchgeführt haben, bestätigen zunächst, dass die langfristigen Inflationserwartungen in den USA Ende der 90er Jahre auf ca. 2,5 % gesunken sind. Besonders auffallend ist dabei das gute Abschneiden der USA im Hinblick auf die Stabilität der langfristigen Inflationserwartungen. Seit 1999 weist die USA unter den betrachteten Ländern nach Schweden sogar die niedrigste Inflationsvariabilität auf.[122] .

Insgesamt ergeben sich aus der Entwicklung privater Preiserwartungen keine Hinweise für eine sinkende Glaubwürdigkeit der Fed, wie sie z.b. aufgrund einer unklaren Strategie entstehen könnten. Vielmehr deuten das Absinken der Inflationserwartungen und die zunehmende Unabhängigkeit der Erwartungen von der aktuellen Inflationsentwicklung auf einen Reputationsgewinn der Fed in den 90er Jahren hin.

5.3.2.2 Die Marktreaktionen auf die Zinssenkungspolitik im Jahre 2001

Einen Belastungstest für die Glaubwürdigkeit der Federal Reserve stellte die stark auf Wachstumsförderung ausgerichtete Zinssenkungspolitik im Jahre 2001 dar. Eine solche antizyklische Stabilisierungspolitik kann nur von einer Notenbank mit hoher Glaubwürdigkeit erfolgreich durchgeführt werden, denn nur wenn die privaten Akteure überzeugt sind, dass die Notenbank keine „leichtfertige" Beschäftigungsförderung praktiziert, wird es nicht zu steigenden Inflationserwartungen kommen (siehe Kapitel 2.2.2.3). Ob die Fed mit ihrer aggressiven Zinssenkungspolitik reüssiert hat, ist umstritten. Zweifel am Erfolg dieser Politik löste vor allem die divergierende Entwicklung zwischen den kurz- und langfristigen Zinsen aus, welche Abb. 5.18 verdeutlichen soll. Parallel zur Entwicklung der Zielrate der Federal Funds Rate ist hierbei der Renditeverlauf der 3-Monats- und 10-Jahres Treasuries dargestellt.

Die kurzfristigen Zinssätze haben sich weitgehend analog zum rückläufigen Fed Funds Rate Target entwickelt. Die langfristigen Zinsen jedoch nur anfangs. Spätestens ab April 2001 ist eine deutliche Gegenbewegung der langfristigen Zinsen nach oben erkennbar, die dabei ein Niveau erklommen, das bereits vor Beginn der Zinslockerung bestand hatte. Dies entsprach sicherlich nicht ganz den Absichten der Fed. Generell zielt die US-Notenbank darauf ab, über den Hebel der kurzfristigen Zinsen möglichst gleichgerichtete Veränderungen der langfristigen Zinsen hervorzurufen (siehe Kapitel 2.2). Im Jahr 2001 sollte durch niedrige Kapitalmarktzinsen vor allem die Nachfrage nach langlebigen Konsumgütern und Wohnimmobilien angeregt und die Investitionsnachfrage stabilisiert werden (siehe Kapitel 4.7).

Bei der Interpretation der ungewollten Scherenbewegung zwischen kurz- und langfristigen Zinsen kann man drei Varianten unterscheiden:[123]

---

[122] Die Standardabweichung der langfristigen Inflationserwartungen lag in den USA 1999-2002 bei 0,7 und damit niedriger als z.B. in Deutschland. Noch günstiger fällt der Vergleich aus, wenn man die Volatilität der Inflationserwartungen in Relation zur Volatilität der Inflationsentwicklung setzt, vgl. Catelnuovo et al. (2003), S. 54ff.

[123] Goodfriend [(1993), S. 7f.] weist darauf hin, dass bei aggressiven Zinsänderungen der Fed immer zwei ambivalente Effekte auf die langfristigen Zinsen wirken: Ein „realer Zinseffekt", welcher die langfristigen Zinsen in die gleiche Richtung verändert wie die kurzfristigen (= Hebeleffekt der kurz-

1. Kritiker der Fed-Politik behaupten, dass steigende Inflationserwartungen und –
   ängste für den Anstieg der langfristigen Kapitalmarktzinsen verantwortlich
   sind.[124] Die Fed sei mit ihrer Zinssenkungspolitik über das Ziel hinausgeschos-
   sen und habe gerade das Gegenteil von dem bewirkt, was sie erreichen wollte,
   nämlich eine Verschlechterung des Investitionsklimas durch steigende Kapitalmarkzinsen. Nach dieser Interpretation wäre die Situation im Jahre 2001 ein typisches Beispiel für eine plötzliche „Inflationspanik", wie sie von Goodfriend (1993)
   beschrieben wird.[125] Stellvertretend für diese Meinung kann man eine Aussage
   der EZB [(MB Juni 2001), S. 34] in ihrem Juni-Monatsbericht anführen:

   „Der Hauptgrund für den Anstieg der nominalen Renditen langfristiger US-
   Anleihen im 2. Quartal dieses Jahres dürfte in den zunehmenden Inflationserwar-
   tungen sowie der steigenden Inflationsunsicherheit seitens der Anleger liegen."

2. Nach einer anderen Ansicht ist der Anstieg der Anleiherenditen gerade Ausdruck
   eines hohen Vertrauens in die Fed-Politik. Die Zinssenkungen haben bei vielen
   Marktteilnehmern die Hoffnung geweckt, dass die Konjunkturkrise bald überwunden wird und in naher Zukunft wieder mit steigenden Unternehmensgewinnen
   und einer verbesserten Kapitalverzinsung zu rechnen ist. Dementsprechend
   wurde mit einem baldigen Ende der Zinssenkungen und wieder steigenden Tagesgeldzinsen gerechnet, was gemäß der Erwartungstheorie der Zinsstruktur
   steigende Kapitalmarktzinsen auslöst.[126] Die langfristigen Zinsen sind also nach
   dieser Interpretation nicht aufgrund zunehmender Inflationserwartungen, sondern
   verbesserter Wachstumserwartungen nach oben geklettert, was auch als Anstieg
   der Realzinskomponente innerhalb der Nominalzinssätze ausgelegt werden
   kann.[127] Eine Überlegung, die offensichtlich auch die Fed für sehr plausibel hielt:

   "The increase in longer-term Treasury yields in the second quarter appears to
   have been the result of a number of factors. The main influence seems to have

---

auf die langfristigen Zinsen) und ein „Inflationseffekt", der in die entgegengesetzte Richtung wirkt.
Bei – aus der Sicht der Märkte – übertriebenen Zinssenkungen steigen z.B. die Inflationserwartungen und damit die nominalen Kapitalmarktzinsen.

[124] Die Stimmung an den Märkten wurde nach der 5. Zinssenkung um 50 Basispunkte (Mai 2001) wie
folgt beschrieben: „Bei Händlern wächst die Befürchtung, dass die Fed mit ihrem Zinsmanöver über
das Ziel hinausschießt und die erhoffte konjunkturelle Wende mit einem deutlichen Preisschub ein-
hergeht. Vereinzelt warnen Ökonomen, dass die Fed ihre Glaubwürdigkeit in der Inflationsbekämpfung riskiere." o.V. (2001f), S. 33. „Der Zinsanstieg am längeren Ende der Fristigkeiten ist als Risikozuschlag zu bewerten. Den verlangen Kapitalgeber, weil sie einen Anstieg der Inflationsrate befürchten ..." Barbier (2001b), S. 17. Als mögliche Faktoren für die Inflationsängste werden genannt:
(1) Die Gefahr, dass die Wachstumsrate der Produktivität einbricht, weil die bisherigen Produktivitätszuwächse nur zyklischer Natur waren, (2) steigende Energiepreise, (3) eine „zu kurze" Rezession, die den aufgebauten Preisdruck nur unzureichend mindert, vgl. o.V. (2001d), S. 33f.

[125] "I call a significant long-rate rise in the absence of an aggressive funds rate tightening an inflation
scare since it reflects rising expected long-run inflation." Goodfriend (1993), S. 8. Solche Inflationspaniken sind v.a. auf eine mangelhafte Reputation bei der Inflationsbekämpfung zurückzuführen.

[126] Der Effekt der zukünftig erwarteten Zinserhöhungen würde dabei gegenüber den gegenwärtig noch
sinkenden kurzfristigen Zinsen dominieren.

[127] Gemäß dem Fisher-Theorem gilt im Gleichgewicht $i = r + \pi^e$ (i = Nominalzins, r = Realzins). Unterstellt man Konstanz von π^e, lässt sich ein Anstieg von i nur mit einem zunehmenden r begründen.
In diesem Fall würde der Realzins aber nicht als langfristiger Gleichgewichtswert gesehen (wie in
Kapitel 2.3), sondern als Größe, die mit dem Konjunkturzyklus schwankt [vgl. z.B. Deutsche Bundesbank (2001), S. 39ff.]. Erwarten die Finanzmärkte also einen positiven Nachfrageschock, würde
r zunehmen.

been increased investor confidence that the economy would soon pick up." BoG (AR 2001), S. 91.

Die Erholung der Aktienmärkte im 2. Quartal 2001, die ebenfalls auf Konjunkturoptimismus hindeutete, und die weitgehende Stabilität der Inflationserwartungen (siehe Abb. 5.16 und Abb. 5.) stützt diese Argumentation.[128]

3. Ein weiterer Erklärungsgrund für den Anstieg der Anleiherenditen wird auf der Angebotsseite der amerikanischen Staatsanleihen gesehen. Angesichts wachsender Haushaltsüberschüsse befürchtete man im Jahr 2000 bereits eine Austrocknung des Marktes für langfristige Bundesanleihen (Treasuries). Aufgrund des angekündigten Steuersenkungsprogramms der Regierung im Frühjahr 2001 wurde jedoch klar, dass das Ausmaß an Budgetüberschüssen geringer ausfällt als ursprünglich erwartet und entsprechend eine geringere Angebotsverknappung an langfristigen Staatsanleihen vorlag.[129]

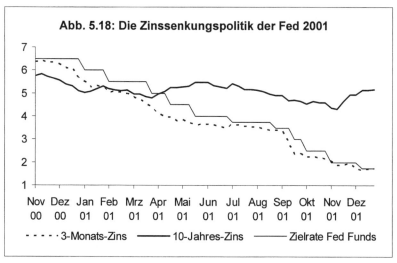

Abb. 5.18: Die Zinssenkungspolitik der Fed 2001

Datenquelle: BoG.

---

[128] Beim Vergleich „normaler" mit inflationsindexierten Staatsanleihen ergab sich zwar ein temporärer Anstieg der Inflationserwartungen im Mai/Juni 2001 um ca. ½ -Prozentpunkt, dies wurde aber von der Fed im Juli-Kongressbericht als wenig besorgniserregend und eher als eine Korrektur der zuvor (übertrieben) niedrigen Inflationserwartungen angesehen, vgl. BoG (AR 2001), S. 91. Der Fed-Präsident von Philadelphia Santomero (2003) erklärt: "The Fed's aggressive actions to lower the federal funds rate in 2001 and 2002 did not elivate our survey participant's long run inflation expectations. (...) I take this as a positive sign that the Fed's comittment to maintaining resonabls price stability is a credible one in the mind of the public."

[129] Gemäß Wheelock [(2000), S. 1] deutet vieles darauf hin, dass der deutliche Rückgang langfristiger Anleiherenditen im Jahr 2000 nicht auf niedrigere Inflationserwartungen, sondern auf die angekündigte Verknappung von Staatsanleihen mit langen Laufzeiten zurückzuführen war. Diese Entwicklung wurde 2001 z.T. rückgängig gemacht. Für die These einer reduzierten Angebotsverknappung spricht auch, dass die Renditen langfristiger Unternehmensanleihen nicht den Anstieg der Renditen von Staatsanleihen 2001 nachvollzogen haben.

Insgesamt sind die Argumente (2) und (3) nicht völlig von der Hand zu weisen, so dass bestenfalls ein kleiner Teil des Zinsanstiegs auf vorübergehende Inflationsängste zurückgeführt werden kann. Auch Greenspan [(2001b), und (2001c), S. 591] sah im Laufe des Jahres 2001 kaum Anzeichen für steigende Inflationserwartungen, sondern machte vor allem die Angebotseffekte auf dem Markt für Treasuries für die steilere Zinsstruktur verantwortlich. Nachdem im Frühjahr 2002 die Hoffnung auf eine baldige Konjunkturwende verflogen war, kam es ab Juni 2002 schließlich zu einer deutlichen Abflachung der Zinsstruktur, was ein weiteres Indiz gegen die These einer plötzlichen „Inflationspanik" in den USA darstellt. Im Ergebnis kann man daher sagen, dass die Fed über eine ausreichende Glaubwürdigkeit verfügt hat, um eine antizyklische Zinspolitik durchzuführen und die Versteifung der Zinsstruktur im Jahr 2001 auf andere Gründe als einer mangelhaften Reputation der Fed zurückzuführen ist. Der vermutete Anstieg der (zyklischen) Realzinsen im Laufe des Jahres 2001, deutet sogar darauf hin, dass der Fed ein (zu) hohes Maß an Vertrauen in die rasche Überwindung der Konjunkturkrise zugebilligt wurde. Auch wenn der Fed selbst eine flachere Zinsstruktur 2001 lieber gewesen wäre, kann man ihr kaum die übertriebenen Erwartungen der Finanzmärkte in ihre Fähigkeiten zum Vorwurf machen.[130]

5.3.3   Wie transparent ist die Fed für die Märkte?

5.3.3.1 Die Vorhersehbarkeit der Zinsentscheidungen der Federal Reserve

In Kapitel 2.2 wurde dargelegt, dass Transparenz und Berechenbarkeit die Grundlage einer effizienten und glaubwürdigen Geldpolitik bilden. Wenn die Behauptung der Kritiker stimmt, dass die Fed über keine klare Strategie verfügt, dann dürfte das geldpolitische Vorgehen der Fed nur wenig transparent für die Finanzmärkte sein. Diese These könnte man erhärten, in dem man aufzeigt, dass es den Märkten generell schwer fällt, die Zinsentscheidungen der Fed vorherzusehen. Im Weiteren soll untersucht werden, ob dies tatsächlich der Fall ist.

Die Markterwartung über die weitere Zinspolitik der Fed spiegelt sich u.a. in den Federal Funds Futures wieder. Diese Futures stellen im Prinzip Wetten auf das durchschnittliche Niveau des Tagesgeldsatzes im Verfallmonat des jeweiligen Future-Kontrakts dar.[131] Aus dem Kursverlauf der Fed Funds Futures lässt sich daher in einfacher Weise die zukünftig erwartete Zielrate der Fed Funds Rate ableiten. Vergleicht man diese *Zinserwartung* an den Future-Märkten kurz vor einer Offenmarktsitzung mit der *tatsächlich* getroffenen Zinsentscheidung auf der Offenmarktsitzung, kann man ermitteln, wie genau die Marktteilnehmer die Zinsbeschlüsse der Fed vorhersagen (zur Systematik dieses Vorgehen siehe Kasten 5.3). Führt man eine solche Vergleichsanalyse für die gesamte Greenspan-Ära durch, so kommt man zum Ergebnis,

---

[130] Wobei einige Kritiker wiederum darauf hinweisen, dass die Fed den Finanzmärkten suggerieren würde, dass sie jede Konjunkturkrise durch Zinssenkungen beseitigen könnte. Andererseits warnte Greenspan [(2001c), S. 592] explizit in seinem Juli-Kongressbericht vor zu großen Erwartungen in die Geldpolitik: "But do we have the capability to eliminate booms and busts in economc activity? (...) The answer, in my judgemnt, is no ..."

[131] Vgl. Poole et. al (2002), S. 67. Der Settlement-Preis eines Federal Funds Futures beträgt 100 minus dem effektiven Durchschnitt der Federal Funds Rate des Verfallmonats. Der für den Januar durchschnittlich erwartete Tagesgeldsatz, ergibt sich z.B. aus 100 minus dem Future-Preis des Januar-Kontrakts, d.h. bei einem Future-Preis von 95 würde für den Januar eine durchschnittliche Fed Funds Rate von 5 % erwartet.

dass die meisten Zinsentscheidungen der Fed in der jüngeren Vergangenheit ziemliche präzise von den Märkten antizipiert wurden. Dies gilt vor allem seit 1994.

Kasten 5.3: Erwartete und tatsächliche Fed Funds Rate

Vergleich

Vorabend der Offenmarktsitzung: Ableitung der *erwartete* Zielrate der Fed Funds Rate (FFR) aus Future-Kurs. ◄——►	*Tatsächlich* (vom FOMC) *festgelegte* Zielrate der Fed Funds Rate.

Ergebnis

In der Regel gilt seit 1994 in den USA:
Erwartete FFR   =   Tatsächliche FFR

Beispielhaft sei hierfür die Zinsentscheidung der Fed vom 16. Mai 2000 angeführt. Die Fed erhöhte auf dieser Offenmarktsitzung die Zielrate der Fed Funds Rate um 50 Basispunkte von 6 auf 6,5 %. Obwohl es sich um eine eher unübliche (kräftige) Zinserhöhung um 50 Basispunkte handelte, wurde der Zinsschritt von den Märkten praktisch zu 100 % erwartet.[132]

Die Markterwartungen bezüglich der Zinsentscheidung am 16. Mai 2000 lassen sich am besten aus dem Juni 2000-Kontrakt (und nicht aus dem Mai-Kontrakt) der Federal Funds Futures ableiten, was man wie folgt erklären kann: Wenn man unterstellt, dass Zinsentscheidungen in der Regel nur auf planmäßigen Offenmarktsitzungen getroffen werden, dann konnten die Marktteilnehmer davon ausgehen, dass die am 16. Mai festgelegte Zielrate der Fed Funds praktisch im gesamten Juni Bestand haben wird, da die nächste Offenmarktsitzung erst für den 27./28. Juni angesetzt war, d.h. der Zinsbeschluss im Mai determinierte zu mehr als 90 % (28/30 Tage) die durchschnittliche Fed Funds Rate des Monats Juni.

Abb. 5.19: Fed Funds Future und Zielrate der Fed Funds Rate April/Mai 2000

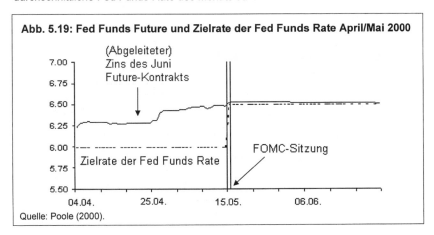

Quelle: Poole (2000).

---

[132] Die letzte Zinserhöhung um 50 Basispunkte fand im Februar 1995 statt. Dazwischen wurden nur Trippelschritte von 25 Basispunkten durchgeführt.

Abb. 5.19 stellt die erwartete Fed Funds Rate der aktuellen Zielrate im April/Mai 2000 gegenüber. Dabei ist zu erkennen, dass die Zinserwartungen schon Anfang April um ¼ Prozentpunkt oberhalb der aktuellen Zielrate lagen, d.h. man rechnete einen Monat vor der Sitzung mit der üblichen Zinserhöhung um 25 Basispunkte. Ende April kletterten die Zinserwartungen jedoch allmählich auf nahezu 6½ % und am Vorabend der Offenmarktsitzung konnte man von einer kompletten Antizipation des Zinsschrittes durch die Märkte sprechen.

Der Zeitraum im Mai 2000 stellt aber keineswegs den einzigen Fall dar, bei dem es den Märkten gelungen ist, eine Zinsentscheidung der Fed punktgenau oder wenigstens der groben Richtung nach vorauszuahnen. Das Ergebnis einer Reihe von Untersuchung [vgl. z.B. Poole/Rasche (2000), Lange et al. (2001) und Poole et al. (2002)] ist vielmehr, dass die Zielgenauigkeit, mit der die Märkte die Geldpolitik der Greenspan-Fed voraussehen, seit 1994 dramatisch zugenommen hat.

Dies soll beispielhaft für die Zeit von 2000 bis Mitte 2004 anhand 5.20 aufgezeigt werden. In dieser Grafik ist der Verlauf der Zielrate der Fed Funds Rate zwischen Dezember 1999 und August 2004 dargestellt. Die Kreise, Kreuze und Quadrate kennzeichnen den Zeitpunkt einer Zinsentscheidung des FOMC. Die Kreise symbolisieren dabei Offenmarktbeschlüsse, die praktisch zu 100 % erwartet wurden, die schwarzen Quadrate stellen überraschende Entscheidungen und die Kreuze Entscheidungen bei divergierenden Markterwartungen dar. Die Einordnung in die einzelnen Kategorien erfolgt dabei anhand von Umfrageergebnissen, die im Vorfeld von Zinsentscheidungen von *Reuters* oder *Bloomberg* durchgeführt wurden und mit Hilfe des Verlaufs der Fed Funds Futures.

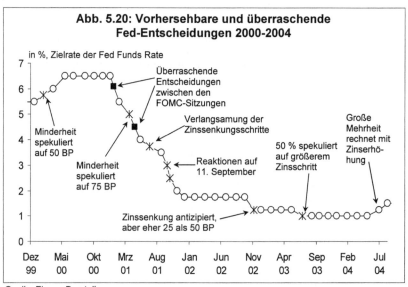

Abb. 5.20: Vorhersehbare und überraschende Fed-Entscheidungen 2000-2004

Quelle: Eigene Darstellung.

Im Jahr 2000 wurden alle Beschlüsse des Offenmarktausschusses an den Wertpapiermärkten mit einer Wahrscheinlichkeit von mehr als 50 % vorhergesagt, neben den drei Zinserhöhungen Anfang des Jahres insbesondere auch die Zinspause ab Juni 2000. Im Jahre 2001 sieht es etwas anders aus, da die Fed einige Zinssenkungsschritte außerhalb der geplanten Offenmarktsitzungen vollzog, mit denen sie die Märkte jeweils überraschte. Die bei den regelmäßigen Sitzungen getroffenen Entscheidungen wurden jedoch wiederum meistens von den Finanzmärkten vorweggenommen. Im März spekulierten einige Marktteilnehmer auf eine Zinssenkung von 75 statt der dann von der Fed beschlossenen 50 Basispunkten und im Juni sah nur etwa die Hälfte der Marktteilnehmer die Verlangsamung der Zinssenkungsschritte (von 50) auf 25 Basispunkte voraus.

Die Zeit von Januar 2002 bis Mai 2004 war durch lange Phasen einer konstanten Zinspolitik geprägt. Alle Beschlüsse des FOMC, die Zinsen unverändert zu lassen, stellten für die Marktteilnehmer keine Überraschung dar und wurden praktisch zu 100 % antizipiert. Aber auch das dreimalige Abweichen vom „geradeaus fahren" wurde von den Marktbeobachtern erahnt. Die Mehrzahl der Händler und Analysten ging allerdings im November 2002 davon aus, dass die Fed die Zinsen nur um 25 statt um 50 Basispunkte senken würde.[133] Im Juni 2003 war es gerade umgekehrt. Hier gingen etwa 50 % der Marktteilnehmer von einem größeren Zinsschritt aus.[134] Die erste Zinserhöhung nach vier Jahren am 01. Juli 2004 wurde schließlich wiederum von der überwältigenden Mehrheit der Marktteilnehmer erwartet.[135]

Alles in allem wurden also in den 4½ Jahren (2000-Mitte 2004) von den 40 Entscheidungen des FOMC 31 (= 78 %) perfekt und weitere 7 (= 18 %) zumindest der Tendenz nach richtig vorhergesehen. Nimmt man die Resultate andere Untersuchungen hinzu, so kann man sagen, dass der Prognoseerfolg der Finanzmärkte seit 1994 außerordentlich hoch war und die Fed es in der Regel nicht darauf angelegt hat, die Märkte zu überraschen.[136] Diese aus Finanzmarktdaten gewonnenen Ergebnisse stützen daher zunächst nicht die von den Kritikern der Fed-Politik propagierte These, dass die Fed intransparent und regellos agiere.

---

[133] Nach einer Umfrage von Reuters gingen 21 der 22 Primärhändler, die Staatsanleihen mit der Fed handeln, von einer Zinssenkung aus. Allerdings rechneten nur 6 davon mit einer Zinssenkung um 50 Basispunkte.

[134] Der Juli-Kontrakt des Fed Funds Futures signalisierte eine erwarte Fed Funds Rate von 0,88-0,89 % im Vorfeld der Offenmarktsitzung, woraus man schließen kann, dass ziemlich genau 50 % der Finanzmärkte auf eine Zinssenkung um 50 Basispunkte spekulierte.

[135] Nach der Bloomberg-Umfrage rechneten Ende Juni 2004 85 % aller befragten Ökonomen mit einer Zinserhöhung um 25 Basispunkte.

[136] Lange et al. [(2001), S. 11f.] kommen zum Ergebnis, dass nur etwa 24 % der Veränderungen bei der Zielrate der Fed Funds Rate zwischen 1994 und Oktober 2000 für die Märkte überraschend erfolgten. Als Maßstab dienen dabei die Zinsausschläge an den Future-Märkten am Tag der Bekanntgabe einer Leitzinsänderung. Dabei wird unterstellt, dass antizipierte Fed-Entscheidungen i.d.R. keine Reaktionen an den Future-Märkte auslösen. Poole et al. [(2002), S. 68f.] ordnen 71 % der Entscheidung zwischen 1994 und Mai 2001 in die Kategorie „vollkommen antizipiert" ein. Als Grundlage dienten dabei Berichte des *Wall Street Journals* über die Zinserwartungen der Märkte etwa zwei Tage vor einer FOMC-Sitzung.

5.3.3.2 Erklärungsgründe für die guten Zinsprognosen der Märkte

Die gute Antizipation der Märkte lässt jedoch nicht automatisch den Schluss zu, dass die Fed-Politik auch transparent ist. Alternativ ist denkbar, dass die Fed den Markterwartungen einfach hinterherläuft oder dass Fed-Offizielle bereits im Vorfeld den nächsten Zinsschritt avisieren. Diese und weitere Erklärungsgründe sollen jetzt näher betrachtet werden:

(1) Die Fed folgt einfach nur den Märkten: Es ist nicht ganz von der Hand zu weisen, dass seit Mitte der 90er Jahre Markterwartungen an Relevanz im Entscheidungskalkül der Fed gewonnen haben (siehe Kap. 4.4.2.4). Die US-Notenbanker begrüßen es dabei gewöhnlich, wenn Markterwartungen und eigene zinspolitischen Absichten korrespondieren, weil man der Ansicht ist, dass dies die Effizienz der Geldpolitik erhöht (siehe Kap. 2.2.1.1).[137] Was passieren kann, wenn Erwartungen und Fed-Intentionen klar divergieren, wurde 1994 deutlich. Damals erwischte die Fed einen Grosteil der Märkte mit ihren Zinserhöhungen auf dem falschen Fuß und löste übersteigerte Erwartungen hinsichtlich weiterer Zinserhöhungen aus, was eine Krise an den Rentenmärkten zur Folge hatte. Solche Marktturbulenzen wollte die Fed zukünftig unbedingt vermeiden.[138] Die Fed wurde daher oftmals in einer Zinsmaßnahme bestärkt, wenn erkennbar war, dass der Zinsschritt von den Märkten bereits antizipiert wurde. Eine solche Situation war z.B. im Mai 2000 gegeben. Die Fed erkannte damals, dass die Märkte einen großen Zinsschritt erwarteten.[139] Sie musste daher nicht befürchten, dass eine Zinserhöhung um 50 Bp „falsche" und schwer vorhersehbare Marktreaktionen auslösen würde. Insgesamt setzt sich die Fed aber natürlich bei einem solchen „marktorientierten" Vorgehen dem Vorwurf aus, dass sie einfach nur den Finanzmärkten folgen würde und in eine zu starke Abhängigkeit derselben geriet.

Es gibt aber genügend Beispiele, mit denen man aufzeigen kann, dass die Fed autonom handelt und sich die Zinsführerschaft nicht von den Märkten diktieren lässt. Es können dabei vier Fälle unterschieden werden:

1. Im ersten Fall zielt die Fed bewusst darauf ab, die Märkte im *Ausmaß* der vorgenommen Zinsänderung zu überraschen, weil sie unbedingt einen expansiven oder restriktiven geldpolitischen Impuls erzeugen will. Vor der November-Sitzung des FOMC im Jahr 2002 antizipierten die Märkte z.B. bereits eine Zinssenkung um 25 Basispunkte. Die Fed glaubte daher, dass ein solch kleiner Zinsschritt wirkungslos verpuffen würde. Da sie aber vor dem Hintergrund einer sich eintrüben-

---

[137] Mehrere Fed-Politiker [vgl. z.B. Bernanke (2004a), Ferguson (2002), Poole (2001)] haben inzwischen auf die effizienzsteigernde Wirkung einer transparenten Geldpolitik hingewiesen.

[138] Im Jahr 1997 wurde eine präventive Zinserhöhung u.a. deshalb abgelehnt, weil die Märkte einen solchen Schritt nach der langen Zinspause nicht erwarten und daher u.U. in übertriebener Weise darauf reagieren würden, vgl. z.B. BoG (Minute Feb 1997), S. 112, oder BoG (Minute Sep 1997), S. 157. Vor Zinssenkungen, die kräftiger ausfielen, als dies von den Märkte erwartetet wurde, schreckte die Fed teilweise zurück, weil man den Märkten nicht den Eindruck vermitteln wollte, dass die Fed die Lage noch pessimistischer einschätze als dies allgemein vermutet wird. Dies war z.B. im Juni 2003 der Fall, als das FOMC einen kleinen Zinsschritt gegenüber einem großen bevorzugte, vgl. BoG (Minute Jun 2003).

[139] "The members saw little risk in the relatively aggressive policy move, given the ... widespread market expectations of such a move." BoG (Minute May 2000), S. 224.

den Konjunktur unbedingt ein expansives Zeichen setzen wollte, vollzog sie einen Zinsschritt um 50 Basispunkte.[140]

2. Der zweite Fall ist eher umgekehrt gelagert. Hier will sich der Offenmarktausschuss nicht von einer übertriebenen Zinshysterie der Märkte anstecken lassen. Im März 2001 erwarteten und erhofften die Märkte angesichts der schlechten Wirtschaftsdaten von der Fed eine außergewöhnliche Maßnahme in Form einer Zinssenkung um 75 Bp. Man konnte vielleicht sogar sagen, dass die Märkte diesen expansiven Impuls erzwingen wollten. Die Fed sah sich jedoch dazu verpflichtet, in einem Umfeld großer Unsicherheit vorsichtig vorzugehen.[141] Die Fed nimmt in diesem Fall die Rolle einer seriösen „ruhe bewahrenden" Institution ein.

3. Der dritte Fall, bei dem die Fed unabhängig von den Märkten agiert, tritt bei Sonderereignissen wie Börsen-Crashs oder politischen Krisen ein. In solchen Situationen sind die Märkte verunsichert und verfügen meist über keine Erfahrungswerte hinsichtlich der weiteren Zinspolitik. Die Fed muss z.T. unkonventionell und unabhängig von den irrationalen Markterwartungen agieren. Eine solche Konstellation war z.B. im Herbst 1998 (internationalen Finanzmarktkrise) gegeben.

4. Ein vierter Fall liegt vor, wenn die Fed zu einer gänzlich anderen Lagebeurteilung als die Märkte gelangt bzw. eine plötzliche Änderung der Lageeinschätzung vornimmt. Dies war z.B. im Januar 2001 der Fall. Hier kamen Greenspan und seine Kollegen sehr rasch zur Erkenntnis, dass der Wachstumseinbruch weit dramatischer ausfiel, als man dies noch im Dezember für möglich gehalten hatte. Eine Einschätzung, die bei den Märkten noch nicht so weit verbreitet war, weshalb sie von der massiven Zinssenkung im Januar 2001 um 100 Bp überrascht waren.[142]

Insgesamt gibt es also genügend Beispiele dafür, dass sich die Fed nicht davor gescheut hat, die Markterwartungen zu ignorieren und die Zinsschritte zu vollziehen, die sie für angemessen hielt. Ein reines Nachvollziehen von Markterwartungen kann der Fed daher sicherlich nicht unterstellt werden.

(2) Die Fed lässt die Zinsentscheidungen im Voraus an den Märkten durchsickern: Eine zweite mögliche Erklärung für die hohe Antizipationskraft der Finanzmärkte könnte man darin sehen, dass Fed-Politiker die Zinsentscheidungen im Voraus den Finanzmärkten mehr oder weniger offen signalisieren. Poole/Rasche (2000) entkräfteten jedoch diese Mutmaßung. Ihre Untersuchung ergab, dass die meisten Reaktionen an den Finanzmärkten nicht durch offizielle Äußerungen von Fed-Mitgliedern,

---

[140] "A 50 basis point move would tend to have a more pronounced effect than usual in financial markets, at least initially, because it would be largely unexpected and would come after an extended hiatus in implementing policy changes." BoG (Minute Nov 2002), S. 227. Es trat auch mehrmals der umgekehrte Fall auf, dass die Fed unbedingt einen restriktiven Impuls erzeugen wollte und daher über die Zinserhöhungserwartungen der Märkte hinausging. Ein besonders prominentes Beispiel hierfür ist die Zinserhöhung im November 1994 als das FOMC die Fed Funds Rate um 75 Basispunkte erhöhte, da sie wusste, dass die Märkte bereits eine Zinserhöhung um 50 Basispunkte antizipiert hatten, vgl. FOMC (TS Nov 1994), S. 36.

[141] Die Mehrheit des FOMC zog in diesem Zusammenhang explizit ein „interest rate smoothing" gegenüber einer aggressiven Vorgehensweise vor, vgl. BoG (Minute Mar 2001), S. 244.

[142] Der *Economist* fragte z.B. nach der unerwarteten Zinssenkung um 50 Basispunkte am 03. Januar 2001: "What on earth was Mr Greenspan up to? (...) On the basis of published information the move is puzzling. It looks hasty, even panicky." O.V. (2001a), S. 6.

sondern durch neue Wirtschaftsdaten hervorgerufen werden.[143] Zwei Beispiele sollen hierfür angeführt werden:

- *Geldpolitisches Vorfeld zur Zinsentscheidung am 16. Mai 2000*: Der entscheidende Sprung bei den Zinserwartungen der Märkte von 25 auf 50 Basispunkte ergab sich Ende April im Zuge der Veröffentlichung neuer Wirtschaftsdaten (siehe Abb. 5.). Sowohl die Wachstumsrate des BIPs für das 1. Quartal 2000, die Wachstumsrate der Konsumausgaben, die Wachstumsrate der Arbeitskosten als auch die Preisdaten lagen über den Erwartungen und legten daher die Vermutung nahe, dass sich die US-Wirtschaft weiterhin deutlich oberhalb des inflationsfreien Wachstumspfads befand, was die Fed in einem Umfeld bereits ausgelasteter Kapazitäten unter Zugzwang bringen musste.[144]

- *Geldpolitisches Vorfeld zur Zinsentscheidung am 06.11.2002*: Im Jahr 2002 beließ die Fed ihr Fed Funds Rate Target lange Zeit bei 1,75 %. Auch im Vorfeld des November-Treffens des FOMC wurde zunächst nicht mit einer Kurskorrektur gerechnet. Die implizite Fed Funds Rate des November Future-Kontrakts lag z.B. Mitte Oktober bei knapp 1,7 %, was auf keine Zinssenkungserwartung schließen ließ. Ende Oktober ließ aber eine Serie schlechter Konjunkturdaten aufhorchen und vor allem bei den Konsumausgaben einen Einbruch befürchten: Das Konsumentenvertrauen (Conference Board) fiel auf ein 9-Jahres-Tief, die Arbeitslosenrate (Oktober) stieg unerwartet von 5,6 auf 5,7 % an, die Auftrageingänge für langlebige Konsumgüter (September) waren rückläufig, eine erste Schätzungen für das BIP-Wachstum im 3. Quartal blieb unterhalb der Erwartungen. Diese Daten lösten allgemein die Erwartung aus, dass die Fed auf den möglichen erneuten Konjunktureinbruch mit weiteren Zinslockerungen reagieren würde. Direkt vor dem Offenmarkttreffen rechneten die Märkte daher mit einer Zinssenkung um 25 Basispunkte.[145] Die Fed senkte den Tagesgeldsatz dann sogar auf 1,25 %.

Generell kann man also davon sprechen, dass die Märkte Anpassungen ihrer Zinserwartungen vor allem auf der Basis neuer Konjunkturdaten vornehmen. Es ist hingegen kein Brauch bei der Fed, Zinsentscheidungen einige Tage vor einer FOMC-Sitzung durchsickern zu lassen. Kurz vor einem Offenmarkttreffen haben sich die Fed-Politiker sogar selbst einen Maulkorb auferlegt, was Äußerungen zur weiteren

---

[143] Von den 101 untersuchten „größeren" Veränderungen bei den Future-Preisen im Zeitraum zwischen 1989 und 1999 konnten gemäß Poole/Rasche [(2000), S. 19f.] nur 7 auf Äußerungen von Offiziellen der Federal Reserve zurückgeführt werden.

[144] Am 27. April veröffentlichte das Handelsministerium die vorläufige Schätzung zum BIP-Wachstum des 1. Quartals. Diese Schätzung lag mit 5,4 % oberhalb der Erwartungen und auch oberhalb selbst optimistischer Schätzungen zur Wachstumsrate des Produktionspotentials. Besonders kräftig wuchsen dabei die Konsumausgaben (+8,3 %). Gleichzeitig wurde Ende April gemeldet, dass der Lohnkostenindex im 1. Quartal um 4,3 % (nach <4 % im Vorjahr) gestiegen ist und die Arbeitslosenrate im März 2000 unter 4 % gefallen ist, während die Inflationsrate (CPI) mit 3,8 % deutlich nach oben tendierte. Besonders auffallend war dabei, dass sowohl die Wachstums- als auch die Inflationsdaten *oberhalb* der Erwartungen lagen. Zuvor hatten im „New Economy"-Boom meist die Inflationszahlen positiv überrascht.

[145] Der implizite Zins des Fed Funds Futures (November) lag am 05. November (Vortag der Entscheidung) bei etwa 1,51 %. Darin spiegelt sich wieder, dass ungefähr 75 % der Marktteilnehmer mit einer Zinssenkung um 25 und 25 % der Marktteilnehmer mit einer Zinssenkung um 50 Basispunkte rechneten. Es gilt zu berücksichtigen, dass die November-Entscheidung des FOMC nur Einfluss auf 4/5 der durchschnittlichen Fed Funds Rate besaß, denn die ersten 6 Tage (= 1/5) wurden noch durch die alte Entscheidung bestimmt, weshalb der implizite Zins auch nach der Entscheidung nur auf ca. 1,35 % und nicht 1,25 % fiel.

Zinspolitik betrifft. Dennoch wird der folgende Abschnitt zeigen, dass die Märkte vor allem aus der Art und Weise der Interpretation der aktuellen Wirtschaftsdaten Rückschlüsse über das weitere Fed-Vorgehen ziehen.

(3) Die Märkte kennen das implizite Modell der Fed: Wenn die bisherigen beiden Annahmen – die Fed folgt den Märkte bzw. gibt Maßnahmen im Voraus bekannt – nicht zutreffen, bleibt nur noch eine Möglichkeit übrig, um den Zinsprognoseerfolg der Märkte zu erklären: Die Märkte wissen offenbar ziemlich genau, wie die Fed neue Informationen in zinspolitische Entscheidungen umsetzt – mit anderen Worten: Die Märkte kennen das Modell, auf dem die geldpolitischen Entscheidungen der Fed beruhen. Diese Überlegung kann man sich anhand von Abb. 5.21 in zwei Schritten nochmals deutlich machen:

- *Erstens* ergibt sich aus dem bisher gesagten, dass sowohl die Zinserwartungen der Märkte als auch die tatsächlichen Zinsentscheidungen des FOMC auf dem Strom an neu publizierten Wirtschaftsdaten beruhen.

- *Zweitens* ziehen die Märkte augenscheinlich die gleichen Schlussfolgerungen aus den neuen Daten wie der Offenmarktausschuss, da die Markterwartungen und die Zinsmaßnahmen des FOMC im Regelfall übereinstimmen bzw. die Märkte die meisten Änderungen der Zielrate der Fed Funds Rate korrekt antizipieren.

Abb. 5.21: Kennen die Märkte das implizite Modell der Fed?

Daraus kann man wiederum folgern, dass die Märkte und die Fed offensichtlich das gleiche volkswirtschaftliche Modell im Kopf haben, bzw. die Märkte das makroökonomische Modell sowie die geldpolitische Regel kennen, nach der das FOMC handelt. Dieser Erklärungslogik hält auch der Fed-Präsident von St. Louis *William Poole* (2000) für plausibel:

"... the market acts as if it pretty closely understands the policy model the Fed uses."

Die Erkenntnis steht jedoch im krassen Widerspruch zur Tatsache, dass die Fed keine klare geldpolitische Strategie formuliert hat und über kein einheitliches Makro-Modell verfügt. Wie kann man dieses Paradox – Verschwiegenheit über die Strategie bei gleichzeitig hoher Berechenbarkeit – auflösen? Es bieten sich wiederum mindestens vier Erklärungen an:[146]

- *Erstens* ist Greenspan schon lange im Amt. Die Märkte konnten Erfahrungen mit seiner Geldpolitik sammeln und wissen inzwischen, welche Indikatoren und In-

---

[146] Eine 5. Erklärung hebt darauf ab, dass das „interest rate smoothing" in der Greenspan-Ära zugenommen hat (siehe Kap. 5.2.4) und eine stark autoregressive Komponente der Zinsschritte künftige Zinsschritte einfacher vorhersehbar macht. Lange et al. [(2001), S. 15ff.], welche dieses Ergebnis bestätigen, betonen aber ausdrücklich, dass dies nicht der einzige Erklärungsgrund sein kann.

formationen für Greenspan besonders wichtig sind. Es hat sich z.B. herumge-
sprochen, dass die Fed auf veränderte Arbeitsmarktdaten sehr sensibel reagiert:

*„Die Akteure an den Finanzmärkten haben über die Jahre ein Gespür dafür ent-
wickelt, wie die verschiedenen Konjunkturindikatoren von Greenspan interpretiert
und in zinspolitische Entscheidungen gegossen werden."* Tigges (2002), S. 9.

- *Zweitens* war die Fed zwar nicht bereit, sich einer konkreten Regelbindung zu
  unterwerfen, sie hat jedoch seit 1994 eine „Transparenzoffensive" gestartet, um
  Zinsentscheidungen für die Märkte kalkulierbarer zu machen. Zu den wichtigsten
  Maßnahmen gehören u.a. (siehe Kasten 5.2), dass die meisten Zinsentscheidungen nur noch auf den planmäßigen Offenmarktsitzungen getroffen werden
  und dass inzwischen jeder Beschluss unmittelbar im Anschluss an die Offenmarktsitzung anhand einer kurzen Pressemitteilung begründet wird, wobei jedes
  dieser Kommuniques eine Tendenzaussage zur weiteren Zinspolitik enthält.

- *Drittens* hat die Diskussion über geldpolitische Regeln unter Umständen die Vorhersage von Fed-Entscheidungen erleichtert. Wie in Kapitel 5.2.4 dargelegt,
  machten sich Finanzanalysten zunehmend die Tatsache zu nutze, dass sich das
  Fed-Verhalten in groben Zügen durch die Taylor-Regel beschrieben lässt. Mit
  Formeln der Form 5.6 oder 5.8 wurde vermehrt versucht, die zukünftigen Schritte
  der Fed abzuschätzen. Auf jeden Fall kann man sagen, dass die Finanzmärkte
  im Laufe der 1990er Jahre immer besser über die „implizite Reaktionsfunktion"
  der Fed Bescheid wussten.[147]

- *Viertens* kann man zwar nicht unbedingt davon sprechen, dass Zinsentscheidungen von der Fed im Vorfeld avisiert werden. Eine gewisse Lenkung der Markterwartung durch Greenspan findet gleichwohl statt. Er versteht es durch geschickte
  Äußerungen über die gegenwärtige Wirtschaftslage, die Erwartungen in die von
  ihm gewünschte Richtung zu steuern. Hierzu wiederum zwei Beispiele:
  1) Nachdem die Fed am 03. Januar 2001 überraschend die Leitzinsen um ½
     Prozentpunkt gesenkt hatte, waren die Märkte zunächst unsicher, ob die Fed
     auf ihrer planmäßigen Sitzung am 31. Ende Januar 2001 die Zinsen noch-
     mals kräftig senken würde. Diese Unsicherheit verschwand als Greenspan
     (2001a) in einer Stellungnahme vor dem Senat von einer „dramatischen Ab-
     schwächung" des Wachstums und einer Wachstumsrate „nahe null" sprach.
     Darauf hin gingen die Märkte ziemlich einheitlich von einem weiteren Zins-
     manöver in Höhe von 50 Basispunkten aus.[148]
  2) Nach der Zinssenkungsorgie im Jahr 2001 verbreitete sich Anfang 2002 zu-
     nehmender Konjunkturoptimismus. Auf der ersten Offenmarktsitzung des
     Jahres rechnete man daher mit keiner weiteren Zinslockerung, sondern ei-
     nem konstanten Fed Funds Rate Target von 1,75 %. Abb. 5.22 zeigt, dass
     die implizite Fed Funds Rate des Februar Future-Kontrakts Anfang Januar
     bei 1,7 % lag, d.h. nur etwa 20 % der Marktteilnehmer rechneten mit einer
     weiteren Zinssenkung. In einer Rede vor Firmenmanagern am 11. Januar
     sprach Greenspan (2002a) jedoch von „beträchtlichen Konjunkturrisiken" und

---

[147] Lange et al. [(2001), S. 19] äußern eine entsprechende Vermutung.: "One possibility is that the
implicit reaction function of the FOMC may have become more apparent to markets ..."
[148] Vgl. o.V. (2001b), S. 31.

betonte vor allem die Unsicherheit über die weitere Konsumnachfrage. An den Finanzmärkten wurde daher vermutet, dass das FOMC die wirtschaftliche Lage weiterhin als sehr ernst einstuft. Noch während der Rede sank die implizite Fed Funds Rate der Future-Märkte auf 1,6 %, d.h. die Zahl derer, die eine Zinssenkung erwarteten, stieg auf über 60 %. Offensichtlich hatte Greenspan aber lediglich beabsichtigt, den Konjunkturoptimismus zu dämpfen.[149] Um die „Überinterpretation" der Finanzmärkte zu korrigieren, hob er daher zwei Wochen später vor dem Kongress vor allem die positiven Seiten der konjunkturellen Entwicklung hervor.[150] Dies sorgte zusammen mit Äußerungen anderer Offenmarktmitglieder dafür, dass die Zinserwartungen Ende Januar wieder anstiegen. Die Episode zeigt eindrucksvoll, welche Macht Greenspans Worte auf die Finanzmärkte ausübt und wie feinfühlig der Chairman bei der Steuerung der Markterwartungen vorgehen muss.

Abb. 5.22: Fed Funds Future: Zinserwartungen im Januar 2002

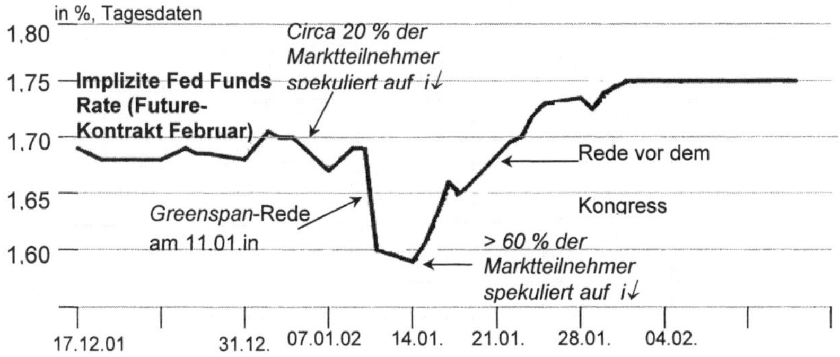

Quelle: Federal Reserve Bank of St. Louis, March 2002, S. 11, eigene Darstellung.

Insgesamt lässt sich daher zum Instrument der öffentlichen Statements folgendes sagen: Ihr Zweck besteht weniger darin, versteckte Botschaften über den nächsten Zinsschritt zu vermitteln, sondern der Öffentlichkeit die derzeitige wirtschaftlichen Lageeinschätzung der Fed zu verdeutlichen.[151] Im Zeitalter der Informations- und Kommunikationstechnologie kann man zwar davon ausgehen, dass die Finanzmärkte und die Fed gleichermaßen umfassend und zeitnah mit neuen Daten beliefert werden, die Interpretation der Daten kann aber sehr leicht auseinanderklaffen. Mit Hilfe der Statements von Fed-Politikern ist es möglich, die Dateninterpretation durch

---

[149] Die *Washington Post* berichtete jedenfalls unter Hinweis auf Notenbankkreise, dass man Greenspan „überinterpretiert" habe und dieser nur vor überzogenen Konjunkturhoffnungen warnen wollte, vgl. o.V. (2002a), S. 17.

[150] Unter anderem sprach er davon, dass der Lagerabbau bei den Unternehmen gut vorangekommen sei und sich der Anstieg der Arbeitslosenrate verlangsamt habe, vgl. Greenspan (2002b).

[151] Gemäß Kohn/Sack (2003) beeinflussen öffentliche Statements von Fed-Politikern sehr wohl die Erwartungshaltung der Marktakteure. Dabei beinhalten diese Statements ihrer Ansicht nach zwei Arten von Informationen: *Erstens* Informationen über den nächsten Zinsschritt („politische Neigung") der Fed und *zweitens* Informationen über eine geänderte wirtschaftliche Lageeinschätzung der Fed. Letzteres sei bedeutsamer für die Erwartungsbildung der Märkte und würde einen nachhaltigen Effekt auf die langfristigen Zinsen ausüben.

die Märkte und die US-Notenbank „zu vereinheitlichen". Sie leisten damit einen Beitrag zum Abbau von Informationsasymmetrien zwischen Öffentlichkeit und Fed.

Zusammenfassend kann man festhalten, dass die Fed für die privaten Wirtschaftssubjekte in den vergangenen Jahren in hohem Maße berechenbar war. Die meisten Zinsentscheidungen wurden von den Finanzmärkten antizipiert. Nur in wenigen Sondersituationen hat die Fed einen überraschenden Zinsschritt vollzogen. Es ergibt sich daher das erstaunliche Ergebnis, dass die Öffentlichkeit und die US-Notenbank offenbar neue Wirtschaftsdaten einheitlich interpretieren, obwohl nie eine klare geldpolitische Konzeption bekannt gegeben wurde. Zu erklären ist dies u.a. mit der langen Amtszeit von Greenspan, dem geschickten Umgang des Fed-Vorsitzenden mit den Märkten sowie einer verbesserten Informationspolitik der US-Notenbank. Letzteres bezieht sich jedoch nicht auf die grundsätzliche geldpolitische Strategie, sondern vor allem auf die aktuelle Lageeinschätzung der Fed. Insgesamt hat sich gezeigt, dass die Fed trotz ihres Multiindikatorenansatzes nicht weniger verständlich agiert als viele andere Notenbanken, die ein Inflationsziel und eine präzise ausformulierte Strategie besitzen. Die derzeitige Fed-Strategie erfüllt damit den Zweck, der gemäß Kap. 2.2 von einer transparenten geldpolitischen Strategie erwartet wird. Die Märkte kennen und verstehen das systematische Reaktionsmuster der Fed und sind dadurch in der Lage, die zukünftige Richtung der Geldpolitik vorauszuahnen.

Die Forderung nach mehr Transparenz in der US-Geldpolitik, lässt sich letztendlich nur noch mit zwei Argumenten rechtfertigen:

• Es wird befürchtet, dass in der Nachfolge von Greenspan unter Umständen eine weniger systematische Geldpolitik zu erwarten ist.

• Es wird auf den Unterschied zwischen *kurz- und langfristiger* Berechenbarkeit hingewiesen.[152] Im Bereich der kurzfristigen Berechenbarkeit habe die Fed gute Fortschritte gemacht, was sich an der hohen Übereinstimmung zwischen Zinserwartungen und -maßnahmen zeige. Dies wurde v.a. durch Maßnahmen erreicht wie den Tendenzaussagen zur weiteren Zinspolitik oder den häufigen öffentlichen Stellungnahmen der Fed-Politiker zur aktuellen Wirtschaftslage. Kritische Stimmen auch innerhalb der Fed [vgl. Bernanke (2004a)] merken jedoch an, dass zur Beeinflussung der langfristigen Kapitalmarktzinsen nicht nur die Vorhersehbarkeit des jeweils nächsten Zinsschrittes, sondern des gesamten zukünftigen Zinspfades der Fed Funds von Relevanz ist.[153] Um die langfristigen Grundzüge ihrer Politik deutlicher zu machen, sollte die Fed ihrer Ziele und ihr strategisches Vorgehen noch präziser erläutern.

---

[152] Vgl. z.B. Bernanke (2004a).

[153] Poole [(2003), S. 6] meint z.B., dass die Tendenzaussage zur weiteren Zinspolitik („Balance-of-Risk Statement") für die Öffentlichkeit nur einen kurzfristigen Informationsnutzen beinhalte. Besser sei es, die Allgemeinheit möglichst klar über die generelle Reaktionsfunktion der Fed aufzuklären.

5.4   Sollte die Federal Reserve zu Inflation Targeting wechseln?

5.4.1   Inflation Targeting als eine zukünftige Option der Fed-Politik

Wenn es darum geht, die Fed-Strategie auf eine klarere konzeptionelle Grundlage zu stellen und damit ihre *langfristige* Berechenbarkeit zu verbessern, wird zunehmend Inflation Targeting ins Spiel gebracht. Nach Ansicht einiger Ökonomen würde sich ein Wechsel der Fed zu Inflation Targeting anbieten, da bereits heute eine gewisse Nähe zu dieser Konzeption besteht.[154] Insbesondere wäre damit sichergestellt, dass die Fed weiterhin auf Preisstabilität ausgerichtet ist. Zwar wurden bereits unter Greenspan einige Schritte in Richtung Inflation Targeting vollzogen (siehe Kapitel 5.2.3), um jedoch als „echter" Inflation Targeter zu gelten, müsste die Fed-Politik noch weitere Bedingungen erfüllen:

1. Bisher besitzt das FOMC bestenfalls ein *implizites* Inflationsziel. Um als *expliziter* Inflation Targeter zu gelten, müsste das FOMC als erstes ein quantitatives Inflationsziel festlegen und sich später für Zielabweichungen rechtfertigen.
2. Bisher werden nur isolierte Inflationsprognosen von den einzelnen Offenmarktmitgliedern erstellt. Um *Inflation Forecast Targeting* zu praktizieren, müsste sich der Offenmarktausschuss auf eine gemeinsame Inflationsprognose einigen und die Fed-Politik müsste dann darauf ausgerichtet sein, Prognose und Ziel im Einklang zu halten.
3. Bisher besitzt die Fed ein *duales* Mandat, welches das Inflations- und Beschäftigungsziel gleichrangig behandelt. Einige Fed-Politiker und Wissenschaftler (Kohn, Ferguson, Goodfriend, McCallum) sind der Meinung, dass Inflation Targeting zwangsläufig eine Vorrangstellung des Preisstabilitätsziels beinhaltet und daher eine Änderung der Zielgewichtung erforderlich sei. Andere Ökonomen (Bernanke, Svensson) entgegnen, dass das bisherige Mandat der Fed problemlos mit Inflation Targeting kombinierbar sei.

Bei der Debatte um das Für und Wider von Inflation Targeting lassen sich drei Positionen und mehrere Unterpositionen unterscheiden:

(1) Einige Ökonomen (Svensson, Goodfriend, McCallum), Gouverneure (Bernanke) und Fed-Präsidenten (Broaddus, Santomero) befürworten einen möglichst kompletten Übergang zu Inflation Targeting. Demnach soll die Fed nicht nur ein Inflationsziel quantifizieren, sondern z.B. auch der Inflationsprognose eine prominente Rolle zuweisen. Laut Svensson (2004) und Bernanke [(2003a), (2003b), (2004d)] würde die Fed aus einem solchen Komplettwechsel weitere Transparenzverbesserungen erzielen und letzte Informationsasymmetrien zwischen Notenbank und Öffentlichkeit beseitigen. Beide (Bernanke und Svensson) sehen das Gleichgewicht zwischen dem Inflations- und Beschäftigungsziel mit der Einführung von Inflation Targeting nicht gefährdet. Nach Ansicht von Goodfriend (2003), Broaddus (2002) und McCallum (2003) würde der Übergang zu Inflation Targeting hingegen den Vorrang der Preisstabilität in den USA institutionell absichern, was diese Ökonomengruppe für wünschenswert hält. In ihren Augen würden dadurch die Inflationserwartungen in den USA noch besser verankert und „Inflationspaniken" unwahrscheinlicher.

---

[154] Fed-Präsident Santomero (2003) bezeichnet Inflation Targeting z.B. als „nächsten logischen Schritt" der Fed.

(2) Gouverneur Gramlich (2003b) und Ex-Gouverneur Meyer [(2001b), (2004)] lehnen hingegen einen umfassenden Wechsel zu Inflation Targeting nach Art der Bank of England ab. Sie sprechen sich lediglich für ein langfristiges, quantitatives Inflationsziel aus. Mit diesem Kompromissvorschlag wollen sie die Vorteile von Inflation Targeting (Transparenz) nutzen, ohne die Vorzüge der bisherigen Fed-Strategie (hohe Flexibilität) aus der Hand zu geben. Sie befürchten, dass die Fed-Strategie bei einem umfassenden Übergang zu Inflation Targeting eine einseitige Schlagseite in Richtung Preisstabilität erhalten würde, was sie im Gegensatz zu Goodfriend, Broaddus und McCallum nicht für angemessen halten würden.

(3) Schließlich gibt es Fed-Politiker (Kohn, Greenspan, Fergusen) und Ökonomen (B. Friedman), die keine Form des Inflation Targeting – auch das „Soft Targeting" von Meyer/Gramlich – als Fed-Strategie für erstrebenswert halten. Nach Ansicht von Kohn [(2003a), (2004)] zeichnet sich die Fed-Politik vor allem durch ihr flexibles Handeln unter wechselnden ökonomischen Bedingungen aus. Ein Vorteil der mit der Einführung von Inflation Targeting verloren ginge. B. Friedman (2004) sieht in Inflation Targeting nichts anderes als den Versuch, das Beschäftigungsziel aus der Fed-Strategie zu verbannen.

Die weitere Diskussion vollzieht sich in Etappen. Zunächst wird der Frage nachgegangen, ob die Fed – quasi als ersten Schritt in Richtung Inflation Targeting – ein quantitatives Inflationsziel erhalten sollte. Danach wird die umfassendere Fragestellung erörtert, ob die Fed weitere Elemente von Inflation Targeting übernehmen sollte.

5.4.2   Das Für und Wider eines quantitativen Inflationsziels für die Fed

5.4.2.1 Die Argumente der Befürworter eines quantitativen Inflationsziels

Die Protagonisten eines quantitativen Inflationsziels verweisen v.a. auf vier Vorteile:

(1) Ein quantitatives Inflationsziel sorgt für eine höhere Transparenz der Fed-Politik:

Viele Fed-Politiker und Wissenschaftler sind der Meinung, dass ein numerisches Inflationsziel die Zielfunktion der Fed transparenter und damit die Zinspolitik der Fed noch besser antizipierbar machen würde.[155] Gemäß Bernanke [(2004d), S. 165] und Meyer [(2003), S. 10] gewinnt das Transparenzargument gerade in Zeiten niedriger Inflationsraten an Bedeutung. Bis etwa 1997 konnten die Marktakteure davon ausgehen, dass die Fed an rückläufigen Inflationsraten interessiert war. Seit sich aber die Kerninflation dem impliziten Inflationsziel der Fed angenähert hat, ist die Sachlage komplexer geworden. Es taucht vermehrt die Frage auf, ob die Fed mit der aktuellen Inflationsrate zufrieden ist, einen weiteren Rückgang anstrebt oder sogar einen Anstieg des Inflationsniveaus befürwortet. Im Frühjahr 2004 lag die Kerninflationsrate des CPI z.B. bei 1¼ %, während sich gleichzeitig ein kräftiger Aufschwung und damit das Ende des zyklischen Inflationstiefs abzeichnete. Die Märkte hätten in dieser Situation sicherlich gerne gewusst, bis zu welchem Punkt die Fed einen zukünftigen Inflationsanstieg tolerieren würde. Zuvor trat im Jahr 2003 angesichts einer stetig rückläufigen Kerninflation (in Richtung 1 %) das Thema Deflation in Erscheinung. Mit

---

[155] Vgl. z.B. Meyer (2001), S. 8, Bernanke (2004d), S. 165, Gramlich (2000), Goodfriend (2003), S. 15, McCallum (2003), S. 3, Mishkin (1999), S. 599f., Santomero (2003) und Blinder et al. (2001), S. 70.

einem quantitativen Inflationsziel hätte die Fed eindeutig klar machen können, dass sie Inflationsraten unterhalb von 1 % nicht dulden und so lange eine akkommodierende Geldpolitik beibehalten wird, bis diese Untergrenze wieder überschritten ist.

Die Gegner eines quantitativen Inflationsziels weisen darauf hin, dass eine präzise numerische Zielgröße überflüssig sei, da die Öffentlichkeit bereits heute (z.B. aufgrund von Kommentaren der Fed-Politiker) über das grobe Zielband der Fed (1,0-2,5 % Konsumentenpreisinflation) informiert sei. Greenspan [(2002c), S. 6] und der Vize-Präsident Fergusen (2002) führen des weiteren an, dass es in einer Welt mit raschem technologischen Wandel und zunehmender Zahl immaterieller Güter (Computersoftware, Gesundheitsleistungen) immer schwieriger werde, ein präzises Inflationsziel festzulegen. Die Fed beurteilt aus diesem Grunde die aktuelle Inflationsentwicklung immer anhand mehrerer Preisindizes. Die Festlegung auf einen bestimmten numerischen Wert und einen bestimmten Preisindex, würde daher eine falsche und wenig hilfreiche Präzision vorspiegeln:

> *"For all these conceptual uncertainties and measurement problems, a specific numerical inflation target would represent an unhelpful and false precision."*
> Greenspan (2002c), S. 6.

Eine radikalere Auffassung vertritt B. Friedman [(2004), (2003)]. Er stellt die provozierende These auf, dass Inflation Targeting nicht zu mehr Transparenz führt, sondern im Gegenteil die wahre Zielfunktion einer Notenbank absichtlich vernebelt. Die Kommunikationsstrategie eines Inflation Targeters sei eindimensional auf das Inflationsziel ausgerichtet. Die anderen Ziele der Notenbank (insbesondere das Beschäftigungsziel) werden hingegen bewusst verschleiert, um der Zeitinkonsistenzproblematik Rechnung zu tragen. Letztendlich wird Inflation Targeting seiner Ansicht nach von Leuten vorgeschlagen, die an der Beseitigung des Beschäftigungsziels innerhalb der Zielfunktion der Fed interessiert sind.

(2) Ein quantitatives Inflationsziel fördert die Glaubwürdigkeit und führt zu einer besseren Verankerung der Inflationserwartungen.

Gibt eine Notenbank ein numerisches Inflationsziel bekannt und demonstriert anschließend, dass sie dieses Ziel einhalten kann, wird sie gemäß der Befürworter eines quantitativen Inflationsziels an Glaubwürdigkeit gewinnen und die Inflationserwartungen in Höhe des Zielwertes stabilisieren.[156] Eine stabile Verankerung der Inflationserwartungen hat mehrere Vorteile: *Erstens* sinkt die Variabilität der Inflationsentwicklung selbst (siehe Kapitel 2.2.2.3). *Zweitens*

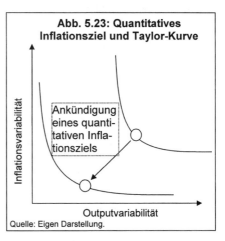

Abb. 5.23: Quantitatives Inflationsziel und Taylor-Kurve

Inflationsvariabilität

Ankündigung eines quantitativen Inflationsziels

Outputvariabilität

Quelle: Eigen Darstellung.

---

[156] Vgl. Bernanke (2004d), S. 167, Mishkin (1999), S. 600, Meyer (2004), S. 154, Santomero (2003), Broaddus (2002), S. 162f., oder Rudebush/Walsh (1998), S. 2.

sinkt die Variabilität der langfristigen Zinsen. Die Kapitalmärkte werden seltener von so genannte Inflationspaniken („inflation scares") erfasst, worunter Goodfriend [(1993), S. 8] einen plötzlichen – nicht geldpolitisch initiierten – Anstieg der langfristigen Zinsen versteht. Während der Greenspan-Ära traten nach Goodfriends [(2003), S. 8ff.] Auffassung noch mindestens zwei Inflationspaniken (1987/1988, 1994) auf, die unter Umständen mit Hilfe eines präzisen Inflationsziels vermieden worden wären. Drittens stellen stabile Inflationserwartungen die Voraussetzung für die Durchführung einer antizyklischen Geldpolitik dar. Nur wenn die Inflationserwartungen fest verankert sind, wird eine Notenbank auf eine Rezession mit massiven Zinssenkungen reagieren können, ohne gleichzeitig Inflationsgefahren hervorzurufen (siehe Kapitel 5.3.2.2). Insgesamt würde also die Ankündigung eines quantitativen Inflationsziels über die Stabilisierung der Inflationserwartungen zu einer Verbesserung der makroökonomischen Performance (niedrigere Inflations-, Output- und Zinsvolatilität) beitragen. Mit anderen Worten würde es zu einer Linksverschiebung der Taylor-Kurve kommen (siehe Abb. 5.23).

Einige Fed-Politiker [Ferguson (2002), Kohn (2003a), S. 8f., Gramlich (2003b)] bezweifeln jedoch, dass die Fed durch die Ankündigung eines quantitativen Inflationsziels zusätzliche Glaubwürdigkeitseffekte und eine noch bessere Verankerung der Inflationserwartungen erreichen kann. Zwar gelang es Ländern, die in den 90er Jahren zu Inflation Targeting gewechselt sind, ihre makroökonomische Performance zu verbessern – also sowohl eine niedrige Inflations- als auch Outputvariabilität zu erzielen. Einige empirische Analysen deuten jedoch darauf hin [vgl. z.B. Ball/Sheridan (2003), Cecchetti/Ehrmann (1999), Bernanke et al. (1999)], dass die Ankündigung von Inflationszielen dabei keine maßgebliche Rolle gespielt hat.[157] Das sichtbarste Gegenbeispiel hierfür sind die USA. Hier fielen die Inflationsraten und -erwartungen (bei gleichzeitig zunehmender Outputstabilität), ohne explizites Inflationsziel. Untersuchungen von Kohn (2003a) und Castelnuovo et al. (2003) legen sogar nahe, dass die Inflationserwartungen der USA seit Ende der 90er Jahre im Vergleich zu anderen Ländern stabiler verankert sind (siehe Tabelle 5.9).[158] Entscheidend war hierfür aber nicht die Ankündigung eines präzisen Inflationsziels, sondern das klare Bekenntnis der Fed zu Preisstabilität und der Wille die Inflation allmählich zu senken. Die Gegner

---

[157] Im Allgemeinen kommt man zum Ergebnis, dass die IT (Inflation Targeting)-Länder in den 90er Jahren die Inflation stärker reduziert haben als Nicht-IT-Länder. Einige Studien [vgl. z.B. Neumann/von Hagen (2002)] schließen hieraus, dass IT zumindest dazu beigetragen habe, Länder mit schlechter Reputation an Länder mit hoher Reputation (Deutschland, Schweiz) in der Inflationsbekämpfung heranzuführen. Ball/Sheridan (2003) führen diesen Effekt aber weniger auf IT, sondern allein auf den Willen dieser Länder zurück, ihre Inflationsperformance zu verbessern. Berücksichtigt man in den Regressionsanalysen das Ausgangsniveau der Inflationsrate (vor Einführung von IT), dann schneiden IT-Länder nicht mehr besser ab als Nicht-IT-Länder, d.h. die stärkere Reduzierung der Inflation in IT-Ländern ist allein auf das höhere Anfangsniveau und nicht die Einführung von IT zurückzuführen. Cecchetti/Ehrmann [(1999), S. 2f.] weisen außerdem darauf hin, dass die bessere Inflationsperformance in den IT-Ländern durch eine schlechtere Outputperformance (Ouputvariabilität sank weniger stark) gegenüber den Nicht-IT-Ländern erkauft wurde.

[158] Zusätzliche Glaubwürdigkeitsgewinne werden daher von der Ankündigung eines quantitativen Inflationsziels im Falle der USA nicht erwartet: "At least in countries that have already achieved reasonable price stability, I submit that the adoption of a numerical inflation target promises little, if any, incremental benefit." Ferguson (2002). "Nothing in the data suggests that covert targeters would benefit from adopting explicit targets." Ball/Sheridan (2003), S. 29. "To date, inflation has fallen for formal [inflation] targeters, but is has fallen for others as well." Greenspan (2004a).

eines quantitativen Inflationsziels sprechen gerne davon, dass zur Erlangung von Glaubwürdigkeit „Taten" und nicht „Worte" entscheidend sind.[159]

Tabelle 5.9: **Standardabweichungen langfristiger Inflationserwartungen in den USA und den IT-Ländern Großbritannien und Kanada[160]**

	Levin et al. (2004) 1994-2003	Kohn (2003a) 1996-2002	Castelnuovo et al. (2003) 1999-2002
USA	0,11	0,09	0,07
Großbritannien	0,21	0,15	0,10
Kanada	0,21	0,15	0,10

Tabelle 5.10: **Geschätzte Reaktion der Inflationserwartungen auf Änderungen der tatsächlichen Inflation**

	5-Jahres-Erwartungen	10-Jahres-Erwartungen
IT-Länder[161]	0,09	0,01
USA und Euroraum	0,34	0,24

Quelle: Levin et al. (2004), S. 56.

Bernanke (2004a) hat jedoch seine Zweifel an der Verankerung der Inflationserwartungen in den USA. Er führt zum einen an, dass sich die langfristigen Inflationserwartungen mit 2,0-2,5 % am oberen Rand der impliziten Zielregion der Fed bewegen. Zum anderen werden seine Zweifel durch eine jüngere empirische Studie von Levin et al. (2004) genährt.[162] Diese ermitteln zwar ebenfalls eine niedrige Volatilität der langfristigen Inflationserwartungen in den USA, kommen aber gleichzeitig zum Ergebnis, dass die Inflationserwartungen zwischen 1994 und 2003 eine recht hohe Korrelation zur vergangenen Inflationsentwicklung aufweisen. Sie haben z.B. ermittelt, dass ein Anstieg der US-Inflationsrate um einen Prozentpunkt (über den Durchschnitt der vergangenen drei Jahre) einen Anstieg der langfristigen Inflationserwartungen von etwa ¼ Prozentpunkt ausgelöst hat, während in Ländern, die Inflation Targeting praktizieren, praktisch überhaupt keine Korrelation zur vergangenen Inflationsentwicklung auftrat (siehe Tabelle 5.10, Spalte 2). Den recht starken Zusammenhang

---

[159] Selbst Bernanke et al. [(1999), S. 275] müssen nach ihrer empirischen Analyse zugeben: "It appears that, for monetary policy-makers, announcements alone are not enough; the only way to gain credibility is to earn it."

[160] Die Ergebnisse basieren bei allen drei Autoren(-gruppen) auf den Umfrageergebnissen von *Consensus Economics*, die Experten über ihre Inflationserwartungen in den kommenden 6 bis 10 Jahren befragen. Levin et al. (2004) berechnen ihre Ergebnisse aus der ersten Differenz des arithmetischen Mittels der Prognosen.

[161] Die IT-Ländern sind: Australien, Kanada, Neuseeland, Schweden und Vereinigtes Königreich.

[162] Auch eine Analyse von Gürkaynak et al. (2003), die Informationen der amerikanischen Terminmärkte auswertet, stellt die Stabilität der langfristigen Inflationserwartungen in den USA in Frage. Die Autoren kommen zum Ergebnis, dass Terminzinssätze mit einem weit in der Zukunft liegenden Anlagehorizont (z.B. einjährige Terminzinssätze, die in 10 Jahren enden) sehr stark auf überraschende makroökonomische Daten (z.B. unerwartete Arbeitslosenzahlen) oder überraschende Zinsentscheidungen der Fed reagieren. Daraus folgern die Autoren, dass die langfristigen Inflationserwartungen nicht fest verankert sind, zumal langfristige Terminzinssätze, die aus inflationsgeschützten Bonds abgeleitet werden, weniger sensitiv auf diese Schocks reagieren.

zwischen aktueller und erwarteter Inflationsentwicklung in den USA könnte man als Hinweis für eine eher schlechte Verankerung der Inflationserwartungen in den USA werten. Andererseits bleibt aber weitgehend ungeklärt, warum die Inflation Targeting-Länder trotz der scheinbar besser verankerten Inflationserwartungen keine niedrigere Inflationsvariabilität erreichen konnten. Levin et al. [(2004), S. 62f.] verweisen darauf, dass diese Länder offensichtlich häufiger von Preisschocks getroffen wurden.[163]

(3) Ein quantitatives Inflationsziel trägt zur Entpersonalisierung der Fed-Politik bei

Befürworter eines quantitativen Inflationsziels sehen darin ein Instrument, um die disziplinierte, auf Preisstabilität ausgerichtete US-Geldpolitik der vergangenen 25 Jahre institutionell abzusichern und vom jeweiligen Fed-Chairman unabhängiger zu machen.[164] Ein vom gesamten Offenmarktausschuss gebilligtes und unter Umständen vom Kongress bestätigtes numerisches Inflationsziel würde auch für künftige Fed-Vorsitzende gelten und könnte nur bei Vorliegen triftiger Gründe geändert werden. Goodfriend [(2003), S. 8] vermutet z.B., dass der temporäre Anstieg der Kapitalmarktzinsen (um zwei Prozentpunkte) im Jahr 1987 zum Teil auf den anstehenden Wechsel an der Notenbankspitze 1987 zurückzuführen war. Seiner Ansicht nach spiegelte sich darin eine Zitterprämie der Kapitalanleger wieder, die sich unsicher waren, ob der künftige Notenbankpräsident die gleiche Anti-Inflationshaltung einnehmen würde wie der scheidende Fed-Chairman Volcker.[165]

Kohn [(2003a), S. 11f.] und Ferguson (2003) entgegnen darauf, dass die Zielsetzung „Preisstabilität" bereits eine ausreichende institutionelle Absicherung in den USA besitze. Das Ziel „stabile Preise" sei bereits seit 1977 im Notenbankgesetz verankert und erfahre inzwischen sogar in der Bevölkerung eine recht breite Unterstützung. Außerdem würden die langen Amtszeiten der Fed-Gouverneure (14 Jahre) und die starke Stellung der häufig sehr „konservativ" eingestellten Fed-Präsidenten für Kontinuität in der amerikanischen Geldpolitik sorgen. Derzeit würden sich alle 19 Offenmarktmitglieder eindeutig für eine an Preisstabilität orientierte Politik aussprechen. Eine einzelne Person – auch wenn sie Fed-Vorsitzender ist – könne daran nicht sofort etwas Grundsätzliches ändern. Ein Rückfall in eine inflationäre Geldpolitik ist daher nach Kohns Auffassung nur schwer vorstellbar und ein zusätzlicher Schutz in Form eines quantitativen Inflationsziels überflüssig.

(4) Ein quantitatives Ziel erleichtert den geldpolitischen Entscheidungsprozess

Gemäß einiger Fed-Politiker und -Beobachter [vgl. Meyer (2004), S. 154, Blinder (1997), S. 5, Cecchetti (1999), S. 3] würde ein quantitatives Inflationsziel den internen Entscheidungsfindungsprozess im FOMC erleichtern. Wenn alle Mitglieder an ein Inflationsziel gebunden sind, würde ein Element entfallen, das abweichende Meinungen über die weitere Zinspolitik auslöst. Die Konsensbildung würde erleichtert.

---

[163] Uhlig [(2004), S. 83f.] sieht hierin keine befriedigende Erklärung. Unter Umständen beruht das Ergebnis von Levin et al. auf den verwendeten Daten. Die Autoren machen sich Umfrageergebnisse von *Consensus Economics* zu nutze. Betrachtet man Abb. 5.16, die auf Daten der *Federal Reserve Bank of Philadelphia* beruhen, kann man hingegen seit 1998 kaum eine Korrelation zwischen der Inflationsentwicklung und den Inflationserwartungen erkennen.

[164] Vgl. z.B. Bernanke et al. (1999), S. 311f., Goodfriend (2003), S. 2, Meyer (2001b), S. 8, Rudebush/Walsh (1998), S. 2, Mishkin (1999), S. 600, Santomero (2003), oder McCallum (2003), S. 3.

[165] Kohn [(2003a), S. 12] weist auf einige anderer Gründe für den Anstieg der Kapitalmarkzinsen hin.

Hiergegen könnte man argumentieren, dass die Offenmarktmitglieder auch in anderen Bereichen der geldpolitischen Analyse unterschiedliche Meinungen vertreten. Zum Beispiel wird jeder Fed-Politiker die aktuelle wirtschaftliche Lage unterschiedlich einschätzen oder divergierende Ansichten hinsichtlich der Funktionsweise der Wirtschaft besitzen. Warum sollten dann die Offenmarktmitglieder nicht auch im Hinblick auf das angemessene Inflationsziel abweichende Meinungen vertreten dürfen?

Insgesamt laufen also die Pro-Argumente darauf hinaus, dass die Fed-Politik durch die Quantifizierung des Inflationsziels einfacher und effizienter ausfallen würde. Eine klare Bezifferung des Inflationsziels würde die Konsensbildung im FOMC erleichtern, die Zinspolitik der Fed noch besser vorhersehbar machen, den Inflationserwartungen einen eindeutigen Fixpunkt liefern und für mehr Kontinuität in der Fed-Politik sorgen. Die Gegner eines quantitativen Inflationsziels weisen darauf hin, dass die Fed bereits heute über ein ausreichendes Maß an Vorhersehbarkeit, Glaubwürdigkeit und Kontinuität verfüge, die Bezifferung des Inflationsziels also keinen zusätzlichen Nutzen stiften würde. Im Weiteren werden darüber hinaus Argumente angeführt, die auf die Schädlichkeit eines numerischen Inflationsziels verweisen.

5.4.2.2 Beschränkt ein quantitatives Inflationsziel die Flexibilität der Fed?

Kritiker, die eine numerische Präzisierung des Inflationsziels ablehnen, befürchten, dass damit eine Gewichtsverlagerung in Richtung Preisstabilität und eine Einschränkung der Flexibilität verbunden sein könnte. Hierauf haben vor allem die Fed-Gouverneure Kohn [(2003a), (2004)] und Ferguson [(2002), (2003] sowie Greenspan (2004a) selbst hingewiesen. Ihrer Ansicht nach basiert der Erfolg der Fed-Politik in den vergangenen 20 Jahren maßgeblich auf der Flexibilität, mit der die US-Notenbank auf wechselnde ökonomische Bedingungen reagiert hat. Diese Flexibilität würde durch Inflation Targeting bzw. ein quantitatives Inflationsziel beschränkt.

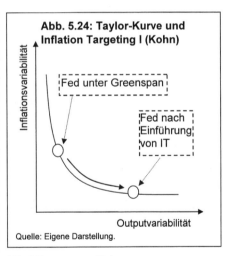

Abb. 5.24: Taylor-Kurve und Inflation Targeting I (Kohn)

Fed unter Greenspan

Fed nach Einführung von IT

Outputvariabilität

Quelle: Eigene Darstellung.

Besonders energisch argumentiert dabei Fed-Gouverneur Kohn:

(1) Zunächst befürchtet Kohn [(2003a), S. 4f., (2004), S. 179], dass die Ankündigung eines quantitativen Inflationsziels automatisch eine höhere Gewichtung des Preisstabilitätsziels auslöst. Dem Inflationsziel würde dadurch eine Bedeutung zukommen, die mit der bisherigen Fed-Politik nicht kompatibel sei.[166] Veranschaulicht anhand der

---

[166] "IT [Inflation Targeting] implies putting a higher priority on hitting a particular inflation objective over the intermediate run than the Federal Reserve has done." Kohn (2004), S. 180. Ähnliches argwöhnt Ferguson (2003): "... I believe that the quantified inflation target would come to take greater promi-

Trade-off-Kurve würde Inflation Targeting eine Rechtsbewegung entlang dieser Kurve hervorrufen (siehe Abb. 5.24). In den Worten der Taylor-Regel würde dies bedeuten, dass der Reaktionskoeffizient der Inflationslücke erhöht wird, d.h. die Fed würde auf Abweichungen vom Inflationsziel aggressiver reagieren.[167] Auch wenn Inflation Targeting in der Praxis „flexibel" angewandt wird, steht Kohn auf dem Standpunkt, dass sich Inflation Targeter in erster Linie an die Einhaltung des quantitativen Inflationsziel gebunden fühlen. Entsprechend ist auch die Kommunikation und Rechenschaftspflicht einseitig auf das Inflationsziel ausgerichtet. Nur eine Verfehlung des Inflationsziels – nicht aber des bestenfalls qualitativ spezifizierten Beschäftigungsziels – setzt einen Inflation Targeter unter Rechtfertigungsdruck. Die Notenbankpublikationen werden dementsprechend häufig als „Inflationsberichte" und nicht etwa als „Inflations- und Beschäftigungsberichte" bezeichnet. Kohn ist überzeugt davon, dass sich ein Inflation Targeter im Konfliktfall eher für die Einhaltung des Inflationsziels als für die Berücksichtigung anderer Ziele entscheiden wird.[168]

(2) Kohn [(2003a), S. 5] widerspricht auch der Auffassung von Goodfriend (2003) und anderer Wissenschaftler, dass die Fed in der Greenspan-Ära bereits ein „verdecktes" Inflation Targeting praktiziert habe. Insbesondere der Ansatz der opportunistischen Disinflation, den die Fed zwischen 1987 und 1997 praktizierte entsprach seiner Ansicht nach nicht den Gepflogenheiten eines Inflation Targeters. Obwohl sich die US-Inflation 1987-1997 durchgehend oberhalb dessen bewegt hat, was man typischer Weise unter Preisstabilität versteht (> 2,5 %), unternahm die Fed keine gezielten Versuche, um die Inflation nach unten zu drücken. Dies wird besonders deutlich, wenn man die jeweiligen Juli-Inflationsprognosen des FOMC für das laufende und kommende Jahr vergleicht, was in Abb. 5. geschieht. Man kann dabei erkennen, dass die Prognose für die Inflationsrate des laufenden Jahres häufig der Prognose für die Inflation des kommenden Jahres entsprach (z.T. sogar darüber lag). Die Fed versuchte offenbar lediglich das gegenwärtige Inflationsniveau zu halten. Ein Inflation Targeter hätte stattdessen eine Zinspolitik praktiziert, welche die Inflationsprognosen zumindest allmählich in Richtung Preisstabilität geführt hätte. In der Regel haben sich Inflation Targeter gerade in den 90er Jahren an konkrete Zeitpläne gebunden, um die Inflation nach unten zu drücken. Die Bank of Canada verkündete z.B. im Februar 1991, dass die Inflation bis Ende 1992 (im Mittel) auf 3 %, bis Juni 1994 auf 2,5 % und bis Ende 1995 auf 2 % fallen sollte. Auch die Bank of England arbeitete mit Zeitplänen. Zwischen 1993 und 1997 durfte die Inflation noch bis 4 % schwanken, ab Mitte 1997 sollte sie sich aber in der Nähe von 2,5 % bewegen. Kohn lehnt solche fixierte Zeithorizonte (auch nach Angebotsschocks) zur Rückführung der Inflation in einen Zielbereich als unnötige Einschränkung der Flexibilität ab.

---

nence over other important and consistent objectives implied by the flexible approach, with an inevitable reduction in flexibility and a downplaying of those other objectives."
[167] Meyer [(2001b), S. 9; (2003), S. 12f.] beschreibt eine ganz ähnliche Problematik.
[168] Ähnlich äußert sich auch Vize-Präsident Ferguson (2002): "Despite such elements of flexibility [e.g. escape clauses], an inflation-targeting regime may still not typically attend sufficiently to output variation or financial stability." Er weist außerdem darauf hin, dass eine allzu flexible Interpretation des Inflationsziels, d.h. die bewusste Hinnahme häufiger Zielabweichungen die positiven Glaubwürdigkeitseffekte mindern würde, die man sich von Inflation Targeting verspricht.

(3) Nach Ansicht von Kohn [(2003a), S. 6f.] hat die Fed besonders in den Jahren 1997 bis 2003 eine Politik praktiziert, deren Flexibilität nur schwer mit Inflation Targeting zu vereinbaren gewesen wäre. Als Beispiele nennt er die rasche Reaktion der Fed auf die internationale Finanzmarktkrise im Herbst 98 und die sehr aggressive Zinspolitik im Jahr 2001.[169] Beide Male hätte die Fed ungewöhnlich schnell reagiert und dabei zum Teil auch die Erwartung steigender Inflationsraten erzeugt. Angesichts der jeweils besonderen Umstände (der Gefahr des Zusammenbruchs des heimischen Finanzmarktes

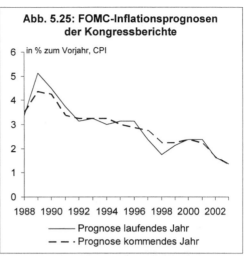

Abb. 5.25: FOMC-Inflationsprognosen der Kongressberichte

Prognose laufendes Jahr

— — · Prognose kommendes Jahr

Quelle: In Anlehnung an Kohn (2003a), S. 19.

1998 und der außergewöhnlich raschen Produktionskappung der Unternehmen 2001) sah sich die Fed aber zum schnellen und unkonventionellen Handeln gezwungen. Nach Meinung von Kohn hätte die Fed diese Maßnahmen unter Umständen unterlassen, wenn sie ständig unter Druck gestanden wäre, ein quantitatives Inflationsziel einzuhalten. Insgesamt kommt Kohn zum Ergebnis, dass die Fed in der Vergangenheit kein „verdecktes" Inflation Targeting praktiziert hat und in Zukunft erst recht kein explizites Inflation Targeting durchführen sollte.

Ex-Gouverneur Meyer [(2001b), S. 9; (2004), S. 156] und Gouverneur Gramlich (2003b) teilen die Befürchtung von Kohn, dass eine Quantifizierung des Inflationsziels als explizite Hervorhebung des Preisstabilitätsziels gewertet werden und zu einer ungewünschten Vernachlässigung anderer Ziel führen könnte. Sie sehen dennoch so große Vorteile in einem numerischen Inflationsziel, dass sie für einen Kompromissvorschlag plädieren.[170] Dieser soll die Vorzüge eines numerischen Inflationsziels (größere Transparenz) mit der bisherigen Flexibilität der Fed-Politik verbinden. Dazu werden drei Maßnahmen vorgeschlagen:

• Die Fed sollte die Bekanntgabe des quantitativen Inflationsziels mit einem klaren Bekenntnis zum dualen Mandat verbinden und dabei die gleichrangige Berücksichtigung von Output- und Inflationsschwankungen bekräftigen. Die Öffentlichkeit sollte der Eindruck vermittelt werden, dass die Fed-Politik der vergangenen Jahre fortgesetzt wird.

---

[169] Als weiteres Beispiel für eine sehr flexible und wenig regelorientierte Geldpolitik führt Ferguson (2003) die Periode Mitte/Ende der 90er Jahre an, als die Fed mehr oder weniger intuitiv von einer höheren Wachstumsrate der Produktivität ausgegangen ist: "An automatic, rule based approach to policy almost surely would have led us in the late 1990s to tighten policy much too aggressively."

[170] Bernanke [(2004d), S. 166f.] schließt sich diesem Kompromissvorschlag an und sieht darin einen ersten Schritt in Richtung Inflation Targeting.

- Um die Flexibilität des bisherigen Fed-Vorgehens sicherzustellen, sollte es sich bei dem quantitativen Inflationsziel (oder der Zielbandbreite) um eine *langfristige* Benchmark handeln. Kurzfristige Zielverfehlungen sollten die Fed weder sofort unter Handlungsdruck setzen, noch sollte daraus eine unmittelbare Rechtfertigungspflicht erwachsen. Auf keinen Fall sollte der Fed ein fixierter Zeithorizont vorgegeben werden, innerhalb dessen das Ziel eingehalten werden muss.[171] Gramlich und Meyer sind insgesamt der Auffassung, dass nicht der gesamte Inflation Targeting-Ansatz, sondern nur das Element des quantitativen Inflationsziels auf die Fed übertragen werden sollte.
- Das Inflationsziel sollte nicht zu niedrig gewählt werden und auf jeden Fall einen Puffer enthalten, um eine ausreichende Reallohn- und Realzinsflexibilität sicherzustellen. Gramlich und Meyer schlagen eine Obergrenze für die Kerninflationsrate (gemessen am CPI) von immerhin 2,0-2,5 % vor.

Im Gegensatz zu Kohn, Meyer und Gramlich sehen Svensson [(2004), S. 163] und Bernanke (2003b) überhaupt keinen Widerspruch zwischen dem dualen Mandat der Fed und Inflation Targeting. Ihrer Meinung nach stellt die Vorstellung, dass Inflation Targeting automatisch eine Prioritätsverlagerung in Richtung Preisstabilität zur Folge hat, eine Fehlinterpretation dieses Ansatzes dar. Svensson und Bernanke weisen darauf hin, dass heutzutage alle Notenbanken „flexibles" Inflation Targeting praktizieren und es jedem Inflation Targeter frei stehe, welches Gewicht er dem Outputziel zuordnet. Entscheidet sich eine Notenbank für eine recht starke Gewichtung des Outputziels, dann würde sich dies in einem entsprechend hohen Präferenzparameter λ innerhalb der Zielfunktion niederschlagen. Der Öffentlichkeit müsste das recht hohe λ lediglich verdeutlicht werden.

(2.24) $L_t = \frac{1}{2} (\pi_t - \pi^*)^2 + \lambda \, y_t^2$ freie Wahl des Präferenzparamters

Goodfriend (2003) nimmt zwar wie Svensson/Bernanke eine positive Haltung gegenüber Inflation Targeting ein, teilt in Bezug auf die Zielgewichtung jedoch die Interpretation Kohns:

- Wie Kohn geht Goodfriend davon aus, dass Inflation Targeting zwangsläufig eine Vorrangstellung des Inflationsziels beinhaltet. Er würde dies jedoch im Gegensatz zu Kohn begrüßen, da daraus eine Stärkung der Glaubwürdigkeit der Fed resultieren würde.
- Goodfriend ist auch (im Gegensatz zu Kohn) der Auffassung, dass eine auf Preisstabilität konzentrierte Geldpolitik in der Tradition der beiden Vorsitzenden der Federal Reserve Greenspan und Volcker steht, die durch eine stetige Anti-Inflationspolitik die Reputation der US-Notenbank in der Inflationsbekämpfung wiederhergestellt haben.
- Goodfriend vertritt schließlich auch in der Flexibilitätsdebatte die Gegenthese zu Kohn. Eine höhere Priorität des Inflationsziels schränke die Flexibilität der Fed-Politik nicht ein, sondern schaffe im Gegenteil erst die Spielräume für eine antizyklische Geldpolitik. Nur wenn die Notenbank über ausreichend Glaubwürdigkeit verfüge und von stabilen Inflationserwartungen ausgehen kann, wird sie auf eine

---

[171] Meyer [(2004), S. 157] schlägt vor, das Inflationsziel nur über den Durchschnitt eines Konjunkturzykluses einzuhalten. In der reifen Expansionsphase sollte das Inflationsziel sogar leicht überschritten werden, damit die Inflation während der nächsten Rezession nicht zu tief abrutscht.

rezessive Entwicklung mit einer aggressiven Zinssenkungspolitik reagieren können, ohne gleichzeitig Inflationsgefahren heraufzubeschwören. Wiederum veranschaulicht anhand der Trade-off-Kurve führt Inflation Targeting dieser Ansicht nach zwar zunächst zu einer Rechts*bewegung* entlang der Kurve gleichzeitig erfolgt aber auch einer Links*verschiebung* der Kurve, so dass man insgesamt einen Punkt mit höherer Outputstabilität erreicht, obwohl dem Inflationsziel eine höhere Priorität eingeräumt wird (siehe Abb. 5.26).[172]

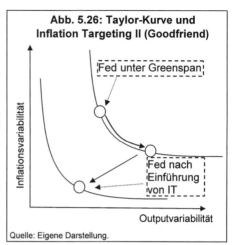

Abb. 5.26: Taylor-Kurve und Inflation Targeting II (Goodfriend)

Quelle: Eigene Darstellung.

Zusammenfassend kann man festhalten, dass einige Fed-Politiker die Einfürung von Inflation Targeting (bzw. bereits die Quantifizierung eines Inflationsziels) ablehnen, da sie darin automatisch eine Überführung des bisherigen dualen Mandats in ein hierarchisches Mandat sehen. Die Vorrangstellung des Inflationsziels wird ihrer Ansicht nach u.a. durch die einseitige Kommunikation und Rechenschaftspflicht sowie die mangelnde Quantifizierung des Outputziels gefördert. Inflation Targeting würde damit eindeutig einen Richtungswechsel in der Fed-Politik signalisieren. Die sehr flexible, rasche und z.T. unkonventionelle Vorgehensweise der Greenspan-Ära sei jedenfalls mit Inflation Targeting nicht vereinbar. Auch Gramlich und Meyer sehen die Gefahr der Flexibilitätsbeschränkung durch Inflation Targeting, weshalb sie lediglich eine „abgespeckte" Version dieses Ansatzes vorschlagen. Das Inflationsziel sollte nur als sehr langfristige Benchmark fungieren, aus dem keinerlei kurzfristiger Handlungsdruck resultiere. Dennoch könnte auf diesem Weg die Transparenz der Fed-Politik erhöht werden. Gemäß Svensson würde Inflation Targeting hingegen überhaupt keine Flexibilitätsbarriere für die Fed darstellen. Um die gegenwärtig flexible Politik fortzusetzen, müsste die Fed ihre Zielfunktion lediglich transparent machen und auf das Hohe Gewicht des Outputziels hinweisen. Goodfriend sieht hingegen gerade in einem hierarchischen Mandat, das mit Hilfe von Inflation Targeting institutionalisiert werden könnte, eine Voraussetzung für eine flexible Geldpolitik, da antizyklische Outputstabilisierung nur auf der Grundlage hoher Glaubwürdigkeit möglich sei.[173]

---

[172] Die beiden Fed-Präsidenten Broaddus [(2002), S. 163] und Santomero (2003) argumentieren ähnlich: Inflation Targeting verankere die Inflationserwartungen und ermögliche dadurch erst die kurzfristige Outputstabilisierung. Santomero (2003) bezeichnet Inflation Targeting als „beste Strategie zur Erfüllung beider Ziele der Fed."

[173] Als ein weiteres Hindernis für Inflation Targeting in den USA gilt die mangelnde politische Unterstützung. Es wird generell angenommen, dass die Fed ohne Zustimmung des US-Kongresses kein quantitatives Inflationsziel festlegen kann [vgl. Greenspan, in: FOMC (TS February 1995), S. 58f., Kohn (2003a), S. 14, Meyer (2004), S. 155, und Goodfriend (2003) S. 14]. Zum Teil wird sogar da-

5.4.3 „Inflation-and-Output-Gap Targeting" für die Federal Reserve?

Aus dem bisher gesagten ergibt sich, dass die Mehrheit der Fed-Politiker Inflation Targeting skeptisch gegenübersteht eingestellt ist. Um den Ansatz für die Fed attraktiver zu machen, könnte man Inflation Targeting so umgestalten, dass es in keinem offenen Widerspruch mehr zum dualen Mandat steht.

Die *Reserve Bank of Australia (RBA)* könnte hierbei als Leitlinie dienen. Der Fall Australien zeigt, dass ein duales Mandat und Inflation Targeting keinen unüberbrückbaren Gegensatz darstellen. Die RBA hat im Gegensatz zu anderen Inflation Targetern von vornherein klar gemacht, dass sie neben Geldwertstabilität auch die Minimierung der Outputvariabilität anstrebt. Sie selbst bezeichnet sich als den wohl „flexiblesten" Inflation Targeter.[174] Mehrere Maßnahmen tragen hierzu bei:[175] Das Inflationsziel von 2-3 % soll nur über den Durchschnitt eines Konjunkturzykluses eingehalten werden. Kurzfristige Abeichungen vom Inflationsziel werden als völlig unerheblich betrachtet, wozu auch die Bezeichnung des Inflationsziels als „thick point" (statt rigidem Zielband) beiträgt. Automatische Rechenschaftspflichten (etwa ein „Erklärungsbrief" wie im Falle der *Bank of England*) bei Über- oder Unterschreiten bestimmter Grenzwerte sind nicht vorgesehen. Auch existiert kein fester Zeithorizont, innerhalb dessen die Inflation nach einem Preisschock wieder in den Zielbereich zurückgeführt werden soll. Man begrüßt es zwar, wenn die Inflationsprognose nach 18 bis 24 Monate (= Kontroll-Lag der Geldpolitik) zwischen 2-3 % liegt, prinzipiell wird es jedoch bereits als aureichend erachtet, wenn sich die Prognose in dieser Zeitspanne wieder dem Zielbereich annähert. Viele dieser „flexiblen" Elemente des RBA-Ansatzes wurden von den (jetzigen bzw. früheren) Fed-Gouverneuren Gramlich und Meyer in ihrem Kompromissvorschlag für die Fed aufgegriffen.

Während der RBA-Ansatz aber eher eine „Light"-Version von Inflation Targeting und der damit verbundenen Regelbindung darstellt, ist Svensson der Meinung, dass sich auch ein „umfassendes" Inflation Targeting mit dem dualen Fed-Mandat vereinbaren lässt. Um Mißverständnisse über eine zu einseitige Ausrichtung auf Preisstabilität auszuräumen, könnte die Fed aber in ihrem Falle „Inflation Targeting" in „Inflation-and-Output-Gap Targeting" [vgl. Svensson (2004), S. 163] umbenennen. Nach Meinung von Svensson [(2003a), S. 135ff.] sollten Inflation Targeter generell ihre Zielfunktion völlig transparent machen, d.h. die Notenbank sollte sich öffentlich zur Stabilisierung der Outputlücke bekennen und auch möglichst präzise den Präferenzparameter λ bekannt geben.[176]

---

von ausgegangen, dass für ein quantitatives Inflationsziel das gesetzliche Mandat der Fed angepasst werden müsste [vgl. Kohn (2003a), S. 14 und zur Gegenthese: Meyer [(2004), S. 154]. In
diesem Fall müsste man damit rechnen, dass der Kongress einer Quantifizierung des Inflationsziels
nur zustimmen würde, wenn gleichzeitig auch das Beschäftigungsziel quantifiziert würde. Bisher
sind jedenfalls verschiedene Gesetzesinitiativen von einzelnen Kongressmitgliedern, welche der
US-Notenbank eine hierarchisches Mandat vorgeschrieben hätten, deutlich gescheitert.

[174] Vor allem im Vergleich zur Bank of England und der Reserve Bank of New Zealand, vgl. Debelle
(2003), S. 2.

[175] Vgl. Debelle (2003), S. 13ff.

[176] Svensson [(2003a), S. 138] schlägt vor, als Präferenzparameter einer Notenbank den Median der
individuellen Präferenzparameter der Mitglieder des geldpolitischen Ausschusses zu wählen. Um

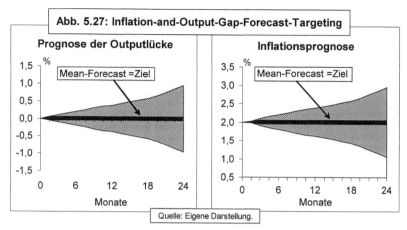

Abb. 5.27: Inflation-and-Output-Gap-Forecast-Targeting

Quelle: Eigene Darstellung.

Welche Auswirkungen hätte ein solches „Inflation-and-Output-Gap Targeting" auf das Durchführungsverfahren einer Zentralbank? In Kapitel 2.3.1.4 wurde darauf aufmerksam gemacht, dass bei „flexiblem" Inflation Targeting die Daumenregel „Inflationsprognose = Inflationsziel" gelockert wird. In der geldpolitischen Praxis weisen Inflation Targeter darauf hin, dass sie nach einem Preisschock die Inflationsrate nur schrittweise zum Inflationsziel zurückführen, um „unnötige Outputverluste" zu vermeiden. Mit dieser Art der Notenbankrethorik wird das Outputziel nur indirekt über das Inflationsziel benannt. Um dieses Transparenzdefizit zu beseitigen und klarer auf das Outputziel hinzuweisen, schlägt Svensson [(2003a), S. 139ff.] vor, bei der Durchführung der Geldpolitik nicht nur eine Inflationsprognose, sondern auch eine Outputlücken-Prognose zu erstellen und als geldpolitisches Zwischenziel zu verwenden. Auf jeder Sitzung des Entscheidungsgremiums sollte dann der Leitzins so fest-gelegt werden, dass beide Prognosen so weit wie möglich mit den Zielen der Notenbank (Outputlücke von null, Inflationsrate von z.B. 2 %) übereinstimmen. Dabei sollte die Kombination aus Inflations- und Outputprognose ausgewählt werden, die den besten Kompromiss zwischen der Stabilisierung der Inflations- und Outputlücke erzeugt.[177] Im Idealfall steht aus verschiedenen möglichen Zinspfaden ein Pfad zur Auswahl, bei dem gleichzeitig die prognostizierte Outputlücke null beträgt und die Inflationsprognose dem Inflationsziel entspricht. Ein solches Ergebnis wird in Abb. 5.27 veranschaulicht:[178 179]

---

den Ausschussmitgliedern eine Hilfestellung bei der Wahl ihrer individuellen Präferenzen zu geben, könnte man verschiedene potentielle Ergebnisse (an Inflations- und Outputvariabilität) in ein Ranking bringen.

[177] "The MPC [Monetary Policy Committee] would then select the combination of forecasts that 'looks best', in the sense of achieving the best compromise between stabilizing the inflation gap and stabilizing the output gap ..." Svensson (2003a), S. 141.

[178] Es handelt sich hierbei um „bedingte" Prognosen, d.h. um Prognosen, die auf dem gegenwärtigen Informationsstand der Notenbank und einem bestimmten Zinspfad basieren. Dabei taucht die Frage auf, welchen Prognosewert (arithmetisches Mittel, Modus, gesamte Wahrscheinlichkeitsverteilung) die Notenbank steuern soll. Unterstellt man eine quadratische Verlustfunktion, additive Unsicherheit sowie eine lineare Beziehung zwischen den Variablen, dann sollte sich die Notenbank auf das arithmetische Mittel der Zielvariablenprognose konzentrieren. Sind diese Bedingungen nicht

Im Folgenden soll anhand der Zinsentscheidung vom Juni 2003 demonstriert werden, wie die Fed ein solches „Inflation-and-Output-Gap Forecast Targeting" in der Praxis umsetzen könnte. In den Abb. 5.28-5.30 wurden zunächst die Inflations-, Wachstums- und Beschäftigungsprognosen der Fed aus dem Kongressbericht vom Juli 2003 verarbeitet. Es werden dabei tabellarisch die „zentralen Tendenzen" und „Bandbreiten" der verschiedenen Prognosen der Offenmarktmitglieder ausgewiesen. Um „Forecast Targeting" zu praktizieren, ist es sicherlich sinnvoll, über diese Darstellung hinauszugehen und die Prognosen als „Fächercharts" zu präsentieren, welche die gesamte Wahrscheinlichkeitsverteilung der jeweils prognostizierten Variablen abbilden. Ein solches Vorgehen wurde in den Abbildungen simuliert. Die schwarzen zentralen Linien repräsentieren dabei die „zentralen Tendenzen" aus den Kongressberichten. Die grauen„Fächer" sollen die Wahrscheinlichkeitsverteilung darstellen, die in ihrer qualitativen Ausprägung den Äußerungen der Fed entsprechen.

Abb. 5.28: Wachstumsprognose der Fed (Juli 2003)

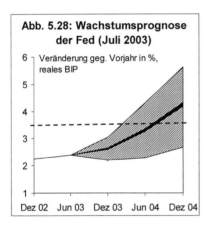

Abb. 5.29: Inflationsgrognose der Fed (Juli 2003)

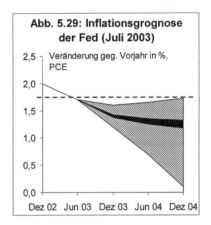

Neben der Erstellung der Prognosen müsste die Fed konkrete Ziele festlegen. Hier wird von folgenden Zielen (gestrichelte Linien in den Abbildungen) ausgegangen:
* Reales Wachstum: 3,5 % (= Wachstumsrate des Produktionspotentials).
* Inflation: 1,5-2,0 %, Maßstab: Index der persönlichen Konsumausgaben (PCE).
* Beschäftigung: Beschäftigungslücke von null (NAIRU-Schätzung: 5 %)

---

erfüllt, dann sollte die Notenbank zu „Distribution Forecast Targeting" übergehen und die gesamte Wahrscheinlichkeitsverteilung der Prognose berücksichtigen, vgl. z.B. Svensson (2003a), S. 140f., oder Svensson (1999b), S. 211.

[179] Neben diesem wenig formalen Verfahren, bei dem man aus der grafischen Analyse den „richtigen" Zinspfad auswählt, zeigt Svensson [(2003a), S. 141ff.] wie man unter Verwendung einer konkreten Verlustfunktion und eines bestimmten Makromodells eine spezifische Zielregel (= Bedingung, welche die Prognosen der Zielvariablen erfüllen müssen) ableiten kann. Diese Regel legt fest, welches Verhältnis zwischen der prognostizierten Inflations- und Outputlücke bei der Wahl des Zinspfades bestehen sollte (z.B. die prognostizierte Outputlücke sollte gerade halb so groß sein wie die prognostizierte Inflationslücke). Das „optimale" Verhältnis zwischen beiden Prognosen ist dabei insbesondere von der Beschäftigungspräferenz λ und dem Trade-off zwischen Inflation und Outputlücke (Phillips-Kurve) abhängig, d.h. bei einer Zunahmen von λ würde sich das „optimale" Verhältnis zwischen den beiden Prognosen zugunsten der prognostizierte Outputlücke verschieben.

Im Juli 2003 ging das FOMC von folgenden Prognosen aus (vgl. Abb. 5.28-5.30):

- Anstieg des realen Wachstums von 2½ % (Mitte 2003) auf über 4 % Ende 2004.
- Rückgang der Inflation von 2 % auf ca. 1¼ %.
- Der Disinflationsdruck wird mit der latent vorhandenen negativen Beschäftigungslücke begründet, die von ca. 1¼ % auf etwa ¾ % bis Ende 2004 abschmelzen soll.

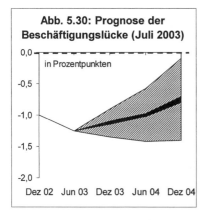

Abb. 5.30: Prognose der Beschäftigungslücke (Juli 2003)

Trotz der optimistischen Wachstumsprognose senkte das FOMC die Zielrate der Fed Funds im Juni 2003 von 1,25 % auf ein 45-Jahres-Tief von 1 %. Ausschlaggebend für diesen Schritt war die (aus Sicht der Fed) virulente Deflationsgefahr. Während die Fed die Wachstumsrisiken als ausgeglichen betrachtet, überwogen bei der Inflationsprognose die „downside risks", d.h. die Gefahr eines unerwünschten weiteren Rückgangs der Inflation. Der Deflationsgefahr wollte die Fed nicht nur mit der Zinslockerung begegnen, sondern auch durch offizielle verbale Äußerungen (Ankündigung einer langfristigen Niedrigzinspolitik). Dieser Versuch der Fed, die Markterwartungen zu steuern, gilt als nicht vollkommen gelungen, da die Anleiherenditen über den Sommer 2003 angestiegen sind (siehe Kapitel 4.7). „Forecast Targeting" wäre unter Umständen ein Mittel gewesen, um die Erwartungen der Marktakteure wirksamer zu lenken. Durch einen Fächer Chart wie in Abb. 5.29 hätte die Fed ihre asymmetrische Risikoeinschätzung hinsichtlich der zukünftigen Inflationsentwicklung und die damit einhergehende Deflationsgefahr noch deutlicher machen können. Die klare Unterschreitung des expliziten Inflationsziels hätte der Öffentlichkeit die Plausibilität einer langfristigen Niedrigzinspolitik plastischer vor Augen geführt. Die trotz anziehenden Wachstums noch klar ersichtliche negative Beschäftigungslücke hätte diese Erwartungshaltung unterstützt.

Wie wahrscheinlich ist es aber, dass sich die Fed-Strategie in Richtung „Forecast Targeting" entwickeln wird? Denkbar ist, dass die Mehrheit der Fed-Politiker hinsichtlich einer verbesserten Darstellung der Prognosen recht aufgeschlossen ist. Es gibt jedenfalls aus ihren Reihen bereits Vorschläge, die darauf hindeuten, dass die Fed in Zukunft ihre Prognosen (1) häufiger, (2) über längere Zeithorizonte, (3) für eine größere Anzahl an Variablen und (4) eventuell auch in grafischer Form erstellt.[180] Woran

---

[180] Solche Vorschläge kommen z.B. von Bernanke [(2003c), (2004a)], der sich prinzipiell dafür ausspricht, Prognosen der Offenmarktmitglieder (also der geldpolitischen Entscheidungsträger) und nicht des Mitarbeiterstabes zu veröffentlichen, was den Gepflogenheiten von Inflation Targeting entsprechen würde, vgl. Bernanke (2003b), Fußnote 18. Eher skeptisch gegenüber der Veröffentlichung detailgetreuer Prognosen äußert sich hingegen Ferguson (2002). Fed-Präsident Broaddus [(2002), S. 163] sieht wiederum in Inflationsprognosen ein wirksames Instrument zur Unterstützung der geldpolitischen Argumentation (vor allem nach Preisschocks): „... it my be useful for the Fed to announce intermediate-term inflation forecasts to assist the public in making financial and business decisions during the transition back to the long-term objective."

„Forecast Targeting" eher scheitern wird, ist die mangelnde Bereitschaft der Fed-Politiker, ein quantitatives Beschäftigungsziel festzulegen. Selbst Fed-Politiker, die für eine transparentere amerikanische Geldpolitik plädieren und dementsprechend ein quantitatives Inflationsziel befürworten, sprechen sich gegen die Festlegung und Publikation eines quantitativen Beschäftigungsziels aus.[181]

Das Hauptargument ist dabei, dass „Vollbeschäftigung" noch schwieriger zu messen ist als „Preisstabilität".[182] Die Problematik beginnt damit, dass die NAIRU-Konzeption – als einem möglichen Messkonzept – wissenschaftlich sehr umstritten ist und daher sicherlich von einigen Fed-Politikern abgelehnt wird. Aber selbst wenn man die Konzeption als Arbeitsgrundlage akzeptiert, verbleibt die Unsicherheit über die Höhe der NAIRU. Angesichts der breiten Konfidenzintervalle, die bei NAIRU-Schätzungen auftreten, hätte bereits das geldpolitische Komitee Schwierigkeiten, sich auf einen bestimmten Wert zu einigen. Fed-Politiker weisen außerdem auf die politische Problematik eines quantitativen Beschäftigungsziels hin. Sie befürchten, dass das FOMC bei einem numerischen Beschäftigungsziel noch mehr als bei einem rein qualitativen Ziel von Vertretern der Regierung oder des Kongresses unter Druck gesetzt werden, das angekündigte Beschäftigungsziel (notfalls auf Kosten des Inflationsziels) auch einzuhalten. In der Zwischenzeit könnte aber gerade die Regierung durch bestimmte Maßnahmen (z.B. die Erhöhung von Mindestlöhnen) dafür sorgen, dass sich die strukturelle Arbeitslosigkeit erhöht hätte. Die Fed würde also ständig einem quantitativen Ziel hinterher jagen, für dessen Höhe sie selbst nicht verantwortlich ist, während sich die Regierung aus ihrer beschäftigungspolitischen Verantwortung zurückzieht. Schließlich müsste die Fed auch eine zum Teil heikle öffentliche Diskussion führen. Fällt die Arbeitslosenrate z.B. unter die geschätzte NAIRU, müsste sie öffentlich erklären, dass „zu viele" Leute beschäftigt sind und die Notenbank infolgedessen gezwungen ist, mehr Arbeitslosigkeit zu erzeugen.

Insgesamt kann man davon ausgehen, dass Inflation-and-Output-Gap Targeting in der hier dargestellten Form von der Mehrheit im FOMC nicht akzeptiert würde. Dagegen spricht nicht nur die Ablehnung eines quantitativen Beschäftigungsziels, sondern auch die innerhalb des FOMC weit verbreitete Philosophie, geldpolitisch möglichst flexibel zu agieren. Die Offenmarktmitglieder würden sich ihre Handlungsfreiheit nur ungern durch eine offiziell veröffentlichte Inflations- und Outputprognose einschränken lassen. Am wahrscheinlichsten ist daher, dass sich das FOMC nach dem Abgang von Greenspan auf eine „Light"-Version von Inflation Targeting einigt. Dabei wird zwar ein Inflationsziel quantifiziert, das aber lediglich dazu dienen wird, der Öffentlichkeit die *langfristige* Vorstellung der US-Notenbank von Preisstabilität zu verdeutlichen.

Aus ganz ähnlichen Gründen wird man auch eine offizielle Bindung an die Taylor-Regel nicht in Betracht ziehen. Man sieht in dieser Regel zwar eine ganz hilfreiche Informationsvariable, eine engere Bindung an eine solch einfache Formel hält man aber für wenig sinnvoll. Angesichts von ökonomischen Strukturen, die sich im ständigen Fluss befinden, sei flexibles Handeln und das subjektive Urteil der Notenbanker,

---

[181] Vgl. z.B. Meyer (2001b), S. 9f. "I believe that establishing dual numerical targets would be a mistake, even though the Fed has dual goals." Santomero (2003). .
[182] Vgl. zu dieser Argumentation z.B. Fergusen (2002), und Meyer (2001b), S. 9f.

nicht jedoch eine einfache Regel, die auf vergangenen historischen Beziehungen basiere, gefragt:

"... the prescriptions of formal rules can, in fact, serve as helpful adjuncts to policy (...). But at crucial points, like those in our recent policy history – the stock market crash of 1987, the crises of 1997-98, and the events that followed September 2001 – simple rules will be inadequate as either descriptions or prescriptions of policy." Greenspan (2004a).

"In my view, rules, including the Taylor rule and its many variations, are useful benchmarks, but following an automatic policy prescribed by any pre-established rule would unnecessarily and undesirably limit the flexibility and judgement necessary monetary policy." Ferguson (2003).

5.5 Ein vorläufiges Resümee zur Strategie der Greenspan-Ära

Das zentrale Charakteristikum der Fed-Strategie ist das duale Mandat, welches die Fed verpflichtet nicht nur Preisstabilität, sondern auch einen hohen Beschäftigungsstand sicherzustellen. Die Offenmarktmitglieder stehen mehrheitlich hinter dieser Doppelzielsetzung, wobei sie das Beschäftigungsziel als Stabilisierung der Arbeitslosenrate in Höhe der NAIRU interpretieren. Für die meisten Fed-Politiker zählt Konjunkturstabilisierung ganz selbstverständlich zu den Aufgaben der Geldpolitik. Sie befürchten, dass eine zu einseitige Fixierung auf Preisstabilität hohe Outputvariabilität erzeugt. Was bisher fehlt, ist jedoch eine numerische Präzisierung der Fed-Ziele, so dass man als Außenstehender nur eine ungefähre quantitative Zielvorstellung besitzt (2 % Kerninflation, 5 % Arbeitslosigkeit). Zur wichtigsten Richtgröße auf dem Weg zur Zielerreichung avancierte während der Greenspan-Ära die Output- bzw. Beschäftigungslücke. Die Fed strebt stets danach, eine Outputlücke von null aufrechtzuerhalten bzw. nach einer Rezession möglichst rasch eine negative Outputlücke zu schließen. Dementsprechend unterstützt die Fed in Aufschwungphasen Wachstumsraten oberhalb des Potentialtrends und versucht in der Hochkonjunktur das reale BIP-Wachstum im Einklang mit dem geschätzten Trendwachstum zu halten. Um den eigenen geldpolitischen Restriktionsgrad abzuschätzen, orientiert sich die Fed zusehends an der realen Zinslücke (reale Fed Funds Rate minus Gleichgewichtszins), die in Abhängigkeit von der jeweils vorherrschenden Wirtschaftsdynamik angepasst wird. Um das aktuelle Verhältnis von gesamtwirtschaftlicher Nachfrage und Angebot einzuschätzen, führt die Fed eine umfassende Lageanalyse durch und prüft sämtliche relevante Nachfrage-, Angebots- und Finanzmarktindikatoren. Problematisch ist, dass sich die Offenmarktmitglieder offenbar auf kein makroökonomisches Kernmodell geeinigt haben und die Öffentlichkeit wenig Informationen darüber erhält, wie die Fed die einzelnen betrachteten Indikatoren gewichtet. Die Rechtfertigung geldpolitischer Entscheidungen obliegt daher einer gewissen Beliebigkeit.

Dass die Fed-Politik dennoch nicht gänzlich regellos erfolgt, zeigt die häufig parallele Entwicklung zwischen der Fed Funds Rate und einem hypothetischen Taylor-Zins. Diese Nähe zur Taylor-Regel ist nicht überraschend, wenn man bedenkt, dass zwei Elemente der Regel (Gleichgewichtszins, Outputlücke) hohe Relevanz für das Vorgehen der Fed besitzen. Ergänzt man die originäre Taylor-Regel durch eine

„smoothing"-Komponente und gewichtet die Outputlücke etwas höher, erreicht man eine noch bessere Approximation zwischen Taylor-Regel und Fed-Politik. Auch eine gewisse Verwandschaft zu Inflation Targeting ist der Fed-Strategie nicht abzusprechen. Bei der Festlegung geldpolitischer Entscheidungen spielt offenbar der Vergleich zwischen ihren impliziten Zielen sowie ihren Inflations- und Wachstumsprognosen eine nicht unbedeutende Rolle, weshalb die Fed eine Art „Forecast Targeting" praktiziert. Obwohl der Fed also eine Anlehnung an bestimmte Konzeptionen nicht abgesprochen werden kann, ist sie jedoch weit davon entfernt, sich offiziell an irgendeine spezifische Form von Strategie oder Regel zu binden. Von akademischer Seite muss die Fed-Politik daher herbe Kritik einstecken und sich den Vorwurf gefallen lassen, dass sie sich hinsichtlich ihrer Zielfunktion und Durchführungsverfahrens zu intransparent verhalte und zu stark auf ihren Vorsitzenden ausgerichtet sei.

Die Märkte teilen dieses Urteil der Akademiker jedoch nicht. Aus ihrer Sicht hat die Fed in den vergangenen Jahren offenbar sehr glaubwürdig und berechenbar gehandelt. Jedenfalls haben sich in den USA Ende der 1990er Jahre die privaten Inflationserwartungen – auch im internationalen Vergleich – auf sehr niedrigem und stabilem Niveau etabliert. Die Glaubwürdigkeit der Fed hat auch nicht unter der sehr expansiven und wachstumsorientierten Geldpolitik in den Jahren 2001-2003 gelitten. Seit Mitte der 1990er Jahre ist außerdem beobachtbar, dass die meisten Zinsschritte der Fed von den Marktakteuren perfekt antizipiert werden. Dies erreichte die Fed ohne ausformulierte Strategie. Stattdessen ist es ist den FOMC-Mitgliedern durch geschickte öffentliche Äußerungen immer wieder gelungen, im Vorfeld von Zinsentscheidungen die Einschätzung über die aktuelle wirtschaftliche Lage zwischen der Fed und den Finanzmärkten zu synchronisieren. Dabei handelt es sich aber offenbar nur um eine sehr kurzfristige Steuerung der Markterwartungen. Um auch eine längerfristige Berechenbarkeit zu erreichen und die Kontinuität nach dem Abgang von Greenspan zu bewahren, wird von manchen Geldpolitikern eine Weiterentwicklung der Fed-Strategie zu Inflation Targeting gefordert. Die Befürworter eines solchen Schrittes führen an, dass dadurch eine noch bessere Verankerung der Inflationserwartungen und eine noch höhere Glaubwürdigkeit der Fed-Politik erreicht werden könne. Die Gegner eines Übergangs zu Inflation Targeting befürchten jedoch, dass damit ein eindeutiger Politikwechsel verbunden ist, der insbesondere im Vergleich zur Greenspan-Ära einen Verlust an Flexibilität und eine Präferenzverlagerung in Richtung Preisstabilität mit sich bringen würde. Um Inflation Targeting mit dem dualen Mandat der Fed in Einklang zu bringen, müsste die Fed auf jeden Fall neben einer offiziellen Inflationsprognose auch eine Prognose über die Outputlücke erstellen. Beide Prognosen müssten dann bei den Entscheidungen gleichrangig berücksichtigt werden. Dieses Vorgehen würde allerdings ein erhebliches Maß an Offenheit und Einschränkung des diskretionären Spielraums der Notenbank mit sich bringen. Es ist nicht davon auszugehen, dass die Fed sich auf eine solche Form der Regelbindung einlässt. Zu vermuten ist, dass nach dem Abgang von Greenspan ein quantitatives Inflationsziel festgelegt wird, wobei betont werden wird, dass es sich nur um ein sehr langfristiges Ziel handelt und kurzfristige Zielabweichungen toleriert werden.

6 Die Fed-Strategie als Vorbild für die EZB?

6.1 EZB-Strategie: Inhalt, Kritik und Vergleich mit Fed-Strategie

6.1.1 Die EZB und die Fed als Notenbanken großer Währungsräume

Seitdem die Europäische Zentralbank (EZB) geldpolitische Verantwortung im Euroraum trägt, ist die von ihr ins Leben gerufene Zwei-Säulen-Strategie heftiger Kritik ausgesetzt. Es liegt daher nahe zu fragen, ob nicht die Fed, die für einen ähnlich großen Währungsraum verantwortlich ist, auf einigen Gebieten als Vorbild der EZB dienen könnte.

Dabei müssen jedoch zwei Diskussionsfelder auseinander gehalten werden: Der Zwei-Säulen-Strategie wird im Allgemeinen eine relativ große Intransparenz nachgesagt. Zur Behebung dieses Mankos wird – je nach wissenschaftlicher Präferenz – eine stärkere Ausrichtung der EZB an der Geldmengensteuerung bzw. an Inflation Targeting empfohlen. Die Fed-Strategie wird in diesem Zusammenhang jedoch nicht erwähnt, denn – wie in Kapitel 5.3 dargelegt – gilt der von Greenspan praktizierte Multi-Indikatorenansatz weder als kopierbar noch als sonderlich transparent.[1] Anders sieht es im Bereich der geldpolitischen Zielebene aus. Hier wird der EZB häufig mangelnde Offenheit über ihre Zielfunktion und zum Teil eine zu geringe Gewichtung des Beschäftigungsziels vorgehalten. Diese Defizite könnten nach Meinung einiger Ökonomen durch eine stärkere Ausrichtung an der Fed beseitigt werden. Vor allem seit 2001 gewinnt man den Eindruck, dass die Fed auf den Wirtschaftsabschwung konsequenter reagiert hat und damit im Ergebnis erfolgreicher war als die EZB.

Im Weiteren werden zunächst die wesentlichen Elemente der EZB-Strategie diskutiert und wichtige Berührungspunkt und Unterschiede zur Fed-Strategie aufgezeigt. In einem zweiten Schritt wird dann konkret die EZB- und Fed-Politik seit dem Jahr 2000 verglichen und vor allem im Hinblick auf die jeweilige Gewichtung des Beschäftigungsziels bewertet.

6.1.2 Das gesetzliche Mandat der EZB

Die Ziele der Europäischen Zentralbank bzw. des Europäischen Systems der Zentralbanken (ESZB) sind im EG-Vertrag fixiert, darin heißt es in Artikel 105 (1):

1. *„Das vorrangige Ziel des ESZB ist es, die Preisstabilität zu gewährleisten."*
2. *„Soweit dies ohne Beeinträchtigung des Zieles Preisstabilität möglich ist, unterstützt das ESZB die allgemeine Wirtschaftspolitik in der Gemeinschaft, um zur Verwirklichung der in Artikel 2 festgelegten Ziele der Gemeinschaft beizutragen."*

Zu diesen Gemeinschaftszielen in Artikel 2 gehört unter anderem ein „hohes Beschäftigungsniveau".

Während also im *Federal Reserve Act* die Zielsetzungen Preisstabilität und Vollbeschäftigung („maximale Beschäftigung") auf einer Ebene genannt werden, legt der EG-Vertrag eine eindeutige Zielhierarchie fest. Dies ergibt sich nicht nur aus dem Wortlaut des ersten Satzes von Artikel 105 (1), sondern auch aus der Tatsache, dass

---

[1] Aus diesem Grund raten Svensson (2001b) oder Scheide (2001) der EZB z.B. explizit davon ab, sich die Fed als Vorbild zu nehmen.

das Beschäftigungsziel nicht explizit genannt wird, sondern an anderer Stelle – inmitten einer Vielzahl zum Teil sehr allgemein gehaltener Ziele (z.B. „Hebung des Lebensstandards") – auftaucht.[2]

Dennoch belässt der EG-Vertrag der EZB bei der Interpretation des Mandats einen gewissen Spielraum. Den zweiten Satz in Artikel 105 (1) könnte man als Aufforderung an die EZB verstehen, für eine aktive Wachstums- und Beschäftigungspolitik zu sorgen, sobald Preisstabilität erreicht ist und keine zukünftigen Inflationsgefahren drohen.[3] Solche Fälle könnten z.B. in Rezessionsperioden gegeben sein, wenn die Inflationsrisiken in der Regel abnehmen. Würde die EZB ihr Mandat in dieser Weise auslegen, wäre man nicht mehr weit von der amerikanischen Interpretation des gesetzlichen Zielauftrags entfernt. Wie oben dargelegt, nehmen zum Teil auch Fed-Politiker eine gewisse qualitative Differenzierung bei der Auslegung ihres „dualen Mandats" vor. Sie sprechen davon, dass *langfristig* Preisstabilität Priorität genieße, *kurzfristig* aber auch Output- und Beschäftigungsschwankungen in der Geldpolitik Berücksichtigung finden sollten. Die EZB könnte ihr Mandat in vergleichbarer Weise auslegen und ihren beschäftigungspolitischen Auftrag zusätzlich damit rechtfertigen, dass die Stabilisierung des Output- und Beschäftigungsniveaus eine Grundvoraussetzung für Preisstabilität darstellt und schon alleine deshalb Sinn macht.

Die EZB geht jedoch (bisher) einen anderen Weg. In ihrer Interpretation des gesetzlichen Auftrags ignoriert sie weitgehend alle anderen Ziele außer Preisstabilität, d.h. das Mandat wird als eindimensionaler Zielauftrag verstanden. In den offiziellen Stellungnahmen wiederholt die EZB gebetsmühlenartig, dass die Geldpolitik ihren besten Beitrag zu Wachstum und Beschäftigung leistet, in dem sie für stabile Preise sorgt. Konkret heißt es z.B. bei der Auslegung des zweiten Satzes von Artikel 105 (1):

> *"... ensuring price stability is the most important contribution that monetary policy can make to achieving a favourable economic environment and a high level of employment."* ECB (2004), S. 10.

Was so viel bedeutet, dass im Falle stabiler Preise quasi automatisch auch alle anderen Ziele erfüllt sind. Eine weitergehende Interpretation des gesetzlichen Mandats würde nach Ansicht der EZB [(1999a), S. 46] in der Öffentlichkeit „Zweifel" an ihrer Verpflichtung zur Preisstabilität hervorrufen. Die EZB kann man daher als typischen Vertreter jener Notenbanken ansehen, die als Folge der Glaubwürdigkeitdebatte, jeden Eindruck einer aktiven Beschäftigungspolitik in der Öffentlichkeit vermeiden wollen. Beschäftigungspolitische Verantwortung weist die EZB ausschließlich den europäischen Regierungen zu. Sie selbst registriert die hohen Arbeitslosenraten im Euroraum zwar mit „großer Besorgnis" [EZB (1999a), S. 46], betont aber gleichzeitig, dass diese Raten ausschließlich struktureller Natur seien. Jeder Versuch der EZB die Arbeitslosigkeit mittels expansiver Geldpolitik zu senken, würde daher nur in steigende Inflation münden. Da die durchschnittliche Arbeitslosenrate im Euroraum zu Be-

---

2   Die EZB selbst spricht davon, dass diese Ziele in Artikel 2 kaum praktische Relevanz für die Geldpolitik hätten: "The objectives laid down in Article 2 represent a statement of principle, rather than practical monetary policy goals." Issing et al. (2001), S. 67.
3   "When the threat of inflation is guaranteed to disappear for a while, the mandate of the ECB *obliges* to be concerned about output and employment. Thus the treaty gives the ECB a *double* mandate." Begg et al. (2002), S. 11. Vgl. auch Tober (2001), S. 790.

ginn der Währungsunion immerhin bei rund 10 % lag, ging die EZB offenbar von einer Euro-NAIRU von ca. 10 % aus. Die EZB lehnt aber nicht nur ein Beschäftigungsziel in Niveaugrößen ab, sondern hält auch die modernere – aus der Taylor-Kurve abgeleitete – Formulierung des Beschäftigungsziels als „Stabilisierung des Outputs" für wenig attraktiv:

> *"As to output stabilisation – as opposed to output growth – its feasibility as a general goal of monetary policy remains questionable."* Issing et al. (2001), S. 67.

Sie argumentiert dabei ganz in der Friedman'schen Tradition.[4] Für eine präzise Steuerung des Outputs seien die Kenntnisse über die Transmissionsprozesse, die tatsächliche Wirtschaftsstruktur und aktuelle Wirtschaftslage zu ungenau. Zusammen mit den Erkenntnissen der Zeitinkonsistenzliteratur, sei es daher folgerichtig, dass „Outputstabilisierung" nicht in den Zielkatalog der EZB – nicht einmal in nachrangiger Form – aufgenommen wurde:

> *"... specifying 'output stabilisation' as a clear objective (even though one of secondary importance) for monetary policy proved unappealing for the European legislator."* Issing et al. (2001), S. 68.

Zusammenfassend kann man festhalten, dass die EZB prinzipiell die Möglichkeit hätte, ihr gesetzliches Mandat als eine Art „doppelte Zielsetzung" aufzufassen. Als junge Institution, die auf keine erfolgreiche vergangene Inflationsperformance verweisen konnte, ging es der EZB aber (bisher) in erster Linie darum, keinerlei Zweifel an ihrem Willen zur Inflationsbekämpfung aufkommen zu lassen. In der öffentlichen Darstellung ihrer Geldpolitik vermittelte sie daher den Eindruck, dass ihre einzige Aufgabe die Sicherung der Preisstabilität darstellt. Die Entwicklung der privaten langfristigen Inflationserwartungen, die laut Umfragen trotz einiger negativer Preisschocks seit 1999 in einem engen Band von 1,5-2,0 % pendeln, deutet darauf hin, dass die EZB in den ersten Jahren einiges an Reputationskapital aufgebaut hat.

---

[4] Die jüngsten Ergebnisse von Orphanides [(2003b), Kapitel 2.3.2.5] über die unzureichende Messbarkeit der aktuellen Outputlücke würden die Schwierigkeiten bei der Outputstabilisierung unterstreichen [vgl. Issing et al. (2001), S. 67f., EZB (2001a), (2002a)]. Issing [(2000), S. 358] warnte u.a. deshalb davor, die Problemstellung der Geldpolitik als Trade-off zwischen Inflations- und Outputvariabilität zu charakterisieren, weil der Öffentlichkeit der Unterschied zwischen Niveau- und Variabilitätsgrößen nur schwer vermittelbar sei.

6.1.3   Die Zielfunktion der EZB

Der EG-Vetrag gibt der EZB zwar eine klare Zielhierarchie vor, überlässt es aber der Zentralbank, Preisstabilität näher zu definieren.[5] Die EZB entschloss sich dazu den Terminus Preisstabilität, nicht nur qualitativ, sondern auch quantitativ zu präzisieren. Ihre [EZB (1999a), S. 51] ursprüngliche Definition vom Oktober 1998 lautete:

1. *„Preisstabilität wird definiert als Anstieg des Harmonisierten Verbraucherpreisindex (HVPI) für das Euro-Währungsgebiet von unter 2% gegenüber dem Vorjahr."*
2. *„Preisstabilität muss mittelfristig beibehalten werden."*

Diese Zieldefinition stieß bei vielen EZB-Beobachtern auf ein sehr kritisches Echo, weil die Zielobergrenze als zu niedrig und die Zieluntergrenze als zu unpräzise empfunden wurden.[6] Dementsprechend gingen die Meinungen darüber auseinander, ob die Zieldefinition als Bandbreite von 0-2 % bzw. 1-2 % gewertet werden sollte.[7] Als Reaktion auf diese Kritik stellte die EZB im Rahmen ihrer Strategierevision im Mai 2003 klar, dass sie mittelfristig eine Preissteigerungsrate von „unter, aber nahe 2 %" anstrebe.[8] Hiermit verdeutlichte die EZB, dass ihr Zielschwerpunkt in der Nähe der Obergrenze des Zielkorridors liegt und dass sie eine ausreichend hohe Sicherheitsmarge nach unten für notwendig hält. Man gewinnt insgesamt den Eindruck, dass die EZB Deflationsgefahren ernster als zu Beginn der Währungsunion nimmt,[9] und ihre revidierte Zieldefinition auf eine Erhöhung der Zieluntergrenze hinausläuft.[10] Trotz der etwas engeren Fassung ihres Inflationsziels, blieb für die meisten EZB-Beobachter jedoch unklar, ob die neue Zieldefinition als eine Anhebung des Zielban-

---

[5]   Die EZB kann man daher immer noch als Notenbanken mit einem recht hohes Maß an „Zielunabhängigkeit" ansehen, da weder die genaue Zielhöhe noch der Zeithorizont der Zieleinhaltung gesetzlich fixiert sind bzw. durch die Regierung vorgegeben werden, vgl. Bofinger (2001), S. 211.

[6]   Die EZB [(1999a), S. 51, (1999b), S. 35, und Issing (2000), S. 365f.] führte hierzu aus, dass sie den HVPI-Messfehler als ihre Zieluntergrenze ansieht, sich aber infolge der kurzen historischen Erfahrung außerstande sah, diesen Messfehler klar zu beziffern.

[7]   Für einen Zielkorridor von 1-2 % sprach, dass die Ableitung des Referenzwertes für M3 von einem impliziten Inflationsziel von 1,5 % ausgeht. Anderseits wird der HVPI-Meßfehler (der Zieluntergrenze laut EZB) als eher gering – jedenfalls deutlich unterhalb der im amerikanischen „Boskin-Bericht" genannten Marke von 1,1 % – eingeschätzt, vgl. z.B. EZB (1999a), S. 51, (1999b), S. 35, Issing (2000), S. 365f., oder ECB (2004), S. 53.

[8]   Diese Zielpräzisierung spiegelte nach Ansicht der EZB auch der Einschätzung der privaten Marktakteure über das Inflationsziel der EZB wieder, deren langfristige Inflationserwartungen seit Einführung des Euros in einer engen Bandbreite von 1,7-1,9 % schwankte, vgl. EZB (2003), S. 88f.

[9]   Zu Beginn der Währungsunion sah es so aus, als ob Inflations- und Deflationsrisiken als völlig gleichwertig angesehen wurden [vgl. EZB (1999a), S. 51]. Issing et al. [(2001), S. 71] sprachen z.B. von einem vollkommen symmetrischen Inflationsziel, das Inflation und Deflation gleichermaßen ausschließe. Neuerdings weist die EZB [vgl. ECB (2004), S. 53] jedoch explizit darauf hin, dass es der Geldpolitik aufgrund der Null-Zins-Untergrenze schwerer falle, Deflation als Inflation zu bekämpfen. Andere Faktoren – neben Deflationsrisiken – zur Rechtfertigung einer leicht positiven Inflationsrate spielen aus Sicht der EZB [(2003), S. 93ff.] nur eine sekundärer Rolle. Vor allem die Bedeutung nominaler Preis- und Lohnrigiditäten (nach unten) wird als gering eingeschätzt. Zur Einschätzung des Balassa-Samuleson-Effekts siehe die Ausführungen weiter unten.

[10] Es lässt vieles auf eine Zieluntergrenze von 1,0 % schließen. Die EZB [(2003), S. 93] geht unter anderem aufgrund verschiedener Studien [vgl. Coenen (2003), Klaeffing/Lopez-Perez (2003)], davon aus, dass die Gefahr der Null-Zins-Untergrenze bei einer angestrebten Inflationsrate von über 1,0 % deutlich abnimmt. Die meisten EZB-Beobachter interpretierten die Präzisierung der EZB als Anhebung des Inflationsziels [vgl. z.B. Svensson (2003b), S. 3f]. Chefvolkswirt Issing [vgl. EZB (PC May 2003)] betont jedoch explizit, dass die EZB keine *Änderung*, sondern nur eine *Klarstellung* ihres Inflationsziels vorgenommen habe.

des von ca. 1,0-2,0 % auf 1,5-2,5 % interpretierten werden soll, oder ob die EZB an der bisherigen Zielobergrenze von 2 % festhält. Einige Ökonomen erneuerten daher ihre Kritik, dass die EZB ein zu anspruchvolles Inflationsziel verfolge, welches angesichts der zwangsläufig hohen Inflationsraten in einigen („Catching-up"-)Ländern des Euroraums sehr niedrige Inflationsraten gerade in Deutschland erzwinge.[11]

Die EZB hat zur Entkräftung des Vorwurfs einer zu ambitionierten Preisstabilitätsnorm darauf verweisen, dass sie Preisstabilität nur *mittelfristig* anstrebe, d.h. kurzfristige Abweichungen vom Inflationsziel dulde, was ihr u.a. ermögliche, weniger aggressiv auf so genannte „cost-push"-Schocks zu reagieren.[12] Die EZB hat jedoch nicht klar definiert, was sie unter „mittelfristig" versteht, d.h. der Zeitraum, innerhalb dessen die Inflation nach einem Preisschock wieder in den Zielbereich zurückgeführt werden soll − so genannter Politikhorizont − ist unbekannt. Der EZB wird deshalb vorgeworfen, dass sie sich einer klaren Rechenschaftspflicht entziehe.[13] Bei arrivierten Inflation Targetern wie der Bank of England könne man nämlich den Politikhorizont aus der Länge der Inflationsprognose ableiten.[14] Nach Ansicht der EZB spricht aber gegen eine vorab Fixierung des Politikhorizonts, dass die Wahl des angemessen Zeithorizonts zur Rückführung der Inflation von der Art und Stärke der ökonomischen Schocks abhänge.[15] Zum Beispiel könne eine kräftige, lang anhaltende Euroabwertung nicht gleich behandelt werden wie eine einmalige (euroraumweite) Umsatzsteuererhöhung. Der Politikhorizont müsse flexibel an die jeweilige Situation angepasst werden.

Dass der Politikhorizont von der EZB sehr vage gehalten wird, fügt sich nahtlos in ihre Strategie der Verschleierung des Beschäftigungsziels ein.[16] Wäre der Politikhorizont präzise definiert, ließen sich nämlich Rückschlüsse auf ihre Beschäftigungspräferenzen ziehen, da zwischen der Geschwindigkeit, mit der die Inflationsrate in ihren Zielbereich zurückgeführt wird und der Outputvariabilität ein direkter Zusammenhang besteht (vgl. Kapitel 2.3). Eine Zentralbank, die sich für einen Politikhorizont von 18 Monaten entscheidet, wird z.B. generell mehr Outputvariabilität erzeugen und tolerieren als eine Notenbank, die einen längeren Politikhorizont von drei Jahren wählt. Würde die EZB also zeitlich genau definieren, was „mittelfristig" bedeutet, würde sie gleichzeitig etwas über ihr gewünschtes Verhältnis von Inflations- und Outputvariabilität und damit über ihre Beschäftigungspräferenz preisgeben.

---

[11] Unter anderem de Grauwe, Sinn, oder Wyplosz hätten sich eine Anhebung bzw. eine genaue Spezifizierung der Zielobergrenze gewünscht, vgl. de Grauwe (2003), S. 14f., o.V. (2003a), S. 12, Wyplosz (2003), S. 4 Ökonomen der EMU-Monitor Gruppe (Neumann, von Hagen) und des ECB Observers (Polleit, Belke), kritisierten hingegen, dass die „Klarstellung" eindeutig auf höhere Inflationsraten im Euroraum hinauslaufe, was dem Wachstum schaden würde, vgl. z.B. Neumann (2003), oder o.V. (2003a), S. 12.

[12] Vgl. EZB (2003), S. 90, ECB (2004), S. 54f., oder Issing et al. (2001), S. 73.

[13] Vgl. z.B. Wyplosz (2003), S. 4f.

[14] Die Veröffentlichung einer Zwei-Jahres-Inflationsprognose lässt z.B. im Falle der Bank of England auf einen zweijährigen Politikhorizont schließen. Bean [(2003), S. 17] und King [(1997), S. 437f.] weisen jedoch darauf hin, dass in bestimmten Situationen (z.B. schwere Angebotsschocks) auch einmal ein längerer Zeithorizont zur Rückführung der Inflation angebracht sein könnte.

[15] Vgl. Issing et al. (2001), S. 69 und 73, oder EZB (2003), S. 90.

[16] Vgl. Kißmer/Wagner (2002), S. 11.

Die Kritik an der unzureichenden Transparenz über den Politikhorizont steht damit in engem Zusammenhang mit der Kritik an der insgesamt mangelhaften Transparenz über die EZB-Zielfunktion. Insbesondere über das Beschäftigungsziel erhält die Öffentlichkeit nur sehr spärliche und zum Teil ambivalente Informationen:

*   Wie oben ausgeführt, verneint die EZB bei der Interpretation des EG-Vertrags jedwede beschäftigungspolitische Verantwortung.
*   Bei der Vorstellung ihrer Zwei-Säulen-Strategie, schweigt sich die EZB [z.B. (1999a), (2003)] komplett über ein mögliches Beschäftigungsziel aus.
*   Ihre Studien [vgl. EZB (2001a), (2002a)] zur geldpolitischen Transmission im Euroraum und über die Wirkung von „Unsicherheit" auf die Geldpolitik, legen der EZB nahe, ehrgeizige Versuche der geldpolitischen Konjunktursteuerung zu unterlassen.
*   Andererseits weist die EZB [(2003), S. 90] darauf hin, dass bei negativen Angebotsschocks eine aggressive geldpolitische Reaktion zur unmittelbaren Wiederherstellung von Preisstabilität unnötig hohe Produktions- und Beschäftigungsschwankungen hervorrufen würde.[17] In ihrer mittelfristigen Ausrichtung komme daher ein „*Interesse an der Stabilisierung von Produktion und Beschäftigung*" zum Ausdruck.

Diese Äußerungen lassen keinen eindeutigen Schluss über das EZB-Beschäftigungsziel zu. Man erhält jedoch den Eindruck, dass die EZB nur bei negativen Angebotsschocks die Beschäftigungsentwicklung in ihr Kalkül einbezieht. Bei Nachfrageschocks sieht die EZB hingegen erst Handlungsbedarf, wenn die Inflationsrate deutlich unter 2 % fällt und damit Deflationsgefahr entsteht. Auch wird der Output- oder Beschäftigungslücke offenbar keine größere Relevanz bei der Einschätzung der zukünftigen Inflationsentwicklung eingeräumt.

Zusammenfassen lässt sich zur Transparenz der EZB-Zielfunktion folgendes sagen: Als Beobachter der EZB-Politik kann man davon ausgehen, dass die EZB ein durchschnittliches Punktziel von ungefähr 1,8 % anstrebt und ein Abrutschen der gemessenen Inflationsrate unter 1 % aufgrund der damit verbundenen Deflationsrisiken vermeiden will. Unklar bleibt, bis zu welchem Punkt die EZB einen Anstieg der Inflation auf über 2 % toleriert und über welchen Zeitraum hinweg sie Zielabweichungen akzeptiert. Mit anderen Worten ist die EZB zwar transparent über das arithmetische Mittel ihres Inflationsziels, sie gibt aber keine Auskunft darüber, welche Inflationsvariabilität sie anstrebt. Generell versucht sie den Eindruck zu vermitteln, dass ein Trade-off zwischen Inflations- und Outputvariabilität nur isoliert bei negativen Angebotsschocks in Erscheinung tritt. Die Informationspolitik der EZB hinsichtlich des Beschäftigungsziels ist gekennzeichnet von Ambivalenz und Heimlichkeit.

---

[17] Bei negativen Angebotsschocks wird daher der Trade-off zwischen Inflations- und Outputvariabilität anerkannt: "... exogenous shocks that create a trade-off between output and inflation developments should be met by a measured, rather than aggressive, response, in order to avoid exacerbating volatility of interest rates and output." Issing et al. (2001), S. 68.

6.1.4 Die Zielfunktionen von EZB und Fed im Vergleich

Vergleicht man EZB und Fed hinsichtlich ihrer Zielfunktion, so kann man zunächst feststellen, dass die EZB ihr Inflationsziel (ungefähr) quantifiziert hat, die US-Notenbank jedoch nicht. Die EZB hat sich zu diesem Schritt entschlossen, weil sie als junge Institution noch auf keine vergangenen Erfolge in der Inflationsbekämpfung verweisen kann und in einem quantitativen Inflationsziel ein Instrument sah, um Glaubwürdigkeit aufzubauen:[18]

"... while the Fed could rely on its past performance, the explicit announcement of a precise, quantitative definition of price stability was the only means available to the ECB to earn credibility." Issing et al. (2001), S. 70.

Im Niveau des Inflationsziels kommen sich EZB und Fed auf den ersten Blick ziemlich nahe. Die häufig von Fed-Politikern genannte Zielmarke von 1,5-2,0 % an gemessener Verbraucherpreisinflation entspricht ungefähr der EZB-Zielsetzung. Bei näherem Hinsehen stellt sich das EZB-Ziel jedoch als ehrgeiziger dar:

- Die EZB orientiert sich im Gegensatz zur Fed an der „Headline"- statt der Kerninflation, womit sich die EZB größeren und vielleicht überflüssigen Rechtfertigungszwängen bei sehr kurzfristigen Preisschocks aussetzt.
- Während man bei der Fed die 1,5-2,0 % als (breites) Punktziel auffassen kann, stellen die 2 % bei der EZB offenbar eine Zielobergrenze dar, was dafür spricht, dass die Fed mehr Toleranz gegenüber Zielabweichungen nach oben besitzt.
- Zum Teil wird die Auffassung vertreten, dass der Euroraum in stärkerem Maße als der amerikanischen Währungsraum von strukturell bedingten Inflationsunterschieden betroffen ist. Dabei wird insbesondere der Balassa-Samuelson-Effekt als Quelle von anhaltenden Divergenzen in den Preissteigerungsraten zwischen den „dynamischen Peripherieländern" und den „gesättigten Kernländern" des Eurogebiets genannt.[19] Wenn aufgrund dieses Effekts eine Inflationsdivergenz von mehr als einem Prozentpunkt entsteht, dann würden Inflationsraten von über 3 %

---

[18] Das numerische Inflationsziel soll der Öffentlichkeit ein Maßstab liefern, anhand dessen der Erfolg der EZB-Politik – vor allem ex-post – gemessen werden kann. Außerdem sollte die Strategie dadurch „verständlicher" und die privaten Inflationserwartungen auf einem einheitlichen Niveau verankert werden, vgl. Issing (2000), S. 364, und ECB (2004), S. 51. Die EZB sieht die Quantifizierung aber durchaus kritisch, da man nicht genau sagen könne, wo die wohlfahrtsmaximierende Inflationsrate liege. Sie hat daher Verständnis, dass die Fed ihr Inflationsziel nicht quantifiziert, vgl. Issing et al. (2001), S. 69f.

[19] Ausgangspunkt des Balassa-Samuelson-Effekts ist die Überlegung, dass die Inflation in einem Land um so höher ist, je größer die Divergenz in den Produktivitätssteigerungsraten zwischen dem Sektor der handelbaren und nicht handelbaren Güter ausfällt. Ursächlich hierfür ist die Annahme, dass sich die Nominallohnsteigerungen eines Landes i.d.R. an dem Sektor mit den höchsten Produktivitätszuwächsen ausrichten. Übertragen auf das Eurogebiet bedeutet dies, dass der Lohndruck und die Inflation in den aufholenden (im Vergleich zur den fortgeschrittenen) Ländern des Eurogebietes während des Konvergenzprozesses größer ist, weil dort die Unterschiede im sektoralen Produktivitätswachstum besonders prägnant sind. Über das Ausmaß des Balassa-Samuelson-Effekts im Eurogebiet herrscht Uneinigkeit. Während Sinn/Reutter (2001) zum Ergebnis kommen, dass die Länder mit der niedrigsten Teuerung (Deutschland) um ca. 1 Prozentpunkt unterhalb des Euro-Durchschnitts liegen, kommt der SVR [(2000), Ziff. 480ff.] auf einen Wert von lediglich ½ Prozentpunkt. Die EZB [(2003), S. 95, Camba-Mendez et al. (2003), S. 110ff.] schließt sich letzterer Auffassung an; geht also von einer geringen Bedeutung des Balassa-Samuelson-Effekts aus. Sie rechnet außerdem damit, dass der Effekt mit der Zeit nachlässt. Schließlich schätzt sie die Gefahr als gering ein, dass ein einzelnes Land in eine Deflationsspirale gerät, wenn gleichzeitig im gesamten Eurogebiet Preisstabilität herrscht.

in den aufholenden Regionen Inflationsraten von unter 1 % in den fortgeschrittenen Ländern erforderlich machen, um die ambitionierte Zielobergrenze von 2 % einzuhalten. In den Kerngebieten würden sich hieraus ein erhebliches Deflationsrisiko und eine geringe Reallohnflexibilität ergeben.

• Wie in Kapitel 5.4 dargestellt, sieht Fed-Gouverneur Kohn [(2003a), S. 2ff.] schließlich in der ausschließlich qualitativen Umschreibung des Inflationsziels einen generellen Flexibilitätsvorteil. Im Vergleich zu anderen Notenbanken könne die Fed größere Rücksicht auf kurzfristige Outputvolatilitäten nehmen. Sie müsse sich nicht sofort für jede Abweichung vom Inflationsziel rechtfertigen und könne auch mal längere Zielabweichungen von ihrem „impliziten" Inflationsziel dulden, ohne einen Ansehensverlust zu riskieren.

Trotz der ehrgeizigen Zielobergrenze weist die EZB-Konzeption auch eine gewisse Nähe zur „Flexibilität" des Fed-Ansatzes auf. Wie die Fed grenzt sich die EZB scharf gegenüber Inflation Targetern ab. Sie betont dabei stets, dass ihre „quantitativen Zieldefinition" kein typisches „Inflationsziel" darstelle.[20] Sie will damit verdeutlichen, dass sie keine strikte Regelbindung verfolgt und sich nicht verpflichtet fühlt, auf Abweichungen zwischen aktueller Inflationsrate und Inflationsziel mechanisch zu reagieren.[21] Diese Flexibilität soll durch die „mittelfristige" Ausrichtung zusätzlich unterstrichen werden. Beide Notenbanken – EZB und Fed – kann man daher im Hinblick auf die vom Inflationsziel ausgehende Einschränkung der diskretionären Spielräume eher im Bereich niedriger Regelbindung ansiedeln.

Der größte Unterschied zwischen den beiden Zielfunktionen besteht jedoch im Bereich des Beschäftigungsziels, was sich in verschiedenen Punkten äußert:

• Die Fed ist *transparenter* hinsichtlich ihres Beschäftigungsziels. Während sie sich offen dazu bekennt, bleibt die EZB in ihren Äußerungen ambivalent.

• Die *Beschäftigungspräferenz λ* ist im Falle der Fed eindeutig höher als im Falle der EZB, da die Fed beide Ziele gleichrangig, die EZB hingegen hierarchisch behandelt.

• Geht man trotz allem davon aus, dass die EZB zumindest nachrangig an Outputstabilität interessiert ist, dann ergibt sich auch ein *Niveau*unterschied beim Beschäftigungs- bzw. Wachstumsziel zwischen beiden Notenbanken. Die EZB sieht nämlich im Gegensatz zur Fed bereits bei realen Wachstumsraten von 3 % Inflationsgefahren und ist nicht bereit, ein solches Wachstum zu alimentieren.[22] Die Ursache liegt darin, dass sie die Wachstumsrate des Produktionspotentials im Eurogebiet auf lediglich 2-2½ % schätzt, während die Fed in ihrem Währungsraum von ca. 3½ % ausgeht. Ob es gerechtfertigt ist, solch abweichende Wachstumspotentiale zu unterstellen, soll nachfolgend diskutiert werden.

---

[20] Auf der EZB-Pressekonferenz am 08. Mai 2003 zur Erläuterung der Ergebnisse der Strategieüberprüfung antwortete Cheffolkswirt Issing auf die Frage, ob die EZB jetzt ein „reines" Inflationsziel verfolge, „certainly not" [EZB (PC May 2003)].

[21] Vgl. z.B. Issing et al. (2001), S. 70.

[22] Dies wurde besonders während ihrer Zinspolitik im Jahr 2000 deutlich (siehe Kapitel 6.2).

6.1.5 Unterschätzt die EZB die Wachstumsrate des Produktionspotentials?

Seit 1996 liegen die realen Wachstumsraten der USA um durchschnittlich 1,4 Prozentpunkte über denjenigen des Euroraums.[23] Gleichzeitig ist in beiden Währungsräumen die Inflation stabil geblieben bzw. sogar gefallen. Die höhere Wachstumsdynamik der USA bei Preisstabilität wird damit erklärt, dass sich die US-Wirtschaft seit Ende der 1990er Jahre auf einem höheren Potentialtrend bewegt, da sowohl das Arbeitsangebot als auch die Arbeitseffizienz in den letzten Jahren in den USA rascher gewachsen sind als im Eurogebiet bzw. der EU. Dem zweiten Effekt wird dabei Ende der 1990er Jahre die entscheidende Rolle beigemessen. Für die Periode 1995-2000 schätzen van Ark et al. [(2003), S.295f.] die Wachstumsrate der Arbeitsproduktivität (je Erwerbstätigen in der Gesamtindustrie) in den USA auf 2,5 %, in der EU jedoch nur auf 1,4 %.[24] Eine gängige Erklärung für diese Divergenz sieht man darin, dass die Informations- und Kommunikationstechnologie (IKT), deren Produktivitätsrate über dem Durchschnitt der Gesamtindustrie liegt, in den USA Ende der 1990er Jahre eine größere Verbreitung gefunden hat als in der EU.[25] Indizien für diese These sind, dass das IKT-produzierenden Gewerbe (Halbleiter-, Computerindustrie) und die Dienstleistungssektoren, die IKT anwenden (vor allem der Groß- und Einzelhandel und die Sicherheitsdienste), in den USA einen größeren Anteil an der gesamtwirtschaftlichen Wertschöpfung besitzen als in Europa.[26] Daneben lag in den USA der Anteil der IKT-Investitionen an den Gesamtinvestitionen über Jahre hinweg höher als in der EU.[27] Die gehemmte europäische Entwicklung im High-Tech-Bereich wird vor allem mit der höheren Regulierungsdichte auf den Güter- und Arbeitsmärkten begründet. Die EZB (2004b) schließt sich diesem Erklärungsmuster an:

„Rigiditäten an den Güter- und Arbeitsmärkten des Euro-Währungsgebiets dürften die Unternehmen daran gehindert haben, die ihnen durch die IKT gebotenen Chancen voll auszuschöpfen." EZB (2004b), S. 55.

---

[23] Zwischen 1996 und 2004 lag das durchschnittliche reale Wachstum in den USA bei 3,4 % und im Euroraum bei 2,0 % (Datenquelle: OECD, geometrischer Durchschnitt der Jahresraten, für 2004 wird die September-Schätzung verwendet).

[24] Ähnliche Unterschiede ermitteln die EZB (2004b) und die OECD [(EO (1/2004), S. 39], wobei in beiden Fällen von etwas niedrigeren Produktivitätsraten ausgegangen wird (in Kapitel 5 wird daher für die USA ein Wert von 2¼ % unterstellt). Beim Vergleich der Arbeitsproduktivität je Arbeitsstunde schneidet die EU (aufgrund der Arbeitszeitverkürzungen) etwas günstiger ab. Das Bemerkenswerte an der Produktivitätsentwicklung ist, dass die Arbeitsproduktivität in der EU im Laufe der 1990er Jahre rückläufig war (obwohl sich auch hier die IKT verbreitet hat), während sie in den USA stark angestiegen ist. Der über zwei Jahrzehnte vorhandene Vorsprung Europas gegenüber den USA in der Produktivitätsrate hat sich damit in einen Rückstand verwandelt.

[25] Die von der IKT ausgehenden Produktivitätseffekte können in drei Kategorien unterteilt werden: Erstens sind die Fortschritte in der Arbeitsproduktivität bei der Produktion der IKT-Güter besonders ausgeprägt. Eine Vergrößerung des Anteils dieses Industriezweiges wirkt daher gesamtwirtschaftlich produktivitätssteigernd. Zweitens eröffnen die neuen Technologien zusätzliche Investitionsmöglichkeiten, welche die gesamtwirtschaftliche Kapitalintensität vorantreiben, und drittens führt die Anwendung der IKT in anderen Wirtschaftszweigen dort zu einer Beschleunigung der Arbeitsproduktivität, vgl. z.B. Kamps et al. (2004), S. 14.

[26] Beide Sektoren sind in den USA nicht nur größer und rascher gewachsen, sondern weisen auch eine höhere Arbeitsproduktivität auf, vgl. van Ark et al. (2003), S. 308ff., und EZB (2004b), S. 58ff.

[27] Nach van Ark et al. [(2003), S. 302] betrug der Anteil der IKT-Investitionen (inklusive Software) an den gesamten privaten Unternehmensinvestitionen im Jahr 2000 in der EU 17 %, in den USA jedoch 30 %.

Um die Diffusion neuer Technologien zu beschleunigen und damit wie die USA auf einen höheren Potentialtrend zu gelangen, fordert die EZB [(2004b), S. 61] daher eine weitere Deregulierung der europäischen Arbeits- und Gütermärkte.[28] Es ist jedoch fraglich, ob sich die unterschiedliche Wachstumsdynamik diesseits und jenseits des Atlantiks Ende der 1990er Jahre tatsächlich primär mit angebotsseitigen Faktoren erklären lässt. Dagegen spricht z.B., dass sich die Angebotsbedingungen im Laufe

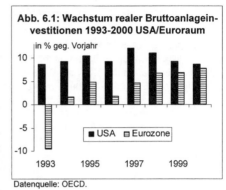

Abb. 6.1: Wachstum realer Bruttoanlageinvestitionen 1993-2000 USA/Euroraum

Datenquelle: OECD.

der 1990er Jahre in Europa verbessert hatten (z.B. Senkung von Unternehmenssteuern, Deregulierung im Telekommunikationssektor) und sich dennoch der Potentialtrend (angeblich) abgeflacht hatte.[29] Näher liegender wäre es daher, die größere Wachstumsdynamik in den USA mit einem nachfrageseitigen Investitionsboom zu erklären. Abb. 6.1 veranschaulicht die höhere Investitionsdynamik in den USA in den Jahren 1993-2000. Ein einfaches Akzelerator-Modell würde diese Entwicklung damit erklären, dass die amerikanischen Unternehmer deutlich positivere Erwartungen hinsichtlich der zukünftigen Nachfrageentwicklung gebildet haben als die europäischen. Für ein günstiges Nachfrage- und Investitionsklima hatte in den 1990er Jahren nicht zuletzt die US-amerikanische Geldpolitik gesorgt, die – wie in Kapitel 5 beschrieben – auf eine möglichst permanente Ausschöpfung der vorhandenen Produktionskapazitäten ausgerichtet war. 1990/91 leistete die Fed mit ihrer Zinspolitik einen Beitrag zur raschen Überwindung der Rezession. 1992/93 förderte sie mittels niedriger Realzinsen ein Wachstum oberhalb des Potentialtrends. Ab 1996 war sie frühzeitig bereit, den potentiellen Rückgang der NAIRU geldpolitisch zu alimentieren. Aufgrund der permanent hohen Nachfrage in den 1990er Jahren kamen viele Unternehmen nicht umhin, ihren Kapitalstock zu erweitern. Die zusätzlichen Kapitalgüter steigerten nicht nur die Kapitalintensität der Produktion, sondern schleusten auch das neueste technische Wissen in den Produktionsprozess ein. Gleichzeitig induzierte eine anhaltend hohe Kapitalakkumulation eine Vielzahl von Lerneffekten [vgl. Arrow (1962)]. All dies könnte dazu beigetragen haben, dass die Wachstumsrate des Produktionspotentials in den USA angehoben wurde.

Auch Robert Gordon (2003) vertritt die These, dass sich der IKT-Investitionsboom und der Wachstumsvorsprung in den USA nicht ausschließlich mit angebotsseitigen Faktoren, sondern auch mit dem sehr günstigen makroökomischen Umfeld der 1990er Jahren erklären lässt. Seiner Meinung nach haben sich vier Faktoren –

---

[28] Vgl. zur Verbreitung der IKT in Deutschland und zum Rückstand gegenüber den USA z.B. Deutsche Bundesbank (2004a), und Hagemann et al. (2003).

[29] Man könnte natürlich argumentieren, dass sich trotz der Angebotsverbesserungen die relative Position des Euroraums verschlechtert hat, weil andere Länder noch stärkere Anstrengungen unternommen haben, um die angebotsseitigen Investitionsbedingungen zu verbessern. Außerdem hat sich offenbar gerade die Position Deutschlands in einigen Bereichen verschlechtert (steigende Staatquote, Bildungsmisere).

IKT-Investitionsboom, Aktienhausse, niedrige Inflation und expansive Geldpolitik – in einer positiven „Feedback-Schleife" gegenseitig beeinflusst und angetrieben. Ausgangspunkt seiner Überlegung ist zunächst ein angebotsseitiger Faktor, nämlich die Beschleunigung des technischen Fortschritts in der Computerbranche, was ab etwa 1995 einen forcierten Preisverfall bei Computern auslöste und den Anreiz auf Seiten der Konsumenten verstärkte, ihre alten durch neue Rechner zu ersetzen. Noch entscheidender für den entstehenden Nachfrageboom war jedoch gemäß Gordon, dass in den 1990er Jahren – vor allem durch das Internet – neue Nutzungsmöglichkeiten im Computerbereich entstanden. Das Zusammentreffen positiver angebots- *und* nachfrageseitiger Faktoren (auf mikroökonomischer Ebene) gab demnach den ersten Anstoß für den IKT-Boom.[30] Dieser Boom wurde jedoch in der Folgezeit durch makroökonomische Faktoren verstärkt. An erster Stelle ist hierbei die Aktienhausse zu nennen, die durch die Profitchancen im IKT-Sektor initiiert wurde und über zwei Kanäle wieder auf die IKT-Investitionsbereitschaft zurückwirkte. Zum einen erleichterte die Börseneuphorie die Finanzierung von IKT-Projekten. Zum anderen trieb sie die Konsumnachfrage an. Ein weiteres positives Element bestand darin, dass es aufgrund des Preisverfalls bei Computern und anderen IKT-Produkten (sowie weiterer positiver Angebotsschocks) bei einer gemäßigten Inflationsentwicklung blieb. Aus Sicht von Gordon ermöglichte dies der Geldpolitik, trotz des lebhaften Outputwachstums einen recht expansiven Kurs zu fahren und ein relativ niedriges Zinsniveau aufrechtzuerhalten. Niedrige Zinsen trieben wiederum die Aktienhausse an und förderten IKT-Investitionen. Gordon [(2003), S. 48] kommt zum Ergebnis, dass es sich bei dem Investitionsboom im IKT-Sektor wohl eher um ein einmaliges Phänomen handelte, das nur unter den günstigen makro- und mikroökonomischen Rahmenbedingungen Ende der 1990er Jahre eintreten konnte.[31] Da diese Bedingungen teilweise in Europa nicht vorlagen, erklärt sich hieraus ein Teil der unterschiedlichen Wachstumsdynamik.[32][33]

---

[30] Gordon (2003) weist – im Widerspruch zum Sayschen Theorem – mehrfach darauf hin, dass sich das ständige wachsende Angebot an Computerkapazität nicht automatisch seine Nachfrage schafft, und ein rascher Preisverfall bei Computern (und anderen IKT-Gütern) keine robuste Mehrnachfrage garantiert: "There must be a *use*, that is, a *demand*, for all that extra computer power." [Gordon (2003), S. 32].

[31] Gordon [(2003), S. 11ff.] vertritt daher die Auffassung, dass der Beitrag, den der IKT-Investitionsboom zum Produktivitätsanstieg Ende der 90er Jahre in den USA geleistet hat, von vielen Leuten überschätzt wird. Seiner Ansicht nach lässt sich ca. ein Drittel der Zunahme der Wachstumsrate der Arbeitsproduktivität mit zyklischen Faktoren erklären. Von den restlichen zwei Dritteln führt er einen Teil auf Effizienzgewinne (z.B. größere Verkaufshallen) und bessere Organisationsstrukturen im Einzelhandel zurück.

[32] Des Weiteren begründet Gordon die divergierende Produktivitäts- und Wachstumsentwicklung zwischen den USA und Europa damit, dass viele europäische Länder vor allem im Einzelhandel eine rückständige Organisationsstruktur im Vergleich zu den USA aufweisen würden (vgl. Fußnote 31). Hingegen seien die neuen Technologien in den meisten Ländern Europas genau so stark verbreitet wie in den USA, so dass die These von der Rückständigkeit im IKT-Sektor seiner Ansicht nach weniger gut die unterschiedliche Produktivitätsentwicklung erklärt.

[33] Auch Hagemann et al. [(2003), S. 149ff., und 170ff.] und Schulmeister (2001) führen einen Teil der höheren Wachstumsdynamik auf das günstigere makroökonomische Umfeld in den USA zurück, wobei Hagemann et al. zusätzlich den Rückstand Deutschlands im Bereich der IKT hervorheben. Laut Schulmeister [(2001), S. 140ff.] kommt v.a. in einem Faktor das bessere Investitionsklima in den USA (im Vergleich zu Deutschland) zum Ausdruck: Während in den USA die Geldmarktzinssätze in den 1990er Jahren permanent unter der nominalen Wachstumsrate des BIP lagen, war es in Deutschland genau umgekehrt. Diese positive Zins-Wachstumsdifferenz hat nach Ansicht von

Wenn im Allgemeinen gilt, dass die Investitionsdynamik nicht nur durch die Angebots-, sondern auch die Nachfragebedingungen beeinflusst wird und gleichzeitig die Investitionen von heute die Wachstumsrate des Produktionspotentials von morgen bestimmen, dann kann man für die Geldpolitik zwei Empfehlungen ableiten: Zum einen sollte sie einer Konjunkturkrise aktiv bekämpfen, da eine lang anhaltende Investitionsschwäche die Wachstumsrate des Produktionspotentials nach unten drückt. Bereits Okun [(1962), S. 147] hat hierauf hingewiesen und die Bedeutung einer aktiven Konjunkturpolitik hervorgehoben:

"The failure to use one year's potential fully can influence future potential GNP: to the extend that low utilization rates and accompanying low profits and personal incomes hold down investment in plant, equipment, research, housing, and education, the growth of potential GNP will be retarded. Because today's actual output influences tomorrow's productive capacity, success in the stabilization objective promotes more rapid economic growth."

Zum anderen ist es problematisch, wenn sich die Geldpolitik an einer Wachstumsrate des Produktionspotentials ausrichtet, die man als Trendrate aus der vergangenen Zeitreihe des BIP ableitet. Solche Verfahren sind in der Praxis üblich und führen dazu, dass Schätzungen zur Wachstumsrate des Produktionspotentials in Deutschland aufgrund der schwachen Expansionsdynamik in den vergangenen 12 Jahren inzwischen bei 1,0 % gelandet sind.[34] Würde sich die Geldpolitik hieran orientieren, dann müsste sie bereits bei einem realen BIP-Wachstum von über 1 % restriktiv agieren, weil ansonsten Inflationsgefahr droht. Da man in Deutschland die Beschäftigungsschwelle auf über 2 % taxiert, würde ein solches Vorgehen zu immer weiter steigender Arbeitslosigkeit führen, was die Wachstumsdynamik und damit das Produktionspotential noch weiter mindern würde. Es ist daher dringend zu empfehlen, dass sich die Geldpolitik nicht strikt an solchermaßen berechneten Wachstumsraten des Produktionspotentials ausrichtet, sondern pragmatisch vorgeht und in einer Aufschwungphase erst dann den Zins nach oben führt, wenn wirkliche Inflationsgefahr erkennbar ist. Genau auf diese Weise verfuhr die Fed Mitte der 90er Jahre. Damals waren jedoch einige Fed-Politiker durchaus bereit, der (zu niedrigen) Trendschätzung der Fed-Staff zu vertrauen, welche die Wachstumsrate des Produktionspotentials für die Jahre 1990 bis 1998 auf knapp 2 % taxiert hatte [vgl. FOMC (CP Jul 1997), Chart 11]. Wenn sich diese Linie durchgesetzt hätte, dann hätte das FOMC in seiner typischen Art die Realzinsen so lange angehoben, bis das reale Wachstum deutlich unter die damals vorherrschenden 4 % gefallen wäre. Zu einem Investitionsboom wäre es dann nicht gekommen. Die EZB macht es sich daher vermutlich etwas zu einfach, wenn sie die höhere Wachstumsdynamik in den USA ausschließlich mit angebotsseitigen Faktoren und der größeren Verbreitung von IKT-Sektoren erklärt.

Schulmeister den US-amerikanischen Unternehmen einen großzügigen Finanzierungsspielraum verschafft. Sie hätten dadurch ihr Kreditvolumen von Jahr zu Jahr (über das für den Zinsendienst der Altschulden benötigte Kapital) ausdehnen können, ohne dass sich ihre Schuldenstandquote erhöht hatte. Bei dieser Argumentation ist allerdings zu fragen, ob nicht die kausale Logik des tatsächlichen Geschehens vertauscht wird, d.h. es ist wohl eher der Fall, dass ein steigendes Kreditwachstum die Wachstumsdynamik antreibt, als dass umgekehrt, ein gegebenes Wachstum zur Kreditausweitung führt.

[34] Zu einem solchen Ergebnis kommt z.B. eine Studie des Instituts für Weltwirtschaft, vgl. Kamps et. al (2004).

6.1.6 Die Zwei-Säulen-Strategie

6.1.6.1 Die „wirtschaftliche Analyse"

Die EZB hat es für notwendig erachtet, ihre Analyse zur Einschätzung der zukünftigen Preisrisiken in zwei Säulen zu unterteilen, die seit Mai 2003 wie folgt charakterisiert werden:

1. „Wirtschaftliche Analyse": Hier werden primär die kurzfristigen Preisgefahren untersucht, die sich aus dem Zusammenspiel von Nachfrage und Angebot ergeben.
2. „Monetäre Analyse": Diese Säule analysiert primär die langfristigen Preisrisiken und stützt sich dabei auf den langfristigen Geldmengen-Preis-Zusammenhang.

Die EZB [(2000c), S. 49ff.] begründet die Aufteilung ihres Analyserahmens mit der Konkurrenz zweier Paradigmen bei der Erklärung des Inflationsprozesses: Einem auf der Quantitätstheorie und einem auf der Output- oder Beschäftigungslücke (Phillipskurve) basierenden Erklärungsansatz der Inflationsdynamik. Beide Sichtweisen des Inflationsprozesses ließen sich nur schwer integrieren, weshalb zwei getrennte Analyseverfahren durchgeführt werden müssten. Der monetären Säule fällt dabei insbesondere die Aufgabe zu, die kurz- bis mittelfristigen Hinweise der „wirtschaftlichen Analyse" aus „langfristiger Perspektive" [EZB (2003), S. 96] zu überprüfen. Die EZB machte gleichzeitig deutlich [vgl. Issing (2000), S. 372], dass keine der beiden Säulen eine strikte Regelbindung beinhalte – etwa in dem Sinne, dass die Geldmenge mit einem Geldmengenziel oder die Inflationsprognose mit dem Inflationsziel im Einklang gehalten werden müsse. Daraus lassen sich auch gleich die wesentlichen Gemeinsamkeiten und Unterschiede zwischen Fed- und EZB-Strategie ableiten: Beide Notenbankstrategien beinhalten im Kern keine „einfache Regel". Im Unterschied zur Fed führt die EZB allerdings eine getrennte „monetäre Analyse" durch.

Die „wirtschaftliche Analyse" weist hingegen Parallelen zur Fed-Strategie auf. Sie wurde im Rahmen der Strategierevision von der zweiten an die erste Stelle der geldpolitischen Analyse „aufgewertet",[35] was allgemein [vgl. z.B. SVR (2003), Ziff. 728] begrüßt wurde, da die meisten Beschlüsse bis dato primär auf der Grundlage dieser Säule basierten. Im Mittelpunkt der „wirtschaftlichen Analyse" stehen neben finanz- vor allem realwirtschaftliche Indikatoren, die u.a. Auskunft über die wirtschaftliche Dynamik und den Kostendruck geben sollen. Im Einzelnen können die betrachteten Indikatoren in folgende Gruppen unterteilt werden:[36]

1. Überhangmessgrößen: Outputlücke, Kapazitätsauslastung, Arbeitslosenrate.
2. Kostengrößen: Bruttolöhne, Lohnstückkosten, Gewinnaufschläge.
3. Nachfrageindikatoren: Auftragseingänge, Einzelhandelsumsätze, Budgetdefizite.
4. Finanz- und Devisenmarktindikatoren: Wechselkurse, Aktienkurse, Zinsstruktur.
5. Indikatoren der aktuellen Preisentwicklung: Verbraucherpreise, Erzeugerpreise, Einfuhrpreise, Kerninflationsraten.
6. Industrie- und Verbraucherumfragen: Konsumenten- und Unternehmervertrauen.

---

[35] Dies bedeutet u.a., dass die „einleitenden Bemerkungen" des Präsidenten mit der „wirtschaftlichen Analyse" beginnen. Es wird nicht mehr generell zwischen „erster" und „zweiter" Säule differenziert.

[36] Vgl. z.B. Issing et al. (2001), S. 91ff., EZB (1999b), S. 31ff., ECB (2004), S. 58f., sowie die jeweilige Darstellung der „wirtschaftlichen und monetären Entwicklung im Euro-Währungsgebiet" in den EZB-Monatsberichten.

In ihrer „ersten Säule" führt die EZB also ein ähnliches „looking at everything" durch wie die Fed. Zweimal pro Jahr (Frühjahr/Herbst) versucht die EZB aber auch eine gewisse Zusammenfassung ihrer „wirtschaftlichen Analyse" zu erreichen. Dies geschieht mittels einer Inflations- und Wachstumsprojektion der kommenden zwei Jahre.[37] Die Projektionen sieht die EZB [(2000c), S. 47, (2003), S. 97, ECB (2004), S. 60] explizit als ein Instrument an, um die Informationsvielfalt aus den Einzelindikatoren – ganz im Sinne von Inflation Targeting – zu strukturieren und zu verdichten. Gleichzeitig betont sie aber, dass diese Säule nicht auf die Projektionen reduziert werden sollte.[38] Vielmehr fließt in die Gesamtbewertung der kurzfristigen Preisrisiken auch die Analyse von Einzelindikatoren und kleinerer Modelle sowie das subjektive Expertenurteil der Notenbanker ein. Insgesamt sieht die EZB zwar mancherorts eine gewisse Nähe zwischen ihrer Strategie und Inflation Targeting, in noch viel stärkerem Maße akzentuiert sie aber die Unterschiede zu diesem Strategieansatz. Sie lehnt es vor allem ab, der Inflationsprognose die Rolle einer „all-umfassenden Größe für die geldpolitische Entscheidungsfindung und externen Kommunikation" [Issing (2003), S. 9] einzuräumen. Ihre wesentlichen Gegenargumente lauten:[39]

• Prognosen würden zwangsläufig eine Simplifizierung der Realität darstellen. Insbesondere sei es bisher nicht gelungen, in den modernen Makro-Modellen (und den daraus abgeleiteten Prognosen) die Rolle des Geldes ausreichend zu berücksichtigen.

• Da in der Wissenschaft kein Konsens hinsichtlich der Funktionsweise der Wirtschaft herrsche, sei es wenig sinnvoll, sich nur an einer Prognose auszurichten, die in der Regel auf einem ganz bestimmten Modelltyp basiere.

• Da die Risiken für die Preisstabilität nach Art und Ausmaß eines ökonomischen Schocks zeitlich stark variieren, missfällt es der EZB, ihre Entscheidungen auf der Grundlage eines fixen Prognosehorizonts (z.B. zwei Jahren) abzuleiten.

Insgesamt kann man sagen, dass die „wirtschaftliche Analyse" der EZB in Aufbau und öffentlicher Präsentation weitgehend dem Multi-Indikatorenansatz der Fed entspricht. Wie die Fed führt die EZB in lockerer Reihenfolge einzelne Indikatoren auf, die sie bei der Bewertung der zukünftigen Preisrisiken häufig weitgehend unabhängig voneinander analysiert. Daneben werden – entsprechend dem Vorgehen der Fed – zweimal im Jahr Prognosen veröffentlicht, die zwar eine wichtige Rolle spielen, aber sowohl bei der Fed als auch bei der EZB nicht als Zwischenziele der Geldpolitik fungieren.[40] Die EZB benennt vielleicht etwas klarer als die Fed die einzelnen von ihr

---

[37] Ihre „Prognosen" basieren auf der Annahme konstanter Zinssätze und Wechselkurse. Die EZB [(2000c), S. 47] spricht daher explizit von „Projektionen" statt Prognosen, da es sich – angesichts der restriktiven Annahmen – nicht um die genaueste Vorhersage der zukünftigen Entwicklung handeln würde. Die Projektionen werden von einem Expertenteam erstellt und spiegeln daher nicht zwangsläufig die Erwartungen der EZB-Politiker wider. Die Ergebnisse werden in Form von Bandbreiten (tabellarisch) präsentiert, ohne dass die zentrale Tendenz der Projektion angegeben wird.

[38] "... staff macroeconomic projections play an important but not all-encompassing role in the ECB's monetary policy strategy." ECB (2004), S. 62. "... these [forecasts] should clearly not be seen as constituting the second pillar in its entirety, still less a 'sufficient summary statistic' ... of all information ..." Issing (2000), S. 372.

[39] Vgl. EZB (2003), S. 98, ECB (2004), S. 61f., Issing (2003), S. 9f., oder Issing (2004), S. 172ff.

[40] Ein Unterschied zwischen den veröffentlichten Prognosen der Fed und der EZB besteht darin, dass die EZB-Prognosen von einer Expertengruppe durchgeführt werden, während die Fed-Prognosen eine Zusammenfassung der Prognosen der einzelnen Offenmarktmitglieder beinhalten.

betrachteten Indikatoren und legt etwas ausführlicher dar, wie ihre Prognosen erstellt werden. Dennoch verbleibt als Resümee, dass EZB- und Fed-Strategie weitgehend identisch ausfallen würden, wenn man, wie dies manche Kritiker fordern, die „monetäre Säule" in die „wirtschaftliche Säule" integrieren würde.

Die EZB ist daher häufig mit der gleichen Kritik wie die Fed konfrontiert. Unter anderem wird bemängelt, dass die vage Aufzählung diverser Indikatoren nicht ausreiche, um das öffentliche Verständnis für ihre Politik nachhaltig zu fördern.[41] Der EZB stünde es frei, jede Entscheidung in beliebiger Weise mit einem der vielen Indikatoren zu rechtfertigen. Der Öffentlichkeit sei es daher nicht möglich, die Angemessenheit der getroffenen Zinspolitik anhand einer „einfachen Daumenregel" zu überprüfen. Um transparenter zu werden, raten daher viele Ökonomen auch der EZB (wie der Fed) zu Inflation Targeting zu wechseln.[42] Im Falle der EZB würde dies bedeuten, dass die Rolle der Inflationsprognose innerhalb der „ersten Säule" gestärkt und die „monetäre Säule" aufgelöst würde.[43] Die Befürchtung, dass damit zwangsläufig die Geldmengenentwicklung vernachlässigt werde, weisen die Befürworter von Inflation Targeting zurück. Die Schweizerische Nationalbank liefere ein Beispiel für einen integrierenden Ansatz, bei dem weiterhin von einer „prominenten Rolle" der Geldmenge die Rede ist, deren Informationen jedoch in die Inflationsprognosen eingehen.[44]

Insgesamt handelt sich also bei der „wirtschaftlichen Analyse" um einen Mehrindikatorenansatz, der primär auf realwirtschaftlichen Indikatoren beruht. Unter den Indikatoren spielt eine von der EZB-Expertengruppe erstellte Inflationsprognose eine wichtige aber keine dominierende Rolle. Die EZB lehnt es bisher ab, ihre Prognose als zentrales Kommunikationsmittel zu nutzen. Die „wirtschaftliche Analyse" weist daher Parallelen zur Fed-Strategie auf.

6.1.6.2 Die „monetäre Analyse"

Die Rolle, welche Fed und EZB der Geldmenge in ihrer geldpolitischen Analyse zuordnen, sorgt für den eigentlichen Unterschied zwischen den beiden Notenbankstrategien. Die divergente Einstellung zur Geldmenge trat besonders augenfällig zu Beginn der Europäischen Währungsunion in Erscheinung. Während die EZB 1999 der Geldmenge einen zentralen Platz innerhalb ihrer Strategie einräumte, beendete die Fed 2000 ihre langjährige Praxis, Zielkorridore für verschiedene Geldmengenaggre-

---

[41] Vgl. Bofinger (2003b), S. 2f., oder Kißmer/Wagner (2002), S. 26f.

[42] Diese Empfehlung geben praktisch alle Ökonomen, die am „monetären Dialog mit der EZB" teilnehmen [vgl. z.B. Svensson (2003b), Bofinger (2003b), Wyplosz (2003), Dehesa (2003)] sowie der SVR (2002), Ziff. 565ff.

[43] Damit die Inflationsprognose zu einem „echten" Zwischenziel der EZB werden kann, sollte der EZB-Rat selbst und nicht nur eine Expertengruppe an der Erstellung der Prognose mitwirken. Außerdem sollten die Prognosen häufiger und grafisch präsentiert werden, vgl. Svensson (2001a), S. 2f., oder SVR (2002), Ziff. 574ff.

[44] „Die Nationalbank verwendet im neuen Konzept keine monetären Zwischenziele mehr. Trotzdem bleibt die Entwicklung der Geldaggregate ... eine für die Geldpolitik zentrale Größe. Die Analyse der Geldmenge fließt dabei in die Inflationsprognose ein." Jordan/Peytrgnet (2001), S. 55. Der Einwand der EZB, dass man die Rolle des Geldes nicht ausreichend in einer Inflationsprognose beachten kann, ist nicht ganz nachvollziehbar, da auch ihre eigenen Projektionen, eine Kombination aus „modellgestützten ökonometrischen Projektionen und subjektiven Expertenurteilen" [EZB (2000c), S. 47] darstellen, vgl. auch Kißmer/Wagner (2002), S. 28f.

gate festzulegen und streifte damit das letzte Relikt der einstmals praktizierten Geldmengensteuerung ab (siehe Kapitel 5.2).

Die EZB wollte mit der Geldmengensäule an die Bundesbanktradition anknüpfen und die Geldmenge als zentrales Kommunikationsmittel nutzen. Die „monetäre Analyse" bezeichnete die EZB daher zunächst als „erste Säule", was zur Folge hatte, dass sie ihre Entscheidungen (bei Pressekonferenzen, Monatsberichten) stets zuerst im Lichte der Geldmengenentwicklung begründete. In Anlehnung an die Bundesbank wurde außerdem ein numerischer Referenzwert für das breite Geldmengenaggregat M3 bekannt gegeben, der laut EZB [(1999a), S. 53] als wichtiger Maßstab bei der Beurteilung von Preisrisiken dienen und für eine gewisse Regelbindung der EZB-Politik sorgen sollte.[45] Die EZB [(1999a), S. 52] betonte zwar gleichzeitig, dass sie keine strikte Geldmengensteuerung praktizieren werde (keine mechanische Reaktion auf Referenzwertabweichungen, Prüfung einer breiten Palette an Indikatoren), damit folgte sie aber lediglich dem pragmatischen Vorgehen der Bundesbank, die *„ihr Handeln seit jeher nicht mechanisch am Geldmengenwachstum ausrichtet, sondern die von der Geldmenge ausgehenden Signale im Zusammenhang einer breit angelegten Analyse aller für die Inflationsentwicklung relevanten Daten überprüft".*[46]

Zur Rechtfertigung der „herausgehobenen" Rolle der Geldmenge innerhalb ihrer Strategie führt die EZB zahlreiche theoretische und empirische Argumente an.[47] So sei die Erkenntnis, dass langfristig ein höheres Geldmengenwachstum zu höherer Inflation führt, eine der wenigen allgemein akzeptierten Maxime der Makrotheorie, die daher auch Eingang in eine auf Preisstabilität ausgerichtete Strategie finden sollte.[48] Damit allerdings die Geldmenge als Orientierungsgröße für die laufende Geldpolitik fungieren kann, muss neben einem langfristig stabilen Zusammenhang zwischen Geldmengen- und Preisentwicklung auch in kürzeren (geldpolitisch relevanten) Zeiträumen eine zuverlässige Beziehung zwischen beiden Größen vorliegen. Zusätzlich sollte die Geldmengentwicklung eindeutige Vorlaufeigenschaften im Hinblick auf die Preisentwicklung aufweisen. Beides – Stabilität der Geldnachfrage und hohe Indikatorqualität der Geldmenge – ist nach Ansicht der EZB im Falle des Euroraums gegeben, was zahlreiche interne und externe Studien belegen würden.[49]

---

[45] Der Referenzwert wird – dem Vorgehen der Bundesbank entsprechend – auf der Grundlage der Quantitätsgleichung abgeleitet. Das Geldmengenaggregat M3 weist im Vergleich zur Abgrenzung der Bundesbank zusätzlich Geldmarktfondsanteile, kurzfristige Schuldverschreibungen sowie Geldmarktpapiere auf.

[46] Deutsche Bundesbank (1998a), S. 23.

[47] Vgl. z.B. Issing et al. (2001), S. 76ff.

[48] Die Tatsache, dass die langfristig stabile Beziehung zwischen Geldmenge und Preisniveau unabhängig von der zugrunde liegenden Wirtschaftsstruktur gelte, mache die Geldmenge gerade in Zeiten große Unsicherheit – wie etwa zu Beginn der Währungsunion – zu einer besonders wertvollen Informationsvariable. Gleichzeitig waren aber infolge des neu geschaffenen Währungsraums auch erratische Schwankungen bzw. strukturelle Verschiebungen bei der Geldnachfrage nicht auszuschließen, vgl. Issing et al (2001), S. 80f.

[49] Die Untersuchungen deuten dabei insbesondere im Hinblick auf M3 auf eine stabile Geldnachfrage hin [vgl. zu einer neueren Studie z.B. Bruggeman et al. (2003)]. Die Analyse von Nicoletti-Altimari (2001) kommt zum Ergebnis, dass zahlreiche monetäre Indikatoren (vor allem M3 und die auf dem P*-Ansatz basierende reale Geldlücke) gute Vorlaufeigenschaften im Hinblick auf die zukünftige Inflation besitzen..

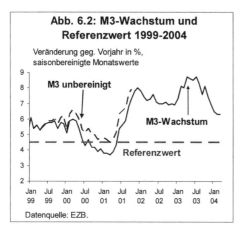

Abb. 6.2: M3-Wachstum und Referenzwert 1999-2004

Veränderung geg. Vorjahr in %, saisonbereinigte Monatswerte

M3 unbereinigt

M3-Wachstum

Referenzwert

Datenquelle: EZB.

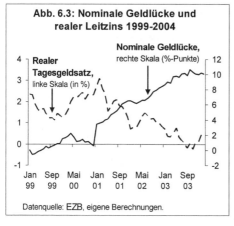

Abb. 6.3: Nominale Geldlücke und realer Leitzins 1999-2004

Nominale Geldlücke, rechte Skala (%-Punkte)

Realer Tagesgeldsatz, linke Skala (in %)

Datenquelle: EZB, eigene Berechnungen.

Der Versuch der EZB die externe Kommunikation primär auf die Geldmenge auszurichten und dabei von der lockeren Regelbindung zwischen M3-Wachstum und Referenzwert zu profitieren, scheiterte jedoch. Die Abb. 6.2 bis 6.4 zeigen hierfür die zentralen Gründe auf:

- Der EZB gelang es nicht, das M3-Wachstum im Einklang mit dem Referenzwert zu halten, stattdessen bewegte es sich fast ausnahmslos über der Richtgröße von 4,5 % (vgl. Abb. 6.2). Auch eine Korrektur der Geldmengendaten um marktfähige Finanzinstrumente (z.B. Geldmarktfonds) im Besitz von EWU-Ausländern, die im Laufe des Jahres 2001 vorgenommen wurde und das M3-Wachstum dämpfte, änderte daran kaum etwas.

- Statt dem zunehmendem „Liquiditätsüberhang"[50] mittels Restriktion Paroli zu bieten, wurde die EZB-Politik im Verlauf des Jahres 2001 immer expansiver. Der kurzfristige Realzins fiel dabei deutlich unter 2 % (vgl. Abb. 6.3).[51]

---

[50] Die „nominale Geldlücke" in Abb.6.2 stellt ein Maßstab der Überschussliquidität dar. Sie bezeichnet die Differenz zwischen der tatsächlichen Höhe von M3 und einem kalkulatorischen Geldbestand, der sich ergeben hätte, wenn die Geldmenge in Höhe des Referenzwertes gewachsen wäre, vgl. z.B. EZB (2001b), S. 43ff.

[51] Dass der kräftig ansteigende „Geldüberhang" in den Jahren 2001-03 nicht mit steigender Inflation einherging, lässt sich vor allem mit zwei Faktoren erklären: Zunächst haben sinkende Zinsen die Opportunitätskosten der Kassenhaltung verringert und damit kurzfristige – in M3 enthalten – Geldanlagen, attraktiver gemacht. Diese Portfolioumschichtung in risikoärmere Kapitalanlagen wurde durch die Unsicherheiten an den Kapitalmärkten ausgelöst, welche durch das Platzen der Börsenblasen, die Terroranschläge sowie den Irakkrieg fortlaufend angeheizt wurden. Die hierdurch induzierte Aufblähung der Geldmenge M3 stellte auch nach Ansicht der EZB [(GB 2001), S. 10, und 15] keine transaktionsbedingte Mehrnachfrage nach Geld, sondern eine Vermögensumschichtung dar, weshalb darin keine direkte Inflationsgefahr gesehen wurde. Mit Beginn der Aufschwungsignale wies die EZB [(GB 2003), S. 10ff.] aber darauf hin, dass es zu erheblichen inflationären Spannungen kommen könnte, wenn die aufgelaufene Überschussliquidität nicht wieder geordnet abgebaut werde.

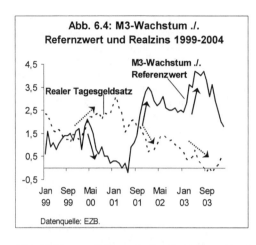

**Abb. 6.4: M3-Wachstum ./.
Refernzwert und Realzins 1999-2004**

Datenquelle: EZB.

- Abb. 6.4 zeigt, dass die EZB häufig die Zinsen entgegen den Signalen der Geldmenge anpasste, d.h. sie erhöhte die Zinsen, wenn das M3-Wachstum sank (2000) und lockerte die Geldpolitik, wenn es kräftig zulegte (2001/2003): *"The correlation between interest rate decisions and M3 growth clearly has the wrong sign ..."* [Begg et al. (2002), S. 19]. Da vom M3-Wachstum offenbar die „falschen" Signale ausgingen, wurden sie von der EZB weitgehend ignoriert.

Eine Reihe von Kritikern hatte die Unbrauchbarkeit des M3-Wachstums als „Navigationsgröße" der Geldpolitik vorausgeahnt und die Zuversicht der EZB gegenüber der Stabilität der Geldnachfrage und der Prognosequalitäten von M3 bezweifelt.[52] Da sich diese Bedenken weitgehend bestätigt haben, sah sich die EZB schließlich dazu gezwungen, die Rolle der Geldmenge zu relativieren, was sich in folgenden Maßnahmen manifestierte:

- Die „monetäre Analyse" wurde an die zweite Stelle bei der Erläuterung der geldpolitischen Entscheidungen (in den Monatsberichten und Pressekonferenzen) zurückgestuft.
- Die Bedeutung des Referenzwertes – dem „Symbol" für die herausgehobene Rolle der Geldmenge – wurde reduziert. Die EZB betonte, dass sie auch innerhalb der „monetären Analyse" eine breite Palette von Indikatoren (z.B. Geldlücke und Kreditwachstum) betrachte.[53]
- Die EZB machte implizit deutlich, dass der „monetären Analyse" nur noch eine nachgeordnete Kontrollfunktion zukomme. Während die EZB anfangs von einer „vorsichtigen" [vgl. z.B. Issing (2000), S. 368] Interpretation monetärer Daten sprach, weist sie [EZB (2003), S. 100] nunmehr explizit darauf hin, dass „keine

---

[52] Bofinger [(2001), S. 302ff., sowie (2003b), S. 1f.] hatte z.B. mehrfach auf die Erfahrungen der Bundesbank verwiesen, die bereits gezeigt hätten, dass die Geldmenge als Indikator oder Zwischenziel der Geldpolitik aufgrund der kurzfristig instabilen Geldnachfrage wenig hilfreich ist. Als Indikator für die zukünftige Preisentwicklung wurde der Geldmenge vor allem für die kommenden 1-3 Jahre – also das geldpolitisch relevanten Zeitraums – von Kritikerseite nur ein begrenzter Nutzen zugesprochen [vgl. z.B. Svensson (2002b), S. 3; Begg et. al (2002), S. 19]. Eine noch fundamentalere Kritik gegenüber der Geldmengensteuerung stellt die empirisch untermauerte Vermutung einiger Ökonomen [vgl. z.B. DeGrauwe/Polan (2001), Begg et al. (2002), S. 21] dar, dass bei Ländern mit niedriger Inflation auch langfristig kaum eine Korrelation zwischen Geldmengen- und Preisentwicklung erkennbar ist. Dies ist darauf zurückzuführen, dass in einem Umfeld niedriger Inflation und damit geringem Geldmengenwachstum bereits kleine ökonomische Schocks ausreichen, um deutliche Ausschläge bei der Geldmengenentwicklung auszulösen. Der Indikator Geldmenge sendet daher „schmutzige" („noisy") Signale aus, d.h. die Inflationssignale werden von anderen Störungen überlagert.

[53] Der Referenzwert wird außerdem nicht mehr im Jahresrhythmus überprüft, womit die EZB erneut klarstellen wollte, dass sie kein kurzfristiges Geldmengenziel ansteuert.

direkte Verbindung zwischen kurzfristigen monetären Entwicklungen und geldpolitischen Beschlüssen" existiere.

Die Neuordnung verstärkte zwei Entwicklungen innerhalb der EZB-Strategie: Zum einen kann man zusehends von einem umfassenden Multi-Indikatorenansatz sprechen, da nunmehr beide Säulen die Analyse einer breiten Palette von Indikatoren beinhalten. Zum anderen verliert die EZB-Strategie mit der Herabstufung des Referenzwertes auch jeglichen „regelorientierten" Charakter.[54] An der grundsätzlichen Sonderrolle der Geldmenge wollte die EZB jedoch nicht rütteln, wobei sich ihre [vgl. EZB (2003), S. 98ff., ECB (2004), S. 62ff.] Argumentation zugunsten der Geldmenge gegenüber der Anfangsphase leicht geändert hat:

- Die EZB betont jetzt vor allem die *langfristigen* Prognosequalitäten der Geldmenge. Die Geldmengenentwicklung liefere der EZB wichtige Hinweise, die über den gewöhnlichen Prognosehorizont der wirtschaftlichen Analyse (1-2 Jahre) hinausgingen. Dies schärfe die mittelfristige Orientierung der EZB-Politik und halte die europäische Notenbank von einer allzu aktivistischen Geldpolitik ab.
- Die EZB verweist verstärkt darauf, dass die Geldmengenentwicklung auch in anderen Bereichen – außer bei der Inflationsprognose – als wichtige Informationsquelle diene. z.B. gebe sie früher als andere Indikatoren Warnhinweise auf drohende Börsenblasen.

Während die meisten EZB-Beobachter es befürwortet hätten, wenn die EZB das Geldmengenkonzept gänzlich in das „Geldmuseum der Bundesbank" [Bofinger (2003a), S. 13] verbannt hätte, begrüßten andere das Festhalten an der „Geldmengensäule" [vgl. Neumann (2003), S. 12] oder äußerten sich sogar wie die Ökonomen des ECB-Oberservers enttäuscht über den Bedeutungsverlust der Geldmenge.[55]

Zusammenfassend kann man festhalten, dass die EZB damit gescheitert ist, die pragmatische Geldmengensteuerung der Bundesbank fortzuführen. Sie handelte meist im Widerspruch zur Geldmengentwicklung und toleriert seit 2001 einen enormen Geldüberhang. Inzwischen fungiert die Geldmenge weniger als primäres Kommunikationsmittel, sondern eher als Kontrollvariable, welche die Ergebnisse der wirtschaftlichen Analyse überprüfen und den Betrachtungshorizont der EZB über die gewöhnlichen ein bis zwei Jahre ausdehnen soll. Offenbar besteht der Zweck der weiterhin exponierten Stellung der Geldmenge vor allem darin, die EZB von einer zu aktivistischen Geldpolitik abzuhalten. Einige Ökonomen argumentieren z.B., dass die „Geldmengensäule" die EZB vor einer noch expansiveren Geldpolitik in den Jahren 2001-2003 bewahrt und damit einen geringeren „Asset-Bubble" als die Fed verursacht habe. Die Sonderrolle der Geldmengensäule bleibt trotz ihres Bedeutungsverlustes das zentrale Unterscheidungsmerkmal zwischen Fed- und EZB-Strategie.

---

[54] "... the de facto 'shifting of the pillars' has increased the scope for discretionary monetary policy action, especially so as the formerly 'rule binding' represented by the first pillar has been diminished considerably. " Belke et al. (2004), S. 44f.

[55] Die „ECB-Observer" empfahlen der EZB sogar in ihrem jüngsten Gutachten [vgl. Belke et al. (2004), S. 35ff.] die Rolle der Geldmenge auf- statt abzuwerten, da das Trendwachstum von M3 und die darauf basierende „Preislücke" die besten Prognoseindikatoren für die zukünftige Preisentwicklung seien.

6.2   EZB versus Fed am Ende des „New Economy"-Booms

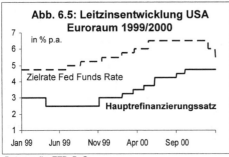

Abb. 6.5: Leitzinsentwicklung USA Euroraum 1999/2000

Zielrate Fed Funds Rate

Hauptrefinanzierungssatz

Jan 99   Jun 99   Nov 99   Apr 00   Sep 00

Datenquelle: EZB, BoG.

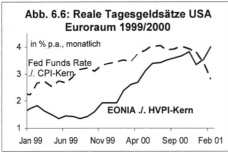

Abb. 6.6: Reale Tagesgeldsätze USA Euroraum 1999/2000

in % p.a., monatlich

Fed Funds Rate ./. CPI-Kern

EONIA ./. HVPI-Kern

Jan 99   Jun 99   Nov 99   Apr 00   Sep 00   Feb 01

Datenquelle: EZB, BoG, BLS, Eurostat.

In den folgenden Kapiteln wird die praktische Geldpolitik von EZB und Fed in den letzten Jahren verglichen, wobei die Zinssenkungsphase 2001 bis 2003 im Vordergrund steht. Zunächst jedoch zur Geldpolitik beider Notenbanken im Jahr 2000. Wie die Abb. 6.5 sowie 6.6 zeigen, haben beide Zentralbanken die Zinszügel sukzessive und weitgehend parallel gestrafft. Die kurzfristigen Realzinsen lagen dabei bis zum Jahresende in den USA stets höher als im Euroraum. Es gilt allerdings zu berücksichtigen, dass die Fed mit ihrer Restriktionspolitik auf einen Boom reagierte, der seit 1996 Wachstumsraten oberhalb des Potentialtrends erzeugt hatte, während sich im Euroraum erst seit Ende 1999 eine dynamischere Wachstumsentwicklung einstellte. Dementsprechend gingen Schätzungen zur Outputlücke im Falle der EZB (trotz des niedrigeren Potentialtrends) nach wie vor von einer leicht negativen Outputlücke im Jahr 2000 aus, während sich in den USA bereits im Jahr 1998 eine positive Outputlücke gebildet hatte. Außerdem lag die Arbeitslosenrate in den USA Anfang 2000 mit 4 % auf einem 25-Jahre-Tief, während im Euroraum die Arbeitslosenrate erst knapp unter 9 % gefallen war. Ist die EZB also eventuell zu früh auf die Konjunkturbremse getreten?

Für die EZB beunruhigend war, dass die „Headline"-Inflationsrate (HVPI) im Laufe des Jahres 2000 kontinuierlich anstieg und schließlich im November mit 2,9 % deutlich über ihrer Zielobergrenze lag. Zwar verbargen sich hinter dieser Inflationsbeschleunigung vor allem temporäre Preisschübe – die Ölpreise stiegen im Gesamtjahr um 34 % (Sorte Brent), der Euro wertete bis Oktober gegenüber dem US-$ nominal um 18 % ab – die EZB befürchtete aber, dass sich dieser kurzfristige Preisdruck über Sekundär- und Zweitrundeneffekten zu einem längerfristigen Inflationsproblem ausweiten könnte. Das makroökonomische Umfeld bot nämlich für die Preis- und Lohnüberwälzung zunehmend günstige Voraussetzungen. Seit dem 4. Quartal 1999 stieg das reale Wachstum kräftig an (+4 % gegenüber Vorjahresquartal), die Arbeitslosenraten sanken, und der industrielle Kapazitätsauslastungsgrad nahm zu.[56] Die Kernin-

---

[56] Im 1. Halbjahr lieferte außerdem das stark expandierende und oberhalb des Referenzwert liegende Geldmengenwachstum weitere Argumente für Zinserhöhungen, vgl. EZB (GB 2000), S. 14.

flationsrate zeigte hingegen noch keine akute Inflationsgefahr an, sondern verharrte das ganze Jahr über bei ca. 1 %. Der SVR [(2000), Ziff. 334f.] begrüßte es (aufgrund der geldpolitischen Lags) ausdrücklich, dass die Zinsen bereits zu einem Zeitpunkt angehoben wurden, als der Preisdruck noch nicht in der Kerninflation sichtbar wurde.

Die Gegenthese vertrat das DIW [(WB 28/2000), (WB 01/20001), Tober (2000)]. Nach Meinung dieses Forschungsinstituts hat die EZB mit ihrer übereilten Zinserhöhung einen frühzeitigen Abbruch des Konjunkturaufschwungs herbeigeführt.[57] Damit sei die Chance vertan worden, einen langfristigen Boom mit Wachstumsraten von über 2½ % für einen nachhaltigen Abbau der Arbeitslosigkeit im Euroraum zu nutzen, wie dies in den USA seit 1995 geschehen sei. Nach Ansicht des DIW sollte man bei Wachstumsraten von über 2½ % im Euroraum nicht sofort mit steigender Inflationsgefahr rechnen. Das DIW vertritt dabei den bereits oben diskutierten Standpunkt, dass sich in der Wachstumsrate des Produktionspotentials auch die vergangene zyklische Entwicklung widerspiegelt. Eine kräftige Wachstumsdynamik würde daher praktisch automatisch den Potentialtrend nach oben schieben. Mit größeren Inflationsgefahren müsse man auch deshalb nicht rechnen, weil der wachsende internationale Wettbewerbsdruck (Globalisierung) die Preisüberwälzungsspielräume der Unternehmen beschränke und zu einer steigenden Angebotselastizität führe. Auch sei nicht zu erwarten, dass die Lohnpolitik bei stärkerem Wachstum sofort von ihrer langjährigen Praxis abweiche, die Lohnabschlüsse in erster Linie (kostenneutral) am Produktivitätstrend auszurichten.[58]

Auch wenn das DIW angesichts des Konjunktureinbruchs 2001 im Nachhinein mit ihrer Kritik Recht behalten sollte, muss man wohl sagen, dass die EZB im Jahre 2000 kaum eine andere Wahl hatte, als zumindest eine leichte geldpolitische Kursverschärfung vorzunehmen. Hätte sie ohne Gegenwehr die deutliche Überschreitung ihres Inflationsziels bereits ein Jahr nach Aufnahme ihrer Tätigkeit toleriert, wäre die Gefahr einer starken Reputationseinbuße beträchtlich gewesen. Größeren Spielraum hätte sie sich freilich gewonnen, wenn sie keine so ehrgeizige Zielobergrenze festgelegt und die Kerninflationsrate als primäre Orientierungsgröße gewählt hätte. Interessanter für einen Vergleich zwischen Fed und EZB-Politik erscheint dennoch die Phase ab Januar 2001, die nachfolgend breit diskutiert wird.

---

[57] Welchen Restriktionsgrad die EZB-Politik im Jahr 2000 tatsächlich aufgewiesen hat, ist umstritten. Deflationiert man die kurzfristigen Eurozinsen mit der Kerninflationsrate, so lag der reale Geldmarktzins am Jahresende bei ungefähr 3¾ % und damit eindeutig im restriktiven Bereich. Die Taylor-Regel hätte ein Niveau von ungefähr 2½ % empfohlen (Inflationslücke -1 %, Gleichgewichtszins 2 % und Outputlücke 0 %). Allerdings wirkte die Euroabwertung der restriktiven Zinspolitik entgegen. Man kann daher zur Einschätzung gelangen, dass das monetäre Umfeld insgesamt neutral war, vgl. z.B. Tober (2000).

[58] Der SVR [(2000) Ziff. 336f.] hält nichts davon, einen möglichen höheren Wachstumspfad (auf Verdacht) vorab geldpolitisch zu alimentieren. Die Geldpolitik könne die notwendigen Investitionen nicht erzwingen, sondern diese würden von der Innovationsbereitschaft und der unternehmerischen Initiative abhängen. Bei der Finanzierung sei der langfristige Zins relevant, der sich im Jahr 2000 auf niedrigem Niveau befand. Schließlich sei der inflationsfreie Nachfragespielraum diesseits des Atlantiks geringer als in den USA, weil sich in Europa im Gegensatz zu den USA noch nicht die Neue Ökonomie etabliert habe. Erber et al. [(2001), S. 250] sehen zwar auf Seiten Deutschlands ebenfalls Rückstände im Bereich der High-Tech-Industrie, warnen aber wie das DIW vor einer endogenen Zementierung der niedrigen Wachstumsdynamik.

6.3 Warum hat die Fed auf den globalen Abschwung im Jahr 2001 aggressiver reagiert als die EZB?

6.3.1 Die Zinsreaktionen im Vergleich

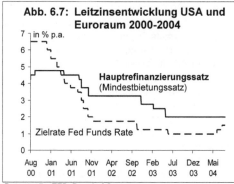

Abb. 6.7: Leitzinsentwicklung USA und Euroraum 2000-2004

Datenquelle: EZB, Board of Governors.

Im Jahr 2001 hat sich innerhalb kürzester Zeit eine positive Zinsdifferenz zwischen dem amerikanischen und europäischen Leitzins von 1¾ Prozentpunkte in eine negative Zinsdifferenz von 1½ Prozentpunkte verwandelt (siehe Abb. 6.7). Darin kommt die im Vergleich zur EZB frühere und wesentlich aggressivere Reaktion der Fed auf den globalen Wachstumsabschwung zum Ausdruck. Besonders groß fiel der Unterschied der Zinspolitik zwischen Januar und September 2001 aus als die Fed den Leitzins um 300, die EZB jedoch nur um 50 Basispunkte zurücknahm. Die Reaktion auf die Terroranschläge am 11. September fiel in beiden Währungsräumen in etwa gleich aus. Im Jahr 2002 hielt sich dann eine Zinsdifferenz von 150 Basispunkten, welche die EZB im ersten Halbjahr 2003 auf 100 Basispunkte verringerte. Mit Beginn des Zinserhöhungszykluses der Fed im Juli 2004 kündigt sich eine allmähliche Schließung der Zinslücke an. Auch die kurzfristigen Realzinsen bestätigen, dass die Fed über mehr als drei Jahre hinweg expansiver agierte als die EZB (siehe Abb. 6.8), wobei der Realzinsabstand Ende 2003 temporär etwas zusammenschrumpfte.

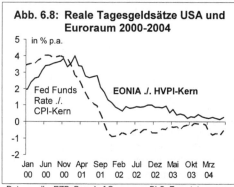

Abb. 6.8: Reale Tagesgeldsätze USA und Euroraum 2000-2004

Datenquelle: EZB, Board of Governors, BLS, Eurostat.

Im Weiteren soll der Frage nachgegangen werden, ob das zögerliche Verhalten und die anhaltende Zinsdifferenz eine zu straffe Haltung der EZB bzw. ein zu expansives Vorgehen der Fed widerspiegeln, oder ob beide Notenbanken jeweils angemessen auf die spezifische Situation ihres Währungsraumes reagiert haben. Mögliche Ursachen für unterschiedliches Handeln könnten z.B. auf ungleiche makroökonomische Rahmenbedingungen (Differenzen in der Fiskalpolitik, im Ausmaß des negativen Nachfrageschocks oder der Inflationsentwicklung), abweichende geldpolitische Mandate und Strategien, unterschiedliche Transmissionswege oder divergierende Lageeinschätzungen der Notenbanken zurückzuführen sein.

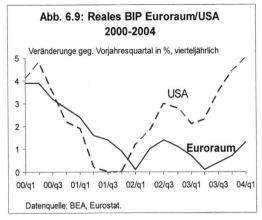

Abb. 6.9: Reales BIP Euroraum/USA 2000-2004

Veränderunge geg. Vorjahresquartal in %, vierteljährlich

Datenquelle: BEA, Eurostat.

Bevor auf einzelne Punkte näher eingegangen wird, soll zunächst ein kurzer Überblick zur Zinspolitik der EZB seit Januar 2001 gegeben werden.[59] Für die Fed-Politik wird auf die Darstellung in Kap. 4.7 verwiesen. Anfang des Jahres 2001 sah sich die EZB mit steigenden Inflationsraten (als Folge der Ölpreissteigerung und Euroabwertung) in Richtung 3 % konfrontiert. Da sie gleichzeitig bis zum Sommer 2001 die Konjunkturaussichten noch günstig einschätzte, vollzog sie trotz der internationalen Wachstumskrise nur zwei kleine Zinsschritte. Nach dem 11. September kam die EZB mit weiteren Zinssenkungen um 100 Basispunkte zum einen ihrer Funktion als „Lender of Last Resort" nach und zum anderen reagierte sie jetzt auf die eindeutig erhöhten Wachstumsrisiken. Im Jahr 2002 wurde das Leitzinsniveau trotz flauem Wachstum lange Zeit unverändert bei 3,25 % belassen, wobei folgende Faktoren aus Sicht der EZB zunächst gegen weitere Zinssenkungen sprachen: Die leichte Konjunkturbelebung, das kräftige Geldmengenwachstum, das lange Verharren der Inflation oberhalb von 2 % und Anzeichen von Lohndruck. Im Laufe des Jahres trübte sich die konjunkturelle Entwicklung aber erneut ein, so dass nach Ansicht der EZB nunmehr die Wachstumsrisiken dominierten und die Aussicht bestand, dass die Inflation mittelfristig deutlich unter 2 % fallen würde. Dies und die seit Anfang 2002 beobachtbare kräftige Euroaufwertung, veranlasste die EZB zwischen Dezember und Juni 2003 dazu, ihren Leitzins um weitere 125 Basispunkte auf 2 % zu reduzieren. Im 2. Halbjahr 2003 wandelte sich der Wachstumspessimismus – getragen von einem lebhaften Exportwachstum – in zunehmenden Konjunkturoptimismus. Die EZB sah jetzt die Risiken für die zukünftige Wachstums- und Preisentwicklung als ausgeglichen an und hielt daher das gegebene Zinsniveau von 2 % für angemessen. Auch wenn die EZB damit ihren Leitzins innerhalb von drei Jahren um 275 Basispunkte gesenkt hatte, verbleibt die Frage, warum sie so zögerlich vorging und bis zur Jahresmitte 2004 an einer positiven Zinsdifferenz zum US-Leitzins festhielt.

6.3.2 Unterschiede in der Konjunkturdynamik?

Eine erste These zur Erklärung der expansiveren Vorgehensweise der Fed lautet, dass die US-Wirtschaft härter vom globalen Wirtschaftsabschwung getroffen wurde als die Eurozone.[60] Betrachtet man die tatsächliche Entwicklung im Rückblick (siehe Abb. 6.9), wird diese Mutmaßung jedoch bestenfalls teilweise bestätigt. Der Rückgang der Wirtschaftsaktivität, der gleichzeitig (Herbst 2000) einsetzte, nahm zwar in

---

[59] Vgl. hierzu z.B. die entsprechenden Berichte von BIZ, SVR, OECD oder der EZB.
[60] Vgl. z.B. Wyplosz (2001a), S. 4.

der Tat zunächst spektakulärere Ausmaße in den USA als im Euroraum an (die US-Wachstumsrate rutschte bis Mitte 2001 um 5, im Euro-Währungsraum „nur" um 2½ Prozentpunkte), gegen Ende des Jahres 2001 kehrten sich die Verhältnisse jedoch um. Während sich die Wirtschaftsdynamik in den USA zunächst allmählich und ab dem 2. Halbjahr 2003 recht kräftig erholte, verharrte der Euroraum bis Ende 2003 in einer stagnativen Entwicklung. Die Wachstumsdifferenz zwischen den USA und Europa wuchs dabei im 4. Quartal 2003 auf ca. 3½ Prozentpunkte an.

Als maßgeblicher Auslöser für die globalen Konjunkturabschwung 2001 wird heute allgemein die Gewinnkompression im Unternehmenssektor – speziell des Hochtechnologiebereichs – und damit das Platzen des „New Economy-Booms" angesehen.[61] Da die USA Ende der 1990er am meisten vom Aufschwung der „Neuen Ökonomie" profitiert hatten, wurden sie jetzt auch von dessen Ende am stärksten getroffen. In Europa hoffte man lange Zeit, sich von dieser Entwicklung abkoppeln zu können, da erstens die europäische Industrie weniger stark im Informationstechnologiesektor verankert ist, zweitens die Aktienkursentwicklung für die private Nachfrage geringere Relevanz besitzt und drittens der Export in die USA keine dominierende Rolle im europäischen Außenhandel spielt.[62] Im Laufe des Jahres 2001 wurde dann aber rasch deutlich, dass sich die Wachstumsschwäche in den USA zu einer globalen Wachstumskrise ausweitete, die in vielen Teilen der Welt überraschend synchron verlief.[63] Am Ende des Jahres 2001 war der Wachstumsvorsprung des Euroraums auf jeden Fall zerronnen. Die OECD stellte im Dezember 2001 für die USA bereits wieder optimistischere Zukunftsprognosen auf (siehe Abb. 6.10).

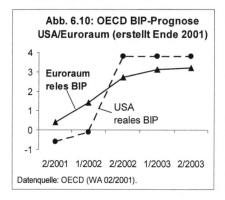

Abb. 6.10: OECD BIP-Prognose USA/Euroraum (erstellt Ende 2001)

Datenquelle: OECD (WA 02/2001).

---

[61] Vgl. z.B. BIZ (2002), S. 13ff., SVR (2001), S. 21ff., OECD (WA 2/2001), S. 2ff., oder Begg et al. (2002), S. 7ff. Die BIZ [(2002), S. 13] weist explizit darauf hin, dass dieser Abschwung „offenbar nicht durch eine geldpolitische Straffung ausgelöst wurde." Zu der Gewinnkompression im Unternehmenssektor trugen sowohl steigende Löhne als auch Ölpreise bei, aber auch die mangelnden Preiserhöhungsspielräume aufgrund der vorhandenen Überkapazitäten. Die daraus resultierenden enttäuschenden Gewinnerwartungen drückten im Jahr 2000 auf Aktienkurse und Unternehmervertrauen, was die Firmen zur Reduzierung ihrer Kapitalgüterinvestitionen und Lagerbestände veranlasste, vgl. BIZ (2002), S. 18f., und SVR (2001), S. 21ff.

[62] Zur Industrie-, Vermögens- und Außenhandelsstruktur lässt sich folgendes sagen: Der Anteil der Industrie, die IKT-Produkte herstellt, betrug gemäß van Ark et. al [(2003), S. 296] im Jahr 2000 in den USA 7,3 % des BIPs gegenüber 5,9 % in der EU. Das Aktienvermögen der privaten Haushalte betrug 2001 in den USA 138 % des BIP im Euroraum jedoch nur 67 % des BIPs [vgl. Agresti/Claessens (2003), S. 447]. Die Exporte des Euroraums in Drittstaaten machen insgesamt 15 %, jene in die USA nur 3 % des BIPs aus.

[63] Verschiedene Effekte der Globalisierung (steigende globale Handelsaktivitäten und zunehmende Finanzmarktinterdependenzen) werden für die raschere Übertragung negativer Schocks auf andere Länder und den damit einhergehenden größeren Gleichlauf konjunktureller Bewegungen angeführt [vgl. z.B. OECD (WA 2/2001), S. 4f.]. Zum parallelen weltweiten Abschwung trugen aber auch einige globale Schocks bei. Unter anderem die kräftige Erhöhung der Ölpreise, die weltweite Straffung der Notenbankzinsen (im Jahr 2000) sowie schließlich die Terroranschläge vom 11. September, die eine allgemeine Verunsicherung auslösten.

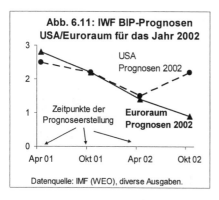

Abb. 6.11: IWF BIP-Prognosen USA/Euroraum für das Jahr 2002

Datenquelle: IMF (WEO), diverse Ausgaben.

Das Jahr 2002 verlief dann vor allem für den Euroraum enttäuschend. Während die Wachstumsprognosen für die USA einigermaßen gehalten werden konnten, wurden sie im Euroraum permanent nach unten korrigiert (siehe Abb. 6.11). Im Sommer 2003 tendierte das reale Wachstum schließlich im Euroraum gegen null. Dies schlug sich inzwischen auch in der Entwicklung der Outputlücken nieder. Obwohl man im Euroraum von einer niedrigeren Wachstumsrate des Produktionspotentials ausgeht, rechnete man hier im Jahr 2004 mit einer nochmaligen Ausweitung der negativen Outputlücke (siehe Abb. 6.12). Für die USA wurde hingegen bereits wieder ein merkliches Zusammenschrumpfen der negativen Outputlücke prognostiziert.

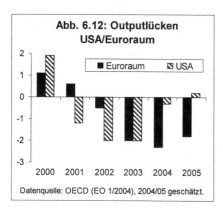

Abb. 6.12: Outputlücken USA/Euroraum

Datenquelle: OECD (EO 1/2004), 2004/05 geschätzt.

Insgesamt kann das Wachstumsumfeld bestenfalls das erste Zögern der EZB rechtfertigen. Rückblickend beharrte die EZB zu lange darauf, dass die wirtschaftliche Entwicklung im Euroraum vor allem binnenwirtschaftlich bestimmt und eine nachhaltige Übertragung der negativen Impulse aus den USA nicht zu befürchten sei.[64] Während die EZB [(MB Juli 2001), S. 5] noch im Juli 2001 für das laufende Jahr mit einem Wachstum in Höhe des Potentialtrends (also 2-2½ %) rechnete, warnten US-Ökonomen und der IWF bereits im Frühjahr davor, dass sich der Euroraum dem weltweiten Abschwung kaum entziehen könne und daher geldpolitische Impulse der EZB dringend geboten seien.[65] Mit dem 11. September war dann endgültig klar, dass auch der Euroraum von einer längeren Wachstumskrise betroffen sein würde. Spätestens ab diesem Zeitpunkt lässt sich die expansivere Fed-Politik nicht mehr mit schlechteren Wachstumsaussichten der USA im Vergleich zum Euroraum erklären.

---

[64] Vgl. EZB (MB Februar 2001), S. 5. „Zum jetzigen Zeitpunkt sind allerdings keine Anzeichen dafür zu erkennen, dass die Abschwächung der US-Wirtschaft deutlich und anhaltend auf den Euroraum ausstrahlt." EZB (MB März 2001), S. 5.

[65] Der damalige Chefvolkswirt des IWF Mussa forderte die EZB im April 2001 dazu auf, die seit einem Monat überfällige Zinssenkung endlich vorzunehmen [vgl. Tigges (2001a), S. 17]. In seinem offiziellen Frühjahrsgutachten empfahl der IWF [(WEO 1/2001), S. 22] der EZB eine „moderate" Zinssenkung. Ende 2002 sah der IWF [(WEO 2/2002), S. 27] erneut Spielraum für rascheres Handeln der EZB. Auch das DIW [(WB 28/2001), S. 448, (WB 1/2003), S. 42] forderte aufgrund der schwachen Wachstumsentwicklung und der damit einhergehenden Ausdehnung der negativen Outputlücke mehrfach weitere Zinssenkungen.

6.3.3   Unterschiedliche Rollenverteilung zwischen Geld- und Fiskalpolitik?

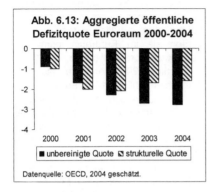

Abb. 6.13: Aggregierte öffentliche Defizitquote Euroraum 2000-2004

■ unbereinigte Quote ◪ strukturelle Quote

Datenquelle: OECD, 2004 geschätzt.

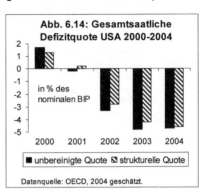

Abb. 6.14: Gesamtsaatliche Defizitquote USA 2000-2004

in % des nominalen BIP

■ unbereinigte Quote ◪ strukturelle Quote

Datenquelle: OECD, 2004 geschätzt.

Eine restriktivere Geldpolitik im Euroraum als in den USA wäre dann zu rechtfertigen gewesen, wenn im europäischen Währungsraum die Fiskalpolitik den Löwenanteil der makroökonomischen Stabilisierung getragen hätte. Aber im Bereich der Fiskalpolitik bietet sich ein ähnliches Bild wie im Bereich der Geldpolitik – auch hier agierten die USA expansiver, wozu sowohl die Ausgangslage als auch der europäische Stabilitäts- und Wachstumspakt beitrugen. Während nämlich die USA ein Haushaltsüberschuss von 237 Mrd. $ im Fiskaljahr 2000 aufwiesen und damit über finanzpolitische Manövriermasse verfügten, war der öffentliche Finanzierungssaldo des Euroraums bereits zu Beginn des Abschwungs leicht negativ (siehe Abb. 6.13). Die US-Regierung nutzte ihren finanziellen Spielraum zur Verabschiedung umfangreicher Steuersenkungspakte und Ausgabenprogramme, die innerhalb von drei Jahren einen positiven öffentlichen Finanzierungssaldo von 1,7 % des BIP in einen negativen Saldo von knapp 5 % verwandelten (siehe 6.14). Nach Angaben der OECD hat die US-Staatsnachfrage in den Jahren 2001/2002 fast ein Drittel der heimischen Endnachfrage getragen.[66] Im Euroraum konnte man hingegen angesichts der bereits angespannten Ausgangslage lediglich die automatischen Stabilisatoren wirken lassen. Die aggregierte Defizitquote des Euroraums ist daher vergleichsweise moderat um ca. 1¾ Prozentpunkte über die Konjunkturflaute angestiegen. Eine Schranke für zusätzliche diskretionäre Maßnahmen setzte dabei das Maastricht 3 %-Kriterium, dem einige europäische Länder im Jahre 2001 schon bedenklich nahe kamen.[67] Die Unterschiede in der diskretionären Fiskalpolitik werden beim Vergleich der konjunkturbereinigten Defizitquoten[68] besonders deutlich (siehe Abbildungen). Sie zeigen, dass im Euroraum immerhin ⅓ des stattlichen Defizits im Jahr 2003 konjunkturbedingt ist, während es in den USA fast vollständig struktureller Natur ist. Betrachtet man die Fiskalpolitik im Gesamten, so wäre eigentlich eine umgekehrte Rollenverteilung nahe gelegen: Im Euroraum eine Führungsrolle der Geldpolitik bei der makroökonomischen Stabilisierung, in den USA hingegen geldpolitische Zurückhaltung. Die

---

[66] Die heimische Endnachfrage wuchs 2001 real um 1,6 und 2002 um 2,5 %. Davon entfielen auf die Staatsnachfrage 0,5 bzw. 0,7 Prozentpunkte, vgl. OECD (ES USA 1/2004), S. 19.

[67] In Portugal wurde die Defizitquote mit -4,4 % bereits im Jahr 2001 überschritten, in Deutschland und Italien blieb man mit -2,8 bzw. -2,6 % nur knapp unterhalb des Maastricht-Kriteriums.

[68] Gesamtstaatliche Verschuldung in % des *potentiellen* BIP.

Abb. 6.15 und Abb. 6.16[69] fassen die Unterschiede in der Makropolitik zwischen USA und Euroraum zusammen, die vor allem in niedrigeren kurzfristigen Realzinsen und höheren staatlichen Defizitquoten des US-amerikanischen Währungsraums zum Ausdruck kommen. Diese expansive Ausrichtung der Makropolitik wurde in den USA bis 2004 beibehalten, obwohl sich die negative Outputlücke bereits wieder zu schließen begann.[70]

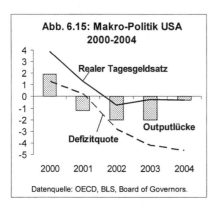

Abb. 6.15: Makro-Politik USA 2000-2004

Realer Tagesgeldsatz

Outputlücke

Defizitquote

Datenquelle: OECD, BLS, Board of Governors.

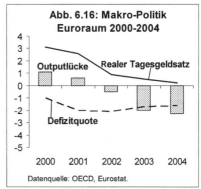

Abb. 6.16: Makro-Politik Euroraum 2000-2004

Outputlücke   Realer Tagesgeldsatz

Defizitquote

Datenquelle: OECD, Eurostat.

6.3.4 Überschreitungen des Inflationsziels im Euroraum

Es wird häufig argumentiert, dass die lang anhaltende Überschreitung der Obergrenze des Inflationsziels von 2 % die EZB an einer expansiveren Politik gehindert habe. Betrachtet man die Inflationsentwicklung in den Jahren 2000-2004 im Euroraum (Abb. 6.17 und 6.18), so kann man in der Tat feststellen, dass vor allem die „Headline"-Inflation (aber auch die Kerninflation) häufig leicht oberhalb von 2 % lag. Gleichzeitig muss man aber auch bemerken:

- Die Zielüberschreitungen wurden in erster Linie durch negative Angebotsschocks verursacht (gestiegene Energie- und Nahrungsmittelpreise sowie Euroabwertung), die im Normalfall nur temporäre Preisschübe auslösen.
- Die USA hatten aufgrund der Ölpreissteigerungen im Jahr 2001 mit ähnlichen Inflationsproblemen zu kämpfen. Die „Headline"-Inflation erreichte dort z.B. im

---

[69] Der reale Tagesgeldsatz ist dabei die Differenz zwischen der Fed Funds Rate bzw. EONIA und der Kerninflationsrate (CPI, HVPI). Die Outputlücke des Jahres 2004 ist geschätzt (OECD). Bei der Defizitquote handelt es sich um die konjunkturbereinigte öffentliche Defizitquote.

[70] Die EZB selbst sieht offenbar keinerlei Notwendigkeit, Geld- und Fiskalpolitik zum Zwecke der Konjunkturstabilisierung zu koordinieren. Weder sieht sie sich selbst in der Pflicht, den begrenzten fiskalpolitischen Spielraum durch eine expansivere Geldpolitik auszugleichen, noch fordert sie die Fiskalpolitik ihrerseits zu expansiverem Vorgehen auf. Stattdessen befürwortet sie sogar einen schärferen Konsolidierungskurs der öffentlichen Haushalte, wodurch das Vertrauen in die langfristige Tragfähigkeit der Finanzpolitik und damit ihrer Ansicht nach auch die private Nachfrage gestärkt würde [vgl. z.B. EZB (MB Mai 2004), S. 54f.]. Dementsprechend empfiehlt sie auch ein Festhalten am gegenwärtigen Stabilitäts- und Wachstumspakt, während sich zahlreiche Teilnehmer am „Monetären Dialog mit der EZB" [vgl. insbesondere das Hearing vom 16.02.2004] für eine Flexibilisierung dieses Vertrags aussprechen. Spahn (2003) kritisiert das Fehlen einer koordinierten europäischen Stabilisierungspolitik. Zur Behebung dieses Mankos würde er sich prinzipiell für eine stärkere konjunkturpolitische Verantwortung der EZB (jedoch nicht der Fiskalpolitik) aussprechen.

Mai 2001 ein Zwischenhoch von 3,6 % (gegenüber 3,1 % im Euroraum) und die Kerninflationsrate erklomm erst gegen Jahresende ihren zyklischen Höhepunkt von 2¾ %.

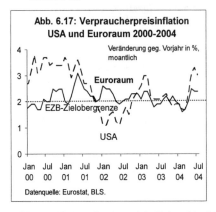

Abb. 6.17: Verpraucherpreisinflation USA und Euroraum 2000-2004

Veränderung geg. Vorjahr in %, moantlich

Datenquelle: Eurostat, BLS.

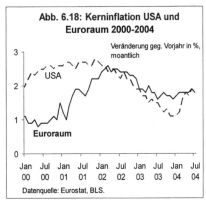

Abb. 6.18: Kerninflation USA und Euroraum 2000-2004

Veränderung geg. Vorjahr in %, moantlich

Datenquelle: Eurostat, BLS.

EZB und Fed befanden sich daher hinsichtlich des Inflationsdrucks zum Jahresbeginn 2001 in einer ähnlichen Ausgangslage. Jedoch schätzten beide Notenbanken die zukünftigen Inflationsrisiken, die sich aus einer expansiven Geldpolitik vor dem Hintergrund einer Rezession ergeben könnten, fundamental unterschiedlich ein:

- Die Fed vertraute in stärkerem Maße als die EZB auf die preisdämpfenden Effekte eines rezessionsbedingten Rückgangs der Ressourcenauslastung. Inflationssorgen finden daher bei der Fed zwischen 2001 und 2003 kaum Erwähnung.[71] Die Fed ging angesichts rückläufiger Beschäftigung und Produktion von abnehmendem Lohndruck und – aufgrund der sich abzeichnenden Überkapazitäten – geringen Preisüberüberwälzungsspielräumen der Unternehmen aus. Schließlich war die Fed zuversichtlich, dass der höhere Produktivitätstrend, der seit Mitte der 1990er Jahre vorlag auch über die jetzige Konjunkturflaute anhalten würde, was sich mäßigend auf die Lohnstückkosten auswirken sollte.[72]

- Greenspan und seine Kollegen rechneten nicht damit, dass die expansive Geldpolitik einen Anstieg der Inflationserwartungen auslösen würde. Vielmehr gingen sie davon aus, dass sich die Fed in den letzten zwanzig Jahren eine so hohe Glaubwürdigkeit in der Inflationsbekämpfung erarbeitet hatte, dass die privaten Inflationserwartungen auf dem erreichten niedrigen Niveau (ca. 2,0-2,5 %) fest verankert sind und dass sich hieran weder durch die expansive Geldpolitik noch durch den leichten Angebotsschock (Energiepreisanstieg) im Winter 2000/2001 so schnell etwas ändern würde:[73]

---

[71] Nach einer Rede vor dem Wirtschaftsclub in New York im Mai 2001 wird Greenspan z.B. wie folgt interpretiert: „Die Risiken einer Beschleunigung der Inflation durch die lockere Geldpolitik der vergangenen Monate schätzt Greenspan als gering ein." Tigges (2001b), S. 13.

[72] "The prospects for sustaining strong advances in productivity in the years ahead remain favorable." Greenspan (2001a), S. 213.

[73] „... the rise in energy costs does not appear to have had broad inflationary effects, in contrast to some previous episodes when inflation expectations were not as well anchored." Greenspan (2001a), S. 216.

"A rapid and sizable easing was made possible by reasonably well-anchored inflation expectations, which helped to keep underlying inflation at a modest rate, and by prospect that inflation would remain contained as resource utilization eased and energy prices backed down." Greenspan (2001b), S. 589.

Ganz anders stellte sich die Lagebeurteilung der EZB dar:

- Die europäischen Währungshüter rechneten – anders als die Fed-Politiker – kaum damit, dass sich die als Folge der Rezession ergebende negative Output- und Beschäftigungslücke mäßigend auf den Lohn- und Preisdruck auswirken würde. Es wurde im Gegenteil befürchtet, dass eine massive Zinssenkung von den Gewerkschaften als Einladung für höhere Lohnforderungen missbraucht werden könnte.[74]

- Die EZB hatte ein geringes Vertrauen in die Stabilität der euroraumweiten Inflationserwartungen. Jedenfalls befürchtete sie im Gegensatz zur Fed, dass sich die steigende „Headline"-Inflation und damit die negativen Angebotsschocks auf die Inflationserwartungen und Lohnforderungen übertragen könnten.[75]

- Die EZB war sehr stark auf den Vergleich zwischen aktueller Inflationsrate und ihrem Inflationsziel fixiert, was darin ersichtlich wurde, dass das Verharren der laufenden Inflationsrate oberhalb von 2 % als wesentliches Argument für die geldpolitische Zurückhaltung angeführt wurde.[76] Da die Fed kein quantitatives Inflationsziel besitzt, war für sie das kurzfristige Auseinanderklaffen von impliziten Inflationsziel und aktueller Inflationsrate weniger relevant. Als weitere Erschwernis für die EZB kam hinzu, dass sie sich stärker als die Fed an der „Headline"-Inflationsrate ausrichtet, die deutlicher als die Kerninflationsrate die 2 %-Marke überschritt.

- Schließlich bremste auch die Geldmengensäule der EZB-Strategie den Zinssenkungsspielraum der europäischen Zentralbanker, da die Geldmengendaten zum Jahresbeginn 2001 noch Inflationsrisiken signalisierten.[77] Dies änderte sich erst, als die EZB die Geldmengenzahlen „bereinigte", was mit einem Absinken des M3-Wachstums auf den Referenzwert einherging und der EZB im Mai 2001 grünes Licht für die erste Zinssenkung gab.[78] Im Jahr 2002 verzögerte anhaltend hohes Geldmengenwachstum und die sich damit aus Sicht der EZB bildende

---

[74] Auf eine solche Gefahr wies insbesondere der SVR [(2001), Ziff. 341] hin.

[75] Die EZB [(MB Februar 2001), S. 6; (MB April 2001), S. 6; (MB Juni 2001), S. 6 etc.) betonte mehrfach im Jahresverlauf 2001, dass die Übertragung der negativen Angebotsschocks auf die Löhne das größte Risiko für die zukünftige Preisstabilität darstellt. Den Gewerkschaften müsste daher der unbedingte Stabilitätswillen der EZB gezeigt werden, vgl. z.B. EZB (MB Mai 2001), S. 6. Ähnlich äußerte sich auch der SVR [(2001), Ziff. 341]: „.... niemand konnte ausschließen, dass die gestiegenen Inflationsraten unabhängig von den dahinterstehenden Ursachen die Tariflohnpolitik erreichen und zu überhöhten Lohnabschlüssen führen würde ..." Das DIW [(WB 1/2002), S. 36, Tober (2001), S. 791] sah hingegen aufgrund der hohen Arbeitslosigkeit und der moderaten Lohnentwicklung 1999/2000 kaum die Gefahr einer Lohn-Preis-Spirale.

[76] Es wurde immer wieder akzentuiert, dass die Inflationsrate in den nächsten Monaten nicht unter 2 % fallen würde, vgl. z.B. EZB (MB Februar 2001), S. 6

[77] „Allerdings ist angesichts der Abweichung nach oben des Wachstums der Geldmenge M3 vom Referenzwert von 4½ % weiterhin Vorsicht geboten." EZB (MB 2001 Januar), S. 5.

[78] „Insgesamt gesehen lässt sich nunmehr folgern, dass die Daten der ersten Säule kein Risiko mehr für die Preisstabilität auf mittlere Sicht signalisieren." EZB (MB Mai 2001), S. 5.

Überschussliquidität erneut eine frühere Zinslockerung.[79] Ganz anders wiederum die Einschätzung In den USA. Hier beschleunigte sich das monetäre Wachstum am Jahresende 2001 sogar auf über 10 % (gemessen an M2). Dies versetzte die Mehrheit der Fed-Politiker jedoch kaum in Unruhe.[80]

Fürsprecher des zurückhaltenden EZB-Vorgehens weisen darauf hin, dass die EZB unter geldpolitischen Rahmenbedingungen agiere, welche die Umsetzung einer antizyklischen Stabilisierungspolitik erschwere. Dabei wird zunächst angeführt, dass es sich bei der EZB um eine sehr junge Institution handelt, die zu Jahresbeginn 2001 auf keine *lange* erfolgreiche Stabilisierungshistorie verweisen konnte. Es war daher für die EZB in der Tat schwierig im Vorhinein abzuschätzen, ob eine aggressive Lockerung der Geldpolitik in einer Phase überhöhter „Headline"-Inflation nicht zu einem Vertrauensverlust in ihre Anti-Inflationshaltung führen würde. Einige Ökonomen [vgl. Begg et al. (2002), xiv] sind der Meinung, dass die EZB durchaus bereits über ausreichend Spielraum für eine mutigere Geldpolitik verfügt hätte, da sie in den ersten beiden Jahren vor dem Hintergrund einiger negativer Angebotsschocks ihren Stabilisierungswillen hinlänglich demonstriert habe, was man unter anderem an den sehr stabilen langfristigen Inflationserwartungen 1999/2000 ablesen könnte.[81]

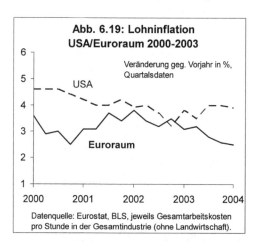

Abb. 6.19: Lohninflation USA/Euroraum 2000-2003

Veränderung geg. Vorjahr in %, Quartalsdaten

Datenquelle: Eurostat, BLS, jeweils Gesamtarbeitskosten pro Stunde in der Gesamtindustrie (ohne Landwirtschaft).

Die Verteidiger des Vorgehens der EZB führen des Weiteren an, dass die EZB während einer Rezession prinzipiell mit weniger starken Lohnsenkungen rechnen kann als die Fed, da die europäischen Gewerkschaften auch bei steigender Arbeitslosigkeit keinen Lohnverzicht üben. Diese Lohnrigidität konnte man dann tatsächlich beobachten. Obwohl die Arbeitslosenrate im Euroraum von 8% (2000) auf 9% (2004) gestiegen ist, blieb die Lohninflation weitgehend konstant. Überraschenderweise gilt das gleiche jedoch auch für die USA (siehe

---

[79] Es wurde praktisch nach jeder Sitzung des EZB-Rats betont, dass im Euroraum mehr Liquidität vorhanden ist, als zur Finanzierung eines inflationsfreien Wachstums erforderlich wäre. Ende des Jahres machte dann aber das schwache Kreditwachstum den Weg für eine Zinslockerung frei [vgl. EZB (GB 2002), S. 12]. Neben den prinzipiellen Einwänden gegen die Geldmengensäule wird vom DIW [(WB 1/2002), S. 36ff.] kritisiert, dass die EZB einen zu niedrigen Referenzwert festgesetzt habe. Dabei wird wie bereits im Jahr 2000 bemängelt, dass die EZB von einem zu flachen Potentialtrend (2¼ %) ausgehe, der aus der Vergangenheit abgeleitet sei und damit die niedrigen Wachstumsraten der 1990er Jahre zementiere.

[80] Lediglich der monetaristisch orientierte Fed-Präsident Poole (St. Louis) machte auf das hohe Geldmengenwachstum aufmerksam, vgl. BoG (Minute Jun 2001), S. 264.

[81] Durch die beherzten Zinserhöhungen im Jahr 2000 hatte die EZB in den Augen der Finanzmärkte die Glaubwürdigkeit ihrer Anti-Inflationshaltung unterstrichen, vgl. BIZ (2001), S. 78f., oder SVR (2002), Ziff. 563.

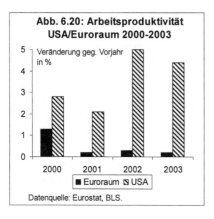

Abb. 6.20: Arbeitsproduktivität USA/Euroraum 2000-2003

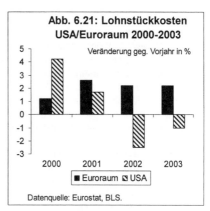

Abb. 6.21: Lohnstückkosten USA/Euroraum 2000-2003

Abb. 6.19). Hier sind die Lohnstückkosten nur aufgrund der steigenden Arbeitsproduktivität gefallen (siehe Abb. 6.20/21).[82] Diese Entwicklung – konstante Lohninflation – in den USA und im Euroraum entspricht der Vermutung, dass in einem Umfeld geringer Teuerung Preis- und Lohnrigiditäten verstärkt in Erscheinung treten. Bei Geldwertstabilität passen die Firmen seltener ihre Preise an und die Arbeitnehmer (in schrumpfenden Branchen) weigern sich absolute Lohnkürzungen hinzunehmen. Die Folge davon ist, dass sich Zentralbanken im Bereich niedriger Inflation einer horizontalen Phillips- oder Angebotskurve gegenübersehen (siehe Abb. 6.22a).[83] Kommt es in einem solchen Umfeld zu negativen Nachfrageschocks wie 2001-2003, dann macht sich dies kaum in sinkenden Inflationsraten bemerkbar, zumal wenn sie von negativen Angebotsschocks überlagert werden.

Hieraus ergeben sich mindestens zwei Konsequenzen: Zum einen gibt die Entwicklung der Inflationsrate in einem Umfeld niedriger Teuerung bestenfalls sehr schwache Signale über die Stärke eines negativen Nachfrageschocks. Eine Notenbank, die erst reagiert, wenn die Inflation deutlich sichtbar fällt, riskiert daher hohe Beschäftigungsverluste. Zum anderen ist aber auch kaum damit zu rechnen, dass eine Notenbank, die sich frühzeitig dem negativen Schock entgegenstemmt, einen sprunghaften

---

[82] Man kann natürlich argumentieren, dass sich die Lohnzurückhaltung in diesem Fall darin widerspiegelt, dass die Arbeitnehmer (bzw. Gewerkschaften) den zusätzlichen Verteilungsspielraum aus der gestiegenen Arbeitsproduktivität nicht voll ausgeschöpft haben.

[83] Vgl. hierzu Begg et al. (2002), S. 16ff., und Spahn (2003), S. 19. Als Erklärung für eine nicht-lineare Angebotskurve dient unter anderem, dass Unternehmen bei niedriger Kapazitätsauslastung ihre Produktion kurzfristig an eine wachsende Nachfrage ohne Kostensteigerung anpassen können. Ein neueres Argument sind Menü-Kosten, die bei geringer Inflation stärker ins Gewicht fallen und Unternehmen von Preisanpassungen abhalten [Ball/Mankiw (1994)]. Speziell im europäischen Fall könnte man auch auf Hysteresis-Effekte verweisen, welche den Lohndruck nach unten bei steigender Arbeitslosigkeit mindern [vgl. Spahn (2003), S. 19f.]. Ein Beispiel für eine nicht-lineare Phillips-Kurve geben Akerlof et al. (2000). Sie gehen davon aus, dass sich Wirtschaftssubjekte in komplexen Entscheidungssituationen auf die wesentlichen Informationen konzentrieren und unwichtige Aspekte ignorieren. Hieraus folgern sie, dass Lohn- und Preissetzer in einem Umfeld niedriger Inflation die vorliegenden Preisdaten weitgehend außer Acht lassen, weil sie keine große Rolle in ihrem Entscheidungskalkül spielen. In den 1960er Jahren ignorierten die Lohnsetzer in der Tat die Inflationsdaten weitgehend bzw. nahmen einfach an, dass die Inflation wie in den vergangenen Jahren keine besondere Rolle spielen werde, vgl. Blanchard (2003), S. 164ff.

Anstieg der Inflation auslöst. Gelingt es z.B. einer Notenbank durch rasches Handeln, den Anstieg der Arbeitslosenrate auf einen halben statt einem ganzen Prozentpunkt zu beschränken, mindert dies die Beschäftigungsschwankungen, ohne dass sich das Inflationsergebnis merklich unterscheidet (siehe Abb. 6.22b), da man sich entlang einer horizontalen Angebotskurve bewegt. Wäre die Arbeitslosigkeit im Euroraum z.B. nur auf 8½ statt 9,0 % – infolge einer expansiveren Politik – geklettert, hätte dies vermutlich die Gewerkschaften zu keiner aggressiveren Lohnpolitik veranlasst. Man könnte daher argumentieren, dass es der EZB im Bereich einer flachen Angebotskurve recht risikolos möglich gewesen wäre, expansiver zu verfahren.

Die Plausibilität einer expansiveren Politik hätte die EZB mit dem Hinweis fördern können, dass ihre Politik primär an der erwarteten und weniger an der laufenden Inflationsrate ausgerichtet ist.[84] Die aktuelle Inflationsrate lag zwar im Jahr 2001 über 2 %, am Jahresende prognostizierten aber sämtliche Institutionen (einschließlich der EZB) einen Inflationsrückgang in den beiden Folgejahren auf ca. 1¾ % (im Mittel).[85] Auf den ersten Blick lässt sich daraus kein zusätzlicher geldpolitischer Handlungsbedarf ableiten, da eine solche Prognose mit dem Inflationsziel der EZB vollkommen übereinstimmen würde. Allerdings waren alle diese Projektionen mit erhebliche „downside riks" behaftet. Die OECD hat z.B. darauf hingewiesen, dass das Risiko einer im Vergleich zur zentralen Prognose ungünstigeren Entwicklung erheblich sei.[86] Die OECD sah daher bei einer weiteren Eintrübung der Lage großen Handlungsspielraum auf Seiten der EZB, die nach ihrer Einschätzung ohne nennenswerte Inflationsrisiken die Leitzinsen um gut weitere 100 Basispunkte (also von 3¼ auf 2¼ %) senken könnte. Diese Zuspitzung der Lage trat dann tatsächlich 2002 ein. Die EZB reagierte aber erst im Dezember 2002 mit einer weiteren Leitzinssenkung.

Abb. 6.22a: Horizontale Phillips-Kurve   **Abb. 6.22b: Horizontale Phillips-Kurve**
und negative Nachfrageschocks   **und expansive Geldpolitik**

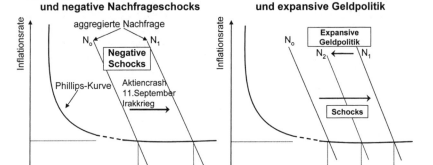

---

[84] Zahlreiche EZB-Beobachter übten Kritik daran, dass sich die EZB zu starr an der laufenden statt der zukünftig erwarteten Inflationsrate orientiere, vgl. o.V. (2001c), S. 31.

[85] Dabei wurden vor allem rückläufige Öl- und Nahrungsmittelpreise sowie nachlassender Kostendruck unterstellt, vgl. z.B. EZB (MB Dezember 2001), S. 64ff.

[86] Vgl. OECD (WA 2/2001), S. 20ff. Auch der IWF sah zu dieser Zeit erhebliche „downside riks" und entsprechenden geldpolitischen Handlungsspielraum, vgl. IMF (WEO 2/2001), S. 25.

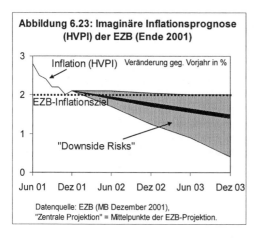

Abbildung 6.23: Imaginäre Inflationsprognose (HVPI) der EZB (Ende 2001)

Inflation (HVPI) Veränderung geg. Vorjahr in %

EZB-Inflationsziel

"Downside Risks"

Jun 01   Dez 01   Jun 02   Dez 02   Jun 03   Dez 03

Datenquelle: EZB (MB Dezember 2001),
"Zentrale Projektion" = Mittelpunkte der EZB-Projektion.

Um ein expansiveres Vorgehen in überzeugender Weise nach außen zu kommunizieren, hätte die EZB auf das Instrument des „Fächercharts" (nach Art der BoE) zurückgreifen können. Eine solche Prognose mit Wahrscheinlichkeitsverteilung wird in Abb. 6.23 für das Jahresende 2001 simuliert. Die zentrale Projektion entspricht dabei in etwa dem Inflationsziel, die umgebende Wahrscheinlichkeitsverteilung weist aber eine deutliche Ausbuchtung nach unten auf. Damit wäre der Öffentlichkeit die Gefahr einer Zielunterschreitung deutlich vor Augen geführt worden und die EZB hätte weitere Zinssenkungen plausibel rechtfertigen können. Was einige EZB-Beobachter fordern – Abschaffung der „monetären" Säule und stärkere Hervorhebung der Inflationsprognose – hätte dazu beigetragen, eine stärkere Zinssenkungspolitik glaubwürdig nach außen „zu verkaufen". Mit der Geldmengensäule und der ehrgeizigen Zielobergrenze hat sich die EZB stattdessen Instrumente zugelegt, die beim Aufbau von Glaubwürdigkeit helfen sollen, sie aber gleichzeitig in ihrer Flexibilität erheblich einschränken. Eine Art Inflation Targeting wäre vermutlich besser dazu geeignet, den Spagat zwischen Glaubwürdigkeit und Flexibilität zu bewerkstelligen, dem sich besonders die EZB als Neuling unter den Notenbanken gegenübersieht.

Wenn über zu hohe Inflationsraten im Euroraum diskutiert wird, muss schließlich auch wiederum die Frage nach der Angemessenheit der Zielobergrenze aufgeworfen werden. Stimmt man der These zu, dass in den aufholenden Ländern des Euroraums höhere Inflationsraten unvermeidlich sind und im Euroraum allgemein hohe Nominallohnrigiditäten vorherrschen, dann wäre es vertretbar, wenn die EZB im Vergleich zur Fed eine etwas höhere Inflationsrate – z.B. 2½ bis 3 % – in ihrem Währungsraum tolerieren würde. Hätte man die Zielobergrenze in diesem Sinne angehoben wäre es 2001-2004 (gemessen an der Kerninflation) zu überhaupt keiner Zielüberschreitungen gekommen.[87] Vor allem in Deutschland haben die Inflationsperspektiven im Jahr 2001 deutlich nach unten gezeigt.[88]

---

[87]   Die EZB würde sich pragmatisch verhalten, wenn sie ihr Inflationsziel in Form eines Zielkorridors von 1-3 % neu definieren und als Maßstab für die Zieleinhaltung eine Kerninflationsrate heranziehen würde. Sie würde dadurch an Manövrierspielraum gewinnen und trotzdem ihren Stabilitätswillen ausreichend zum Ausdruck bringen, vgl. zu solchen Vorschlägen z.B. Dehesa (2004), S. 1, oder Wyplosz (2001b), S. 6.

[88]   Im Dezember 2001 prognostizierte die OECD z.B. für das Jahr 2003 in Deutschland eine Inflation von 0,8 bzw. 1,1 % (BIP-Deflator bzw. Deflator der persönlichen Konsumausgaben). Für die USA lagen die entsprechenden Werte bei 1,3 bzw. 1,4 %. Für Deutschland wurde also eine stärkere Disinflation vorhergesagt, vgl. OECD (WA 2/2001), S. 282f.

Zusammenfassend kann man festhalten, dass die EZB und die Fed bei ähnlicher makroökonomischer Ausgangslage im Jahr 2001 – leicht überhöhte Inflation, Beginn einer Rezession – die Marktreaktionen auf eine expansive Geldpolitik gänzlich unterschiedlich einschätzten. Die Fed vertraute in weit stärkerem Maße als die EZB auf stabile Inflationserwartungen, rückläufigen Kostendruck und anhaltend hohe Produktivitätseffekte. Die primäre Sorge der EZB galt hingegen möglichen Zweitrundeneffekten aus den vergangenen Preisschüben. Außerdem wurde sie durch die Geldmengensäule in ihren Aktionen gehemmt. Die Politik der EZB wird zum Teil mit ihrer noch geringeren Reputation und dem aggressiverem Gewerkschaftsverhalten im Euroraum gerechtfertigt. Gegen letzteres kann man jedoch einwenden, dass sie in einem Umfeld agierte, bei dem weder eine kräftige Abnahme (bei neutraler Geldpolitik) noch eine kräftige Zunahme (bei etwas expansiverer Geldpolitik) der Lohninflation sehr wahrscheinlich war. Durch die Hervorhebung und grafische Präsentation einer Inflationsprognose, welche die abnehmenden Inflationsrisiken der Öffentlichkeit signalisiert hätte, wäre es zudem möglich gewesen, weitere Zinsschritte glaubwürdig zu vermitteln. Schließlich stellt sich die Frage, ob sich die EZB nicht generell stärker an der Inflationsentwicklung der Kernländer ausrichten sollte.

6.3.5   Unterschiede im geldpolitischen Transmissionsprozess?

Ein weiterer Erklärungsgrund für die unterschiedliche Zinspolitik zwischen EZB und Fed liefert das höhere Vertrauen der US-Notenbank in die reale Wirksamkeit der Geldpolitik. Die amerikanische Notenbank sah jedenfalls in den expansiven geldpolitischen Impulsen seit 2001 ein adäquates Mittel zur Stimulierung der Nachfrage und eine notwendige Voraussetzung für die konjunkturelle Wende. Diese Sichtweise belegen zahlreiche Fed-Statements:

"... the stimulus provided by the Committee's policy easing actions would help guard against cumulative weakness in economic activity and would support the positive factors that seemed likely to promote recovery ..." BoG (Minute Jan 2001), S. 235.

"[Monetary] Easing would help limit the extent of the downturn and later provide impetus to the eventual upturn in economic activity." BoG (Minute Oct 2001), S. 281.

Im Gegensatz hierzu äußerten sich vor allem europäische Geldpolitiker eher skeptisch gegenüber der realen Wirksamkeit der Geldpolitik in der Rezessionsphase 2001. Der Konjunktureinbruch sei weniger die Folge einer mangelnden Gesamtnachfrage, sondern resultiere eher aus strukturellen Fehlentwicklungen, die sich im Zuge der Euphorie über die „New Economy" gebildet hätten. Zinssenkungen seien daher nicht unbedingt das richtige Mittel, um die Krise zu kurieren.[89] So meinte etwa der Sachverständigenrat [(2001), Ziff. 53] zum Versuch der Fed, die Konjunktur mittels energischer Zinssenkungen in Gang zu bringen:

---

[89]   Gemäß Starbatty [(2001), S. 14f.] sollte man zur Erklärung der Wirtschaftskrise besser auf „Schumpeter" als auf „Keynes" zurückgreifen. Die Krise sei vor allem die Folge von innovativen Unternehmern, welche die zukünftige Entwicklung falsch eingeschätzt hätten. Nachfragestimulierung würde daher wenig bringen. Man sollte den Abschwung am besten als notwendige „Reinigungsphase" ansehen und (passiv) akzeptieren.

„... die Zinselastizität der Investitionsnachfrage [dürfte] verhältnismäßig niedrig sein nach einer Phase, in der Unternehmen Überkapazitäten aufgebaut haben, zum Teil deshalb, weil sich vor allem Hochtechnologieunternehmen aufgrund übertriebener Gewinnerwartungen äußerst günstig refinanzieren konnten. Die Investitionen in bestimmten Bereichen werden erst anspringen, wenn Überkapazitäten dort abgebaut sind.“

Der amerikanischen Notenbank war sich bewusst, dass es sehr schwierig sein würde, durch Zinssenkungen die Investitionsnachfrage rasch wieder anzukurbeln:

"... the demand for capital equipment, particularly in the near term, could pose a continuing problem." Greenspan (2001b), S. 590.

Die US-Notenbank setzte daher auf andere Kanäle, die ihre expansiven Impulse transferieren und dabei insbesondere die Konsumnachfrage stabilisieren sollten:[90]

- Mittels niedriger Hypothekenzinsen sollte der private Häusermarkt stimuliert werden.

- Billige Konsumentenkredite sollten die Umsätze langlebiger Verbrauchsgüter steigern.

- Infolge der sinkenden Zinsen sollten Dollaranlagen für Ausländer unattraktiver und dadurch die (seit 1997 anhaltende) Aufwertung des US-Dollars gestoppt werden.

- Niedrige Zinsen sollten Rentenpapiere im Vergleich zu Aktien unattraktiver machen und damit ein Fortschreiten der Aktienbaisse sowie negative Vermögenseffekte verhindern. [91]

Aus heutiger Sicht kann man sagen, dass die Strategie der Fed weitgehend aufgegangen ist. Dank ihrer Zinslockerung blieb die Konsumnachfrage in den Jahren 2001-2003 überraschend robust und wurde (neben der Staatsnachfrage) zur wesentlichen Stütze der konjunkturellen Entwicklung.[92] Eine zentrale Rolle bei der Übertragung der geldpolitischen Impulse auf die Konsumnachfrage spielte dabei der private Häusermarkt, was einer Besonderheit der amerikanischen Immobilienfinanzierung zu verdanken ist.[93] In den USA können nämlich Kreditnehmer recht kostengünstig (ohne Vorfälligkeitsentschädigung) einen langfristigen Kreditvertrag während der Laufzeit umschulden. Die amerikanischen Hausbesitzer machten angesichts fallender und schließlich historisch niedriger Hypothekenzinsen lebhaften Gebrauch von dieser Möglichkeit. Sie lösten ihre alten Kreditverträge auf und nutzen die Zinsersparnisse

---

[90] *"... some further growth in consumer spending remained the most likely prospect for the balance of the year in the light of the impetus provided by monetary and fiscal policy ..."* BoG (Minute Jun 2001), S. 261.

[91] Die letzten beiden Punkte wurden von der OECD [ES USA (2001), S. 63] hervorgehoben: "If monetary policy is to generate a durable recovery in the coming year, it will most likely have to work through two channels: by stabilising the value of the dollar and reducing the extent to which falling share prices cut consumption."

[92] Die private Konsumnachfrage wuchs (nach Angaben des BEA) in den Jahren 2001/2002 mit 2,5 % bzw. 3,4 % deutlich stärker als das reale BIP. Im Jahr 2003 wuchs der Konsum in Höhe des realen BIPs (3,1 %).

[93] Vgl. hierzu z.B. Illing (2004), oder OECD (2004).

für zusätzliche Konsumausgaben.[94] Gleichzeit stimulierte das niedrige Zinsniveau die Immobiliennachfrage, was zu einem Anstieg der Häuserpreise führte. Die daraus resultierenden (nicht realisierten) Kapitalgewinne konnten die Hausbesitzer für die Aufnahme zusätzlicher Konsumentenkredite verwenden.[95] Zinsersparnisse und höhere Immobilienpreise regten die Konsumnachfrage also parallel an.[96]

Auch über den Wechselkurskanal konnte die Fed kleinere Nachfrageimpulse erzeugen. Jedenfalls kehrte sich der seit 1997 anhaltende Aufwertungstrend des US-Dollars seit Anfang 2002 in einen Abwertungstrend gegenüber den wichtigsten Währungen um, wozu sicherlich auch die niedrigen Zinsen beitrugen. Damit konnte die Exportnachfrage stimuliert und eine weitere Ausweitung des Handelbilanzdefizits unterbunden werden.[97]

Seit dem Jahr 2003 scheint auch der traditionelle Zinskanal seine Wirkung zu entfalten, denn im 2. Halbjahr leistete die Investitionsnachfrage erstmals wider einen positiven Beitrag zum BIP-Wachstum. Hierfür werden unter anderem die günstigen finanziellen Rahmenbedingungen verantwortlich gemacht, für welche die Fed mit ihrer Zinssenkungspolitik den Boden bereitete.[98] Vorteilhaft wirkte sich auch die Erholung an den Aktienmärkten im Jahre 2003 aus, in deren Verlauf etwa die Hälfte der Verluste der Vorjahre wettgemacht wurde. Damit hat die Fed mit einiger Verzögerung auch ihr Ziel erreicht, die Aktienmärkte zu stabilisieren. Demnach wurden die Konjunkturerholung mindestens über drei geldpolitische Transmissionswege gefördert: Den Zins-, Wechselkurs- und Vermögenskanal.

Hätte die EZB nicht die gleichen Kanäle nutzen können, um mittels kräftiger Zinssenkungen die Konjunktur anzukurbeln? Fürsprecher des zögerlichen EZB-Verhaltens verweisen darauf, dass die Geldpolitik im Euroraum weniger wirkungsvoll sei als in den USA. Auch wenn die EZB so forsch vorgegangen wäre wie die Fed, hätte sie demnach wenig erreicht (außer zusätzlichen Inflationsgefahren), da ein Großteil der geldpolitischen Impulse wirkungslos verpufft wäre. Die bisher vorliegenden Vergleichsstudien über Unterschiede im geldpolitischen Transmissionsprozess zwischen

---

[94] Da dem Einkommensgewinn der Kreditnehmer ein Einkommensverlust der Kreditgeber gegenübersteht, kommt es nur dann zu einem positiven Nachfrageeffekt, wenn man unterstellt, dass die Kreditnehmer einer Kreditbeschränkung unterliegen, der sie zuvor von einem Mehrkonsum abhielt, vgl. Illing (2004), S. 33f.

[95] Den Teil eines zusätzlichen Immobilienkredites aus Kapitalgewinnen, der nicht in die Immobilie investiert, sondern für andere Zwecke verwendet wird, bezeichnet man als „Home Equity Withdrawels (HEW)". In den Ländern, bei denen es die institutionellen Verhältnisse des Hypothekenmarktes den Hausbesitzern besonders einfach machen, zusätzliche Hypothekenkredite aus nicht realisierten Kapitalgewinne für Konsumzwecke zu verwenden, kann ein sehr enger Zusammenhang zwischen Immobilienpreisveränderung und Konsumnachfrage festgestellt werden. Hier ist dann auch die Hebelwirkung der Geldpolitik auf die Konsumnachfrage am stärksten, vgl. OECD (2004), S. 131ff.

[96] Das höhere Immobilienvermögen kompensierte dabei zum Teil die Verluste aus dem rückläufigen Aktienvermögen in den Jahren 2001/2002.

[97] Das Leistungsbilanzdefizit verharrte dennoch auf hohem Niveau im Jahr 2003 (5 % in Relation zum BIP), was aber unter anderem daran lag, dass die Importnachfrage aufgrund der bereits wider positiven Wachstumsdifferenz zu wichtigen Außenhandelspartnern anzog.

[98] Vgl. OECD (ES USA 2004), S. 25. Mit ihrer Zinssenkungspolitik hielt die Fed die langfristigen Realzinsen in den Jahren 2001 bis 2003 auf einem historisch niedrigen Niveau von 2-3 %, was zu einer Verbesserung der Liquiditätslage und Bilanzstruktur der Unternehmen führte.

dem europäischen und US-amerikanischen Währungsraum, kommen jedoch zum Ergebnis, dass die Effektivität geldpolitischer Impulse in beiden Währungsräumen weitgehend identisch ist.[99] Sowohl VAR-Analysen als auch Analysen, die auf strukturellen Modellen fußen, ermitteln qualitativ und quantitativ ähnliche Verläufe des Transmissionsprozesses vor allem im Hinblick auf das reale Wachstum. So ermitteln Angeloni et al. [(2002), S. 19ff.] anhand struktureller Modelle des Euroraums und der USA, dass eine unerwartete Erhöhung des Leitzinses um 50 Basispunkte in beiden Währungsräumen das reale Wachstum nach einem Jahr um etwa 0,1-0,25 und nach drei Jahren um ca. 0,5-0,6 Prozentpunkte reduziert.[100] Outputeffekte sind also in beiden Währungsräumen bereits nach einem Jahr deutlich spürbar und steigen bis ins dritte Jahr an. Glaubt man diesen empirischen Ergebnissen, so spricht zunächst nichts dafür, dass ein zusätzlicher expansiver Impuls der EZB weniger Wirkung als in den USA erzeugt hätte.[101]

Jedoch besteht ein wesentlicher Unterschied im Transmissionsprozess zwischen den USA und Euroraum darin, dass in den Vereinigten Staaten der Konsum und im Euroraum die Investition als wesentliche Triebfeder für die Übertragung geldpolitischer Impulse auf das reale BIP fungiert.[102] Im Euroraum gehen bis zu 80 % der geldpolitisch induzierten Veränderungen des BIPs von den Investitionen aus. In den USA werden hingegen von Anfang an etwa 70 % der geldpolitischen Wirkungen von der Konsumnachfrage getragen, während der Anteil der Investitionen an der Gesamtwirkung erst allmählich auf 30 % ansteigt. Warum die Konsumnachfrage in den USA eine größere Rolle bei der Übertragung geldpolitischer Impulse spielt, ist nicht ganz klar.[103] Zum Teil wird vermutet, dass Vermögenseffekte eine Rolle spielen. Da in den USA ein größerer Teil der Bevölkerung Aktienvermögen besitzt, sind die Konsumenten auch stärker von Schwankungen der Börsenkurse betroffen.[104] Der andere Faktor ist die bereits erwähnte größere Sensibilität des privaten Häusermarktes in den USA auf Änderungen der Hypothekenzinsen. Ausgehend von diesen Erkenntnissen wird zum Teil argumentiert, dass zusätzliche geldpolitische Impulse im Euroraum wenig bewirkt hätten, da die EZB im Gegensatz zur Fed nicht in dem Maße auf die Konsumnachfrage als „Schmiermittel" der geldpolitischen Transmission vertrauen konnte. Offensichtlich wird aber im Normalfall im Euroraum die schwächere Reaktion der Konsumnachfrage durch eine stärkere Reaktion der Investitionsnachfrage auf geldpolitische Impulse kompensiert. Was spricht also dagegen, dass im Euroraum

---

[99] Vgl. zu eine Gegenüberstellung der Ergebnisse aus VAR-Analaysen: Peersman/Smets (2003) und zu einem Vergleich, der vorwiegend auf strukturellen Modellen basiert: Angeloni et al. (2003a).

[100] Siehe zur Ableitung dieser Ergebnisse und der verwendeten Modelle Kapitel 3.2.4

[101] Diese empirischen Studien gehen immer davon aus, dass die Zinseffekte in beiden Richtungen gelten.

[102] Zur Messung der unterschiedlichen Effekte werden dabei die aus einem geldpolitischen Impuls resultierenden relativen Veränderungen des BIP in Relation zu den relativen Veränderungen der Konsum- und Investitionsnachfrage (sowie den übrigen Nachfragekomponenten) gesetzt und mit ihrem BIP-Anteil gewichtet, vgl. Angeloni et al. (2003b), S. 16ff., und EZB (2002a), S. 51f.

[103] Angeloni et al. [(2003a), S. 27ff.] konnten aus verschiedenen empirischen Tests keine völlig schlüssige Erklärung für das unterschiedliche Verhalten der Konsumenten ermitteln. Am ehesten fanden sie Hinweise darauf, dass das verfügbare Einkommen in den USA stärker und schneller auf geldpolitische Impulse reagiert.

[104] Vgl. zur Aktionärsstruktur in den USA und im Euroraum Fußnote 3.

die Investitionsnachfrage als Motor der geldpolitischen Transmission in den Jahren 2001-2003 fungiert hätte?

(1) Das Argument, dass wie im Falle der USA brachliegende Überkapazitäten die Zinssensitivität der Investitionsnachfrage gemindert haben, ist im Falle des Euroraums weniger stichhaltig, da der Euroraum in geringerem Maße vom Platzen des „New Economy"-Booms betroffen war. Die Überkapazitäten vor allem im Hochtechnolgiesektor waren daher im Euroraum weniger ausgeprägt als in den USA.[105]

(2) Ein häufig sowohl von EZB, Bundesbank als auch Sachverständigenrat vorgetragenes Argument [vgl. z.B. SVR (2000), Ziff. 336, Tigges (2004c), S. 13, Weber (2004), S. 4] ist, dass es zur Anregung der Investitionsbereitschaft vor allem auf den *langfristigen* und weniger auf den kurzfristigen Zins ankomme. Zu einer Absenkung des langfristigen Zinsniveaus leiste die EZB den besten Beitrag, indem sie ihre Anti-Inflationshaltung untermaure. Überhastete Leitzinssenkungen könnten hingegen das Gegenteil bewirken. Das besonnene und abwartende Vorgehen der EZB habe für ein historisch niedriges langfristiges Zinsniveau gesorgt. Insgesamt seien die monetären Rahmenbedingungen im Euroraum (seit 2001) günstig. Wenn nicht investiert wird, habe dies andere (strukturelle) Gründe. Eine andere Meinung im Hinblick auf die Bewertung rascher Leitzinssenkungen vertritt offenbar die Fed. Sie geht davon aus, dass sich eine beherzte geldpolitische Lockerung wenigstens zum Teil in reduzierten Kapitalmarktzinsen niederschlägt und von Leitzinssenkungen ein psychologisches Signal ausgeht, dass Konsumenten und Investoren hinsichtlich der weiteren wirtschaftlichen Entwicklung zuversichtlicher stimmt.[106] Zumindest die meisten empirischen Untersuchungen sprechen dafür, dass der Anstoß geldpolitischer Impulse tatsächlich vom kurzfristigen Nominalzins ausgeht.[107]

(3) Vielerorts wird behauptet [vgl. z.B. SVR (2001), Ziff. 343], dass es für eine Notenbank prinzipiell einfacher sei, in der Hochkonjunktur nachfragedämpfend als in der Rezession nachfragestimulierend zu wirken. Diese asymmetrische Wirkung geldpolitischer Impulse konnte jedoch für den Euroraum nicht bestätigt werden. Peersman/Smets (2001) schließen vielmehr aus einer VAR-Analyse, dass geldpolitische Effekte in einer Wirtschaftsflaute stärker auf die Produktion durchschlagen als im Wirtschaftsaufschwung:[108]

> „... we have found strong evidence that [euro] area-wide monetary impulses ...have significantly larger effects on output growth in recessions than in booms."
> Peersman/Smets (2001), S. 14.

---

[105] Vgl. Fußnote 3. Eine Ausnahme bildete Finnland, dessen Wirtschaft stark vom Mobiltelefonhersteller Nokia abhängig ist.

[106] Nach Ansicht des DIW [(WB 1/2002), S. 33, Tober (2001), S. 792] hätte die EZB durch raschere Zinssenkungen 2001 das Vertrauen in eine baldige konjunkturelle Erholung stärken und damit z.B. das Aufschieben geplanter Investitionen verhindern können. Ihre abwartende Haltung habe hingegen destabilisierend gewirkt.

[107] Vgl. Bernanke/Blinder (1992), und Spahn (2000), S. 15. Filc [(2002), S. 159ff.] bezeichnet dies als postkeynesianische Sicht des zinspolitischen Transmissionsprozesses.

[108] Das geldpolitische Experiment geht dabei von einem vorübergehenden Anstieg der Kurzfristzinsen in 7 europäischen Ländern (Deutschland, Frankreich, Italien, Spanien, Österreich, Belgien, Niederlande) um 35 Basispunkte aus. In der Rezession beträgt der maximale Rückgang des Outputs 50 Basispunkte im Boom jedoch nur 30 Basispunkte. Die Ergebnisse gelten gleichermaßen für Zinssenkungen und –erhöhungen.

Eine Erklärung für die stärkere Wirksamkeit der europäischen Geldpolitik in Rezessionsphasen könnte der Kreditkanal liefern. Man kann davon ausgehen, dass die so genannte externe Finanzierungsprämie in Rezessionen – wenn Unternehmen verstärkt auf äußere Finanzierungsquellen angewiesen sind und sich ihre Bilanzposition verschlechtert – sensitiver auf Leitzinsanpassungen reagiert als sonst. Mit einer Zinssenkung kann eine Notenbank auf eine Stärkung der Liquiditätslage (weniger Zinszahlungen) und Sicherheitenposition (steigende Immobilienpreise) der Unternehmen hinwirken, womit der endogene Anstieg der externen Finanzierungsprämie während der Rezession gedämpft wird. Obendrein werden auch die Kreditgeber selbst entlastet, deren Ertragssituation sich in der Regel während einer Wirtschaftskrise merklich verschlechtert.

Abbildung 6.24: Wachstum von Bankkrediten an deutsche Unternehmen

Veränderung geg. Vorjahr in %, Quartalsdaten

1992 1994 1996 1998 2000 2002 2004

Datenquelle: Deutsche Bundesbank.

(4) Empirische Studien deuten darauf hin, dass zumindest ein Zweig des Kreditkanals – der Bilanzkanal – im Euroraum von Relevanz ist.[109] Dieser Bilanzkanal hat sich auf endogene Weise während der Konjunkturkrise 2001 bis 2003 bemerkbar gemacht, die mit einem merklichen Rückgang des Kreditwachstums im Euroraum einherging. In dieser gedämpften Kreditvergabe spiegelt sich zum einen eine geringe Kreditnachfrage wieder, zum anderen aber auch die Reaktion der Banken auf höhere Kreditrisiken infolge der weniger guten Unternehmensbilanzen. In Deutschland, in der die Wachstumsrate der Bankkredite an Unternehmen (Ende 2002) sogar negativ wurde (siehe Abb. 6.24), gab es daneben Anhaltspunkte für eine bewusste Rationierung des Kreditangebots („credit crunch").[110] Einige Beobachter kommen jedenfalls zum Ergebnis,

---

[109] Chatelain et al. (2003) stellten z.B. fest, dass Unternehmen mit geringerer Bonität auf eine Verschlechterung der Liquiditätslage sehr sensibel reagieren. Auf die Wirksamkeit des Bankkreditkanals, der davon ausgeht, dass Banken ihr Kreditangebot in Reaktion auf eine monetäre Straffung einschränken, gibt es hingegen weniger Hinweise. Einzig Banken mit einem geringen Anteil liquider Vermögenswerte (jedoch nicht kleine oder schwach kapitalisierte Banken) passen ihr Kreditangebot im Euroraum unverhältnismäßig stark an eine geldpolitische Restriktion an, vgl. Ehrmann et al. (2003).

[110] Ob in Deutschland tatsächliche eine echte Kreditklemme vorlag ist umstritten [vgl. hierzu z.B. KfW (2003)]. Der SVR [(2003), S. 113ff.] macht nachfrageseitige Effekte und die Reaktion der Banken auf eine verschlechterte Bonität der Kreditnehmer für das abflauende Kreditgeschäft verantwortlich und sieht wenig Anzeichen für eine bewusste Kreditverknappung von Bankseite. Andererseits ist unverkennbar, dass die deutschen Banken 2001-2003 unter einer schweren Ertragskrise (infolge der Börsenkrise, hoher Wertberichtigungen, steigender Kapitalkosten) litten und daher darum bemüht waren, ihre Risikoaktiva (u.a. Kredite) einzuschränken. Es lässt sich außerdem zeigen, dass das Ausmaß des zurückgehenden Kreditwachstums nicht mit einer gewöhnlichen Kreditnachfragefunktion, in die Zinsen und BIP-Wachstum als endogene Variablen eingehen, erklärbar ist [vgl. Deutsche Bundesbank (2002b), S. 39]. Nehls/Schmidt (2003), die eine getrennte Schätzung für die Kreditnachfrage und das Kreditangebot durchführen, kommen zum Ergebnis, dass der Kreditmarkt

dass selbst Schuldner guter Bonität, die bereit waren, höhere Zinskosten zu tragen, keine zusätzlichen Kredite erhielten. Die Situation in Deutschland ähnelte damit der Lage in der sich die USA Anfang der 1990er befand als eine amerikanische Kreditklemme vermutet wurde. Die Fed behielt daher 1992/1993 trotz anziehendem Wachstum ihren expansiven geldpolitischen Kurs bei (siehe Kapitel 4.3), womit sie unter anderem zu einer Verbesserung der Zinsmargen der Banken beitragen wollte:

"Our response has been in recent weeks to try to break the back of the [credit] crunch by increasing the profit margins of commercial banks, and we have done this by significantly lowering the cost of money to banks." Greenspan (1991a).

Die Anzeichen für eine Kreditklemme in der größten europäischen Volkswirtschaft hätte die EZB folglich als Argument für zusätzliche Zinssenkungen verwenden können, zumal das rückläufige Kreditwachstums ein eindeutiger Hinweis für ein geringes Inflationsrisiko war.

(5) Um ähnliche reale Effekte wie in den USA zu erzeugen, hätte die EZB abgesehen vom Zinskanal auf einen weiteren Übertragungsweg setzen können. Der zweite wesentliche Unterschied zur US-amerikanischen Transmission – neben der zentralen Rolle der Investitionen – stellt nämlich die stärkere Bedeutung des Wechselkurskanals im Euroraum dar. Obwohl beide Währungsräume einen ähnlichen Offenheitsgrad aufweisen, haben empirische Studien ergeben, dass geldpolitisch induzierte Wechselkursänderungen im Euroraum – vor allem im ersten Jahr – stärkere reale Effekte erzeugen als in den USA.[111] Es ist daher im Prinzip unverständlich, warum die EZB in diesem Bereich der US-Notenbank das Feld überlassen und der seit 2002 anhaltenden Aufwertungstendenz des Euros nicht stärker entgegengesteuert hat.[112]

Zusammenfassend kann man festhalten, dass sich in der expansiveren Haltung der Fed auch ein größeres Vertrauen der US-Notenbank in die reale Wirksamkeit der Geldpolitik widerspiegelt. Bei der Übertragung ihrer expansiven Impulse setzte die Fed in den Jahren 2001-2003 weniger auf die verunsicherten Unternehmer, sondern vor allem auf die Konsumenten, die über niedrige Zinsen zum Auto- und Hauskauf angeregt werden sollten. Letztlich war die Fed mit dieser Strategie erfolgreich, denn die Konsumnachfrage wurde zur stabilisierenden Kraft der konjunkturellen Entwicklung. Im Euroraum schätzte man hingegen die Chancen einer Nachfragestimulierung mittels Geldpolitik skeptischer ein. Zum einen wurde prinzipiell die Effektivität der Geldpolitik in Rezessionen in Frage gestellt und zum anderen konnte man im Euro-

---

seit Ende 2001 von der Angebotsseite beschränkt ist und ein erheblichen Kreditnachfrageüberschuss besteht.

[111] Nach Angeloni et al. (2003a), S. 391 führt eine reale Aufwertung um 5 % im Euroraum zu einem Rückgang des realen BIP um ca. 25-50 Basispunkte, in den USA jedoch nur um magere 5 Basispunkte. Darin mag sich der etwas höhere Offenheitsgrad des Euroraums widerspiegeln. Im Euroraum machte der Anteil der Exporte am BIP 2001 ca. 15 %, in den USA lediglich 10 % aus, vgl. Agresti/Claessens (2003), S. 434.

[112] Bofinger hat mehrfach kritisiert [vgl. z.B. Bofinger (2003b), (2004)], dass die EZB zwar den Wechselkurs (und die Exportnachfrage) als wichtige Determinante der Wirtschaftsentwicklung im Euroraum anerkannt hat, gleichzeitig aber eine explizite und transparente Wechselkursstrategie vermissen lässt. Eine solche Strategie hätte z.B. auf eine weniger starke Aufwertung des Euros hinwirken können.

raum weniger stark auf die Konsumnachfrage als Transmissionsriemen der Geldpolitik hoffen. Empirische Studien deuten jedoch darauf hin, dass im Euroraum an die Stelle der Konsumnachfrage die Investitionsnachfrage als „Schmiermittel" der geldpolitischen Transmission tritt, so dass per Saldo im Normalfall die realen Effekte in beiden Währungsräumen identisch sind. Besonders effektiv wirkt die europäische Geldpolitik über den traditionellen Zinskanal, wobei der Bilanzkanal als Verstärkungsmechanismus dient. Man gewinnt dabei den Eindruck, dass die EZB 2001-2003 in der Lage gewesen wäre, den negativen endogenen Effekten des Bilanzkanals stärker entgegenzutreten. Ein weiterer effektiver Weg zur Stimulierung der Nachfrage wäre im Fall der EZB der Wechselkurskanal gewesen. Hier überlies sie jedoch weitgehend „kampflos" der Fed die Initiative.

6.3.6 Ist die Fed-Politik zu aktivistisch?

Einige Beobachter der amerikanischen und europäischen Geldpolitik raten der EZB strikt davon ab, sich an der Fed zu orientieren, da diese seit Ende der 90er Jahre viel zu aktivistisch agiere. [113] Die Sichtweise dieser Fed-Kritiker beruht dabei vor allem auf zwei Punkten:

* Seit dem Ende der 90er Jahre übertreibt die Fed nach dieser Auffassung ihre Versuche zur Konjunkturstabilisierung. Statt den Zyklus zu dämpfen, würde ihre Politik aber auf eine Zyklusverstärkung hinauslaufen (siehe Abb. 6.25). Zum Beispiel habe die Fed den „New Economy"-Boom zu lange alimentiert und dabei der wirtschaftlichen Überhitzung in den Jahren 1999/2000 Vorschub geleistet. Dem sich daraus ergebenden Inflationsdruck konnte sie nur noch mit einer scharfen Zinserhöhung Mitte 2000 Einhalt gebieten, was die Fed nach Ansicht ihrer Kriti-

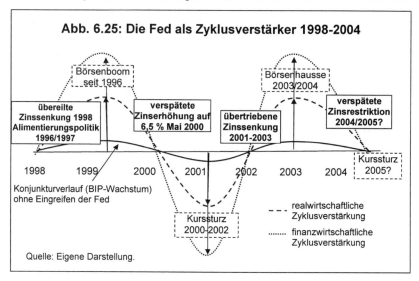

Abb. 6.25: Die Fed als Zyklusverstärker 1998-2004

Börsenboom seit 1996

Börsenhausse 2003/2004

übereilte Zinssenkung 1998 Alimentierungspolitik 1996/1997

verspätete Zinserhöhung auf 6,5 % Mai 2000

übertriebene Zinssenkung 2001-2003

verspätete Zinsrestriktion 2004/2005?

Kurssturz 2005?

1998   1999   2000   2001   2002   2003   2004

Konjunkturverlauf (BIP-Wachstum) ohne Eingreifen der Fed

Kurssturz 2000-2002

- - - realwirtschaftliche Zyklusverstärkung

.... finanzwirtschaftliche Zyklusverstärkung

Quelle: Eigene Darstellung.

---

[113] Vgl. z.B. Hüther (2001), S. 33, Münchau (2001), S. 5f., Barbier (2001a), S. 13, und Krauss (2001), S. 17f.

ker zum Mitauslöser der Rezession 2001 machte. Mit ihrem hektischen Agieren seit Januar 2001 versuche die Fed verzweifelt, diesen Fehler wettzumachen. Inzwischen (Mitte 2004) bestehe die Gefahr, dass die Fed erneut einen inflationären Boom schüre, denn man müsse davon ausgehen, dass die extrem expansiven Impulse (kurzfristige Realzinsen < 0 %) erst Ende 2005 ihre volle Wirkung entfalten, wenn die Wirtschaft unter Umständen bereits unter Volldampf steht.

- Zusätzlich wird angeführt, dass die Fed nicht nur als real-, sondern auch als finanzwirtschaftlicher Zyklusverstärker wirke, was in Abb. 6.25 durch die gepunktete Linie gekennzeichnet ist. Der Vorwurf lautet, dass die Fed auf Aktienkurseinbrüche stets mit Zinssenkungen reagiere, während sie eine Aktieneuphorie ungebremst Laufen lasse. Die Fed-Politik wirke wie eine Put-Option:[114] Sie sichere die Anleger gegenüber fallenden Kurse ab, ohne die Ertragschancen nach oben zu begrenzen. Beispielsweise habe die Fed im Herbst 1998 als Reaktion auf die internationale Finanzmarktkrise übereilt die Zinsen gesenkt und damit die unrealistischen Ertragserwartung der Börsen gestützt. Die durch die Fed induzierte zusätzliche Vermögenspreisvolatilität, steigert nach Ansicht der Kritiker indirekt auch die realwirtschaftlichen Schwankungen. Derzeit (Mitte 2004) hat sich – nicht zuletzt aufgrund der akkommodierenden Geldpolitik – bereits wieder ein Aktienkursniveau herausgebildet, das erneut das Potential besitzt, als Zyklusverstärker in der Hochkonjunktur zu wirken.

Im Vergleich zur Fed wird die EZB als Hort der Stabilität gepriesen. Diese agiere insgesamt abwartender und erzeuge damit eine geringere Zinsamplitude, was sich stabilisierend auf die Wirtschaft auswirke.[115] Da die Fed-Kritiker dem monetaristischen Gedankengut nahe stehen, wird nicht zuletzt die stärkere Ausrichtung der EZB an der Geldmengenentwicklung für ihre „ruhigere" Geldpolitik verantwortlich gemacht. Die Beobachtung der Geldmenge verleihe ihrer Geldpolitik eine längerfristige Perspektive und halte die EZB davon ab, auf jede realwirtschaftliche Nachricht (Arbeitsmarktdaten, Geschäftsklima, Auftragseingänge etc.) mit Zinsanpassungen zu reagieren. Wenn diese Diagnose korrekt ist, könnte man sich fragen, ob in diesem Fall nicht die Fed etwas von der EZB abkupfern und ihrer Strategie eine Geldmengensäule hinzufügen sollte? Monetaristisch orientierte Beobachter (ECB-Observer, Shadow Open Market Committee, EMU Monitor-Gruppe) empfehlen genau das.

Allerdings scheint die Eignung der Geldmenge als Prognoseindikator und Steuerungsgröße im Falle der USA noch zweifelhafter als im Falle der EZB:

- Während im Euroraum einige Untersuchungen darauf hindeuten, dass die Qualität einer Inflationsprognose durch das Einbeziehen diverser Geldmengenaggregate verbessert wird [vgl. z.B. Nicoletti-Altimari (2001), die Gegenthese vertreten Gerlach/Svensson (2003)], kommen die meisten Studien Im Falle der USA zum

---

[114] Vgl. Münchau (2001), S. 6. Dornbusch bezeichnete Greenspan als „Babysitter der Börse", vgl. Tigges (2001c), S. 14.

[115] „… in den USA droht eine Rezession, in der Euro-Zone hingegen nur eine Verlangsamung des Wachstums. Eine der Hauptursachen für dieses relativ freundliche Szenario in Europa war die bislang intelligente und ruhige Zinspolitik der Europäischen Zentralbank (EZB)." Münchau (2001), S. 5. „… die Geldpolitik der Europäischen Zentralbank wirkt berechenbarer und ruhiger als die amerikanische Geldpolitik." Barbier (2001a), S. 13.

Ergebnis [z.B. Friedman/Kuttner (1992), Estrella/Mishkin (1996), Stock/Watson (1999)], dass die Geldmenge keinen wertvollen Prognoseindikator darstellt.[116]

- Im Gegensatz zum Euroraum scheint auch die Stabilität der Geldnachfrage in den USA schwächer ausgeprägt zu sein, so dass keine „Trendstabilität" der Umlaufgeschwindigkeit gegeben ist. Es ist daher in den USA noch schwerer als im Euroraum, die derzeitige Geldmengenentwicklung korrekt zu interpretieren.[117]

In jüngster Zeit haben die Geldmengenbefürworter jedoch ihre „Beweisführung" um ein Argument bereichert, das auch im Hinblick auf die USA von Relevanz sein könnte. Sie unterstreichen, dass das Geldmengen- und Kreditwachstum bessere Hinweise auf die Möglichkeit einer zukünftigen Vermögenspreisinflation liefert als andere Indikatoren (etwa die Taylor-Regel).[118] Laut Fed-Kritiker habe es die US-Notenbank zwar geschafft, mit ihrer eng an der Taylor-Regel ausgerichteten Zinspolitik, Konsumentenpreisinflation sowie Outputvariabilität unter Kontrolle zu halten, jedoch sei eine ausreichende Stabilisierung der Vermögenspreise fehlgeschlagen, was daran liege, dass zu wenig auf das Geldmengenwachstum geachtet wurde. Historische Beispiele würden zeigen, dass Phasen übertriebener Börseneuphorie mit hohem Geldmengen- und Kreditwachstum einhergingen, während gleichzeitig die Output- und Konsumentenpreisvariabilität (und damit die Taylor-Regel) keine Hinweise auf finanzwirtschaftliche Ungleichgewichte lieferten.[119] [120]

Hätte die Fed-Politik also wesentlich anders ausgesehen, wenn sie in den vergangenen Jahren der Geldmenge größere Aufmerksamkeit geschenkt hätte? Dies soll im Folgenden für die Zeit seit 1997 überprüft werden. Dabei wird unterstellt, dass sich die Fed zu diesem Zweck wie die EZB an einem Referenzwert für ein breites Geldmengenaggregat orientiert hätte. Dieser Referenzwert würde dann wie im Falle der EZB als eine Art Kontrollgröße der realwirtschaftlichen Analyse fungieren. Hier wird

---

[116] Belke et al. [(2004), S. 22ff.] betonen jedoch, dass die aus den breiteren US-amerikanischen Geldmengenaggregaten (M2, M3) abgeleiteten „Preislücken" einen erheblichen Beitrag leisten, um die zukünftige Konsumentenpreisinflation in den USA zu erklären.

[117] Während z.B. im Euroraum die Umlaufgeschwindigkeit einen recht stabilen Abwärtstrend seit den 1980er Jahren aufweist, wechselte in den USA die Richtung des Trends mehrfach (zunächst rückläufiger, dann Anfang der 1990er Jahre steigender und am Ende der 1990er wieder rückläufiger Trend). Selbst Belke et al. [(2004), S.33], die auch in den USA eine stärkere Berücksichtigung der Geldmenge befürworten, weisen darauf hin, dass die Geldmengendaten schwieriger als im Euroraum zu deuten seien.

[118] Vgl. z.B. Masuch et al. (2003), S. 196ff., Issing (2002), oder Nelson (2002). Borio/Lowe (2002) unterstreichen den engen Zusammenhang zwischen Kreditwachstum und Vermögenspreisen.

[119] Issing [(2002), S. 192ff.] zeigt zwei historische Beispiele (USA in den 1920er, Japan Ende der 1980er Jahre), bei denen ein Maß für den Geldmengenüberhang (Geldmengenwachstum minus aus der Quantitätstheorie abgeleiteter Referenzwert) im Gegensatz zu einer hypothetischen Taylor-Regel synchron zur Aktienkursentwicklung verlaufen ist und damit Hinweise auf Übertreibungen an den Vermögensmärkten geliefert hätte.

[120] Da Bubble-Phasen in der Regel mit einer höheren Risikoneigung der Anleger verbunden sind, deutet ein steigendes Geldmengen- und Kreditwachstum offenbar auf eine Abnahme der Diskontrate hin, mit der zukünftige Aktienerträge auf den heutigen Tag abgezinst werden. Aus einer einfachen Taylor-Regel ist solch eine abnehmende Risikoprämie hingegen nicht ersichtlich. Auch nach Greenspans [(2002d), S. 7] Ansicht könnte die Geldpolitik unter Umständen einen Bubble frühzeitig eindämmen, wenn die Notenbank eine Maßgröße zur Hand hätte, die ihr frühzeitig eine unrealistische Schrumpfung der Risikoprämien auf Aktien anzeigen würde. Ein solcher Maßstab läge aber aus seiner Sicht leider nicht vor.

im Folgenden von M2 als zentralem Geldmengenaggregat ausgegangen.[121] Die Berechnung des Referenzwertes soll entsprechend dem Vorgehen der EZB auf der Quantitätsgleichung basieren. Dabei wird von folgenden Annahmen ausgegangen:
- Einer durchschnittlichern Wachstumsrate des Produktionspotentials von 3½ %.
- Einem Inflationsziel von 2 % (gemessen an der Kerninflationsrate des CPI).
- Einer konstanten Umlaufgeschwindigkeit.[122]

Abb. 6.26: Geldmengenwachstum und Fed-Politik

Datenquelle: Board of Governors, eigene Berechnungen.

Hieraus ergibt sich ein Referenzwert von 5,5 %.[123] Die tatsächliche Entwicklung der Geldmenge wird anhand von Abb. 6.26 deutlich. Es ist ersichtlich, dass das Geldmengenwachstum meist den Referenzwert überschritten hat. Nimmt man den Dezember 1996 als Basismonat, so haben sich bis April 2004 eine nominale Geldlücke von ca. 10% und eine reale Geldlücke von ca. 8,5% aufgebaut.[124] Dieser Liquiditätsüberhang, so wird befürchtet, könnte entweder über die Börsen absorbiert werden und dabei einen

---

[121] M2 findet unter allen Geldmengenaggregaten in der amerikanischen Geldpolitik in der Regel die größte Beachtung, vgl. z.B. Meyer (2001a), S. 11.

[122] Die Umlaufgeschwindigkeit (nominales BIP/M2) hielt sich zwischen 1995 und 2000 recht stabil bei ca. 2,1. Im historischen Vergleich handelte es sich dabei um einen recht hohen Wert, so dass man aus diesem Grund unter Umständen einen Zuschlag zum Referenzwert rechfertigen könnte.

[123] Dieser Referenzwert würde deutlich oberhalb des Zielkorridors von 1-5 % liegen, welchen das FOMC zwischen Juli 1993 und Februar 2000 für M2 festgelegt hat. Dieses Zielband wurde jedoch in einer Zeit fixiert, als die Umlaufgeschwindigkeit deutlich rückläufig war. Ab 1995 wollte man aus politischen Gründen keine Anpassung des Zielbandes nach oben vornehmen, da dies nach Ansicht des FOMC zu viel Aufmerksamkeit auf die Geldmengenaggregate lenken würde. Man war sich jedoch bewusst, dass ein Mittelwert von 5 % oder darüber inzwischen die Realität besser abbilden würde, vgl. zu dieser Diskussion z.B. FOMC (TS July 1995), S. 37ff.

[124] Die Geldlücke wird berechnet aus der Differenz zwischen der tatsächlichen Geldmenge M2 und einem Geldbestand, der sich aus einem M2-Wachstum gemäß dem Referenzwert (5,5 %) seit Dezember 1996 ergeben hätte. Bei der Berechnung der realen Geldlücke werden beide Größen deflationiert (mit der tatsächlichen Kerninflationsrate bzw. mit dem unterstellten Inflationsziel). Das Konzept der realen Geldlücke steht in Verbindung mit dem Preislücken-Ansatz [(auch „P-Stern"-Ansatz, entwickelt von Hallman et al. (1989)], bei dem die Differenz zwischen dem kurzfristigen und gleichgewichtigen Preisniveau (P-P*) Hinweise auf künftigen Inflationsdruck liefern soll. Die reale Geldlücke ist nichts anderes als die Preislücke mit negativem Vorzeichen [vgl. hierzu z.B. Svensson (2000a), S. 71]: (M-M*)=-(P-P*), wobei M der reale und M* der reale gleichgewichtige Geldbestand darstellen. Man kann M* mit Hilfe einer langfristigen Geldnachfragefunktion schätzen oder wie hier einen normativen Referenzwert unterstellen [vgl. EZB (2001b), S. 51f.]. Da das gleichgewichtige Preisniveau P* vollausgelastete Kapazitäten unterstellt, bietet sich Dezember 1996 als Basisperiode für die Berechnung einer realen Geldlücke an, denn zu diesem Zeitpunkt lag nach Schätzung internationaler Organisationen und des CBO die Outputlücke bei 0 %, vgl. CBO (2001), S. 35.

erneuten Bubble erzeugen oder ausgabenwirksam werden, was eine Konjunktur-überhitzung in Gang setzten könnte.[125]

Wenn die Fed den obigen Referenzwert beherzigt hätte, könnte man sich folgendes Alternativszenario ihrer Geldpolitik seit 1997 vorstellen: Die Fed hätte vermutlich angesichts des akzelerierenden Geldmengenwachstums im Jahr 1998 keine Zinssenkung, sondern eher eine leichte Zinserhöhung durchgeführt. Die Zielrate der Fed Funds Rate wäre dann Ende 1998 bei 5½ - ¾ % gelegen anstatt bei 4¾ %. Diese straffere Geldpolitik hätte zu einer geringeren wirtschaftlichen Überhitzung in den Jahren 1999/2000 geführt, möglicherweise die Börsenhausse gedämpft und keine weiteren Zinserhöhungen (auf 6½ % im Mai 2000) erforderlich gemacht. Infolgedessen wäre die Rezession – wenn sie überhaupt statt gefunden hätte – milder ausgefallen und zwar sowohl wegen des niedrigeren Realzinsniveaus Ende 2000 (3 % statt 4 %) als auch wegen geringerer Börsenverluste. Das wiederum anziehende Geldmengenwachstum 2001 hätte die Fed zu einer zarteren Zinslockerung veranlasst. Es wäre daher zu einer sanfteren Aufschwungbewegung Ende 2003 gekommen und nicht wie in der Realität zu einem Hochschnellen des Wirtschaftswachstums im 3. Quartal 2003 auf über 8 % (laufende Jahresrate). Als Folge einer solch ruhigeren Politik läge das kurzfristige Realzinsniveau Mitte 2004 nicht im negativen Bereich, weshalb von der Geldpolitik schwächere Impulse für einen zukünftigen Vermögenspreis- und Konjunkturboom ausgehen würden.

Dem könnte man jedoch entgegenhalten, dass die Fed-Politik mit Hilfe einer Geldmengensäule tatsächlich nicht viel anders und besser ausgesehen hätte:

• Gerade vor dem Hintergrund der Instabilität der Geldnachfrage in den USA müssen Geldmengendaten immer interpretiert werden. Zur Erklärung des akzelerierenden Wachstums im Jahr 2001 hätte die Fed wie die EZB auf Sonderfaktoren (abnehmende Opportunitätskosten, verstärkte Unsicherheit) verweisen und damit ihre Signale weitgehend ignorieren können.[126]

• Die Fed hatte auch ohne die Hinweise einer expliziten Geldmengensäule bereits 1996 eine Börsenblase diagnostiziert. Trotzdem hat sich das FOMC aber bewusst gegen ein aktives Eingreifen in das Börsengeschehen ausgesprochen, da die Börsenhausse ihrer Ansicht nach nur durch eine scharfe Zinsreaktion und damit das Provozieren einer früheren Rezession unterbunden worden wäre.[127]

• Das recht hohe Realzinsniveau im Jahr 2000, welches der Fed zum Vorwurf gemacht wird, stellt aus Sicht der meisten Konjunkturanalysten bestenfalls einen sekundären Faktor bei der Erklärung des Konjunktureinbruchs dar, dessen eigentliche Ursache in der Revision der Gewinnerwartung der High-Tech-Branche gesehen wird (siehe oben).

---

[125] Belke et al. [(2004), S. 34] äußern hierzu, dass der Liquiditätsüberhang in den USA bisher durch den Anstieg der Umlaufgeschwindigkeit absorbiert wurde. Wenn sich dieser Trend jedoch umkehre, wozu eine Ausweitung der Zinsdifferenz den Anstoß geben könnte, würden sich erhebliche Inflationsrisiken in den USA einstellen.

[126] In der Tat weist die Fed auch auf solche Sonderfaktoren hin, vgl. BoG (AR 2001), S. 34.

[127] Bei der Frage, ob man die Geldpolitik Ende der 1990er Jahre früher hätte straffen müssen, geht es also weniger darum, welche Rolle die Geldmenge in der Geldpolitik spielen sollte, sondern vielmehr um die Frage, ob man ein proaktives oder reaktives Vorgehen als Antwort auf eine Vermögenspreisinflation für angemessen hält.

- Die wirtschaftliche Performance der USA kann sich 1997-2003 durchaus sehen lassen. Mit Unterstützung der Geldpolitik wurde Ende der 90er Jahre zunächst das US-amerikanische Wachstumspotential voll ausgeschöpft, die Rezession 2001 (März-November) fiel vergleichsweise milde aus und schließlich verlief die wirtschaftliche Erholung 2002/2003 angesichts der zahlreichen – nicht geldpolitisch verursachten – negativen Schocks recht günstig. Die Konsumentenpreisinflation blieb gleichzeitig moderat. Von einem Scheitern der Fed-Politik kann keineswegs gesprochen werden.

Zusammenfassend kann man festhalten, dass monetaristisch orientierte Geldpolitiker der EZB strikt davon abraten, sich die Fed als Vorbild zu nehmen. Ihrer Ansicht nach agiert die Fed zinspolitisch zu aggressiv und verursacht dadurch reale und finanzwirtschaftliche Ungleichgewichte. Die EZB sei mit ihre „Geldpolitik der ruhigen Hand" besser gefahren. Auch wenn die Geldmengenzahlen in den USA vielleicht noch schwieriger interpretierbar sind als im Euroraum, wird der Fed von dieser Seite empfohlen, sich wieder stärker an der Geldmenge auszurichten. Dadurch würde sie insbesondere frühzeitige Hinweise auf finanzwirtschaftliche Instabilitäten erhalten. Hätte die Fed z.B. seit 1997 einen Referenzwert von 5,5 % für die Wachstumsrate der Geldmenge M2 festgelegt und die Signale dieser Größe ernst genommen, dann wäre der Börsenboom unter Umständen früher geldpolitisch abgedämpft und 2001 eine geringere Zinslockerung nötig gewesen, was zu einer größeren makroökonomischen Stabilisierung nach dieser Auffassung beigetragen hätte. Angesichts der im Vergleich zum Euroraum sowohl im Boom, in der Rezession und im Aufschwung überdurchschnittlichen wirtschaftlichen Performance in den USA, ist letztere Annahme jedoch fragwürdig.

6.3.7   Anderes Mandat und geldpolitische Philosophie der Fed?

Wenn es um die Erklärung der unterschiedlichen Zinspolitik von Fed und EZB geht, wird von geldpolitischen Beobachtern sehr häufig auf die unterschiedlichen Mandate beider Notenbanken verwiesen [vgl. SVR (2001), Ziff. 340]. Während die erste Sorge der EZB aufgrund der eindeutigen Zielvorgabe stets der Preisstabilität gilt, sind die Jahre 2001-2003 ein gutes Beispiel für die ausgewogene Zielabwägung, welche die Fed zwischen ihrem Inflations- und Beschäftigungsziel vornimmt. Dabei galt für Greenspan [(2001b), S. 592] ab Mitte 2001:

„... with inflation low and likely to be contained, the main threat to satisfactory economic performance appeared to come from excessive weakness in activity."

Aufgrund von Unsicherheit ist es jedoch für die Fed nicht immer ganz einfach, festzustellen, welches Ziel gerade stärker gefährdet ist. Die US-Geldpolitik muss daher ein permanentes „Risikomanagement" [vgl. Greenspan (2004a)] praktizieren und das potentielle Inflations- gegen das Rezessionsrisiko abwägen. Eine unsichere Datenlage war auch 2001 gegeben. Bis zum Sommer war es nicht nur im Euroraum, sondern auch in den USA höchst umstritten, ob die Wachstumsabschwächung in eine ausgesproche Rezession münden oder lediglich eine kleine Wachstumsdelle darstellen würde. Gleichzeitig war die Inflationsgefahr durchaus virulent, da die Konsumentenpreisinflation auf über 3 % nach oben schoss. Das scharfe Zinsmanöver der Fed war also nicht risikolos. Hätte die Fed wie die EZB nur ein Ziel gehabt, wäre es für

sie ein leichtes gewesen, eine Zinslockerung so lange zu verschieben, bis die Datenlage eindeutig gewesen und der ansteigende Inflationstrend sichtbar zum Stillstand
gekommen wäre. Ohne eine Doppelzielsetzung muss eine Notenbank keine so komplexe Risikoanalyse durchführen und wird wie die EZB eher abwartend agieren.[128]

Neben den unterschiedlichen Mandaten prägt aber auch eine unterschiedliche geldpolitische Philosophie das Handeln beider Notenbanken. Wie oben dargelegt, würde
es der EG-Vertrag grundsätzlich der EZB erlauben, eine etwas aktivere Outputstabilisierung zu praktizieren. Bisher steht die EZB jedoch auf dem Standpunkt, dass Konjunktursteuerung „überambitioniert und riskant" sei [Duisenberg (1999)] und lehnt
jede Form der „Feinsteuerung" ab. Sie knüpft dabei an die Tradition der Bundesbank
an, die in der Öffentlichkeit jeden Verdacht einer aktiven geldpolitischen Konjunkturstabilisierung vermeiden wollte. Im Gegensatz zur Fed rechtfertigte die Bundesbank
daher expansive Zinsschritte so gut wie nie mit dem Argument der Konjunkturstimulierung. Zum Beispiel hat sie die kontinuierliche Rückführung des Diskontsatzes von
8,25 auf 4,5 % in den Jahren 1993/1994, trotz einer akuten Konjunkturkrise fast ausschließlich mit monetären Argumenten begründet, wie:[129]

- „Abschwächung der monetären Expansion"
- „Entspannung des Preisklimas"
- „Anhaltender Rückgang der Preissteigerungsrate"

Die EZB scheint an diese Tradition anzuknüpfen, was folgender Kommentar zur ersten Zinssenkung der EZB im Jahr 2001 am 11. Mai zum Ausdruck bringt:

> *„Sicherlich im bewussten Kontrast zur ,Fed' hat Duisenberg die Zinssenkung der*
> *EZB ausschließlich mit dem mittelfristig nachlassenden Inflationsdruck im Euro-*
> *raum begründet – und nicht mit dem Hinweis auf einen konjunkturellen Ab-*
> *schwung." O. V. (2001e), S. 1.*

Es stellt sich jedoch die Frage, ob die EZB nicht einen künstlichen Gegensatz zwischen Preis- und Outputstabilisierung aufbaut und welche Alternative die EZB zu einer „Feinsteuerung" der Konjunktur besitzt. Alle Notenbanken versuchen heute die
Inflationsrate mit Hilfe des kurzfristigen Zinssatzes zu steuern. Es besteht dabei Konsens darüber, dass die Stabilisierung der Inflation über den „Umweg des Outputs"
erfolgen muss. Folglich ist es ganz normal, wenn Notenbanken bei einer Konjunktur-
abschwächung die Zinsen senken und im umgekehrten Fall erhöhen. Letztendlich
verfuhr auch die EZB auf diese Weise, wenn vielleicht auch teilweise zu spät und zu
zögerlich.[130]

Veranschaulicht man sich die Unterschiede zwischen Fed und EZB, die aus den divergierenden Mandaten und geldpolitischen Anschauungen resultieren anhand der

---

[128] „Richtig ist, dass ein unterschiedlicher [stabilitätspolitischer] Auftrag zu einer unterschiedlichen
Gewichtung von Konjunktur und Inflation führen kann und daher die Bereitschaft der Zentralbank
größer ist, das Risiko einer Inflationsbeschleunigung in Kauf zu nehmen." Tober (2001), S. 792.

[129] Vgl. hierzu die Synopse in Bofinger et al. (1996), S. 274ff. Teilweise führte die Bundesbank auch
die nachlassende Staatsnachfrage und die Aufwertung der DM am Devisenmarkt als Rechtfertigung an.

[130] Dehesa [(2004), S. 2] hat z.B. darauf hingewiesen, dass die EZB ihre Zinsen weitgehend parallel
zum Einkaufsmanagerindex (PMI) des verarbeitenden Gewerbes – einem Stimmungsbarometer,
der einen hohen Gleichlauf zur Industrieproduktion aufweist – verändert habe.

Trade-off-Kurve (siehe Abb. 6.27), dann wird man die EZB sicherlich weiter südöstlich als die Fed ansiedeln, in einem Bereich höherer Präferenz für Preisstabilität. Was dies in der Praxis bedeutet, wird vor allem bei negativen Angebotsschocks deutlich, wie sie in den vergangenen Jahren aufgrund der gestiegenen Ölpreise immer wieder in Erscheinung traten. Während die EZB vor allem auf die Möglichkeit von Zweitrundeneffekten und steigenden Lohndruck hinweist, steht bei der Fed die mit dem Schock verbundenen Wachstumsrisiken im Vordergrund, was die EZB eher in Richtung Restriktion die Fed eher in Richtung Expansion tendieren lässt.[131]

Hinzu kommt, dass die EZB als neue Institution über weniger Reputation als die Fed verfügte. Ihre Taylor-Kurve dürfte sich daher anfangs weiter rechts befunden haben. Aus der hohen Stabilität der Inflationserwartungen über die ersten fünf Jahre kann man jedoch schließen, dass die sich die Trade-off-Kurve der EZB bereits nach links verlagert hat. Es ist daher nicht ganz unwahrscheinlich, dass die EZB in Zukunft eine Bewegung auf ihrer Trade-off-Kurve in Richtung höherer Outputstabilisierung vollzieht. Erste Anzeichen sind hierfür gegeben. So haben Äußerungen des neuen Notenbankchefs Trichet Spekulationen auf einen Kurswechsel der EZB und die Loslösung von der Bundesbank-Tradition ausgelöst. Trichet hob in einer für EZB-Notenbanker bisher untypischen Manier im März 2004 hervor, dass ihm die schwache Konsumnachfrage im Euroraum Sorge bereite.[132]

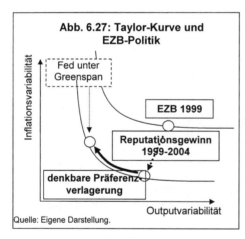

Abb. 6.27: Taylor-Kurve und EZB-Politik

Inflationsvariabilität

Fed unter Greenspan

EZB 1999

Reputationsgewinn 1999-2004

denkbare Präferenzverlagerung

Outputvariabilität

Quelle: Eigene Darstellung.

Was wäre geschehen, wenn die EZB bereits im Jahr 2003 eine ähnliche Risikoabwägung zwischen Inflations- und Outputvariabilität vorgenommen hätte wie die Fed? In diesem Fall hätte sie vermutlich eine weitere Zinssenkung in Betracht gezogen. Im Dezember 2003 prognostizierte die EZB einen Rückgang der Inflationsrate in den Jahren 2004 und 2005 auf 1,8 bzw. 1,6 %. Die Einhaltung des Inflationsziels war daher sehr wahrscheinlich. Ihre Wachstumsprognose für das Jahr 2004 lief hingegen auf eine Ausdehnung der ohnehin bereits deutlich negativen Outputlücke hinaus.

---

[131] Auf die Frage der Juni-Pressekonferenz 2004, ob sich die EZB nach dem Anstieg der Ölpreise vor einem Dilemma sehe, das nachlassende Wachstum mit Zinssenkungen zu fördern, oder durch Zinserhöhungen Preisstabilität zu bewahren, antwortete EZB-Präsiden Trichet, dass die eindeutige Verantwortung der EZB bei Preisstabilität liege und dass ihre primäre Aufgabe in der aktuellen Situation darin bestehe, die Inflationserwartungen stabil zu halten und Zweitrundeneffekte zu verhindern, vgl. EZB (PC Jun 2004). Zur gleichen Zeit gewannen EZB-Beobachter den Eindruck: „Die EZB ist offensichtlich stärker über die Folgen des Ölpreisanstiegs für die Inflation als für das Wirtschaftswachstum besorgt." O.V. (2004).

[132] Vgl. z.B. von Heusinger (2004). Auf der Pressekonferenz Anfang April 2004 relativierte Trichet aber bereits wieder seine Äußerungen und machte klar, dass die EZB ihren besten Beitrag zu mehr Wachstum durch die glaubwürdige Sicherstellung von Preisstabilität leiste, vgl. EZB (PC Apr 2004).

Die Outputvariabilität würde sich also tendenziell vergrößern. Weitere Argumente für eine Zinslockerung lieferte die asymmetrische Risikoverteilung um die Projektionen.[133] Die Risiken einer versehentlich zu starken Zinslockerung wurden von einigen EZB-Bobachtern als gering eingestuft. Nach deren Ansicht hätte dies bestenfalls einen leichten Anstieg der Inflationsrate auf vielleicht 2,5 % zur Folge gehabt. Das Risiko einer zu straffen Zinspolitik war dagegen vergleichsweise groß, denn eine weitere Ausdehnung der negativen Outputlücke hätte unter Umständen in einigen Euro-Ländern die Deflationsgefahren merklich erhöht.

Zusammenfassend lässt sich sagen, dass bisher auch das gesetzliche Mandat und dessen Auslegung durch die EZB eine rasche Zinslockerung verhindert hat. Die einseitige Konzentration auf die Analyse der Risiken für Preisstabilität – statt der von der Fed durchgeführten Risikoabwägung zwischen zwei Zielen – erleichtert prinzipiell die Geldpolitik und führt zu einer Haltung, die so lange abwartet, bis sich die Datenlage geklärt hat. Dabei ist die EZB penibel darauf bedacht, eine Zinslockerung – ganz in der Tradition der Bundesbank – stets mit nachlassendem Preisdruck und nicht mit dem Argument der Konjunkturstimulierung zu rechtfertigen. Diese Haltung könnte sich ändern, sobald die EZB – nach ihrer eigenen Einschätzung – genügend Reputationskapital aufgebaut hat. Die EZB könnte dann entlang der Taylor-Kurve nach links wandern und Outputstabilisierung zumindest als Vorbindung für Preisstabilität offiziell anerkennen.

6.3.8 Die empirische Analyse: Wie restriktiv war die EZB tatsächlich?

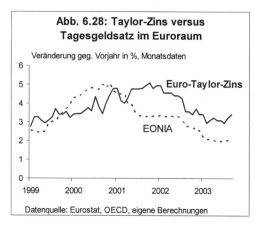

Abb. 6.28: Taylor-Zins versus Tagesgeldsatz im Euroraum

Veränderung geg. Vorjahr in %, Monatsdaten

Euro-Taylor-Zins

EONIA

1999 2000 2001 2002 2003

Datenquelle: Eurostat, OECD, eigene Berechnungen

Es gab viele Versuche, der Frage nach dem Restriktionsgrad der EZB-Politik auf empirischem Wege nachzuspüren. Ein sehr beliebter Orientierungsmaßstab ist dabei die Taylor-Regel. Der Vergleich eines hypothetischen Taylor-Zinses mit dem Tagesgeldsatz EONIA[134] des Euroraums sollte Rückschlüsse über zu expansives oder restriktives Verhalten der EZB liefern. Angesichts des im Raum stehenden Vorwurfs, dass die EZB in den vergangenen Jahren zu zögerlich agierte, kommen die meisten dieser Studien zu dem überraschenden Ergebnis, dass der tatsächliche EZB-Leitzins zwischen 2001 und 2003 eher unter- als oberhalb eines hypothetischen

---

[133] Mehrere EZB-Beobachter wiesen Ende 2003/Anfang 2004 auf die asymmetrischen Wachstumsrisiken hin und forderten daher weitere Zinslockerungen (meist 50 Basispunkte), vgl. z.B. Dehesa (2003), Bofinger (2004), S. 3ff., DIW (WB 1/2004), S. 30, OECD (EO 1/2004), S. 36, oder IMF (WEO 1/2004), S. 25f.

[134] Euro Overnight Interest Avarage. Dieser Tagesgeldsatz folgt eng dem von der EZB festgelegten Mindestbietungssatz der Hauptrefinanzierungsgeschäfte.

Taylor-Zinses verläuft. Gemessen an der Taylor-Regel hat sich demnach die EZB *zu expansiv* und nicht zu restriktiv verhalten.[135] Eine solche Schlussfolgerung impliziert auch Abb. 6.28, in welcher der Verlauf eines Taylor-Zinses mit der Bewegung des europäischen Tagesgeldsatzes verglichen wird. Zur Ableitung des Taylor-Zinses wurden konventionelle Spezifikationen verwendet: Ein realer Gleichgewichtszins von 2,5 %, ein Inflationsziel von 2 % sowie eine gleichrangige Gewichtung der Inflations- und Outputlücke mit dem Faktor 0,5.[136] Die Inflationsrate wird anhand der Kerninflationsrate des HVPI gemessen und für die Outputlücke werden die (halbjährlichen) Schätzungen der OECD verwendet. Die Abbildung zeigt, dass der Tagesgeldsatz ab dem 2. Halbjahr 2001 den Taylor-Zins unterschreitet und sich Anfang 2004 etwa 1¼ Prozentpunkte unterhalb der Regelempfehlung befindet. Ist der Vorwurf einer zu straffen EZB-Politik damit widerlegt?

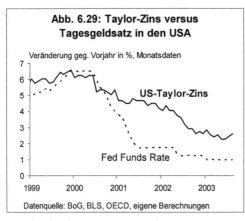

Abb. 6.29: Taylor-Zins versus Tagesgeldsatz in den USA

Veränderung geg. Vorjahr in %, Monatsdaten

US-Taylor-Zins

Fed Funds Rate

1999　2000　2001　2002　2003

Datenquelle: BoG, BLS, OECD, eigene Berechnungen

Nicht unbedingt, wenn man wiederum den Vergleich mit der Fed heranzieht. Errechnet man für die USA einen Taylor-Zins unter dem gleichen Spezifikationsmuster wie oben, dann ergibt sich ein ähnliches Bild wie bei der EZB (Abb. 6.29).[137] Auch hier sinkt der Tagesgeldsatz (Fed Funds Rate) im Jahr 2001 – allerdings bereits im März – unter den Taylor-Zins und Anfang 2004 liegt die Taylorempfehlung etwa 1¼ Prozentpunkte oberhalb des tatsächlichen kurzfristigen Zinssatzes. Aus beiden Abbildungen könnte man folgern, dass sowohl die EZB als auch die Fed zu expansiv agierten und die Fed ein schlechtes Vorbild für die EZB darstellt. Es gibt jedoch Gründe, die dafür sprechen die herkömmlichen Spezifikationen der Taylor-Regel in den Jahren 2001-2003, „nach unten" anzupassen:[138]

---

[135] Vgl. zu einem solchen Resultat z.B. BIZ (2003), S. 72f., SVR (2003), Ziff. 721f., OECD (ES Euro Area 2003), S. 99f., oder Scheide (2001), S. 343f. Gemäß den Berechnungen des SVR wird die EZB-Politik aber erst nach dem 11. September 2001 expansiver als die Taylor-Regel. Begg et al. [(2002), S. 44] ermitteln, dass die EZB 2001 einer eher „restriktiven" Taylor-Regel gefolgt ist, welche die Outputlücke mit 0,8 und die Inflationslücke mit 2,0 gewichtet. Das DIW [(WB 1/2004), S. 30f.] berechnet unter Verwendung von Erwartungsgrößen und einer recht hohen Gewichtung der Outputlücke einen Taylor-Zins der unterhalb des Tagesgeldsatzes verläuft.

[136] Der durchschnittliche kurzfristige Realzins (Dreimonatszins deflationiert mit HVPI-Inflation) zwischen 1994 und März 2004 lag im Euroraum bei 2,4 % [vgl. EZB (MB Mai 2004), S. 67]. Andere [SVR (2003), BIZ (2003)] gehen eher von höheren kurzfristigen Realzinsen um 3 % aus.

[137] Die Kerninflation wird am CPI gemessen.

[138] Die EZB [(2004a), S. 66ff.] selbst geht davon aus, dass der „neutrale" Realzins im Euroraum in den letzten Jahren gesunken ist (nennt dafür aber andere Gründe, u.a. abnehmde Bevölkerung und Produktivitätsrate) und folgert hieraus, dass der geldpolitische Spielraum zugenommen habe. Auch die BIZ [(2003), S. 73] spricht von einer „Reihe ungewöhnlicher Umstände", die ein expansiveres Vorgehen als es die Taylor-Regel impliziert, rechtfertigen würde.

1. Nach dem Platzen der „New Economy"-Blase wurden die erwarteten Ertragsraten auf Sachkapital allgemein reduziert, was dafür spricht, dass der reale Gleichgewichtszins am unteren Rand der üblichen Schätzungen liegt – also eher bei 2,0 als bei 2,5-3,5 %.

2. Sieht sich eine Notenbank dazu verpflichtet, eine aktive Stabilisierungspolitik zu betreiben – sei es, um Preisstabilität sicherzustellen oder aufgrund eines expliziten Outputziels –, spricht vieles dafür in Zeiten niedriger Inflation die Outputlücke höher als die Inflationslücke zu gewichten, da die Inflationsrate angesichts hoher Preisrigiditäten auf eine abnehmende Ressourcenauslastung kaum reagieren wird (flache Angebotskurve).[139]

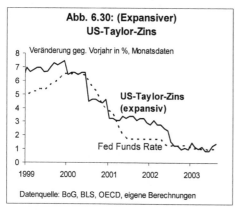

Abb. 6.30: (Expansiver) US-Taylor-Zins

Veränderung geg. Vorjahr in %, Monatsdaten

US-Taylor-Zins (expansiv)

Fed Funds Rate

1999 2000 2001 2002 2003

Datenquelle: BoG, BLS, OECD, eigene Berechnungen

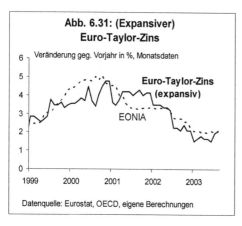

Abb. 6.31: (Expansiver) Euro-Taylor-Zins

Veränderung geg. Vorjahr in %, Monatsdaten

Euro-Taylor-Zins (expansiv)

EONIA

1999 2000 2001 2002 2003

Datenquelle: Eurostat, OECD, eigene Berechnungen

3. Die in zunehmendem Maße seit 2002 auftretende Deflationsgefahr, das Problem der Liquiditätsfalle sowie die Fülle negativer Schocks (11. September, Bilanzskandale, Irakkrieg) sprechen unter Umständen dafür, dass Inflationsziel leicht anzuheben, um damit einem Absinken der Inflationserwartungen zu begegnen.

Folgt man z.T. diesen Empfehlungen und wählt für den realen Gleichgewichtszins 2,0 statt 2,5 % und verdoppelt die Gewichtung der Outputlücke, dann erhält man eine „expansive" Variante des Taylor-Zinses, der die Fed-Politik in den Jahren 2001/2003 sowie die EZB-Politik 2002/2003 recht gut abbildet (siehe Abb. 6.30 und Abb. 6.31). Ende 2003 hätte ein solcher Taylor-Zins z.B. für die USA ein Zinsniveau von ca. 1% und für den Euroraum von 1,5 bis 2,0% empfohlen, was in etwa dem tatsächlichen Leitzinsniveau entspricht. Eine um 50 bis 100 Basispunkte straffere Haltung der EZB im Vergleich zur Fed ließ sich also mit dieser Regel durchaus rechtfertigen.[140] Hat die

---

[139] Andere würden wiederum argumentieren, dass man in Zeiten größerer Unsicherheit, die zum Teil in den Jahren 2001-2003 gegeben war, die Outputlücke geringer gewichten sollte, vgl. z.B. Orphanides (2003a).

[140] Die Begründung hiefür liegt allerdings in der höheren Kerninflation im Euroraum und nicht in einer weniger negativen Outputlücke.

EZB demnach angemessen gehandelt, in dem sie einen Sicherheitsabstand zur Fed gewahrt hat? Folgende Punkte könnten jedoch eine noch expansivere Auslegung der Taylor-Regel im Falle des Euroraums rechtfertigen:

*   Berücksichtigt man die Unterschiede in der Fiskalpolitik müsste eigentlich der reale Gleichgewichtszins, der die aggregierte Nachfrage in Höhe des Produktionspotentials stabilisiert, im Euroraum niedriger als in den USA sein.

*   Die Inflationslücke würde im Euroraum wesentlich niedriger ausfallen, wenn sich die EZB primär an den Kernländern ausrichten und die strukturell bedingte höhere Inflation in den aufholenden Ländern ignorieren würde.

*   Eine „vorausschauende" Taylor-Regel, die statt „Ist"-Werten Erwartungsgrößen beinhaltet, würde spätestens Ende 2003 einen Taylor-Zins für den Euroraum empfehlen, der unterhalb eines US-amerikanischen Taylor-Zinses verläuft, da die Prognosen über die zukünftigen Outputlücken von diesem Zeitpunkt an für die USA wesentlich günstiger ausfallen. Anfang 2004 prognostizierte die OECD für das Jahr 2005 in Bezug auf den Euroraum eine unverändert negative Outputlücke von 1,8 % und ein Absinken der Inflationsrate (Konsumenteninflation) auf 1,4 %. Hieraus würde sich gemäß obiger Regel ein Taylor-Zins von 1,0 % ergeben, was eine zusätzliche Zinslockerung der EZB nahe legen würde.[141]

Ein anderer Aspekt, der bisher außer Acht gelassen wurde, ist die Wechselkursentwicklung, die seit Mitte 2002 ein zusätzliches Argument für eine expansivere Zinspolitik liefert, da der Euro seitdem unter kräftigem Aufwertungsdruck steht.[142] Der Euroraum ist zwar ein vergleichsweise geschlossenes Währungsgebiet, wie oben gezeigt wurde, spielt jedoch der Wechselkurskanal innerhalb des euroraumweiten Transmissionsprozess eine tragende Rolle. Der reale Wechselkurs ist daher neben dem Realzins ein wichtiger Hebel der EZB-Politik zur Beeinflussung der aggregierten Nachfrage.[143]

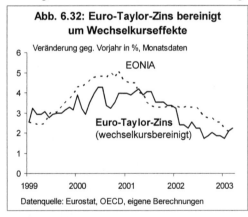

Abb. 6.32: Euro-Taylor-Zins bereinigt um Wechselkurseffekte

Veränderung geg. Vorjahr in %, Monatsdaten

EONIA

Euro-Taylor-Zins (wechselkursbereinigt)

1999   2000   2001   2002   2003

Datenquelle: Eurostat, OECD, eigene Berechnungen

---

[141] Hätte sich die Fed an einer vorausschauenden Taylor-Regel im Frühjahr 2004 orientiert, hätte sie die Zielrate der Fed Funds Rate auf etwa 4 % anheben müssen, da die OECD eine ziemliche Punktlandung für beide Ziele der Fed im Jahre 2005 voraussah (eine Outputlücke von +0,2 und eine Inflationsrate von 2 %), wobei die Prognose bereits eine allmähliche Zinsanhebung auf 3,5 % beinhaltet, vgl. OECD (EO 1/2004), S. 61 und 63.

[142] Das DIW [WB 1/(2004), S. 30] und die OECD [EO (2004), S. 24ff.] haben z.B. darauf hingewiesen, dass die monetären Rahmenbedingungen im Euroraum 2002/2003 trotz der Leitzinssenkungen aufgrund der Euroaufwertung eher straffer als expansiver geworden sind.

[143] Außer über den Zins- und Wechselkurskanal wirkt die Geldpolitik natürlich noch über eine Vielzahl von anderen Variablen. Der Wechselkurs ist aber eine Größe, welche die Geldpolitik neben dem Zins am unmittelbarsten beeinflussen kann. Für kleinere und damit offenere Volkswirtschaften kommt dem Wechselkurs eine noch größere Bedeutung zu. In solchen Ländern wird zum Teil ein

Bei der Beurteilung des monetären Restriktionsgrades des Euroraums sollte daher der reale Wechselkurs mitberücksichtigt werden, d.h. die obige Taylor-Regel sollte um die Wechselkurseffekte bereinigt werden.[144] Um dies zu bewerkstelligen, wird hier ein stark simplifiziertes und grobes Verfahren gewählt. Zum einen wird lediglich der bilaterale Wechselkurs mit dem US-Dollar betrachtet. Da sich die Kerninflation in beiden Ländern seit Anfang 2002 weitgehend parallel entwickelt, beschränkt sich die Betrachtung außerdem auf den nominalen Wechselkurs. Weiterhin wird davon ausgegangen, dass der Gleichgewichtskurs bei 1,0 US-$/€ liegt, was zugleich dem Durchschnittskurs zwischen Januar 1999 und April 2004 entspricht. Schließlich wird unterstellt, dass eine Aufwertung des Euro-Außenwertes um 10 % gegenüber diesem Gleichgewichtswert (= 1,1 $/€) in seiner monetären Wirkung einem Anstieg der kurzfristigen Realzinsen um 50 Basispunkten gleichkommt.[145] Wird die obige expansive Variante der Taylor-Regel entsprechend um die Wechselkurseffekte bereinigt, dann erhält man einen Verlauf des Taylor-Zinses wie in Abb. 6.32, d.h. zwischen Oktober 2001 und Juni 2002 handelte die EZB unter anderem wegen des schwachen Eurokurses zu expansiv, seit Anfang 2003 aber deutlich zu restriktiv. Anfang 2004 hätte z.B. bei einem Kurs von ca. 1,25 $/€ diese wechselkursbereinigte Taylor-Regel einen Zins von ca. 0,75 % empfohlen, womit sie 1¼ Prozentpunkte unterhalb des tatsächlichen Leitzinses lag.

Zusammenfassend kann man festhalten, dass eine herkömmlich spezifizierte Taylor-Regel zwei Schlussfolgerungen nahe legt, welche die Kritik an der EZB zu entkräften scheint: *Erstens* hat die EZB 2001-2003 laut Taylor-Regel eher zu expansiv als zu restriktiv gehandelt und *zweitens* rechtfertigt sie auch ein im Vergleich zur Fed etwas straffere Vorgehen der EZB. Die positive Differenz zwischen Taylor-Zins und europäischem Tagesgeldsatz lässt sich aber dadurch abbauen, in dem man einen recht niedrigen Realzins sowie eine hohe Gewichtung der Outputlücke wählt, wofür einige Gründe sprechen (Rückgang der Ertragsraten, Vielzahl an Schocks, niedrige Inflation, Null-Zins-Untergrenze). Die positive Differenz zwischen dem für die Fed und der EZB empfohlenen Taylor-Zins lässt sich dadurch egalisieren, indem man die expansivere Fiskalpolitik, die schlechteren Wachstumsaussichten im Euroraum, die strukturell höheren Inflationsraten in manchen Euroländern und (in jüngster Zeit) die Euroaufwertung berücksichtigt.

---

so genannter Monetary Conditions Index (MCI) ermittelt, mit dessen Hilfe versucht wird, den monetären Wirkungsgrad von Realzins und realem Wechselkurs in einer Größe zusammenzufassen [vgl. zu einem Überblick: Deutsche Bundesbank (1999), S. 54ff.].

[144] Der Wechselkurs wird hier vor allem als ein Indikator des geldpolitischen Restriktionsgrades gesehen. Daneben wirken sich Wechselkursveränderungen aber auch direkt auf die aktuelle Inflationsentwicklung aus und verändern damit die Taylor-Zinsempfehlung selbst. Es müsste daher eine Bereinigung um Wechselkurseffekte auf der „linken" und „rechten" Seite der Taylor-Regel stattfinden, von letzterem wird hier aber abgesehen [vgl. z.B. Ball (1999a) für ein solches Verfahren].

[145] Clarida et al. [(1998), S. 1046f.] haben für Deutschland ermittelt, dass die Bundesbank in den Jahren 1979-94 durchschnittlich auf eine reale Aufwertung der DM gegenüber dem US-$ um 10 % mit einer Zinssenkung von 50 Basispunkten reagiert hat. Dieses Ergebnis wird (trotz des größeren Währungsraums) auf das Eurogebiet übertragen. Das DIW [(WB 1/2004), S. 30] geht davon aus, dass eine reale Abwertung des Euros gegenüber dem US-Dollar um 10 % einer Zinssenkung um 100 Basispunkte entspricht. Studien über den geldpolitischen Transmissionsprozess im Euroraum legen sogar nahe, dass eine reale Euro-Aufwertung um 5 % in seiner Wirkung einer Erhöhung der Leitzinsen um 100 Basispunkten entspricht, vgl. Angeloni et al. (2003a), S. 389ff.

6.4   Ein vorläufiges Resümee: War die EZB 2001-03 zu restriktiv?

Lässt man die obige Analyse Revue passieren, so hätten in den Jahren 2001-2003 einige Punkte für eine weniger straffe, nah an der expansiven Haltung der Fed ausgerichtete Geldpolitik gesprochen:

1. Das seit Mitte 2001 sehr schwache reale Wachstum, das unterhalb des US-Wachstums lag und zu einer kontinuierlichen Ausweitung der negativen Outputlücke führte.
2. Die geringen fiskalpolitischen Impulse in Europa.
3. Die nach unten zeigenden Inflationsprognosen.
4. Das bereits erworbene Reputationskapital sowie die Stabilität der privaten Inflationserwartungen und die damit verbundene geringe Wahrscheinlichkeit von Zweitrundeneffekten nach temporären Preisschocks.
5. Die Möglichkeit das Wachstum mittels expansiver Impulse über den Zins- und Wechselkurskanal zu stimulieren und die Ertragslage von Banken und Unternehmen durch Zinssenkungen zu entlasten.
6. Die geringe Aussagekraft von Geldmengendaten bei niedriger Inflation.
7. Die Einsicht, dass langfristig ein Trade-off zwischen Inflations- und Outputvariabilität gegeben ist und dass durch die Stabilisierung von Produktion und Beschäftigung auch ein Beitrag zu Preisstabilität geleistet wird.
8. Die hohe Plausibilität eines niedrigen realen Gleichgewichtszinses und eines niedrigen, um Wechselkurseffekte bereinigten Taylor-Zinses.

Es wäre auf jeden Fall möglich gewesen, die Euro-Zinsen früher (im Jahr 2001) und um zusätzlich 100 Basispunkte (im Jahr 2002) – und damit ungefähr auf das Niveau der Fed Funds Rate – abzusenken. Die EZB hätte damit den Forderungen internationaler Organisationen entsprochen und wäre den Empfehlungen einer Taylor-Regel gefolgt, die ein expansives Spezifikationsmuster aufweist. Nach ihren eigenen Modellberechnungen [vgl. Angeloni et al. (2003a), S. 389] hätte ein solcher zusätzlicher expansiver Impuls das reale Wachstum 2003 immerhin um ca. 0,25 Prozentpunkte und im Jahr 2004 um ca. 0,5 Prozentpunkte angehoben. Allerdings hätte die EZB gleichzeitig einen zusätzlichen Preisschub von etwa 0,3 Prozentpunkten einkalkulieren müssen, was vermutlich eine leichte Anhebung des Inflationsziels erforderlich gemacht hätte. Die EZB ist einen anderen Weg gegangen und war vor allem darum bemüht, weitere Reputation in der Inflationsbekämpfung aufzubauen. Es ist daher gut möglich, dass die EZB in Zukunft dieses Kapitalgut zur Stärkeren Berücksichtigung ihrer zweiten Zielsetzung (Unterstützung der allgemeinen Wirtschaftspolitik) nutzen wird. Sie würde dann entsprechend der Fed während einer Rezession, wenn der Inflationsdruck merklich nachlässt, aggressiv die Zinsen senken und in der Aufschwungphase durch eine akkommodierende Politik temporär reale Wachstumsraten oberhalb des Potentialtrends unterstützen.

In den Jahren 2004/2005 könnte die EZB bereits ihr Reputationskapital nutzen, um keinen übereilten Zinserhöhungsprozess einzuleiten. Würde das 19-köpfige US-amerikanische Offenmarktgremium über die Geschicke der Geldpolitik in Europa entscheiden, dann würde man so lange mit Zinserhöhungen warten, bis sich ein selbsttragender Aufschwung im Euroraum eingestellt hat, die Arbeitslosenrate zurückgeht, und eine Beseitigung der negativen Outputlücke zu erwarten ist. Hierzu müsste das reale Wachstum mehrere Quartale lang oberhalb des Potentialtrends liegen. All dies war jedoch bis zum Sommer 2004 nicht der Fall.[146] Trotzdem mehrten sich bereits die Stimmen, die von der EZB vehement Zinserhöhungen forderten.[147] Damit liefe die EZB aber Gefahr, den Aufschwung frühzeitig zu unterbinden und die Sockelarbeits- losigkeit erneut anzuheben.

Voraussetzung für eine beschäftigungsfreundliche Geldpolitik der EZB sind jedoch stabile institutionelle Rahmenbedingungen. Vorschläge, wie sie in jüngster Zeit von Frankreich und Italien vorgebracht wurden, die darauf abzielen die politische Ein- flussnahme auf die EZB zu verstärken und das Preisstabilitätsziel zu lockern, sind in dieser Hinsicht kontraproduktiv, denn unabdingbare Voraussetzung für eine Geldpoli- tik, die neben Preisstabilität auch Wachstum und Beschäftigung fördern will, sind stabile langfristige Inflationserwartungen.[148] Entstehen Zweifel am Stabilitätswillen der EZB, z.B. weil das Preisstabilitätsziel in den Hintergrund gedrängt wird, oder die EZB sich den politischen Vorgaben der „Euro-Gruppe" beugen muss, ist eine be- schäftigungsfreundliche Geldpolitik zum Scheitern verurteilt. Es sollte aus Sicht der Öffentlichkeit zumindest theoretisch denkbar sein, dass die EZB auf einen sprunghaf- ten Anstieg der Inflationserwartungen mit einer aggressiven Zinserhöhung reagiert. Es wäre sehr schlecht, wenn stattdessen der öffentliche Eindruck entstünde, dass die EZB aufgrund zu starken politischen Gegenwinds vor solchen Maßnahmen prin- zipiell zurückschreckt. Eine beschäftigungsfreundlichere Geldpolitik sollte auch kein Freibrief für die größeren europäischen Länder sein, keine weiteren Arbeitsmarktre- formen mehr durchzuführen. Wie die USA zeigen führt nur die Kombination aus geldpolitischer Stabilisierungspolitik und flexiblen Arbeitsmärkten zum Erfolg.

---

[146] Das reale BIP stieg im 1. Quartal 2004 um 1,3 % und im 2. Quartal um 2,0 % (geg. Vorjahr, vgl. Eurostat) und lag damit unterhalb des geschätzten Potentialtrends. Die Arbeitslosenrate verharrt derweil bei 9 %. Für das Jahr 2005 schätzt die EZB [(MB Sep 2004), S. 67] das reale BIP- Wachstum im Mittel auf 2,3 %.

[147] Es wird bereits davor gewarnt, dass die EZB mit ihrem künstlich niedrigen Zins, „Kapitalver- schwendung und übermäßige Kreditaufnahme" [Fels (2004), S. 24] begünstige, was angesichts der aktuellen Klagen über eine Kreditklemme und der Finanzierungsschwierigkeiten des Mittelstandes in Deutschland merkwürdig anmutet.

[148] Einige Regelungen der geplanten EU-Verfassung könnten auf eine Schwächung der Unabhängig- keit der EZB hinauslaufen. Unter anderem ist geplant: 1) Die EZB von einer eigenständigen Institu- tion zu einem Organ der EU herabzustufen. 2) Die Aufwertung der Euro-Gruppe (Finanzminister des Euroraums), die nach den Vorstellungen Frankreichs möglichst auf „gleicher Augenhöhe" mit der EZB über wirtschaftspolitische Fragestellungen diskutieren soll. Dahinter steht u.U. die Bestre- bung, eine „Wirtschaftsregierung" an die Seite der EZB zu stellen und die Geldpolitik in eine „ge- meinsame Wirtschafts- und Finanzpolitik" einzubinden. 3) Die Unabhängigkeit der nationalen No- tenbanken sowie die EZB-Satzung sollen in einem vereinfachten Verfahren (ohne Regierungskon- ferenz) geändert werden können. Der italienische Ministerpräsident Berlusconi forderte sogar aus- drücklich, dass man die EZB unter „politische Kuratel" stellen sollte, vgl. o.V. (2004b), S. 15.

7 Schlussbetrachtung

Abschließend sollen die Ergebnisse auf die wichtigsten Fragestellungen dieser Arbeit zusammengefasst werden:

(1) Wie erfolgreich war die Geldpolitik der Greenspan-Ära?

Die Greenspan-Fed wollte zum einen – anknüpfend an die Volcker-Ära – weitere Fortschritte in Richtung Preisstabilität erzielen. Zum anderen wollten Greenspan und seine Kollegen aber auch das reale Wachstum so dicht wie möglich am Potentialtrend halten, um eine kontinuierliche Ausschöpfung der Sach- und Arbeitskapazitäten zu erreichen. Das FOMC hatte daher ein Interesse daran, die kräftige Wirtschaftsdynamik, die sich jeweils Mitte der 1980er und 1990er Jahre entwickelt hatte, leicht abzudämpfen, aber keinesfalls abzuwürgen. Einmal (1995) gelang auf diese Weise eine perfekte „weiche Landung". Mitte 1990 und Anfang 2001 glitt die US-Wirtschaft jedoch in eine Rezession ab. Dies lässt auf den ersten Blick ein Scheitern der Fed-Politik vermuten. In dieser Arbeit wird jedoch die Meinung vertreten, dass die Konjunkturkrisen vorwiegend durch exogene Schocks ausgelöst wurden und die Fed-Politik dabei nur eine sekundäre Rolle spielte. Sicherlich kann man der Fed rückblickend ankreiden, dass ihre Zinsschritte im Februar 1989 von 9½ auf 9¾ % und im Mai 2000 von 6 auf 6½ %, mit denen sie die Realzinsen jeweils auf ein sehr hohes Niveau getrieben hatte, überflüssig waren. Angesichts der Unsicherheit mit der die Geldpolitik in dieser Zeit konfrontiert war, und der Tatsache, dass viele Fed-Beobachter noch deutlichere Zinssignale von der Fed gefordert hatten, kann man hierin aber wohl kein wirkliches Versagen der US-Notenbank sehen. Stattdessen bleibt als Faktum bestehen, dass die Greenspan-Ära in die zwei längsten Aufschwungphasen der US-amerikanischen Nachkriegszeit (November 1982-Juli 1990, März 1991-März 2001) fällt, und es der Fed damit gelungen ist, recht lange für Konjunkturstabilität zu sorgen. Hinzu kommt, dass die Rezessionen im historischen Vergleich recht milde ausfielen und es der US-Wirtschaft rascher als anderen Ökonomien gelungen ist, ihre wirtschaftliche Dynamik wiederzuerlangen. Dazu beigetragen hat sicherlich auch die kompromisslose Zinssenkungspolitik der Fed 1990/91 und 2001/02. Nicht bewahrheitet haben sich Befürchtungen, dass die Fed mit ihrem Vorgehen unnötige Inflationsgefahren provoziere. Stattdessen hat sich herausgestellt, dass die USA trotz expansiver Geldpolitik vom Disinflationsdruck der Rezessionen profitieren konnte. Jedenfalls wurde die Konsumentenpreisinflation im Laufe der Greenspan-Periode von 4½ % (1987) auf 1½ % (2003) abgebaut. Die Strategie, die Inflation nur in Etappen zu reduzieren, kann man daher als erfolgreich bezeichnen. Dass der Disinflationstrend im Jahr 2004 zum Erliegen kam, war zum einen notwendig, um die Inflation nicht unter 1 % sinken zu lassen und ist zum anderen auf negative Angebotsschocks zurückzuführen. Insgesamt fällt die Beurteilung der Geldpolitik im Hinblick auf die Erfüllung ihres Inflations- und Beschäftigungsziel in den Jahren 1987-2004 überwiegend positiv aus.

*(2) Hat die Fed in den Jahren 1987-2004 eine beschäftigungsorientierte Politik prak-
tiziert?*

Das Beschäftigungsziel der Fed ist sicherlich nicht nur ein „Papiertiger", sondern wird
von der Fed in der Praxis umgesetzt. Im Gegensatz zu den 70er Jahren strebt die
Fed aber nicht als „Gehilfe" der US-Regierung nach einer möglichst niedrigen Arbeitslosenrate, sondern sie fasst heute ihr Beschäftigungsziel als Auftrag zu Konjunkturstabilisierung – im Sinne einer Stabilisierung der Arbeitslosenrate in Höhe der
NAIRU – auf. Dabei wird auf die empirischen Forschungsergebnisse vertraut, die
unabhängig von der angewandten Methodik (VAR-Analysen, strukturelle Modelle)
eine recht rasche, deutliche und lang anhaltende Wirkung der Geldpolitik auf die Realwirtschaft nahe legen. Die Mehrheit der Fed-Politiker ist daher der Überzeugung,
dass die Geldpolitik einen Beitrag zur Nivellierung von Outputschwankungen leisten
kann. Auch die Idee der Taylor-Kurve ist offenbar in der Vorstellungswelt der Fed fest
verankert. Fed-Politiker gehen jedenfalls mehrheitlich davon aus, dass eine zu einseitige Fixierung auf Preisstabilität hohe Outputvariabilität erzeugt. Dem wohl stich-
haltigsten Einwand gegen eine beschäftigungsorientierte Geldpolitik – der Gefahr
steigender Inflationserwartungen – ist die Fed auf verschiedene Weise begegnet.
Erstens betonen die Offenmarktmitglieder bei öffentlichen Auftritten stets, dass der
wichtigste *langfristige* Auftrag der Fed darin bestehe, Preisstabilität zu wahren und
eine Entwicklung wie in den 70er Jahren verhindert werden müsse. *Zweitens* hat die
Fed in ihrer Zinspolitik das Taylor-Prinzip befolgt, d.h. wenn es darauf ankam, hat die
Fed mit einer scharfen Zinsrestriktion reagiert. Hieraus lässt sich eine der wichtigsten
Erkenntnisse für eine erfolgreiche Stabilisierungspolitik ableiten. Auch in Phasen, in
denen die Fed sehr expansiv agierte, ist es ihr gelungen, in der Öffentlichkeit den
Eindruck zu erwecken, dass sie bei plötzlich auftretender Inflationsgefahr ohne
Rücksicht auf die damit verbundenen Outputkosten zu aggressiven Zinserhöhungen
greifen wird. Die Fed hat aber auch gezeigt, dass eine Notenbank, die sich Reputation erarbeitet hat, bei konstanter oder rückläufiger Inflation nicht immer strikt konservativ vorgehen muss. Ein gewisses Risiko ging der Offenmarktausschuss in den Jahren 1996-1999 ein. Die Fed hat sich in dieser Phase entsprechend des Solow'schen
Vorschlags verhalten und trotz rückläufiger Arbeitslosenraten unter die gängigen
NAIRU-Schätzungen mit Zinserhöhungen abgewartet. Nach den Angaben Greenspans hat die Fed in dieser Zeit jedoch nicht versucht, die NAIRU aktiv – mittels expansiver Nachfragepolitik – nach unten zu drücken, sondern hat lediglich den exogenen Rückgang der NAIRU passiv begleitet. Allerdings sind die Grenzen zwischen
einem exogenen oder endogenen Rückgang der NAIRU fließend. Greenspan und
seine Kollegen sahen jedenfalls einen wichtigen Beitrag ihrer Politik darin, „brachliegende" Arbeitsressourcen zu aktivieren, weshalb man durchaus von positiven Hysteresis-Effekten sprechen kann. Die US-NAIRU ist in der Tat in der Greenspan-Ära
nach allen gängigen Schätzungen gesunken. Nach Angaben der OECD [vgl. (2001),
S. 192, und (EO 1/2004), S. 236] ist die NAIRU in den USA von 5,6 % 1985 auf
5,1 % im Jahre 2003 gefallen, während sie im Euroraum in der gleichen Zeit (von 7,1
auf 8 %) angestiegen ist. Ob sich dies allein mit angebotsseitigen Faktoren erklären
lässt, ist zumindest fragwürdig.

(3) Muss die aktuelle Fed-Strategie einer Revision unterzogen werden?

Die derzeitige Fed-Strategie entspricht in vielen Bereichen sicherlich nicht den Ansprüchen, die an eine moderne geldpolitische Strategie gestellt werden. Es mangelt der Fed sowohl an einem quantitativen Inflationsziel als auch einer einfachen offiziellen Daumenregel, welche die Kommunikation mit der Öffentlichkeit erleichtert. Der Offenmarktausschuss hat sich weder auf ein einheitliches Kernmodell geeinigt, noch veröffentlicht er eine von allen Mitgliedern kollektiv akzeptierte Inflationsprognose. Die Fed ist auch nicht den Weg der EZB gegangen, welche die Öffentlichkeit umfassend über die einzelnen betrachteten Indikatoren und angewandten Analysemethoden informiert hat. Das Erstaunliche ist, dass die Fed trotz dieser Transparenzdefizite für die Öffentlichkeit in hohem Maße berechenbar und glaubwürdig ist, was sich an der geringen Zahl überraschender Entscheidungen und den sehr stabilen Inflationserwartungen zeigt. Greenspans Vorgehen und seine öffentlichen Erklärungen sind offenbar für die Märkte sehr plausibel. Dass die Fed nicht regellos agiert, zeigt auch die Nähe ihrer Zinspolitik zur Taylor-Regel. Ergänzt man die originäre Taylor-Regel um eine „smoothing"-Komponente und erhöht den Outputlückenkoeffizient, dann erzeugt man eine hohe Übereinstimmung zwischen Taylor-Zins und Fed Funds Rate. Trotzdem glauben eine Reihe von Fed-Politikern und Ökonomen, dass man durch eine wohlformulierte Strategie eine noch größere Kontinuität und langfristige Berechenbarkeit sowie Glaubwürdigkeit der Fed-Politik erreichen könnte. Auf der Suche nach einer Strategie, die zum dualen Mandat der Fed passt, stößt man jedoch auf Probleme. Inflation Targeting gerät sehr schnell unter Verdacht, eine Präferenzverlagerung in Richtung Preisstabilität auszulösen. Um mit der aktuellen Fed-Politik kompatibel zu werden, müsste Inflation Targeting daher zu „Inflation-and-Output-Gap Targeting" umgewandelt werden, was u.a. bedeuten würde, dass neben eine offizielle Inflationsprognose gleichberechtigt eine offizielle Outputlückenprognose treten müsste. Da die Umsetzung eines solchen Konzepts der Fed erhebliche Transparenzverpflichtungen auferlegen würde, kann man vermuten, dass sich die US-Notenbank zunächst auf ein weniger ambitioniertes Konzept einlässt. Sie könnte z.B. in einem ersten Schritt ein quantitatives Inflationsziel bekannt geben und dabei betonen, dass es sich nur um ein langfristiges Durchschnittsziel handelt. Kurzfristige Zielabweichungen würden die Fed dann nicht sofort unter Zugzwang setzen. Als nächstes könnte sie ihr Beschäftigungsziel bekräftigen und zumindest qualitativ näher präzisieren. Mit Hilfe eines solchen Ansatzes könnte man Flexibilität mit einem höheren Maß an Transparenz verbinden. Einige Fed-Politiker sprechen sich aber auch dafür aus, alles beim Alten zu belassen, denn in einem sich rasch wandelnden Umfeld benötige eine Notenbank alles andere als eine starre Strategie. Zum Beispiel habe die Fed im Jahr 2001 die Zinsen mutiger gesenkt, als es Strategien wie Inflation Targeting oder die Taylor-Regel „erlaubt" hätten. Auch die Strategie des „watchful waiting" 1996-1998 wäre im Rahmen von Inflation Targeting vermutlich schwieriger durchsetzbar gewesen.

(4) Können andere Notenbanken wie die EZB von der Fed lernen?

Das duale Mandat und die damit verbundene Zinspolitik der Fed weisen durchaus Vorbildcharakter für andere Notenbanken – speziell die EZB – auf. Ein paralleles Inflations- und Beschäftigungsziel zwingt eine Zentralbank zu einem stetigen Abwägungsprozess. Dies macht die Geldpolitik zwar komplexer – und wie manche befürchten auch intransparenter –, erzeugt aber gleichzeitig eine Qualitätsverbesserung, da die Notenbank verpflichtet ist, die realwirtschaftlichen Folgen ihrer Politik nicht nur in Bezug auf Preisstabilität, sondern auch im Hinblick auf ein konkretes Beschäftigungsziel zu bewerten. Im Zuge dieses Abwägungsprozesses sah sich die Fed gezwungen, früher und aggressiver auf die Rezession im Jahr 2001 zu reagieren als die europäische Notenbank. Das Inflationsziel trat gleichzeitig in den Hintergrund, da es weniger gefährdet war. In Aufschwungphasen hält die Fed so lange ihre akkommodierende Politik aufrecht bis sie ihrem Beschäftigungsziel näher kommt, d.h. die Arbeitslosenrate deutlich gefallen ist und sich die negative Outputlücke schließt. Dabei riskiert die Fed durchaus eine leichte Inflationsbeschleunigung. Eine Notenbank, die ausschließlich auf Geldwertstabilität verpflichtet ist, wird dieses Risiko hingegen minimieren. Gerade in Zeiten niedriger Inflation könnte es sich aber als notwendig erweisen, dass die Inflation im Aufschwung wieder leicht (evtl. sogar über das Inflationsziel) ansteigt, da ansonsten bei der nächsten Rezession Deflationsgefahr droht. Auch mit der Höhe des Potentialtrends geht die Fed offenbar flexibler um als die EZB. Während die europäische Notenbank die Wachstumsrate des Produktionspotentials eher als starre Barriere ansieht, die möglichst nicht überschritten werden darf, lässt die Fed Potentialüberschreitungen zu und wartet ab, bis tatsächlicher Inflationsdruck in den Daten erkennbar wird. Schließlich ist auch das Zutrauen in die reale Wirksamkeit der Geldpolitik auf Seiten der Fed größer. Die US-Notenbank glaubt fest an die konjunkturstimulierenden Wirkungen von Zinssenkungen. Die EZB verweist hingegen gerne darauf, dass in Europa die Konsumnachfrage in geringerem Umfang als „Schmiermittel" der Geldpolitik fungiert. Zumindest empirische Untersuchungen legen aber nahe, dass die reale Wirksamkeit der Geldpolitik (vor allem wegen des Wechselkurskanals) in Europa nicht minder stark ausgeprägt ist als in den USA. Noch nicht geklärt ist, ob die gegenwärtig praktizierte Fed-Politik zur Bubble-Bildung an den Vermögensmärkten beiträgt, oder ob es sich dabei nur um ein neues Argument handelt, um Beschäftigungsziele aus dem Zielkatalog einer Notenbank zu entfernen. Bisher deuten jedenfalls die Daten darauf hin, dass der Übergang auf einen soliden Wachstumspfad im Falle der USA im Jahre 2005 gelingen könnte, und die Weltwirtschaft in den nächsten Monaten eher durch hohe Ölpreise als ein plötzliches Platzen einer Immobilien-, Aktien- oder Rentenmarktblase gefährdet ist.

Literaturverzeichnis

Agresti, A.-M./Claessens, J. (2003): The Euro Area Economic and Financial Structure: An Overview, in: Angeloni, I./Kashyap, A. K./Mojon, B. (Hrsg.): Monetary Policy Transmission in the Euro Area, Cambridge (UK), New York 2003, S. 433-454.

Aherne, A./Gagnon, J./Haltmaier, J./Kamin, S. (2002): Preventing Deflation: Lessons from Japan's Experience in the 1990s, International Finance Discussion Papers, Number 729, June 2002.

Akerlof, G./Dickens, W. T./Perry, G. L. (1996): The Macroeconomics of Low Inflation, in: Brookings Papers on Economic Activity, 1996, No. 1, S. 1-59.

Akerlof, G./Dickens, W. T./Perry, G. L. (2000): Near-Rational Wage and Price Setting and the Long-Run Phillips Curve, in: Brookings Papers on Economic Activity, 2000, No. 1, S. 1-60.

Allsopp, C./Vines, D. (2000): The Assessment: Macroeconomic Policy, in: Oxford Review of Economic Policy, Vol. 16, No. 4, S. 1-32.

Amato. J. D./Morris, S./Shin, H. S. (2002): Communication and Monetary Policy, in: Oxford Review of Economic Policy, Vol. 18, No. 4, S. 495-503.

Andrés, J./Hernando, I. (1999): Does Inflation Harm Economic Growth? Evidence from the OECD, in: Feldstein, M. S. (Hrsg.): The Costs and Benefits of Price Stability, Chicago 1999, S. 315-341.

Angell, W. (1994): The U.S. Fed Faces an Integrity Test, in: Deutsche Bundesbank – Auszüge aus Presseartikeln, Nr. 24 vom 13.04.1994, S. 8-10.

Angeloni, I./Kashyap, A./Mojon, B./Terlizzese, D. (2002): Monetary Transmission in the Euro Area: Where Do We Stand?, ECB Working Paper No. 114, January 2002.

Angeloni, I./Kashyap, A./Mojon, B./Terlizzese, D. (2003a): Monetary Transmission in the Euro Area: Where Do We Stand?, in: Angeloni, I./Kashyap, A. K./Mojon, B. (Hrsg.): Monetary Policy Transmission in the Euro Area, Cambridge (UK), New York 2003, S. 383-412.

Angeloni, I./Kashyap, A./Mojon, B./Terlizzese, D. (2003b): The Output Composition Puzzle: A Difference in the Monetary Transmission Mechanism in the Euro Area and U.S., ECB Working Paper No. 268, September 2003.

Arrow, K. J. (1962): The Economic Implications of Learning by Doing, in: The Review of Economic Studies, Vol. 29, June 1962, S. 155-173.

Ball, L. (1994a): What Determines the Sacrifice Ratio?, in: Mankiw, N. G. (Hrsg.): Monetary Policy, NBER, Studies in Business Cycle, Vol. 29, Chicago/London 1994, S. 155-182.

Ball, L. (1994b): Discussion on "The Inflation/Output Variability Trade-off Revisted", in: Fuhrer, J. (Hrsg.): Goals, Guidelines and Constraints Facing Monetary Policymakers, Boston: Federal Reserve Bank of Boston, S. 39-42.

Ball, L. (1997a): Efficient Rules for Monetary Policy, NBER Working Paper No. 5952, March 1997, Cambridge Massachusetts.

Ball, L. (1997b): Disinflation and the NAIRU, in: Romer, C./Romer, D. (Hrsg.): Reducing Inflation: Motivation and Strategy, Chicago 1997, S. 167-185.

Ball, L. (1999a): Policy Rules for Open Economies, in: Taylor, John B. (Hrsg.): Monetary Policy Rules, Chicago 1999, S. 127-144.

Ball, L. (1999b): Aggregate Demand and Long-Run Unemployment, in: Brookings Papers on Economic Activity, No. 2, S. 189-236.

Ball, L. (2000): Near Rationality and Inflation in Two Monetary Regimes, NBER Working Paper No. 7988.

Ball, L./Mankiw, N. G. (1994): A Sticky-Price Manifesto, in: Carnegie-Rochester Conference Series on Public Policy, Vol. 41, December 1994, S. 127-151.

Ball, L./Mankiw, N. G. (2002): The NAIRU in Theory and Practice, Discussion Paper, April 2002.

Ball, L./Moffit, R. (2001): Productivity Growth and the Phillips Curve, in: Krueger, A. B./Solow, R. M.: The Roaring Nineties – Can Full Employment Be Sustained, New York 2001, S. 61-90.

Ball, L./Sheridan, N. (2003): Does Inflation Targeting Matter?, paper presented at the NBER Conference on Inflation Targeting, Miami, January 2003.

Ball, L/ Tchaidze, R. (2002): The Fed and the New Economy, NBER Working Paper 8785, February 2002.

Bank of England (1999): The Transmission Mechanism of Monetary Policy, a paper by the Monetary Policy Committee, April 1999.

Barbier, H. D. (2001a): Zaubergriff oder ruhige Hand, in: FAZ vom 20.04.2001, S. 13.

Barbier, H. D. (2001b): Am langen Ende, in: FAZ vom 17.05.2001, S. 17.

Barro, R. J. (1978): Unanticipated Money, Output and the Price Level in the United States, in: Journal of Political Economy, Vol. 86, S. 549-580.

Barro, R. J. (1995): Inflation and Economic Growth, in: Bank of England Quarterly Bulletin, Vol. 32, No. 2, S. 166-176.

Barro, R. J. (1997): Determinations of Economic Growth: A Cross-Country Empirical Study, MIT Press, Cambridge (MS)/London 1997.

Barro, R. J. /Gordon, D. B. (1983): A Positive Theory of Monetary Policy in a Natural Rate Model, in: Journal of Political Economy, Vol. 91, No. 4, S. 589-610.

Batini, N./Haldane, A. (1999): Monetary Policy Rules and Inflation Forecasts, in: Bank of England Quarterly Bulletin, Vol. 39, No. 1 (February 1999), S. 60-67.

Bauer A./Haltom N./Peterman, W. (2004): Decomposing Inflation, in: Federal Reserve Bank of Atlanta Economic Review, 1st Quarter, S. 39-51.

Bean, C. (1998): The New UK Monetary Arrangements: A View from the Literature, in: The Economic Journal, Vol. 108, November 1998, S. 1795-1809.

Bean, C. (2003): Inflation Targeting: The UK Experience, paper prepared for the annual meeting of the German Economic Association in Zürich, September 2003.

Begg, D./Canova, F./De Grauwe, P./Fatás, A./Lane P. R. (2002) : Surviving the Slowdown, CEPR, Monitoring the European Central Bank 4, London 2002.

Belke, A./Polleit, T. (2003): Die Rückkehr der Inflation, in: Börsen-Zeitung vom 11.09.2003, S. 5.

Belke, A./Kösters, W./Leschke, M./Polleit, T. (2004): Liquidity on the Rise – too Much Money Chasing too Few Goods, ECB Observer No. 6, February 2004.

Bernanke, B. S. (2002a): Asset-Price 'Bubbles' and Monetary Policy, remarks before the New York Chapter of the National Association for Business Economics, New York, 15.10.2002.

Bernanke, B. S. (2002b): Deflation: Making Sure 'It' Doesn't Happen Here, remarks before the National Economists Club, Washington D.C., 21.11.2002.

Bernanke, B. S. (2003a): Constrained Discretion and Monetary Policy, remarks before the Money Marketeers of New York University, New York, 03.02.2003.

Bernanke, B. S. (2003b): A Perspective on Inflation Targeting, remarks at the annual Washington Policy Conference of the National Association of Business Economists, Washington, D.C., 25.03.2003.

Bernanke, B. S. (2003c): An Unwelcome Fall in Inflation?, remarks before the Economics Roundtable, University of California, San Diego, 23.07.2003.

Bernanke, B. S. (2004a): Fedspeak, remarks at the Meetings of the American Economic Association, San Diego, 03.01.2004.

Bernanke, B. S. (2004b): Monetary Policy and the Economic Outlook: 2004, remarks at the Meetings of the American Association, San Diego, 04.01.2004.

Bernanke, B. S. (2004c): The Great Moderation, remarks at the meetings of the Eastern Economic Association, Washington D. C., 20.02.2004.

Bernanke, B. S. (2004d): Panel Discussion, in: Federal Reserve Bank of St. Louis Review, Vol. 86, No. 4 (July/August 2004), S. 165-168.

Bernanke, B. S./Blinder, A. S. (1992): The Federal Funds Rate and the Channels of Monetary Transmission, in: The American Economic Review, Vol. 82, No. 4 (September 1992), S. 901-922.

Bernanke, B. S./Gertler, M. (1995): Inside the Black Box: The Credit Channel of Monetary Policy Transmission, in: Journal of Economic Perspectives, Vol. 9, No. 4 (Fall 1995), S. 27-48.

Bernanke, B. S./Gilchrist, S. (1996): The Financial Accelerator and the Flight to Quality, in: Review of Economics and Statistics, Vol. 78, No. 1 (February 1996), S. 1-15.

Bernanke, B. S. /Laubach, T. /Mishkin, F. S. /Posen A. S. (1999): Inflation Targeting – Lessons from the International Experience, Princeton 1999.

Bernanke, B. S./Mihov, I. (1996): Measuring Monetary Policy, Paper presented at the CEPR/SF Fed Conference, Stanford, March 1996.

Bernanke, B. S. /Mishkin, F. S. (1992): Central Bank Behaviour and the Strategy of Monetary Policy: Observations from Six Industrialized Countries, NBER Working Paper No. 4082, May 1992.

Bernanke, B. S./Mishkin, F. S. (1997): Inflation Targeting: A New Framework for Monetary Policy?, in: Journal of Economic Perspectives, Vol. 11, No. 2 (Spring 1997), S. 97-116.

Bernanke, B. S./Woodford, M. (1997): Inflation Forecasts and Monetary Policy, in: Journal of Money, Credit and Banking, Vol. 29, No. 4 (November 1997), S. 653-684.

Berry, J. M. (1989): Fed Lends Its Weight to a Zero-Inflation Option, in: Deutsche Bundesbank – Auszüge aus Presseartikeln, Nr. 78 vom 04.10.1989, S. 8.

Berry, J. M. (1991): Fed Chairman Sees Signs Economy Is Stabilizing, in: Deutsche Bundesbank – Auszüge aus Presseartikeln, Nr. 4 vom 18.01.1991, S. 12/13.

Berry, J. M. (1996): At the Fed, a Power Struggle Over Information, in: Deutsche Bundesbank – Auszüge aus Presseartikeln, Nr. 45 vom 16.07.1996, S. 18-20.

BHF-Bank (1988): Wirtschaftsentwicklung in den USA, in: Deutsche Bundesbank – Auszüge aus Presseartikeln, Nr. 28 vom 21.04.1988, S. 9.

BIZ (Bank für Internationalen Zahlungsausgleich): Jahresberichte, diverse Jahrgänge.

Blanchard, O. (1997a): Macroeconomics, International Edition, New Jersey 1997.

Blanchard, O. (1997b): Comment on "Disinflation and the NAIRU", in: Romer, C./Romer, D. (Hrsg.): Reducing Inflation: Motivation and Strategy, Chicago 1997, S. 185-192.

Blanchard, O. (1999): European Unemployment: The Role of Shocks and Institutions, Baffi Lecture, Rome 1999.

Blanchard, O. (2003): Macroeconomics, 3rd Edition, International Edition, New Jersey 2003.

Blanchard, O./Diamond, P. (1994): Ranking, Unemployment Duration, and Wages, in: Review of Economic Studies, Vol. 61, No. 3, S. 417-34.

Blanchard, O./Dornbusch, R. (1984): U.S. Deficits, the Dollar and Europe, in: Banca Nationale del Lavoro Quarterly Review, Vol. 37, S. 89-113.

Blanchard, O./Jimeno, J. (1995): Structural Unemployment: Spain versus Portugal, AER, Papers and Proceedings, Vol. 85, No. 2 (Mai 1995), S. 212-218.

Blanchard, O./Katz, L. F. (1997): What We Know and Do Not Know About the Natural Rate of Unemployment, in: Journal of Economic Perspectives, Vol. 11, No. 1 (Winter 1997), S. 51-72.

Blanchard, O. /Summers, L. H. (1986): Hysteresis and the European Unemployment Problem, in: NBER Macroeconomic Annual, Vol. 1, S. 15-78.

Blanchard, O./Wolfers, J. (2000): The Role of Shocks and Institutions in the Rise of European Unemployment: The Aggregate Evidence, in: The Economic Journal, Vol. 110, March 2000, C1-C33.

Blinder, A. S. (1997): What Central Banks Could Learn from Academics – and Vice Versa, in: Journal of Economic Perspectives, Vol. 11, No. 2, S. 3-19.

Blinder, A. S. (1998): Central Banking in Theory and Practice, Cambridge, Massachusetts, 1998.

Blinder, A. S. (1999): Central Bank Credibility: Why Do We Care? How Do We Build It?, NBER Working Paper 7161, June 1999.

Blinder, A. S./Goodhart, C. /Hildebrand, P. /Lipton, D. /Wyplosz, C. (2001): How Do Central Banks Talk? Geneva Reports on the World Economy, ICMB, Oxford 2001.

Blinder, A. S./Yellen, J. L. (2001): The Fabulous Decade – Macroeconomic Lessons from the 1990s, New York 2001.

Board of Governors, diverse Jahresberichte.

Board of Governors (1994): The Federal Reserve System: Purposes & Functions, Washington, D.C. 1994.

Bofinger, P. (2001): Monetary Policy – Goals, Institutions, Strategies and Instruments, Oxford 2001.

Bofinger, P. (2003a): Einfache Daumenregeln, in: Deutsche Bundesbank – Auszüge aus Presseartikeln, Nr. 15 vom 14.05.2003, S. 13.

Bofinger, P. (2003b): An Assessment of the Review of the ECB's Monetary Policy Strategy, Briefing Paper for the Committee on Economic and Monetary Affairs of the European Parliament, 2nd Quarter 2003.

Bofinger, P. (2004): ECB Perspectives for 2004, Briefing Paper for the Committee on Economic and Monetary Affairs of the European Parliament, 2nd Quarter 2004.

Bofinger, P./Reischle, J./Schächter, A. (1996): Geldpolitik – Ziele, Institutionen, Strategien und Instrumente, München 1996.

Bomfim, A. N. (1997): The Equilibrium Fed Funds Rate and the Indicator Properties of Term-Structure Spreads, in: Economic Inquiry, Vol. 23, S. 830-846.

Borio, C./Lowe, P. (2002): Asset Prices, Financial and Monetary Stability: Exploring the Nexus, BIS Working Paper, No. 114, July 2002.

Bradsher, K. (1994a): Bigger Role for Intuition in the Fed's Rate Policy, in: Deutsche Bundesbank – Auszüge aus Presseartikeln, Nr. 15 vom 04.03.1994, S. 9/10.

Bradsher, K. (1994b): A Split Over Fed's Role, in: Deutsche Bundesbank – Auszüge aus Presseartikeln, Nr. 62 vom 02.09.1994, S. 7/8.

Brainard, W. (1967): Uncertainty and the Effectiveness of Monetary Policy, in: American Economic Review, Vol. 57, S. 411-425.

Braumann, B. (2000): Real Effects of High Inflation, IMF Paper.

Brayton, F. /Tinsley, P. (1996): A Guide to FRB/US: A Macroeconomic Model of the United States, Finance and Economic Discussion Series, No. 42, October 1996.

Briault, C./Haldane, A. G./King, M. A. (1996): Central Bank Independence and Accountability: Theory and Evidence, in: Bank of England Quarterly Bulletin, Vol. 36, No. 1 (February 1996), S. 63-68.

Brittan, S. (1988): New Indicators for monetary policies, in: Deutsche Bundesbank – Auszüge aus Presseartikeln, Nr. 25 vom 15.04.1988, S. 4/5.

Britton, E./Fisher, P./Whitley, J. (1998): The Inflation Report Projections: Understanding the Fan Chart, in: Bank of England Quarterly Bulletin, Vol. 38, No. 1 (February 1998), S. 30-37.

Broaddus, J. A. (2002): Transparency in the Practice of Monetary Policy, in: Federal Reserve Bank of St. Louis Review, Vol. 83, No. 4 (July/August 2002), S. 161-166.

Bruggeman, A./Donati P./Warne, A. (2003): Is the Demand foe Euro Area M3 Stable?, in: Issing, O. (Hrsg.): Background Studies for the ECB's Evaluation of its Monetary Policy Strategy, Frankfurt 2003, S. 245-300.

Bruno, M./Easterly, W. (1996): Inflation Crises and Long-Run Growth, World Bank, June 1996.

Bruno, M./Sachs, J. (1985): The Economics of Worldwide Stagflation, Oxford 1985.

Buiter, W. H. (1999): 'Alice in Euroland', Journal of Common Market Studies, Vol. 37, No. 2, S. 181-209.

Bullard, J./Mitra, K. (2002): Learning about Monetary Policy Rules, in: Journal of Monetary Economics, Vol. 49, S. 1105-1129.

Calvo, G. A. (1983): Staggered Prices in a Utility-Maximizing Framework, in: Journal of Monetary Economics, Vol. 12, No. 3, S. 383-398.

Camba-Mendez, G./García, J. A./Palenzuela, D. R. (2003): Relevant Economic Issues Concerning the Optimal Rate of Inflation, in: Issing, O. (Hrsg.): Background Studies for the ECB's Evaluation of its Monetary Policy Strategy, Frankfurt 2003, S. 91-126.

Campbell, J. Y./Schiller, R. J. (1998): Valuation Ratios and the Long-Run Stock Market Outlook, in: The Journal of Portfolio Management, Winter 1998, S. 11-26.

Carlstrom, C. T./Fuerst, T. S. (2003): The Taylor Rule: A Guidepost for Monetary Policy?, in: Federal Reserve Bank of Cleveland, Economic Commentary, July 2003.

Castelnuovo, E./Nicoletti-Altimari, S./Rodriguez Palenzuela, D. (2003): Definition of Price Stability, Range and Point Inflation Targets: The anchoring of long-term Inflation Expectations, in: ECB (Hrsg.): Background Studies for the ECB's Evaluation of its Monetary Policy Strategy, Frankfurt 2003, S. 43-90.

Cecchetti, S. G. (1995a): Distinguishing Theories of Monetary Transmission Mechanism, Federal Reserve Bank of St. Louis Review, Vol. 97, No. 3 (Mai/June 1995), S. 83-97.

Cecchetti, S. (1995b): Inflation Indicators and Inflation Policy, in: NBER: Macroeconomics Annual 1995, S. 189-219.

Cecchetti, S. G. (1998): Policy Rules and Targets: Framing the Central Banker's Problem, in: Federal Reserve Bank of New York Economic Policy Review, June 1998, S. 1-14.

Cecchetti, S. G. (1999): The Cult of Alan Greenspan: Why the Fed Needs a Policy Framework, Occasional Essays on Current Policy Issues, No. 2, 13.12.1999.

Cecchetti, S. G. (2000): Making Monetary Policy: Objectives and Rules, in: Oxford Review of Economic Policy, Vol. 16, No. 4, S. 43-59.

Cecchetti, S. G. (2003): What the FOMC Says and Does When the Stock Market Booms, Working Paper, Brandeis University, August 2003.

Cecchetti, S. G./Ehrmann, M. (1999): Does Inflation Targeting Increase Output Volatility? An International Comparison of Policymakers' Preferences and Outcomes, NBER, Working Paper, No. 7426, December 1999.

Chatelain, J.-B./Generale, A./Hernando, I./Kalckreuth, U./Vermeulen, P. (2003): New Findings on Firm Investment and Monetary Transmission in the Euro Area, in: Oxford Review of Economic Policy, Vol. 19, No. 1, S. 73-83.

Christiano, L. J./Eichenbaum, M./Evans, C. L. (1999): Monetary Policy Shocks: What Have We Learned and to What End?, in: Taylor, J. B./Woddford, M. (Hrsg.): The Handbook of Macroeconomics, North Holland, Amsterdam 1999.

Clarida, R./Gali, J./Gertler, M. (1998): Monetary Policy Rules in Practice – Some International Evidence, in: European Economic Review, Vol. 42, S. 1033-1067.

Clarida, R./Gali, J./Gertler, M. (1999): The Science of Monetary Policy: A New Keynesian Perspective, in: Journal of Economic Literature, Vol. 37, December 1999, S. 1661-1707.

Clarida, R./Gali, J./Gertler, M. (2000): Monetary Policy Rules and Macroeconomic Stability: Evidence and some Theory, in: The Quarterly Journal of Economics, Vol. 115, February 2000, S. 147-180.

Clausewitz, C. von (1994): Vom Kriege, Nachdruck herausgegeben von Ulrich Marvedel, bibliographisch ergänzte Ausgabe, Stuttgart 1994.

Cobham, D. (1997): The Post-ERM Framework for Monetary Policy in the United Kingdom: Bounded Credibility, in: The Economic Journal, Vol. 107, July 1997, S. 1128-1141.

Coenen, G. (2003): Zero Lower Bound: Is It a Problem in the Euro Area?, in: Issing, O. (Hrsg.): Background Studies for the ECB's Evaluation of its Monetary Policy Strategy, Frankfurt 2003, S. 139-156.

Coenen, G./Orphanides, A./Wieland, V. (2003): Price Stability and the Monetary Policy Effectiveness When Nominal Interest Rates Are Bounded to Zero, ECB Working Paper, No. 231, May 2003.

Congressional Budget Office (2001): CBO's Method for Estimation Potential Output: An Update, CBO Paper, August 2001.

Council of Economic Advisers: Economic Report of the President, diverse Jahrgänge.

Croushore, D. (1993): Introduction: The Survey of Professional Forecasters, in: Business Review, November/December 1993, S. 3-13.

Cukierman, A. (1992): Central Bank Strategy, Credibility and Independence: Theory and Evidence, Cambridge (MA) 1992.

Cukierman, A. (2000): The Inflation Bias Result Revisited, Manuscript, Tel-Aviv University, April 2000.

Cukierman, A. (2002): Are Contemporary Central Banks Transparent about Economic Models and Objectives and What Difference Does it Make?, in: Federal Reserve Bank of St. Louis Review, Vol. 83, No. 4 (July/August 2002), S. 15-35.

Cukierman, A./Gerlach, S. (2003): The Inflation Bias Revisited: Theory and Some International Evidence, in: The Manchaster School, Vol. 71, No. 5 (Sep 2003), S. 541-565.

Dallmeyer, J. /Gräf, B. (2000): USA: Ist die Fed restriktiv genug?, in: Deutsche Bank Research, Economics, Aktuelle Themen, 03.03.2000, S. 4-8.

David, P. A. (1990): The Dynamo and the Computer: An Historical Perspective on the Modern Productivity Paradox, in: American Economic Review Papers and Proceedings (May 1990), S. 355-361.

Davis, E. P./Henry, S. G. B./Pesaran, B. (1994): The Role of Financial Spreads: Empirical Analysis of Spreads and Real Economic Activity, in: Manchester School, Vol. 62, No. 4., S. 374-39.

Debelle, G. (2003): The Australian Approach to Inflation Targeting, Working Paper, BIS and Reserve Bank of Australia, September 2003.

Debelle, G./Fischer, S. (1995): How Independent Should a Central Bank Be?, in: Fuhrer, J. C. (Hrsg.): Goals, Guidelines, and Constraints Facing Monetary Policymakers, Federal Reserve Bank of Boston Conference Volume, S. 195-221.

De Grauwe, P. (2003): The Central Bank that Has Missed the Point, in: Deutsche Bundesbank – Auszüge aus Presseartikeln, Nr. 22 vom 14.05.2003, S. 14/15.

De Grauwe, P./Polan, M. (2001): Is Inflation Always and Everywhere a Monetary Phenomenon?, CEPR Discussion Paper, No. 2841.

Dehesa, G. (2003): The ECB's Monetary Policy Strategy Review, Briefing Paper for the Committee on Economic and Monetary Affairs of the European Parliament, 2nd Quarter 2003.

Dehesa, G. (2004): ECB Perspectives for 2004, Briefing Paper for the Committee on Economic and Monetary Affairs of the European Parliament, 2nd Quarter 2004.

De Long, J. B. (1997): America's Peacetime Inflation: The 1970s, in: Romer, C. /Romer, D. (Hrsg.): Reducing Inflation, Chicago 1997, S. 247-280.

Deutsche Bundesbank (1982): Geschäftsbericht 1983, Frankfurt/Main 1982.

Deutsche Bundesbank (1983): Geschäftsbericht 1983, Frankfurt/Main 1983.

Deutsche Bundesbank (1995a): Das Produktionspotential in Deutschland und seine Bestimmungsgründe, in: Monatsbericht August 1995, 47. Jg., S. 41-56.

Deutsche Bundesbank (1995b): Die Geldpolitik der Bundesbank, Frankfurt/Main 1995.

Deutsche Bundesbank (1996): Geldmengenziel 1996 und Senkung der Notenbankzinsen, in: Monatsbericht Januar 1996, 48. Jg., S. 21-30.

Deutsche Bundesbank (1997): Geldmengenstrategie 1997/1998, in: Monatsbericht Januar 1997, 49. Jg., S. 17-25.

Deutsche Bundesbank (1998a): Überprüfung der Geldmengenorientierung 1997/1998 und Konkretisierung des Geldmengenziels für 1998, in: Monatsbericht Januar 1998, 50. Jg., S. 17-23.

Deutsche Bundesbank (1998b): Geldpolitische Strategien in den Ländern der Europäischen Union, in: Monatsbericht Januar 1998, 50. Jg., S. 33-47.

Deutsche Bundesbank (1999): Taylor-Zins und Monetary Conditions Index, in: Monatsbericht April 1999, 51. Jg., S. 47-62.

Deutsche Bundesbank (2000): Transparenz in der Geldpolitik, in: Monatsbericht März 2000, 52. Jg., S. 15-30.

Deutsche Bundesbank (2001): Realzinsen: Entwicklung und Determinanten, in: Monatsbericht Juli 2001, 53. Jg., S. 33-50.

Deutsche Bundesbank (2002a): Geldpolitik und Investitionsverhalten – eine empirische Untersuchung, in: Monatsbericht Juli 2002, 54. Jg., Frankfurt 2002, S. 41-56.

Deutsche Bundesbank (2002b): Zur Entwicklung der Bankkredite an den privaten Sektor, in: Monatsbericht Oktober 2002, 54. Jg., S. 31-47.

Deutsche Bundesbank (2003): Zur Diskussion über Deflationsgefahren in Deutschland, in: Monatsbericht Juni 2003, 55. Jg., S. 15-28.

Deutsche Bundesbank (2004a): Zur Bedeutung der Informations- und Kommunikationstechnologie, in: Monatsbericht April 2004, 56. Jg., S. 47-57.

Deutsche Bundesbank (2004b): Geldpolitik unter Unsicherheit, in: Monatsbericht Juni 2004, 56. Jg., S. 15-28.

DIW, diverse Wochenberichte (WB).

Dornbusch, R./Fischer, S. (1995): Makroökonomik, 6., völlig überarb. und erweiterte Aufl., deutschsprachige Ausgabe, München 1995.

Duisenberg (1999): The Eurosystem's strategy for the euro, speech given at a conference organised by "The Economist", Rome, 12.03.1999.

Duisenberg, W. F. (2001): What exactly is the responsibility of central banks of large economic areas in the current slowdown of the world economy? speech at Central Bankers' Panal at the International Monetary Conference, Singapore, June 2001.

Duwendag, D. (1977): Geldtheorie und Geldpolitik, 2. Aufl., Köln 1977.

ECB (2004): The Monetary Policy of the ECB, Frankfurt 2004.

Eckhardt, J. (1989): Diskontsatz in den USA auf 7 Prozent erhöht, in: Deutsche Bundesbank – Auszüge aus Presseartikeln, Nr. 17 vom 27.02.1989, S. 11/12.

Eckhardt, J. (1990): US-Konjunktur mit langsamer Fahrt, in: Deutsche Bundesbank – Auszüge aus Presseartikeln, Nr. 24 vom 21.03.1990, S. 14/15.

Edwards, C. L. (1997): Open Market Operations in the 1990s, in: Federal Reserve Bulletin, November 1997, S. 859-874.

Eisner, R. (1997): A New View of the NAIRU, in: Davidson, P./Kregel, J. (Hrsg.): Improving the Global Economy: Keynesianism and Growth in Output and Employment, Cheltenham 1997, S. 196-230.

Eggertsson, G./Woodford, M. (2003): The Zero Bound on Interest Rate and Optimal Monetary Policy, in: Brookings Papers on Economic Activity, No. 1, S. 139-233.

Ehrmann, M./Gambacorta, L./Martinez-Pagés, J./Sevestre, P./Worms, A. (2003): The Effects of Monetary Policy in the Euro Area, in: Oxford Review of Economic Policy, Vol. 19, No. 1, S. 58-72.

Erber, G. (2003): Okun's Law in the US and the Employment Crises in Germany, in: Hagemann, H./Seiter, S. (Hrsg.): Growth Theory and Growth Policy, London, S. 175-186.

Erber, G./Hagemann, H./Schreyer, M./Seiter, S. (2001): Produktivitätswachstum in der ,New Economy' – Übergangsphänomen oder Strukturbruch?, in: Heise, A. (Hrsg.): USA – Modellfall der New Economy?, Marburg 2001, S. 199-263.

Estrella, A./Mishkin, F. S. (1996): Is There a Role for Monetary aggregates in the Conduct of Monetary Policy?, NBER Working Paper, No. 5845, November 1996.

Estrella, A./Mishkin, F. S. (1999): Rethinking the Role of the NAIRU in Monetary Policy: Implications of Model Formulation and Uncertainty, in: Taylor, J. B. (Hrsg.): Monetary Policy Rules, Chicago 1999, S. 405-435.

EZB (1999a): Die stabilitätsorientierte geldpolitische Strategie des Eurosystems, in: Monatsbericht Januar 1999, 1. Jg., S. 43-56.

EZB (1999b): Die Rolle kurzfristiger Konjunkturindikatoren bei der Analyse der Preisentwicklung im Euro-Währungsgebiet, in: Monatsbericht der EZB April 1999, 1. Jg., S. 31-45.

EZB (2000a): Geldpolitische Transmission im Euro-Währungsgebiet, in: Monatsbericht der EZB Juli 2000, 2. Jg., S. 45-62.

EZB (2000b): Potentialwachstum und Produktionslücke: Begriffsabgrenzung, Anwendungsbereiche und Schätzergebnisse, in: Monatsbericht der EZB Oktober 2000, 2. Jg., S. 39-50.

EZB (2000c): Die zwei Säulen der geldpolitischen Strategie der EZB, in: Monatsbericht der EZB November 2000, 2. Jg., S. 41-53.

EZB (2001a): Geldpolitik bei Unsicherheit, in: Monatsbericht der EZB Januar 2001, 3. Jg., S. 47-62.

EZB (2001b): Gestaltungsrahmen und Instrumentarium der monetären Analyse, in: Monatsbericht der EZB Mai 2001, 3. Jg., S. 43-63.

EZB (2001c): Fragen im Zusammenhang mit geldpolitischen Regeln, in: Monatsbericht der EZB Oktober 2001, 3. Jg., S. 43-58.

EZB (2002a): Jüngste Erkenntnisse über die geldpolitische Transmission im Euro-Währungsgebiet, in: Monatsbericht der EZB Oktober 2002, 4. Jg., S. 47-59.

EZB (2002b): Transparenz in der Geldpolitik, in: Monatsbericht der EZB November 2002, 4. Jg., S. 63-72.

EZB (2003): Ergebnis der von der EZB durchgeführten Überprüfung ihrer geldpolitischen Strategie, in: Monatsbericht der EZB Juni 2003, 5. Jg., S. 87-102.

EZB (2004a): Der natürliche Realzins im Euro-Währungsgebiet, in: Monatsbericht der EZB Mai 2004, 6. Jg., S. 61-74.

EZB (2004b): Entwicklung der Arbeitsproduktivität im Euro-Währungsgebiet: Gesamtwirtschaftliche und sektorale Trends, in: Monatsbericht der EZB Juli 2004, 6. Jg., S. 49-62.

Fehr, B. (2001): Stabilität bleibt die Aufgabe, in: FAZ vom 01.06.2001, S. 13.

Feldstein, M. (1997): The Costs and Benefits of Going from low Inflation to Price Stability, in: Romer, C./Romer, D. (Hrsg.): Reducing Inflation: Motivation and Strategy, Chicago 1997, S. 123-156.

Fels, J. (2004): Vor der Zinswende, in: FAZ vom 20.09.2004, S. 24.

Ferguson, R. W. (1998): Exercising Caution and Vigilance in Monetary Policy, speech given at Distinguished Speaker Series, Federal Reserve Bank of Atlanta, 09.07.1998.

Ferguson, R. W. (2002): Why Central Banks Should Talk, remarks at the Graduate Institute of International Studies, Geneva, Switzerland, 08.01.2002.

Ferguson, R. W. (2003): Rules and Flexibility in Monetary Policy, remarks at the University of Georgia, Athens, 12.02.2003.

Filc, W. (1992): Monetäre Fundierung einer angebotsorientierten Stabilitätspolitik, in: Konjunkturpolitik, 38. Jg., Heft 5/6, S. 316-339.

Filc, W. (2002): Überlegungen zum wachstumsneutralen Zins, in: Heise, A. (Hrsg.): Neues Geld – alte Geldpolitik? Die EZB im makroökonomischen Interaktionsraum, Marburg 2002, S. 157-174.

Fischer, A. (1995): Inflation Targeting in Canada and New Zealand – A Survey of the Issue and the Evidence, in: Kredit und Kapital, Beiheft 13: Konzepte und Erfahrungen der Geldpolitik, S. 67-91.

Fischer, S. (1986): Indexing, Inflation and Economic Policy, MIT Press 1986.

Fischer, S. (1993): The Role of Macroeconomic Factors in Economic Growth, in: Journal of Political Economics, Vol. 32, No. 3 (December), S. 485-512.

Fischer, S. (1996): Why Are Central Banks Pursuing Long-Run Price Stability?, in: Federal Reserve Bank of Kansas City (Hrsg.): Achieving Price Stability, Jackson Hole 1996, S. 7-34.

Fischer, S./Modigliani F. (1978): Toward an Understanding of the Real Effects and Costs of Inflation, in: Weltwirtschaftliches Archiv, S. 810-832.

Fisher, I. (1930): The Theory of Interest, reprinted by Augustus M. Kelly, Fairfield, NJ, 1986.

FOMC, Protokolle (Minutes) diverser Offenmarktsitzungen.

FOMC, Staff Statements diverser Offenmarktsitzungen.

FOMC, Wörtliche Mitschriebe (Transcripts) diverser Offenmarktsitzungen.

FOMC, Wörtliche Mitschriebe (Transcripts) diverser Telefonkonferenzen (Conference Calls).

FOMC (2000): Modifications to the FOMC's Disclosure Procedures, January 19, 2000.

Franz, W. (1989): Das Hysteresis-Phänomen, in: Wirtschaftswissenschaftliches Studium, 18 Jg., Heft 2 (Februar 1989), S. 77-80.

Franz, W. (1999): Arbeitsmarktökonomik, 9. Aufl., Berlin et al. 1999.

Franz, W. (2001): Neues von der NAIRU?, in: Jahrbücher für Nationalökonomie und Statistik, Band 221, Heft 3, S. 256-284.

Freedman, C. (1996): What Operating Procedures Should Be Adopted to Maintain Price Stability? – Practical Issues, in: Federal Reserve Bank of Kansas City (Hrsg.): Achieving Price Stability, Jackson Hole 1996, S. 241-284.

Friedman, B. M. (1998a): Introduction, in: Solow, R./ Taylor, J. (Hrsg.): Inflation, Unemployment, and Monetary Policy, Cambridge/Massachusetts 1998, vi-xi.

Friedman, B. M. (1998b): Comments, in: Solow, R. M./Taylor, John B. (Hrsg.): Inflation, Unemployment, and Monetary Policy, Cambridge, Massachusetts, S. 55-63.

Friedman, B. M. (2003): The Use and Meaning of Words in Central Banking: Inflation Targetting, Credibility and Transparency, in: Mizen, P. (Hrsg.): Central Banking, Monetary Theory and Practice: Essays in Honour of Charles Goodhart, Northampton (Massachusetts) 2003, S. 111-124.

Friedman, B. M. (2004): Why the Federal Reserve Should Not Adopt Inflation Targeting, paper presented at the annual meeting of the American Economic Association, San Diego, 04.01.2004.

Friedman, B. M./Kuttner, K. (1992): Money, Income, Prices, and Interest Rates, in: American Economic Review, Vol. 82, No. 3, S. 772-792.

Friedman, B. M./Kuttner, K. (1996): A Price Target for U.S. Monetary Policy? Lessons from the experience with Money Growth Targets, in: Brooking Papers on Economic Activity, No.1, S. 77-146.

Friedman, M. (1948): A Monetary and Fiscal Framework for Economic Stability, in: American Economic Review, Vol. 38, No. 3 (June 1948), S. 245-264.

Friedman, M. (1961): The Lag in Effect of Monetary Policy, in: Journal of Political Economy, Vol. 69, S. 447-466.

Friedman, M. (1968): The Role of Monetary Policy, in: American Economic Review, Vol. 58, No. 1, S. 1-17.

Friedman, M (1974): Die Rolle der Geldpolitik, in: Brunner, K./ Monissen, H. G./ Neumann, J. H. M. (Hrsg.): Geldtheorie, Köln 1974, S. 314-331.

Friedman, M./Schwartz A. J. (1963): A Monetary History of the United States, 1867-1960, Princeton 1963.

Fuhrer, J. C. (1994): Optimal Monetary Policy and the Sacrifice Ratio, in: Fuhrer, J. (Hrsg.): Goals, Guidelines and Constraints Facing Monetary Policymakers, Boston: Federal Reserve Bank of Boston.

Fuhrer, J. C. (1997): The (Un)Importance of Forward-Looking Behaviour in Price Specifications, in Journal of Money, Credit and Banking, Vol. 29, No. 3, S. 338-350.

Funke, M. (1991): Das Hysteresis-Phänomen, in: Zeitschrift für Wirtschafts- und Sozialwissenschaften (ZWS), Jg. 111, S. 527-551.

Galbraith, J. K. (1994): The Fed Goes for Overkill, in: Deutsche Bundesbank – Auszüge aus Presseartikeln, Nr. 10 vom 15.02.1994, S. 10/11.

Galbraith, J. K. (1997): Time to Ditch the NAIRU, in: Journal of Economic Perspectives, Vol. 11, No. 1 (Winter 1997), S. 93-108.

Geraats, P. M. (2002): Central Bank Transparency, in: The Economic Journal, Vol. 112, November 2002, F532-F565.

Gerlach, S./Svensson, L. E. O. (2003): Money and Inflation in the Euro Area: A Case for Monetary Indicators?, in: Journal of Monetary Economics, Vol. 51, No. 8 (November 2003), S. 1649-1672.

Ghosh, A./ Phillips, S. (1998): Warning: Inflation May Be Harmful to Your Growth. IMF Staff Papers, Vol. 45, No. 4 (December 1998), S. 672-710.

Gordon, R. (2003): Hi-Tech Innovation and Productivity Growth: Does Supply Create its Own Demand?, NBER; Working Paper, No. 9437, January 2003.

Görgens, E./Ruckriegel, K./Seitz, F. (2001): Europäische Geldpolitik, 2. vollkommen überarbeitete und stark erw. Aufl., Düsseldorf 2001.

Goodfriend, M. (1986): Monetary Mystique: Secrecy and Central Banking, in: Journal of Monetary Economics, Vol. 17, No. 1 (January 1986), S. 63-92.

Goodfriend, M (1991): Interest Rates and the Conduct of Monetary Policy, Carnegie-Rochester Series of Public Policy, Vol. 34, S. 7-30.

Goodfriend, M. (1993): Interest Rate Policy and the Inflation Scare Problem: 1979-1992, in: Federal Reserve Bank of Richmond Economic Quarterly, Vol. 79, No. 1 (Winter 1993), S. 1-23.

Goodfriend, M. (2003): Inflation Targeting in the United States?, paper presented at the NBER Conference on Inflation Targeting, Miami, January 2003.

Goodhart, C. (1996): Why Do the Monetary Authorities Smooth Interest Rates?, LSE Financial Markets Group, Special Paper No. 81, January 1996.

Goodhart, C. (1999): Central Bankers and Uncertainty, in: Bank of England Quarterly Bulletin, Vol. 39, No. 1 (February 1999), S. 102-114.

Gordon, R. J. (1976): Recent Developments in the Theory of Inflation and Unemployment, in: Journal of Monetary Economics, Vol. 2, S. 185ff.

Gordon, R. J. (1997): The Time-Varying NAIRU and its Implications for Economic Policy, in: Journal of Economic Perspectives, Vol. 11, No. 1 (Winter 1997), S. 11-32.

Gordon, R. J. (1998): Foundations of the Goldilocks Economy: Supply Shocks and the Time-Varying NAIRU, in: Brookings Papers on Economic Activity, No. 2, S. 297-346.

Gramlich, E. M. (1998): Monetary Rules, speech given at the Samuelson Lecture, before the 24th Annual Conference of the Eastern Economic Association, New York, 27.02.1998.

Gramlich, E. M. (2000): Inflation Targeting, remarks at the Charlotte Economics Club, Charlotte, North Carolina, 13.01.2000.

Gramlich, E. M. (2003a): Conducting Monetary Policy, remarks at a joint meeting of the North American Economic and Finance Association and the Allied Social Science Association, Washington, D.C., 04.01.2004.

Gramlich, E. M. (2003b): Maintaining Price Stability, remarks at the Economic Club of Toronto, Toronto, Canada, 01.10.2003.

Greenspan, A. (1988a): Statement before the Committee on Banking, Finance and Urban Affairs, U.S. House of Representatives, 22.02.1988, in: Federal Reserve Bulletin, April 1988, S. 225-231.

Greenspan, A. (1988b): Statement before the Committee on Banking, Finance and Urban Affairs, U.S. Senate, 13.07.1988, in: Federal Reserve Bulletin, September 1988, S. 607-613.

Greenspan, A. (1989a): Statement before the Committee on Banking, Finance and Urban Affairs, U.S. House of Representatives, 24.01.1989, in: Federal Reserve Bulletin, March 1989, S. 139-142.

Greenspan, A. (1989b): Statement before the Committee on Banking, Finance and Urban Affairs, U.S. Senate, 21.02.1989, in: Federal Reserve Bulletin, April 1989, S. 272-277.

Greenspan, A. (1989c): Statement before the Committee on Banking, Finance and Urban Affairs, U.S. Senate, 01.08.1989, in: Federal Reserve Bulletin, September 1988, S. 614-619.

Greenspan, A. (1989d): Statement before the Subcommittee on Domestic Monetary Policy of the Committee on Banking, Finance and Urban Affairs, U.S. House of Representative, 25.10.1989, in: Federal Reserve Bulletin, December 1989, S. 795-803.

Greenspan, A. (1990a): Statement before the Committee on Banking, Finance and Urban Affairs, U.S. Senate, 22.02.1990, in: Federal Reserve Bulletin, April 1988, S. 215-222.

Greenspan, A. (1990b): Statement before the Committee on Banking, Finance and Urban Affairs, U.S. Senate, 18.07.1989, in: Federal Reserve Bulletin, September 1988, S. 738-743.

Greenspan, A. (1991a): Statement before the Committee on Banking, Finance and Urban Affairs, U.S. Senate, 20.02.1991, in: Federal Reserve Bulletin, April 1991, S. 240-246.

Greenspan, A. (1991b): Statement before the Committee on Ways and Means, U.S. House of Representative, 06.03.1991, in: Federal Reserve Bulletin, May 1991, S. 300-305.

Greenspan, A. (1991c): Statement before the Subcommittee on Domestic Monetary Policy of the Committee on Banking, Finance and Urban Affairs, U.S. House of Representative, 16.07.1991, in: Federal Reserve Bulletin, September 1991, S. 709-715.

Greenspan, A. (1992): Statement before the Committee on Banking, Finance and Urban Affairs, U.S. Senate, 21.07.1992, in: Federal Reserve Bulletin, September 1992, S. 673-678.

Greenspan, A. (1993a): Statement before the Committee on Banking, Finance and Urban Affairs, U.S. Senate, 19.02.1993, in: Federal Reserve Bulletin, April 1993, S. 292-302.

Greenspan, A. (1993b): Statement before the Subcommittee on Economic Growth and Credit Formation of the Committee on Banking, Finance and Urban Affairs, U.S. House of Representative, 20.07.1993, in: Federal Reserve Bulletin, September 1993, S. 849-855.

Greenspan, A. (1993c): Statement before the Committee on Banking, Finance and Urban Affairs, U.S. House of Representatives, 13.10.1993, in: Deutsche Bundesbank – Auszüge aus Presseartikeln, Nr. 73 vom 21.10.1993, S. 17-22.

Greenspan, A. (1994a): Statement before the Subcommittee on Economic Growth and Credit Formation of the Committee on Banking, Finance and Urban Affairs, U.S. House of Representative, 22.02.1994, in: Federal Reserve Bulletin, April 1994, S. 301-306.

Greenspan, A. (1994b): Statement before the Committee on Banking, Housing and Urban Affairs, U.S. Senate, 27.05.1994, in: Federal Reserve Bulletin, July 1994, S. 606-609.

Greenspan, A. (1994c): Statement before the Committee on the Budget, U.S. House of Representatives, 22.06.1994, in: Federal Reserve Bulletin, August 1994, S. 714-719.

Greenspan, A. (1994d): Statement before the Committee on Banking, Housing and Urban Affairs, U.S. Senate, 20.07.1994, in: Federal Reserve Bulletin, September 1994, S. 793-799.

Greenspan, A. (1995): Statement before the Committee on Banking, Housing and Urban Affairs, U.S. Senate, 22.02.1995, in: Federal Reserve Bulletin, April 1995, S. 342-348.

Greenspan, A. (1996a): Statement before the Committee on Banking and Financial Services, U.S. House of Representatives, 20.02.1996, in: Federal Reserve Bulletin, April 1996, S. 315-320.

Greenspan, A. (1996b): Statement before the Committee on Banking, Housing and Urban Affairs, U.S. Senate, 18.07.1996, in: Federal Reserve Bulletin, September 1996, S. 811-815.

Greenspan, A. (1996c): The Challenge of Central Banking in a Democratic Society, remarks at the Annual Dinner and Francis Boyer Lecture of the American Enterprise Institute for Public Policy Research, Washington D.C., 05.12.1996.

Greenspan, A. (1997a): Statement before the Committee on Banking, Housing and Urban Affairs, U.S. Senate, 26.02.1997, in: Federal Reserve Bulletin, April 1997, S. 254-259.

Greenspan, A. (1997b): Statement before the Committee on Banking and Financial Services, U.S. House of Representatives, 22.07.1997, in: Federal Reserve Bulletin, September 1997, S. 742-749.

Greenspan, A. (1997c): Remarks at the 15th Anniversary Conference of the Center for Economic Policy Research at Stanford University, Stanford, California, 06.09.1997.

Greenspan, A. (1998): Statement before the Subcommittee on Domestic and International Monetary Policy of the Committee on Banking and Financial Services, U.S. House of Representative, 24.02.1998, in: Federal Reserve Bulletin, April 1998, S. 262-267.

Greenspan, A. (1999a): Statement before the Committee on Banking, Housing and Urban Affairs, U.S. Senate, 23.02.1999, in: Federal Reserve Bulletin, April 1999, S. 243-250.

Greenspan, A. (1999b): Statement before the Committee on Banking and Financial Services, U.S. House of Representative, 22.07.1999, in: Federal Reserve Bulletin, September 1999, S. 626-631.

Greenspan, A. (1999c): Opening Remarks at the Symposium "New Challenges for Monetary Policy" sponsored by the Federal Reserve Bank of Kansas City, Jackson Hole Wyoming, August 1999, S. 1-9.

Greenspan, A. (2000a): Statement before the Committee on Banking and Financial Services, U.S. House of Representatives, 17.02.2000, in: Federal Reserve Bulletin, April 2000, S. 271-275.

Greenspan, A. (2000b): Statement before the Committee on Banking, Housing and Urban Affairs, U.S. Senate, 20.07.2000, in: Federal Reserve Bulletin, September 2000, S. 648-651.

Greenspan, A. (2001a): Outlook for the federal budget and implications for fiscal policy, testimony before the Committee on the Budget, U.S. Senate, 25.01.2001.

Greenspan, A. (2001b): Statement before the Committee on Financial Services, U.S. House of Representatives, 28.02.2001, in: Federal Reserve Bulletin, April 2001, S. 213-216.

Greenspan, A. (2001c): Statement before the Committee on Financial Services, U.S. House of Representatives, 18.07.2001, in: Federal Reserve Bulletin, September 2001, S. 588-592.

Greenspan, A. (2002a): The Economy, speech given at the Bay Area Council Conference, San Francisco, California, 11.01.2002.

Greenspan, A. (2002b): The State of the Economy, testimony before the Committee on the Budget, U.S. Senate, 24.01.2002.

Greenspan, A. (2002c): Transparency in Monetary Policy, in: Federal Reserve Bank of St. Louis Review, Vol. 84, No. 4 (July/August), S. 5/6.

Greenspan, A. (2002d): Economic Volatility, Opening Remarks at the Symposium "Rethinking Stabilization Policy" sponsored by the Federal Reserve Bank of Kansas City, Jackson Hole Wyoming, August 2002, S. 1-10.

Greenspan (2003a): Statement before the Committee on Financial Services, U.S. House of Representatives, 15.07.2003.

Greenspan (2003b): Monetary Policy under Uncertainty, Opening Remarks at the Symposium "Monetary Policy and Uncertainty" sponsored by the Federal Reserve Bank of Kansas City, Jackson Hole Wyoming, August 2003, S. 1-4.

Greenspan, A. (2004a): Risk and Uncertainty in Monetary Policy, remarks at the Meetings of the American Economic Association, San Diego, 03.01.2004.

Greenspan, A. (2004b): Statement before the Committee on Financial Services, US. House of Representatives, 11.02.2004.

Greenspan, A. (2004c): Understanding Household Dept Obligations, speech given at the Credit Union National Association 2004 Governmental Affairs Conference, Washington, D.C., 23.02.2004.

Greenspan, A. (2004d): Statement before th e Committee on Banking, Housing, and Urban Affairs, U.S. Senate, 20.07.2004.

Groshen, E. L./Schweitzer, M. E. (1999): Identifying Inflation's Grease and Sand Effects in the Labor Market, in: in: Feldstein, M. S. (Hrsg.): The Costs and Benefits of Price Stability, Chicago 1999, S. 273-308.

Grün, K. (1989): Die Stunde Greenspans, in: Deutsche Bundesbank – Auszüge aus Presseartikeln, Nr. 20 vom 08.03.1989, S. 8/9.

Gürkaynak, R. S./Sack, B. /Swanson, E. (2003): The Excess Sensitivity of Long-Term Interest Rates: Evidence and Implications for Macroeconomic Models', Board of Governors of the Federal Reserve System, Finance and Economic Discussion Series, No. 2003-50 (November 2003).

Hagemann, H./Schreyer, M./Seiter, S. (2003): Wachstum, Produktivität und Beschäftigung in der Informationsgesellschaft – Die USA und Deutschland im Vergleich, in: von Hauff, M. (Hrsg.): New Economy – Wirtschaftliche Chance oder Mythos? Regensburg 2003, S. 115-181.

Hahn, F. H. (1982): Money and Inflation, Oxford 1982.

Haldane, A. G. (1998): On Inflation Targeting in the United Kingdom, in: Scottish Journal of Political Economy, Vol. 45, No. 1, S. 1-32.

Hallman, J./Porter, R. D./Small, D. H. (1989): M2 per Unit of Potential GNP as Anchor for the Price Level, in Board of Governors of the Federal Reserve System, Staff Study, No. 157, Washington D.C.

Harris, A. (1988): Fed governor Angell says US inflation rate 'entirely unsatisfactory', in: Deutsche Bundesbank – Auszüge aus Presseartikeln, Nr. 23 vom 07.04.1988, S. 7/8.

Heikenstein, L./Vredin, A. (1998): Inflation Targeting and Swedish Monetary Policy – Experience and Problems, in: Sveriges Riksbank Quarterly Review, No. 4, 1988, S. 5-33.

Heller, R. H. (1988): The Outlook for the U.S. Economy, speech at the Los Angeles Town Hall, 08.04.1988, in: Deutsche Bundesbank – Auszüge aus Presseartikeln, Nr. 28 vom 21.04.1988, S. 9-12.

Herman, T./Murry, A. (1988): Fed Tightening Quiets Fears of Inflation, in: Deutsche Bundesbank – Auszüge aus Presseartikeln, Nr. 25 vom 15.04.1988, S. 8/9.

Hüther, M. (2001): Sicherheitsabstand wahren, in: FAZ vom 19.02.2001, S. 33.

Illing, G. (2004): Geldpolitik in den USA – die Fed in der Zinsfalle?, in: ifo Schnelldienst, Heft 6, 57. Jg., S. 31-37.

IMF, World Economic Outlook, diverse Jahrgänge.

IMF (2003): Deflation: Determinants, Risks, and Policy Options – Findings of an Interdepartmental Task Force, Approved by Kenneth Rogoff, April 2003.

Issing, O. (1993): Ethik der Notenbankpolitik – Moral der Notenbanker, in: Deutsche Bundesbank – Auszüge aus Presseartikeln, Nr. 70, S. 4-9.

Issing, O. (1994): Die Geldmengenstrategie der Deutschen Bundesbank, in: Deutsche Bundesbank – Auszüge aus Presseartikeln, Nr. 91 vom 09.12.1994, S. 1-10.

Issing, O. (1996): Einführung in die Geldpolitik, 6., überarbeitete Auflage, München 1996.

Issing, O. (1998): Welche geldpolitische Strategie für die EZB, in: Deutsche Bundesbank – Auszüge aus Presseartikeln, Nr. 29 vom 11.05.98, S. 6-11.

Issing, O. (1999): The Eurosystem: Transparent and Accountable or, 'Willem in Euroland', in: Journal of Common Market Studies, Vol. 37, No. 3, S. 503-519.

Issing, O. (2000): The Monetary Policy of the European Central Bank: Strategy and Implementation, in Kredit und Kapital, Vol. 23, Beiheft 15, S. 353- 388.

Issing, O. (2001): Why Price Stability?, in: First ECB Central Banking Conference November 2000, Frankfurt, Germany, June 2001, S. 179-202.

Issing, O. (2002): Monetary Policy in a Changing Economic Environment, in: Federal Reserve Bank of Kansas City (Hrsg.): Rethinking Stabilization Policy, Jackson Hole 2002, S. 183-205.

Issing, O. (2003): Geldpolitik für den Euroraum, Vortrag auf der Jahrestagung des Vereins für Socialpolitik, Zürich, 01. Oktober 2003.

Issing, O. (2004): Inflation Targeting: A View from the ECB, in: in: Federal Reserve Bank of St. Louis Review, Vol. 86, No. 4 (July/August 2004), S. 169-179.

Issing, O /Gaspar, V. /Angeloni, I. /Tristani, O. (2001): Monetary Policy in the Euro Area. Strategy end Decision-Making at the ECB, Cambridge UK, 2001.

Jarchow, H.-J. (2003): Theorie und Politik des Geldes, 11. neubearbeitete und wesentlich erweiterte Aufl., Göttingen 2003.

Johnson, M. H. (1988): Recent Economic Developments and Indicators of Monetary Policy, speech before The Money Marketeers of New York University, 15.03.1988, in: Deutsche Bundesbank – Auszüge aus Presseartikeln, Nr. 23 vom 07.04.1988, S. 9-11.

Jonas, J./Mishkin F. S. (2003): Inflation Targeting in Transition Economies: Experience and Prospects, paper presented at the NBER Conference on Inflation Targeting, Miami, January 2003.

Jordan, T. J./Peytringnet, M. (2001): Die Inflationsprognose der Schweizerischen Nationalbank, in: Quartalsheft der Schweizerischen Nationalbank, 18. Jg., Nr. 2, S. 54-61.

Judd, J. P./Rudebusch, G. D. (1998): Taylor's Rule and the Fed: 1970-1997, in: Federal Reserve Bank of San Francisco Economic Review, No. 3, S.-3-16.

Judd, J. P./Rudebusch, G. D. (1999): The Goals of U.S. Monetary Policy, in: Federal Reserve Bank of San Francisco: Economic Letter, 29.01.1999.

Kaletsky, A. (1989): Questions over Fed inflation policy, in: Deutsche Bundesbank – Auszüge aus Presseartikeln, Nr. 10 vom 01.02.1989, S. 11/12.

Kamps, C./Meier, C.-P./Oskamp, F. (2004): Wachstum des Produktionspotentials in Deutschland bleibt schwach, Kieler Diskussionsbeiträge, Nr. 414, September 2004.

Kaps, C. (1989): Amerika zwischen Rezession und Inflation, in: Deutsche Bundesbank – Auszüge aus Presseartikeln, Nr. 55 vom 06.07.1989, S. 9/10.

Kaps, C. (1990): Eine Zeche von 500 Milliarden Dollar, in: Deutsche Bundesbank – Auszüge aus Presseartikeln, Nr. 44 vom 29.05.1990, S. 11.

Kaps, C. (1991): Trügerische Hoffnung, in: Deutsche Bundesbank – Auszüge aus Presseartikeln, Nr. 24 vom 05.04.1991, S. 6.

Keynes, J. M. (1936): The General Theory of Employment, Interest and Money, reprint, Amherst, New York 1997.

KfW (2003): Droht eine Kreditklemme in Deutschland – was sagen die Daten?, Sonderpublikation zum KfW-Workshop, 17.10.2003, Frankfurt/Main.

Kilborn, P. T. (1988): Fed, in a Major Shift, Studies Markets to Monitor Inflation, in: Deutsche Bundesbank – Auszüge aus Presseartikeln, Nr. 15 vom 01.03.1988, S. 11/12.

King, R. G./Plosser, C. (1984): Money, Credit and Prices in a Real Business Cycle, in: American Economic Review, Vol. 74, No. 3 (June 1984), S. 363-380.

King, M. (1994): Monetary Policy in the UK, in: Fiscal Studies, Vol. 15, No. 3, S.-109-128.

King, M. (1997a): Changes in UK Monetary Policy: Rules and Discretion in Practice, in: Journal of Monetary Economics, Vol. 39, No.1 (June 1997), S. 81-97.

King, M. (1997b): The Inflation Target Five Years On, in: Bank of England Quarterly Bulletin, Vol. 37, No. 4 (November 1997), S. 434-442.

King, M. (1998): Monetary Policy and the Labour Market, speech given at the Employment Policy Institute's Fourth Annual Lecture, 01.12.1998.

King, M. (1999): Challenges for Monetary Policy: New and Old, in: Federal Reserve Bank of Kansas City (Hrsg.): New Challenges for Monetary Policy, Jackson Hole 1999, S. 11-57.

King, M. (2003): No Money, No Inflation – the Role of Money in the Economy, in: Mizen, P. (Hrsg.): Central Banking, Monetary Theory and Practice: Essays in Honour of Charles Goodhart, Northampton (Massachusetts) 2003, S. 62-89.

Kißmer, F./Wagner, H. (2002): Braucht die EZB eine 'neue' geldpolitische Strategie?, in: List Forum für Wirtschafts- und Finanzpolitik, Band 28, Heft 1, S. 1-35.

Klaeffing, M./Lopez-Perez, V. (2003): Inflation Targets and the Liquidity Trap, in: Issing, O. (Hrsg.): Background Studies for the ECB's Evaluation of its Monetary Policy Strategy, Frankfurt 2003, S. 157-185.

Köhler, C. (2002): Transmissionsmechanismen der Geld- und Kreditpolitik, in: Heise, A. (Hrsg.): Neues Geld – alte Geldpolitik? Die EZB im makroökonomischen Interaktionsraum, Marburg 2002, S. 31-58.

Kohn, D. L. (2003a): Comment on M. Goodfriend: "Inflation Targeting in the United States?", paper presented at the NBER Conference on Inflation Targeting, Miami, January 2003.

Kohn, D. L. (2003b): Productivity and Monetary Policy, remarks at the Federal Reserve Bank of Philadelphia Monetary Seminar, Philadelphia, September 2003.

Kohn, D. L. (2004): Panel Discussion, in: Federal Reserve Bank of St. Louis Review, Vol. 86, No. 4 (July/August 2004), S. 179-183.

Kohn, D. L./Sack, B. P. (2003): Central Bank Talk: Does it Matter and Why?, FRB Finance and Economics Discussion Series, No. 55, November 2003.

Kozicki, S. (1999): How Useful are Taylor Rules for Monetary Policy ?, in: Federal Reserve Bank of Kansas City Economic Review, Second Quarter 1999, S. 5-33.

Krauss, M. (2001): Don't Americanize the ECB, in: Deutsche Bundesbank – Auszüge aus Presseartikeln, Nr. 21 vom 04.05.2001, S. 17/18.

Krueger, A. B./Solow, R. M. (2002): The Roaring Nineties: Can Full Employment Be Sustained?, New York 2001.

Krugman, P. (1994): Past and Prospective Causes of High Unemployment, in: Reducing Unemployment: Current Issues and Policy Options, Federal Reserve Bank of Kansas City, Kansas City 1994.

Krugman, P. (2004): U.S. Interest Rates Are Likely to Rise Sharply, in: Deutsche Bundesbank – Auszüge aus Presseartikeln, Nr. 16 vom 21.04.2004.

Krupp, H. J./Cabos, K. (1999): The Impact of Monetary Policy on Employment, in: Filc, W./Köhler, C. (Hrsg.): Macroeconomic Causes of Unemployment: Diagnosis and Policy Recommendations, Berlin 1999, S. 405-418.

Kydland, F. E./Prescott, E. C. (1977): Rules Rather than Discretion: The Inconsistency of Optimal Plans, in: Journal of Political Economy, Vol. 85, No. 3, S. 473-491.

Landmann, O./Jerger, J. (1999): Beschäftigungstheorie, Heidelberg 1999.

Lange, J./Sack, B./Whitesell, W. (2001): Anticipations of Monetary Policy in Financial Markets, FRB Finance and Economics Discussion Series, No. 21, May 2001.

Leadbeater, C. (1992): Greenspan issues warning on severity of downturn, in: Deutsche Bundesbank – Auszüge aus Presseartikeln, Nr. 72 vom 16.10.1992, S. 18.

Levin, A. T./Natalucci, F. M./Piger J. M. (2004) : The Macroeconomic Effects of Inflation Targeting, in: Federal Reserve Bank of St. Louis Review, Vol. 86, No. 4 (July/August 2004), S. 51-80.

Levin, A. T. /Weiland, V./Williams, J. C. (1999): Robustness of Simple Monetary Rules under Model Uncertainty, in: Taylor, J. B. (Hrsg.): Monetary Policy Rules, Chicago 1999, S. 263-318.

Lindbeck, A. /Snower, D. (1989): The Insider-Outsider Theory of Employment and Unemployment, Cambridge 1989.

Ljngqvist, L./Sargent, T. J. (1998): The European Unemployment Dilemma, in: Journal of Political Economy, 1998, Vol. 106, No. 31, S. 514-550.

Lucas, G. /Quek, T. (1998): What Drives the Real Funds Rate?, in: Merrill Lynch, Fixed Income Strategy, 27.02.1998.

Lucas, R. E. (1972): Expectations and the Neutrality of Money, in: Journal of Economic Theory, Vol. 4, No. 2, S. 103-124.

Lucas, R. E. (1973): Some International Evidence on Output-Inflation Tradeoffs, in: American Economic Review, Vol. 63, No. 3 (June 1973), S. 326-334.

Lucas, R. E. (1996): Nobel Lecture: Monetary Neutrality, in: Journal of Political Economy, Vol. 104, No. 4, S. 661-682.

Macharzina, K. (1999): Unternehmensführung, 3. aktualisierte und erw. Aufl., Wiesbaden 1999.

Madigan, B. F./Nelson, W. R. (2002): Proposed Revision to the Federal Reserve's Discount Window Lending Programs, in: Federal Reserve Bulletin, July 2002, S. 313-319.

Maier-Rigaud, G. (1998): Die europäische Geldpolitik in der Potentialfalle?, in: Wirtschaftsdienst, 78 Jg., Heft 7, S. 433-440.

Malkin, L. (1991): Consumer Confidence Soars in U.S., in: Deutsche Bundesbank – Auszüge aus Presseartikeln, Nr. 24 vom 05.04.1991, S. 6.

Mankiw, N. G. (1985): Small Menu Costs and Large Business Cycles: A Macroeconomic Model of Monopoly, in: Quarterly Journal of Economics, Vol. 100, May 1985, S. 529-537.

Mankiw, N. G. (1999): Comment on "Aggregate Demand and Long-Run Unemployment", in: Brookings Papers on Economic Activity, No. 2, S. 237-241.

Mankiw, N. G. (2000): Makroökonomie, 4. überarbeitete Aufl., Deutsche Ausgabe, Stuttgart 2000.

Mankiw, N. G. (2001): The Inexorable and Mysterious Trade-off between Inflation and Unemployment, in: The Economic Journal, Vol. 111, May 2001, C45-C61.

Mankiw, N. G. (2002): U.S. Monetary Policy During the 1990s, in: Frankel, J. A./Orszag, P. R. (Hrsg.): American Economic Policy in the 1990s, Cambridge (MS) 2002, S. 19-43.

Masuch, K./Nicoletti-Altimari, S./Pill, H./Rostagno, M. (2003): The Role of Money in Monetary Policy Making, in: Issing, O. (Hrsg.): Background Studies for the ECB's Evaluation of its Monetary Policy Strategy, Frankfurt 2003, S. 187-228.

McAdam, P./Morgan, J. (2001): The Monetary Transmission Mechanism at the Euro-Area Level: Issues and Results Using Structural Macroeconomic Models, ECB Working Paper No. 93, December 2001.

McCallum, B. T. (1995): Two Fallacies Concerning Central-Bank Independence, in American Economic Review, Papers and Proceedings, Vo. 85, No. 2 (May 1995), S. 207-211.

McCallum, B. T. (1999a): Recent Developments in the Analysis of Monetary Policy Rules, in: Federal Reserve Bank of St. Louis Review, Vol. 81, Nov/Dec 1999, S. 3-11.

McCallum, B. T. (1999b): Issues in the Design of Monetary Policy Rules, in: Taylor, John B./Woodford, Michael (Hrsg.): Handbook of Macroeconomics, North Holland, Amsterdam 1999, S. 1484-1530.

McCallum, B. T. (2000): The United States Deserves a Monetary Standard, paper presented at the Shadow Open Market Committee, 12.11.2000.

McCallum, B. T. (2003): Inflation Targeting for the United States, paper presented at the Shadow Open Market Committee, 19.05.2003.

McCandless, G. T./Weber, W. E. (1995): Some Monetary Facts, in: Federal Reserve Bank of Minneapolis Quarterly Review, Vol. 19, No. 3, S. 2-11.

McConnell, M. M./Peach, R. W./Al-Haschimi, A. (2003): After the Refinancing Boom, Will Consumers Scale their Spending?, in: Federal Reserve Bank of New York, Current Issues in Economics and Finance, Vol. 9, No. 12 (Dec 2003), S. 1-7.

McNamee, M. (1988): Has "Fine Tuning" Fever Hit the Fed Again?, in: Deutsche Bundesbank – Auszüge aus Presseartikeln, Nr. 29 vom 25.04.1988, S. 9/10.

Meltzer, A. H. (1987): Limits of Short-Run Stabilization Policy, in: Economic Inquiry, Vol. 25, S. 1-14.

Meltzer, A. H. (1995): Money, Credit and (Other) Transmission Processes: A Monetarist Perspective, in: Journal of Economic Perspectives, Vol. 9, No. 4 (Fall 1995), S. 49-72.

Meulendyke, A.-M. (1988): A Review of Federal Reserve Policy Targets and Operating Guides in Recent Decades, in: Federal Reserve Bank of New York Quarterly Review, Autumn 1988, S. 6-17.

Meyer, L. H. (1998): The Strategy of Monetary Policy, speech given at the Alan R. Holes Lecture, Middlebury College, Middlebury, Vermont, 16.03.1998.

Meyer, L. H. (1999a): The Global Economic Outlook and Challenges Facing Monetary Policy around the World, speech given at the Annual Dinner of the Sociaty of Business Economists, London, England, 25.02.1999.

Meyer, L. H. (1999): Q&A on the Economic Outlook and the Challenge Facing Monetary Policy, speech before the Philadelphia Council for Business Economics, Philadelphia, 08.09.1999

Meyer, L. H. (2000a): Structural Change and Monetary Policy, speech given before the Joint Conference of the Federal Reserve Bank of San Francisco and the Stanford Institute for Economic Policy Research, San Francisco, 03.03.2000.

Meyer, L. H. (2000b): The Economic Outlook and Challenges Facing Monetary Policy, speech given at the Century Breakfast Series, Washington University, St. Louis, 19.10.200.

Meyer, L. H. (2001a): Does Money Matter?, in: Federal Reserve Bank of St. Louis, Vol. 83, No. 5 (September/October 2001), S. 1-15.

Meyer, L. H. (2001b): Inflation Targets and Inflation Targeting, in: Federal Reserve Bank of St. Louis, Vol. 83, No. 6 (November/December 2001), S. 1-13.

Meyer, L. H. (2003): Practical Problems and Obstacles to Inflation Targeting, Paper presented at Federal Reserve Bank of St. Louis Conference on Inflation Targeting, 16./17.10.2003.

Meyer, L. H. (2004): Practical Problems and Obstacles to Inflation Targeting, in: Federal Reserve Bank of St. Louis Review, Vol. 86, No. 4 (July/August 2004), S. 151-160.

Meyer, L. H./Swanson, E. T./Wieland, V. W. (2001): NAIRU Uncertainty and Nonlinear Policy Rules, in: American Economic Review, Papers and Proceedings, Vol. 91, No. 2, May 2001, S. 226-231.

Mintzberg, H./McHugh, A (1985): Strategy Formation in an Adhocracy, in: Administrative Science Quarterly, Vol. 30, No. 2, S. 160-197.

Mishkin, F. S. (1995): Symposium on the Monetary Transmission Mechanism, in: Journal of Economic Perspectives, Vol. 9, No. 4 (Fall 1995), S. 3-10.

Mishkin, F. S. (1999): International Experience with Different Monetary Policy Regimes, in: Journal of Monetary Economics, Vol. 43, No. 3 (June 1999), S. 579-605.

Mishkin, F. S (2000): What Should Central Banks Do?, in: Federal Reserve Bank of St. Louis, Vol. 82, No. 6 (November/December 2000), S. 1-13.

Mishkin, F. S. (2002): The Role of Output Stabilization in the Conduct of Monetary Policy, in: NBER Working Paper No. 9291, October 2002.

Münchau, W. (2001): Und die EZB hatte doch Recht, in: Deutsche Bundesbank – Auszüge aus Presseartikeln, Nr. 15 vom 27.03.2001, S. 5/6.

Murray, A. (1989): Fed's Discount-Rate Increase Raises Bush Recession Fears, in: Deutsche Bundesbank – Auszüge aus Presseartikeln, Nr. 17 vom 27.02.1989, S. 11.

Murray, A. (1991): Fed Reduces Two Key Interest Rates in Effort to Spur Slumping Economy, in: Deutsche Bundesbank – Auszüge aus Presseartikeln, Nr. 85 vom 11.11.1991, S. 10/11.

Nasar, S. (1991): Recession: A Case of Nerves, in: Deutsche Bundesbank – Auszüge aus Presseartikeln, Nr. 25 vom 09.04.1988, S. 13.

Nehls, H./Schmidt, T. (2003): Credit Crunch in Deutschland? – Ein empirisches Ungleichgewichtsmodell, in: KfW (Hrsg.): Droht eine Kreditklemme in Deutschland – was sagen die Daten?, KfW-Workshop, 17.10.2003, Frankfurt/Main, S. 33-39.

Nelson, E. (2000): UK Monetary Policy 1972-1997: A Guide Using Taylor Rules, Working Paper, Bank of England 2000.

Nelson, E. (2002): Direct Effects of Base Money on Aggregate Demand: Theory and Evidence, in: Journal of Monetary Economics, Vol. 49, S. 687-708.

Nelson, E. (2004): The Great Inflation of the Seventies: What Really Happened?, Federal Reserve Bank of St. Louis Working Paper, No. 1, January 2004.

Neumann, M. J. M. (2001): Als Herrin über die Konjunktur ist die Zentralbank überfordert, in: Deutsche Bundesbank – Auszüge aus Presseartikeln, Nr. 32 vom 18.07.2001, S. 9/10.

Neumann, M. J. M. (2003): Weichmacher gewinnen, in: Deutsche Bundesbank – Auszüge aus Presseartikeln, Nr. 22 vom 14.05.2003, S. 12.

Neumann, M. J. M./Von Hagen, J. (2002): Does Inflation Targeting Matter?, in: Federal Reserve Bank of St. Louis Review, Vol. 83, No. 4 (July/August 2002), S. 127-148.

Nickell, S. (1997): Unemployment and Labour Market Rigidities: Europe versus North America, in: Journal of Economic Perspectives, Vol. 11, No. 3 (Summer 1997), S. 55-74.

Nicoletti-Altimari, S. (2001): Does Money Lead Inflation in the Euro Area?, in: ECB Working Paper, No. 63, May 2001.

OECD, Economic Outlook (EO), diverse Jahrgänge.

OECD, Economic Surveys (ES): United States, diverse Jahrgänge.

OECD, Wirtschaftsausblick (WA), diverse Jahrgänge.

OECD (1994): The OECD Jobs Study, Paris 1994.

OECD (1999): Arbeitsmarktergebnisse und die OECD-Beschäftigungsstrategie, in: OECD Wirtschaftsausblick, 65. Jg., Heft 1 (Juni 1999), S. 159-180.

OECD (2001): Estimating the Structural Rate of Unemployment for the OECD Countries, in: OECD Economic Studies, No. 33, 2001/II, S. 171-215.

OECD (2003): The Sources of Economic Growth in the OECD Countries, Paris 2003.

OECD (2004): Housing Markets, Wealth and the Business Cycle, in: OECD Economic Outlook, Vol. 75, No. 1 (June 2004), S. 127-148.

Okun, A. M. (1962): Potential GNP: Its Mesurement and Signficance, wiederabgedruckt in: Okun, A. M. (Hrsg.): Economics for Policymaking, S. 145-158.

Okun, A. M. (1970): The Political Economy of Prosperity, Washington, D.C. 1970.

Orphanides, A. (1998): Monetary Policy Evaluation with Noisy Information, in: Federal Reserve Board Finance and Economics Discussion Series, No. 50/1998.

Orphanides, A. (2000): Activist Stabilization Policy and Inflation: The Taylor Rule in the 1970s, Finance and Economics Discussion Paper, No. 13, Board of Governors of the Federal Reserve System, February 2000.

Orphanides, A. (2001): Monetary Policy Rules Based on Real-Time Data, in: American Economic Review, Vol. 91, No. 4 (September 2001), S, 964-985.

Orphanides, A. (2003a): Monetary Policy Evaluation with Noisy Information, in: Journal of Monetary Economics, Vol. 50, No. 3 (April 2003), S. 605-631.

Orphanides, A. (2003b): The Quest for Prosperity without Inflation, in: Journal of Monetary Economics, Vol. 50, No. 3 (April 2003), S. 633-663.

Orphanides, A./Solow, R. (1990): Money, Inflation and Growth, in: Friedman, B. M./ Hahn F. H. (Hrsg.): Handbook of Monetary Economics, Amsterdam, North Holland 1990.

Orphanides, A./Wilcox, D. W. (1996): The Opportunistic Approach to Disinflation, Finance and Economics Discussion Paper, No. 24, Board of Governors of the Federal Reserve System, May 1996.

O.V. (1989a): Bush Says Grwoth is Prority, in: Deutsche Bundesbank – Auszüge aus Presseartikeln, Nr. 9 vom 27.01.1989, S. 11.

O.V. (1989b): Greenspan Forecast Soft Landing, in: Deutsche Bundesbank – Auszüge aus Presseartikeln, Nr. 61 vom 03.08.1989, S. 10.

O.V. (1989c): At the Fed: The Right Speed, in: Deutsche Bundesbank – Auszüge aus Presseartikeln, Nr. 62 vom 08.08.1989, S. 9.

O.V. (1989d): Darman Wants Fed to Reduce Interest Rates, in: Deutsche Bundesbank – Auszüge aus Presseartikeln, Nr. 64 vom 17.08.1989, S. 13.

O.V. (1991a): Langfristige Ziele der US-Wirtschaftspolitik, in: Deutsche Bundesbank – Auszüge aus Presseartikeln, Nr. 10 vom 15.02.1991, S. 12.

O.V. (1991b): Die amerikanische Wirtschaft zwischen Gesundbeterei und Hoffnung, in: Deutsche Bundesbank – Auszüge aus Presseartikeln, Nr. 14 vom 01.03.1991, S. 15-17.

O.V. (1991c): Monetary masquerade, in: Deutsche Bundesbank – Auszüge aus Presseartikeln, Nr. 60 vom 12.08.1991, S. 7.

O.V. (1991d): Federal Reserve Now Talks About 'Slow, Uneven' Recovery, in: Deutsche Bundesbank – Auszüge aus Presseartikeln, Nr. 60 vom 12.08.1991, S. 9.

O.V. (1994a): Weiter Fragezeichen hinter der US-Geldpolitik, in: Deutsche Bundesbank – Auszüge aus Presseartikeln, Nr. 30 vom 02.05.1994, S. 11/12.

O.V. (1994b): Die US-Notenbank in einer Vertrauenskrise, in: Deutsche Bundesbank – Auszüge aus Presseartikeln, Nr. 33 vom 13.05.1994, S. 8/9.

O.V. (1996): Wenn Greenspan bubbled, in: Deutsche Bundesbank – Auszüge aus Presseartikeln, Nr. 77 vom 11.12.1996, S. 10/11.

O.V. (2000a): Prudence at the Fed, in: Deutsche Bundesbank – Auszüge aus Presseartikeln, Nr. 7 vom 10.02.2000, S. 10.

O.V. (2000b): Amerikas Zentralbank hält Märkte weiter im Griff, in: FAZ vom 30.06.00, S. 21.

O.V. (2001a): Greenspan's big surprise, in: Deutsche Bundesbank – Auszüge aus Presseartikeln, Nr. 2 vom 10.01.2001, S. 6/7.

O.V. (2001b): Wall Street wettet auf Zinssenkung um 0,5 Prozentpunkte, in: FAZ vom 31.01.01, S. 31.

O.V. (2001c): Keine Hoffnung auf Zinssenkung der EZB, in: FAZ vom 08.05.2001, S. 31.

O.V. (2001d): Der Balanceakt der Fed wird immer schwieriger, in: FAZ vom 10.05.2001, S. 33 und 35.

O.V. (2001e): Die Europäische Zentralbank senkt die Leitzinsen, in: FAZ vom 11.05.2001, S. 1.

O.V. (2001f): Den Anleihehändlern agiert die Fed zu aggressiv, in: FAZ vom 17.05.2001, S. 33.

O.V. (2001g): Die EZB – weniger überzeugend als das Fed?, in: Deutsche Bundesbank – Auszüge aus Presseartikeln, Nr. 36 vom 15.08.2001, S. 7/8.

O.V. (2001h): Wissenschaftler fordern die gläserne Zentralbank, in: FAZ vom 08.10.01, S. 14.

O.V. (2001i): Die „Taylor-Regel" ist kein guter Ratgeber für Anleger, in: FAZ vom 07.12.01, S. 27.

O.V. (2002a): Greenspan wurde „überinterpretiert", in: FAZ vom 21.01.2002, S. 17.

O.V. (2002b): Schüssel fordert Zinssenkung der EZB, in: FAZ vom 05.09.2002, S. 11.

O.V. (2003a): EZB-Strategie stößt auf geteiltes Echo, in: FAZ vom 15.05.2003, S. 12.

O.V. (2003b): ‚Deutschland fällt nicht in eine Deflationsspirale', in: FAZ vom 27.05.2003, S. 12.

O.V. (2003c): Issing sieht keine Zeichen für Deflation, in: FAZ vom 30.05.2003, S. 13.

O.V. (2004a): EZB: Ölpreis senkt Wachstum kaum, in: FAZ vom 05.06.2004, S. 12.

O.V. (2004b): Berlusconi fordert Kuratel für die EZB, in: FAZ vom 09.06.2004, S. 15.

Pätzold, J. (1998): Stabilisierungspolitik, 6. überarbeitete und aktualisierte Auflage, Bern et al. 1998.

Peersman, G./Smets, F. (2001): Are the Effects of Monetary Policy in the Euro Area Greater in Recessions than in Booms?, ECB Working Paper No. 52, March 2001.

Peersman, G./Smets, F. (2003): The Monetary Transmission Mechanism in the Euro Area: Evidence From VAR Analysis, in: Angeloni, I./Kashyap, A. K./Mojon, B. (Hrsg.): Monetary Policy Transmission in the Euro Area, Cambridge (UK), New York 2003, S. 36-55.

Perry, R. T. (1997): Monetary Policy in the United States: Goals, Instruments and Strategies, in: Deutsche Bundesbank – Auszüge aus Presseartikeln, Nr. 18 v. 25.03.1997, S. 12-16.

Persaud, A. (2003): The Fed Takes a Dangerous Stance, in: Deutsche Bundesbank – Auszüge aus Presseartikeln, Nr. 32 vom 23.07.2003, S. 16/17.

Persson, T./Tabellini, G. (1990): Macroeconomic Policy, Credibility and Politics, Fundamentals of Pure and Applied Economics, Chur 1990.

Phelps, E. (1994): Structural Slumps, Cambridge 1994.

Phelps, E. (1995): The Structuralist Theory of Employment, in: AER, Papers and Proceedings, Vol. 85, No. 2 (May 1995), S. 226-231.

Pissarides, C. (1992): Loss of Skill during Unemployment and the Persistence of Employment Shocks, Quarterly Journal of Economics, Vol. 107, No. 4, S. 1371-91.

Polleit, T. (2003): Das Risiko der Regellosigkeit, in: Deutsche Bundesbank – Auszüge aus Presseartikeln, Nr. 34 vom 06.08.2003, S. 8/9.

Poole, W. (1970): Optimal Choice of Monetary Policy Instrument in a Simple Stochastic Macro Model, in: Quarterly Journal of Economics, Vol. 84, No.1, S. 197-216.

Poole, W. (1998): Comments, in: Solow, R./ Taylor, J. (Hrsg.): Inflation, Unemployment, and Monetary Policy, Cambridge/Massachusetts 1998, S. 78-88.

Poole, W. (2000): How Well Do the Markets Understand Fed Policy?, speech given at the Centre for Financial Studies, Frankfurt, Deutschland, 30. November 2000.

Poole, W. (2001): Getting Markets in Synch with Monetary Policy, speech given at the First Annual Missouri Economics Conference, University of Missouri-Columbia, 04.05.01.

Poole, W. (2003): Fed Transparency: How, Not Whether, in: Federal Reserve Bank of St. Louis Review, Vol. 85, No. 6 (November/December 2003), S. 1-8.

Poole, W. /Rasche, R. H. (2000): Perfecting the Market's Knowledge of Monetary Policy, Working Paper 2000-010A, Federal Reserve Bank of St. Louis, April 2000.

Poole, W./ Rasche, R. H./ Thornton, D. L. (2002): Market Anticipations of Monetary Policy Actions, in: Federal Reserve Bank of St. Louis Review, Vol. 83, No. 4 (July/August 2002), S. 65-94.

Prowse, M./Norman, P. (1991): US discount rate cut after sharp rise in jobless, in: Deutsche Bundesbank – Auszüge aus Presseartikeln, Nr. 46 vom 03.07.1992, S. 18.

Reifschneider, D. /Tetlow, R. /Williams, J. (1999): Aggregate Disturbances, Monetary Policy, and the Macroeconomy: The FRB/US Perspective, in: Federal Reserve Bulletin, January 1999, S. 1-19.

Remsperger, H./Worms, A, (1999): Transparency in Monetary Policy, CFS Working Paper No. 1999/16, January 1999.

Rivlin, A. M. (1997): Remarks at the Annual Meeting of the Eastern Association, Washington, D. C., April 4, 1997.

Rogoff, K. (1985): The Optimal Degree of Commitment to an Intermediate Monetary Target, in: Quarterly Journal of Economics, Vol. 100, No. 4, S. 1169-1189.

Romer, C./Romer, D. (1989): Does Monetary Policy Matter? A New Test in the Spirit of Friedman and Schwartz, in: Blanchard, O. J./Fischer, S. (Hrsg.): NBER Macroeconomics Annual 1989, Vol. 4, S. 121-170, Cambridge 1989.

Romer, C./Romer, D. (1994): What Ends Recessions?, in: Fischer, S./Rotemberg (Hrsg.): NBER Macroeconomic Annual, Vol. 9, S. 13-57.

Romer,C./Romer D. (2002): The Evolution of Economic Understanding and Postwar Stabilization Policy, in: Federal Reserve Bank of Kansas City (Hrsg.): Rethinking Stabilization Policy, Jackson Hole 2002, S. 11-78.

Roth, J.-P. (2002): Ist eine Notenbank für Überraschungen gut?, Referat vor der Statistisch-Volkswirtschaftlichen Gesellschaft, Basel, 25.03.2002.

Ruhrkamp, S. (2003): Der Wirklichkeit einen Schritt voraus, in: FAZ vom 26.08.2003, S. 9.

Rudebusch, G. D. (1998): Do Measures of Monetary Policy in a VAR Make Sense?, in: International Economic Review, Vol. 39, November 1998, S. 907-931.

Rudebusch, G. D. (2001): How Sluggish Is the Fed?, in: Federal Reserve Bank of San Francisco Economic Letter, No. 2001-05, 02.03.2001.

Rudebusch, G. D./Svensson, L. E. O. (1999): Policy Rules for Inflation Targeting, in: Taylor, J. B. (Hrsg.): Monetary Policy Rules, Chicago 1999, S. 203-246.

Rudebush, G. D./Walsh, C. E. (1998): U.S. Inflation Targeting: Pro and Con, in: Federal Reserve Bank of San Francisco Economic Letter, No. 1998-18, 29.05.1998.

Sack, B. (2000): Driving Inflation Expectations from Nominal and Inflation Indexed Treasury Yields, Working Paper, Board of Governors, Mai 2000.

Sack, B./Wieland, V. (1999): Interest Rate Smoothing and Optimal Monetary Policy: A Review of Recent Empirical Evidence, mimeo, Federal Reserve and ECB, August 1999.

Santomero, A. M. (2003): Flexible Commitment or Inflation Targeting for the U.S.?, paper presented at Money Marketeers, New York, 10.06.2003.

Sarel, M. (1996): Nonlinear Effects of Inflation on Economic Growth, IMF Staff Papers, Vol. 43, No. 1 (March 1996), S. 199-215.

Sargent, T. S. (1999): The Conquest of American Inflation, Princeton 1999.

Sargent, T. S./Wallace, N. (1975): Rational Expectations, the Optimal Money Instrument, and the Optimal Money Supply Rule, in: Journal of Political Economy, Vol. 83, S. 241-254.

Schalk, H. J. (2001): Weniger Arbeitslose durch mehr Wachstum?, in: Ehrig, D./Kalmbach, P. (Hrsg.): Weniger Arbeitslose aber wie? Gegen Dogmen in der Arbeitsmarkt- und Beschäftigungspolitik, Marburg 2001, S. 43-77.

Scheide, J. (2001): Die Strategie der Fed: Ein gutes Beispiel für die EZB?, in: List Forum für Wirtschafts- und Finanzpolitik, Jg. 27, Heft 4, S. 335-345.

Schröder, W. (2002): Moderate Inflation – Sand oder ‚grease' im Getriebe der Realökonomie?, in: Heise, A. (Hrsg.): Neues Geld – alte Geldpolitik? Die EZB im makroökonomischen Interaktionsraum, Marburg 2002, S. 125-156.

Schulmeister, S. (2001): Die unterschiedliche Wachstumsdynamik in den USA und Deutschland in den neunziger Jahren, in: Heise, A. (Hrsg.): USA – Modellfall der New Economy?, Marburg 2001, S. 131-168.

Shepherdson, I. (1997): Interest Rates and the Taylor Rule, in: HSBC Markets, US Economics Weekly, 12.05.1997, S. 2-3.

Siebert, H. (1997): Labour Market Rigidities: At the Root of Unemployment in Europe, in: Journal of Economic Perspectives, Vol. 11, No. 3 (Summer 1997), S. 37-54.

Sims, C. A. (1972): Money, Income and Causality, in: American Economic Review, Vol. 62, No. 4 (September 1972), S. 540-52.

Sims, C. A. (1980): Comparison of Interwar and Postwar Business Cycles, in: American Economic Review, Vol. 70, No. 2 (May 1980), S. 250-257.

Sims, C. A. (1992): Interpreting the Macroeconometric Time Series Facts: The Effects of Monetary Policy, in: European Economic Review, Vol. 36, No. 5 (June 1992), S. 975-1000.

Sinn, H.-W./Reutter, M. (2001): The Minimum Inflation Rate for Euroland, NBER, Working Paper No. 8085, January 2001.

Smets, F. (1995): Central Bank Macroeconometric Models and the Monetary Policy Transmission Mechanism, in: BIS (Hrsg.): Financial Structure and the Monetary Policy Transmission Mechanism, Basel 1995.

Smets, F. (2002): Output Gap Uncertainty: Does it Matter for the Taylor-Rule? Empirical Economics, Vol. 22, No. 1, S. 113-129.

Solow, R. M. (1998): How Cautious Must the Fed Be? , in: Solow, R./ Taylor, J. (Hrsg.): Inflation, Unemployment, and Monetary Policy, Cambridge/Massachusetts 1998, S. 1-28.

Spahn, H.-P. (1988): Bundesbank und Wirtschaftskrise: Geldpolitik, gesamtwirtschaftliche Finanzierung und Vermögensakkumulation der Unternehmen 1970-1987, Reihe: Studien zur Monetären Ökonomie, Band 1, Regensburg 1988.

Spahn, H.-P. (1999a): Makroökonomie – Theoretische Grundlagen und stabilitätspolitische Strategien, 2., überarb. und erweiterte Aufl., Berlin u.a. 1999.

Spahn, H.-P. (1999b): Central Bankers, Games and Markets - A Critical Assessment of the Microeconomic Optimization Approach in the Theory of Macroeconomic Stabilization, in: Filc, W./Köhler, C. (Hrsg.): Macroeconomic Causes of Unemployment - Diagnosis and Policy Recommendations, Berlin 1999, S. 379-403.

Spahn, H.-P. (2000): Disinflation and Unemployment, On the Non-Neutrality of Monetary Policy, in: de Gijsel, P./Olthoff, R.: The Unemployment Debate: Current Issues, S. 11-38.

Spahn, H.-P. (2001a): Neue Ökonomie, Realzins und Geldpolitik, in: Jahrbücher für Nationalökonomie und Statistik, Bd. 221, Heft 3., S. 336-339.

Spahn, H.-P. (2001b): On the Theory of Interest-Rate Policy, in: Banca Nazionale del Lavoro Quarterly Review, Vol. 54, No. 219 (December 2001), S. 355-380.

Spahn, H.-P. (2003): Zum Policy-Mix in der Europäischen Währungsunion, Diskussionsbeiträge aus dem Institut für Volkswirtschaftslehre der Universität Hohenheim, Nr. 226, Stuttgart Oktober 2003.

Staehle, W. H. (1999): Management, 8. überarbeitete Aufl., München 1999.

Stahel, A. A. (1996): Klassiker der Strategie, eine Bewertung, 2. durchges. Aufl., Zürich 1996.

Staiger, D. /Stock, J. H. /Watson, M. W. (1997): The NAIRU, Unemployment and Monetary Policy, in: Journal of Economic Perspectives, Vol. 11, No. 1, S. 33-49.

Starbatty, J. (2001): Man kann die Pferde zur Tränke führen, saufen müssen sie selbst, in: Deutsche Bundesbank – Auszüge aus Presseartikeln, Nr. 12 vom 07.03.2001, S. 14/15.

Stiglitz, J. (1997): Reflections on the Natural Rate Hypothesis, in: Journal of Economic Perspectives, Vol. 11, No. 1 (Winter 1997), S. 3-10.

Stock, J. H./Watson, M. W. (1999): Forecasting Inflation, in: Journal of Monetary Economics, Vol. 44, No. 2 (October 1999), S. 293-335.

Stock, J. H./Watson, M. W. (2003): Has the Business Cycle Changed? Evidence and Explanations, in: Federal Reserve Bank of Kansas City (Hrsg.): Monetary Policy and Uncertainty, Jackson Hole, Wyoming, August 2003.

Svensson, L. E. O. (1997a): Optimal Inflation Targets, "Conservative" Central Banks, and Linear Inflation Contracts, in: American Economic Review, Vol. 87, No. 1 (March 1997), S. 98-114.

Svensson, L. E. O. (1997b): Inflation Forecast Targeting: Implementing and Monitoring Inflation Targets, in: European Economic Review, Vol. 41, S. 1111-1146.

Svensson, L. E. O. (1997c): Inflation Targeting in an Open Economy: Strict or Flexible Inflation Targeting, Lecture given at the Victoria University of Wellington, New Zealand, 18. November 1997.

Svensson, L. E. O. (1999a): Inflation Targeting as a Monetary Policy Rule, in: Journal of Monetary Economics, Vol. 43, No. 3 (June 1999), S. 607-654.

Svensson, L. E. O. (1999b): How Should Monetary Policy Be Conducted in an Era of Price Stability?, in: Federal Reserve Bank of Kansas City (Hrsg.): New Challenges for Monetary Policy, Jackson Hole1999, S. 195-257.

Svensson, L. E. O. (2000a): Does the P* Model Provide Any Rationale for Monetary Targetting?, in: German Economic Review, Vol. 1, Issue 1 (February 2002), S. 69-82.

Svensson, L. E. O. (2000b): Open-Economy Inflation Targeting, in: Journal of International Economics, Vol. 50, No. 1, S. 155-183.

Svensson, L. E. O. (2001a): What Is Good and What Is Bad with the Eurosystem's Published Forecasts, and How Can They Be Improved? Briefing Paper for the Committee on Economic and Monetary Affairs of the European Parliament, First Quarter 2001.

Svensson, L. E. O. (2001b): The Fed Does Not Provide the Solution to the Eurosystem's Problems, Briefing Paper for the Committee on Economic and Monetary Affairs of the European Parliament, Second Quarter 2001.

Svensson, L. E. O. (2002a): Inflation Targeting: Should It Be Modeled as an Instrument Rule or a Targeting Rule?, in: European Economic Review, Vol. 46 (2002), S. 771-780

Svensson, L. E. O. (2002b): A Reform of the Eurosystem's Monetary-Policy Strategy Is Increasingly Urgent, Briefing Paper for the Committee on Economic and Monetary Affairs of the European Parliament, Second Quarter2002.

Svensson, L. E. O. (2003a): The Inflation Forecast and the Loss Function, in: Mizen, P. (Hrsg.): Central Banking, Monetary Theory and Practice: Essays in Honour of Charles Goodhart, Northampton (Massachusetts) 2003, S. 135-152.

Svensson, L. E. O. (2003b): In the Right Direction, But Not Enough: The Modification of the Monetary-Policy Strategy of the ECB, Briefing Paper for the Committee on Economic and Monetary Affairs of the European Parliament, Second Quarter 2003.

Svensson, L. E. O. (2003c): What Is Wrong with Taylor Rules? Using Judgement in Monetary Policy through Targeting Rules, in: Journal of Economic Literature, Vol. 41, No. 2 (June 2003), S. 426-477.

Svensson, L. E. O. (2004): Commentary on "Practical Problems and Obstacles to Inflation Targeting", in: Federal Reserve Bank of St. Louis Review, Vol. 86, No. 4 (July/August 2004), S. 161-164.

SVR (Sachverständigenrat) (1974): Jahresgutachten 1974/75: Vollbeschäftigung für Morgen, Wiesbaden 1974.

SVR (Sachverständigenrat) (1979): Jahresgutachten 1979/1980: Herausforderung von außen, Wiesbaden 1979.

SVR (Sachverständigenrat) (1982): Jahresgutachten 1982/83: Gegen Pessimismus, Wiesbaden 1982.

SVR (Sachverständigenrat) (1983): Jahresgutachten 1983/84: Ein Schritt voran, Wiesbaden 1983.

SVR (Sachverständigenrat) (1999): Jahresgutachten 1999/2000: Wirtschaftspolitik unter Reformdruck, Wiesbaden 1999.

SVR (Sachverständigenrat) (2000): Jahresgutachten 2000/01: Chancen auf einen höheren Wachstumspfad, Wiesbaden 2000.

SVR (Sachverständigenrat) (2001): Jahresgutachten 2001/02: Für Stetigkeit - Gegen Aktionismus, Wiesbaden 2001.

SVR (Sachverständigenrat) (2002): Jahresgutachten 2002/03: Zwanzig Punkte für Beschäftigung und Wachstum, Wiesbaden 2002.

SVR (Sachverständigenrat) (2003): Jahresgutachten 2003/04: Staatsfinanzen konsolidieren – Steuersystem reformieren, Wiesbaden 2003.

Swanson, E. T. (2000): On Signal Extraction and Non-Certainty-Equivalence in Optimal Monetary Policy Rules, in: Federal Reserve Board Finance and Economics Discussion Series, No. 32/2000.

Taylor, J. B. (1979): Estimation and Control of a Macroeconomic Model with Rational Expectations, in: Econometrica, Vol. 47, No. 5 (September 1979), S. 1267-1286.

Taylor, J. B. (1992): The Great Inflation, the Great Disinflation, and Policies Future Price Stability, in: Blundell-Wignall, A. (Hrsg.): Inflation, Disinflation and Monetary Policy, Sidney 1992, S. 9-34.

Taylor, J. B. (1993): Discretion versus Policy Rules in Practice, in: Carnegie-Rochester Conference Series on Public Policy, Vol. 39, S. 195-214.

Taylor, J. B. (1994): The Inflation/Output Variability Trade-off Revisted, in: Fuhrer, J. (Hrsg.): Goals, Guidelines and Constraints Facing Monetary Policymakers, Boston: Federal Reserve Bank of Boston, S. 21-38.

Taylor, J. B. (1995): The Monetary Transmission Mechanism: An Empirical Framework, in: Journal of Economic Perspectives, Vol. 9, No. 4 (Fall 1995), S. 11-26.

Taylor, J. B. (1996): How Should Monetary Policy Respond to Shocks while Maintaining Long-Run Price Stability? – Conceptual Issues, in: Federal Reserve Bank of Kansas City (Hrsg.): Achieving Price Stability, Jackson Hole 1996, S. 181-196.

Taylor, J. B. (1997): Comment on: America's Peacetime Inflation: The 1970s, in: Romer, C./Romer, D. (Hrsg.): Reducing Inflation, Chicago 1997, S. 276-280.

Taylor, J. B. (1998a): Applying Academic Research on Monetary Policy Rules: An Exercise in Translational Economics, revised version (February 1998) of a speech presented at the Macro, Money, and Finance Research Group Conference, Durham University, Durham England, September 1997.

Taylor, J. B. (1998b): Monetary Policy Guidelines for Employment and Inflation Stability, in: Solow, R. M./Taylor, John B. (Hrsg.): Inflation, Unemployment, and Monetary Policy, Cambridge, Massachusetts, S. 29-54.

Taylor, John B. (1998c): Responses, in: Solow, R. M./Taylor, John B. (Hrsg.): Inflation, Unemployment, and Monetary Policy, Cambridge, Massachusetts, S. 95-101.

Taylor, John B. (1999a): An Historical Analysis of Monetary Policy Rules, in: Taylor, J. B. (Hrsg.): Monetary Policy Rules, Chicago 1999, S. 203-246.

Taylor, J. B. (1999b): The Robustness and Efficiency of Monetary Policy Rules as Guidelines for Interest Rate Setting by the European Central Bank, Journal of Monetary Economics, Vol. 43, No. 3 (June 1999), S. 319-341.

Taylor, J. B (1999c): Commentary: Challenges for Monetary Policy: New and Old, in: Federal Reserve Bank of Kansas City (Hrsg.): New Challenges for Monetary Policy, Jackson Hole 1999, S. 59-67.

Taylor, John B. (2000a): Recent Developments in the Use of Monetary Policy Rules, speech given at the conference: "Inflation Targeting and Monetary Policies in Emerging Economies" at the Central Bank of the Republic of Indonesia, Jakarta, Indonesia, 13./14. Juli 2000.

Taylor, J. B. (2000b): Alternative Views of the Monetary Transmission Mechanism: What Difference Do They Make for Monetary Policy ?, in: Oxford Review of Economic Policy, Vol. 16, No. 4, S. 60-73.

Taylor, J. B. (2000c): Using Monetary Policy Rules in Emerging Market Economies, paper presented at the 75th Anniversary Conference: "Stabilization and Monetary Policy: The International Experience", November 14-15 2000, Mexico City, Banco de México.

Taylor, J. B. (2001): How the Rational Expectations Revolution has Changed Macroeconomic Policy Research, in: Drèze, J. (Hrsg.): Advances in Macroeconomic Theory, 2001, S. 79-96.

Tigges, C. (2001a): Kritik an die falsche Adresse, in: FAZ vom 02.05.2001, S. 17.

Tigges, C. (2001b): Amerikas Wachstum jetzt noch schwächer, in: FAZ vom 26.05.2001, S. 13.

Tigges, C. (2001c): ,Alan Greenspan ist der Babysitter der Börse', in FAZ vom 09.07.2001, S. 14

Tigges, C. (2001d): Nach dem Vater einer Strategie, in: FAZ vom 02.08.2001, S. 13.

Tigges, C. (2002): Gespür für Greenspan, in: FAZ vom 02.11.2002, S. 9.

Tigges, C. (2003a): Federal Reserve hält Zinssenkung nicht für notwendig, in: FAZ vom 21.01.2003, S. 23.

Tigges, C. (2003b): „Die amerikanische Geldpolitik darf keine Rätsel aufgeben", in: FAZ vom 03.05.2003, S. 10.

Tigges, C. (2003c): Die Fed auf falschem Kurs, in: FAZ vom 30.07.2003, S. 11.

Tigges, C. (2003d): Zeichen des Aufschwungs nähern Zweifel an der Notenbank, in: FAZ vom 20.08.2003, S. 11.

Tigges, C. (2003e): Arbeitsmarkt verzögert Zinserhöhung, in: FAZ vom 16.09.2003, S. 25.

Tigges, C. (2004a): Die Blasen im Blick, in: FAZ vom 04.03.2004, S. 11.

Tigges, C. (2004b): Schwacher Arbeitsmarkt nährt die Konjunktursorgen in den USA, in: FAZ vom 10.03.2004, S. 15.

Tigges, C. (2004c): Bundesbankvize Stark lehnt Zinssenkungen ab, in: FAZ vom 26.04.2004, S. 13.

Thornton, D. L. (1988): The Borrowed-Reserves Operating Procedure: Theory and Evidence, in: Federal Reserve Bank of St. Louis Review, Vol. 69, No. 1 (Jan/Feb 1988), S. 30-53.

Thurow, L. C. (1994): The Fed Goes Ghostbustering, in: Deutsche Bundesbank – Auszüge aus Presseartikeln, Nr. 33 vom 13.05.1994, S. 6-8.

Tober, S. (2000): Geldpolitik in besonderer Verantwortung für den Aufschwung, in: Wochenbericht des DIW, 67. Jg., Nr. 47/2000, S. 801-806.

Tober, S. (2001): Europäische Geldpolitik zu zögerlich, in: Wochenbericht des DIW, 68. Jg., Nr. 49/2001, S. 788-793.

Tobin, J. (1965): Money and Economic Growth, in: Econometrica, Jg. 33, Heft 4, S. 671-684.

Tobin, J. (1970): Money and Income: Post Hoc Ergo Proctor Hoc, in: Quarterly Journal of Economics, Vo. 8, No. 2 (May 1970), S. 301-317.

Tobin, J. (1991): The Fed Can Save the U.S. Economy, in: Deutsche Bundesbank – Auszüge aus Presseartikeln, Nr. 98 vom 18.12.1991, S. 8.

Uchitelle, L. (1994): Is the Fed Jousting with Phantoms?, in: Deutsche Bundesbank – Auszüge aus Presseartikeln, Nr. 22 vom 05.04.1994, S. 8.

Uhlig, H. (2004): Commentary on "The Macroeconomic Effects of Inflation Targeting", in: Federal Reserve Bank of St. Louis Review, Vol. 86, No. 4 (July/August 2004), S. 81-88.

Van Ark, B./Inklaar, R./McGuckin, R. H. (2003): ICT and Productivity in Europe and the United States – Where Do the Differences Come From?, in: CESifo Economic Studies, Vol. 49, No. 3, S. 295-318.

Van Els, P./Locarno, A./Morgan, J./Villetelle, J.-P. (2001): Monetary Policy Transmission in the Euro Area: What Do Aggregate and National Structural Models Tell Us?, ECB Working Paper No. 94, December 2001.

Vickers, J. (1998): Inflation Targeting in Practice: The UK Experience, in: Bank of England Quarterly Bulletin, Vol. 38, No. 4 (November 1998), S. 368-375.

Vickers, J. (1999): Economic Models and Monetary Policy, speech to the Governors of the National Institute of Economic and Social Research, 18 March 1999.

Volcker, P. A. (1977): A Broader Role for Monetary Policy, Federal Reserve Bank of New York Quarterly Review, Vol. 2, S. 26ff.

Von Hagen, J. (2003): Hat die Geldmenge ausgedient?, Plenumsvortrag zur Jahrestagung des Vereins für Socialpolitik, Zürich, 02. Oktober 2003.

Von Heusinger, R. (2004): Abzüge in der B-Note, in: Die Zeit vom 07.04.2004, Nr. 16.

Walsh, C. (1995): Optimal Contracts for Central Bankers, in: American Economic Review, Vol. 85, No. 1, S. 150-167.

Walsh, C. (1998a): Monetary Theory and Policy, Cambridge, Mass. 1998.

Walsh, C. (1998b): The New Output-Inflation Trade-off, in: Federal Reserve Bank of San Francisco: Economic Letter, 06.02.1998.

Watson, M. W. (1999): Explaining the Increased Variability in Long Term Interest Rates, unpublished Paper, Princeton University, May 1999.

Weber, A. A. (2004): Protokoll der Pressekonferenz mit Bundesbankpräsidenten Prof. Dr. Axel A. Weber in Frankfurt/Main am 25.05.2004, in: Deutsche Bundesbank – Auszüge aus Presseartikeln, Nr. 22 vom 26.05.2004, S. 3-6.

Welteke, E. (2002): Geldwertstabilität als Notenbankaufgabe, Vortrag auf der Gründungsfeier Stiftung „Geld und Währung", Frankfurt, 18.01.2002.

Wheelock, D. C. (2000): 30-Years Bond Faces Uncertain Future, in: Federal Reserve Bank of St. Louis, Monetary Trends, April 2000, S. 1.

Wicksell, K. (1898): Geldzins und Güterpreise, berichtigter Nachdruck der Jenaer Ausgabe, Aalen 1968.

Winkler, B. (2000): Which Kind of Transparency? On the Need for Clarity in Monetary Policy Making, European Central Bank, Working Paper No. 26, August 2000.

Woodford, M. (1999a): Optimal Monetary Policy Inertia, NBER Working Paper, No. 7261.

Woodford, M (1999b): Commentary: How Should Monetary Policy Be Conducted in an Era of Price Stability?, in: Federal Reserve Bank of Kansas City (Hrsg.): New Challenges for Monetary Policy, Jackson Hole 1999, S. 277-316.

Woodford, M. (2001): The Taylor Rule and Optimal Monetary Policy, in: American Economic Review, Papers and Proceedings, Vol. 91, No. 2 (May 2001), S. 233-237.

Woodford, M. (2003): Interest & Prices, Foundation of a Theory of Monetary Policy, Princeton and Oxford 2003.

Woodward, B. (2001): Greenspan – Dirigent der Weltwirtschaft, Hamburg/Wien 2001.

Wyplosz, C. (2001a): The Fed and the ECB, Briefing Paper for the Committee on Economic and Monetary Affairs of the European Parliament, 2nd Quarter 2001.

Wyplosz, C. (2001b): Do We Know How Low Should Inflation Be?, in: First ECB Central Banking Conference November 2000, Frankfurt, Germany, June 2001, S. 17-33.

Wyplosz, C. (2003): The Strategy Review, Briefing Paper for the Committee on Economic and Monetary Affairs of the European Parliament, 2nd Quarter 2003.

Yellen, J. L. (1996): Monetary Policy: Goals and Strategy, remarks presented at the National Association of Business Economists, Washington, D.C., 13.03.1996.

Zeise, L. (2003): Alles läuft gegen Greenspan, in: Deutsche Bundesbank – Auszüge aus Presseartikeln, Nr. 36 vom 14.08.2003, S. 17/18.

HOHENHEIMER VOLKSWIRTSCHAFTLICHE SCHRIFTEN

Band   1   Walter Deffaa: Anonymisierte Befragungen mit zufallsverschlüsselten Antworten. Die Randomized-Response-Technik (RRT). Methodische Grundlagen, Modelle und Anwendungen. 1982.

Band   2   Thomas Michael Baum: Staatsverschuldung und Stabilisierungspolitik in der Demokratie. Zur neoinstitutionalistischen Kritik der keynesianischen Fiskalpolitik. 1982.

Band   3   Klaus Schröter: Die wettbewerbspolitische Behandlung der leitungsgebundenen Energiewirtschaft. Dargestellt am Beispiel der Fernwärmewirtschaft der Bundesrepublik Deutschland. 1986.

Band   4   Hugo Mann: Theorie und Politik der Steuerreform in der Demokratie. 1987.

Band   5   Max Christoph Wewel: Intervallarithmetische Dependenzanalyse in der Ökonometrie. Ein konjekturaler Ansatz. 1987.

Band   6   Heinrich Pascher: Die U.S.-amerikanische Deregulation Policy im Luftverkehrs- und Bankenbereich. 1987.

Band   7   Harald Lob: Die Entwicklung der französischen Wettbewerbspolitik bis zur Verordnung Nr. 86-1243 vom 01. Dezember 1986. Eine exemplarische Untersuchung der Erfassung der Behinderungsstrategie auf der Grundlage des Konzepts eines wirksamen Wettbewerbs. 1988.

Band   8   Ulrich Kirschner: Die Erfassung der Nachfragemacht von Handelsunternehmen. Eine Analyse der ökonomischen Beurteilungskriterien und der wettbewerbsrechtlichen Instrumente im Bereich der Verhaltenskontrolle.1988.

Band   9   Friedhelm Herb: Marktwirtschaftliche Innovationspolitik. 1988.

Band 10   Claus Schnabel: Zur ökonomischen Analyse der Gewerkschaften in der Bundesrepublik Deutschland. Theoretische und empirische Untersuchungen von Mitgliederentwicklung, Verhalten und Einfluß auf wirtschaftliche Größen. 1989.

Band 11   Jan B. Rittaler: Industrial Concentration and the Chicago School of Antitrust Analysis. A Critical Evaluation on the Basis of Effective Competition. 1989.

Band 12   Thomas Märtz: Interessengruppen und Gruppeninteressen in der Demokratie. Zur Theorie des Rent-Seeking. 1990.

Band 13   Andreas Maurer: Statistische Verfahren zur Ermittlung von oligopolistischen Strukturen. 1990.

Band 14   Peter Mendler: Zur ökonomischen und politisch-institutionellen Analyse öffentlicher Kredithilfen. 1992.

Band 15   Heinrich J. Engelke: Die Interpretation der Rundfunkfreiheit des Grundgesetzes: Eine Analyse aus ökonomischer Sicht. 1992.

Band 16   Thomas Fischer: Staat, Recht und Verfassung im Denken von Walter Eucken. Zu den staats- und rechtstheoretischen Grundlagen einer wirtschaftsordnungspolitischen Konzeption. 1993.

Band 17   Stefan Elßer: Innovationswettbewerb. Determinanten und Unternehmensverhalten. 1993.

Band 18   Reinhard Scharff: Regionalpolitik und regionale Entwicklungspotentiale. Eine kritische Analyse. 1993.

Band 19   Karin Beckmann: Probleme der Regionalpolitik im Zuge der Vollendung des Europäischen Binnenmarktes. Eine ökonomische Analyse. 1995.

Band 20 Bernd Nolte: Engpaßfaktoren der Innovation und Innovationsinfrastruktur. Eine theoretische und empirische Analyse für ländliche Wirtschaftsräume in Baden-Württemberg. 1996.

Band 21 Klaus-Rainer Brintzinger: Die Nationalökonomie an den Universitäten Freiburg, Heidelberg und Tübingen 1918 - 1945. Eine institutionenhistorische, vergleichende Studie der wirtschaftswissenschaftlichen Fakultäten und Abteilungen südwestdeutscher Universitäten. 1996.

Band 22 Steffen Binder: Die Idee der Konsumentensouveränität in der Wettbewerbstheorie. Teleokratische vs. nomokratische Auffassung. 1996.

Band 23 Alexander Burger: Deregulierungspotentiale in der Gesetzlichen Rentenversicherung. Reformnotwendigkeiten versus Reformmöglichkeiten. 1996.

Band 24 Burkhard Scherer: Regionale Entwicklungspolitik. Konzeption einer dezentralisierten und integrierten Regionalpolitik. 1997.

Band 25 Frauke Wolf: Lorenzkurvendisparität. Neuere Entwicklungen, Erweiterungen und Anwendungen. 1997.

Band 26 Hans Pitlik: Politische Ökonomie des Föderalismus. Föderative Kompetenzverteilung im Lichte der konstitutionellen Ökonomik. 1997.

Band 27 Stephan Seiter: Der Beitrag Nicholas Kaldors zur Neuen Wachstumstheorie. Eine vergleichende Studie vor dem Hintergrund der Debatte über den Verdoorn-Zusammenhang. 1997.

Band 28 André Schmidt: Ordnungspolitische Perspektiven der europäischen Integration im Spannungsfeld von Wettbewerbs- und Industriepolitik. 1998.

Band 29 Bernd Blessin: Innovations- und Umweltmanagement in kleinen und mittleren Unternehmen. Eine theoretische und empirische Analyse. 1998.

Band 30 Oliver Letzgus: Die Ökonomie internationalen Umweltschutzes. 1999.

Band 31 Claudia Hafner: Systemwettbewerb versus Harmonisierung in Europa. Am Beispiel des Arbeitsmarktes. 1999.

Band 32 Jürgen Kulle: Ökonomie der Musikindustrie. Eine Analyse der körperlichen und unkörperlichen Musikverwertung mit Hilfe von Tonträgern und Netzen. 1998.

Band 33 Michael Ganske: Intertemporale Aspekte von Staatsverschuldung und Außenhandel. 1999.

Band 34 Margit Ströbele: Die Deregulierungswirkungen der europäischen Integration. Das Beispiel der Sondermärkte. 1999.

Band 35 Marion Benesch: Devisenmarktinterventionen in Theorie und Praxis. Eine umfassende Analyse ihrer Zielsetzungen, Wirkungsweisen und wirtschaftspolitischen Bedeutung. 1999.

Band 36 Torsten Gruber: Unterschiedliche geldpolitische Transmissionsmechanismen und Stabilitätskulturen als mögliche Ursachen geldpolitischer Spannungen in der Europäischen Währungsunion. 2000.

Band 37 Bertram Melzig-Thiel: Arbeit in der Informationsgesellschaft. Chancen und Risiken neuer Informations- und Kommunikationstechnologien für die Beschäftigung. 2000.

Band 38 Annette Fritz: Die Entsorgungswirtschaft im Spannungsfeld zwischen Abfallpolitik und Kartellrecht. Eine industrieökonomische Branchenstudie. 2001.

Band 39 Harald Strotmann: Arbeitsplatzdynamik in der baden-württembergischen Industrie. Eine Analyse mit amtlichen Betriebspaneldaten. 2002.

Band 40 Dietrich Benner: Qualitätsungewißheit bei Gütern mit Vertrauenseigenschaften. Entwicklung und Anwendung eines entscheidungstheoretisch fundierten Analyserahmens. 2002.

Band 41 Jürgen M. Schechler: Sozialkapital und Netzwerkökonomik. 2002.

Band 42 Kay-Uwe May: Haushaltskonsolidierung durch Ausgabekürzungen. Restriktionen und Strategien. 2002.

Band 43 Peter Kühnl: Der Wechselkurs als Zwischenziel der Geldpolitik im Aufholprozess. Die monetärkeynesianische Entwicklungsstrategie der Berliner Schule vor dem Hintergrund der makroökonomischen Entwicklung ausgewählter Länder Mittel- und Osteuropas. 2003.

Band 44 Steffen Wirth: Nichtparametrische Analyse von Bildungsertragsraten. Neuere Entwicklungen und Anwendungen. 2003.

Band 45 Bernhard Holwegler: Innovation, Diffusion und Beschäftigung. Die ökonomische Theorie der Technologiediffusion und ihr Beitrag zur Erklärung technologischer Arbeitslosigkeit. 2003.

Band 46 Guntram R. M. Hepperle: Zukunftsorientierte Industriepolitik. Möglichkeiten und Grenzen. 2004.

Band 47 Udo Vullhorst: Stabilisierungspolitik bei supranationaler Geldpolitik und nationaler Fiskalpolitik. Eine spieltheoretische Betrachung. 2004.

Band 48 Matthias Rösch: Die Bedeutung von Investivlöhnen und Gewinnbeteiligungen für Einkommensverteilung und Beschäftigung. 2004.

Band 49 Michael Bubik: Erfolgskriterien für Unternehmenszusammenschlüsse. Eine theoretische und exemplarische Analyse. 2005.

Band 50 Jörg Weltin: Internationale Unternehmensbesteuerung. Allokation der Besteuerungsrechte unter veränderten Rahmenbedingungen. 2005.

Band 51 Susanne Reichart: Zum Konvergenzprozess der mittel- und osteuropäischen EU-Beitrittsländer. 2005.

Band 52 Daniel Hartmann: Geldpolitik und Beschäftigung. Die geldpolitische Strategie der Federal Reserve: Vorbild oder Auslaufmodell? 2005.

www.peterlang.de

Henning Vöpel

Stabilisierungswirkungen der Geldpolitik

Eine theoretische und empirische Analyse

Frankfurt am Main, Berlin, Bern, Bruxelles, New York, Oxford, Wien, 2004.
139 S., 15 Tab.,12 Graf.
Europäische Hochschulschriften: Reihe 5, Volks- und Betriebswirtschaft. Bd. 3063
ISBN 3-631-52572-9 · br. € 27.50*

Diese Arbeit untersucht die Stabilisierungswirkungen der Geldpolitik. In einem vom Verfasser um den monetären Sektor erweiterten Growth-Cycle-Modell wird theoretisch gezeigt, unter welchen Bedingungen Geldpolitik stabilisierend auf konjunkturelle Schwankungen von Produktion und Beschäftigung wirkt. Anschließend wird für die USA, Deutschland und Großbritannien anhand von vektor-autoregressiven Modellen untersucht, ob geldpolitische Stabilisierungswirkungen in diesen Ländern empirisch nachweisbar sind. Die Ergebnisse zeigen im Gegensatz zu neueren Thesen der Ineffektivität von Geldpolitik deren stabilisierungspolitische Wirksamkeit.

Aus dem Inhalt: Wachstumszyklen · Geldpolitische Zinsregeln · Stabilisierungswirkungen · VAR-Analyse

Frankfurt am Main · Berlin · Bern · Bruxelles · New York · Oxford · Wien
Auslieferung: Verlag Peter Lang AG
Moosstr. 1, CH-2542 Pieterlen
Telefax 00 41 (0) 32 / 376 17 27

*inklusive der in Deutschland gültigen Mehrwertsteuer
Preisänderungen vorbehalten
Homepage http://www.peterlang.de